칠십인역 창세기

ΓΕΝΕΣΙΣ

칠십인역 창세기
2006년 1월 초판
옮긴이 · 정태현/강선남 ㅣ 펴낸이 · 이형우
ⓒ 분도출판사
등록 · 1962년 5월 7일 라15호
718-806 경북 칠곡군 왜관읍 왜관리 134의 1
왜관 본사 · 전화 054-970-2400 · 팩스 054-971-0179
서울 지사 · 전화 02-2266-3605 · 팩스 02-2271-3605
www.bundobook.co.kr
ISBN 89-419-0601-6 03230
값 38,000원

칠십인역 창세기

ΓΕΝΕΣΙΣ

한님성서연구소

정태현 · 강선남 역주

분도출판사

칠십인역을 출간하며

종교마다 경전을 믿음의 원천으로 삼고 거기에서 예배와 교리와 삶의 지침을 끌어낸다. 유다교와 그리스도교도 예외가 아니다. 유다교는 구약성서만을, 그리스도교는 구약성서와 신약성서를 믿음의 원천으로 삼는다. 구약성서는 본디 히브리어로 쓰여졌다. 그러나 시대의 변천에 따라 히브리어를 더 이상 사용하지 않는 상황에서 히브리어 성서를 경전으로 받아들이는 신앙인들은 이 성서를 다른 말로 옮겨야 할 필요성을 느꼈다. 이렇게 해서 여러 가지 고대 번역본 성서가 태어났는데, 그 가운데 대표적인 성서가 아람어 성서 타르굼, 그리스어 성서 칠십인역(LXX로 표기), 시리아어 성서 페쉬타, 대중 라틴어 성서 불가타이다. 이 네 성서는 저마다 그것을 태동시킨 당대 교회의 믿음과 신학을 반영하고 양육한다. 타르굼은 히브리계 유다교의, 칠십인역은 디아스포라 유다교와 초대 그리스도교의, 페쉬타는 동방 그리스도교의, 불가타는 서방 그리스도교의 믿음과 사상을 반영하고 양육하는 데 크게 기여하였다.

한님성서연구소는 지난 세기 말부터 유다교와 그리스도교의 원천이 되는 이 네 가지 성서를 충분한 해제와 주석을 붙여 우리말로 소개하는 방대한 작업에 착수하였다. 2001년에 『타르굼 옹켈로스 창세기』를 시작으로 타르굼 역주를 진행하고 있고 이번에는 『칠십인역 창세기』의 역주를 선보이게 되었다. 신구교를 막론하고 교계와 성서학계와 일반 독자들의 많은 관심과 지도 편달을 두 손 모아 청한다.

기원전 3세기에 이집트의 알렉산드리아에서 히브리어 구약성서 가운데 가장 중요한 토라, 곧 모세오경이 그리스어로 번역되기 시작하였다. 그 뒤를 이어 시편, 예언서, 역사서와 시서 등이 차례로 번역되면서 기원후 1세기경에는 그리스어 구약성서가 탄생하게 되었는데 이를 칠십인역 성서라고 부른다.

칠십인역 그리스어 성서는 이방 세계에 유다인들의 종교를 전파하는 견인차 구실을 하였다. 히브리어 성서 토라가 그리스어로 번역된 동기에 대해서는 학자들 사이에 의견이 분분하지만(입문 참조), 동기야 어떠하든 오경이 그리스어로 번역되던 시기에 고대 히브리어는 더 이상 구어로 사용되지 않았다는 사실이 중요하다. 당시 팔레스티나에서는 아람어가 쓰였고 알렉산드리아 유다인들은 그리스어를 사용하였으므로, 히브리어를 모르는 유다인들에게는 자신들이 사용하는 그리스어로 기록된 성서가 필요하였고 칠십인역 성서는 이 필요에 충실히 부응한 것이다.

칠십인역 성서는 한동안 유다 종교와 문학에 많은 영향을 주었으나, 점차 유다인들에게 배척당하게 되었다. 가장 큰 이유는 그리스도인들이 칠십인역 성서를 자신들의 성서로 받아들여 사용하면서 유다인들과는 다른 관점으로 성서를 해석하였기 때문이다. 곧 신약성서 저자들을 비롯하여 초대 그리스도인들은 칠십인역을 예수님의 복음과 사도들의 증언이 담긴 '새 계약'(신약)을 예고하고 준비하는 '옛 계약'(구약)으로 이해했던 것이다.

칠십인역은 당대의 시대 상황과 신앙과 사고를 보여 준다. 우리는 이 사실에 특별히 주목한다. 칠십인역 번역자들은 성서를 조심스럽게 다루면서 되도록 원문을 충실하게 옮기려고 하였지만, 번역자 자신의 문화 · 종교 · 사상적 배경에서 자유로울 수가 없었다. 또한 번역 작업 자체가 안고 있는 일정한 한계도 있다. 예를 들면 한 언어에 정확하게 대응하는 다른 언어가 없는 경우나 두 언어 사이의 문장 구조가 전혀 다른 경우 등이 그러하다.

초대 그리스도인들이 칠십인역을 자신들의 성서로 인식한 이래, 고대 그리스도교 역사가와 특히 그리스 교부들은 칠십인역을 신약성서를 이해하기 위해 반드시 거쳐야 할 관문으로 묘사하였다. 신약성서에 나오는 칠십인역 인용 구절과 어휘들은 새로운 신학 용어를 창출하는 데 기여하였다. 칠십인역에서 신약성서로, 그리고 그리스 교부들의 작품으로 이어지는 그리스 언어고리는 매우 중요하여 그대로 지나쳐서는 안 된다. 동방 교회에서는 칠십인역 성서를 자신들의 대표적인 구약성서로 받아들인다. 오늘날까지 그리스도 신학과 영성과 전례, 그리고 그리스도교 문학에 칠십인역 성서가 미친 영향은 이루 다 말할 수 없다.

히브리어 성서는 현대어로 번역되었거나 번역되고 있는데, 영어 번역서로 1808년에 나온 톰슨(C. Thomson)의 작품과 1851년에 출간한 브렌튼(C. L. Brenton)의 작품이 있다. 칠십인역 새 영역본(The New English Translation of the Septuagint)의 출간은 현재 '칠십인역과 관련 연구를 위한 국제 조직'(International Organization for Septuagint and Cognate Studies)에서 준비하고 있다. 칠십인역 성서에 대한 관심의 고조와 더불어 영어 이외에도 불어와 이탈리아어, 독일어, 스페인어 번역본이 현재 출판 중이거나 작업 중이다.

우리나라에는 아직 칠십인역 성서에 관한 체계적인 연구가 거의 전무한 실정이다. 그러나 우리나라의 모든 성서학도와 그리스도인들에게 초대 그리스도교의 기원과 전통, 특히 디아스포라 그리스도인들의 성서 이해와 믿음의 전통을 밝혀 줄 칠십인역의 소개와 우리말 번역은 매우 시급하고 중요한 과제이다.

　　한님성서연구소는 우리나라의 그리스도교와 성서학의 발전에 작은 초석을 놓는다는 마음과 각오로 칠십인역 성서 연구 시리즈를 내놓는다. 성서 각 권의 역주는 먼저 충분한 해제를 앞에 싣고 그리스어 본문과 우리말 번역을 나란히 놓아 독자들이 한눈에 비교할 수 있게 하였으며 하단에는 본문에 대한 연구 각주를 달았다. 그러나 전문가들을 위한 본문 비평 각주는 뒤쪽으로 미루었다. 칠십인역 번역자들이 원문을 충실히 옮기면서도 독자의 이해를 도우려 했듯이 우리말 번역도 독자들이 이해할 수 있는 범위 안에서 그리스어 원문을 충실히 옮기고자 노력하였다. 또한 칠십인역 번역자들이 사용한 히브리어 성서 본문은 알 수가 없으므로, 현재 우리가 사용하는 히브리어 성서 마소라 본문과 칠십인역 본문을 비교 연구하여 각주에 실었다. 유다교와 그리스도교 안에서 칠십인역을 해석하였던 고대 유다교와 그리스도교 전통도 우리에게 성서에 대한 폭넓은 지평을 제공해 줄 것이기에 각주에 함께 소개하였다. 칠십인역 창세기 본문의 우리말 번역에 이어『칠십인역 입문』과『칠십인역 그리스어 문법』도 곧 출간될 예정이다.

　　『칠십인역 창세기』의 시발점은 1994년부터 우리가 함께 시작한 그리스어 본문 강독회이다. 매주 강독회가 끝난 다음 우리말 번역과 새롭고 생소한 단어들을 정리해 두었다. 그러다가 본격적인 연구는 강선남 연구원이 로마 교황청 성서대학에서 유학을 마치고 돌아온 이후 지난 2년 동안에 이루어졌다. 그동안 함께 고생한 김금택, 박인숙 연구원에게도 감사의 마음을 전한다. 이들의 도움 없이는 오늘의 결실을 보기 힘들었을 것이다. 한님성서연구소의 작업에 언제나 기도와 재정적 후원을 아낌없이 쏟아주시는 조병우 이사장님과 이사님들, 그리고 연구소 가족 여러분 모두에게 깊은 감사를 드린다. 끝으로 칠십인역의 기획과 출판을 기꺼이 맡아 주신 분도출판사에 감사드리며 주님의 큰 축복을 청한다.

2005년 예수 성탄 대축일에

정태현 · 강선남

차 례

약 어

히브리어 성서(MT)		칠십인역 성서(LXX)		신약성서	
창세기	창세	창세기	창세	마태오 복음	마태
탈출기	탈출	탈출기	탈출	마르코 복음	마르
레위기	레위	레위기	레위	루가 복음	루가
민수기	민수	민수기	민수	요한 복음	요한
신명기	신명	신명기	신명	사도행전	사도
여호수아	여호	여호수아	여호	로마서	로마
판관기	판관	판관기	판관	고린토 전서	1고린
룻기	룻	룻기	룻	고린토 후서	2고린
사무엘 상	1사무	열왕기 1	1열왕	갈라디아서	갈라
사무엘 하	2사무	열왕기 2	2열왕	에페소서	에페
열왕기 상	1열왕	열왕기 3	3열왕	필립비서	필립
열왕기 하	2열왕	열왕기 4	4열왕	골로사이서	골로
역대기 상	1역대	역대기 상	1역대	데살로니카 전서	1데살
역대기 하	2역대	역대기 하	2역대	데살로니카 후서	2데살
		에스드라 상	1에스	디모테오 전서	1디모
에즈라	에즈	에스드라 하	2에스	디모테오 후서	2디모
느헤미야	느헤			디도서	디도
에스델	에스	에스델	에스	필레몬서	필레
		유딧	유딧	히브리서	히브
		토비트	토비	야고보서	야고
		마카베오 1	1마카	베드로 전서	1베드
		마카베오 2	2마카	베드로 후서	2베드
		마카베오 3	3마카	요한 1서	1요한
		마카베오 4	4마카	요한 2서	2요한
시편	시편	시편(과 송기)	시편	요한 3서	3요한
잠언	잠언	잠언	잠언	유다서	유다
코헬렛	코헬	코헬렛	코헬	요한 묵시록	묵시

히브리어 성서(MT)		칠십인역 성서(LXX)	
아가	아가	아가	아가
욥기	욥	욥기	욥
		솔로몬의 지혜	지혜
		집회서	집회
		솔로몬의 시편	솔로.시편
호세아	호세	호세아	호세
아모스	아모	아모스	아모
미가	미가	미가	미가
요엘	요엘	요엘	요엘
오바디야	오바	오바디야	오바
요나	요나	요나	요나
나훔	나훔	나훔	나훔
하바꾹	하바	하바꾹	하바
스바니야	스바	스바니야	스바
하깨	하깨	하깨	하깨
즈가리야	즈가	즈가리야	즈가
말라기	말라	말라기	말라
이사야	이사	이사야	이사
예레미야	예레	예레미야	예레
애가	애가	애가	애가
		바룩	바룩
		예레미야의 편지	예레.편지
에제키엘	에제	에제키엘	에제
다니엘	다니	다니엘	다니
		다니엘(고대그리스어역)	다니.고대그리
		다니엘(테오도시온역)	다니.테오
		수산나	수산
		수산나(고대그리스어역)	수산.고대그리
		수산나(테오도시온역)	수산.테오
		벨과 뱀	벨

고대 문헌

AJ	*Antiquitatum Judaïcarum Libri* (요세푸스)
Apol.	*Apologia* (유스티누스)
Ben.	*De Benedictionibus patriarcharum* (콘코르디아의 루피누스)
C.Cel.	*Contra Celsum* (오리게네스)
Cat.	*Catecheses* (예루살렘의 치릴루스)
Cat.Myst.	*Catecheses Mystagogicae* (예루살렘의 치릴루스)
Com.	*Commentarius* (오리게네스)
Const.Apost.	*Constitutiones apostolicae* (로마의 클레멘스)
DE	*Demonstratio Evangelica* (체사레아의 에우세비우스)
Dém.	*Démonstration apostolica* (리옹의 이레네우스)
Dial.	*Dialogus* (유스티누스)
F.Petit	*Catenae Graecae in Genesim et in Exodum* I의 편집자
Fr.	*Fragmenta* (로마의 히폴리투스)
Frag.	*Fragmenta Graeca* (필로)
GCS	*Die Griechischen Christlichen Schriftsteller der ersten drei Jahrhunderte*
Glaph.	*Glaphyra in Pentateuchum* (알렉산드리아의 치릴루스)
Gn.	*Commentarius in Genesim* (알렉산드리아의 디디무스)
GNO	*Gregorii Nysseni Opera* (니사의 그레고리우스)
Hom.	*Homiliae* (오리게네스)
Hom.Hex.	*Homiliae in hexaemeron* (체사레아의 바실리우스)
LAB	*Livre des antiquités bibliques* (차명-필로)
Strom.	*Stromata* (알렉산드리아의 클레멘스)
P.Arch.	*Peri Archôn* (오리게네스)
P.Euch.	*Peri Euchès* (오리게네스)
Paed.	*Paedagogus* (알렉산드리아의 클레멘스)
PE	*Praeparatio Evangelica* (체사레아의 에우세비우스)
PG	Patrologie Grecque de Migne
RHR	Revue de l'histoire des religions
QG	*Quaestiones in Genesim* (치루스의 테오도레투스)

SC	Sources chrétiennes

Les œuvres de Philon d'Alexandrie(필로 전집)

Abr.	*De Abrahamo*
Agr.	*De Agricultura*
Cher.	*De Cherubim*
Confus.	*De Confusione Linguarum*
Congr.	*De Congressu Eruditionis gratia*
Deter.	*Quod Deterius Potiori insidiari soletat*
Deus.	*Quod Deus sit Immutabilis*
Ebr.	*De Ebrietate*
Fug.	*De Fuga et Inventione*
Gig.	*De Gigantibus*
Her.	*Quis rerum divinarum heres sit*
Jos.	*De Josepho*
Leg.	*Legum Allegoriarum*
Migr.	*De Migratione Abrahami*
Mos.	*De Vita Mosis*
Mutat.	*De Mutatione Nominum*
Opif.	*De Opificio Mundi*
Plant.	*De Plantatione*
Poster.	*De Posteritate Caini*
Praem.	*De Praemiis et Poenis*
Sacr.	*De Sacrificiis Abelis et Caini*
Sobr.	*De Sobrietate*
Somn.	*De Somnis*
Virt.	*De Virtutibus*

LXX	Septuaginta(칠십인역 그리스어 성서)
MT	Masora Text(히브리어 성서 마소라 텍스트)

일러두기

1. 칠십인역 성서 창세기 우리말 번역은 랄프스가 펴낸 칠십인역 성서 인쇄본 (A. Rahlfs, *Septuaginta, id est Vetus Testamentum Graece iuxta LXX interpretes*, Stuttgart, 1935)을 대본으로 삼았다. 그리고 수많은 필사본들을 연구하여 풍부한 본문 비평을 제시한 좀 더 최근의 인쇄본인 웨버스의 『칠십인역 창세기』(J. W. Wevers, *Septuaginta I : Genesis*, Göttingen, 1974)도 우리말 번역의 중요한 참고 대본이 되었다. 칠십인역의 편집원칙은 그리스어-한글 대역이다. 따라서 괴팅겐에서 나오는 비평 편집본이 아직 완결되지 않은 상태에서 이를 그대로 적용할 수 없는 제약이 따르므로 랄프스의 칠십인역 성서 인쇄본을 대본으로 삼아 대역본을 편집하였다. 랄프스와 웨버스는 모두 기원후 4세기경의 대문자 사본인 알렉산드리아 사본을 자신들이 출판한 인쇄본의 일차 자료로 삼았다. 더 오래된 대문자 사본인 바티칸 사본에는 창세기의 일부분(46,28—50장)만이 보존되어 있기 때문이다. 6세기경의 대문자 사본인 시나이 사본에는 창세기가 겨우 한 쪽만 남아 있다.

알렉산드리아 사본은 『칠십인역 창세기』 번역자가 직접 기록한 필사본은 물론 아니다. 이 사본에는 독자들의 이해를 돕기 위한 첨가와(동사의 주어, 소속을 밝히기 위해 소유격과 함께 나오는 고유명사), 난외주석, 본문을 일치시키기 위한 가필 등이 있다. 그러나 이러한 손질에도 알렉산드리아 사본은, 후대의 필사자들이 자신들의 기호에 따라 바꾸어 놓은 필사본들보다 훨씬 원문에 가깝다. 랄프스와 웨버스는 다른 자료들을 참조하여 때때로 알렉산드리아 사본을 수정하였다. 그러므로 우리말 번역 대본인 이들 인쇄본은 부분적으로 재구성된 칠십인역 본문이라 할 수 있다.

2. 우리말 번역은 가능한 한 원문에 충실하게 직역하였다. 그러기 위해 번역문에 두 가지 괄호를 사용하였다. 그리스어 본문에는 없으나 본문의 이해를 돕고 우리말 표현을 매끄럽게 하기 위해서 편의상 ( ) 안에 낱말을 덧붙였다. 본문에는 있으나 문맥상 불필요하거나 우리말 표현이 어색한 낱말은 〈 〉 안에 넣었다.

3. 번역에 간단한 각주를 달았다. ① 각주에는 일차적으로 본문 번역상의 문제를 다루고, 히브리어 성서 마소라 본문과 칠십인역 본문을 중점적으로 비교하였다. 그나음 칠십인역 본문과 다른 그리스어 번역본들, 곧 아퀼라역, 심마쿠스역, 테오도시

온역을 비교하고, 칠십인역 성서를 인용하거나 주석한 고대 문헌들과 교부문헌을 소개하였다. 히브리어 성서 고대 번역본들, 곧 타르굼과 페쉬타, 사마리아 오경, 불가타 등도 언급하였다.

② 고유명사의 어원적 고찰은 이미 출판된 우리말 성서 『구약성서 새 번역』이나 『타르굼 옹켈로스 창세기』에서 잘 다루었으므로 이 책에서는 다시 설명하지 않았으나, 칠십인역에만 나오는 새로운 이름에는 간단한 설명을 덧붙였다.

③ 위의 각주를 위해 *La Bible Grecque des Septante*(M. Harl, G. Dorival, E. L. Munnich, Paris, 1988)와 *Notes on the Greek text of Genesis*(J. W. Wevers, Atlanta, 1993)를 참조하였다. 앞의 책은 본문의 불어 번역과 함께 창세기 그리스어에 대한 고찰과 창세기 해석 전통(기원후 첫 5세기까지의 필로나 요세푸스, 그리고 교부 주석 전통)을 잘 소개한다. 뒤의 책에서는 창세기 해석 전통보다는 창세기 번역자가 히브리어 성서를 어떻게 이해하고 자신의 번역에 어떻게 적용시켰는지를 고찰하였다. 그리고 영어 번역 없이 창세기의 본문 비평과 함께 칠십인역 본문과 마소라 본문 전승의 차이점, 그리스어 번역본들(오리게네스의 육공관성서)의 서로 다른 본문 이해와 번역을 보여 준다.

④ 인용구절 가운데 직접인용에는 큰따옴표를, 간접인용에는 작은따옴표를 사용하였다. 우리말 성서 인용은, 히브리어 구약성서 『구약성서 새 번역』(한국천주교주교회의 성서위원회)과 아람어 구약성서 『타르굼 옹켈로스 창세기』(배철현 역주, 한님성서연구소, 2001), 『신약성서 새 번역』(한국천주교주교회의 성서위원회)과 『신약성서』(한국 천주교회 창립 200주년 기념, 분도출판사)를 참조하였다.

4. ① 창세기에는 다른 책들에 비해 고유명사가 많은 편이다. 히브리어 이름을 그리스어로 옮기는 일은 칠십인역 번역자가 당면한 또 하나의 어려움이었을 것이다. 히브리어 문자 가운데 네 문자(י ו ה א)가 때로 모음 구실을 하였다 하더라도 히브리어는 22개 자음만으로 이루어졌기 때문이다. 한편 칠십인역 번역자가 사용한 그리스어는 24 문자 가운데 17 문자만이 자음이고 나머지는 모음이었다.

그리스어와 달리 고전 히브리어 문자 가운데 ח과 ע은 저마다 유성·무성 인두음(咽頭音)과 연구개음(軟口蓋音)을 지니고 있었다. 이러한 구분은 오리게네스 시대에 와서 없어지고 연구개음이 인두음으로 통합된다. 곧 고전 히브리어에서 $\dot{g}$은 ʿ으로, h는 h로 통합되었다. 그러나 칠십인역 오경이 알렉산드리아에서 번역될 때, 이들 두 자음의 음성학적 구분은 여전히 남아 있었다. 창세 25,4에서 그리스어에 이런 구분을 적용하였는데, 미디안의 두 아들 에바(עיפה)와 에벨(עפר)을 $\Gamma\alpha\iota\phi\alpha$와 $A\phi\epsilon\rho$로 옮긴 것이 그 예이다. 번역자는 첫 번째 이름 עפיה를 *gfr*로, עפר을 *'pr*로 생각한 것이다. ח도 고전 히브리어에서의 구분인 연구개음 *ḥ*에 상응하는 χ와 음가를 가지지 못하는 인두음 *h*로 나누어 옮겼다. 예를 들면, 창세 46,17에서 브리아의 아들 헤벨(חבר)은 Χοβορ로 옮기고, 앞절에서 가드의 아들 하끼(חגי)는 Αγγις로 옮긴 것이다. 히브리어 마찰음의 경우에는 위의 그리스어 음역과 반대되는 현상이 나타난다. 히브리어에서 마찰음은 ס צ שׂ שׁ인데, 오경 번역 시기에는 שׁ과 שׂ을 모두 σ로 옮겼으며 ס과 צ까지도 σ로 옮긴 것이다. 그리스어에서는 히브리어 ז에 대응하는 ζ와 위의 히브리어 네 마찰음을 옮긴 σ만이 마찰음이기 때문이다. 창세기에 나타나는 이러한 예로는, 10,7에서 סבא를 Σαβα로, 46,16에서 צפון을 Σαφων으로, 같은 절에서 שׁוני를 Σαυνις로, 다음 절에서 שׂרח를 Σαρα로 옮긴 것을 들 수 있다.

② 칠십인역 번역자가 히브리어 고유명사를 자기네 말로 옮기는 과정에서 겪은 어려움은 우리말 번역 과정에서도 그대로 이어진다. 이는 아직까지 우리말 성서에 나오는 고유명사의 정확한 표기법이 정해지지 않았기 때문이다. 그래서 차선책으로 한국천주교주교회의 성서위원회에서 작업 중인 새로운 표기법이 나올 때까지는 잠정적으로 공동번역 성서를 따르기로 하였다. 독자들의 혼동을 줄이기 위하여 히브리어 성서에 나오는 고유명사를 음역하여 옮긴 그리스어 이름은 히브리어 이름에 따라 옮겼다. 그러나 마소라 본문과 칠십인역 성서의 고유명사가 다른 경우, 곧 마소라 본문에는 없고 칠십인역에만 나오는 새로운 이름이거나, 마소라 본문과 칠십인역에 나오는 고유명사가 같은 사람이나 장소를 가리키지만 많이 다르게 음역된 경우에는 '성서위원회 그리스어 표기 원칙'에 따라 옮기고 각주에 설명을 넣었다.

③ 각주에 인용한 교부들의 이름 또한 우리나라에 통일된 기준이 없다. 우선 교부 이름은 『교부학』(H.R 드롭너, 한님성서연구소 하성수 옮김, 분도출판사, 2001)의 표기에 따랐고, 문헌 제목은 모든 참고문헌이 우리말로 번역되지 않았기에 원제목의 약어를 사용하고 참고문헌에서 자세히 소개하였다.

④ 모든 고유명사는 세고딕체로 표기하여 구분하였다.

5. 그리스어-히브리어-한글 어휘록에서는, 창세기 본문 순서에 따라 그리스어에 마소라 본문의 히브리어를 대응시켜 놓아 독자들은 두 단어 사이의 관계를 비교하여 볼 수 있다. 이를 통하여 칠십인역 번역자들이 히브리어에 대응하는 적절한 그리스어를 어떻게 선택하였는지, 번역자의 본문 이해에 따라 단어가 어떻게 비꼬였는지(⟨ ⟩로 표시), 그리고 히브리어 본문에는 없지만 어떤 단어를 덧붙였는지(〔 〕로 표시)를 알 수 있다.

6. 그리스어 표기 원칙(주교회의 성서위원회)

문자	소리	비고	이중모음/자음
$A\ \alpha$	아		αv: 아우
$B\ \beta$	ㅂ/끝소리 '받침 ㅂ'	$\lambda\ \mu\ \nu\ \rho$ 앞에서는 '브'	$\alpha\iota$: 애
$\Gamma\ \gamma$	ㄱ/끝소리 '받침 ㄱ'	$\lambda\ \mu\ \nu\ \rho$ 앞에서는 '그'/ $\kappa\ \chi\ \xi$ 앞에서는 '받침 ㅇ'	$\epsilon\iota$: 이
			ϵv: 에우
$\Delta\ \delta$	ㄷ/끝소리 '받침 ㅅ'	$\lambda\ \mu\ \nu\ \rho$ 앞에서는 '드'	$o\iota$: 오이
$E\ \epsilon$	에		ov: 우
$Z\ \zeta$	ㅈ/끝소리 '즈'		$v\iota$: 위
$H\ \eta$	에		첫소리 $\iota\alpha$: 야
$\Theta\ \theta$	ㅌ/끝소리 '받침 ㅅ'	$\lambda\ \mu\ \nu\ \rho$ 앞에서는 '트'	첫소리 $\iota\epsilon(\iota\eta)$: 예
$I\ \iota$	이		첫소리 ιo: 요
$K\ \kappa$	ㅋ/끝소리 '받침 ㄱ'	$\lambda\ \mu\ \nu\ \rho$ 앞에서는 '크'	첫소리 ιov: 유
$\Lambda\ \lambda$	ㄹ/끝소리 '받침 ㄹ'	두음 사이, 모음 앞에서 'ㄹ+ㄹ'	첫소리 $\iota\omega$: 요
$M\ \mu$	ㅁ/끝소리 '받침 ㅁ'	$\lambda\ \mu\ \rho$ 앞에서는 '므'	$\kappa\chi$: ㅋ
$N\ \nu$	ㄴ/끝소리 '받침 ㄴ'		$\pi\phi$: ㅍ
$\Xi\ \xi$	첫소리 '크ㅅ'/ 끝소리 '받침 ㄱ+ㅅ'		$\tau\theta$: ㅌ
$O\ o$	오		
$\Pi\ \pi$	ㅍ/끝소리 '받침 ㅂ'	$\lambda\ \mu\ \nu\ \rho$ 앞에서는 '프'	
$P\ \rho$	ㄹ/끝소리 '르'		
$\Sigma\ \sigma$	ㅅ/끝소리 '스'		
$T\ \tau$	ㅌ/끝소리 '받침 ㅅ'	$\lambda\ \mu\ \nu\ \rho$ 앞에서는 '트'	
$\Upsilon\ \upsilon$	이		
$\Phi\ \phi$	ㅍ/끝소리 '받침 ㅂ'	$\lambda\ \mu\ \nu\ \rho$ 앞에서는 '프'	
$X\ \chi$	ㅋ/끝소리 '받침 ㄱ'	$\lambda\ \mu\ \nu\ \rho$ 앞에서는 '크'	
$\Psi\ \psi$	첫소리 '프ㅅ/ 끝소리 '받침 ㅂ+ㅅ'		
$\Omega\ \omega$	오		
ʽ (강숨표)	모음에 붙어서 'ㅎ'		

입 문

칠십인역 성서

칠십인역 성서 창세기

칠십인역 성서

I. 용어의 정의

칠십인역 성서(Septuaginta)는 복잡하고 오랜 역사를 지니며 그 의미 또한 다양하다. 가장 일반적 의미로 칠십인역 성서는 히브리어 성서를 번역한 모든 그리스어 역본을 뜻한다. 칠십인역 성서는 또한 히브리어 성서를 번역한 그리스어 역본의 인쇄본을 의미하기도 한다. 본디 저마다의 두루마리에 적혀 있던 히브리어 성서 각 권은 서로 다른 번역자에 의해 수세기에 걸쳐 번역되었다. 이렇게 개별적으로 기록된 히브리어 성서의 그리스어 번역본은 기원후 2세기에 하나의 책으로 모아지게 된다. 좁은 의미의 칠십인역 성서는, 오경 이외의 그리스어 번역본이나 후대의 개정본과 구별되는, 기원전 3세기에 그리스어로 번역된 오경만을 뜻한다. 히브리어 성서 가운데 오경 이외의 다른 책들은 기원전 3세기 이후 약 2세기에 걸쳐 오경의 번역자들이나 번역 장소가 아닌 다른 번역자에 의해 다른 장소에서 번역되었다. 이 책들을 가리켜 고대 그리스어 역본(Old Greek)이라 한다. 그러나 오늘날 칠십인역 성서는 오경뿐 아니라 히브리어 성서의 모든 그리스어 번역본에까지 확대되어 히브리어 성서의 그리스어 번역본은 물론 히브리어 성서의 각 권에 첨가한 그리스어 본문들, 그리고 히브리어 성서 경전에는 들어 있지 않지만 처음부터 그리스어로 쓰인 본문들까지도 모두 일컫게 되었다.

히브리어 성서 그리스어 번역본 어디에도 칠십인역 성서라는 말은 나오지 않는다. 이 말은 그리스어 성서 번역본의 라틴어 제목 '일흔 사람의 번역'(*Interpretatio septuaginta virorum*)을 줄여 '일흔'(Septuaginta)이라 부른 것에서 유래한다. 라틴어 '일흔'은 기원후 2세기의 그리스도교 저술가들이, 기원전 3세기에 이집트의 알렉산드리아에서 일흔 명의 번역자들이 오경을 번역하였다는 한 전승(Sefer Tora 1.8 바빌로니아 탈무드 소책자)을 따라 그리스어 구약성서 번역본 전부를 그리스어로 '일흔'(οἱ ἑβδομήκοντα)이라 일컫은 데서 비롯한 것이다. 알렉산드리아로 간 일흔 명이라는 번역자들의 숫자는, 모세와 함께 시나이 산으로 올라간 일흔 명의 원로(탈출 24,1-2.9-11)와 모세를 돕도록 임명된 일흔 명의 원로(민수 11,10-25)들을 연상시킨다. 오경 번역자의 숫자를 일흔으로 한 것은 그들을 모세와 함께 일한 원로들처럼 묘사하여 구약성서 그리스어 역본에 히브리어 성서 못지않은 정당성과 권위를 부여하고자 한 것이다. 칠십인역 성서는 보통 일흔을 가리키는 로마 숫자 LXX로 표기한다.

II. 칠십인역 성서의 기원과 본디 형태

1. 내적 증거(Internal evidence)

칠십인역 성서 안에서 찾아볼 수 있는 기원에 관한 내적 증거는 그리 많지 않으나 다음과 같이 세 가지로 요약해 볼 수 있다. 첫째, 오경은 유다인들이 번역하였다. 오경 이외의 다른 책들도 유다적 특징을 띠는 주석을 반영하고 있으나, 각 책들의 유다적 기원을 증명할 수는 없다. 둘째, 칠십인역 성서는 그 어휘를 볼 때 고대 이집트에서 번역되었다. 셋째, 칠십인역 성서 각 권의 어휘는 여러 번역자가 번역에 참여하였음을 보여 준다.

2. 외적 증거(External evidence)

칠십인역 성서의 기원에 관해서는 여러 외적 증거가 있으나, 알려진 자료들의 역사적 신빙성에는 논의의 여지가 있다. 히브리어 성서의 그리스어 번역본에 대해 언급하는 가장 오래된 책은 『아리스테아스 편지』(*Epistle of Aristeas*)이다. 아리스테아스는 이 편지에서 이집트 임금 프톨레매오 2세(Ptolemy II Philadelphus 기원전 285-247년)가 팔레스티나에 있는 일흔두 명의 유다 원로를 불러들여, 알렉산드리아 도서관에 소장할 목적으로 구약성서를 72일 동안 그리스어로 번역하게 하였다고 전한다. 이 이야기에는 전설적인 요소가 많으며 이러한 요소는 기원후 4세기에 씌어진 에피파니우스(Epiphanius)의 논문 『도량형』(*On Measures and Weights*)에서 더욱 두드러진다. 그는 유다 원로들이 서른여섯 명씩 둘로 나뉘어 번역을 하였는데, 번역이 끝난 뒤 비교해 보니 내용이 똑같았다고 한다. 『아리스테아스 편지』는 오경만 언급하고, 『도량형』은 구약성서 전체를 언급한다.

『아리스테아스 편지』가 씌어진 시기와 역사적 상황은 학자들 사이에 논란이 되어 왔다. 추정연대는 기원전 200년이며 아리스테아스가 이 편지를 쓴 목적은, 첫째 그리스어역 오경을 변론하기 위해서, 둘째 그리스인들에게 유다교와 율법의 우월성을 선전하기 위해서, 셋째 팔레스티나와 이집트의 다른 곳에 있는 유다인들의 공격에 맞서 알렉산드리아 유다인들의 저술활동을 방어하기 위해서, 넷째 아리스테아스 당시의 그리스어역 개정본에 대항하여 본래의 그리스어 역본의 우월성을 강조하기 위해서이다. 연대와 목적에 의문이 남지만 칠십인역에 관한 『아리스테아스 편지』를 두고 학자들의 의견이 일치하는 부분은 다음과 같다.

① 편지에 기술된 내용은 그리스어역 오경에만 적용된다.

② 칠십인역 번역 작업은, 히브리어를 알지 못하고 그리스어를 사용하던 디아스포라 유다인들을 위해 회당의 전례나 교육을 통해서 유다 관리의 지원을 받아 공식적으로 추진된 것으로, 대략 기원전 3세기 중반 이전에 이집트에서 이루어졌다.

③ 번역에 참여한 사람들의 숫자는 정확히 알 수 없고, 아리스테아스가 말하는 일흔둘은 상징적인 숫자일 것이다.

3. 칠십인역 성서 원 본문에 관한 현대의 가설들

1) 원문 가설(Urtext theory)

라가르드(Paul A. de Lagard)는 칠십인역 원문을 재구성하는 데 적용되는 원칙들을 논의한 최초의 학자다. 그는 마소라 본문처럼 칠십인역의 모든 필사본은 하나의 원형에서 유래하였다고 주장하였다. 그러나 마소라 본문에 대한 가정은 실제적인 증거, 곧 모든 사본에 나타나는 공통 요소들(발음 구별 부호나 악센트, 구두점 등)에 따라 이루어진 반면, 칠십인역에 관한 주장은 단순히 마소라 본문과의 유사성에 기초한 것이었다. 칠십인역의 원문을 복원하기 위해 라가르드는 추상적인 원칙들을 적용하였다. 그는 먼저 칠십인역의 세 주요 수정본, 곧 육공관성서(Hexapla)와 루치안 수정본과 헤시키우스 수정본의 원래 형태를 재구성하고, 거기에서 칠십인역의 원문을 복원하려 하였다. 그러나 라가르드와 그의 계승자 가운데 아무도 위의 세 수정본에서 칠십인역 원문을 재구성하지 못하였다. 비록 원문 재구성에는 실패하였을지라도, 대부분의 학자들은 칠십인역의 모든 필사본이 하나의 원형에 기초한다는 라가르드의 주장을 수용한다.

2) 다중 번역(Multiple translations)

칠십인역 원문이 존재한다는 데 처음으로 의문을 제기한 학자는 칼레(P. Kahle)이다. 그의 가설들은 『카이로 게니자』(*The Cairo Genizah*)라는 책을 통해 알려졌다. 칼레의 주장은 다음과 같다. 첫째, 현재의 칠십인역 본문의 통일성은 그 이전의 여러 번역에서 발전되어 이루어진 것이다. 그러므로 칠십인역 본문 비평의 과제는 다중의 본문 전승들을 수집하고 검토하는 것이지 원문을 복원하거나 추정하는 것이 아니다. 원문은 존재하지 않기 때문이다. 둘째, 그리스도교 이전 시대에는 어떤 번역도 권위 있는 것으로 여겨지지 않았다. 그러나 초대 교회는 하나의 본문 전통을 권위 있는 것으로 전해야 할 필요가 있었다. 그 결과 기원전 1세기부터 본문은 통일성을 갖추게 되었다. 그러나 이 통일성은 모든 필사본에 큰 영향을 미친 칠십인역 개정본들의 출현으로 무너졌다.

칼레는 다음의 두 가지에 기초하여 초기 번역본들이 여럿이었다고 주장하지만 여기에는 논란의 여지가 있다. 먼저 칼레는 다른 학자들과 달리 아리스테아스가 말하는 오경은 새로운 번역본이 아니라, 초기 번역본들의 공식 개정본을 언급한 것이라고 주장한다. 그는 『아리스테아스 편지』의 한 구절(*Ep. Arist*. 30)이, 그 당시 그리스어 번역본이 여럿이었음을 암시한다고 보았다. 그러나 다른 학자들은 아리스테아스가 말하는 것은 유다인들의 초기 번역본들이 아니라 히브리어 본문이라고 해석한다. 한편 20세기 초부터 칠십인역의 세 주요 사본(알렉산드리아 사본, 바티칸 사본, 시나이 사본)과 일부 그리스어 필사본 본문 전통이 크게 다르다는 것이 밝혀졌다. 칼레에 따르면, 서로 다른 이 본문 전통들은 다중의 번역본들이 있었음을 보여 주는 증거이다. 그러나 칼레의 주장에 동의하지 않는 학자들은 이 본문 전통들을 칠십인역의 초기 개정본들(예를 들어, 나할 헤베르에서 발견된 소예언서 두루마리)이라고 한다. 제자 스퍼버(A. Sperber)만이 칼레의 견해를 지지하였다.

그런데 나중에 칼레는 스스로 자신의 이전 주장에 반대하는 의견을 제시하였다. 칠십인역의 각 권마다 처음으로 시도된 번역이 있었고, 그것은 시간이 지나면서 개정되었다는 것이다. 이 첫 번째 번역을 원문이라 부를 수 있겠으나, 초기 칠십인역 본문의 유동성을 고려할 때 이렇게 부르는 것은 적합하지 않다고 한다. 칼레는 비록 칠십인역의 원래 형태를 재구성할 수는 없더라도 그것이 존재했다는 것은 인정하였다.

라가르드의 모델이 마소라 본문이었듯이, 칼레는 칠십인역과 타르굼의 본문 형성과정을 비교하였다. 칠십인역 본문이 이집트의 구두 전승에서 시작하여 문헌으로 기록되는 등의 여러 형성과정을 거친 것은 타르굼의 형성과정과 비슷할 것이라고 가정한 것이다. 그러나 칠십인역과 타르굼의 비교가 정당하다는 증거는 없다.

3) 여러 본문 전통(Multiple textual traditions)

라가르드와 칼레의 중간 입장에 서 있는 학자는 비커만(E. J. Bickerman)이다. 비커만은 대부분의 칠십인역 필사본들 뒤에는 하나의 원본이 있다는 라가르드의 가정은 합리적이지만 이 원본이 여러 다른 두루마리에 기록되어 전승되기 시작하면서 그 고유한 형태를 지킬 수 없게 되었다고 말한다. 그리스도교 이전 시기와 기원후 1세기경에 필사자나 편집자들이 필사본을 수정하였기 때문이다.

토브(E. Tov)는 얼핏 칼레와 라가르드 사이를 절충하는 태도를 보이며 비커만의 주장을 따른다. 그는 칠십인역 본문의 발전 단계를 다음과 같이 넷으로 꼽는다. 제일 먼저, 원래의 번역본이 만들어졌고, 두 번째로 모든 필사본 두루마리마다 수정을 거친 다양한 본문 전승들이 생겨났으며, 세 번째로 기원후 1-2세기에 본문이 정착되고, 마지막으로, 그뒤 새로운 본문들이 생겨났거나 3-4세기에 있던 오리게네스와 루치안 수정본의 영향으로 기존 본문들이 변질되었다. 그러나 토브의 주장은 라가르드와 칼레의 절충안이라기보다 라가르드의 가설을 다듬어 놓은 것이다.

4) 전례적 접근방법(A liturgical approach)

태커레이(H. St. J. Thackeray)는 회당에서 읽을 오경이 필요하여 알렉산드리아의 유다 공동체가 칠십인역을 만들어 냈다고 주장한다. 그는 예언서와 성문서도 점차 같은 목적으로 번역되었다고 한다. 태커레이의 이론은 오경에는 들어맞는 듯하지만 구약성서의 다른 책들에 대해서는 설득력이 없을 뿐 아니라 증명할 수도 없다.

5) 음역 이론(Transcription theory)

부츠(F. X. Wutz)에 따르면, 초기 번역자들은 히브리어가 아닌 그리스어로 음역된 히브리어 성서 사본을 번역에 사용하였다고 한다. 그는 오리게네스 육공관성서의 두 번째 난이 히브리어 성서를 음역하였으므로, 오리게네스 이전에 이미 그러한 본문이 존재했다고 주장하였다. 그러나 부츠의 이론은 학자들에게 지지받지 못하였다.

III. 그리스어역 구약성서 본문의 역사

칠십인역 원문의 출처에 관한 논의는 계속되고 있지만 원문 이후의 역사는 훨씬 분명하다. 기원후 1세기 그리스도교가 전파되면서 히브리어 성서의 새로운 그리스어 번역본이 요구되었다. 유다인들은 그리스도인들이 사용하는 칠십인역 성서를 저버리고 히브리어 성서의 새로운 그리스어 번역본을 만든 것이다. 2세기 유디교 학자들은 칠십인역에 맞서 오역들을 손질하고, 그리스도교적인 요소를 삭제하여 당시 팔레스디나에서 징식으로 사용되던 히브리어 본문에 맞춘 번역본들을 내놓기 시작하였다.

1. 칠십인역 개정본들(Revisions)

앞에서도 언급하였듯이 2세기 이후 그리스도교 저술가들은 구약성서 그리스어 번역본을 칠십인역 성서(Septuaginta/oi $\dot{\epsilon}\beta\delta o\mu\acute{\eta}\kappa o\nu\tau\alpha$)라고 불렀다. 그러나 때로 그들의 작품에 칠십인역 성서가 아닌 다른 그리스어 번역본에서 구약성서를 인용한 것을 볼 수 있다. 이들 성서 인용 가운데 많은 구절에는 번역자의 이름이 명시되기도 하였다. 아퀼라역과 심마쿠스역, 테오도시온역으로 알려진 세 작품은 종종 '그 셋' (oi $\tau\rho\epsilon\hat{\iota}s$/$oi$ γ'/the Three)이라 불리기도 한다. 오늘날 이들 세 번역본은 '후기 번역본'이나 '육공관성서 개정본'으로 불린다. 이 개정본들은 육공관성서 안에 포함되어 있으며 많은 부분이 서로 일치하기 때문이다.

1) 아퀼라역(Aquila)

아퀼라를 타르굼 오경의 번역자인 옹켈로스(Onkelos)와 같은 사람으로 보는 견해가 있다(A. E. Silverstone). 그러나 아퀼라와 옹켈로스의 이름이 흡사하기는 하지만 같은 사람이 칠십인역을 개정하고 오경을 아람어로 옮겼다는 증거는 없다. 아퀼라는 기원후 125년경에 자신의 개정본을 내놓았다. 일부 책들은 아퀼라가 두 개의 편집본을 발행하였다고 하는데, 그 둘 사이의 관계는 알려지지 않았다. 아퀼라역은 오리게네스의 육공관성서(Origen's Hexapla)에 나타나며, 현재 단편들(시편과 열왕기 상·하)만 남아 있다. 이 밖에도 아퀼라역은 몇몇 칠십인역 필사본의 여백과 교부들의 인용문에서 발견된다. 아퀼라는 자신의 스승인 랍비 아키바(Rabbi Akiva)의 성서 해석방법을 전수받았다. 아키바에 따르면, 성서의 모든 글자에는 의미가 있다. 따라서 아퀼라는 스승의 방법론을 적용하여 모든 단어와 불변화사, 심지어 형태소까지 정확하게 분류하여 옮기려 하였다. 곧 히브리 단어의 어원적 구조를 문자적으로만 옮겼다. 예를 들어, 그는 목적어를 만드는 전치사 אֵת을 $\sigma\acute{\upsilon}\nu$으로 옮겼고, 창세 1,1 의 ראשׁית(시작, 처음)을 ראשׁ(머리)에서 파생한 형태로 여겨 이것을 '머리' ($\kappa\epsilon\phi\alpha\lambda\acute{\eta}$)의 파생어 '으뜸, 우두머리'($\kappa\epsilon\phi\acute{\alpha}\lambda\alpha\iota o\nu$)로 옮긴다. 정확한 직역 위주의 아퀼라역은 당시의 유다인들에게 환영받았다.

2) 심마쿠스역(Symmachus)

심마쿠스는 에비온파의 그리스도인으로 알려져 왔으나, 최근의 연구 결과에 따르면 그는 유다교로 개종한 사마리아 사람이었다. 한편 바르텔레미(D. Barthélemy)는 성서 번역자 심마쿠스가 랍비 마이어(Rabbi Meir)의 제자라고 한다. 심마쿠스는 미드라쉬에 정통하였으며 이 개정본의 연대는 기원후 2세기 말로 추정된다. 심마쿠스역은 현재 오리게네스의 육공관성서에만 단편적으로 남아 있는데, 이 개정본에는 두 가지 상반된 경향이 나타난다. 매우 정확한 직역이 그 하나이고, 히브리 단어를 틀에 박힌 형식에 맞추어 옮기지 않고 의미에 따라 번역한 의역이 다른 하나이다. 심마쿠스의 문맥에 따른 번역은 히에로니무스에게 환영받았다.

3) 테오도시온역(Theodotion)

칠십인역 개정본들 가운데 테오도시온역은 현대의 칠십인역 연구에서 쉽게 해결되지 않는 문제를 제기한다. 초기 그리스도교 저술가들에 따르면, 역사상의 테오도시온은 이교에서 개종한 유다교인으로 2세기 중반 이후 에페소에 살았던 사람이다. 그러나 그의 개정본 자료가 된 본문은 일반 칠십인역 본문 전통과 다르며 기원전 1세기 초부터 있었던 것으로 보인다. 예를 들어 신약성서와 초기 교부들의 문헌에 테오도시온역 다니엘서가 인용되었다. 테오도시온역이 테오도시온이 살았던 시대보다 앞선 여러 자료들에 인용된 사실을 통해서, 학자들은 테오도시온 시대보다 앞선 테오도시온 개정본, 이른바 원-테오도시온역(Ur-/Proto-Theodotion)이 있었을 것으로 추정하게 되었다.

4) 원/카이게-테오도시온역(Ur-/Proto-/Kaige Theodotion)

1953년 나할 헤베르에서 그리스어로 된 소예언서 사본이 발견되었다. 바르텔레미는 그 사본과 다른 자료들의 관계를 조사하여 그 사본이 칠십인역의 사무엘서부터 열왕기까지, 아가서와 룻기와 판관기 B 본문, 예레미야서와 욥기에 추가된 본문, 그리고 육공관성서의 다섯째 병행난 퀸타(Quinta)의 시편과 비슷한 특성을 보여 준다는 사실을 알아냈다. 바르텔레미는 이 익명의 개정본을 '카이게'(καίγε)라고 명명하였다. 히브리어 םנ/םנ)을 항상 καίγε로 옮겼기 때문인데, 이는 히브리어 성서에서 םנ이 그다음에 오는 단어를 언급할 뿐만 아니라 다른 추가적 요소를 말하기도 한다는 랍비적 해석 규칙을 따른 것이다. 바르텔레미는 이 개정본의 완성 시기를 기원후 50년경으로 추정하였다. 그러나 이 개정본이 만들어진 것은 좀 더 이른 기원전 1세기 말경일 가능성이 높다. 바르텔레미는 이러한 연대 추정이 오랫동안 테오도시온역에 제기되던 의문을 해결해 준다고 주장한다. 위에서 언급하였듯이 테오도시온 개정본이 역사상의 테오도시온 시대보다 앞선 여러 자료들에 인용되어 원-테오도시온역이 있었으리라는 가정을 낳았는데, 카이게-테오도시온 개정본의 발견으로 이러한 원-테오도시온역 가설은 더 이상 필요없게 되었다는 것이나. 바르텔레미의 가설에 농의하는 학자들은 이제 기원후 2세기 말의 테오도시온역은 존재하지 않으며, 원/카이게-테오도시온역의 저자는 기원전 1세기 말경에 자신의 개정본을 내놓았을 것이라고 한다. 그러나 바르텔레미의 가설에 반대하여 역사상의 테오도시온 개정본과 테오도시온의 저술 자료가 된 원-테오도시온역이 있었으리라고 주장하는 학자들도 있다. 원/카이게-테오도시온역 가설을 받아들이든 받아들이지 않든, 학자들은 원/카이게-테오도시온역의 특성에 대하여 다음과 같은 합의점들을 내놓았다.

① 원/카이게-테오도시온역은 다른 번역본들보다 더 히브리 단어들을 정형화된 틀에 맞추어 옮기려고 하였으므로, 예를 들어 אִישׁ가 문맥상 '각 사람, 저마다, 서로'를 가리킬 때에도 ἕκαστος(각 사람)보다는 ἀνήρ(남자)로 옮겼다. ② 또한 칠십인역에서 ἀπό ἐπάνω(위로부터)로 옮기는 מֵעַל을 ἐπ/ἀπάνωθεν(위에서)으로 옮기며, ③ 완료시제를 선호하여 미완료시제와 연결된 ו-연속법을 역사적 현재로 번역하지 않는다. ④ 한편 부정 존재사 אֵין(~이 없다/없었다)을 οὐκ ἐστίν(~이 아니다)으로 옮겨 시간에 영향을 받지 않는 문장으로 만들고, ⑤ לִקְרַאת(만나러)를 εἰς ἀπάντησιν(만나러, 마중하러)으로 옮기는 것을 피한다. ⑥ 원/카이게-테오도시온역은 히브리 단어의 어원적 구조에도 관심을 보였다. 같은 뜻을 지닌 서로 다른 두 히브리어를 하나의 그리스어로 번역하는 것을 피하려고 새로운 번역어를 만들어 사용하기도 하였다. 예를 들어, 두 가지 형태가 공존하는 히브리어 1인칭 대명사 가운데 אֲנִי는 ἐγω로, אָנֹכִי는 ἐγώ εἰμι로 옮겼다. 2사무 12,7의 '내가 너를 구원하였다'(וְאָנֹכִי הִצַּלְתִּיךָ)를 '그리고 나는 〈이다〉 너를 구원하였다'(καὶ ἐγώ εἰμι ἐρρυσάμην σε)라고 번역하여 비그리스어적 문장이 생겨난 것이다. ⑦ 또한 원/카이게-테오도시온역으로 알려진 칠십인역 열왕기 하권에는 음역이 많다. 이는 필사자가 특정 히브리 단어의 뜻을 모를 때 이를 음역하여 옮겨 놓은 결과이다.

2. 칠십인역 수정본들(Recensions)

히에로니무스(Jerome 약 340-420년)는 자신의 역대기 서문에서, 구약성서 그리스어 번역본을 원문과의 동일성을 잃지 않은 채 체계적으로 본문을 향상시킨 수정본들 셋을 언급한다. 하나는 이집트에서 사용하던 번역본으로 헤시키우스가 번역한 것이고, 다른 하나는 콘스탄티노플에서 안티오키아까지 사용되던 오리게네스의 번역본이며, 마지막 하나는 팔레스티나에서 사용되던 루치안의 번역본이다.

1) 육공관성서(Hexapla)

육공관성서는 기원후 3세기 중반 알렉산드리아의 그리스도교 신학자 오리게네스(약 185-254년)가 히브리어 성서와 히브리어 성서의 그리스어 번역본들을 여섯 개의 병행난(hexapla = six columns)으로 편집한 책이다. 칠십인역 성서와 히브리어 성서 사이에 차이가 있음을 발견한 오리게네스가, 성서에 대하여 정확하게 알고 싶어 하는 그리스도인들과 유다인들을 위하여 차이점들을 드러내 주는 책을 만든 것이다.

이 여섯 병행난의 순서가 무엇에 기초하여 정해졌는지는 알 수 없으나, 연대순이 아닌 것은 분명하다. 오리게네스는 독자들이 히브리어 성서를 읽고 이해하는 데 도움을 주고자 한 것 같다. 육공관성서의 첫째 난은 오리게네스 시대에 통용되던 히브리어 성서 본문, 둘째 병행난은 모음이 없는 히브리어 본문을 그리스어로 음역하여 옮긴 필사본, 셋째 병행난은 아퀼라역 그리스어 성서, 넷째 병행난은 심마쿠스역 그리스어 성서, 다섯째 병행난은 칠십인역 성서, 여섯째 병행난은 테오도시온역 그리스어 성서이다.

6500여 쪽에 이르며 열다섯 권으로 짜여진 오리게네스의 육공관성서 전체가 필사된 적은 없다. 4세기 초반, 에우세비우스(Eusebius)와 팜필리우스(Pamphilius)가 가이사리아에서 육공관성서의 다섯째 병행난을 필사하여 내놓았을 뿐이다. 이것이 곧 팔레스티나에서 널리 사용된 칠십인역 본문이 되었다.

육공관성서의 학문적 중요성은 그 안에 아퀼라와 심마쿠스, 그리고 테오도시온의 번역본을 포함하고 있으며, 다섯째 병행난의 칠십인역 본문에 히브리어 성서와의 차이점을 제시해 준 것이다. 오리게네스는 대부분의 내용상 차이는 제쳐 두고, 두 자료 사이의 양적 차이, 곧 생략과 첨가 등에 초점을 맞추었다. 그는 의구표(÷)를 사용하여 그리스어 번역에는 있으나 히브리어 본문에 없는 것을 표시하였고, 다른 병행난들(주로 여섯째)에서 덧붙여진 것은 별표(※)로 표시하였다. 이러한 판별 기호들은 육공관성서 수정본의 다섯째 병행난을 포함하는 적지 않은 필사본들 안에 보존되어 있다. 그러나 최근 발표된 육공관성서 단편들, 특히 1896년 주교 메르카티(Giovanni Mercati)가 출판하여 밀라노의 암브로시아 도서관에 소장된 시편의 단편들을 보면 육공관성서의 다섯째 병행난에 나오는 판별 기호들이 없다.

한편 텔라의 주교 폴(Paul)은 육공관성서의 다섯째 병행난을 시리아어로 번역하여 출판하였는데(618-619년), 이를 시리아어역 육공관성서(Syro-Hexapla)라 한다. 시리아어역 육공관성서는 육공관성서의 판별 기호들을 충실히 옮겨 놓았다.

2) 헤시키우스(Hesychius) 수정본

앞에서 언급한 것처럼 히에로니무스에 따르면, 이집트에서 사용된 그리스어역 성서 수정본은 헤시키우스의 작품으로 알려진 본문이다. 헤시키우스 수정본에 대하여 알려진 것은 거의 없다. 1963년 젤리코(S. Jellicoe)는 바티칸 사본이 헤시키우스 본문을 반영한다고 주장하였다.

3) 루치안(Lucian) 수정본

루치안 수정본은 시리아에서 태어나 기원후 312년에 순교한 루치안의 작품으로 알려져 있다. 히에로니무스는 자신의 역대기 서문에서 칠십인역 수정본들 가운데 루치안의 작품이 가장 훌륭하다고 하였다. 차명-아타나시우스(Psuedo-Athanasius)는 『공관 성서』(*Synopsis sacrae Scripturae*)에서, 루치안이 아퀼라역과 테오도시온역과 심마쿠스역과 히브리어 성서를 면밀하게 분석한 뒤 잘못된 점을 수정하여 그리스도인들에게 이 책을 헌사하였다고 말한다. 고대 저술가들은 루치안의 삶과 행적을 이렇게 기록하였으나 이 본문들의 구체적인 내용과 그가 사용한 자료에 대해서는 정확하게 설명하지 않는다.

4) 원-루치안(Ur/Proto-Lucian) 본문

루치안 수정본과 관련한 가장 큰 논의는 루치안 시대 이전의 작품들에 루치안 수정본과 비슷한 본문들이 발견된 데에서 시작되었다. 논의의 결과 루치안 시대 이전에 이미 루치안 본문, 곧 원-루치안 본문이 있었을 것이라는 가설이 제기되었다. 이러한 원-루치안 본문은 기원후 2세기의 고대 라틴어역 일부와 시리아어역 구약성서, 기원후 2세기 후반의 것으로 추정되는 시편 77,1-18이 들어 있는 파피루스 단편, 그리고 신약성서 일부와 유스티누스(Justin Martyr 기원후 2세기)의 인용문들, 요세푸스(Josephus 기원후 1세기 중반)가 인용한 사무엘-열왕기 본문들과 기원후 2세기경의 파피루스 단편에 나타난다.

루치안과 원-루치안 본문의 특성과 기원에 관한 학자들의 견해는 일치하지 않는다. 특히, 역사서에서 더욱 의견이 분분하다. 사무엘 상·하권과 열왕기 상·하권(칠십인역에서는 열왕기 1-4권)에 관한 학자들의 네 가지 주요 입장을 다음과 같이 정리해 볼 수 있다.

① 랄프스(A. Rahlfs)는 열왕기 연구에서, 루치안이 고대 그리스어역을 마소라 본문과 일치시키고 마소라 본문과 다른 부분은 삭제·수정하였음을 밝혔다. 그는 루치안의 4세기 수정본이 원-루치안 본문의 요소들을 반영하고 있음을 알아냈다.

② 1963년 바르텔레미는 루치안 수정본에 관하여 완전히 새로운 견해를 제시하였다. 그는 2사무 11,2—1열왕 2,11의 루치안 수정본들은 고대 그리스어역 본문이고, 고대 그리스어역으로 여기던 다른 필사본들은 사실 카이게-테오도시온 개정본을 포함하고 있다고 주장한다. 결과적으로 바르텔레미는 루치안 수정본과 다른 사본들 사이의 관계를 뒤바꾸어 놓은 것이다.

③ 1964년 크로스(F. M. Cross)는 루치안 수정본을 완전히 다른 각도에서 접근하였다. 그는 쿰란에서 발견된 히브리어 성서 사무엘 단편(4QSam^a), 특히 2사무 11,2—1열왕 2,11과 원-루치안 본문과의 유사성을 발견하고 루치안 수정본들이 다음과 같이 두 단계로 형성되었다고 생각하였다. 먼저 4QSam^a 같은 히브리어 본문에 맞추어 고대 그리스어역을 개정한 원-루치안 본문이 만들어지고, 다음으로 루치안이 그것을 다시 수정하였다는 것이다.

④ 1972년 토브는, 크로스가 주장하는 원-루치안 본문 가설에 이의를 제기하였다. 그는 루치안 본문이 두 번에 걸쳐 형성되었으며 두 번 모두 루치안 시대에 이루어진 교정 요소들을 포함하고 있다고 주장하였다.

이와 같이 학자들의 견해가 통일되지는 않지만, 대다수의 학자들은 원-루치안 본문이 있었을 것이고 이 본문은 칠십인역을 히브리어 성서에 더욱 근접시킨 칠십인역 개정본이라는 데 동의한다. 만일 루치안이 자신의 칠십인역 수정본의 자료로 원-루치안 본문을 사용한 것이 맞다면, 루치안 수정본에 두 가지 상반되는 요소들이 나타나는 이유, 곧 루치안 수정본이 다른 칠십인역 필사본들보다 히브리어 성서 본문에 근접해 있는 것과, 히브리어 본문과 이질적인 자유로운 문체와 변화가 적용된 부분이 공존하는 이유가 설명될 것이다.

5) 히브리어 성서를 그리스어로 번역한 역사는 다음 다섯 단계로 요약된다.
① 히브리어 구약성서를 그리스어로 옮긴 최초의 번역본
② 최초의 번역본에서 발전되어 나온 초기 개정본들
　　(카이게-테오도시온역, 원-루치안 본문 등)
③ 아퀼라, 심마쿠스, 테오도시온역
④ 오리게네스의 수정본(육공관성서의 다섯째 병행난)
⑤ 히에로니무스에게 알려진 루치안 수정본(그리고 헤시키우스 수정본)

6) 다음은 추정 가능한 그리스어 번역본의 역사를 도표로 그린 것이다.

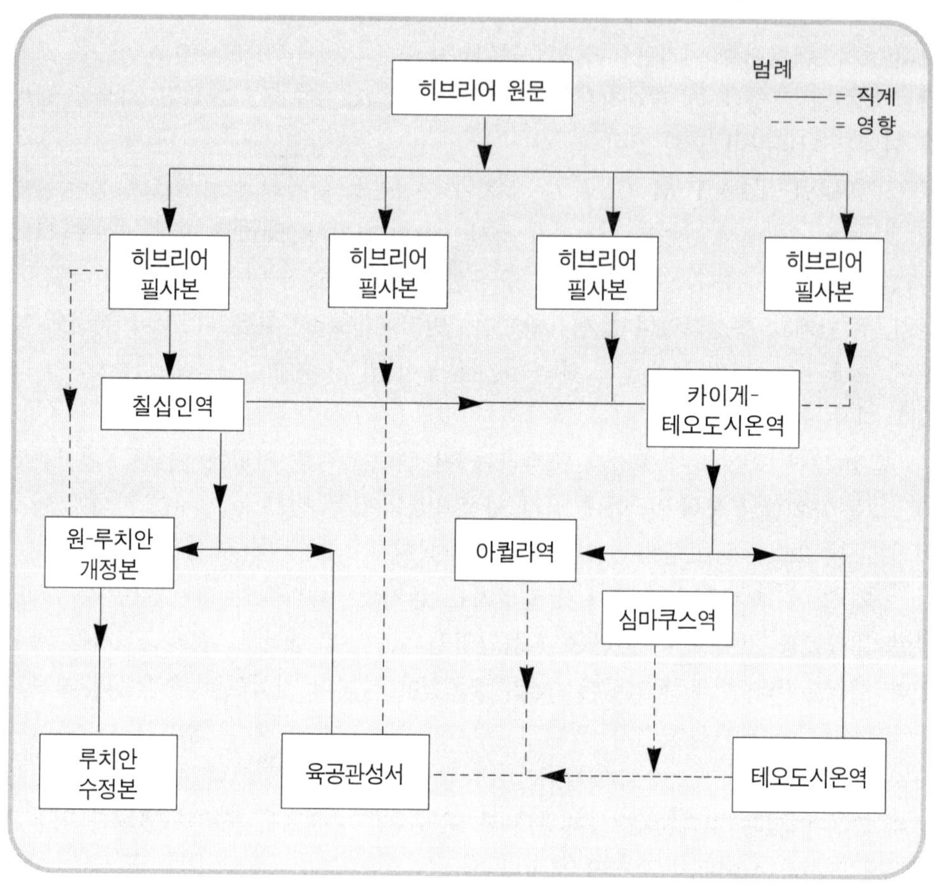

IV. 칠십인역 성서의 자료

1. 일차 자료

1) 파피루스(papyri)

오경의 대부분을 포함하고 있는 기원전 2세기-기원후 1세기까지의 파피루스들은 칠십인역 성서의 일차 자료로서 쿰란에서 발견된 일부 단편들과 더불어 가장 오래되고 중요한 자료이다. 다음은 랄프스가 매긴 번호와 내용, 추정 연대가 주어진 파피루스 목록이다.

랄프스 번호	내용	연대
957	신명 23—28장의 약 20절	기원전 2세기 초
942	창세 7장과 38장의 단편들	기원전 1세기 말
847	신명 11장과 31—33장 일부	기원후 1세기 초
848	신명 17—33장 일부	기원전 1세기 말
819	신명 11, 4	기원전 2세기
801	레위 26, 2-16	기원전 2세기/기원후 1세기 초
805	탈출 28, 4-7	기원전 약 100년
802	탈문(脫文, lacunae) 있는 레위 2—5장	기원전 1세기
803	탈문 있는 민수 3, 30—4, 14	기원전 1세기
943	소예언서 단편들	기원전 1세기/기원후 1세기 초

쿰란에서 발견되었으나 출판되지 않은 일부 단편들과 파피루스들도 있다. 그 가운데 가장 중요한 것은 체스터 비티 파피루스(Chester Beatty Papyri) IV-VI(랄프스 번호 961-963)이다.

| 961-962 | 탈문 있는 창세 8—46장 | 기원후 3-4세기 |
| 963 | 탈문 있는 민수기/신명기 | 기원후 2세기/3세기 초 |

2) 대문자 사본과 소문자 사본(Uncial script and Minuscule script)

가장 잘 알려진 대문자 사본으로는 바티칸 사본(B)과 시나이 사본(S/ℵ)과 알렉산드리아 사본(A)이다. 4세기경의 바티칸 사본은 비교적 육공관성서의 영향에서 벗어난 필사본이다. 비슷한 시기에 필사된 시나이 사본은 19세기 티쉔도르프(F. C. von Tischendorf)가 시나이 산의 성 카타리나 수도원에서 발견하였다. 오경이나 역사서는 아주 일부밖에 보존되어 있지 않고 다른 책들 대부분은 바티칸 사본과 비슷하다. 5세기경에 필사된 알렉산드리아 사본은 칠십인역 거의 전부를 보존하고 있다. 비록 육공관성서의 영향을 받았지만 이 사본은 칠십인역 연구에 중요한 자료이다.

3) 인쇄본(Printed Editions)

칠십인역 전체가 처음으로 인쇄된 것은 1514-1517년 스페인의 추기경 히메네스 드 치스네로스(Ximenes de Cisneros)의 지원으로 이루어진 콤플루텐시아 다국어 공관성서(Complutensian Polyglot Bible)이다. 콤플루툼이라는 도시에서 출판된 이 책은 각 장마다 지면을 세 병행난으로 나누어 같은 본문을 히브리어, 라틴어, 그리스어로 편집하고 라틴어에서 번역한 타르굼을 지면 아래에 덧붙였다. 한편 다국어 공관성서와 비슷한 시기인 1518-1519년에 아솔라누스(Andreas Asolanus)가 베네치아에서 그리스어 성서의 완전한 편집본을 내놓았다. 이 편집본은 알두스 출판사에서 내놓았기 때문에 알두스판(Aldine)이라 부르는데 비교적 후기 필사본들을 자료로 편집하였다. 가장 영향력 있는 편집본은 교황 식스투스(Sixtus) 5세의 지원으로 1587년에 나온 식스티나 로마나(Sixtina Romana)이다. 식스티나 로마나는 바티칸 사본에 바탕을 두고 사본의 탈문은 다른 사본들을 참조하여 재구성하였다. 칠십인역의 많은 인쇄본들이 이 식스티나 로마나를 기초로 하여 이루어진지라, 이 인쇄된 바티칸 사본의 본문과 칠십인역 성서를 동일시하는 관습이 생겨났다. 다음으로 중요한 인쇄본은 18세기(1707-1720년)에 잉글랜드에서 출판되었다. 옥스퍼드의 그랩(J. Grabe)이 알렉산드리아 사본을 바탕으로 이 작업을 주도하였고, 그가 죽고 난 뒤 제자들이 완성하였다. 이 인쇄본은 알렉산드리아 사본으로 본문을 구성하였지만, 마소라 본문에 대응하는 부분이 없는 곳에는 오리게네스의 육공관성서 기호들을 사용하였다.

오늘날 비평 편집본이라 부르는 인쇄본(*Vetus Testamentum Graecum cum variis lectionibus*)은 1788-1827년에 옥스퍼드의 홈즈(R. Holmes)가 주도하는 가운데 처음 시도되었다. 홈즈는 잉글랜드와 대륙 학자들의 도움으로 사본들을 모아 대조하는 데만 10년을 보냈다. 그가 죽기 7년 전인 1798년에 처음으로 창세기가 나왔고, 홈즈의 뒤를 이어 파슨스(J. Parsons)가 나머지를 완성하였다. 본문은 식스티나 로마나를 따랐고, 본문 비평 각주에는 20개의 대문자 사본과 교부들이 문헌에 인용한 구절뿐만 아니라 고대 라틴어역, 콥트어역, 아랍어역, 슬라브어역, 아르메니아어역, 게오르기아어역에 따른 300여 개의 필사본 자료들이 수록되었다. 이렇게 하여 홈즈-파슨스판 비평 편집본이 세상에 나왔다. 이 편집본은 비평의 대상이 되기도 하지만 여전히 칠십인역에 관한 가장 풍부한 자료 창고로서 그 가치는 상당하다.

가장 오랫동안 영향을 미친 편집본은 1883년 캠브리지에서 만들어지기 시작하였다. 캠브리지 특별평의회는, 본문 비평 각주를 비롯하여 그리스어 대문자 사본과 일부 흘림체 사본, 중요한 번역본들, 필로와 고대 교회 주요 저술가들의 인용구절에 나오는 본문들이 모두 들어간 칠십인역과 제2경전의 편집본을 내자고 제안하였다. 그들의 첫 작업으로, 스웨트(H. B. Swete)는 1887-1894년에 바티칸 사본을 기본으로 하고 2-3개의 대문자 사본으로 보완한 본문(*The Old Testament in Greek according to the Septuagint*)을 내놓았다. 그다음에 브룩/맥린/태커레이(A. E. Brooke/N. McLean/H. Thackeray)이 이를 보완한 캠브리지 편집본(*The Old Testament in Greek according to the Text of Codex Vaticanus, supplemented from other uncial manuscripts with a critical apparatus containing the variants of the chief ancient authorities for the text of the Septuagint*)을 차례로 내놓았다. 캠브리지판은 홈즈-파슨스판만큼 연구의 폭이 넓지는 않지만 더욱 세심하게 작업한 편집본이다. 캠브리지 증보판도 바티칸 사본을 본문으로 하여 본문 비평 각주에 다른 자료들을 제시하였다. 그러나 이 인쇄본의 인용 구절, 특히 번역본과 교부들이 문헌에서 인용한 구절들은 정확하지 않은 부분도 있다. 이 작업은 1940년에 중단된 채 재개되지 않고 있다.

현대의 칠십인역 연구는 라가르드의 업적에 크게 영향을 받았다. 라가르드는, 칠십인역의 모든 필사본은 취사선택 과정을 거친 본문들이 뒤섞여 있어 칠십인역의 원문(Urtext)에 이르는 과정도 선택적일 수밖에 없다고 확신하였다. 그는 원문을 재구성하려면, 첫째 번역자들 개개인의 문체에 익숙해져야 하고, 둘째 직역보다 자유로운 번역을 선호해야 하며, 셋째 마소라 본문보다는 히브리어 원문에 맞춘 본문을 선호해야 한다고 말한다. 비록 비평적 본문을 내놓지는 못했지만 라가르드는 이와 같은 원칙을 적용하여 칠십인역 원문을 재구성하고자 하였다. 1891년 라가르드가 죽자 이 일을 그의 제자 랄프스가 이어받는다. 20세기의 시작과 더불어 스멘트(R. Smend)와 벨하우젠(J. Wellhausen)은 라가르드와 랄프스의 연구를 이어 나가는 데 필요한 여건을 제공하기 위하여 1908년 3월 괴팅겐 칠십인역 연구위원회를(Göttingen Septuaginta-Unternehmen) 발족하였다. 이 연구위원회의 지원 아래 랄프스는 스승의 원칙을 바탕으로 한 비평적 본문들을 내놓았다(룻기 1922년; 창세기 1926년; 시편 1931년). 바티칸 사본과 시나이 사본, 알렉산드리아 사본 같은 세 가지 주요 대문자 사본을 토대로 한 랄프스의 인쇄본은 그가 죽기 직전 1935년에 인쇄되었으며, 이는 오늘날까지도 가장 널리 사용되는 칠십인역 편집본이다.

2. 이차 자료

칠십인역 성서의 이차 자료로는 초기 칠십인역 필사본들에 기초한 여러 번역본들과 그리스도교 저술가들이 인용하거나 암시한 그리스어 성서 구절들이 있다.

1) 번역본(versions)

그리스어역에서 옮긴 가장 중요한 번역본들은 시리아어 육공관성서, 콥트어역, 아르메니아어역, 게오르기아어역, 아랍어역, 에티오피아어역과 고대 라틴어역 들이다. 일부 번역본들의 필사본은 현존하는 가장 오래된 그리스어 사본보다 훨씬 이전 시대의 것이다. 예를 들면 바티칸 사본은 기원후 4세기 것인데 콥트어역과 고대 라틴어역은 기원후 2, 3세기 것으로 이보다 앞선 것으로 알려졌다. 따라서 이 번역본들을 정확히 편집하고 평가하면 칠십인역 본문의 역사 이해에 큰 도움이 될 것이다.

히브리어를 그리스어로 번역할 때 번역자들의 이해가 반영되어 본문에 변화가 생겼듯이, 위의 번역본들도 저마다 특색을 드러낸다. 또 그리스어역에 나타나는 변화가 번역자 자신의 표현인지 아니면 히브리어 원문이 달라서인지 결정내리기 어렵듯이, 번역본들 사이에도 차이가 나면 그것이 번역자 때문인지 자료가 된 본문 때문인지 분명하게 알 수 없다. 마찬가지로 그리스어에서 다른 언어로 옮길 때 옮기는 언어의 문법적 특성과 구문상의 한계가 번역과 그 번역본의 본문 비평에 영향을 미친다.

2) 그리스도교 저술가들의 문헌

그리스어역의 고대 번역본과 함께 초기 그리스도교 저술가들의 문헌은 칠십인역을 연구하는 데 중요한 자료가 된다. 그러나 현재 가장 오래된 그리스어 필사본보다 앞선 시대에 활약했던 것으로 알려진 저술가들은 많지만, 그들의 작품(주석서, 연설문 등)은 훨씬 후대의 필사본에 기록되어 전해지며, 이와 더불어 필사자들이 당시의 교부문헌에서 인용한 성서 구절을 자주 수정하였기 때문에 정확한 원문을 가려내기가 매우 어렵다. 더욱 문제가 되는 것은 당시의 저술가들이 어떤 본문을 암시만 하거나 생각나는 대로 인용한 탓에 같은 성서 구절을 여기서는 이렇게 다른 데서는 저렇게 인용한 사실이다.

칠십인역을 증거하는 자료는 2천 가지가 넘는 것으로 보인다. 몇몇 필사본은 성서의 책들 가운데 하나만 수록하고 있거나 어떤 책의 일부만 기록하고 있으며, 수많은 필사본들에 기록된 책도 있다. 이 자료들은 모두 칠십인역 본문을 연구하는 데 중요한 정보를 제공한다.

V. 칠십인역 성서의 구성과 순서 그리고 성서 각 권의 이름

1. 칠십인역 성서의 구성

칠십인역 성서는 세 종류의 책들을 포함한다. 첫 번째는 히브리어 성서 24권을 그리스어로 번역한 것이고, 두 번째는 히브리어 성서에는 포함되지 않은 그리스어 번역의 첨가 부분이며, 세 번째는 처음부터 그리스어로 씌어지고 히브리어 성서에는 들어 있지 않은 부분이다. 이들 가운데 두 번째와 세 번째의 책들을 제2경전이라고 부른다.

2. 칠십인역 성서의 순서

칠십인역 성서 각 권은 히브리어 성서와 다르게 배치되어 있다. 히브리어 성서가 정경화 작업의 단계에 따라 토라와 예언서와 성문서 순으로 정리되어 있는 반면, 칠십인역 성서는 문학적 성격에 따라 오경과 역사서와 시서와 예언서 순으로 정리되어 있다. 이와 더불어 각 권의 배치 순서도 히브리어 성서와 일치하지 않는다.

3. 칠십인역 성서와 다른 구약성서의 순서 비교

다음은 히브리어 성서와 칠십인역 성서, 그리고 한글 구약성서(가톨릭) 각 권의 순서와 이름을 표로 나타낸 것이다.

히브리어 성서	칠십인역 성서	한글 구약성서(가톨릭)
*토라(율법서)	*오경	*오경
창세기	창세기	창세기
탈출기	탈출기	탈출기
레위기	레위기	레위기
민수기	민수기	민수기
신명기	신명기	신명기
*느비임(예언서)	*역사서	*역사서
여호수아	여호수아	여호수아

판관기	판관기	판관기
사무엘 상	룻기	룻기
사무엘 하	열왕기 1	사무엘 상
열왕기 상	열왕기 2	사무엘 하
열왕기 하	열왕기 3	열왕기 상
이사야	열왕기 4	열왕기 하
예레미야	역대기 상	역대기 상
에제키엘	역대기 하	역대기 하
호세아	에스드라 상	에즈라
요엘	에스드라 하	느헤미야
아모스	에스델	토비트
오바디야	유딧	유딧
요나	토비트	에스델
미가	마카베오 1	마카베오 상
나훔	마카베오 2	마카베오 하
하바꾹	마카베오 3	*시서와 지혜서
스바니야	마카베오 4	욥기
하깨	*시서	시편
즈가리야	시편(과 송가)	잠언
말라기	잠언	코헬렛(전도서)
*케투빔(성문서)	코헬렛(전도서)	아가
시편	아가	지혜서
욥기	욥기	집회서
잠언	솔로몬의 지혜(지혜서)	*예언서
룻기	시라의 지혜(집회서)	이사야
아가	솔로몬의 시편	예레미야
코헬렛(전도서)	*예언서	애가
애가	호세아	바룩
에스델	아모스	에제키엘
다니엘	미가	다니엘
에즈라	요엘	호세아
느헤미야	오바디야	요엘

역대기 상	요나	아모스
역대기 하	나훔	오바디야
	하바꾹	요나
	스바니야	미가
	하깨	나훔
	즈가리야	하바꾹
	말라기	스바니야
	이사야	하깨
	예레미야	즈가리야
	바룩	말라기
	애가	
	예레미야의 편지	
	에제키엘	
	수산나	
	다니엘	
	벨과 뱀	

4. 마소라 본문과 칠십인역 본문들 사이의 차이점

두 본문에서 눈에 띄는 몇 가지 점들을 정리해 보았다.

탈출기: 35—40장이 마소라 본문과 많이 다르다. 일부 히브리어 본문이 칠십인역 본문에는 빠졌거나 축약되었거나 자리가 바뀌었다.

신명기: 모세의 노래 마지막 부분(32,43)은 칠십인역이 마소라 본문보다 여섯 절이 더 많다. '셰마'(6,4-9)는 마소라 본문과 다르게 옮겼다.

여호수아: 유다와 베냐민, 시므온 지파의 영토를 묘사한 부분(15,21-62; 18,22—19,45)은 알렉산드리아 사본과 바티칸 사본이 서로 다르다. 또한 마소라 본문 20,4-6에 나오는 도피 성읍에 관한 이야기가 칠십인역에는 빠져 있다. 반면 여호수아의 끝과 판관기의 시작 사이에는 마소라 본문에 없는 열다섯 절이 칠십인역에 포함되어 있다.

판관기: 중요한 대문자 사본인 알렉산드리아 사본과 바티칸 사본이 많이 달라서 랄프스는 두 본문을 함께 편집하였다. 이렇게 두 사본의 본문이 다른 데서 바티칸 사본은 초기 개정본(아마도 키이게-테오도시온 개정본)을 반영하고 알렉산드리아 사본

은 오리게네스 수정본을 반영한다는 주장이 제기되었다. 이 두 사본에는 모두 마소라 본문에 없는 구절들이 있다. 두 사본의 차이점이 크다고 해서 판관기 번역자가 둘이었을 것이라고 가정하기에는 근거가 부족하다. 오히려 여러 본문 전승을 대표하는 자료들이 둘이었던 것 같다.

사무엘 상·하: 칠십인역 본문이 대체로 히브리어 본문보다 길다. 그러나 칠십인역 본문에 없는 히브리어 자료들도 있다. 특히 골리앗 이야기에서 다윗의 모습(1사무 17—18장)을 묘사한 부분은 칠십인역 본문이 히브리어 본문보다 50절이 짧다.

열왕기 상·하: 칠십인역이 그린 솔로몬과 여로보암, 아합 임금의 모습이 마소라 본문과 매우 다르다. 일반적으로 칠십인역 본문이 더 길며, 종종 마소라 본문에는 한 번뿐인 설화들이 두 번 언급되기도 한다. 이들 가운데 일부는 이스라엘과 유다의 분열에 따라 전승도 두 가지였음을 가리키는 것 같다.

역대기 상·하: 함 자손들의 목록에서 칠십인역 본문이 마소라 본문의 목록보다 짧다. 2역대 35장의 칠십인역 본문에는 마소라 본문에 없는 2열왕 23—24장의 병행구절이 나온다.

시편: 칠십인역 시편은 9편에서 147편까지 순서를 매기는 숫자가 마소라 본문보다 하나씩 적다. 칠십인역은 시편 9편과 10편, 114편과 115편을 하나로 묶은 반면, 마소라 본문의 116편은 두 편으로 나누었다. 칠십인역 시편 각각의 시 제목은 히브리어 시편보다 길고 많다.

잠언: 칠십인역과 마소라 본문 사이에 대응하지 않는 구절들이 있다. 칠십인역에 첨가된 많은 부분은 문맥에 따른 것으로 설명할 수 있으나 일부는 마소라 본문이 아닌 다른 자료들에서 가져온 것으로 보인다.

욥기: 마소라 본문을 축약하거나 일부 구절을 바꾸기도 하였으며, 마지막(42,17 뒤)에는 긴 첨가 부분이 있다. 칠십인역 본문이 마소라 본문보다 대략 1/6이 짧다.

에스델: 칠십인역의 여섯 장은 마소라 본문에 병행구절이 없는 첨가부분이다.

예레미야: 칠십인역 본문과 마소라 본문이 눈에 띄게 큰 차이가 난다. 칠십인역 본문이 마소라 본문보다 2700 단어 정도가 적다. 이 짧은 그리스어 역본은 단순히 마소라 본문을 줄여 놓은 것이 아니라 마소라 본문과 다른 히브리어 본문을 옮긴 것으로 보인다. '뭇 민족에 대한 신탁들'(25,15-38)의 위치도 다르고 그 순서도 다르다. 마소라 본문 46—51장은 칠십인역에서 25,13 다음에 있고 10장과 23장의 내용도 많이 다르다.

소예언서: 칠십인역 본문과 마소라 본문의 책 순서가 다르다.

에제키엘: 칠십인역 본문이 마소라 본문과 여러 면에서 다르다. 가장 많은 논란

을 일으키는 차이는 36,23-38의 '새 마음의 신탁'이다. 아마도 마소라 본문보다 짧은 히브리어 본문을 옮긴 듯하다.

다니엘: 이 책의 그리스어 역본으로는 테오도시온역과 칠십인역 두 가지가 있다. 두 본문 모두 여러 면에서 마소라 본문과는 다르다. 예를 들어 4장에서 칠십인역은 히브리어 본문의 몇 부분을 생략했는데도 마소라 본문보다 길다. 이런 차이와 더불어 '벨과 뱀', '아자리야와 세 젊은이의 노래', '수산나 이야기' 등 유명한 첨가 부분이 있다.

VI. 번역본으로서의 칠십인역

1. 번역된 성서

칠십인역의 가치는 현존하는 히브리어 본문을 보완하였다는 것보다는, 기원전 3세기부터 이후 몇 세기 동안 유다인들이 자신들의 전통을 어떻게 이해하였는지를 보여 주는 기록이라는 데 있다. 팔레스티나와 이집트에서 발굴된 자료에서 드러났듯이, 그리스도교 이전 시대에는 본문들이 다양하고 폭넓게 퍼져 있었기 때문에 칠십인역 각 권마다 여러 다른 본문 자료나 번역자들이 있었을 것이다. 실제로 오리게네스 시대 이후에 완료된 교정작업들도 히브리어 본문이든 그리스어 본문이든 오리게네스 이전부터 진행되고 있었다. 앞에서도 언급하였듯이 칠십인역 번역본들의 자료가 된 본문을 마소라 본문이었다고 가정하는 것은 잘못이다. 구약성서가 정경으로 확정되기 이전에 칠십인역 작업이 시작되었고, 오늘날 슈투트가르트판 히브리어 성서 인쇄본으로 나오는 마소라 본문은 기원후 9세기에 가서야 완성된 것이기 때문이다. 더욱 위험한 것은 칠십인역이 대문자 사본으로만 되어 있다고 가정하는 것이다. 칠십인역 본문이라고 잘못 알려지곤 하는 바티칸 사본은 전체적으로 일관성이 없다. 예를 들어, 이 사본의 다니엘서는 고대 그리스어역이 아니라 테오도시온역 본문이다.

2. 칠십인역 성서에 나타난 번역상의 특징

1) 칠십인역 번역 작업

칠십인역은 동방의 언어에서 그리스어로 번역된 가장 중요한 작품이며, 구약성서를 번역한 첫 번째 책이다. 최초의 번역자들은 셈어에서 인도-유럽어로, 하나의 문화에서 다른 문화로 개념을 옮기는 문제에 직면하였다. 이집트 프톨레마오 시대에는 두 가지 번역 기법이 있었다. 그 가운데 하나는 상업과 법률집행을 위한 정확한 번역이고, 다른 하나는 문학작품을 옮기는 자의적(自意的) 번역이다. 칠십인역 번역자들은 이 두 종류의 번역 기법을 절충하였다.

2) 칠십인역 각 권의 이질성

칠십인역 성서에는 원래의 번역들만이 아니라 초기의 번역을 개정한 개정본들도 있다. 다니엘서에는 테오도시온역이 들어 있다. 개정본들은 각 권의 부분들에서도 나타나는데 사무엘과 열왕기에는 원-테오도시온 개정본이 부분적으로 들어가 있다. 이러한 혼합은 필사자들이 갖가지 특징을 지닌 여러 두루마리를 폭넓게 베껴서 필사본들을 작성하였기 때문이다.

칠십인역 각 권의 이질성은 이와 같은 외적 조건들뿐 아니라, 각 권의 번역 기법이 다른 데서도 비롯한다. 예를 들어, '야훼 츠바옷'(יה צבאות)을 후기 예언서는 '전능하신 주님'(κύριος παντοκράτωρ)으로, 이사야서는 '사바옷 주님'(κύριος Σαβαωθ)으로, 다른 책들은 '권능의 주님'(κύριος τῶν δυνάμεων)으로 옮겼다. 그러므로 칠십인역의 번역 특징을 논할 때는 각 권의 특징을 고려해야 한다.

3) 히브리어 본문 번역을 위한 자료들

번역자들이 히브리어 본문을 그리스어로 옮기는 과정에서, 그 작업을 돕는 사전이나 단어집을 가지고 있었다는 구체적인 증거는 없다. 그러나 그들은 한 단어의 뜻을 정의할 때 여러 자료를 참조하였을 것이다.

① 주석 전통: 칠십인역에 반영된 주석들은 다른 곳에서도 볼 수 있다. 번역자들은 여러 주석 전통을 알고 있었던 것 같다. 예를 들어 탈출 12,13.27에서 '넘다, 거르다'(פסח)를 '보호하다'(σκεπάζω)로 옮겼는데, 이는 타르굼 옹켈로스나 유다 율법학자들의 전통과 같다. 창세 33,19; 여호 24,32; 욥 42,11에서 주화의 단위로 보이는 '커시타'(קשׂיטה)는 칠십인역(ἀμνός)과 타르굼(חורפא)과 불가타(agnus)에서 똑같이 '양'(羊)으로 번역되었다.

② 문맥: 번역자들은 알려지지 않은 단어의 뜻을 문맥 안에서 찾아내곤 하였다. 이사야서 번역자는 '황혼'(נשׁף)이라는 단어를 문맥에 따라 각각 다르게 옮겼다. 곧 5,11에서는 '늦은'(τὸ ὀψέ)으로, 21,4에서는 '영혼'(ψυχή)으로, 59,10에서는 '한밤중'(μεσονύκτιον)으로 옮겼다. 한편 예레미야서에서는 이해하기 힘든 네 동사(6,4; 12,5; 46⟨26⟩,9; 51⟨28⟩,11)를 모두 '준비하다'(παρασκευάζω)로 옮겼다.

③ 어원: 번역자들은 히브리어의 어원적 고찰을 통하여 번역의 방향을 잡았다.

예를 들면 '만남의 천막' (אהל מועד)에서 '만남' (מועד)을 '증인' (μαρτύριον)으로 옮
겼는데, 이는 מועד를 '만나다' (יעד)가 아니라 '증언하다' (עוד)에서 파생하였다고 본
것이다. 또한 '광야 초원지대' (ערבה)는 때로 '서쪽' (מערב)과 관련된 말로 옮겼다.

④ 아람어: 그리스어 번역이 이루어질 당시는 아람어가 이집트와 팔레스티나 지역
의 공용어였다. 이러한 시대적 상황 탓에 칠십인역은 히브리어가 아닌 아람어를 음
역하는 경우들이 있었다. 아람어 פסחא를 음역한 '과월절' (πάσχα)은 히브리어로
פסח이고, מנא를 음역한 '만나' (μαννα)는 히브리어 מן이다. 때때로 필사자들이 아람
어 지식을 히브리어에 잘못 적용시킬 때 실수가 일어난다. 시편 60(59),10과
108(107),10에서 '나의 씻는 그릇' (סיר רחצי)을 히브리어 רחץ와 형태는 같고 의미가
다른 아람어 רחץ의 뜻에 따라 '내 희망의 그릇' (λέβης τῆς ἐλπίδος μου)으로 옮
긴 것이 그 예이다.

⑤ 오경 번역: 칠십인역 뒷부분의 책들을 번역한 사람들은 때로 오경의 번역을
참조하였다. 예레 34,17의 '공포' (זועה/זעוה)는 칠십인역 신명 28,25을 따라 '디아
스포라' (διασπορά)로 옮겼다. 예레미야서에서 네 번 쓰인 '오호라!' (אהה)는 칠십인
역 탈출 3,14(אהיה אשר אהיה - ἐγώ εἰμι ὁ ὤν)을 따라 '있는 자' (ὁ ὤν)로 옮겼다.

추측에 바탕을 둔 번역도 많다. 그런 번역은 문맥에 따라 추측과 수정을 하고,
대구법에 의존하거나 불특정한 일반 단어들이나 어원에 따른 번역을 사용한 경우들
이다. 이 밖에도 어떤 단어들은 번역자들이 그 뜻을 알지 못하여 옮기지 않고 그대
로 음역한 것도 있다. 이런 단어들은 성서에 한 번만 나오는(hapax legomena) 경
우가 많다.

4) 번역어의 선택과 번역 기법

최초의 번역자들에게는 오경의 내용을 표현할 단어를 찾아내거나 만들어 내는
일이 결코 쉽지 않았다. 대응어를 찾아내는 것은 언어적 일치 과정이지만, 주석적
요인들이 중요한 구실을 하였다. 주어진 히브리 단어를 적절하게 표현할 수 있는 그
리스어가 없을 때, 번역자는 때로 새로운 단어를 만들어 냈다(예: 안식하다 שבת =
σαββατίζω; 이방인 גר = προσήλυτος; 할례 עורלה = ἀκροβυστία). 또한 드물게 나
오는 전문용어들은 그에 맞는 적절한 단어를 찾아내지 못했을 경우 그리스어로 음
역하여 옮겼다(예: 만나 מנחח = μαννα, 에봇 אפוד = ἐφουδ; 오메르 עמר = γομορ
등). 칠십인역 각 권 안에서도 히브리 단어와 문장들의 직역과 의역이 공존한다.

많은 번역자들은 주어진 하나의 히브리 단어, 문장 요소, 구성들을 가능한 한 같
은 그리스어로 옮기고 그러한 번역이 미치는 영향은 소홀히 생각하였다. 이렇게 같

은 그리스어로 옮긴 것은 성서 본문이 원래의 언어에 충실하려면 똑같이 옮겨야 한다는 믿음을 반영한다. 일치성을 고수하는 번역은 그 당시의 규율인 듯하다. 어떤 단어를 한번 선택하면 어디에나 이를 적용시켰다. 정형화된 번역의 예로는 '계약'(ברית = $\delta\iota\alpha\theta\eta\kappa\eta$), '주님'(יהוה = $\kappa\nu\rho\iota\sigma$), '하느님'(אלהים = $\theta\epsilon\sigma$), '형제'(אח = $\dot{\alpha}\delta\epsilon\lambda\phi\sigma$), '율법'(תורה = $\nu\sigma\mu\sigma$) 등이 있다.

칠십인역에는 직역과 의역이 공존한다. 오경, 여호수아서, 이사야서는 비교적 문자적인 번역이고, 열왕기 일부분, 예레미야서, 애가, 아가서는 철저하게 문자적인 번역에 치우쳐 때로 어색한 그리스어를 만들고, 에스델서, 욥기, 잠언은 자유롭게 옮긴 번역이다. 다른 책들은 문자적인 번역과 자유롭게 옮긴 번역을 절충하였다.

5) 번역자의 지적·문화적 배경

번역은 일반적으로 번역자의 지적 배경을 암시한다. 번역자의 사고나 지식뿐만 아니라, 그의 문화적 환경까지도 보여 준다. 방법론적으로 쉬운 작업은 아니지만 번역이나 주석 형태를 살펴보면 번역자들의 지적·문화적 배경을 알 수 있다. 칠십인역 각 권 안에서 저마다 다른 신학적 성향을 발견하게 되는데, 이들 각 번역자들이 보여 주는 신학은 구체적인 신학체계로 통합할 수 없다. 따라서 칠십인역 전체를 대표하는 신학을 정확히 묘사하기는 어렵다.

① 번역 대응어의 선택

번역자들이 히브리어에 대응하는 그리스어를 선택한 것에서 그들의 언어 배경을 이해할 수 있다. 그러나 번역 대응어의 선택이 번역자들의 사고방식과 항상 일치하는 것은 아니다. 예를 들어 칠십인역 번역자들 대부분은 צדק의 어근을 $\delta\iota\kappa\alpha\iota\sigma$-와 일치시켜 사용하였는데(צדיק—$\delta\iota\kappa\alpha\iota\sigma$), 이 어휘 선택은 그리스어에서 흥미로운 언어 발전을 촉진시켰다. 고전 그리스어에서 $\delta\iota\kappa\alpha\iota\sigma$-는 인간관계에서 사용하는 말이었으나, 칠십인역에서는 주로 인간과 하느님 사이의 관계에서 사용하는 용어가 된 것이다. 그러나 $\delta\iota\kappa\alpha\iota\sigma$-의 사용은 번역자들의 신학적 경향을 드러내는 것이라기보다는 단순히 צדק와 $\delta\iota\kappa\alpha\iota\sigma$-를 동일시한 결과였다. 다른 경우는 גר를 $\pi\rho\sigma\eta\lambda\upsilon\tau\sigma$로 옮긴 것이다. 구약성서에서 גר는 '이방인, 이주자'를 뜻하고, 성서 시대 이후의 히브리어에서는 '이스라엘 종교에 합류한 사람'을 가리켰다. 그러나 그리스어 번역자들은 גר를 그 시대의 언어 현실에 적용시켜 '개종자'($\pi\rho\sigma\eta\lambda\upsilon\tau\sigma$)로 옮겼다.

한편 번역어의 취사선택에서 번역자들의 사고가 드러나는 경우도 있다. 예를 들어 히브리어 성서에 나오는 여러 종류의 '죄'(שקר/עולה/המס/זמה)를 시편에서는 일관되게 $\dot{\alpha}\nu\sigma\mu\iota\alpha$로 옮겼다. 시편의 번역자는 모든 종류의 '죄'를 '율법'($\nu\sigma\mu\sigma$)에

위배되는 행위로 본 것이다. 한편 오경 번역자들은 '유다 제단'($\theta\nu\sigma\iota\alpha\sigma\tau\acute{\eta}\rho\iota\sigma\nu$)과 '이교도 제단'($\beta\omega\mu\acute{o}s$)을 구별하였으며, 이사야서 번역자는 '영광'($\delta\acute{o}\xi\alpha$)이라는 단어를 자주 사용하였다. 곧 $\delta\acute{o}\xi\alpha$를 כבוד에 대응하는 말뿐 아니라 특별히 하느님과 관련된 단어들(תפארת/עז/יפי/חסד/הוד/הדר/גאות/און)에 모두 적용시켰다.

② 칠십인역 번역에 나타나는 주석의 종류

가. 신학적 주석

신학적 주석은 하느님과 그분의 행위, 메시아, 시온, 유배 등 여러 종교적 요소의 묘사와 관련된다. 이러한 신학적 경향들은 칠십인역 전반에 걸쳐 나타나지만, 이사야서에서 더욱 두드러진다. 하느님께서 '구원'($\sigma\omega\tau\acute{\eta}\rho\iota\sigma\nu$)을 베푸신다는 것이, 구약성서에서는 포로로 잡혀간 유다인들이 유배생활에서 풀려남을 의미하였는데, 칠십인역에서는 이 단어를 구약성서 본문과 다르게 사용한 경우를 볼 수 있다. 예를 들면, 이사 38,11의 '나는 주님을 뵙지 못하겠구나'를 '나는 더 이상 하느님의 구원을 볼 수 없다'로 바꾸었고, 이사 40,5의 '이에 주님의 영광이 드러나리니 모든 사람이 다 함께 그것을 보리라'를 '이에 주님의 영광이 드러나리니 모든 사람이 하느님의 구원을 보리라'로 옮겼다.

번역자들은 세속적 문장에 종교적 색채를 덧씌우기도 하였다. 이사 5,13의 '나의 백성은 지각이 없어 포로로 끌려가리라'에 '그들이 주님을 알지 못하기 때문에'라는 말을 끼워 넣은 것이다. 이러한 현상은 특히 잠언에서 많이 나타나는데, 잠언 13,15의 '좋은 식견은 호의를 가져온다'를 '신중한 판단은 호의를 베풀고 율법($\nu\acute{o}\mu\sigma s$)을 아는 것은 현명하다'로 바꾼다.

일반적으로 번역자들은 하느님을 의인화한 구절이나 단어를 그대로 옮겼으나 일부 번역자들은 이를 피하였다. 따라서 민수 12,8의 '그는 주님의 모습을 볼 수 있다'를 '그는 주님의 영광을 본다'로 옮겼고, 탈출 4,14의 '주님께서 그를 만나셨다'는 '주님의 천사가 그를 만났다'로 바꾼다.

나. 미드라쉬적 주석

많은 번역본에 미드라쉬적 주석들이 나타난다. 미드라쉬적 주석은 구약성서 본문의 의미에서 벗어났거나 랍비들의 문헌에 나오는 주석, 또는 그들의 주석과 비슷하지만 미드라쉬 자료들에서는 발견되지 않는 것을 말한다.

칠십인역에 나오는 일부 미드라쉬적 요소들은 오경의 율법을 명확하게 한다. 탈출 22,19의 '멸절될 것이다'(יחרם)에 칠십인역은 바빌로니아 탈무드, 신헤드린 60b과 같이 '죽음으로'($\theta\alpha\nu\acute{\alpha}\tau\omega$)를 덧붙였다. 또한 탈출 22,7의 '집주인은 하느님께 가까이 나와야 한다'에는 '그리고 맹세하여야 한다'를 덧붙였다(바빌로니아 탈무드, 바바

캄마 63b 참조).

칠십인역에 나타나는 미드라쉬적 주석 요소들 가운데 하나는 하가다이다. 칠십인역은 이사 65,22의 '그 나무'를 '생명의 나무'로 설명하고, 이사 1,13의 '축제모임'(מקרא קרא)은 탈무드에 나오는 속죄일의 명칭인 '큰 날'($\acute{\eta}\mu\acute{\epsilon}\rho\alpha\nu\ \mu\epsilon\gamma\acute{\alpha}\lambda\eta\nu$)이라 설명하였다.

다. 현재화

칠십인역 번역자들은 당시의 독자들을 위하여 이집트 생활에서 쓰이던 단어나 용어를 사용하며 현재화하는 작업을 하였다. 한 예로 이사 9,11의 '동쪽에는 아람이, 서쪽에는 불레셋이'를 '시리아는 동쪽에 그리스는 서쪽에'로 바꾸었다. 이는 헬레니즘 시대 상황 안에서 이스라엘의 적국이 달라졌음을 번역에 반영한 것이다.

3. 칠십인역의 언어

1) 히브리어법

칠십인역은 코이네($\kappa o\iota\nu\acute{\eta}$) 그리스어로 쓰였다. 칠십인역의 언어 연구는 코이네 그리스어를 연구하는 데 중요하다. 그러나 코이네 그리스어를 기본으로 하여 칠십인역의 언어를 연구하는 일은 쉽지 않은데, 칠십인역의 많은 문장구조와 어휘가 히브리어의 영향을 받았기 때문이다. 곧 그리스어 구조를 따르지 않은 채 특정한 히브리어 요소를 그리스어로 옮겨 놓은 것이다.

칠십인역에 나타나는 히브리어적 문장 구조를 엿볼 수 있는 예들은 다음과 같다. 고전 그리스어 동사 '맹세하다'($\acute{o}\mu\nu\upsilon\mu\iota$)는 대격, 여격 그리고 전치사 $\pi\rho\acute{o}s$를 지배한다. 그러나 이에 대응하는 히브리어 נשבע가 전치사 ב를 지배하자, 칠십인역도 $\acute{o}\mu\nu\upsilon\mu\iota$ 동사를 전치사 $\acute{\epsilon}\nu$과 함께 사용하였다. 또한 고전 그리스어에서는 불변화사 $\delta\acute{\epsilon}$를 자주 사용하였으나 칠십인역은 $\kappa\alpha\acute{\iota}$를 사용한다. 이는 접속사 ו를 $\kappa\alpha\acute{\iota}$로 번역하는 습관 때문이었다.

히브리어법은 칠십인역의 어휘에서도 나타나는데, 이는 히브리어를 기계적으로 적용하여 그리스 단어를 비그리스어적으로 사용한 결과이다. 이렇게 정형화된 번역은 그리스어적 의미를 지닌 보통 그리스 단어들로 기능하지 못하고 단순히 히브리 단어들을 표현하는 '상징'으로 작용한다. 이 현상의 대표적인 예는 שלום을 $\epsilon\acute{\iota}\rho\acute{\eta}\nu\eta$로 옮기는 것이다. 칠십인역에서 שלום은 $\epsilon\acute{\iota}\rho\acute{\eta}\nu\eta$로 178번 옮겨졌고, 그 밖에 한 번이나 두 번 나타나는 다른 대응어는 18개뿐이다. שלום이 '평화'나 '안정'을 의미할 때는 $\epsilon\acute{\iota}\rho\acute{\eta}\nu\eta$로 옮기는 것이 옳다. 그러나 שלום이 '안녕'이나 '번영' 등을 뜻할 때는

$\epsilon i \rho \acute{\eta} \nu \eta$가 아닌 다른 그리스어로 옮겨야 한다. 그러나 2사무 11,7의 '그리고 그가 물었다. 전쟁의 상황을' (וישאל ולשלום המלחמה)을 '그리고 그가 물었다 … 전쟁이 평화로운지' ($\kappa a i$ $\acute{\epsilon} \pi \eta \rho \acute{\omega} \tau \eta \sigma \epsilon \nu$ $\epsilon i s$ $\epsilon i \rho \acute{\eta} \nu \eta \nu$ … $\tau o \hat{\upsilon}$ $\pi o \lambda \acute{\epsilon} \mu o \upsilon$)로 옮긴 것이다. 비슷한 경우로 יד가 신체의 일부분인 손을 의미하지 않고 '기념물'을 뜻할 때도 그대로 '손' ($\chi \epsilon i \rho$)으로 옮겼다.

2) 칠십인역 언어의 특성

19세기 말까지 칠십인역 언어의 특성에 대하여 두 가지 주요 견해가 있었다. 하나는 칠십인역의 언어가 코이네 그리스어로 쓰인 다른 자료들과 다른 이유가 이집트에 있던 유다인들이 히브리어에서 파생한 요소를 많이 포함한 고유한 그리스어 방언을 썼기 때문이라는 것이다. 다른 하나는, 칠십인역이 고전 그리스어로 쓰였다는 견해이다. 이렇게 서로 다른 두 견해의 대립에 종지부를 찍은 학자는 다이스만(A. Deissmann)이다. 20세기에 들어서면서 이집트에서 헬레니즘 시대의 그리스어 단편 파피루스들이 발견되었다. 다이스만은 이를 통해, 이전에 히브리어법으로 여겨졌던 그리스어가 사실 칠십인역이 번역된 시대의 이집트 그리스어임을 알아내고, 헬라화된 이집트인들의 지방색이 칠십인역의 언어를 코이네 그리스어로 쓰인 다른 자료들과 구별되게 한 것이라 주장하였다. 곧 칠십인역의 언어는 어느 정도, 그러나 지나치지 않을 정도로 히브리어의 영향을 받은 기원전 3세기-기원후 1세기경의 이집트 코이네 그리스어라는 것이다. 다이스만의 주장은 많은 학자에게 인정받았으나 그 자체에 얼마간 한계가 있다. 비록 히브리어법이 그리스어로 채색되었다고 하더라도 그리스어적 관습보다 히브리어의 영향이 더 많은 것으로 보인다면 그것은 히브리어법으로 보아야 하기 때문이다.

위에서 언급한 견해들 말고도, 칠십인역 언어의 특성은 번역자들이 사용한 번역 기법의 결과이기도 하다. 이집트의 코이네적 요소들이 칠십인역에 많이 반영되어 있지만, 번역자들이 사용한 기법은 칠십인역의 특성을 잘 나타낸다.

VII. 칠십인역의 중요성

성서학에서 칠십인역의 중요성은 충분히 인식되어 왔지만 그 이유는 일치하지 않았다. 많은 학자들이 칠십인역을 중요하게 여기는 이유 가운데 하나는, 이를 마소라 본문과 비교하여 히브리어 성서를 교정하는 수단이 된다는 데 있다. 그러나 칠십인역이 번역한 히브리어 성서는 현재 우리가 보는 마소라 본문과 다른 본문일 수도 있다. 이렇게 본다면 칠십인역 성서를 중요하게 여겨야 할 가장 큰 이유는, 칠십인역을 통하여 그리스도교 이전 시대 유다인들의 사고를 살펴보고 이해할 수 있다는 점일 것이다. 칠십인역 성서를 통하여 다시 보게 된 히브리어 성서는 마소라 본문이 정착되기 수세기 전의 본문이다. 그러므로 칠십인역 연구는 성서 본문과 정경, 그리고 주석면에서 아주 중요하다. 칠십인역을 중요하게 생각하는 또 다른 이유는, 이 성서가 초기 그리스도 교회의 성서였다는 점이다. 칠십인역은 다른 성서의 보조자료가 아니라 초기 그리스도교 공동체의 성서였다. 신약성서 저자들이 독자들에게 모든 성서는 하느님의 '영감에 의해 쓰인 것'이라고 강조하였을 때, 그들이 말하는 성서는 히브리어 성서가 아니라 칠십인역 성서였다. 신약성서의 어휘와 신학은 칠십인역의 영향을 많이 받았다. 그리스도인들이 칠십인역을 성서로 받아들인 뒤, 이 성서는 헬레니즘 사회에서 중요한 문헌이 되었다. 필로와 바오로와 요세푸스 같은 초기 유다-그리스도교 저술가들은 자신들의 저서에 칠십인역을 인용하고 해석하고 적용하였다. 그리스와 라틴 교부들도 강론이나 주석서에서 히브리어 성서가 아니라 칠십인역 성서를 인용하였다. 그러므로 칠십인역 성서를 배제한 채 초기 그리스도교 저술가들의 학문을 연구할 수는 없다.

칠십인역 성서 창세기

I. 칠십인역 창세기

히브리어 성서 창세기를 그리스어로 옮긴 『칠십인역 창세기』는 '기원'(起原, Genesis)이라는 제목이 말해 주듯이 고대 독자들에게 아주 특별한 책이었다. 고대 독자들은 이 책을 여러 다른 이야기들의 모음이 아니라 일관성 있게 차례로 이어지는 하나의 이야기로 보았다. 창세기는 하나의 가계가 어떻게 이루어지고, 그들이 하느님의 도우심으로 영원히 살게 될 땅을 어떻게 상속받는지에 대해서 들려준다. 이 이야기는 세상 창조까지 거슬러 올라가는데, 악한 인간들은 멸망하고 선택받은 백성들은 약속받은 땅을 물려받기 전에 다른 나라로 이주한다는 내용을 줄거리로 하고 있다. 『칠십인역 창세기』는 그 모형인 히브리어 성서 창세기의 구조를 그대로 옮겨놓았다. 그러나 제목이나(ΓΕΝΕΣΙΣ) 일정한 형식으로 반복되는 계약과 약속, 그리고 중심주제를 표현하는 어휘 등으로 고유한 특징을 드러내기도 한다. 아브라함의 자손이 하느님 약속의 상속자가 된다는 창세기의 중심 주제는 신약성서 묵시록에까지 이어지므로, 저명한 문학 비평학자인 노트롭 프라이에(H. Northrop Frye)는 창세기를 그 주제가 성서 전체를 관통하는 '대전'(大典, Le Grand Code)이라 부르기도 하였다.

1. 책의 제목: 창세기

우리말로 창세기라 부르는 칠십인역 첫 권의 이름은 '기원'이다. 칠십인역의 특징들 가운데 하나는 율법서들에 그리스식 이름을 붙였다는 것이다. 히브리어 성서 각 권의 이름이 그 책에 처음 나오는 단어에 따라 붙여진 데 비하여(예를 들어 창세기는 בראשית 한 처음에), 칠십인역 각 권의 제목은 중심주제에 따라 붙여졌다. 이 제목들을 칠십인역 번역자들이 직접 붙인 것은 아니지만 아주 오래 전부터 그렇게 불러왔으며, 나중에는 히브리어 성서도 칠십인역 제목에 따라 불리게 되었다. 기원이라는 말은 창세 2,4; 5,1에 나온다. 창세기 필사본들의 제목은 그냥 '기원'이거나 '세상의 기원', '하늘과 땅의 기원'에 관한 책이다. 때로는 '기원들의 책'이라 하여 세상의 기원과, 인간과 후손들의 기원, 인간늘의 세대를 모두 포함한다.

기원이라는 말에는 '(세상과 인간의) 창조'라는 뜻이 없으며, 본디 '탄생, 생겨남', 그리고 복수로 '발생'을 뜻한다. 여기서 기원은 세상과 이스라엘 민족의 기원을 의미한다.

2. 되풀이되는 형식

창세기의 통일성은 일관된 형식과 이 책의 고유한 주제를 드러내 주는 장면의 반복으로 이루어진다. 이 책의 고유한 주제란 아브라함에게서 생겨난 민족이 하느님 약속의 상속자로 선택받는다는 것이다.

『칠십인역 창세기』에는 "이것이 누구의 족보이다"와 같은 형식의 문장이 아홉 번 나온다. 마소라 본문에는 이 표현이 열한 번 나오는데, 칠십인역은 마소라 본문에서 복수(תולדות)로 나오는 두 군데의 단어를(2,4; 5,1) 단수(γένεσις)로 옮겼다. 이 표현 형식은 노아(6,9)와 그의 아들들(10,1), 셈(11,10), 데라(11,27), 이스마엘(25,12), 이사악(25,19), 에사오(36,1; 36,9), 야곱(37,2)의 족보를 소개할 때 나온다. 아브라함의 족보를 묘사하는 데는 일정한 형식이 없다. 다만 아브라함 자손이 태어나는 과정은 묘사되어 있다. 아브라함 후손의 족보는 야곱에 와서 멈춘다. 열두 부족이 형성되었기 때문이다. "이것이 누구의 족보이다"라는 문장 형식 가운데 일부는 바로 다음에 주인공의 아들들을 소개하는 것이 아니라 주인공에 관한 이야기를 소개하는데, 이때는 "이것이 누구의 이야기이다"(참조: 6,9; 11,27; 37,2)와 같은 뜻이다.

한편 계약의 장면은 다음과 같은 형식으로 되풀이된다. 하느님께서는 후손과 땅의 상속과 큰 민족을 약속하신다. 그런 다음 복을 내리시고 자손의 번성을 선언하신다. 하느님께서 노아와 계약을 맺으시는 이야기(6,18; 9,1-17)는 축복에 관한 것이라기보다 더 이상 인간이 멸망하는 일은 없으리라는 약속과 표징에 관한 것이다. 아브라함도 하느님께 축복의 약속을 받고(12,2-3) 하느님과 계약을 맺는 당사자가 된다(15,1-21; 17,1-21; 22,16-17). 아브라함이 하느님과 맺은 계약은 아들 이사악(26,2-5)과 야곱(28,13-15; 35,9-12; 48,3-4)에 와서도 반복된다. 하느님께서는 아브라함에게 수많은 후손을 약속하시고 그 후손에게 땅을 주신다. 창세기에 되풀이하여 나타나는 고유한 용어들은 칠십인역 성서 전체에도 영향을 미치며, 유다교와 그리스도교의 기초를 형성한다.

3. 창세기의 문단 나눔 체계

창세기 본문은 이스라엘의 역사라는 주제에 집중하여 구성되었다. 알렉산드리아의 칠십인역 번역자들이 번역의 대본으로 삼았던 히브리어 성서 율법서(토라)는 두루마리 필사본으로서 문단 구분이 없이 계속되는 본문이었거나, 중요한 부분에만 표시가 있어 나중에 공동체 앞에서 낭독할 때(신명 31,9-13 참조)의 지침으로 고정되었을 것이다. 불행히도 지금까지 전해지는 히브리어 성서 필사본은 마지막으로 고정된 형태뿐이며, 칠십인역 성서 본문의 초기 필사본도 우리에게 전해지지 않기 때문에 히브리어 성서 율법서에 쓰인 초기 기호들에 관해서는 알 수가 없다. 우리에게 전해진 가장 오래된 본문인, 기원전 2세기 또는 1세기 것으로 추정되는 일부 그리스어역 율법서 필사본의 단편들에는 문단 나눔 표시가 있다. 이 표시들은 히브리어 성서를 본떠 만든 것이거나, 알렉산드리아 유다 공동체 고유의 표시 체계일 것이다.

기원전 3세기에 알렉산드리아에서 그리스어역 창세기의 본문을 나누었던 체계를 알기 위해서는 현존하는 칠십인역 필사본들에 의존할 수밖에 없다. 브룩과 맥린(Brooke & McLean)이 사용한 비잔틴 필사본은 창세기를 먼저 여섯 개의 큰 단락으로 나누고 이를 다시 예순다섯 개 항으로 나눈다. 그다음 이 예순다섯 개 항도 다시 작은 항목으로 나누었다. 그러나 이 필사본들의 나눔 체계는 일정하지 않으며 항목마다 제목을 적어 놓았다. 12세기에 들어와서 그리스어역 창세기는 마소라 본문과 마찬가지로 50개 장을 구분하게 되었다. 그리고 각 장마다 독자들의 편의를 위해 표시를 하였다. 그러나 이러한 나눔 체계가 알렉산드리아 유다 번역자들의 이해와 일치하는 것 같지는 않다.

후대의 유다 문헌들(기원후 2세기)에 나타나는 나눔 체계와 칠십인역 본문이 의미 있는 항목들에 따라 나눔 체계를 적용하는 방식을 살펴보면, 비잔틴 필사본보다는 유다인들이 사용한 나눔 체계를 통해 기원전 3세기의 칠십인역 본문에 더욱 가까이 접근할 수 있음을 알 수 있다.

전례 때 낭독하던 오경은 두 가지 방식으로 읽혔다. 먼저 바빌로니아에서는 일년 동안 오경을 쉰넷 파라샤흐(פרשה)로 나누어 전부 읽었으며, 창세기는 열두 파라샤흐로 나누었다. 한편 팔레스티나에서는 오경을 삼 년 동안 백쉰넷 또는 백예순일곱 세데르(ס)로 나누고, 창세기는 마흔다섯 또는 마흔여섯 세데르로 나누어 읽었다.

다음은 회당의 성서 낭독과 디아스포라 유다인의 성서 낭독에 관한 글을 쓴 페로(C. H. Perrot)의 제안에 따라 창세기를 마흔여섯 세데르로 나눈 것이다. 이 마흔여섯 세데르를 다시 열두 파라샤흐로 묶었다.

　(세데르 27)　　27,28—28,9　야곱에게 내려지는 복

파라샤흐 VII〔28,10—32,3　ויצא〕

　(세데르 28)　　28,10—29,30　"야곱은 맹세의 우물을 떠나 …"

　(세데르 29)　　29,31—30,21　"주님께서 레아가 미움받는 것을 보시고 …"

　(세데르 30)　　30,22—31,2　"하느님께서 라헬을 기억하시고 …"

　(세데르 31)　　31,3—32,3　"주님께서 야곱에게 말씀하셨다. …"

파라샤흐 VIII〔32,4—36,43　וישלח〕

　(세데르 32)　　32,4—33,17　"야곱은 … 먼저 전령들을 보내며, …"

　(세데르 33)　　33,18—35,8　"야곱은 … 살렘에 이르러 …"

　(세데르 34)　　35,9—36,43　"야곱이 시리아의 메소포타미아에서 나오자, …"

파라샤흐 IX〔37,1—40,23　וישב〕

　(세데르 35)　　37,1-36　"야곱은 자기 아버지가 몸 붙여 살던 땅, …"

　(세데르 36)　　38,1-30　"그때에 유다는 자기 형제들에게서 …"

　(세데르 37)　　39,1—40,23　"요셉은 이집트로 끌려 내려갔다. …"

파라샤흐 X〔41,1—44,17　מקץ〕

　(세데르 38)　　41,1-37　"이 년의 날들이 지난 뒤, …"

　(세데르 39)　　41,38—42,17　"파라오는 자기의 모든 신하에게 말하였다. …"

　(세데르 40)　　42,18—43,13　"… 그가 그들에게 말하였다. …"

　(세데르 41)　　43,14—44,17　"나의 하느님께서 …"

파라샤흐 XI〔44,18—47,28　ויגש〕

　(세데르 42)　　44,18—46,27　"유다가 그에게 다가가 말하였다. …"

　(세데르 43)　　46,28—47,28　"그는 자기보다 앞서 유다를 요셉에게 보내어 …"

파라샤흐 XII〔47,29—50,26　ויקרבו〕

　(세데르 44)　　47,29—48,22　"이스라엘이 죽을 날이 가까워지자, …"

　(세데르 45)　　49,1-26　"야곱이 자기 아들들을 불러 말하였다. …"

　(세데르 46)　　49,27—50,26　"베냐민은 약탈하는 늑대 …"

4. 열두 파라샤흐에 관하여

　첫째 파라샤흐는 창조 이후의 세상과 인간의 역사에 관해 이야기한다. 이 항목은 인류에게 닥친 재앙으로 끝나지만, 동시에 인류의 새 역사를 잉태하게 한 영웅 노아를 이야기의 전면에 등장시킨다. 노아는 주님께 은총을 입은 것이다(6,8).

둘째 파라샤흐는 노아의 이야기에 할애하며 하느님 계약의 두 번째 수혜자인 아브람의 등장으로 끝맺는다. 그는 자신의 고향을 두고 하느님이 지시하는 곳으로 떠난다. 아브람의 아버지 데라는 길 위에서 죽고, 이제 아브람의 역사가 시작된다.

셋째·넷째·다섯째 파라샤흐에서는 아브라함을 이을 후손에 관한 이야기가 전개되는데, 넷째 파라샤흐 마지막에 나홀에서 이어지는 자손의 이야기가 나온다. 다섯째 파라샤흐에서는 아브라함의 뒤를 이을 이사악의 이야기와 아브라함의 맏아들 이스마엘이 이사악과 떨어져 살게 되는 이야기가 나온다. 여섯째 파라샤흐에서는 이사악의 맏아들 에사오가 야곱과 떨어져 살게 되는 이야기가 이어지며, 에사오는 이스마엘에게 합류한다.

일곱째·여덟째·아홉째 파라샤흐에서는 야곱을 주인공으로 한 이야기가 전개된다. 일곱째 파라샤흐에서는 야곱이 라반과 결별하여 다시 고향으로 돌아온다. 그 뒤를 잇는 파라샤흐들에서는 야곱의 아들들이 저마다 자신의 역할을 수행하고, 특히 요셉의 모험이 길게 서술된다. 열한째 파라샤흐 첫머리에는 유다가 등장하고 마지막 파라샤흐는 다시 야곱의 이야기로 시작한다. 야곱이 요셉의 두 아들과(48장) 자신의 열두 아들들에게 복을 빌어 주는 이야기는(49장) 야곱이야말로 약속의 전달자임을 보여 준다. 그는 약속받은 땅의 분배를 예고한다. 창세기 마지막 항목은 요셉의 죽음으로 끝나고, 그의 마지막 말은 자기 가족들이 이집트에서 나와 하느님께서 약속하신 땅에 들어가리라는 것이다(50,24). 이렇게 창세기가 끝나고 이야기는 이집트 탈출기와 여호수아서로 이어진다.

나홀에서 롯으로, 이스마엘과 에사오로 이어지는 이스라엘 민족의 방계혈족은 약속의 땅 주변에 정치·민족적 자리를 잡았다. 남쪽에는 이스마엘과 에사오가 자리하였고, 동쪽에는 욕단과 롯이, 그리고 북쪽에는 아브라함의 아버지가 죽은 곳인 하란에 되돌아온 사람들이 자리하였다.

5. 유다교에서 칠십인역 창세기가 지니는 의미

유다교 독자들은 창세기를, 한 민족의 기원과 전능하신 하느님에게 선택받은 민족이 땅을 상속한다는 이야기로 보았다. 이 이야기의 주인공들은 아담에서 시작하여 인류를 새롭게 출발시킨 노아와 한 민족의 시조인 아브라함, 그리고 약속과 계약을 되풀이하여 받는 그들의 상속자들이다. 이 책의 중심주제는 유다교의 토대와 통한다. 유다인들도 아브라함의 후손이며 그의 씨이다. 창세기의 뒤를 잇는 칠십인역 성서 각 권에는 창세기 고유의 어휘들이 다시 등장한다. 예언서와 시편, 지혜서와 유다 문헌 『희년서』에서 이를 확인할 수 있다. 예를 들어 지혜 10장을 보면, 지혜는 '의로운' 선조들, 곧 아담과 노아와 아브라함과 롯과 야곱과 요셉, 그리고 모세 등을 보호하고 구원하였다. 이들은 '거룩한 백성'(10,15 λαὸν ὅσιον)이며 '흠 없는 자손'(10,15 σπέρμα ἄμεμπτον)이다.

기원후 1세기 팔레스티나의 필로는 『유다고대사』에서 아담부터 요셉에 이르는 연대를 고려하여 족보를 나열하였다(1, 2, 4, 5장). 이 작품은 악인은 멸망하고 의인은 구원받음을 강조한다(홍수 이야기와 바벨탑 사건, 아브라함이 구원받은 이야기: 3, 6, 7장). 책의 마지막 장인 8장은 창세 12장에서 50장까지를 간략하게 정리하며 이스라엘 민족의 여러 자손을 소개한다. 창세기의 중심 주제는 이 책 8장 3절에 잘 묘사되어 있다. 하느님께서 아브라함의 자손에게 땅을 약속하시고 아브라함과 계약을 맺으신다는 것이다. 여기에서 아브라함의 '씨'(σπέρμα)는 '영원한 것'으로 소개되는데, 이 '영원성'은 창세기에 나오는 계약의 특징(예를 들어 9,16; 17,7)이기도 하다.

유다인들에게 창세기가 어떤 의미를 지녔는가를 보여 주는 이러한 종류의 역사적 해석은 때때로 그리스도교에서도 발견된다. 사도 7,1-16에 나오는 스데파노의 설교를 한 예로 들 수 있다. 스데파노의 설교는 하느님께서 아브라함에게 그의 고장과 친척을 떠나라고 명령하신(12,1) 이야기로 시작한다. 그리고 아브라함의 후손이 사백 년 동안 종살이를 하고 난 다음 이집트에서 탈출할 것과, 하느님 계약의 표시로서 할례법을 세우시고 아브라함에서 이사악, 야곱 그리고 그의 열두 아들에 이르기까지 할례를 베푼 이야기와 요셉의 이야기, 이집트에서의 야곱과 그 자손들의 죽음과 그들의 유해가 세겜으로 운반되는 과정을 이야기한다.

하느님께서 땅을 약속하신 아브라함의 '자손'을 유다 민족에 제한하여 해석하는 시각도 있다. 거룩한 민족 이스라엘을 아브라함의 혈족 후손에게만 제한하려는 것이 유다인들의 창세기 해석 방법이다. 이러한 편협한 울타리를 부수어 버리고 창세기의 중심주제를 올바르게 돌려놓기 위하여, 유다 민족만이 아니라 '민족들'로 이루어지는 그리스도교의 시발점인 예수의 출현이 필요하였다.

6. 창세기의 중심 주제와 그리스도교의 해석

막내아들(νεώτερος)이 맏아들을 대신한다는 주제는, 같은 조상을 지닌 후손들이 서로 이웃하여 경쟁하며 살다가, 가장 어린 자식이 유산을 물려받게 된다는 것을 정당화하려는 데에서 발전하였다. 유다인들에게 이 주제는, 자신들이 선택받은 민족이며 막내로서 땅을 물려받을 권리가 있음을 재확인하는 의미가 있다. 가나안의 북쪽과 동쪽, 그리고 남쪽 민족들은 자리를 빼앗긴 맏아들의 자손들이다(예: 25,12-18; 28,6-9; 36,1 이하). 그러나 그리스도인들은 이 주제를 유다 민족과 다르게 해석하였다. 그리스도인들은 자신들을 막내아들로 보고 유다 민족을 맏아들로 보았다.

이 주제가 나타나는 창세기 본문들을 보자.

① 아담이 낳은 세 아들 가운데, 아벨을 대신한 셋이 아담의 역사를 이어 가고, 맏아들인 카인은 이야기에서 사라진다(4,17-24 참조).

② 그리스도인들에게는 노아의 맏아들로 에벨과 아브라함의 조상인 셈이 진정한 맏아들이지만 막내아들 야벳도 복을 받는 수혜자이다(9,27).

③ 데라의 세 아들, 아브라함과 나홀과 하란 가운데 누가 맏아들이고 누가 막내인지는 알 수 없다. 그러나 하란은 자식 롯을 남긴 채 죽고, 나홀이 조상의 땅인 하란에 남은 것으로 보아 맏아들로 보인다(11,31). 그의 자손들은 우상을 숭배하는 민족으로 남게 되는데, 그럼에도 나중에 아브라함의 자손들은 아내를 맞아들이기 위해 조상의 땅으로 간다(24,1-9).

④ 아브라함이 사라의 여종 하갈에게서 얻은 이스마엘도 하느님이 인도하시지만(16,7 이하; 21,15-21), 아브라함은 하느님께서 사라를 방문하시어(21,1) 얻게 된 아들 이사악을 사랑하고(22,2), 결국 이사악이 상속을 하게 된다(15,4).

⑤ 이사악의 쌍둥이 아들 에사오와 야곱의 경우에는 그들이 태어날 때부터 장자권 문제가 제기된다(25,19-34). 랍비 전통은 맏아들 에사오를 유다 민족의 적인 로마로, 야곱을 이스라엘 민족으로 보았고, 그리스도교 전통은 에사오를 유다 민족과 일치시키고 그리스도인들을 야곱과 동일시하였다(25,23 각주 22 참조). "큰 아이가 작은 아이를 섬기리라"(25,23)와 "너는 … 네 아우를 섬기리라"(27,40)는 로마에 패한 유다 민족을 가리키는 것으로 이해되거나, 이방 민족들이 그리스도교로 개종하는 하나의 예로 볼 수 있을 것이다.

⑥ 요셉의 두 아들에게 내려진 엇갈린 축복(48,19)도 '새로운 민족'(그리스도인)이 '낡은 민족'(유다인)을 대신한다는 것을 뜻한다(바르나바의 편지 13,1-6).

⑦ 창세 38,27-30에 나오는 유다의 쌍둥이 아들이 태어나는 순서는 그리스도교에서 이 같은 해석을 낳게 하였다.

⑧ 막내가 맏이를 대신하게 된다는 주제는 야곱의 두 아내 이야기(야곱이 사랑하는 동생 라헬과 언니 레아)에도 나오고, 야곱의 아들들 가운데서 유다가 자기 형 르우벤보다 더 중요한 구실을 하는 이야기에서도 나타난다(37,26; 44,14.18).

오리게네스는 이 원칙을, "두 번째 오는 사람이 첫 번째 오는 사람보다 안정되어 있다"(*Hom. Gen.* IX, 1)고 표현하였다. 그리고 '첫째 민족'을 '할례받은 민족'과 일치시키고, 르우벤과 가드와 므나쎄를 세 맏아들로 보았다(*Hom. Jos.* XXVI, 3). 타르수스의 디오도루스는 창세 25, 31-35을 두고, "맏아들은 항상 실패하고 거부당한다. 그러나 막내는 사랑받고 상속자가 된다"라고 해석하였다(*G* 258: F. Petit).

그렇다면 아브라함의 후손($\sigma\pi\acute{\epsilon}\rho\mu\alpha$)은 누구를 가리키는 것일까? 두 아들의 지위가 뒤바뀐다는 주제를 두고 바오로는 갈라 4, 21-31에서, 그리스도인들을 이사악과, 종살이하는 유다인들을 이스마엘과 동일시하였다. 한편 바오로는 갈라 3, 16에서 하느님의 약속은 "후손들에게"가 아니라 "후손에게"였음을 상기시키면서, 이 한 사람은 그리스도라고 말한다. 약속의 상속자는 율법을 지켰느냐(유다교)에 따라 결정되는 것이 아니라 얼마나 믿음이 있느냐(아브라함)에 따라 결정된다(로마 4, 13-25). 창세기에서 그리스도인들은 맏이를 대신하는 막내의 역할을 한다.

유다인들을 거슬러 메시아가 왔음을 증언하는 창세기의 유일한 구절은 49, 10이다. 그에게 "준비된 것들"($\tau\grave{\alpha}$ $\dot{\alpha}\pi o\kappa\acute{\epsilon}\acute{\iota}\mu\epsilon\nu\alpha$)이 온다는 표현은 예수가 '민족들의 희망'($\pi\rho o\sigma\delta o\kappa\acute{\iota}\alpha$ $\acute{\epsilon}\theta\nu\hat{\omega}\nu$)임을 암시하는 구절로서 유스티아누스, 이레네우스, 오리게네스 등의 호교론자들에게 귀중한 단서를 제공하였다. 그리스도교 전통은 예수를 랍비 전통의 임금-메시아에 일치시켰다. 3, 15에 나오는 여자의 "후손"($\sigma\pi\acute{\epsilon}\rho\mu\alpha$)도 메시아적 해석을 낳았으나, 유다교에 맞서는 증언으로 쓰이지는 않았다.

한 구절에 하느님을 일컫는 말이 둘 있을 때, 그 가운데 '주님'($\kappa\acute{\upsilon}\rho\iota o s$)은 그리스도를 가리키는 것으로 해석된다. 또한 하느님의 '말씀'($\lambda\acute{o}\gamma o s$)과 그분의 '천사'($\check{\alpha}\gamma\gamma\epsilon\lambda o s$), 그리고 '내려가다'($\kappa\alpha\tau\alpha\beta\alpha\acute{\iota}\nu\omega$)라는 동사는 하느님 아들의 강생을 암시하는 것으로 풀이된다. 오리게네스는 하느님께서 야곱에게 하신 약속(나도 너와 함께 이집트로 내려가리라. … 46, 4)을 강생의 한 예로 보았다(*Hom. Gen.* XV, 5). 동사의 복수형을 사용한 것도 삼위일체의 해석을 낳았다(11, 7: 18, 1-8 등). 창세기에 등장하는 인물들 가운데 일부는 그리스도의 예형으로 여겨지는데, 새 인류를 탄생시키는 의인 노아와 멜기세덱(14, 17-24), 사랑받는 이사악(22, 2: 26, 12)과 역경을 극복하는 야곱(32, 23-33), 형들에게 팔린 요셉(37, 28)과 제라(38, 30)가 그 예에 해당한다.

초기 그리스도교 작품들은, 창세기에 나오는 몇몇 단어를 그리스도의 세상 구원을 예고하는 것으로 해석하였다. 이를테면, 나무나 장작(2, 9: 6, 14: 22, 6. 13), 또는 나무로 만들어진 물건(30, 37: 32, 11: 38, 18의 지팡이)은 그리스도의 십자가를 가리키는 것으로 보았다. 그리고 불, 특히 살아 있는 물은 세례에 쓰이는 구원의 물을 일컫는 것으로 해석한다(참조: 21,19; 24,10-27; 26,15; 29,1-14; 30,37).

7. 교훈서로서의 창세기: 덕의 모범들

창세기는 미덕의 모형들을 제시하는 일종의 전기로 읽혔으며, 설교가들은 이들을 표본으로 삼았다. 집회 44,16-23에는 덕의 모범들(에녹, 노아, 아브라함, 이사악, 야곱)이 열거되어 있는데, 이 본문에 나오는 용어들은 칠십인역 창세기에서 영향을 받았음을 알 수 있다. 로마의 클레멘스와 요한 크리소스토무스와 예루살렘의 헤시키우스 같은 그리스도교 설교가들도 이와 같은 구약성서의 인물들을 덕의 모범으로 삼았다.

II. 창세기의 용어들

1. 하느님의 그리스어 이름들

칠십인역 창세기 번역자는 히브리어 성서에서 하느님을 가리키는 엘(אל), 엘로힘(אלוהים), 엘 엘로힘(אל אלוהים), 엘로아(אלה), 그리고 야훼(יהוה)를 '하느님'($\theta\epsilon\acute{o}s$)과 '주님'($\kappa\acute{v}\rho\iota os$) 두 가지로(그리고 '주 하느님' $\kappa\acute{v}\rho\iota os$ $\acute{o}$ $\theta\epsilon\acute{o}s$) 옮겼다. '하느님'은 거의 대부분 엘로힘에, '주님'은 야훼에 대응한다. 마소라 본문과 칠십인역 본문에 나오는 하느님의 이름에 관한 대응 관계를 설명하는 것은 그리 간단하지 않다. 칠십인역 성서의 자료가 된 구약성서가 어떤 것인지 정확히 알 수 없고 칠십인역의 필사본들은 여러 번 수정작업을 거쳤기 때문이다. 따라서 우리는 우리에게 전해진 칠십인역 본문과 마소라 본문을 놓고 추정 가능한 범위에서 결론을 내릴 수밖에 없다. 칠십인역 번역자는 두 본문 사이에 정해 놓은 엄격한 규칙에 따라 하느님의 명칭을 사용한 것이 아니라 가능한 한 통일성을 이루려 하였다는 것이다.

칠십인역 창세기 가운데 무작위로 뽑은 다음 네 부분을 살펴보면, 3,1—4,16에는 하느님을 가리키는 말이 스물두 번 나오고, 6,1—7,16에는 열일곱 번, 15,1—16,16에는 열여섯 번, 그리고 28,10-22에는 열한 번 나온다. 15,2.8에 나오는 '주재자님'($\delta\epsilon\sigma\pi\acute{o}\tau\eta s$)을 제외하면, 하느님 이름은 모두 예순네 번 나온다. 이에 대응하는 마소라 본문에는 엘로힘이나 엘이 스물한 번, 야훼가 서른세 번, 야훼-엘로힘이 열 번 나온다. 칠십인역에 나오는 예순네 번의 하느님 이름 가운데, '하느님'($\acute{o}$ $\theta\epsilon\acute{o}s$)은 서른 번, '주님'($\acute{o}$ $\kappa\acute{v}\rho\iota os$)은 열다섯 번, 그리고 '주 하느님'($\kappa\acute{v}\rho\iota os$ $\acute{o}$

θεός)은 열아홉 번이다. 칠십인역에 나오는 '하느님'은 마소라 본문의 '엘'이나 '엘로힘'을 옮긴 것이 열여덟 번이고, '야훼'를 옮긴 것이 열 번, 그리고 '야훼-엘로힘'을 옮긴 것이 두 번이다. 또한 열다섯 번의 '주님'은 마소라 본문의 '야훼'를 옮긴 것이다. 마지막으로 '주 하느님'은 마소라 본문의 '야훼-엘로힘'을 여덟 번, '야훼'를 여덟 번, 그리고 '엘로힘'을 세 번 옮긴 것이다.

이와 같은 연구 결과를 통하여 다음과 같은 결론을 내릴 수 있을 것이다. 곧 두 본문을 놓고서 하느님 이름을 다양하게 옮긴 이유를 밝힐 수는 없다. 다만 칠십인역 창세기에는 '하느님'(θεός)이란 명칭이 가장 많이 나오며, 마소라 본문에 나오는 엘이나 엘로힘보다 열여덟 번('주 하느님'에서 '하느님' 포함)이 더 많다. 한편 '야훼'(יהוה)라는 이름은 마소라 본문에서 칠십인역보다 열여덟 번 더 나온다.

1) 그리스어 사용자들이 보는 '하느님'과 '주님'의 의미

① 하느님(θεός)

칠십인역 번역자들이 마소라 본문의 '엘로힘'을 옮기는 데 사용한 단어 '하느님'은 호메로스 시대부터 신을 나타내는 용어로 쓰였다. 칠십인역 번역자들은 엘로힘을 일신론적으로, 철학적 신개념에 가깝게 비인격화하여 표현하였다. 필로는 θεός라는 이름을 '창설하다'(τίθημι)와 연결시켜 하느님을 창조자로 묘사한다. 플라톤은 '달리다'(θέω)를 그 어원으로 보아 세상 창조를 위하여 분주하게 달리는 분을 가리킨다고 하였다. 필로는 이와 같이 창조주의 의미를 지닌 하느님을 주님과 대비되는 것으로 보았다.

② 주님(κύριος)

'주님'은 마소라 본문의 '야훼'(יהוה)를 옮긴 것이다. 본디 κύριος는 보통명사로서 종에 대비되는 개념으로 주인이나 한 여인의 남편을 뜻한다. 이 단어는 기원전 1세기 이후의 파피루스들에서 이집트의 신을 가리키는 이름으로 나타나기도 한다. κύριος가 언제부터 히브리어 신명사문자(神名四文字) 야훼(יהוה)를 가리키게 되었는지는 알 수 없다. 필로는 κύριος를 그리스어 어원과 뜻에 따라 연구하였다. κῦρος라는 말은 절대적인 권력이나 결정권을 뜻하고, κύριος는 권력과 힘을 가진 사람을 가리킨다는 것이다.

필로는 다스리고 징벌을 결정하는 것이 신이 가진 능력이라고 말한다. 그는 하느님을 가리키는 두 이름이 절대적인 힘을 가진 두 존재를 일컫는다는 생각에 반대하였다. 그에 따르면 이 두 이름은 하느님 행위의 성질에 따라 다르게 표현된 것일 뿐이다. 곧 창조자이며 자비를 베푸는 신의 모습은 θεός로, 싱벌을 남낭하는 신의 모습은 *κύριος*로 썼다고 주장한다.

2) 창세기에 나오는 신의 다른 이름들

칠십인역 창세기에는 하느님과 주님 이외에, *δεσπότης*가 두 번(15,2.8), *ὕψιστος*가 두 번(14,18.22), *φόβος*가 두 번(31,42.54) 나오고, *δυνάστης*가 한 번(49,24), *ἄγγελος ὁ ῥυόμενος*가 한 번(48,16) 나오며, 마소라 본문의 엘-샷다이(שׁדי אל)에 대응하여 이스라엘의 하느님과 부족의 개인적 관계를 나타내는 '나의 하느님', '너의 하느님'이란 표현이 여섯 번(17,1; 28,3; 35,11; 43,14; 48,3; 49,25) 나온다. 칠십인역의 다른 곳에서는 히브리어 엘-샷다이를 '전능하신 분'(*παντοκράτωρ*)으로 옮기기도 하였으나, 창세기는 이 단어를 쓰지 않았다. 2열왕 22,32에 나오는 '창조주'(*κτίστης*)라는 말도 창세기에는 보이지 않고, 이방사제인 멜기세덱의 입을 통해서만 '창조하다'(*κτίζω*)라는 동사에서 나온 '창조하신 분'(*ὃς ἔκτισεν*)이라는 말이 나온다(14,19).

마소라 본문에서 하느님이라는 단어와 함께 쓰인 사람이나 장소를 나타내는 합성 고유명사들의 경우에 칠십인역은 *θεός*를 쓰기도 하고 안 쓰기도 한다(참조: 엘-로이 16,3; 베델 28,19과 35,7; 이스라엘 32,29; 이스마엘 16,11; 브니엘 32,31 등).

3) 하느님의 현현

히브리 족장들의 하느님께서는 사람들에게 당신의 말씀이나 사자(使者)를 통하여 당신을 드러내셨다. 하느님의 말씀은 창세기에서 줄곧 *ῥῆμα*로 표현되고(15,1; 18,14), *λόγος*라는 말은 아직 칠십인역의 신학용어로 쓰이지 않았다. 그러나 주석가들은 모두 하느님의 말씀을 *λόγος*로 표현하였는데, 특히 창조주의 말씀을 그렇게 표현하였다. 고전 그리스어에서 '사자', '심부름꾼'을 뜻하는 *ἄγγελος*는 칠십인역 독자들에게 유다교에서 말하는 천사의 의미로 이해되었을 수도 있다. 그러나 48,15-16에서 천사는 하느님 자신으로 나타난다. 천사는 여러 다른 신의 현현 장면에서 때로는 단수(16,7 이하; 21,17; 22,11.15; 24,7-40; 31,11)로, 때로는 복수(18,2; 19,1 이하; 32,2)로 나온다.

하느님, 주님, 또는 하느님의 천사가 사람에게 자기 모습을 드러내신다. 창세기에는 신의 현현 장면이 열두 번 나온다(아브라함에게 네 번, 하갈에게 한 번, 이사악에게 두 번, 그리고 야곱에게 다섯 번). 그리스어 본문은 이를 표현하면서, '보다'(*ὁράω*) 동사의 수동형을 사용하였다. 곧 '보였다'(*ὤφθη*) 여덟 번, '드러나신 분'(*ὀφθείς*) 네 번이다. 동사의 수동형을 사용한 이유를 신학적으로 설명하자면, 인간은 죽기 전에 하느님을 볼 수 없기 때문이다. '(하느님을) 보다'라는 능동형은 유일하게 장소의 이름을 옮길 때 쓰였다(환시의 우물 16,13-14; 33,10 참조). 35,7에서는 '나타나다'($\epsilon\pi\iota\phi\alpha\iota\nu\omega$) 동사를 써서 신의 현현 장면을 묘사하였다. 보이는 것은 하느님의 '모습'일 뿐이다($\epsilon\hat{\iota}\delta\sigma$ 32,31 참조).

하느님의 현현 장면은 그리스도교 전통에서 인자의 현현 장면으로 해석되었는데, 특히 천사나 주님이 등장하는 곳에서이다(16,7; 18,1-8; 22,11; 28,10-22; 32,23-33). 유다교 전통이 신의 현현 장면을 문맥에 연결시켜 종교적으로 해석한 반면(하느님께서는 인도하시고 용기를 주시며 위로하시고 치유하시기 위하여 자신을 드러내셨다), 그리스도교 전통은 이를 인자의 강생 이전부터 그분의 중재를 선언하는 것으로 해석하였다. 특히 유스티누스와 이레네우스가 이 해석을 발전시켰다.

4) 하느님의 규정들

창세기에는 탈출기부터 나오는 '율법'에 관한 언급이 없다. 그러나 창세기의 하느님도 명령을 내리고 준수할 규정을 주신다. 칠십인역 번역자들은 너그러운 권력자에게 알맞은 말인 '이르다'($\epsilon\nu\tau\epsilon\lambda\lambda\omega\mu\alpha\iota$)를 스무 번 정도 사용하였으며, 문맥에 따라 명령을 뜻하는 서로 다른 동사들을 사용하기도 하였다($\sigma\nu\nu\tau\alpha\sigma\sigma\omega$, $\epsilon\pi\iota\tau\alpha\sigma\sigma\omega$, $\pi\rho\sigma\sigma\tau\alpha\sigma\sigma\omega$). 26,5에서는 하느님의 명령에 순종하는 아브라함을 소개하면서, 그분의 명령을 $\tau\grave{\alpha}$ $\pi\rho\sigma\sigma\tau\alpha\gamma\mu\alpha\tau\alpha$, $\tau\grave{\alpha}\varsigma$ $\epsilon\nu\tau\sigma\lambda\alpha\varsigma$, $\tau\grave{\alpha}$ $\delta\iota\kappa\alpha\iota\omega\mu\alpha\tau\alpha$, $\tau\grave{\alpha}$ $\nu\sigma\mu\iota\mu\alpha$라는 서로 다른 네 단어로 묘사하였다. 그 가운데 '계명'($\epsilon\nu\tau\sigma\lambda\eta$)은 요한 15,12에서 서로 사랑하라는 절대적인 명령에서 다시 나타나고, '법'($\nu\sigma\mu\iota\mu\sigma\varsigma$)은 히브리어 תורה에 대응한다. $\nu\sigma\mu\sigma\varsigma$라는 말이 아직 칠십인역에 들어오기 전이었다.

5) 하느님의 의인화된 행위들

칠십인역 창세기는 하느님의 의인화된 표현들을 대부분 그대로 옮겼다. 몇 가지 예를 들면, 하느님께서 '말씀하시다', '만드시다', '빚으시다', '부르시다', '들으시다', '바라보시다', '거니시다'(3,10), '걱정하시다'(6,6), '냄새를 맡으시다'(8,21), '기억하시다', '내려오시다', '올라가시다'(17,22; 35,13), '오시다', '떠나시다', '서 계시다'(18,22), '찾아 주시다'(21,1), '맹세하시다'(22,16) 등이다. 또한 하느님을 '목소리'(3,8)를 지닌 분이시며, '얼굴'(3,8; 32,31; 33,10)이 있는 분으로 묘사하기도 하였다.

2. 계약에 관련된 용어들

1) 히브리어 '계약'(ברית)을 옮긴 διαθήκη는 고전 그리스어에서 '조항', 특히 '유증조항'(遺贈條項)을 가리키는 말로 쓰였다. 그러나 창세기에서 이 말은 하느님 께서 인간에게 무언가 호의를 베푸실 때, 하느님께서 선취권을 가지고 인간과 계약 을 맺으시는 것으로 나온다. 이러한 계약을 맺는 데는 맹세가 필수조건으로, 창세 기의 하느님은 당신 자신을 두고 맹세하신다(참조: 22,16; 히브 6,13). 17,4에는 계약 형식이 단순히 하느님의 선언으로 시작된다. '나는, 보아라 나의 계약을'에서 '나는'은 하느님이 주어로서 약속을 보증한다는 것이다. 그러므로 διαθήκη는 미래 에 실현될 약속을 나타내는 말이다. 그러나 신약성서에서 '약속'은, 칠십인역 오경 에는 나오지 않는 단어인 ἐπαγγελία이다.

칠십인역 번역자들은 하느님과 사람, 또는 사람과 사람이 계약을 맺는 표현에서 여러 동사를 사용하였다. 이를 표현하는 히브리어 동사 '자르다'(כרת)를 그리스어 본문은 계약이 체결된 곳에 돌기둥이나 돌무덤을 세우는 것을 암시하는 '세우다' (ἵστημι) 동사로 번역하거나(6,18; 9,11; 17,7 이하), διαθήκη와 어원이 같은 διατίθημι를 써서 '계약을 체결하다'(15,18; 21,27.32; 26,28; 31,44)라는 표현을 만들어 내기도 하였다. 계약에 관련된 다른 단어들은 계약을 '기억하다'(9,15), '지키다'(17,9), '증인을 세우다'(31,44 이하) 등이다.

2) 축복과 관련된 그리스어는 '축복하다'(εὐλογέω) 동사에서 파생한 말들을 썼 다. 이는 히브리어 '축복하다'(ברך)에서 파생한 말들을 옮긴 것이다. εὐλογέω는 고 전 그리스어에서 '누구의 좋은 점을 말하다', '칭송하다'를 뜻하는데, 창세기에서는 다산(多産)을 뜻하며 저주에 반대되는 개념이기도 하다(27,12). 번역자는 '복 받아 마땅한 이'(εὐλογητός)와 '복 받은 이'(εὐλογημένος)를 구별하였으며(14,19-20), 동사 '복 받다'(ἐνευλογέομαι)의 접두어 ἐν을 2인칭 대명사 단수 여격 σοί 앞에 전치사 ἐν으로 반복하여 민족들이 '너 안에서(너로 인하여) 복을 받는다'(ἐνευλο-γηθήσονται ἐν σοί 12,3; 18,18; 22,18; 26,4; 28,14)고 하였다.

3) '상속'이라는 단어가 고전적 의미로 쓰였다(상속하다 κληρονομέω; 상속 κληρονομία 15,3; 22,17; 31,14). 하느님께서 아브라함과 맺으신 계약은 아브라함 에게 후손을 주시고 그 후손과 자손들이 땅을 영원히 상속받게 하기 위한 것이었 다. 창세기에서 48,6; 49,14에만 나오는 '몫'(κλῆρος)은 민수기와 여호수아서에서

'약속의 땅'을 나누는 것을 묘사하는 중심 단어로 나온다. '상속자'(κληρονόμος) 라는 말은 창세기에 나오지 않는다. 가장 중요한 말은 아브라함에게 약속된 '자손, 후손'을 뜻하는 σπέρμα이다. 우선 σπέρμα는 창조 이야기(1,11)와 47,19-24에서 알 수 있듯이 식물의 씨를 가리킨다. 그러나 호메로스 시대부터는 그리스 문학작품 에서 사람의 자손을 뜻하는 낱말로 쓰이게 되었다. 히브리어 זרע에 대응하는 σπέρμα는 창세기에서 마흔 번 정도 나온다. 이 말을 중심으로 창세기가 그리스도교 에 주는 의미는, 하느님께서 약속하신 상속자는 바로 그리스도이시며 그리스도인이 라는 것이다.

4) 칠십인역 번역자들은 축복에서 약속된 번식과 번성이라는 뜻을 표현하기 위 해 αὐξάνω와 πληθύνω라는 단어를 썼다. αὐξάνω는 수의 증가를 뜻하는 '다산'을 가리키며, πληθύνω는 타동사로 '채우다', 자동사로 '증가하다'라는 뜻을 지닌다. 이는 히브리어 פרה와 רבה를 옮긴 것으로 마소라 본문과 마찬가지로 칠십인역도 이 두 단어를 함께 열 번 반복하였다. 이 단어들로 짐승들(1,22)과 사람들(1,28; 8,17; 9,1.7), 그리고 아브라함 자손들(17,20; 28,3; 35,11; 47,27; 48,4)의 번성 을 표현하였다. 칠십인역이나 마소라 본문에서 짝을 이루어 나오는 이 두 단어에는 축복의 결과를 구체적으로 나타내는, '(땅을) 채우다', '(땅을) 지배하다'라는 다 른 동사들이 덧붙여지기도 한다. 칠십인역은 후손들을 '사람들이 셀 수 없는' (16,10) 하늘의 별들과 바다의 모래들로 묘사하여 시적인 표현을 만들어 냈다(참 조: 13,16; 15,5; 22,17; 26,4; 28,14; 32,13).

5) 창세기 번역자는 상속의 우선권을 지닌 자의 역할을 강조하고 '맏아들의 권 리'(τά πρωτοτόκια)라는 말을 만들어 냈다. 칠십인역에 나오는 형용사 '처음 태 어난'(πρωτότοκος)은 어머니가 '아이를 낳다'(τίκτω)라는 동사에서 파생한 것으 로 히브리어 '맏이의'(בכור)에 대응하여 쓰였다. 앞에서 살펴본 것처럼 창세기에는 막내가 맏아들을 대신하는 이야기들이 등장한다. 곧 '가장 젊은'(νεώτερος), 또는 '가장 어린'(ἐλάσσων) 아들이 상속자로 지명되고, 이는 그리스도교 전통에서 '새 민족이 기쁜 소식을 물려받게 되리라'는 해석을 낳게 하였다.

6) 칠십인역 창세기는 약속의 내용에 '민족'(ἔθνος)이라는 용어를 사용한다 (12,2; 17,20; 18,18 등). 아브라함은 '큰 민족이 될 것이며'(17,6), 이사악은 '민 족들의 무리'가 될 것이다(28,3). 이 말은 단수든 복수든, 그 가계를 이어받는 사

람이 '큰 민족'이 될 것임을 선언한다. "아브라함은 크고 많은 민족이 되고 땅의 모든 민족이 그를 통하여 복을 받을 것이다"(18,18). 민족이라는 말은 그리스도에 관한 증언이 묘사된 것으로 보이는 49,10에 다시 나온다. 칠십인역에서는 아직 ἔθνος와 λαός가 '이방 민족'과 '선택받은 백성'을 구분하는 말로 나오지 않는다. 고전 그리스어에서 λαός는 사람들의 집단을 일컫는 일반적인 말로 사용되었고(아테네에서 λαός는 정치적인 인구 단위를 가리키는 δῆμος와 구별하여 사용하였다), 창세기에서는 롯과 함께 있는 사람들(14,16)이나 소돔 사람들(19,4), 이방인들(23,7-12; 32,8; 35,6)을 가리키는 것으로 나온다. 또한 리브가가 쌍둥이를 낳을 때(25,23) 두 민족을 표현하는 말로 ἔθνος와 대구(對句)를 이루어 나오기도 한다. λαός가 ἔθνος와 대립되는 개념인 것처럼 보이지만 반드시 그렇지도 않다. 요셉의 큰아들 므나쎄는 '한 백성'(λαός)이 되고, 그의 동생 에브라임은 '수많은 민족'(ἔθνη)이 된다(48,19). 이 단어들은 히브리어 본문에 따라 옮겨졌으며, 아직 대립 관계는 드러나지 않는다. 히브리어 גוי/גוים을 대부분 ἔθνος로, עם을 λαός로 옮겼다.

히브리 단어들과 그리스 단어들은 대부분의 경우 상응하지만, 칠십인역과 히브리어 성서 사이에는 일부 다른 점이 있다. 마소라 본문에는 עם이 자주 나오는데, 그리스어는 이를 항상 λαός로 옮기지 않고 때때로 γένος로 옮겼다. γένος는 창조 이야기에서 창조된 동물들의 '종류'를 가리키는 말로 나오고, 11,6부터는 '가계'의 의미로도 사용되었다. 17,14에서는 '자기 겨레에서 잘려 나가다'로, 25,17; 35,29에서는 '자기 겨레와 합류하다'로, 그리고 34,16에서는 '한 겨레를 이루다'의 의미로 나온다. 한편 עם을 λαός 대신 ἔθνος로 네 번(27,29; 28,3; 48,4; 49,10) 옮겼는데, 이것이 번역자의 선택에 의한 것인지 번역 자료가 된 히브리어 본문이 달라서 그러했는지는 알 수 없다.

창세기에서 민족을 가리키는 말에 정관사가 붙는지의 여부에 따라 신학적 의미가 달라지는가? 아마도 칠십인역을 읽던 고대 독자들에게는 의미가 다르지 않았을 것이다. 칠십인역은 λαός와 ἔθνος를 하느님의 백성을 묘사하는 데 사용한다(탈출 19,5.6의 특별한 백성 λαὸς περιούσιος; 거룩한 민족 ἔθνος ἅγιον). 초대 교회 저술가들도 λαός, ἔθνος, γένος의 개념을 뚜렷이 구분하지 않고 바꾸어 가며 썼다. 신약성서 베드로의 첫째 편지에는 '선택받은 민족'(γένος ἐκλεκτόν), '거룩한 민족'(ἔθνος ἅγιον), '(하느님께) 속한 백성'(λαὸς εἰς περιποίησιν) 등의 표현이 나온다.

3. 인간을 묘사하는 그리스어

칠십인역은 마소라 본문에 정관사와 함께, 또는 정관사 없이 나오는 אדם을 인간을 나타내는 $\mathring{a}\nu\theta\rho\omega\pi\sigma$나 고유명사 $A\delta\alpha\mu$으로 옮겼다. 또 여자(אשה)의 반대말인 남자(איש)나 남자 일반을 말하는 אנוש는 일정한 규칙 없이 $\mathring{a}\nu\theta\rho\omega\pi\sigma$나 $\mathring{a}\nu\acute{\eta}\rho$로 옮겼다. 여자를 가리키는 말로는, 보통 $\gamma\nu\nu\acute{\eta}$ 이외에 문맥에 따라 그 뜻을 풀이하여 '생명'($Z\omega\acute{\eta}$ 3,20)으로 옮기거나 히브리어를 음역하여 '하와'(Eva 4,1)라 하였다.

창세기에서 $\sigma\hat{\omega}\mu\alpha$는 인간의 육체를 가리키는 말로 나오지 않는다. 47,12.18에서 이 단어는 한 인간을 뜻하는 말로 쓰였고, 15,11에서는 동물들의 몸뚱이를, 34,29; 36,6처럼 복수로 나온 경우에는 종들을 가리키는 말로 사용되었다. 반면에, '살'을 가리키는 $\sigma\acute{a}\rho\xi$는 인간 존재를 뜻하는 말로 나온다. 이 '살덩이' 안에 '바람'과 구별되는 개념의 '생명의 숨결'($\pi\nu\epsilon\hat{\upsilon}\mu\alpha \ \pi\nu\sigma\grave{\eta} \ \zeta\omega\hat{\eta}s$)이 있다. 살아 있는 존재는 살아 있는 '목숨'($\psi\nu\chi\acute{\eta}$)으로 묘사되기도 하였다.

인간이 하느님의 모습대로 비슷하게 만들어졌음을 표현하는 '모습'($\epsilon\grave{\iota}\kappa\acute{\omega}\nu$)과 '닮음'($\acute{o}\mu o\acute{\iota}\omega\sigma\iota s$)은 히브리어 דמות와 צלם에 대응하지만 이들 두 단어 사이에 항상 일정한 대응규칙이 적용되지는 않았다.

인간의 감정이 머무는 '가슴'은 칠십인역에서 때로는 신체기관을 가리키는 $\kappa\alpha\rho\delta\acute{\iota}\alpha$로, 때로는 생각이나 지식을 뜻하는 $\delta\iota\acute{a}\nu o\iota\alpha$로 옮겨졌다. 마소라 본문에는 이것을 일관성 있게 לב/לבב로 표현하였다. 히브리어는 행위나 감정을 표현하는 방법으로 인간의 신체기관을 사용하였는데(심장, 간, 장, 코, 눈, 귀, 손, 발 등), 칠십인역 번역자는 이를 대부분 그대로 옮겼다.

4. 고대 히브리인들의 의식

1) 제단

창세기에는 인간이 처음으로 하느님의 이름을 부르는 장면(4,26)과 그분께 제단을 쌓아 바치고(8,20; 12,8 등), 예물과 희생제물을 바치는 모습이 나온다(4,3.7; 8,20; 15,9-18; 22,1-19). '제단'($\theta\nu\sigma\iota\alpha\sigma\tau\acute{\eta}\rho\iota o\nu$)이라는 말은 '희생제물'($\theta\nu\sigma\acute{\iota}\alpha$)과 '바치다'($\theta\acute{\nu}\omega$)라는 말에서 만들어진 새로운 단어이다. 한편 '번제물'($\acute{o}\lambda o\kappa\acute{a}\rho\pi\omega\sigma\iota s$ 8,20 각주 참조)로 묘사된 제물은 완전히 태워 버려야 한다. 하느님께서는 인간이 바친 제물을 기꺼워하기도 하시고 기꺼워하지 않기도 하신다(카인과 아벨이 바친 제물〈4,5-7〉과 아브라함의 희생제물〈15,9-10; 22,6.9〉 참조). 이사

악과 야곱의 경우 제사는 하느님을 부르는 제단을 쌓는 것으로 이루어진다(26,25;
33,20; 35,1-7). 46,1에서는 제물을 바치는 의식인 제사가 간단하게 묘사되었다.
야곱이 라반과 평화조약을 맺은 뒤에 제물을 바치고 자기 친족들과 함께 음식을 나
누는 장면에서는 제물을 받으시는 분을 밝히지 않았다(31,54).

2) 기념기둥

기념기둥($\sigma\tau\acute{\eta}\lambda\eta$)은 하느님이 모습을 드러낸 곳이거나 땅의 경계, 또는 무덤에
세워졌다. 28,10-18에 나오는 야곱의 제사는 하느님께서 나타나신, 하느님의 집인
'장소'($\tau\acute{o}\pi os$, 히브리어 מקום)를 거룩하게 하려는 야곱의 마음을 보여 준다. 이 장
소는 거룩한 곳이다(22,3-14; 31,13; 35,13-15).

3) 기도

기도에 관해서는 고전 그리스어 동사 $\pi\rho o\sigma\epsilon\acute{u}\chi o\mu\alpha\iota$(20,7.17)나 $\delta\acute{\epsilon}o\mu\alpha\iota$(25,21)
를 썼다. 동사 '엎드리다'($\pi\rho o\sigma\kappa\upsilon\nu\acute{\epsilon}\omega$)는 하나의 경신례를 나타낸다(22,5). 18,22
에서는 '서서'($\acute{\epsilon}\sigma\tau\eta\kappa\acute{\omega}s$) 간구하는 모습이 나오기도 한다.

4) 죄/잘못

그리스어 $\acute{\alpha}\mu\alpha\rho\tau\acute{\alpha}\nu\omega$는 우선 히브리어 חטא처럼 '목적을 상실하다, 잘못하다'를
뜻한다. 이 말은 창세기에서 사람 사이의 실수를 나타내는 잘못을 가리키거나
(20,9; 42,21; 43,9; 44,32), 하느님 앞에서 저지른 잘못을 가리키는 데 쓰였다
(39,9). 15,16의 아모리 사람들의 잘못이나 18,20의 소돔과 고모라에 사는 사람들의
잘못은 하느님 앞에서 똑같은 죄다.

홍수 이야기 가운데 6,5.11.13에서 인간의 악함과 불의를 표현하는 데 쓰인 단
어들($\kappa\alpha\kappa\acute{\iota}\alpha$, $\pi o\nu\eta\rho\acute{\alpha}$, $\acute{\alpha}\delta\iota\kappa\acute{\iota}\alpha$)은 종교적 의미를 지니지 않는다. 이러한 그리스 단
어들이 그에 대응하는 히브리어에 맞추어 일정한 규칙에 따라 옮겨진 것 같지는 않
다. 왜냐하면 마소라 본문에 나오는 עון을 4,13에서는 $a\acute{\iota}\tau\acute{\iota}a$로, 15,16에서는
$\acute{\alpha}\mu\alpha\rho\tau\acute{\iota}a$로, 19,15에서는 $\acute{\alpha}\nu o\mu\acute{\iota}a$로, 또 44,16에서는 $\acute{\alpha}\delta\iota\kappa\acute{\iota}a$로 옮겼기 때문이다
('알지 못하고' 또는 '주의를 기울이지 않아 저지른 잘못'에 대해서는 본문 26,10
과 43,12의 각주 참조).

5) 하느님을 기쁘게 해 드림

칠십인역 번역자는 하느님을 기쁘게 해 드리는 것을 가리키기 위해 $\epsilon\acute{u}\alpha\rho\epsilon\sigma\tau\acute{\epsilon}\omega$

(5,22)라는 새로운 단어를 만들어 냈다. 아퀼라나 심마쿠스, 테오도시온역 등은 깨끗함과 온전함을 표현하는 마소라 본문의 תמים/תם을 $\dot{\alpha}\pi\lambda o\hat{v}s/\dot{\alpha}\pi\lambda\dot{o}\tau\epsilon s$로 옮겼으나, 칠십인역은 이를 '완전한'($\tau\epsilon\lambda\epsilon\iota os$ 6,9), '꾸밈없는'($\dot{\alpha}\pi\lambda\alpha\sigma\tau os$ 25,27), '흠없는'($\ddot{\alpha}\mu\epsilon\mu\pi\tau os$ 17,1)으로 옮겼다.

5. 칠십인역 창세기에 묘사된 고대 히브리인들의 삶

창세기에 묘사된 히브리 민족의 실생활을 묘사하는 데 칠십인역 번역자는 자신의 시대에 통용되던 그리스어를 썼으며, 때로는 약품과 전쟁기술, 가축기르기 등의 전문용어들을 사용하기도 하였다.

1) 반유목 생활

한곳에 정착하여 살았던 사람들과 달리, 메소포타미아에서 온 아브라함을 비롯한 창세기의 주인공들은 그들이 머무는 장소에 천막을 치고 살았다. 이런 그들의 생활을 묘사하기 위해 그리스어는 군사용어를 많이 끌어들였다. 예를 들면 '진을 치다', '천막을 치다'(12,8-9), '천막을 거두다'와 '떠나다'(13,11), '부대를 편성하다' 등이다. 천막을 친 곳은 군사용어인 '진영'($\pi\alpha\rho\epsilon\mu\beta o\lambda\acute{\eta}$ 32,2 이하; 33,8)으로 표현하였는데, 이는 동사 '진을 치다'($\pi\alpha\rho\epsilon\mu\beta\acute{\alpha}\lambda\lambda\omega$ 32,2; 33,18)에 대응한다. 진을 친다는 것은 전쟁터에 군대를 질서 있게 배치하는 것을 뜻한다. '천막을 치다'($\sigma\kappa\eta\nu\acute{o}\omega$)라는 단어는 한 번 나온다(13,12).

가장 특징적인 용어는 히브리인들이 지니거나 데리고 다니는 재산과 아내와 아이들, 그리고 노예들을 가리키는 말이다. 칠십인역은 히브리어 본문이 '재물'(רכש)을 말하거나 '어린이'(טף)를 말할 때, 군사용어인 $\dot{\alpha}\pi o\sigma\kappa\epsilon v\acute{\eta}$로 옮겼다. 전쟁상황에서 이 단어는 무장한 군인들, 기수들, 또는 노획물(14,11-12)을 의미하였다. 히브리인들은 안장($\sigma\acute{\alpha}\gamma\mu\alpha\tau\alpha$ 31,34)을 얹은 낙타들을 몰고 다녔는데, 자기들이 머무르는 곳에서는 낙타에 얹은 짐을 내려($\dot{\alpha}\pi o\sigma\acute{\alpha}\tau\tau\omega$ 24,32) 낙타들이 쉬게 하였다. 그들은 물건을 운반하기 위해서 마차(45,17)에 가방들을 싣고 다녔다(이와 관련된 세 단어에 관해서는 본문 42,25 각주 참조).

2) 지리적 배경

창세기는 히브리인들이 머무는 장소의 지형과 방위를 설명한다. 동서남북은 하느님께서 아브라함과 야곱에게 약속하신 넓은 땅을 가리킨다(13,14; 28,14). 그리스어로 북쪽과 남쪽은 보통 '북쪽 바람'을 가리키는 $\beta o \rho \rho \hat{a} s$와 '남쪽 바람'을 뜻하는 $\lambda i \psi$를 사용한다. 남쪽을 뜻하는 말로는 $\lambda i \psi$(20,1; 24,62) 이외에 '광야'($\check{\epsilon} \rho \eta \mu o s$ 12,9)도 있다. 동쪽은 항상 $\dot{a} \nu a \tau o \lambda \acute{\eta}$로 나타낸다. 히브리 사람들은 해뜨는 쪽(동쪽)을 향하여 서는 관습이 있어서 이를 '앞에 있음'을 나타내는 קדם 또는 מקדם으로 표현하며, 이에 따라 남쪽과 북쪽을 '오른쪽'과 '왼쪽'으로 묘사한다(13,9-13의 아브라함과 롯의 결별; 14,15의 아브라함이 롯을 구하는 이야기 참조). 그리스어 $\dot{a} \nu a \tau o \lambda \acute{\eta}$는 동사 '일어나다'($\dot{a} \nu a \tau \acute{\epsilon} \lambda \lambda \omega$)에서 파생한 것으로 히브리어 '일어나는 것' (צמח 즈가 3,8; 6,12)에 대응한다. 이 단어는 나중에 유다인과 그리스도인들에게 메시아를 가리키는 것으로 사용된다. 여기에서 창세기의 종교적 해석이 나오게 되었다. 서쪽은 팔레스티나의 지형적 위치상 '바다'($\theta \acute{a} \lambda a \sigma \sigma a$)로 나타낸다. 12,8에는 바다와 해뜨는 곳이 대비되어 나온다. 창세기에는 서쪽을 가리키는 고전어 $\delta v \sigma \mu a i$가 한 번 나오는데, 이는 시간적 의미(해질 무렵 15,12.17)로 사용되었다.

3) 지형

'들판'을 뜻하는 $\pi \epsilon \delta i o \nu$은 창세기에 와서 의미가 발전하여 인간이 개간하여 경작하는 땅을 가리키게 되었다(37,7).

4) 물에 관한 표현

그리스어에는 '우물'($\phi \rho \acute{\epsilon} a \rho$)과 '샘'($\pi \eta \gamma \acute{\eta}$)과 '물웅덩이'($\lambda \acute{a} \kappa \kappa o s$)를 가리키는 말이 따로 있다. 히브리어 באר는 항상 $\phi \rho \acute{\epsilon} a \rho$로 옮겼으나 $\pi \eta \gamma \acute{\eta}$는 세 개의 다른 히브리어에 대응하여 사용되었으며, 히브리어 발음과는 상관없이 장소의 이름으로 쓰이기도 하였다(16,14; 21,14; 21,32). 우물과 샘은 일부 본문에서는 동의어처럼 나온다. 우물을 만들려고 땅을 파면 물이 솟구치는 샘을 발견하게 되고, 사람들은 아래로 내려가 물을 길어 올라왔다(24,13.16.20). 우물의 입구는 무거운 돌로 덮어놓았다(29,3).

5) 정착생활의 형태

아브라함 조상들의 가족은 그들이 정착하여 살던 하란에 남았다. 라반과 그의 아들들은 그곳에서 가축을 치며 살았다(30,25-43). 아브라함도 한곳에 머물러 살았던 때가 있었다. 그는 크고 작은 가축떼를 소유하였다.

히브리 사람들은 천막을 치고 살았다. 천막을 가리키는 그리스어 $\sigma \kappa \eta \nu \acute{\eta}$는 히브리어 '살다'(שכן)에서 빌려온 말인 듯하다. 칠십인역에서 히브리어 '천막'(אהל)에 대응하는 말은 '집'($o\hat{\iota}\kappa o\varsigma$)인데, 본디 $o\hat{\iota}\kappa o\varsigma$에 대응하는 히브리어는 בית이다. 집과 천막의 쓰임새는 칠십인역과 마소라 본문에서 같지 않다. 번역자가 해당 본문에서 집을 의도하였는지, 천막을 의도하였는지를 구별하기란 쉽지 않다. 31,33-35에는 천막에 대한 이야기가 나오는데, 칠십인역은 이를 $o\hat{\iota}\kappa o\varsigma$로 옮겼다. 이는 아마도 당시 유목민들의 이동식 주거 공간을 가리키는 말이기도 한 듯하다. 집처럼 천막에도 문이 있었다(18,1 이하). 이 히브리 사람들의 천막이 모여 진영을 이루게 된다(25,16).

6) 반유목민이었던 히브리 사람들의 사회적 지위

아브라함의 가족들은 갈대아를 떠난 뒤 한곳에 정착하여 살았다기보다는, 여러 곳을 돌아다니며 한 장소에 머물렀다가 떠나곤 하였다. 그리스어는 이를 구분하기 위하여 하나는 '몸 붙여 살다'($\pi\alpha\rho o\iota\kappa\acute{\epsilon}\omega$)로, 다른 하나는 '자리 잡고 살다'($\kappa\alpha\tau o\iota\kappa\acute{\epsilon}\omega$)로 표현하였다. $\pi\alpha\rho o\iota\kappa\acute{\epsilon}\omega$는 아브라함과 그 후손의 삶을 묘사한다(15,13에서는 주님께서 이를 선언하신다). 이러한 형태의 삶을 영위하는 사람들도 땅을 소유할 권리가 있었다(17,8; 34,10). 약속의 상속자가 아닌 아브라함의 후손은 일정한 곳에서 자리를 잡고 살았다(예를 들어, 36,20 에사오의 후손). 야곱은 자기 아버지가 일시적으로 머물렀던 가나안 땅에 자리 잡고 살았고(37,1), 야곱의 형제들은 고센에 정착하여 살게 된다(47,4). 칠십인역 번역자가 '거류민'($\mu\acute{\epsilon}\tau o\iota\kappa o\varsigma$ 함께 사는 사람) 대신 '몸 붙여 사는 사람'($\pi\acute{\alpha}\rho o\iota\kappa o\varsigma$)을 선택한 것은, 당시 사회에서는 사람들이 '함께'보다는 단순히 '옆에' 살고 있었음을 전제하기 때문이다. 기원전 3세기 이후의 글들에서는 $\pi\acute{\alpha}\rho o\iota\kappa o\varsigma$가 거류 외국인을 가리키는 말로 쓰이는데, 그들은 정치적 권리는 없었으나 보호의 대상이었다.

7) 영토의 경계와 계약 체결

창세기에는 계약을 맺는 장면이 여러 번 나온다(21,22-34; 26,26-33; 31,44-54). 하느님과 사람 사이에 맺는 계약을 표현하는 $\delta\iota\alpha\theta\acute{\eta}\kappa\eta$가 사람과 사람 사이의 계약 체결에 사용된다. 이 계약에는 계약 당사자가 상대방에게 해를 끼치는 짓을 하지 않겠다는 '맹세'가 뒤따른다. 맹세를 할 때에는 '맹세'($\acute{o}\rho\kappa o\varsigma$, $\acute{o}\rho\kappa\iota\sigma\mu\acute{o}\varsigma$)와 '맹세하다'($\acute{o}\mu\nu\upsilon\mu\iota$)라는 단어를 사용하여 표현하였다. 맹세를 어긴 경우에는 '저주'($\acute{\alpha}\rho\acute{\alpha}$)를 받게 된다. 맹세의 종교적 의미는 그리스인들에게나 히브리인들에게 같았다(24,8.41; 26,28). 계약을 체결하는 데는 '증인'이 필요하였고(31,17-55 라반과 야곱의 이야기), 이를 기념하기 위해 기념기둥을 세우기도 한다(31,45-48).

8) 인사와 환영(歡迎)

칠십인역은 인사와 환영의 몸짓과 환대에 관한 어휘들을 적절하게 구사하였다. 예를 들면, '평화'(שָׁלוֹם)를 $\epsilon i\rho\eta\nu\eta$(평화)나 $\sigma\omega\tau\eta\rho i\alpha$(안전, 평안 26,31; 28,21; 44,17), 그리고 $\dot{\nu}\gamma\iota\alpha i\nu\omega$(건강하다 29,6) 등으로 옮겼다. 잘 모르는 사람들은 '형제들'이라 부르기도 하였다(29,4). 부탁을 받는 사람을 '주인님'($\kappa\dot{\nu}\rho\iota o\varsigma$)이라 부르고, 청을 하는 사람은 스스로를 '종'이라 불렀다(19,2; 24,18 이하; 32,5 이하; 요셉과 그의 형제들이 나오는 대목).

그리스인들에게 가장 낯선 몸짓은 몸을 굽혀 인사하는 것이다($\pi\rho o\sigma\kappa\nu\nu\dot{\epsilon}\omega$). 고전 그리스어에서 이 동사는 신에게 경배를 드리는 것을 뜻하였다(고전 그리스어의 의미로 쓰인 곳은 22,5; 24,26). 칠십인역 번역자는 이를 히브리어 שׁחה에 대응하여 옮겼으며, 하느님 앞에서(17,3.17), 또는 사람 앞에서(44,14) 얼굴을 땅에 대고 절하는 모습으로 묘사하였다.

9) 히브리 사람들의 식사 관습과 음식

창세기에는 식사와 손님접대와 잔치에 관한 장면들이 묘사되어 있다. 히브리어 '잔치'(משׁתה)를, 그리스어로는 혼인잔치를 가리키는 $\gamma\dot{\alpha}\mu o\varsigma$(29,22), 보통의 잔치를 가리키는 $\pi o\tau\dot{o}\varsigma$(40,20), 음식이 포함된 연회를 뜻하는 $\delta o\chi\dot{\eta}$(21,8; 26,30)로 옮겼다. 그리고 '먹다'와 '마시다'라는 동사만으로 히브리 사람들의 잔치 장면을 충분히 묘사할 수 있는데도, 칠십인역 번역자는 고전 그리스어 '점심식사하다'($\dot{\alpha}\rho\iota\sigma\tau\dot{\alpha}\omega$ 43,24), '식사하다'($\delta\epsilon\iota\pi\nu\dot{\epsilon}\omega$)에서 파생한 합성어 '함께 식사하다'($\sigma\nu\nu\delta\epsilon\iota\pi\nu\dot{\alpha}\omega$ 43,32)로 요셉이 자기 형제들에게 베푼 잔치 장면을 묘사하였다.

칠십인역은 히브리어와 마찬가지로 '먹는 음식'을 가리키는 말을 $\dot{\alpha}\rho\tau o\varsigma$라는 한 단어로 표현하였으나, 때때로 히브리어보다 구체적으로 표현하기도 하였다. 예를 들면, 47,12.13의 '곡식'($\sigma\hat{\iota}\tau o\varsigma$), 27,4의 '고기요리'($\dot{\epsilon}\delta\dot{\epsilon}\sigma\mu\alpha\tau\alpha$), 18,6의 '재에 묻어 구운 빵'($\dot{\epsilon}\gamma\kappa\rho\nu\phi i\alpha\varsigma$), 25,34의 '콩죽'($\dot{\epsilon}\psi\epsilon\mu\alpha\ \phi\alpha\kappa o\hat{\nu}$), 19,3에서 롯이 천사들에게 대접한 '누룩 들지 않은 빵'($\dot{\alpha}\zeta\nu\mu\alpha$) 등이다. 멜기세덱이 아브라함에게 바친 빵과 포도주는(14,18) 그리스도교 전통에서 성찬례의 모형으로 해석되었다.

10) 히브리 사람들의 옷

칠십인역 창세기에는 히브리 사람들의 옷을 묘사하는 표현이 열두 가지 정도 나온다. 히브리 사람의 의복은 그리스 문화에서 가장 보편적인 용어로 묘사되었다. 그 종류로는 '긴 겉옷'을 가리키는 $\chi\iota\tau\dot{\omega}\nu$(3,21; 37,3.32)과 '의복'이나 '예복'을 뜻하는 στολή(45,22; 49,11), 그리고 '외투'인 ἱμάτιον(9,23의 벌거벗은 노아를 덮어 주기 위한 옷; 27,27의 일반적인 의복; 39,12 이하의 요셉이 보디발의 아내에게 남겨 두고 나간 옷)이 있다. 그리스어 στολή와 ἱμάτιον이 일관성 있게 히브리어 בגד와 שׂמלה에 대응하여 쓰인 것은 아니다(참조: 27,15.27; 39,15.18; 41,14.42). 혼인예물로 의복 한 벌을 선물하는 장면에서는(24,53) 옷을 ἱματισμός로 하였다.

11) 칠십인역 창세기에 묘사된 히브리 사람들의 탄생과 결혼, 그리고 매장 모습

창세기에 나오는 수많은 탄생 이야기가 칠십인역 번역자에게 던져 준 문제는, 누가 아이의 이름을 지어 주는가였다. '이름을 부른다'는 표현은 동사 ἐπονομάζω 나 καλέω τὸ ὄνομα로 나타냈는데, λέγων(…라고 하면서)이라는 분사가 따라오기도 한다. 이때 분사의 주어는 여성이나 남성 둘 다 가능하므로, 그리스어로는 아이의 이름을 지어 주는 이가 아이의 아버지인지 어머니인지 알 수 없다.

창세기에는 혼인이라는 용어가 나타나지 않는다. 단지 남자가 여자를 '맞아들이다'라고 묘사하거나(24,67; 25,1 등), 아버지가 자기 딸을 한 남자에게 아내로 '준다'라고 표현하였다(29,19; 29,27). 혼인을 묘사하는 그리스어는 γάμος이며 혼인 잔치를 가리킨다(29,22). 혼인한 여자는 남자와 '함께 사는' 여인으로 묘사되고(20,3), 혼인 여부와 상관없는 일반적인 여인을 뜻하는 γυνή로 불렸다. 족장들이 얻은 아내들은 히브리어 פילגשׁ에서 온 '소실'(παλλακή)로 불렸다(25,6; 35,21 등). 칠십인역 번역자는 νύμφη라는 말을 써서 '며느리'를 표현하였고(11,31; 38,11-24), ἐπιγαμβρεύω라는 동사로 혼인으로 맺어지는 관계를 묘사하였다(34,9).

한편 혼인예물을 묘사하는 적절한 용어를 찾으려고 번역자들이 고심한 흔적이 보인다(참조: 24,53; 34,12). 창세기에는 품삯 대신 한 남자의 아내로 주어지는 여인의 모습이 나오기도 하고(29,21), 다른 여자를 통하여 남편의 후손을 이어 주는 여인의 이야기도 나온다(16,2). 또한 여인은 남자에게 아이를 낳아 주는 존재로만 묘사되기도 한다(17,19-21). 성적 결합은 '알다'(4,1 각주 참조)라는 동사와 함께 히브리어법을 따라 '~에게 들다'(εἰσέρχομαι)라는 비그리스적 표현을 사용하였다(16,2.4; 29,21 이하; 30,3 이하). 그러나 19,5; 39,10에 나오는 συγγίγνομαι는 본디 성적 결합을 나타내는 그리스어 표현이다.

죽음과 장례예식에 관한 표현은 그리스어 번역자들에게 별다른 어려움을 주지 않은 것 같다. 죽음은 하나의 출발(15,2)로 이해되었으며, 죽은 이는 평화와 안식을 얻거나 고통 속에서 저승으로 내려간다(42,38; 44,29-31). 고인의 가족들은 죽은 이를 애도하며 가슴을 치고(κόπτομαι 23,2; 50,10) 봉곡한다(πενθέω, πένθος). 죽음과 장례예식을 묘사하는 데 쓰인 단어들은 본디 그리스식 표현들이고, 다만 야곱이 이집트에서 안장되는 모습을 '방부 처리하다'(ἐνταφιάζω 50,2 각주 참조)로 묘사하였다. 죽음을 묘사하는 전형적인 히브리어 표현은 조상들에게 '더하여지다'로, 그리스어는 이를 그대로 옮겼다(προστίθημαι 25,8 등). 한편 히브리 사람들의 무덤이 '굴'을 가리킬 때도, 칠십인역은 이를 그리스어 표현대로 '무덤'(μνημεῖον)이라 옮기기도 하였다(23,9; 50,5 등). 라헬의 무덤에는 '돌'이 세워졌다(35,20).

III. 칠십인역 창세기의 언어

칠십인역 창세기의 언어는 고전 그리스어도 아니고, 유다-알렉산드리아 그리스어도 아니다. 칠십인역의 언어는 칠십인역 성서가 번역되던 당시에 이집트에서 통용되던 그리스어였으며, 여기에 히브리어의 영향을 받은 어법이 나타난다.

1. 창세기의 서술방식

1) 칠십인역 창세기는 히브리어 성서의 서술방식을 그대로 따라 절마다 '그리고'라는 말로 연결시킨다. 이러한 병렬식 문장 구성은 고전 그리스어 산문에서는 발견되지 않는다. 히브리어 ו를 옮긴 καί는 문맥에 따라 단순히 문장을 연결하는 것(75%) 이상의 기능을 한다(결과 · 대비 · 결론 · 연속의 의미 등). ו는 특히 문단의 시작에서 관사 δέ로 옮겨지기도 하였다. καί로 연결된 문장은 '성서 그리스어'(칠십인역과 신약성서 그리스어)의 잘 알려진 특징 가운데 하나로, 앞문장과 같은 주어가 다시 나올 때, 또는 주어가 바뀌는 경우에도 주어를 언급하지 않은 채 문장을 연속하여 서술하곤 한다. 그러나 문맥상 언급이 불가피한 경우에는 주어를 구체적으로 제시하였다.

2) 종속절(관계절, 시간절, 조건절, 결과절)이 축소되어 독립 속격으로 대치되기도 한다(예: 18,1; 27,38; 29,9; 44,14.34). 어떤 경우에는 전치사와 함께 부정사를 사용하여 조건절을 표현하였다(예: 11,2 ἐν τῷ κινῆσαι αὐτούς 사람들이 이주해 오다가).

3) 장면 전환을 표현하는 히브리어 וַיְהִי는 $καί$ $έγένετο$로 옮긴다. 이렇게 동사 앞에 $καί$가 오는 용법은 그리스어에서 낯설지 않다. 이는 호메로스 시대부터 발견되는 용법인데, 시간을 나타내는 구가 나온 뒤 본동사 앞에 $καί$(또는 $καί$ $τότε$)가 오면 '그때, 그래서' 등을 뜻하게 된다.

4) 히브리어의 생동감 있는 이야기를 전개할 때는, 문장 첫머리에 주동작의 주어에 일치하는 분사를 두어 히브리어가 단순히 두 개의 동사로 연결시킨 표현을 하나의 분사와 하나의 동사로 옮겼다. 예를 들면, 히브리어로 '그는 일어났다, 그리고 그는 떠났다'를 '그는 일어나서 떠났다'는 식으로 바꾼 것이다. 마소라 본문에서 동사 '일어나다'(קוּם)는 대부분의 경우에 '어떤 일을 하기 시작하자'라는 청유(請誘)의 의미를 지닌다. 칠십인역 번역자는 이 히브리 단어에 $άνίστημι$를 대응시켜 '일어나다'라는 행위 그대로, 또는 단순한 청유의 의미로 사용하였다. 어떤 행위의 시작을 가리키는 것으로 '가다'($πορεύομαι$)라는 동사가 쓰인 경우도 있다. 곧 '천막 치러 가다, 천막 치다'를 '가서 천막 치다'($προευθείς$ $έστρατοπέδευσεν$ 12,9)로 표현하였다.

2. 히브리어화한 표현

1) 불필요한 대명사를 사용하는 용법

'롯이 그 안에서 살고 있던 그 성읍들'($τάς$ $πόλεις$ $έν$ $αἷς$ $κατῴκει$ $έν$ $αὐταῖς$ $Λωτ$ 19,29)이라는 예문에서 보듯이, 관계대명사를 다시 대명사로 되풀이해 준 것은 히브리어법을 그대로 따른 것이다. 이러한 어법은 구어체 어법으로 오늘날 구어에서 그 용례를 볼 수 있다. 이렇게 대명사를 필요 이상으로 사용하는 어법은 관계대명사와 함께 쓰인 경우 이외에도 발견된다(… 나무에서, 너희는 그것에서 따 먹어서는 안 된다 2,17; 3,3). 또한 장소를 나타내는 부사나 전치사와 함께 쓰이기도 한다(주님, 내가 그분 앞에서 기쁘게 해 드리는 24,40).

2) 술어를 소개하기 위한 전치사 $εἰς$

전치사 $εἰς$는 새로운 상황으로의 전환을 뜻하는 $γίγνομαι$(~이 되다) 동사 이외에도 다른 여러 동사와 함께 쓰여 히브리적 표현을 그대로 옮겼다. 예를 들면 '그들은 한 몸이 될 것이다'($έσονται$ $εἰς$ $σάρκα$ $μίαν$ 2,24), '이는 백성을($εἰς$ $λαόν$) 이루리라'(48,19), '나는 너를 큰 민족으로($εἰς$ $έθνος$ $μέγα$) 만들리라'

(12,2)가 있다. 그러나 같은 히브리어법이 나오는 17,7에서는 하느님 앞에 $\epsilon\iota s$를 넣지 않고 $\epsilon\hat{\iota}\nu\alpha\iota\ \sigma o\upsilon\ \theta\epsilon\acute{o}s$(너의 하느님이 되기 위하여)라고 옮겨 변화하는 하느님의 모습을 암시하는 표현을 피하였다(예: 탈출 6,7; 레위 26,12).

3) 어원이 같은 두 단어를 사용하는 강조어법

어떤 행위를 강조하기 위해 히브리어는 동사와 함께 그 동사와 같은 어근의 절대부정사를 사용한다. 그리스어는 동사에 그 동사와 같은 어근이거나 같은 뜻을 지닌 명사를 여격으로 쓰거나($\beta\rho\acute{\omega}\sigma\epsilon\iota\ \phi\alpha\gamma\eta$ 먹을 것을 먹어도 된다 2,16), 같은 어원을 가진 분사를 써서 강조한다($\pi\lambda\eta\theta\acute{\upsilon}\nu\omega\nu\ \pi\lambda\eta\theta\upsilon\nu\hat{\omega}$ 나는 많고 많게 하리라 3,16; $\gamma\iota\nu\acute{\omega}\sigma\kappa\omega\nu\ \gamma\nu\acute{\omega}\sigma\eta$ 너는 잘 알아두어라 15,13). 이러한 예는 칠십인역 창세기에 열다섯 번 정도 나온다.

4) 맹세 정식

긍정 맹세문은, 내용이 직접 인용되거나(9,11) 선언적 관사 $\hat{\eta}\ \mu\acute{\eta}\nu$으로 그 내용을 소개한다(22,16-17). 부정 맹세문은 가정법이 따르는 $o\grave{\upsilon}\ \mu\acute{\eta}$로 시작하거나(42,15), 또는 부정 맹세문을 이끄는 히브리어 조건사 אם을 $\epsilon\acute{\iota}$로 옮겨 맹세를 어겼을 때 일어날 결과를 암시하는 문장으로 그 내용을 소개한다(14,22-23).

5) 전치사의 폭넓은 사용

히브리어법의 영향으로 그 쓰임이 확대되어 사용되는 전치사로는 $\epsilon\nu$이 있다. 이 전치사는 히브리어 ב를 옮긴 것으로, 도구나 원인을 나타내거나 단순히 술어를 소개하기 위하여 사용되었다. 도구적 의미로 쓰인 경우는 '나는 내 지팡이에 의지하여($\epsilon\nu\ \tau\hat{\eta}\ \rho\acute{\alpha}\beta\delta\omega\ \mu o\upsilon$) 요르단을 건넜다'(32,11)와 '그는 그들을 빵으로($\epsilon\nu\ \acute{\alpha}\rho\tau o\iota s$) 먹여 살렸다'(47,17)이다. 대부분의 전치사 구문은 신체의 일부분을 가리키는 명사와 함께 쓰였다. '~의 얼굴 앞에', '~의 눈 아래', '~의 손에 따라', '~의 입에 따라' 같은 표현은 히브리어 본문을 그대로 옮겨 놓은 것이다. $\pi\rho\acute{o}\sigma\omega\pi o\nu$과 함께 쓰인 전치사 구문은 때로 그 의미가 불분명하다. 예를 들어, '얼굴에서 멀리'라는 표현은 그저 '멀리, 밖에'를 뜻하거나, '~의 존재에서 떨어져'라는 상태를 말하기도 한다. 전치사 $\acute{\alpha}\pi\acute{o}$는 히브리어 מן에 대응하여 방위를 나타낼 때 쓰이는 경우 이외에, 부분속격을 이끌거나 '주다, 갖다, 놓다' 동사의 목적보어(24,10; 27,28; 28,11; 33,15 등)를 이끈다.

6) 부정사(不定詞) 용법

칠십인역 창세기에서 부정사 용법 가운데 일부는 히브리어법을 그대로 옮긴 것이다. 부정사는 일부 동사들 뒤에 와서 목적을 나타내거나($\check{\eta}\gamma\alpha\gamma\epsilon\nu$ … $i\delta\epsilon\hat{\iota}\nu$ 보려고 … 데려가셨다 2,19; $\acute{\epsilon}\kappa\acute{\alpha}\theta\iota\sigma\alpha\nu$ $\phi\alpha\gamma\epsilon\hat{\iota}\nu$ 먹으려고 앉았다 37,25), 동사 $\pi o\rho\epsilon\acute{\upsilon}o\mu\alpha\iota$ 다음에 와서 근접 미래($\acute{\epsilon}\pi o\rho\epsilon\acute{\upsilon}\theta\eta$ $\pi\upsilon\theta\acute{\epsilon}\sigma\theta\alpha\iota$ 여쭈어 보러 갔다 25,22)를 나타낸다. 또한 동사 $\epsilon i\sigma\alpha\kappa o\acute{\upsilon}o\mu\alpha\iota$는 34,17에서 순종하는 사람을 속격으로 나타내고, 순종의 내용은 부정사를 사용하여 '할례를 받으라는'($\tau o\hat{\upsilon}$ $\pi\epsilon\rho\iota\tau\acute{\epsilon}\mu\nu\epsilon\sigma\theta\alpha\iota$)으로 표현하였다. 눈에 띄는 표현법으로는 $\pi\rho o\sigma\tau\acute{\iota}\theta\eta\mu\iota$ 동사에 속격 관사나 관사 없이 부정사가 온 것으로, '~를 더하다', '~를 다시 하다', '~를 반복하다'라는 의미를 지닌다. 창세기에서 이러한 용례는 열 번 정도 나오는데, 가장 중요한 예로는 4,2의 하와가 '아이 낳기를 더하다', 곧 '다시 아이를 낳다'라는 표현이다. 부정어(否定語)와 함께 쓰인 부정사의 예는 8,12의 비둘기가 '다시는 돌아오지 않았다'($o\mathring{\upsilon}$ $\pi\rho o\sigma\acute{\epsilon}\theta\epsilon\tau o$ $\tau o\hat{\upsilon}$ $\acute{\epsilon}\pi\iota\sigma\tau\rho\acute{\epsilon}\psi\alpha\iota$)와 8,21의 '내가 다시는 땅을 저주하지 않으리라'($o\mathring{\upsilon}$ $\pi\rho o\sigma\theta\acute{\eta}\sigma\omega$ $\check{\epsilon}\tau\iota$ $\tau o\hat{\upsilon}$ $\kappa\alpha\tau\alpha\rho\acute{\alpha}\sigma\alpha\sigma\theta\alpha\iota$ $\tau\mathring{\eta}\nu$ $\gamma\hat{\eta}\nu$)이다.

3. 새로운 단어의 사용

칠십인역 창세기에 나오는 새로운 단어들은, 기존에 없던 단어들을 완전히 새로 만들어 냈다기보다는 대부분 존재하는 단어의 어두나 어미에 다른 요소를 덧붙여 새로운 뜻을 표현한 것들이다. 칠십인역에 사용된 용어들은 그리스어의 발전에 따라 다양하고 풍부해졌다. 동사에서는 고전 그리스어의 축약동사를 대신하는 동사의 형태 $-i\zeta\omega$, $-\acute{\alpha}\zeta\omega$를 볼 수 있다. 이들 가운데 일부는 기원전 4세기 저술가들의 글에 나타나지만, 그 나머지는 칠십인역에 와서 비로소 등장하는 동사들이다.

새로운 말로 보이던 일부 용어들은 호메로스와 헤로도투스 때부터, 또는 의학서적에 사용되던 용어였음이 새롭게 알려졌다. 이는 번역자의 넓은 문화·학문적 식견을 보여 주는 것이다. 아티카어 외에 이오니아, 도리아 방언도 나타난다(31,46의 $\beta o\upsilon\nu\acute{o}s$ 무더기). 또한 새로운 언어로 보이는 용어들 가운데 일부는 이집트어나 콥트어의 영향을 받은 것들도 있다.

본 문

그리스어 본문과 우리말 본문

각 주

1,1 Ἐν ἀρχῇ ἐποίησεν ὁ θεὸς τὸν οὐρανὸν καὶ τὴν γῆν. *2* ἡ δὲ γῆ ἦν ἀόρατος καὶ ἀκατασκεύαστος, καὶ σκότος ἐπάνω τῆς ἀβύσσου, καὶ πνεῦμα θεοῦ ἐπεφέρετο ἐπάνω τοῦ ὕδατος. *3* καὶ εἶπεν ὁ θεός Γενηθήτω φῶς. καὶ ἐγένετο φῶς. *4* καὶ εἶδεν ὁ θεὸς τὸ φῶς ὅτι καλόν. καὶ διεχώρισεν ὁ θεὸς ἀνὰ μέσον τοῦ φωτὸς καὶ ἀνὰ μέσον τοῦ σκότους. *5* καὶ ἐκάλεσεν ὁ θεὸς τὸ φῶς ἡμέραν καὶ τὸ σκότος ἐκάλεσεν νύκτα. καὶ ἐγένετο ἑσπέρα καὶ ἐγένετο πρωί, ἡμέρα μία.

---

1) LXX는 이레 동안의 창조에 맞추어 일곱 단락으로 나누고 약간의 변화를 준 것 말고는 MT 와 거의 일치한다. '만들다' (ποιέω)와 '말하다' (λέγω)라는 두 동사가 '창조' (ποίησις)와 '말 씀' (λόγος)이라는 주제를 잘 묘사해 주며, 되풀이되는 동사 γίνομαι가 이 이야기의 참뜻을 전 달한다. γίνομαι는 만물의 생성, 곧 '이루어짐'을 뜻한다. 유다 주석가들은 창조 이야기를 연 구하여 피조물이 몇이나 되는지를 살펴보았는데(일곱 개, 열 개, 또는 스물세 개), 창조 이야 기 이전에 이미 천사들이 만들어졌으리라고 추정하기도 하였다. 이러한 전통들 가운데 일부는 그리스도교에 이어졌으며 신약성서(골로 1,15-18)가 그 다리 구실을 하였다.

2) 1,1—6,8은 세상과 인간의 기원에 관한 이야기와 노아라는 인물이 나오기 전까지의 인간 역 사를 포함한다. 이 대목은 다음과 같이 네 부분으로 나눌 수 있다. ① 하늘과 땅, 그리고 그 안의 만물 생성과 하느님께서 엿새 동안 일하신 뒤 일곱째 날에 쉬심(1,1—2,3), ② 낙원의 첫 남녀 이야기(2,4—3,21), ③ 낙원에서 추방당한 사람이 자손들을 낳음(3,22—4,26), ④ 인간의 계보와 더해 가는 사람들의 악행, 그리고 새로운 아담인 노아의 등장(5,1—6,8).

3) Ἐν ἀρχῇ에 관해서는 여러 해석이 있다. 이 표현은 보통 시간적 의미(처음에)로 이해되지 만 때로는 도구적 의미(근본적으로)일 때도 있다. 도구적 의미로 해석하면, 하느님께서 세상을 창조하실 때 사용하셨던 '원칙', 곧 당신의 지혜(잠언 8,22 이하)나 말씀(시편 32,6)으로 하늘 과 땅을 만드셨다는 뜻이 될 것이다. 그리스도교는 이 단어를 요한복음 서문의 λόγος와 연관시 켰다. 오리게네스도 그 뜻을 여러 가지로 연구하였으며(*Com.Jo.* I,90-124), 아퀼라역은 ἀρχῇ 대 신에 κεφάλαιον(머리)으로 단어를 바꾸어 '으뜸' 또는 '요점'으로 옮겼다. 이는 히브리 단어 '처음'(ראשית)을 '머리'(ראש)와 연결시킨 결과이다. 니사의 그레고리우스는 이 단어를 하느님 께서 모든 것을 '통틀어서, 동시에' 하셨다는 의미로 해석한다(*Hex.PG* 44,72A).

4) 고대의 해석은 대부분 이곳의 "하늘과 땅"이 8절의 "창공"이나 9-10절에 나오는 "뭍"과 다 르다고 보았다. 이들 첫 번째 피조물은 특별한 위치를 차지한다. 필로는 이것을 형체가 없고 만질 수 없는 세상(*Opif.* 29와 36)이라고 보았으며, 오리게네스는 이성을 지닌 피조물로서 그 구 성 물자는 형체가 없는 것(*P.Arch.* II,9,1; II,9,6)이라고 하였다.

5) MT가 '창조하다' (ברא)와 '만들다' (עשה)라는 두 동사를 사용한 반면, LXX는 '만들다' (ποιέω) 동사 하나만을 사용한다. 아퀼라역은 LXX에 드물게 나타나는 단어 '기초를 세우다, 창조하다' (κτίζω)를 사용하였다.

이레 동안의 창조[1]
첫 날: 하늘과 땅과 빛을 만드시다

1,1[2] 처음에[3] 하느님께서 하늘과 땅을[4] 만드셨다.[5] 2 땅은 보이지도 않고 정돈되지도 않았으며,[6] 어둠이 심연[7] 위에 있었고 하느님의 기운이[8] 그 물 위를 떠다니고 있었다. 3 하느님께서 말씀하셨다.[9] "빛이 생겨라." 그러자 빛이 생겼다. 4 하느님께서 그 빛이 좋음을 보셨다.[10] 하느님께서 빛과 어둠 사이를[11] 가르셨다. 5 하느님께서 그 빛을 낮이라 부르시고 그 어둠을 밤이라 부르셨다. 저녁이 되고 아침이[12] 되니, 첫날이었다.[13]

---

6) MT의 운을 맞춘 두 형용사 "꼴을 갖추지 못하고 비어 있는"(תהו ובהו)을 LXX에서는 철학적 형용사 "보이지도 않고 정돈되지도 않은"(ἀόρατος καὶ ἀκατασκεύαστος)이라 하였다. 그리고 아퀼라는 '공허하여 쓸모없는'(κένωμα καὶ οὐθέν)이라 옮겼다. 그리스어 본문은 하느님께서 '형태가 없는 물체에서 세상을 창조하셨다'는 그리스 전통(플라톤, *Timée* 51a)에 영향을 받은 듯하다. 지혜 11,17도 하느님께서 '무형의 물질로'(ἐξ ἀμόρφου ὕλης) 세상을 창조하셨다고 말한다. 동사의 미완료형 ἦν이 사용된 것을 두고 이미 존재하는 물체가 있었음을 나타내는 것으로 해석하는 경우도 있으나, 하느님께서 존재하지 않는 것에서 존재하는 것을 창조하셨다고 해석하는 주석가들도 있다(2마카 7,28: 하느님께서 이미 있는 것에서 그것들을 만들지 않으셨음을 깨달아라). 무(無)에서의 창조는 특히 오리게네스(*P.Arch.* IV,4,6-8, 시편 139,16과 에녹 19,3을 근거로)가 강조하였다.

7) תהום(심연)을 LXX는 ἄβυσσος(심연, 직역: 밑이 없는)로 옮겼다. 히브리어 תהום은 샘물과 비가 솟구쳐 나오는(참조: 7,11; 8,2) 원시의 물덩어리를 가리키는데, 그리스어 ἄβυσσος는 LXX에 와서야 이런 의미로 쓰였다.

8) 히브리어 רוח에 대응하는 그리스어 πνεῦμα는 '바람, 기운, 생명력, 하느님의 현존' 등으로 해석할 수 있다.

9) 여기서부터 2,18까지 "하느님께서 말씀하셨다"(καὶ εἶπεν ὁ θεός)는 표현이 열 번 나온다. 한편 MT에는 이 표현이 열한 번 나오는데, LXX는 1,28의 경우 분사로 써서 "말씀하시며"(λέγων)라고 옮겼다.

10) "하느님께서 그 빛이 좋음을 보셨다"(εἶδεν ὁ θεὸς τὸ φῶς ὅτι καλόν)는 표현은 LXX에 여덟 번, MT에는 일곱 번 나온다. 히브리어 '좋은'(טוב)에 대응하는 그리스어는 καλός다(아퀼라역에는 ἀγαθόν). 이 그리스어 형용사는 기능적으로 좋은 것뿐만 아니라, 미학·도덕적으로 좋은 것을 의미한다.

11) 직역하면 '그 빛 사이와 어둠 사이'이다. '~ 사이와 ~ 사이'(ἀνὰ μέσον … ἀνὰ μέσον)라는 반복 표현은 בין … ובין을 그대로 옮긴 것이다. 우리말 번역에서는 이 반복을 생략한다.

12) 저녁과 아침 사이의 병행구조로 보아 여기에서는 아침(πρωί)이 주어로 쓰였다. 이 단어는 LXX의 다른 곳에서 부사(아침에)로 사용되었다.

13) 다음에 오는 여섯 날에는 모두 서수를 썼는데 이곳에서는 서수(πρώτη 첫째) 대신 기수(μία 하나)로 표현하였다. 이 '한 날'(ἡμέρα μία)은 히브리어 표현(יום אחד)을 따른 것으로 문맥상 "첫날"로 옮긴다. 그러나 일부 고대 주석가들은 여기서 '하나'는 '첫'이 아니라 그리스어 그대로 '하루'를 뜻한다고 보았다. 곧 창조에 필요한 '하루'라는 것이다(필로, *Opif.* 15).

1,6 Καὶ εἶπεν ὁ θεός Γενηθήτω στερέωμα ἐν μέσῳ τοῦ ὕδατος καὶ ἔστω διαχωρίζον ἀνὰ μέσον ὕδατος καὶ ὕδατος. καὶ ἐγένετο οὕτως. *7* καὶ ἐποίησεν ὁ θεὸς τὸ στερέωμα, καὶ διεχώρισεν ὁ θεὸς ἀνὰ μέσον τοῦ ὕδατος, ὃ ἦν ὑποκάτω τοῦ στερεώματος, καὶ ἀνὰ μέσον τοῦ ὕδατος τοῦ ἐπάνω τοῦ στερεώματος. *8* καὶ ἐκάλεσεν ὁ θεὸς τὸ στερέωμα οὐρανόν. καὶ εἶδεν ὁ θεὸς ὅτι καλόν. καὶ ἐγένετο ἑσπέρα καὶ ἐγένετο πρωί, ἡμέρα δευτέρα.

1,9 Καὶ εἶπεν ὁ θεός Συναχθήτω τὸ ὕδωρ τὸ ὑποκάτω τοῦ οὐρανοῦ εἰς συναγωγὴν μίαν, καὶ ὀφθήτω ἡ ξηρά. καὶ ἐγένετο οὕτως. καὶ συνήχθη τὸ ὕδωρ τὸ ὑποκάτω τοῦ οὐρανοῦ εἰς τὰς συναγωγὰς αὐτῶν, καὶ ὤφθη ἡ ξηρά. *10* καὶ ἐκάλεσεν ὁ θεὸς τὴν ξηρὰν γῆν καὶ τὰ συστήματα τῶν ὑδάτων ἐκάλεσεν θαλάσσας. καὶ εἶδεν ὁ θεὸς ὅτι καλόν. *11* καὶ εἶπεν ὁ θεός Βλαστησάτω ἡ γῆ βοτάνην χόρτου, σπεῖρον σπέρμα κατὰ γένος καὶ καθ' ὁμοιότητα, καὶ ξύλον κάρπιμον

---

14) 히브리어 רקיע를 옮긴 "궁창"(στερέωμα)은 본디 '단단한 물체, 기초, 육체의 골격' 등을 가리킨다. 여기서는 이 단단한 것이 물 한가운데에 생겨 그 위의 물을 떠받치고 있는 모습을 연상케 한다. 불가타도 LXX와 같이 firmamentum이라 옮겼다. 그런데 여기서 1,8의 "궁창"과 1,1의 "하늘"의 관계를 어떻게 이해할 것이냐에 관한 문제가 제기된다. 주석가들 대부분은 1절의 "하늘"과 6-8절의 "궁창-하늘"을 구분한다. 곧 플라톤 철학의 영향을 받아 1절의 "하늘"은 형체가 없는 것으로, "궁창"은 형체가 있는 것으로 본다.

15) MT에는 7절 끝에 "그러자 그렇게 되었다"(9절, 11절, 15절, 20절〈MT에는 없음〉, 24절, 30절)라는 표현이 나온다.

16) "하늘"(οὐρανός)을 그리스 주석가들은 '경계'(ὄρος) 또는 '보다'(ὁράομαι)라는 단어와 연결시켰다. 그러나 안티오키아 학파는 히브리어 "하늘"(שמים)이 복수인 점에 주목하여 1절의 하늘을 첫 번째 하늘, 6-8절의 하늘을 두 번째 하늘로 보았다.

17) MT에는 "하느님께서 그것이 좋음을 보셨다"라는 표현이 없다.

18) LXX는 '모이다'(συνάγομαι)와 '모임, 집합'(συναγωγή)이라는 어원이 같은 두 단어를 사용하여 MT(하늘 아래 있는 물은 한 곳으로 모여)와 다르게 표현하였다. 오리게네스의 육공관성서는 MT의 '장소'(מקום)를 따라 LXX에 없는 '곳'(τόπος)이라는 말을 넣었다.

19) "마른 땅"(ἡ ξηρά)은 고전 그리스어에서 '단단한 땅'을 뜻하였다.

둘째 날: 궁창을 만드시고 물 사이를 가르시다

1,6 하느님께서 말씀하셨다. "물 한가운데 궁창이[14] 생기고 물과 물 사이에 가름이 있어라." 그러자 그렇게 되었다.[15] 7 하느님께서 궁창을 만드시고, 궁창 아래 있는 물과 궁창 위에 있는 물 사이를 가르셨다. 8 하느님께서 그 궁창을 하늘이라[16] 부르셨다. 하느님께서 그것이 좋음을 보셨다.[17] 저녁이 되고 아침이 되니, 둘째 날이었다.

셋째 날: 땅과 바다와 나무와 풀을 만드시다

1,9 하느님께서 말씀하셨다. "하늘 아래 있는 물은 하나〈의 모임으〉로 모여[18] 마른 땅이[19] 드러나거라."[20] 그러자 그렇게 되었다. 하늘 아래 있는 물이 〈그들의 모임들로〉 모여[21] 마른 땅이 드러났다.[22] 10 하느님께서 그 마른 땅을 육지라 부르시고 그 물덩어리를[23] 바다라 부르셨다. 하느님께서 그것이 좋음을 보셨다. 11 하느님께서 말씀하셨다. "땅은 종류와 닮음대로[24] 씨를 뿌리는[25] 풀의 풀밭과 제 안에

---

20) "드러나거라"($\dot{o}\phi\theta\dot{\eta}\tau\omega$, 직역: 보이거라)는 1,2과 연결시킬 때 의미가 있다. 2절에서 땅은 '보이지 않는'(MT: 꼴을 갖추지 못하고) 물체였는데, 이제 땅이 그 모습을 드러내게 된다.

21) 9절의 "하나〈의 모임으〉로($\epsilon\dot{\iota}s$ $\sigma\nu\nu\alpha\gamma\omega\gamma\dot{\eta}\nu$ $\mu\dot{\iota}\alpha\nu$) 모여"가 "물이 〈그들의 모임들로〉($\epsilon\dot{\iota}s$ $\tau\dot{\alpha}s$ $\sigma\nu\nu\alpha\gamma\omega\gamma\dot{\alpha}s$ $\alpha\dot{\nu}\tau\hat{\omega}\nu$) 모여"로 바뀌었다. 이는 서로 왕래하는 여러 바다가 하나의 거대한 물덩어리를 이루는 형상으로 이해한 결과이다.

22) MT에는 "하늘 아래 있는 물이 〈그들의 모임들로〉 모여 마른 땅이 드러났다"($\sigma\nu\nu\dot{\eta}\chi\theta\eta$ $\tau\dot{o}$ $\ddot{\nu}\delta\omega\rho$ $\tau\dot{o}$ $\dot{\nu}\pi o\kappa\dot{\alpha}\tau\omega$ $\tau o\hat{\nu}$ $o\dot{\nu}\rho\alpha\nu o\hat{\nu}$ $\epsilon\dot{\iota}s$ $\tau\dot{\alpha}s$ $\sigma\nu\nu\alpha\gamma\omega\gamma\dot{\alpha}s$ $\alpha\dot{\nu}\tau\hat{\omega}\nu$, $\kappa\alpha\dot{\iota}$ $\ddot{\omega}\phi\theta\eta$ $\dot{\eta}$ $\xi\eta\rho\dot{\alpha}$)라는 표현이 없다.

23) 이 절에서는 9절에 나오는 $\sigma\nu\nu\dot{\alpha}\gamma o\mu\alpha\iota$와 $\sigma\nu\nu\alpha\gamma\omega\gamma\dot{\eta}$를 "덩어리"($\sigma\nu\sigma\tau\dot{\eta}\mu\alpha\tau\alpha$, 후기 그리스어에서 사람이나 사물의 집합을 가리키는 말)라는 말로 바꾸어 표현하였다.

24) LXX는 "씨를 뿌리는"($\sigma\pi\epsilon\hat{\iota}\rho o\nu$ $\sigma\pi\dot{\epsilon}\rho\mu\alpha$)이라는 말에, MT에 없는 "종류와 닮음대로"($\kappa\alpha\tau\dot{\alpha}$ $\gamma\dot{\epsilon}\nu os$ $\kappa\alpha\dot{\iota}$ $\kappa\alpha\theta$' $\dot{o}\mu o\iota\dot{o}\tau\eta\tau\alpha$)라는 수식어를 넣었다.

25) "씨를 뿌리는"($\sigma\pi\epsilon\hat{\iota}\rho o\nu$ $\sigma\pi\dot{\epsilon}\rho\mu\alpha$)이라는 표현은 이해하기 어렵다. 중성 분사인 $\sigma\pi\epsilon\hat{\iota}\rho o\nu$은 바로 앞에 나오는 여성명사 "풀밭"($\beta o\tau\dot{\alpha}\nu\eta$)이나 남성명사 "풀"($\chi\dot{o}\rho\tau os$)을 수식할 수 없기 때문이다. 따라서 이 분사가 다음에 오는 중성 명사 $\sigma\pi\dot{\epsilon}\rho\mu\alpha$를 꾸미는 것(··· 씨를 뿌리는)으로 해석한다. 그러니 1,29($\pi\hat{\alpha}\nu$ $\chi\dot{o}\rho\tau o\nu$)에서와 같이 $\chi\dot{o}\rho\tau os$를 중성으로 보았을 가능성도 있다. 우리말 번역은 첫 번째 가능성에 따라 옮긴다.

ποιοῦν καρπόν, οὗ τὸ σπέρμα αὐτοῦ ἐν αὐτῷ κατὰ γένος ἐπὶ τῆς γῆς. καὶ ἐγένετο οὕτως. **12** καὶ ἐξήνεγκεν ἡ γῆ βοτάνην χόρτου, σπεῖρον σπέρμα κατὰ γένος καὶ καθ’ ὁμοιότητα, καὶ ξύλον κάρπιμον ποιοῦν καρπόν, οὗ τὸ σπέρμα αὐτοῦ ἐν αὐτῷ κατὰ γένος ἐπὶ τῆς γῆς. καὶ εἶδεν ὁ θεὸς ὅτι καλόν. **13** καὶ ἐγένετο ἑσπέρα καὶ ἐγένετο πρωί, ἡμέρα τρίτη.

1,14 Καὶ εἶπεν ὁ θεός Γενηθήτωσαν φωστῆρες ἐν τῷ στερεώματι τοῦ οὐρανοῦ εἰς φαῦσιν τῆς γῆς τοῦ διαχωρίζειν ἀνὰ μέσον τῆς ἡμέρας καὶ ἀνὰ μέσον τῆς νυκτὸς καὶ ἔστωσαν εἰς σημεῖα καὶ εἰς καιροὺς καὶ εἰς ἡμέρας καὶ εἰς ἐνιαυτοὺς **15** καὶ ἔστωσαν εἰς φαῦσιν ἐν τῷ στερεώματι τοῦ οὐρανοῦ ὥστε φαίνειν ἐπὶ τῆς γῆς. καὶ ἐγένετο οὕτως. **16** καὶ ἐποίησεν ὁ θεὸς τοὺς δύο φωστῆρας τοὺς μεγάλους, τὸν φωστῆρα τὸν μέγαν εἰς ἀρχὰς τῆς ἡμέρας καὶ τὸν φωστῆρα τὸν ἐλάσσω εἰς ἀρχὰς τῆς νυκτός, καὶ τοὺς ἀστέρας. **17** καὶ ἔθετο αὐτοὺς ὁ θεὸς ἐν τῷ στερεώματι τοῦ οὐρανοῦ ὥστε φαίνειν ἐπὶ τῆς γῆς **18** καὶ ἄρχειν τῆς ἡμέρας καὶ τῆς νυκτὸς καὶ διαχωρίζειν ἀνὰ μέσον τοῦ φωτὸς καὶ ἀνὰ μέσον τοῦ σκότους. καὶ εἶδεν ὁ θεὸς ὅτι καλόν. **19** καὶ ἐγένετο ἑσπέρα καὶ ἐγένετο πρωί, ἡμέρα τετάρτη.

---

26) MT는 세 가지 식물, 곧 푸른 싹과 씨를 맺는 풀과 씨 있는 과일나무로 나누었는데, LXX는 "씨를 뿌리는 풀의 풀밭"과 "과일나무" 두 가지로 분류한다. 히브리어 עֵץ(나무)에 대응하는 그리스어 ξύλον은 본디 고전 그리스어에서 '벌목된 나무' (잘라 놓은 나무를 가리킴, 복수형태로 나오는 6,14; 22,6 참조)를 뜻하였지만, 여기서는 살아 있는 나무를 일컫는 또 다른 말 δένδρον과 같은 의미로 사용되었다.

27) "돋게 하여라"(βλαστάνω)는 "풀"(βοτάνη)이라는 명사와 어원적으로 관계가 없다. MT는 "푸른 싹을 돋게 하여라"(תַּדְשֵׁא ... עֵשֶׂב דֶּשֶׁא)로 어원이 같은 두 단어를 사용하였다.

28) LXX는 여기서도 MT(לְמִינָהּ 제 종류대로)와는 다르게 "종류와 닮음대로"를 반복한다. LXX의 이 두 단어는 중복번역이거나 난외주석인 것 같다. LXX의 11절과 12절에 나오는 단어 ὁμοιότης(닮음)는 1,26의 ὁμοίωσις(비슷함)와 다르다.

29) LXX는 14절과 15절에서 "빛물체"(φωστήρ)와 "빛"(φαῦσις)이라는 두 명사와 '빛을 내다' (φαίνω) 동사를 사용하여 음성적인 일치를 고려하였다. MT는 14-18절까지 '빛나다' (אוֹר) 동사를 여덟 가지 다른 형태로 사용한다.

종류대로 씨가 있는 열매 내는 과일나무를[26] 땅 위에 돋게 하여라."[27] 그러자 그렇게 되었다. 12 땅은 종류와 닮음대로[28] 씨를 뿌리는 풀의 풀밭과 제 안에 종류대로 씨가 있는 열매 내는 과일나무를 땅 위에 내었다. 하느님께서 그것이 좋음을 보셨다. 13 저녁이 되고 아침이 되니, 셋째 날이었다.

넷째 날: 빛을 내는 물체들을 만드시다

1.14 하느님께서 말씀하셨다. "하늘의 궁창에 빛물체들이[29] 생겨라. 그리하여 낮과 밤 사이를 가르는 땅의 빛이[30] 되고 징표들과 절기들과 날들과 해들을 나타내어라.[31] 15 그리고 하늘의 궁창에서 땅 위를 비추는 빛이[32] 되어라." 그러자 그렇게 되었다. 16 하느님께서는 커다란 빛물체 둘을 만드시어, 큰 빛물체는 낮을 다스리고 작은 빛물체는 밤을 다스리게[33] 하셨다. 그리고 별들도 (만드셨다).[34] 17 하느님께서 그것들을 하늘의 궁창에 두시어 땅 위를 비추게 하시고, 18 낮과 밤을 다스리며 빛과 어둠 사이를 가르게 하셨다. 하느님께서 그것이 좋음을 보셨다. 19 저녁이 되고 아침이 되니, 넷째 날이었다.

---

30) LXX는 목적 부정사 "가르는"($\delta\iota\alpha\chi\omega\rho\acute{\iota}\zeta\epsilon\iota\nu$) 앞에 "땅의 빛"($\phi\alpha\hat{\upsilon}\sigma\iota\nu$ $\tau\hat{\eta}s$ $\gamma\hat{\eta}s$)이라는 말을 덧붙였다. 이는 사마리아 오경의 표현 להאיר על הארץ를 따른 번역인 것 같다.

31) '절기들과 날들과 해들을 위한 징표들이 되어라'로 옮길 수도 있다. "징표들"($\sigma\eta\mu\epsilon\hat{\iota}\alpha$)은 여러 가지로 설명되었다. 필로는 이를 '천문학적 징표'(*Opif.* 58-59)로 보았고 유다 전통은 전례력으로 해석하였다.

32) 여기서 LXX는 MT와 달리 14절의 "빛물체"($\phi\omega\sigma\tau\acute{\eta}\rho$) 대신 "빛"($\phi\alpha\hat{\upsilon}\sigma\iota s$)이라고 한다. "빛물체"는 하늘의 궁창을 비추는 반면, "빛"은 땅 위를 비추는($\H{\omega}\sigma\tau\epsilon$ $\phi\alpha\acute{\iota}\nu\epsilon\iota\nu$ $\acute{\epsilon}\pi\grave{\iota}$ $\tau\hat{\eta}s$ $\gamma\hat{\eta}s$) 구실을 한다.

33) "다스리게"($\epsilon\iota s$ $\acute{\alpha}\rho\chi\acute{\alpha}s$)라고 옮긴 그리스어 표현은, '다스리기 위하여', 또는 '다스리는 자격으로서'로 해석될 수 있다. 그러나 18절에서 $\acute{\alpha}\rho\chi\omega$ 동사의 부정사 $\acute{\alpha}\rho\chi\epsilon\hat{\iota}\nu$은 MT에서와 같이 '다스리다'로 쓰인다.

34) '해'와 '달'과 '별들'은 그리스인들에게 상징적으로 해석된다. 예를 들면, 안티오키아의 테오필로스는 이것을 '하느님'과 '사람'과 '예언자들'로 해석하였고(Théophile d'Antioche, II.15), 오리게네스는 해는 '그리스도'로 달은 '교회'로 풀이하였다(*Hom.Gen.* I.5.7).

1,20 Καὶ εἶπεν ὁ θεός Ἐξαγαγέτω τὰ ὕδατα ἑρπετὰ ψυχῶν ζωσῶν καὶ πετεινὰ πετόμενα ἐπὶ τῆς γῆς κατὰ τὸ στερέωμα τοῦ οὐρανοῦ. καὶ ἐγένετο οὕτως. *21* καὶ ἐποίησεν ὁ θεός τὰ κήτη τὰ μεγάλα καὶ πᾶσαν ψυχὴν ζῴων ἑρπετῶν, ἃ ἐξήγαγεν τὰ ὕδατα κατὰ γένη αὐτῶν, καὶ πᾶν πετεινὸν πτερωτὸν κατὰ γένος. καὶ εἶδεν ὁ θεός ὅτι καλά. *22* καὶ ηὐλόγησεν αὐτὰ ὁ θεός λέγων Αὐξάνεσθε καὶ πληθύνεσθε καὶ πληρώσατε τὰ ὕδατα ἐν ταῖς θαλάσσαις, καὶ τὰ πετεινὰ πληθυνέσθωσαν ἐπὶ τῆς γῆς. *23* καὶ ἐγένετο ἑσπέρα καὶ ἐγένετο πρωί, ἡμέρα πέμπτη.

1,24 Καὶ εἶπεν ὁ θεός Ἐξαγαγέτω ἡ γῆ ψυχὴν ζῶσαν κατὰ γένος, τετράποδα καὶ ἑρπετὰ καὶ θηρία τῆς γῆς κατὰ γένος. καὶ ἐγένετο οὕτως. *25* καὶ ἐποίησεν ὁ θεός τὰ θηρία τῆς γῆς κατὰ γένος καὶ τὰ κτήνη κατὰ γένος καὶ πάντα τὰ ἑρπετὰ τῆς γῆς κατὰ γένος αὐτῶν. καὶ εἶδεν ὁ θεός ὅτι καλά. *26* καὶ εἶπεν ὁ θεός Ποιήσωμεν ἄνθρωπον κατ' εἰκόνα ἡμετέραν καὶ καθ' ὁμοίωσιν, καὶ ἀρχέτωσαν τῶν ἰχθύων

---

35) 여기서 처음으로 히브리어의 '영혼'(נפש)에 대응하는 단어 "생명"(ψυχή)이 나온다. 그리스 주석가들은 식물과 달리 동물은 영혼을 지니고 있다고 보았다(필로, *Opif.* 63; 바실리우스, *Hom.Hex.* VII,1).

36) MT는 שָׁרַץ 동사와 그 명사형 שֶׁרֶץ를 함께 사용하여 어원을 일치시켰지만(우글거림으로 우글거리고), LXX는 ἐξάγω 동사에 "기어다니는 것들"(ἑρπετά)을 보어로 써서(기어다니는 것들을 … 내어라) MT와 같은 일치를 꾀하지 않았다. שֶׁרֶץ는 집합적이며 '우글거리는' 생물체를 뜻한다. LXX 번역자는 이를 ἑρπετά로 바꾸어 히브리어 רָמַשׂ 또는 רֶמֶשׂ에 대응시킨다. 여기서 바다생물을 가리키는 ἑρπετόν은 창세 1,24-30에서는 육지생물, 9,3에서는 일반생물, 그리고 레위 11,20.21.23; 신명 14,19에서는 날개 달린 동물을 가리키는 데 사용되었다.

37) LXX는 생명이 있는 것, 곧 기어다니는 것들과 날아다니는 것들이 같은 물에서 나온다고 묘사한다. 이는 생명체와 물이 불가분의 관계에 있다고 보는 현대 과학의 사조와도 부합한다. 그러나 MT는 "물에는 생물이 우글거리고, 새들은 하늘의 궁창 아래를 날아다녀라"고 구분한다. 유다 전통(4에즈 6,47; 타르굼 네오피티; 필로, *Opif.* 63)과 그리스도교 주석가들(바실리우스, *Hom.Hex.* VIII,2)에 따르면 새들은 물에서 기원한다.

38) LXX는 히브리어 תנינם을 "바닷괴물"(κῆτος)로 옮겼는데, 다른 곳에서는 '용'(δράκων)으로 옮기기도 한다. 유다 전통(에녹서, 타르굼 요나단 등)은 이 바닷괴물을 레비아탄(לויתן)으로 해석하였다.

다섯째 날: 생물과 새들을 만드시다

1,20 하느님께서 말씀하셨다. "물은 생명이[35] 있는 기어다니는 것들과[36] 땅 위 하늘의 궁창 아래를 날아다니는 날짐승들을 내어라."[37] 그러자 그렇게 되었다. 21 하느님께서는 물이 제 종류대로 낸 큰 바닷괴물들과[38] 생명을 지닌 온갖 기어다니는 것과 날개 달린 온갖 날짐승을 종류대로 만드셨다. 하느님께서 그것들이 좋음을[39] 보셨다. 22 하느님께서 그것들에게 복을 내리며[40] 말씀하셨다. "너희는 번식하고 번성하여 바닷물을 채워라. 날짐승들은 땅 위에서 번성하여라." 23 저녁이 되고 아침이 되니, 다섯째 날이었다.

여섯째 날: 땅의 짐승과 사람을 만드시다

1,24 하느님께서 말씀하셨다. "땅은 생명이 있는 것을 종류대로, 네발짐승들과 기어다니는 것들과 땅의 들짐승들을 종류대로 내어라."[41] 그러자 그렇게 되었다. 25 하느님께서 땅의 들짐승들을 종류대로, 집짐승들을[42] 종류대로 그리고 땅 위를 기어다니는 온갖 것을 제 종류대로 만드셨다. 하느님께서 그것들이 좋음을 보셨다. 26 하느님께서 말씀하셨다. "우리 모습대로[43] (우리와) 비슷하게[44] 사람을 만들

---

39) LXX는 "그것들이 좋음"($\"o\tau\iota$ $\kappa\alpha\lambda\acute{a}$)이라고 복수형으로 썼는데 MT는 단수로 고정되어 있다. 아마도 그리스어 번역은 '바닷괴물들'이라는 복수형태를 의식한 것 같다(25.31절 참조).

40) 번식에 관한 축복이 처음으로 등장한다. 고전 그리스어에서 '좋은 말을 하다, '칭송하다' 등의 의미로 쓰이던 $\epsilon\grave{v}\lambda o\gamma\acute{\epsilon}\omega$가 LXX와 신약성서에서는 히브리어 ברך과 같이 '복 내리다'라는 특수한 의미로 사용된다. 번식에 관한 축복은 8,17; 9,1-7; 17,16 등에서 계속 나온다.

41) LXX는 여기서도 20절에 사용된 동사 "내어라"($\grave{\epsilon}\xi\alpha\gamma\alpha\gamma\acute{\epsilon}\tau\omega$)를 써서 물에서 나는 것(1,20)과 땅에서 나는 것(1,24)을 병행구절로 표현하였다.

42) MT가 25절에서 24절의 집짐승과 기는 것과 들짐승을 반복한 것과는 달리, LXX는 24절의 "네발짐승들"을 "집짐승들"로 바꾸어 변화를 주었다.

43) 필로는 1,26의 하느님의 "모습대로"($\kappa\alpha\tau$ ' $\epsilon\grave{\iota}\kappa\acute{o}\nu\alpha$) 만들어진($\pi o\iota\acute{\epsilon}\omega$) 인간과 2,7의 하느님께 "빚어진"($\pi\lambda\acute{a}\sigma\sigma\omega$) 인간을 구분한다. 곧 빚어진 인간은 땅의 사람으로서 지성이 없는 존재이고, 하느님의 모습대로 만들어진 인간은 '말씀'($\lambda\acute{o}\gamma os$)이신 그분의 '모상'이라고 한다. 그리고 '비슷함'($\acute{o}\mu o\acute{\iota}\omega\sigma\iota s$)이라는 말은 그 본체에 충실함을 가리킨다고 보았다. 1고린 11,7에서는 이 구절이 남자에게만 적용되고 여자에게는 적용되지 않았다. 그러나 원칙적으로 '보이지 않는 하느님의 모상'(골로 1,15)은 그리스도이고, 인간은 '하늘에 속한 그분의 모습'을 지니게 될 것이다(1고린 15,49).

44) LXX는 뜻이 거의 같은 '모습'($\epsilon\grave{\iota}\kappa\acute{\omega}\nu$)과 '비슷함'($\acute{o}\mu o\acute{\iota}\omega\sigma\iota s$)이라는 두 단어와 함께 전치사 $\kappa\alpha\tau\acute{a}$(~에 따라)를 사용한다. 반면에 MT는 전치사 ב와 כ를 사용하여 "우리와 비슷하게 우리 모습으로"(בצלמנו כדמותנו)라고 표현하였다.

τῆς θαλάσσης καὶ τῶν πετεινῶν τοῦ οὐρανοῦ καὶ τῶν κτηνῶν καὶ πάσης τῆς γῆς καὶ πάντων τῶν ἑρπετῶν τῶν ἑρπόντων ἐπὶ τῆς γῆς. **27** καὶ ἐποίησεν ὁ θεὸς τὸν ἄνθρωπον, κατ᾽ εἰκόνα θεοῦ ἐποίησεν αὐτόν, ἄρσεν καὶ θῆλυ ἐποίησεν αὐτούς. **28** καὶ ηὐλόγησεν αὐτοὺς ὁ θεὸς λέγων Αὐξάνεσθε καὶ πληθύνεσθε καὶ πληρώσατε τὴν γῆν καὶ κατακυριεύσατε αὐτῆς καὶ ἄρχετε τῶν ἰχθύων τῆς θαλάσσης καὶ τῶν πετεινῶν τοῦ οὐρανοῦ καὶ πάντων τῶν κτηνῶν καὶ πάσης τῆς γῆς καὶ πάντων τῶν ἑρπετῶν τῶν ἑρπόντων ἐπὶ τῆς γῆς. **29** καὶ εἶπεν ὁ θεός Ἰδοὺ δέδωκα ὑμῖν πᾶν χόρτον σπόριμον σπεῖρον σπέρμα, ὅ ἐστιν ἐπάνω πάσης τῆς γῆς, καὶ πᾶν ξύλον, ὃ ἔχει ἐν ἑαυτῷ καρπὸν σπέρματος σπορίμου — ὑμῖν ἔσται εἰς βρῶσιν — **30** καὶ πᾶσι τοῖς θηρίοις τῆς γῆς καὶ πᾶσι τοῖς πετεινοῖς τοῦ οὐρανοῦ καὶ παντὶ ἑρπετῷ τῷ ἕρποντι ἐπὶ τῆς γῆς, ὃ ἔχει ἐν ἑαυτῷ ψυχὴν ζωῆς, πάντα χόρτον χλωρὸν εἰς βρῶσιν. καὶ ἐγένετο οὕτως. **31** καὶ εἶδεν ὁ θεὸς τὰ πάντα, ὅσα ἐποίησεν, καὶ ἰδοὺ καλὰ λίαν. καὶ ἐγένετο ἑσπέρα καὶ ἐγένετο πρωί, ἡμέρα ἕκτη.

---

45) '내가 만들겠다' 대신에 "우리가 만들자"(*ποιήσωμεν*)고 한 표현을 두고, 하느님께서 천사들에게, 또는 당신께서 이미 만들어 놓으신 작품들에게 하신 말씀이거나, 하느님 자신 또는 당신의 지혜에게 하신 말씀이라는 여러 해석들이 있다. 그리스도교 전통은 이 1인칭 복수형이 '성부와 성자' 또는 '삼위일체'를 암시한다고 보기도 하였다.

46) 앞절에서는 사람(*ἄνθρωπος*)이 정관사(*ὁ*) 없이 쓰였는데, 이 절에는 사람 앞에 정관사를 사용하였다(*τὸν ἄνθρωπον*). 이는 아마도 전치사와 함께 쓰인 히브리어 본문(את הָאָדָם)의 영향인 듯하다. LXX는 히브리어 본문의 전치사와 함께 오는 명사를 보통 정관사로 표현한다.

47) "남자와 여자"(*ἄρσεν καὶ θῆλυ*, 직역: 수컷과 암컷)라는 구분은 복음서에서 혼인을 이야기할 때(마태 19,4; 마르 10,6), 또는 예수가 남녀의 구분을 없앴을 때(갈라 3,28) 나온다. 바오로는 이 수컷과 암컷, 남자와 여자에 유형론을 적용하여, 남자를 그리스도로 여자를 교회로 본다(에페 5,23-32 참조).

48) "자식을 많이 낳고 번성하라"(*αὐξάνεσθε καὶ πληθύνεσθε*)는 명령은 낙원에서도 성적 결합이 필요했는지 아닌지 논란을 불러일으킬 수 있다. 고대 주석가들은 이것을 혼인과 번식에 대한 정당화이거나, 교회의 성장과 확산으로 보기도 하였다.

49) 인간의 지배를 의미하는 그리스어 '주인이 되다'(*κατακυριεύω*)는 히브리어 '밑에 놓다, 밟다'(כבשׁ) 동사보다 추상적이다.

자.[45] 그래서 그들이 바다의 물고기들과 하늘의 날짐승들과 집짐승들과 온 땅과 그 땅 위를 기어다니는 온갖 기는 것을 다스리게 하자.” 27 하느님께서 사람을[46] 만드셨다. 하느님의 모습대로 그를 만드셨는데, 남자와 여자로[47] 그들을 만드셨다. 28 하느님께서 그들에게 복을 내리며 말씀하셨다. “너희는 자식을 많이 낳고 번성하여[48] 땅을 채우고 그것을 지배하여라.[49] 그리고 바다의 물고기들과 하늘의 날짐승들과 온갖 집짐승과 온 땅과[50] 그 땅 위를 기어다니는 온갖 기는 것을 다스려라.” 29 하느님께서 말씀하셨다. “보아라, 내가 온 땅 위에 있는 씨를 맺어[51] 씨를 뿌리는 온갖 풀과, 제 안에 〈씨를 맺는 씨〉 열매가 있는 온갖 나무를 너희에게 준다. 너희에게 양식이 되리라. 30 땅의 모든 들짐승과 하늘의 모든 날짐승과 땅 위를 기어다니는, 〈제 안에〉 생명이 있는[52] 모든 기는 것에게도 역시[53] 온갖 푸른 풀을 양식으로 준다.”[54] 그러자 그렇게 되었다. 31 하느님께서 당신이 만드신 모든 것을 보시니, 아주 좋았다.[55] 저녁이 되고 아침이 되니, 여섯째 날이었다.

---

50) “온갖 집짐승과 온 땅”($\pi\acute{\alpha}\nu\tau\omega\nu\ \tau\hat{\omega}\nu\ \kappa\tau\eta\nu\hat{\omega}\nu\ \kappa\alpha\grave{\iota}\ \pi\acute{\alpha}\sigma\eta\varsigma\ \tau\hat{\eta}\varsigma\ \gamma\hat{\eta}\varsigma$)이라는 구절이 MT에는 없다. MT는 세 가지 종류의 짐승, 곧 바다의 고기와 하늘의 새와 땅을 기어다니는 온갖 생물만 언급하지만, LXX는 네 종류의 짐승을 언급한다.

51) “씨를 맺어”($\sigma\pi\acute{o}\rho\iota\mu o\nu$)라는 형용사는 MT에는 없는 단어로 “씨를 뿌리는”($\sigma\pi\epsilon\hat{\iota}\rho o\nu$)과 중복된 표현이다.

52) “〈제 안에〉 생명이 있는”($\ddot{o}\ \check{\epsilon}\chi\epsilon\iota\ \acute{\epsilon}\nu\ \acute{\epsilon}\alpha\upsilon\tau\hat{\omega}\ \psi\upsilon\chi\grave{\eta}\nu\ \zeta\omega\hat{\eta}\varsigma$)은 אשר בו נפש חיה를 그대로 옮겨 놓은 것이다. 히브리어 נפש חיה는 ‘생물’을 뜻하기보다는 ‘생명, 목숨’을 가리킨다.

53) LXX가 “온갖 푸른 풀”($\pi\acute{\alpha}\nu\tau\alpha\ \chi\acute{o}\rho\tau o\nu\ \chi\lambda\omega\rho\acute{o}\nu$) 앞에 “역시”($\kappa\alpha\acute{\iota}$)를 두어 해석하는 것은 짐승이나 사람에게 똑같은 양식을 준다는 표현으로 볼 수 있다. MT에는 ו(= $\kappa\alpha\acute{\iota}$)가 없는데, 이는 인간은 ‘씨를 뿌리는 온갖 풀과 씨를 맺는 온갖 과일나무’를, 짐승은 ‘온갖 푸른 풀’을 양식으로 받음을 뜻하는 것이라 풀이할 수 있다. 테오도시온역이나 심마쿠스역, 아퀼라역에는 이 $\kappa\alpha\acute{\iota}$가 없다.

54) 이 구절은 ‘피조물이 창조될 때 육식동물은 없었다는 말인가?’, ‘육식동물은 홍수 뒤에야 인간처럼 살아 움직이는 것을 양식으로 받았다는 말인가?’ (9,3 참조)라는 의문을 제기한다. 채식주의의 논거로 쓸 만한 구절이다.

55) ‘하느님께서 당신이 만드신 모든 것이 좋음을 보셨다’라는 ‘평가정식’은, 여기서 처음으로 발전적이며 강조적인 형태 “보시니, 아주 좋았다”($\iota\delta o\grave{\upsilon}\ \kappa\alpha\lambda\grave{\alpha}\ \lambda\acute{\iota}\alpha\nu$)로 나타난다. 주석가들은 이 구절을 창조의 최고선으로 보았다.

2.1 Καὶ συνετελέσθησαν ὁ οὐρανὸς καὶ ἡ γῆ καὶ πᾶς ὁ κόσμος αὐτῶν. 2 καὶ συνετέλεσεν ὁ θεὸς ἐν τῇ ἡμέρᾳ τῇ ἕκτῃ τὰ ἔργα αὐτοῦ, ἃ ἐποίησεν, καὶ κατέπαυσεν τῇ ἡμέρᾳ τῇ ἑβδόμῃ ἀπὸ πάντων τῶν ἔργων αὐτοῦ, ὧν ἐποίησεν. 3 καὶ ηὐλόγησεν ὁ θεὸς τὴν ἡμέραν τὴν ἑβδόμην καὶ ἡγίασεν αὐτήν, ὅτι ἐν αὐτῇ κατέπαυσεν ἀπὸ πάντων τῶν ἔργων αὐτοῦ, ὧν ἤρξατο ὁ θεὸς ποιῆσαι.

2.4 Αὕτη ἡ βίβλος γενέσεως οὐρανοῦ καὶ γῆς, ὅτε ἐγένετο, ᾗ ἡμέρᾳ ἐποίησεν ὁ θεὸς τὸν οὐρανὸν καὶ τὴν γῆν 5 καὶ πᾶν χλωρὸν ἀγροῦ πρὸ τοῦ γενέσθαι ἐπὶ τῆς γῆς καὶ πάντα χόρτον ἀγροῦ πρὸ τοῦ ἀνατεῖλαι· οὐ γὰρ ἔβρεξεν ὁ θεὸς ἐπὶ τὴν γῆν, καὶ ἄνθρωπος οὐκ ἦν ἐργάζεσθαι τὴν γῆν, 6 πηγὴ δὲ ἀνέβαινεν ἐκ τῆς γῆς καὶ ἐπότιζεν πᾶν τὸ πρόσωπον τῆς γῆς. 7 καὶ ἔπλασεν ὁ θεὸς τὸν ἄνθρωπον χοῦν ἀπὸ τῆς γῆς καὶ ἐνεφύσησεν εἰς τὸ πρόσωπον αὐτοῦ πνοὴν ζωῆς, καὶ ἐγένετο ὁ ἄνθρωπος εἰς ψυχὴν ζῶσαν.

---

1) 여기서 처음 나온 "질서"(κόσμος)라는 단어는 장식이나 아름다움을 뜻하는 전형적인 그리스어로 본디 '순서, 질서'를 의미하는 말이다. 그러다가 이 단어는 우주의 질서만을 뜻하지 않고 우주 자체를 가리키게 되었다. 여기에서는 "하늘과 땅"(ὁ οὐρανὸς καὶ ἡ γῆ)이라는 구체적인 대상을 제시하여 신명 4,19(하늘의 '질서')처럼 피조물의 '질서정연한 상태'를 묘사한다. 해, 달, 별 등 천체를 가리키며 군대라는 뜻으로 사용되는 히브리어 צבא에 대응하여 쓰인 이 단어를 LXX의 다른 책들은 '군대'(στρατιά)로 옮겨 צבא 본래의 의미에 충실하였다.

2) LXX, 사마리아 오경, 시리아어역 그리고 고대 라틴어역이 '하느님께서 여섯째 날에 하시던 일을 마치셨다'고 하는 반면, MT는 "이렛날에(השביעי יום) 마무리하셨다"라고 한다. 하느님께서 하시던 일이 '이렛날에 이미 마무리되었다'라는 과거완료의 의미로 본다면, 일을 마치신 날이 여섯째 날이 아니라고 해서 문제될 것은 없다. 어떻든 LXX는 안식일을 하느님께서 아무 일도 하지 않으신 이렛날로 명백하게 표현하였다.

3) 일곱째 날에 축복함으로써 일련의 축복이 끝난다. 동사 '거룩하게 하다'(ἁγιάζω)는 히브리어 קדשׁ에 대응하는 말로서 창세기에는 단 한 번 나오지만 탈출기와 레위기에 자주 등장한다.

4) "시작하여 하시던"은 '하기 시작하셨던'으로도 해석이 가능하다. 필로는 이를 하느님께서 창조하기를 시작하셨으나 중단하지 않으신 것으로 표현하였고(*Leg.* I,5-7), 디디무스는 하느님께서 시작에 하셨던 일 이외에 다른 일들(예를 들어 천사들을 만드심)이 있었을 것이라고 한다 (*ad loc.*).

5) LXX의 "생겨났을 때"(ὅτε ἐγένετο)는 "생성"(γένεσις)이라는 단어와 어원이 같은 동사를 사용하였다. 그러나 MT는 1,1에 나오는 '창조하다'(ברא) 동사를 써서 "하늘과 땅이 창조될 때"(השמים והארץ בהבראם)라고 하였다.

일곱째 날: 하느님께서 쉬시다

2,1 하늘과 땅, 그리고 그것들의 모든 질서가[1] 갖추어졌다. 2 하느님께서 여섯째 날에[2] 당신이 하시던 일을 다 마치시고, 일곱째 날에는 당신이 하시던 모든 일에서 쉬셨다. 3 하느님께서 일곱째 날에 복을 내리시고 그날을 거룩하게 하셨다.[3] 그날 하느님께서는 시작하여 하시던[4] 모든 일에서 쉬셨기 때문이다.

사람의 창조

2,4 이것은 하늘과 땅이 생겨났을 때,[5] 그 생성의[6] 기록이다.[7] 하느님께서 하늘과 땅을 만드시던 날, 5 땅 위에는 아직 어떤 들의 채소도 나오기 전이었고, 어떤 들풀도 솟아나기 전이었다.[8] 하느님께서 땅 위에 비를 내리지 않으셨고, 땅을 일굴 사람도 없었기 때문이다. 6 그런데 땅에서 물줄기가[9] 솟아올라 땅의 온 얼굴을 적셨다. 7 하느님께서[10] 사람, 흙에서 먼지를[11] 빚으시고[12] 그의 얼굴에 생명의 숨을 불어넣으시자[13] 사람이 생명체가 되었다.

---

6) LXX는 세상과 인간 창조 전체를 일컫는 단어로 "생성"(γένεσις)이라는 단수를 사용하였으나 MT는 תולדות라는 복수를 사용하였다. 이 히브리 단어는 "생성" 말고도 '자손, 후손, 족보, 계보, 역사'의 뜻이 있다.

7) "이것은 하늘과 땅이 생겨났을 때, 그 생성의 기록(… ἡ βίβλος γενέσεως)이다"라는 문장에서 오경의 첫 번째 책 이름(창세기 Γένεσις)이 붙여지게 된다. 이 문장은 앞절의 결론, 또는 새로운 주제의 도입부 구실을 한다.

8) LXX는 "채소"(χλωρόν)와 "풀"(χόρτον)을 2,4ㄴ의 "하늘과 땅을 만드시던 날"과 연결시켰다. 곧 하느님께서 하늘과 땅을 만드시던 날, 채소와 풀이 이미 만들어져 있었으나 땅에 비가 오기 전이었기 때문에 아직 돋아나지 않았음을 나타낸다. 그러나 MT는 LXX와 다르게 "땅에는 아직 들의 덤불이 하나도 없었고"(וכל שיח השדה טרם יהיה בארץ)라는 독립절로 되어 있다.

9) LXX는 '구름, 수증기'를 뜻하는 אד에 대응하는 단어로 "물줄기"(πήγη)를 사용하였다. 그리스도교 전통은 물줄기를 그리스도의 모습, 곧 '생명과 지혜의 원천'으로도 해석한다.

10) 히브리어 본문의 "주 하느님"(יהוה אלהים)을 "하느님"(ὁ θεός)으로 옮겼다.

11) LXX는 "먼지"(χοῦς 재료의 대격)를 '사람'(ἄνθρωπος)과 동격으로 쓰고, 전치사구 '흙에서'(ἀπό τῆς γῆς)로 이어지는 구로 χοῦς를 꾸며 주어 그 출처를 밝힌다. MT는 '사람'(אדם)과 '흙'(אדמה)이라는 어원이 같은 단어를 사용하여 말놀이를 꾀하였다.

12) 이 절에서는 1,26-27에 나오는 '만들다'(ποιέω, MT: עשה, ברה)와 다른 동사 '빚다'(πλάσσω)를 썼다(MT: יצר). πλάσσω는 조각품을 만드는 장인의 모습을 연상시킨다.

13) MT는 하느님께서 흙의 먼지로 사람을 빚으시고 "그 코에 생명의 숨을 불어넣으시니"라고 하였는데, LXX 번역자는 하느님께서 "그의 얼굴에"(εἰς τὸ πρόσωπον αὐτοῦ) 생명의 숨을 불어넣으셨다고 하였다. '숨'(πνοή)과 '기운'(πνεῦμα 1,2)은 같은 어원에서 나왔다.

2,8 Καὶ ἐφύτευσεν κύριος ὁ θεὸς παράδεισον ἐν Εδεμ κατὰ ἀνατολὰς καὶ ἔθετο ἐκεῖ τὸν ἄνθρωπον, ὃν ἔπλασεν. 9 καὶ ἐξανέτειλεν ὁ θεὸς ἔτι ἐκ τῆς γῆς πᾶν ξύλον ὡραῖον εἰς ὅρασιν καὶ καλὸν εἰς βρῶσιν καὶ τὸ ξύλον τῆς ζωῆς ἐν μέσῳ τῷ παραδείσῳ καὶ τὸ ξύλον τοῦ εἰδέναι γνωστὸν καλοῦ καὶ πονηροῦ. 10 ποταμὸς δὲ ἐκπορεύεται ἐξ Εδεμ ποτίζειν τὸν παράδεισον· ἐκεῖθεν ἀφορίζεται εἰς τέσσαρας ἀρχάς. 11 ὄνομα τῷ ἑνὶ Φισων· οὗτος ὁ κυκλῶν πᾶσαν τὴν γῆν Ευιλατ, ἐκεῖ οὗ ἐστιν τὸ χρυσίον· 12 τὸ δὲ χρυσίον τῆς γῆς ἐκείνης καλόν· καὶ ἐκεῖ ἐστιν ὁ ἄνθραξ καὶ ὁ λίθος ὁ πράσινος. 13 καὶ ὄνομα τῷ ποταμῷ τῷ δευτέρῳ Γηων· οὗτος ὁ κυκλῶν πᾶσαν τὴν γῆν Αἰθιοπίας. 14 καὶ ὁ ποταμὸς ὁ τρίτος Τίγρις· οὗτος ὁ πορευόμενος κατέναντι Ἀσσυρίων. ὁ δὲ ποταμὸς ὁ τέταρτος, οὗτος Εὐφράτης.

2,15 Καὶ ἔλαβεν κύριος ὁ θεὸς τὸν ἄνθρωπον, ὃν ἔπλασεν, καὶ ἔθετο αὐτὸν ἐν τῷ παραδείσῳ ἐργάζεσθαι αὐτὸν καὶ φυλάσσειν. 16 καὶ ἐνετείλατο κύριος ὁ θεὸς τῷ Αδαμ λέγων Ἀπὸ παντὸς ξύλου τοῦ ἐν τῷ παραδείσῳ βρώσει φάγῃ, 17 ἀπὸ δὲ τοῦ ξύλου τοῦ

---

14) LXX는 정원을 "해뜨는 쪽"(*κατὰ ἀνατολάς*), 곧 동쪽에 둔다. 그러나 아퀼라역과 심마쿠스역, 테오도시온역은 히브리어 "동쪽"(מקדם)을 방위가 아닌 시간적 의미로 풀이하여 '시작에'(*ἀπὸ ἀρχῆθεν*), '처음에'(*ἐκ πρώτης*), '처음에'(*ἐν πρώτοις*)라고 옮겼다. 필로는 해뜨는 곳을 지혜의 세계로 풀이하였다(*Plant.* 40).

15) "정원"을 가리키는 그리스어 *παράδεισος*는 페르시아어에서 유래하였는데, 고전 문학에서는 임금이나 귀족에게 즐거움을 주는 동산, 곧 낙원을 가리킨다. 따라서 채소나 꽃을 심어 놓은 정원(*κῆπος*)과는 다르다. 그 뒤 *παράδεισος*는 '세상 저편'을 가리키는 전문용어가 되었다. 여기서 정원은 '에덴'(*Εδεμ*, MT: עדן)이라는 곳에 있는데, 3,23-24에서는 에덴이 일반명사화되어 '진미, 호화, 기쁨'을 뜻하는 *τρυφή*로 바뀌었다.

16) LXX는 히브리어 본문에 없는 "또"(*ἔτι*)를 첨가하였다. 이는 아마도 1,11-12의 식물과 여기 나오는 나무들의 창조를 구분하기 위한 것 같다.

17) 선과 악을 "알게 하는"(*εἰδέναι γνωστόν*)이라는 표현은, 선과 악을 '식별하게 하다, 경험하게 하다'라는 뜻으로 볼 수 있다.

낙원

2,8 주 하느님께서 해뜨는 쪽[14] 에덴에 정원을[15] 가꾸시고, 그곳에 당신이 빚으신 사람을 두셨다. 9 하느님께서는 또[16] 보기에 아름답고 먹기에 좋은 온갖 나무를 그 땅에서 자라게 하시고, 정원 한가운데에는 생명나무와 선과 악을 알게 하는[17] 나무를 자라게 하셨다. 10 강 하나가 에덴에서 흘러나와 정원을 적시고 그곳에서[18] 네 줄기로 갈라졌다. 11 첫 번째 (강의) 이름은 비손으로,[19] 하윌라 온 땅을 도는데 그곳에는 금이 있었다. 12 그 땅의 금은 좋았으며, 그곳에는 붉은색 (보석)과 푸른색을 띠는 보석도 있었다. 13 두 번째 강의 이름은 기혼으로,[20] 에티오피아 온 땅을 돌았다. 14 세 번째 강은 티그리스로, 아시리아 사람들을[21] 마주 보고 흘렀다. 네 번째 강은 유프라테스이다.[22]

금지된 나무

2,15 주 하느님께서는 당신이 빚으신[23] 사람을 데려다 그를 정원에 두시어 그곳을 가꾸고 지키게 하셨다.[24] 16 주 하느님께서 아담에게[25] 말씀하시며 이르셨다. "너는 정원에 있는 모든 나무에서 먹을 것을 따 먹어도 된다. 17 그러나 너희는 선

---

18) 여기서 "그곳"(ἐκεῖθεν)은 정원이 아니라 에덴을 가리키는 것 같다.

19) 비손은 이곳에만 나오는 이름으로, 어느 강을 말하는지 분명하지 않다. 고대 저자들은 이를 갠지스 강이나 다뉴브 강으로 해석하기도 하였디.

20) 기혼은 나일 강을 가리키는 것으로 에티오피아 땅(MT: 구스 땅)을 돌아 흐른다.

21) 여기서 '아시리아 사람들'('Ασσυρίων)은 '아시리아인들의 땅'을 가리키는 것으로 본다.

22) 11절과 13절의 강 이름이 페르시아 이름인 데 반하여, 14절의 두 강 이름은 그리스 이름이다. 유프라테스(Εὐφράτης)는 그리스어 동사 '기뻐하다'(εὐφραίνω)를 연상시킨다.

23) LXX에는 MT에 없는 "당신이 빚으신"(ὅν ἔπλάσεν)이라는 표현이 다시 나온다. 이는 2,8에서 비롯한 듯하다.

24) '가꾸고 지키다'(ἐργάζεσθαι καὶ φυλάσσειν)는 종종 도덕적인 의미, 곧 선을 실천하고 하느님의 계명을 준수하는 것으로 해석되었다.

25) 이곳에 처음으로 아담이 고유명사로 등장한다. MT에서는 4,25에시 처음으로 아담이 고유녕사로 쓰였다.

γινώσκειν καλὸν καὶ πονηρόν, οὐ φάγεσθε ἀπ᾽ αὐτοῦ· ᾗ δ᾽ ἂν ἡμέρᾳ φάγητε ἀπ᾽ αὐτοῦ, θανάτῳ ἀποθανεῖσθε.

2,18 Καὶ εἶπεν κύριος ὁ θεός Οὐ καλὸν εἶναι τὸν ἄνθρωπον μόνον· ποιήσωμεν αὐτῷ βοηθὸν κατ᾽ αὐτόν. *19* καὶ ἔπλασεν ὁ θεὸς ἔτι ἐκ τῆς γῆς πάντα τὰ θηρία τοῦ ἀγροῦ καὶ πάντα τὰ πετεινὰ τοῦ οὐρανοῦ καὶ ἤγαγεν αὐτὰ πρὸς τὸν Αδαμ ἰδεῖν, τί καλέσει αὐτά, καὶ πᾶν, ὃ ἐὰν ἐκάλεσεν αὐτὸ Αδαμ ψυχὴν ζῶσαν, τοῦτο ὄνομα αὐτοῦ. *20* Καὶ ἐκάλεσεν Αδαμ ὀνόματα πᾶσιν τοῖς κτήνεσιν καὶ πᾶσι τοῖς πετεινοῖς τοῦ οὐρανοῦ καὶ πᾶσι τοῖς θηρίοις τοῦ ἀγροῦ, τῷ δὲ Αδαμ οὐχ εὑρέθη βοηθὸς ὅμοιος αὐτῷ. — *21* καὶ ἐπέβαλεν ὁ θεὸς ἔκστασιν ἐπὶ τὸν Αδαμ, καὶ ὕπνωσεν· καὶ ἔλαβεν μίαν τῶν πλευρῶν αὐτοῦ καὶ ἀνεπλήρωσεν σάρκα ἀντ᾽ αὐτῆς. *22* καὶ ᾠκοδόμησεν κύριος ὁ θεὸς τὴν πλευράν, ἣν ἔλαβεν ἀπὸ τοῦ Αδαμ, εἰς γυναῖκα καὶ ἤγαγεν αὐτὴν πρὸς τὸν Αδαμ. *23* καὶ εἶπεν Αδαμ Τοῦτο νῦν ὀστοῦν ἐκ τῶν ὀστέων

---

26) LXX는 히브리어 본문의 2인칭 단수(לא תאכל 너는 따 먹으면 안 된다)를 2인칭 복수 "너희는 … 따 먹으면 안 된다"(οὐ φάγεσθε)로 바꾸어 옮겼다. 이 문장과 관련하여 필로는 선을 구하는 것은 현인 하나로 족하지만(16절), 악은 많은 사람이 경계해야 한다(17절)고 해석한다 (*Leg.* I,101-104).

27) "너희가 그것에서 따 먹는 날, 너희는 반드시 죽으리라"(ᾗ δ᾽ ἂν ἡμέρᾳ φάγητε ἀπ᾽ αὐτοῦ, θανάτῳ ἀποθανεῖσθε)라는 표현은 의문을 불러일으킨다. 아담과 하와가 열매를 따 먹었지만 그들은 죽지 않았다. 그러므로 아퀼라역, 심마쿠스역, 테오도시온역은 이 구절을 '너는 죽을 수밖에 없는 존재가 될 것이다'(θνητὸς ἔσῃ)라고 옮긴다. 필로는 이 죽음이 일반적인 죽음을 가리키는 것이 아니라 영혼의 죽음을 말한다고 풀이하였으며(*Leg.* I,105-107), 유다 전통은 '하루'를 '천 년'으로 보고 아담은 그날이 지나기 전 구백삼십 년을 살고 죽었다(5,5 참조)고 해석한다.

28) 이 단락은 남녀관계에서 여자의 지위와 혼인의 정당성을 말할 때 인용되는 본문이다. 집회 36,29은 여자가 '남자를 지지하는 기둥'이라 하였으며, 예수님도 이혼에 관한 질문에 답변하면서 이 본문을 인용하였다(마태 19,5; 마르 10,7-8). 바오로는 여자를 남자를 위한 존재, 남자보다 열등한 존재로 묘사하기도 하였다(1고린 11,7-12).

29) "그에게 맞는"(κατ᾽ αὐτόν)이라는 표현은 일치와 닮음의 의미를 강조한다. LXX는 히브리어 본문의 '그의 앞과 같은'(כנגדו)을 20절에서 "그와 닮은"(ὅμοιος αὐτῷ)으로 옮겼다.

과 악을 알게 하는 나무에서, 그것에서는 따 먹으면 안 된다.[26] 너희가 그것에서 따 먹는 날, 너희는 반드시 죽으리라."[27]

여자의 창조[28]

2,18 주 하느님께서 말씀하셨다. "사람이 혼자 있는 것이 좋지 않으니, 그에게 맞는[29] 돕는 이를[30] 우리가 만들어 주자."[31] 19 하느님께서는 다시[32] 흙으로 들의 온갖 들짐승과 하늘의 온갖 날짐승을 빚으시고, 그것들을 아담에게 데려가시어 그가 그것들을 무엇이라 부르는지 보셨다. 아담이 생명이 있는 것을 저마다 부르는 대로, 그것이 그 이름이 되었다. 20 아담이 모든 집짐승과 하늘의 모든 날짐승과 들의 모든 들짐승에게 이름을 불러 주었다. 그러나 아담을 위한 그와 닮은 돕는 이는 찾지 못하였다.[33] 21 하느님께서 아담 위로 무아경을[34] 드리우시어 그가 잠들자, 그의 갈비들 가운데 하나를 빼내시고 그 대신 살로 메우셨다. 22 주 하느님께서 아담에게서 빼내신 갈비로 여자를 지으시고 그를 아담에게 데려오셨다. 23 그러자 아담이 말하였다. "이야말로 나의 뼈들에서 나온 뼈요 나의 살들에서 나온 살이

---

30) "돕는 이(도움)"(βοηθός)는 LXX에서 이스라엘을 구원하시는 하느님을 가리키는 말이기도 하다.

31) LXX는 1,26에서 사람을 창조할 때와 마찬가지로 "우리가 만들어 주자"(ποιήσωμεν)라고 복수형을 쓴다. MT는 단수로 표현하였다(אעשה 내가 … 만들어 주리라).

32) LXX는 사마리아 오경과 같이 MT에 없는 "다시"(ἔτι)를 넣었다.

33) "찾지 못하였나"(οὐχ εὑρέθη, 직역: 발견되지 않았다)라는 비인칭 주어 문장은 MT의 "찾지 못하였다"(לא מצא)와 조금 다르다. MT의 '찾다'는 주어를 아담 또는 하느님으로 볼 수 있는데, LXX는 하느님에게 책임이 넘어가는 것을 피하기 위해 비인칭 주어(도움)로 표현한 것 같다.

34) 히브리어 본문이 이 절에서는 "깊은 잠"(תרדמה), 27,33에서는 "떨림"(חרדה)이라는 다른 단어를 사용한 것을, LXX는 같은 단어 ἔκστασις를 사용하였다. 곧 이 단어를 우리말로 이곳과 15,12에서는 "무아경", 27,33에서는 "혼란"으로 옮긴다. LXX는 엑스타시스(ἔκστασις)를 '무아경', 또는 '공포'의 의미로 사용하였으나, 헬레니즘 시대의 독자들은 이 단어를 필로처럼 감각적인 세계에서 보이지 않는 세세로 향하는 '이탈'을 뜻하거나(G 29: F. Petit), 신적인 영감에 힘입어 자신에게서 이탈함을 가리키는 것으로 이해하였다(유스티누스, *Dial.* 115,3). 그리스어는 히브리어 "깊은 잠"(תרדמה)의 의미를 드러내지 못한다. 아퀼라역은 이를 '포만감'(κόρος)으로, 심마쿠스역은 '술 취함'(κάρος)으로 옮겼다.

μου καὶ σὰρξ ἐκ τῆς σαρκός μου· αὕτη κληθήσεται γυνή, ὅτι ἐκ τοῦ ἀνδρὸς αὐτῆς ἐλήμφθη αὕτη. 24 ἕνεκεν τούτου καταλείψει ἄνθρωπος τὸν πατέρα αὐτοῦ καὶ τὴν μητέρα αὐτοῦ καὶ προσκολληθήσεται πρὸς τὴν γυναῖκα αὐτοῦ, καὶ ἔσονται οἱ δύο εἰς σάρκα μίαν. 25 καὶ ἦσαν οἱ δύο γυμνοί, ὅ τε Αδαμ καὶ ἡ γυνὴ αὐτοῦ, καὶ οὐκ ἠσχύνοντο.

3,1 Ὁ δὲ ὄφις ἦν φρονιμώτατος πάντων τῶν θηρίων τῶν ἐπὶ τῆς γῆς, ὧν ἐποίησεν κύριος ὁ θεός· καὶ εἶπεν ὁ ὄφις τῇ γυναικί Τί ὅτι εἶπεν ὁ θεός Οὐ μὴ φάγητε ἀπὸ παντὸς ξύλου τοῦ ἐν τῷ παραδείσῳ; 2 καὶ εἶπεν ἡ γυνὴ τῷ ὄφει Ἀπὸ καρποῦ ξύλου τοῦ παραδείσου φαγόμεθα, 3 ἀπὸ δὲ καρποῦ τοῦ ξύλου, ὅ ἐστιν ἐν μέσῳ τοῦ παραδείσου, εἶπεν ὁ θεός Οὐ φάγεσθε ἀπ᾽ αὐτοῦ οὐδὲ μὴ ἅψησθε αὐτοῦ, ἵνα μὴ ἀποθάνητε. 4 καὶ εἶπεν ὁ ὄφις τῇ γυναικί Οὐ θανάτῳ ἀποθανεῖσθε· 5 ᾔδει γὰρ ὁ θεὸς ὅτι ἐν ᾗ ἂν ἡμέρᾳ φάγητε ἀπ᾽ αὐτοῦ, διανοιχθήσονται ὑμῶν οἱ ὀφθαλμοί, καὶ ἔσεσθε ὡς θεοὶ γινώσκοντες καλὸν καὶ πονηρόν. 6 καὶ εἶδεν ἡ γυνὴ ὅτι καλὸν τὸ ξύλον εἰς βρῶσιν καὶ ὅτι ἀρεστὸν τοῖς ὀφθαλμοῖς ἰδεῖν καὶ ὡραῖόν ἐστιν τοῦ κατανοῆσαι, καὶ λαβοῦσα τοῦ καρποῦ αὐτοῦ ἔφαγεν· καὶ ἔδωκεν καὶ τῷ ἀνδρὶ αὐτῆς μετ᾽ αὐτῆς, καὶ ἔφαγον. 7 καὶ διηνοίχθησαν οἱ ὀφθαλμοὶ τῶν δύο, καὶ ἔγνωσαν ὅτι γυμνοὶ ἦσαν, καὶ ἔρραψαν φύλλα συκῆς καὶ ἐποίησαν ἑαυτοῖς περιζώματα.

---

35) LXX는 MT처럼 어원을 일치시키지 않았다. 곧 MT는 "남자"(אִישׁ)에게서 나왔으니 "여자"(אִשָּׁה)라 불리리라고 하였는데, LXX는 "〈자기〉 남자에게서"(ἐκ τοῦ ἀνδρὸς αὐτῆς) 빼내어졌으니 "여자"(γυνή)라 불리리라고 어원이 다른 두 단어를 사용하였다.

36) LXX는 사마리아 오경과 마찬가지로 MT에 없는 "그 둘"(οἱ δύο)이라는 단어를 덧붙였다.

37) "몸"(σάρξ, 직역: 살)은 한 생물의 총체를 말한다.

38) 유다 주석가들은 이를 두고 '낙원의 혼인'이라 하였고, 그리스도교 주석가들은 인간이 죄를 지은 다음(4,1)의 혼인에 대하여 미리 언급한 것으로 본다.

39) 이 절은 낙원의 마지막 지복을 말하고 있는데, 여러 고대 필사본들은 이 구절을 3장의 맨 앞에 두어 인간이 죄에 빠지게 되는 이야기의 시작을 알린다.

다. 이는 자기 남자에게서 빼내어졌으니 여자라 불리리라.”35) 24 그러므로 사람은 제 아버지와 어머니를 떠나 자기 여자에 달라붙어 그 둘은36) 한 몸이37) 될 것이다.38) 25 아담과 그의 아내 그 둘은 알몸이었으나 부끄러워하지 않았다.39)

불순종: 아담과 그의 아내가 금지된 나무열매를 먹다

3,1 뱀은1) 주 하느님께서 만드신 땅 위의 모든 들짐승 가운데서 가장 꾀가 많았다.2) 그 뱀이 여자에게 말하였다. “어찌하여 하느님께서 ‘너희는 정원에 있는 어떤 나무에서도 따 먹지 마라’고 하셨느냐?”3) 2 여자가 뱀에게 말하였다. “우리는 정원의 나무 열매에서 따 먹어도 된다. 3 그러나 정원 한가운데 있는 나무 열매는, ‘너희가 죽지 않으려거든 그것에서 따 먹지도 말고 결코 그것을 만지지도 마라’ 하고 하느님께서 말씀하셨다.” 4 뱀이 여자에게 말하였다. “너희는 결코 죽지 않는다. 5 너희가 그것에서 따 먹는 날, 너희 눈이 열려, 신들처럼 되어서 선과 악을 알게 될 줄을 하느님께서 아셨기 때문이다.”4) 6 여자가 보니 그 나무는 먹기에 좋고, 눈으로 보기에도 즐거웠으며 깨달음에 좋을 듯하였다. 그가 그 열매를 따서 먹고, 자기와 함께 있는 제 남편에게도 주니, 그들이 먹었다.5) 7 그러자 둘의 눈이 열려6) 자기들이 알몸인 것을 알고, 무화과나무7) 잎을 엮어 허리에 두를 것을 만들었다.

---

1) 필로는 ‘뱀’을 욕망의 알레고리로 보았다(*Leg.* III,107-159).

2) ‘꾀 많은’(φρόνιμος)은 긍정적인 의미를 지닌 그리스어이다(41,33.39에서 요셉의 자질을 표현할 때 씀). 이에 대응하는 히브리어 ערום은 문맥에 따라 ‘꾀 많은’이나 ‘간교한’의 뜻으로 풀이된다. 테오도시온역과 아퀼라역은 ‘간교한’(πανοῦργος)으로 옮겼다.

3) MT의 하느님께서 말씀하신 내용이 사실이냐고 물은 것(하느님께서 …라고 말씀하셨다는데 정말이냐?)을, LXX는 하느님께서 그렇게 말씀하신 의도에 관한 물음(어찌하여 하느님께서 … 하셨느냐?)으로 바꾸었다(불가타: cur praecepit vobis Deus? 어찌하여 하느님께서 너희에게 … 명하셨느냐?).

4) MT는 ידע의 분사형을 써서 하느님께서 “아시고”(ידע) 말씀하셨다고 하였는데, LXX는 동사의 완료형으로 하느님께서 ‘알고 계셨다’(ᾔδει)고 하였다. 이는 하느님께서 선과 악을 알게 하는 나무 열매를 따 먹지 말라고 명하신 그때에 이미 그 결과(그 열매를 먹으면 선과 악을 알게 됨)를 알고 계셨다는 것이다. 그리하여 하느님께서 “어찌하여”(1절) 그런 명령을 내리셨는지 이유가 설명된다.

5) MT는 “그도 먹었다”(ויאכל)로 남성 단수를 사용하였으나, LXX는 “그들이 먹었다”(ἔφαγον)로 옮겼다.

6) 여기서 눈이 열렸다는 말은, 아담과 하와의 영혼과 이성의 눈이 열렸다는 것을 의미한다.

7) 일부 유다 서술가(모세의 묵시록 XX,4-5)와 그리스도교 학사들(테오도루스, *QG* 28)은 이 무화과나무와 따 먹는 것이 금지된 열매나무를 동일시하였다.

3.8 Καὶ ἤκουσαν τὴν φωνὴν κυρίου τοῦ θεοῦ περιπατοῦντος ἐν τῷ παραδείσῳ τὸ δειλινόν, καὶ ἐκρύβησαν ὅ τε Αδαμ καὶ ἡ γυνὴ αὐτοῦ ἀπὸ προσώπου κυρίου τοῦ θεοῦ ἐν μέσῳ τοῦ ξύλου τοῦ παραδείσου. *9* καὶ ἐκάλεσεν κύριος ὁ θεὸς τὸν Αδαμ καὶ εἶπεν αὐτῷ Αδαμ, ποῦ εἶ; *10* καὶ εἶπεν αὐτῷ Τὴν φωνήν σου ἤκουσα περιπατοῦντος ἐν τῷ παραδείσῳ καὶ ἐφοβήθην, ὅτι γυμνός εἰμι, καὶ ἐκρύβην. *11* καὶ εἶπεν αὐτῷ Τίς ἀνήγγειλέν σοι ὅτι γυμνὸς εἶ; μὴ ἀπὸ τοῦ ξύλου, οὗ ἐνετειλάμην σοι τούτου μόνου μὴ φαγεῖν ἀπ᾽ αὐτοῦ, ἔφαγες; *12* καὶ εἶπεν ὁ Αδαμ Ἡ γυνή, ἣν ἔδωκας μετ᾽ ἐμοῦ, αὕτη μοι ἔδωκεν ἀπὸ τοῦ ξύλου, καὶ ἔφαγον. *13* καὶ εἶπεν κύριος ὁ θεὸς τῇ γυναικί Τί τοῦτο ἐποίησας; καὶ εἶπεν ἡ γυνή Ὁ ὄφις ἠπάτησέν με, καὶ ἔφαγον. *14* καὶ εἶπεν κύριος ὁ θεὸς τῷ ὄφει Ὅτι ἐποίησας τοῦτο, ἐπικα-τάρατος σὺ ἀπὸ πάντων τῶν κτηνῶν καὶ ἀπὸ πάντων τῶν θηρίων τῆς γῆς· ἐπὶ τῷ στήθει σου καὶ τῇ κοιλίᾳ πορεύσῃ καὶ γῆν φάγῃ πάσας τὰς ἡμέρας τῆς ζωῆς σου. *15* καὶ ἔχθραν θήσω ἀνὰ μέσον σου καὶ ἀνὰ μέσον τῆς γυναικὸς καὶ ἀνὰ μέσον τοῦ σπέρματός σου καὶ ἀνὰ μέσον τοῦ σπέρματος αὐτῆς· αὐτός σου τηρήσει κεφαλήν, καὶ σὺ τηρήσεις αὐτοῦ πτέρναν. *16* καὶ τῇ γυναικὶ εἶπεν Πληθύνων πληθυνῶ τὰς λύπας σου καὶ τὸν στεναγμόν σου, ἐν λύπαις τέξῃ τέκνα· καὶ

---

8) 부사적 표현인 *τὸ δειλινόν*은 헬라화된 그리스어에서 '오후'나 '저녁'을 뜻한다. 이레네우스는 아담이 잘못을 저지른 시간(오후)과 그리스도의 수난 시간(정오부터 오후 세 시까지)이 일치한다고 보았다(*Procope* 196A).

9) 여기서 '나무'(*ξύλον*)는 집합명사로 쓰였다.

10) LXX는 "아담아, 너 어디에 있느냐?"(*Αδαμ, ποῦ εἶ;*)라고 듣는 이를 명시하였는데, MT는 단순히 "너 어디 있느냐?"(איכה)라고 표현하였다.

11) LXX는 MT에는 없는 '이것에서만큼'(*τούτου μόνου*)이라는 말을 이곳과 3,17에 사용하여 표현을 구체화하였다. 이 구절을 직역하면 '내가 너에게 이것에서만큼, 그것에서는 따 먹지 말라고 명한'(*οὗ ἐνετειλάμην σοι τούτου μόνου μὴ φαγεῖν ἀπ᾽ αὐτοῦ*)이다.

12) LXX는 "네가 따 먹은 것이 아니더냐?"(*μὴ … ἔφαγες;*)라고 옮겨 MT의 "네가 따 먹었느냐?"(ה … אכלת)라는 단순한 질문에 좀 더 구체적 의미를 덧붙인다. 곧 죄와 알몸임을 발견하게 된 것 사이에 인과관계가 있음을 암시한다.

뱀과 여자 그리고 아담

3,8 그들은 주 하느님께서 저녁에[8] 정원을 거니시는 소리를 들었다. 아담과 그의 아내는 주 하느님 얼굴로부터 정원 나무들[9] 가운데에 숨었다. 9 주 하느님께서 아담을 부르시며 그에게 말씀하셨다. "아담아, 너 어디에 있느냐?"[10] 10 그가 그분께 말하였다. "저는 정원을 거니시는 당신의 소리를 듣고 제가 알몸이기에 두려워 숨었습니다." 11 그분께서 그에게 말씀하셨다. "네가 알몸이라고 누가 너에게 일러주더냐? 내가 너에게 그것에서만큼은[11] 따 먹지 말라고 명한 그 나무에서 네가 따 먹은 것이 아니더냐?"[12] 12 아담이 말하였다. "당신께서 저와 함께 있으라고 주신 여자, 그가 저에게 그 나무에서 (열매를) 따 주길래 제가 먹었습니다." 13 주 하느님께서 여자에게 말씀하셨다. "어찌하여 너는 이런 짓을 하였느냐?" 여자가 말하였다. "뱀이 저를 속여서 제가 먹었습니다." 14 주 하느님께서 뱀에게 말씀하셨다. "네가 이런 짓을 하였으니, 너는 모든 집짐승과 땅의 모든 들짐승 가운데서 저주를 받아 네가 사는 날들 동안 내내 네 가슴과 배로 (기어)다니며[13] 흙을 먹으리라.[14] 15 나는 너와 그 여자 사이에, 네 후손과 그 여자의 후손 사이에 미움을 두리라. 그는[15] 너의 머리를 지켜보고,[16] 너는 그의 발꿈치를 지켜보리라." 16 그리고 그분께서는 여자에게 말씀하셨다. "나는 네 고통과 신음을[17] 많고 많게 하리니, 너는

---

13) MT의 "배로 기어다니며"(על גחנך תלך)를 LXX는 "네 가슴과 배로 (기어)다니며"($\epsilon\pi i$ $\tau\hat{\omega}$ $\sigma\tau\acute{\eta}\theta\epsilon\iota$ σov $\kappa\alpha i$ $\tau\hat{\eta}$ $\kappa o\iota\lambda\acute{\iota}\alpha$ $\pi o\rho\epsilon\acute{v}\sigma\eta$)라고 하였다. LXX 번역자는 뱀이 온몸으로 기는 모습을 사실적으로 묘사한다.

14) MT의 "먼지를 먹으리라"(ועפר תאכל)를 LXX는 "흙을 먹으리라"($\gamma\hat{\eta}\nu$ $\phi\acute{\alpha}\gamma\eta$)로 옮겼다.

15) 15절 앞부분의 내용은 뱀을 향한 말이 분명하지만, 후반부 시작의 남성대명사 "그"($\alpha\dot{v}\tau\acute{o}s$)가 누구인지는 명확하지 않다. MT의 הוא는 "여자의 후손"(זרעה, 직역: 그녀의 후손)을 가리킨다고 보았지만, 그리스어 '후손'($\sigma\pi\acute{\epsilon}\rho\mu\alpha$)은 중성이므로 남성대명사로 나타낼 수 없다. 일부 학자들은 '그'를 아담으로 보기도 하였으나 그리스도교 주석가들은 메시아로 해석하였다. 또한 유다 전통은 이스라엘 공동체를 가리키는 남성대명사로 이해하였다.

16) LXX는 히브리어 본문의 이해하기 힘든 동사 שוף(상처를 입히다, 타박상을 입히다)을 '지켜보다'($\tau\eta\rho\acute{\epsilon}\omega$)라 하여, 인간과 뱀 사이의 상호 경계 관계를 묘사하였다.

17) MT의 "네가 임신하여 커다란 고통을"(הרבה ארבה עצבונך והרנך)이라는 표현을 LXX는 구체적인 임신의 고통으로 나타내지 않고 뜻이 비슷한 두 단어를 사용하여 "네 고통과 신음을"이라고 옮겼다.

πρὸς τὸν ἄνδρα σου ἡ ἀποστροφή σου, καὶ αὐτός σου κυριεύσει. 17 τῷ δὲ Αδαμ εἶπεν Ὅτι ἤκουσας τῆς φωνῆς τῆς γυναικός σου καὶ ἔφαγες ἀπὸ τοῦ ξύλου, οὗ ἐνετειλάμην σοι τούτου μόνου μὴ φαγεῖν ἀπ’ αὐτοῦ, ἐπικατάρατος ἡ γῆ ἐν τοῖς ἔργοις σου· ἐν λύπαις φάγῃ αὐτὴν πάσας τὰς ἡμέρας τῆς ζωῆς σου· 18 ἀκάνθας καὶ τριβόλους ἀνατελεῖ σοι, καὶ φάγῃ τὸν χόρτον τοῦ ἀγροῦ. 19 ἐν ἱδρῶτι τοῦ προσώπου σου φάγῃ τὸν ἄρτον σου ἕως τοῦ ἀποστρέψαι σε εἰς τὴν γῆν, ἐξ ἧς ἐλήμφθης· ὅτι γῆ εἶ καὶ εἰς γῆν ἀπελεύσῃ. — 20 καὶ ἐκάλεσεν Αδαμ τὸ ὄνομα τῆς γυναικὸς αὐτοῦ Ζωή, ὅτι αὕτη μήτηρ πάντων τῶν ζώντων.

3,21 Καὶ ἐποίησεν κύριος ὁ θεὸς τῷ Αδαμ καὶ τῇ γυναικὶ αὐτοῦ χιτῶνας δερματίνους καὶ ἐνέδυσεν αὐτούς. — 22 καὶ εἶπεν ὁ θεός Ἰδοὺ Αδαμ γέγονεν ὡς εἷς ἐξ ἡμῶν τοῦ γινώσκειν καλὸν καὶ πονηρόν, καὶ νῦν μήποτε ἐκτείνῃ τὴν χεῖρα καὶ λάβῃ τοῦ ξύλου τῆς ζωῆς καὶ φάγῃ καὶ ζήσεται εἰς τὸν αἰῶνα. 23 καὶ ἐξαπέστειλεν αὐτὸν κύριος ὁ θεὸς ἐκ τοῦ παραδείσου τῆς τρυφῆς ἐργάζεσθαι τὴν γῆν, ἐξ ἧς ἐλήμφθη. 24 καὶ ἐξέβαλεν τὸν Αδαμ καὶ κατῴκισεν αὐτὸν ἀπέναντι τοῦ παραδείσου τῆς τρυφῆς καὶ ἔταξεν τὰ χερουβιμ καὶ τὴν φλογίνην ῥομφαίαν τὴν στρεφομένην φυλάσσειν τὴν ὁδὸν τοῦ ξύλου τῆς ζωῆς.

---

18) 16절 마지막 부분은 4,7에서 다시 나타나는 모호한 표현방식이다. 그리스어 ἀποστροφή는 어떤 사람을 향하여 몸을 돌리는 움직임을 뜻한다. MT의 '바람, 욕망'(תשוקה)을 '돌아감, 돌이킴'(תשובה)으로 읽었을 가능성도 있다. 아퀼라역은 תשוקה를 '결합, 일치'(συνάφεια)로 옮겼으며, 심마쿠스역은 '충동, 바람'(ὁρμή)으로 해석하였다.

19) '지배하다'(κυριεύω) 동사는 아내에 대한 남편(κύριος)의 법률적 위치를 암시한다.

20) LXX는 땅이 '인간의 일 때문에'(ἐν τοῖς ἔργοις σου) 저주받은 것으로 표현한다. 그러나 MT는 "너 때문에"(בעבורך)라고 하여 인간 자신의 탓으로 돌린다.

21) 직역하면 "그것을"(αὐτὴν)이다. 다음 절 첫 문장의 주어도 밝히지 않은 채 동사의 3인칭 단수형(ἀνατελεῖ)만 나오는데, 문맥상 "땅"으로 해석한다.

22) "가시와 엉겅퀴"(ἀκάνθας καὶ τριβόλους)는 호세 10,8에서도 짝을 이루어 나온다.

23) MT는 "흙"(אדמה)과 "먼지"(עפר)를 번갈아 표현하였으나, LXX는 일관성 있게 "흙"(γῆ)이라는 단어를 세 번 사용한다.

24) LXX는 4,1.25에서 아담의 아내 이름을 히브리어 하와(חוה)에서 음역하여 Eva로 옮겼으나 여기서는 그 뜻을 풀이하여 "생명"(Ζωή)으로 옮겼다.

고통 속에서 아이들을 낳으리라. 너는 네 남편을 향할 것이고[18] 그는 너를 지배하
리라."[19] 17 그분께서 아담에게 말씀하셨다. "네가 네 아내의 소리를 듣고, 내가 너
에게 그것에서만은 따 먹지 말라고 명한 나무에서 따 먹었으니, 땅이 네 일로[20] 저
주를 받았다. 네가 사는 날들 동안 내내 너는 고통 속에서 땅을[21] (부쳐) 먹으리라.
18 땅은 너에게 가시와 엉겅퀴가[22] 솟아나게 하고, 너는 들의 풀을 먹으리라.
19 네가 취해진 흙으로 돌아갈 때까지 너는 네 얼굴에 땀을 흘려야 네 빵을 먹게
되리라. 너는 흙이니 흙으로 돌아가리라."[23] 20 아담은 자기 아내의 이름을 '생명'
이라[24] 하였다. 그 여자는 모든 살아 있는 것의 어머니이기 때문이다.

하느님의 조처[25]

3,21 주 하느님께서 아담과 그의 아내를 위하여 가죽옷을[26] 만들어 그들에게 입
히셨다. 22 하느님께서 말씀하셨다. "자, 아담이 선과 악을 알아 우리 가운데 하나
처럼 되었으니, 이제 그가 손을 뻗어 생명의 나무에서[27] 따 먹고 영원히 살게 되어
서는 안 되리라." 23 그리하여 주 하느님께서는 그를 기쁨의 정원에서[28] 내치시어,
그가 취해진 땅을 일구게 하셨다. 24 그분께서 아담을 쫓아내시고 그를 기쁨의 정
원 맞은편에 살게 하신 다음, 생명 나무의 길을 지키게 하려고 거룹들과 돌아가는
불칼을 세워 놓으셨다.[29]

---

25) MT는 새로운 이 단락을 3,22에서 시작하지만 LXX는 3,21에서 시작한다.

26) 이 "가죽옷"($\chi\iota\tau\hat{\omega}\nu\alpha\varsigma$ $\delta\epsilon\rho\mu\alpha\tau\acute{\iota}\nu\sigma\upsilon\varsigma$)에 대하여 여러 해석들이 전해진다. 곧 '가죽옷'은 육
체의 물질성을 나타낸다고 보거나 죽을 수밖에 없는 인간존재의 한계성과 상응한다고 풀이한
다. 가죽($\delta\epsilon\rho\mu\alpha\tau\acute{\iota}\nu\sigma\upsilon\varsigma$)은 죽은 동물의 표피를 나타내는 말이기 때문이다.

27) LXX는 히브리어 본문에 있는 "…까지"(□□)를 옮기지 않았다. 그리하여 인간이 '선과 악을
알게 하는 나무를 만질 뿐만 아니라 생명의 나무 열매까지 따 먹는다'는 점차 고조되는 상황
을 단순히 '생명의 나무 열매를 따 먹는다'고 표현하였다.

28) 지금까지 정원은 고유명사 에덴($E\delta\epsilon\mu$ 2,8.10)으로 나오다가 여기서는 그 의미를 풀어 옮겨
놓았다. 이곳과 24절의 "기쁨의 정원"($\tau\sigma\hat{\upsilon}$ $\pi\alpha\rho\alpha\delta\epsilon\acute{\iota}\sigma\sigma\upsilon$ $\tau\hat{\eta}\varsigma$ $\tau\rho\upsilon\phi\hat{\eta}\varsigma$)은 아담과 그 아내의 불순
종 때문에 더 이상 그들 것이 아니다.

29) LXX는 여기에서 아담이 살게 된 곳이 정원의 맞은편이라고 밝히고 거룹들이 놓인 곳은 구
체적으로 나타내지 않았다. 한편 MT에는 아담이 있는 곳에 대한 언급이 없으며 거룹들은 에덴
농산 농쪽에 세웠다고 한다.

4,1 Αδαμ δὲ ἔγνω Ευαν τὴν γυναῖκα αὐτοῦ, καὶ συλλαβοῦσα ἔτεκεν τὸν Καιν καὶ εἶπεν Ἐκτησάμην ἄνθρωπον διὰ τοῦ θεοῦ. *2* καὶ προσέθηκεν τεκεῖν τὸν ἀδελφὸν αὐτοῦ τὸν Αβελ. καὶ ἐγένετο Αβελ ποιμὴν προβάτων, Καιν δὲ ἦν ἐργαζόμενος τὴν γῆν. *3* καὶ ἐγένετο μεθ' ἡμέρας ἤνεγκεν Καιν ἀπὸ τῶν καρπῶν τῆς γῆς θυσίαν τῷ κυρίῳ, *4* καὶ Αβελ ἤνεγκεν καὶ αὐτὸς ἀπὸ τῶν πρωτοτόκων τῶν προβάτων αὐτοῦ καὶ ἀπὸ τῶν στεάτων αὐτῶν. καὶ ἐπεῖδεν ὁ θεὸς ἐπὶ Αβελ καὶ ἐπὶ τοῖς δώροις αὐτοῦ, *5* ἐπὶ δὲ Καιν καὶ ἐπὶ ταῖς θυσίαις αὐτοῦ οὐ προσέσχεν. καὶ ἐλύπησεν τὸν Καιν λίαν, καὶ συνέπεσεν τῷ προσώπῳ. *6* καὶ εἶπεν κύριος ὁ θεὸς τῷ Καιν Ἵνα τί περίλυπος ἐγένου, καὶ ἵνα τί συνέπεσεν τὸ πρόσωπόν σου; *7* οὐκ, ἐὰν ὀρθῶς προσενέγκῃς, ὀρθῶς δὲ μὴ διέλῃς, ἥμαρτες; ἡσύχασον· πρὸς σὲ ἡ ἀποστροφὴ αὐτοῦ, καὶ σὺ ἄρξεις αὐτοῦ. *8* καὶ εἶπεν Καιν πρὸς Αβελ τὸν ἀδελφὸν αὐτοῦ Διέλθωμεν εἰς τὸ πεδίον. καὶ ἐγένετο ἐν τῷ εἶναι αὐτοὺς ἐν τῷ πεδίῳ καὶ ἀνέστη Καιν ἐπὶ Αβελ τὸν ἀδελφὸν αὐτοῦ καὶ ἀπέκτεινεν

---

1) 농부와 목자의 기원인 두 형제 이야기는 '죄'(7절의 *ἁμαρτάνω*: 도덕상의 죄가 아닌 전례상의 죄를 짓다)와 살인에 관한 이야기다. 카인의 죄와 벌은 모세 법 이전에 자연법이 존재했음을 알려 준다(오리게네스, *Com.Rom.* 로마 3,21에 대하여). 유다교와 그리스도교 전통은 아벨을 '믿음의 모형'(히브 11,4)이며, 부당하게 죽어 간 의로운 자, 순교자로 이해한다.

2) 그리스어 '알다'(*γινώσκω*)는 그에 대응하는 히브리어 ידע처럼 남녀가 육체관계를 맺는 것을 뜻하기도 한다.

3) "말하였다"(*εἶπεν*)의 주체가 누구인지 분명하게 드러나지 않으나 일반적으로 아이를 낳은 하와로 이해한다.

4) LXX는 히브리어 전치사 '함께'(את) 대신에 *διά*를 사용하여 하느님 "덕분으로"라고 표현하였다. 주석가들 대부분은 이 *διά*가 도구적인 의미로 쓰여 하느님 '을 통하여'라는 문장으로 해석되는 것을 수용하지 않는다.

5) 필로는 카인이 9,20의 노아처럼 '농부'로 불릴 자격이 없다고 하였다(*Agr.* 20-25).

6) 필로는 "날들이 지난 뒤"(*ἐγένετο μεθ' ἡμέρας*)라는 표현을, 카인이 자신의 소출을 때맞춰 신속하게 봉헌하지 않은 것을 뜻하는 것으로 해석하였다(*Sacr.* 52).

7) LXX는 4절 후반부와 연결하여 5절의 첫부분을 대비 병행구절로 표현하며 히브리어 본문에 없는 서로 구분되는 단어를 사용한다. 먼저 아벨이 바치는 예물을 가리키는 말로 *δῶρον*을 사용한 반면, 카인이 바치는 제물은 *θυσία*라는 단어를 사용하여, MT가 두 번 모두 같은 단어 '제

카인과 아벨[1]

4,1 아담이 제 아내 하와를 알게 되니,[2] 그 여자가 임신하여 카인을 낳고 말하였다.[3] "내가 하느님 덕분으로[4] 사람 하나를 얻었다." 2 그 여자는 다시 그의 아우 아벨을 낳았다. 아벨은 양치기가 되었으나 카인은 땅을 일구는 사람이 되었다.[5] 3 날들이 지난 뒤,[6] 카인은 땅의 소출에서 얼마를 주님께 제물로 가져왔다. 4 아벨도 자신의 양떼 가운데서 맏배들과 그것들의 굳기름을 가져왔다. 하느님께서는 아벨과 그의 예물은 굽어보셨으나 5 카인과 그의 제물은 눈여겨보지 않으셨다.[7] 이것이 카인을 몹시 괴롭게 하여 그는 얼굴을 떨구었다.[8] 6 주 하느님께서 카인에게 말씀하셨다. "어찌하여 너는 슬퍼하며, 어찌하여 네 얼굴이 떨어졌느냐?[9] 7 네가 올바로 가져왔으나 올바로 가르지 않았다면,[10] 죄를 지은 것이 아니냐? 진정하여라.[11] 그것이 너를 향하고 있으니 너는 그것을 다스려라."[12] 8 카인이 자기 아우 아벨에게 말하였다. "들로 나가자."[13] 그들이 들에 있을 때, 카인은 제 아우 아벨에

물'(מנחה)을 쓴 것과 대조를 이룬다. 동사도 LXX는 하느님께서 아벨의 예물은 굽어보셨으나 ($\epsilon \pi o \rho \acute{a} \omega$) 카인의 제물은 눈여겨보지($\pi \rho o \sigma \acute{\epsilon} \chi \omega$) 않으셨다고 다르게 사용하였으나, MT는 '굽어보다'(שעה)라는 같은 동사를 사용하였다.

8) MT에서는 "그의 얼굴이 떨어졌다"(ויפלו פניו)로 카인의 얼굴이 주어로 쓰였으나, LXX는 얼굴을 여격($\tau \hat{\omega} \ \pi \rho o \sigma \acute{\omega} \pi \omega$)으로 옮기고 동사의 주어를 카인으로 하여 '그는 자기 얼굴로 무너지다'(직역)라고 하였다. 이는 카인의 심리상태에 좀 더 강조점을 두고 해석한 결과인 듯하다.

9) LXX는 카인의 기분을 슬픔과 의기소침으로 표현하며, 히브리어 본문에서 말하는 분노의 감정을 묘사하지 않았다. 불가타는 카인의 감정을 5절에서는 '화를 내며'(iratus)로, 6절에서는 '슬퍼하고'(maestus)로 옮겼고, 심마쿠스역은 5절에서 '화가 난'($\omega \rho \acute{\iota} \sigma \theta \eta$)으로 옮겼다.

10) 이 구절은 MT와 많이 다르다. LXX는 먼저 카인의 죄를 "올바로 가져왔으나 올바로 가르지 않았다면"($o \mathring{v} \kappa, \ \acute{\epsilon} \grave{a} \nu \ \acute{o} \rho \theta \hat{\omega} s \ \pi \rho o \sigma \epsilon \nu \acute{\epsilon} \gamma \kappa \eta s, \ \acute{o} \rho \theta \hat{\omega} s \ \delta \grave{\epsilon} \ \mu \grave{\eta} \ \delta \iota \acute{\epsilon} \lambda \eta s$)이라고 설명한다. 여기서 '가르다'($\delta \iota a \iota \rho \acute{\epsilon} \omega$) 동사(15,10에서 아브람이 희생제물을 가를 때 사용됨)를 쓴 것은 카인이 전례상의 잘못을 저질렀음을 암시하기 위한 것인 듯하다. 필로는 카인이 제물 가운데 가장 좋은 부분을 지기 몫으로 챙겼다고 보았다(*Agr.* 127-130).

11) "진정하여라"($\acute{\eta} \sigma \acute{v} \chi a \sigma o \nu$)는 '조용히 하라', 죄를 지은 다음 '걱정하지 마라', 앞 문장 '죄를 지은 것이 아니냐?'와 연결하여 '죄짓기를 그만두어라' 등으로 풀이할 수 있다.

12) 히브리어 본문의 ואם לא תיטיב לפתח חטאת רבץ ואליך תשוקתו ואתה תמשל בו(죄악이 문 앞에 도사리고 앉아 너를 노리게 될 텐데, 너는 그것을 잘 다스려야 하지 않겠느냐?)는 이해하기 힘들다. LXX는 이를 $\pi \rho \grave{o} s \ \sigma \grave{\epsilon} \ \acute{\eta} \ \acute{a} \pi o \sigma \tau \rho o \phi \grave{\eta} \ a \mathring{v} \tau o \hat{v}, \ \kappa a \grave{\iota} \ \sigma \grave{v} \ \acute{a} \rho \xi \epsilon \iota s \ a \mathring{v} \tau o \hat{v}$(그것이 너를 향하고 있으니 너는 그것을 다스려라)라 하였다. 여기서 대명사 '그것'($a \mathring{v} \tau o \hat{v}$)이 무엇을 가리키는지에 대해서는 의견이 분분하다. '죄' 또는 '제물'로 해석하거나 아니면 아벨로 보는 학사들노 있다.

13) MT에 없는 "들로 나가자"($\delta \iota \acute{\epsilon} \lambda \theta \omega \mu \epsilon \nu \ \epsilon \acute{\iota} s \ \tau \grave{o} \ \pi \epsilon \delta \acute{\iota} o \nu$)는 LXX 이외에도 사마리아 오경, 시리아이역, 불가타에 나온다.

αὐτόν. **9** καὶ εἶπεν ὁ θεὸς πρὸς Καιν Ποῦ ἐστιν Αβελ ὁ ἀδελφός σου; ὁ δὲ εἶπεν Οὐ γινώσκω· μὴ φύλαξ τοῦ ἀδελφοῦ μού εἰμι ἐγώ; **10** καὶ εἶπεν ὁ θεός Τί ἐποίησας; φωνὴ αἵματος τοῦ ἀδελφοῦ σου βοᾷ πρός με ἐκ τῆς γῆς. **11** καὶ νῦν ἐπικατάρατος σὺ ἀπὸ τῆς γῆς, ἣ ἔχανεν τὸ στόμα αὐτῆς δέξασθαι τὸ αἷμα τοῦ ἀδελφοῦ σου ἐκ τῆς χειρός σου· **12** ὅτι ἐργᾷ τὴν γῆν, καὶ οὐ προσθήσει τὴν ἰσχὺν αὐτῆς δοῦναί σοι· στένων καὶ τρέμων ἔσῃ ἐπὶ τῆς γῆς. **13** καὶ εἶπεν Καιν πρὸς τὸν κύριον Μείζων ἡ αἰτία μου τοῦ ἀφεθῆναί με· **14** εἰ ἐκβάλλεις με σήμερον ἀπὸ προσώπου τῆς γῆς καὶ ἀπὸ τοῦ προσώπου σου κρυβήσομαι, καὶ ἔσομαι στένων καὶ τρέμων ἐπὶ τῆς γῆς, καὶ ἔσται πᾶς ὁ εὑρίσκων με ἀποκτενεῖ με. **15** καὶ εἶπεν αὐτῷ κύριος ὁ θεός Οὐχ οὕτως· πᾶς ὁ ἀποκτείνας Καιν ἑπτὰ ἐκδικούμενα παραλύσει. καὶ ἔθετο κύριος ὁ θεὸς σημεῖον τῷ Καιν τοῦ μὴ ἀνελεῖν αὐτὸν πάντα τὸν εὑρίσκοντα αὐτόν. **16** ἐξῆλθεν δὲ Καιν ἀπὸ προσώπου τοῦ θεοῦ καὶ ᾤκησεν ἐν γῇ Ναιδ κατέναντι Εδεμ.

---

14) 아벨은 의인의 원형으로 땅에 쏟아진 무죄한 자신의 피의 대가를 물을 것이다(마태 23,35 참조). 히브 12,24은 아벨을 당신의 피로 죄인을 구원하신 그리스도의 예형으로 묘사한다.

15) "(땅)으로부터"(ἀπό)를 '(땅) 때문에'로 이해할 수도 있다. 알렉산드리아 사본은 이곳에 전치사 ἐπί를 써서 '(땅) 위에서'라고 하였다.

16) 이 절의 첫 그리스 단어 ὅτι는 앞에서 언급한 저주의 내용을 말해 준다. 몇몇 필사본에는 '(땅을 일굴) 때에'(ὅτε)가 사용되었다.

17) LXX는 카인이 겪게 될 고통을 "신음하며 두려움에 떨리라"(στένων καὶ τρέμων ἔσῃ)라고 표현하였다. 여기에 쓰인 두 동사 στένω와 τρέμω는 심리상태를 가리키는 말로, MT의 "(세상을) 떠돌며 헤매는 신세가 되리라"(נע ונד תהיה)에서 나타나는 카인의 모습과는 다른 의미를 가진다.

18) LXX는 히브리어 본문의 "(그 형벌은) 제가 짊어지기에"(מנשא)라는 문장을 "제가 용서받기에는"(τοῦ ἀφεθῆναι με)이라고 옮겼다.

19) "죄과"(罪過, αἰτία)는 오경 가운데 이곳에만 나온다. 일부 필사본에서는 עון에 대응하는 '죄'(ἁμαρτία)를 사용하였다.

게 달려들어 그를 죽였다. 9 하느님께서 카인에게 말씀하셨다. "네 아우 아벨은 어디 있느냐?" 그가 말하였다. "저는 모릅니다. 제가 제 아우를 지키는 사람입니까?" 10 그러자 하느님께서 말씀하셨다. "너는 무슨 짓을 저질렀느냐? 네 아우의 피의[14] 소리가 땅에서 내게 울부짖고 있다. 11 이제 너는, 입을 벌려 네 손에서 네 아우의 피를 받아낸 그 땅으로부터[15] 저주받았다. 12[16] 네가 땅을 일구어도 그것이 더 이상 힘을 네게 내어주지 않으리라. 너는 땅 위에서 신음하며 두려움에 떨리라."[17] 13 카인이 주님께 말씀드렸다. "제가 용서받기에는[18] 저의 죄과가[19] 너무 큽니다. 14 당신께서 오늘 저를 땅의 표면에서 내쫓으시면,[20] 저는 당신 얼굴로부터 몸을 숨기고 땅 위에서 신음하며 두려움에 떨어야 하고, 저를 보는 사람은 모두 저를 죽일 것입니다." 15 주 하느님께서 그에게 말씀하셨다. "그렇지 않다.[21] 카인을 죽인 자는 누구나 일곱 갑절로 죗값을 치르리라."[22] 주 하느님께서 카인에게 표를[23] 찍어 주시어 그를 보는 어떤 사람도 그를 죽이지 못하게 하셨다. 16 카인은 하느님 얼굴에서 물러나와 에덴 맞은편 놋 땅에 살았다.

---

20) LXX는 히브리어 본문의 '보십시오(הן), 당신께서 오늘 저를 이 흙의 표면에서 내쫓으시니'(직역)를 조건문으로 이해하여 "당신께서 … 내쫓으시면"(εἰ ἐκβάλλεις)으로 옮겼다.

21) LXX에 따르면 카인에게 하신 하느님의 대답은 "그렇지 않다"(οὐχ οὕτως)이며 이에 대응하는 히브리어는 לא כן이다. 그러나 MT는 לכן을 사용하였고, '그래서'나 '그러니' 등으로 풀이할 수 있다. 테오도시온역, 심마쿠스역, 시리아어역과 불가타도 LXX와 같이 옮겼다.

22) "카인을 죽인 자는 누구나 일곱 갑절로 죗값을 치르리라"(πᾶς ὁ ἀποκτείνας Καιν ἑπτὰ ἐκδικούμενα παραλύσει)라는 문장은 고대 주석가들에게 어려운 문제를 불러일으켰다. 먼저 '(죗값을) 치르다'라고 옮긴 동사 παραλύω는 본디 '마비시키다'라는 뜻으로, 주석가들은 여기에서 '무효로 하다, 면제하다' 등의 의미로 발전시켰다. '죗값(또는 앙갚음)'으로 옮긴 ἐκδικούμενα(직역: 보복당한 일들) 또한 문제가 된다. 바실리우스는 여기서 이중 의미를 찾아내었다(*La Lettre* 260). 카인은 일곱 가지 죄를 지어 일곱 가지 벌을 받아야 한다. 그리하여 카인을 죽이는 사람은 이 일곱 가지 벌을 없애 버린다는 것이다. 필로는 알레고리적으로 해석하여 카인을 죽이는 것은 동시에 그 영혼의 일곱 부분들을 마비시키는 것이나 미친가지라고 보았다(*Deter.* 166-178).

23) 카인의 "표"(σημεῖον)에 관해서는 여러 해석이 있다. 바실리우스는 이 표를 일곱 번째 징벌이라고 풀이하여 모든 사람이 이를 보고 카인이 죄인임을 알게 된다고 하였다(*La Lettre* 260).

4,17 Καὶ ἔγνω Καιν τὴν γυναῖκα αὐτοῦ, καὶ συλλαβοῦσα ἔτεκεν τὸν Ενωχ· καὶ ἦν οἰκοδομῶν πόλιν καὶ ἐπωνόμασεν τὴν πόλιν ἐπὶ τῷ ὀνόματι τοῦ υἱοῦ αὐτοῦ Ενωχ. 18 ἐγενήθη δὲ τῷ Ενωχ Γαιδαδ, καὶ Γαιδαδ ἐγέννησεν τὸν Μαιηλ, καὶ Μαιηλ ἐγέννησεν τὸν Μαθουσαλα, καὶ Μαθουσαλα ἐγέννησεν τὸν Λαμεχ. 19 καὶ ἔλαβεν ἑαυτῷ Λαμεχ δύο γυναῖκας, ὄνομα τῇ μιᾷ Αδα, καὶ ὄνομα τῇ δευτέρᾳ Σελλα. 20 καὶ ἔτεκεν Αδα τὸν Ιωβελ· οὗτος ἦν ὁ πατὴρ οἰκούντων ἐν σκηναῖς κτηνοτρόφων. 21 καὶ ὄνομα τῷ ἀδελφῷ αὐτοῦ Ιουβαλ· οὗτος ἦν ὁ καταδείξας ψαλτήριον καὶ κιθάραν. 22 Σελλα δὲ ἔτεκεν καὶ αὐτὴ τὸν Θοβελ, καὶ ἦν σφυροκόπος χαλκεὺς χαλκοῦ καὶ σιδήρου· ἀδελφὴ δὲ Θοβελ Νοεμα. 23 εἶπεν δὲ Λαμεχ ταῖς ἑαυτοῦ γυναιξίν

> *Αδα καὶ Σελλα, ἀκούσατέ μου τῆς φωνῆς,*
>
> *γυναῖκες Λαμεχ, ἐνωτίσασθέ μου τοὺς λόγους,*
>
> *ὅτι ἄνδρα ἀπέκτεινα εἰς τραῦμα ἐμοὶ*
>
> *καὶ νεανίσκον εἰς μώλωπα ἐμοί,*
>
> *24 ὅτι ἑπτάκις ἐκδεδίκηται ἐκ Καιν,*
>
> *ἐκ δὲ Λαμεχ ἑβδομηκοντάκις ἑπτά.*

---

24) 이 절의 에녹과, 5,18-24에 나오는 야렛의 아들이며 셋의 자손인 에녹은 다른 인물이다.

25) 요세푸스는 카인이 성읍을 세운 사건을 정치·문화의 시작을 암시하는 것으로 보았다(*A.J.* I,61-62).

26) "이랏"(עירד)을 עידד으로 읽어 *Γαιδαδ*로 옮겼다.

27) "므후야엘"(מחויאל)을 사마리아 오경처럼 מחיאל로 읽어 옮겼다.

28) MT는 유발이 "비파와 피리를 다루는 모든 이들의 조상"이라고 하여, 현악기와 관악기를 언급하였는데, LXX는 유발을 "비파와 수금을 발명한 이"(*ὁ καταδείξας ψαλτήριον καὶ κιθάραν*)라고 하여, 최초로 두 개의 현악기를 만들어 낸 사람으로 묘사하였다.

29) LXX는 히브리어 본문의 "두발-카인"(תובל קין)에서 카인을 빼고 "두발"(*Θοβελ*)이라고만 옮겼다. 카인을 생략한 것은 선조 카인과의 혼동을 피하기 위한 것으로 보인다.

카인의 자손

4,17 카인이 자기 아내를 알게 되니, 그 여자가 임신하여 에녹을[24] 낳았다. 그는 성읍 하나를 세우고[25] 자기 아들의 이름을 따라 그 성읍을 에녹이라 하였다. 18 에녹에게 개닷이[26] 태어났고, 개닷은 매엘을[27] 낳고, 매엘은 마투살라를 낳고, 마투살라는 라멕을 낳았다. 19 라멕은 아내를 둘 얻었는데, 하나의 이름은 아다이고 둘째의 이름은 실라였다. 20 아다는 야발을 낳았는데, 그는 천막에 살며 집짐승을 치는 이들의 조상이었다. 21 그의 형제 이름은 유발인데, 그는 비파와 수금을 발명한 이였다.[28] 22 실라도 두발을[29] 낳았는데, 그는 구리와 쇠를 두드리는 대장장이었다. 두발의 여자 형제는 나아마였다. 23 라멕은 자기 아내들에게 말하였다.

> "아다야, 실라야, 내 소리를 들어라.
>
> 라멕의 아내들아, 내 말에 귀를 기울여라.
>
> 나는 내 상처 하나에 사람 하나를,
>
> 내 생채기 하나에 젊은이 하나를 죽였다.[30]
>
> 24 일곱 갑절로 카인에게 죗값이 치러졌다면,[31]
>
> 라멕에게는 일흔일곱 갑절로[32] 죗값이 치러질 것이다."[33]

---

30) "사람"(ἀνήρ)과 "젊은이"(νεανίσκος)라는 두 단어를 사용한 병행구로 보아, 이를 하나의 살해, 살인 사건, 곧 카인의 살해를 뜻한다고 보는 견해도 있다. 한편 "나는 내 상처 하나에 사람 하나를, 내 생채기 하나에 젊은이 하나를 죽였다"(ὅτι ἄνδρα ἀπέκτεινα εἰς τραῦμα ἐμοί, καὶ νεανίσκον εἰς μώλωπα ἐμοί)에서 전치사 εἰς를 두 가지로 해석할 수 있다. 첫 번째는 결과의 εἰς로, 곧 "나는 사람 하나를 죽여 내 상처가 되었다. 또 젊은이 하나를 죽여 내 생채기가 되었다"라고 풀이할 수 있다. 두 번째는 원인의 εἰς로 위의 본문처럼 옮긴다. 곧 '나는 내 상처 때문에 사람 하나를, 생채기 하나 때문에 젊은이 하나를 죽였다'는 뜻이다.

31) 전치사 ἐκ와 함께 쓰인 ἐκδεδίκηται(죗값이 치러졌다)는 수동태로서 카인과 라멕이 앙갚음을 당한다고 말한다. 그러나 MT는 LXX와는 다르게 카인과 라멕을 해친 자가 보복을 당한다고 하였다.

32) 필로(*QG*. I,77)와 바실리우스(*La Lettre* 260)는 라멕의 죗값을 일흔 번의 일곱 번인 사백아흔 번으로 이해하였다. 히에로니무스는 일흔일곱 번으로 이해하여 라멕의 살인과 그리스도의 새림에 따른 죄의 용서 사이에 일흔일곱 세대가 있다고 보았다(*Épître à Damase* 36,4-5).

33) 라멕이 자기 아내들에게 한 말은 운율을 지닌 문장으로 병렬과 전치(轉置, 24절)의 수사법을 사용하였다.

4,25 Ἔγνω δὲ Αδαμ Ευαν τὴν γυναῖκα αὐτοῦ, καὶ συλλαβοῦσα ἔτεκεν υἱὸν καὶ ἐπωνόμασεν τὸ ὄνομα αὐτοῦ Σηθ λέγουσα Ἐξανέστησεν γάρ μοι ὁ θεὸς σπέρμα ἕτερον ἀντὶ Αβελ, ὃν ἀπέκτεινεν Καιν. *26* καὶ τῷ Σηθ ἐγένετο υἱός, ἐπωνόμασεν δὲ τὸ ὄνομα αὐτοῦ Ενως· οὗτος ἤλπισεν ἐπικαλεῖσθαι τὸ ὄνομα κυρίου τοῦ θεοῦ.

5,1 Αὕτη ἡ βίβλος γενέσεως ἀνθρώπων· ᾗ ἡμέρᾳ ἐποίησεν ὁ θεὸς τὸν Αδαμ, κατ᾽ εἰκόνα θεοῦ ἐποίησεν αὐτόν· *2* ἄρσεν καὶ θῆλυ ἐποίησεν αὐτοὺς καὶ εὐλόγησεν αὐτούς. καὶ ἐπωνόμασεν τὸ ὄνομα αὐτῶν Αδαμ, ᾗ ἡμέρᾳ ἐποίησεν αὐτούς. *3* ἔζησεν δὲ Αδαμ διακόσια καὶ τριάκοντα ἔτη καὶ ἐγέννησεν κατὰ τὴν ἰδέαν αὐτοῦ καὶ κατὰ τὴν εἰκόνα αὐτοῦ καὶ ἐπωνόμασεν τὸ ὄνομα αὐτοῦ Σηθ. *4* ἐγένοντο δὲ αἱ ἡμέραι Αδαμ μετὰ τὸ γεννῆσαι αὐτὸν τὸν Σηθ ἑπτακόσια ἔτη, καὶ ἐγέννησεν υἱοὺς καὶ θυγατέρας. *5* καὶ ἐγένοντο πᾶσαι αἱ ἡμέραι Αδαμ, ἃς ἔζησεν, ἐννακόσια καὶ τριάκοντα ἔτη, καὶ ἀπέθανεν.

---

34) 히브리어 본문은 아담이 "다시"(עוד) 자기 아내를 알게 되었다고 표현하여 아담과 하와의 새로운 성적 결합을 분명히 하지만, LXX는 4,17과 똑같은 형식으로 '다시'(ἔτι)라는 부사를 넣지 않았다.

35) '일으키다'(ἐξανίστημι) 동사를 사용한 것은 아벨이 셋으로 부활하였음을 암시한다고 해석하는 주석가들도 있다. 그러나 오리게네스는 이러한 해석에 반대하였다(*Com.Jo.* VI,70).

36) LXX는 에노스라는 이름을 지어 부른 이가 누구인지 구체적으로 밝히지 않고 3인칭 통성 단수 동사(ἐπωνόμασεν)를 사용하여 '그' 또는 '그 여자'가 주어가 되게 하였다. MT는 이를 3인칭 남성 단수 동사(ויקרא)로 써서 그가 셋임을 암시하였다.

37) LXX는 '희망하다'(ἐλπίζω)의 주어(에노스)를 지시대명사 "이 사람"(οὗτος)으로 표현하였다. 유다 전통과 그리스도교에서는 이 구절 때문에 에노스가 희망의 원형이 되었다.

38) "이 사람"이라는 대명사와 '희망하다'(ἐλπίζω) 동사는 MT와 다른 해석을 낳았다. LXX가 히브리어 본문의 "그때부터"(אז)를 '이 사람'(הז)으로, "(사람들이) 부르기 시작하였다"(הוחל)를 '(그가) 희망하다'(יחל)의 히필형으로 해석하여 옮겼기 때문이다.

1) 5,1—6,8에서는 셋에서 노아에 이르는 아담의 자손이 그 세대수에 맞추어 아홉 단락으로 나뉘어 기록되었다. 족장들의 삶은 첫아들을 낳았을 때의 나이와 그 뒤에 산 햇수, 그리고 죽을 때의 나이순으로 묘사되었으나 예외적으로 노아만 다르게 묘사되었다. 족장들이 산 햇수는 LXX와 MT가 일치하지만 라멕만 다르다. LXX와 MT는 처음 다섯 족장과 일곱 번째 족장 에녹에 관해서 사마리아 오경과 일치한다. 그러나 야렛(MT와 LXX: 구백육십이 년, 사마리아 오경: 팔백칠십 년)과 마투살라(MT와 LXX: 구백육십구 년, 사마리아 오경: 칠백이십 년)는 다르다.

아담의 자손: 셋과 에노스

4,25 아담이 자기 아내 하와를 알게 되니,34) 그 여자가 임신하여 아들을 낳고는 "카인이 죽인 아벨 대신에 하느님께서 다른 자손 하나를 나에게 일으켜 주셨구나"35) 하면서, 그 이름을 셋이라 하였다. 26 셋에게도 아들이 태어나자 그는 그 이름을 에노스라 하였다.36) 이 사람이37) 주 하느님의 이름 부르기를 희망하였다.38)

아담의 자손

5,1¹⁾ 이것은 인간 생성의 기록이다.²⁾ 하느님께서 아담을³⁾ 만드시던 날, 하느님 모습대로 그를 만드셨다. 2 그분께서는 남자와 여자로 그들을⁴⁾ 만드시고 그들에게 복을 내리셨다. 그들을 만드시던 날, 그들의 이름을 아담이라⁵⁾ 하셨다. 3 아담은 이백삼십 년을 살고서 제 모양과 제 모습대로⁶⁾ 아이를 낳아 그 이름을 셋이라 하였다. 4 아담이 셋을 낳은 다음 (산) 날들은 칠백 년이고 아들딸들을 낳았다. 5 아담은 산 날들이 모두 구백삼십 년 되자 죽었다.

그리고 라멕의 경우 이 세 문헌이 모두 다르다(LXX: 칠백오십삼 년, MT: 칠백칠십칠 년, 사마리아 오경: 육백오십삼 년). 족장들이 첫아들을 낳았을 때의 나이는 야렛과 노아의 경우를 제외하고 MT와 LXX가 서로 다르다. 처음 다섯 족장과 일곱 번째 족장(에녹)이 첫아들을 낳았을 때 나이는 LXX가 MT나 사마리아 오경보다 백 세 더 많다. 그러나 이 여섯 족장들이 산 햇수에서는 세 문헌이 일치하므로, LXX는 첫아들을 낳은 뒤 족장들이 산 햇수를 MT보다 백 년 적게 고쳤다. 첫 아들을 낳을 때의 나이에서 야렛의 경우에는 LXX와 MT가 일치하고(백육십이 세), 사마리아 오경(육십이 세)이 다르다. 여덟 번째와 아홉 번째 족장은 MT와 LXX, 그리고 사마리아 오경이 서로 다르다(마투살라의 경우는 MT: 백팔십칠 세, LXX: 백육십칠 세, 사마리아 오경: 육십칠 세; 라멕의 경우는 MT: 백팔십이 세, LXX: 백팔십팔 세, 사마리아 오경: 오십삼 세). 이렇게 나이가 서로 다른 것은 세 문헌이 홍수가 난 때를 다르게 보았기 때문이다. MT는 1656년으로, 사마리아 오경은 1307년으로, LXX는 2242년으로 보았다. LXX 일부 사본에서는 마투살라의 경우에 생기는 복잡한 주석의 문제를 해결하기 위해 2262년이라는 연도가 제기되었다 (5,27 각주 참조).

2) 이 질의 도입부는 다음 속보의 제목이거나 창조 이야기의 마지막으로 볼 수 있다.

3) LXX는 이 절에서 두 번 나오는 히브리어 본문의 אדם을 처음에는 사람들을 가리키는 집합명사(인간 *ἄνθρωπος*)로, 그다음에는 고유명사(아담 *Αδαμ*)로 옮겼다.

4) LXX는 MT와 마찬가지로 복수대명사를 사용하여 '그분께서는 남자와 여자로 그들을 (*αὐτοῦς*) 만드셨다'라고 옮겼다. 일부 필사본에는 단수(그를)로도 나타난다.

5) 여기서 아담(*Αδαμ*)은 '사람'을 뜻한다.

6) LXX는 1,26-27에서와 같이 히브리어 본문의 두 용어를 그대로 따르지 않았다. '자기와 비슷하게'(בדמותו) 대신에 오경에서 유일하게 이곳에만 나오는 '형태, 모양'(*ἰδέα*, 인간의 외모와 정신상태)이라는 단어를 사용하였다. 셋이 아담의 모습대로 만들어졌다는 표현을 바탕으로, 바오로는 1고린 15,49에서 "우리가 흙으로 된 그 사람의 모습을 지녔듯이, 하늘에 속한 그분(그리스도)의 모습도 지니게 될 것입니다" 하고 말한다.

5,6 Ἔζησεν δὲ Σηθ διακόσια καὶ πέντε ἔτη καὶ ἐγέννησεν τὸν Ενως. 7 καὶ ἔζησεν Σηθ μετὰ τὸ γεννῆσαι αὐτὸν τὸν Ενως ἑπτακόσια καὶ ἑπτὰ ἔτη καὶ ἐγέννησεν υἱοὺς καὶ θυγατέρας. 8 καὶ ἐγένοντο πᾶσαι αἱ ἡμέραι Σηθ ἐννακόσια καὶ δώδεκα ἔτη, καὶ ἀπέθανεν.

5,9 Καὶ ἔζησεν Ενως ἑκατὸν ἐνενήκοντα ἔτη καὶ ἐγέννησεν τὸν Καιναν. 10 καὶ ἔζησεν Ενως μετὰ τὸ γεννῆσαι αὐτὸν τὸν Καιναν ἑπτακόσια καὶ δέκα πέντε ἔτη καὶ ἐγέννησεν υἱοὺς καὶ θυγατέρας. 11 καὶ ἐγένοντο πᾶσαι αἱ ἡμέραι Ενως ἐννακόσια καὶ πέντε ἔτη, καὶ ἀπέθανεν.

5,12 Καὶ ἔζησεν Καιναν ἑκατὸν ἑβδομήκοντα ἔτη καὶ ἐγέννησεν τὸν Μαλελεηλ. 13 καὶ ἔζησεν Καιναν μετὰ τὸ γεννῆσαι αὐτὸν τὸν Μαλελεηλ ἑπτακόσια καὶ τεσσαράκοντα ἔτη καὶ ἐγέννησεν υἱοὺς καὶ θυγατέρας. 14 καὶ ἐγένοντο πᾶσαι αἱ ἡμέραι Καιναν ἐννακόσια καὶ δέκα ἔτη, καὶ ἀπέθανεν.

5,15 Καὶ ἔζησεν Μαλελεηλ ἑκατὸν καὶ ἑξήκοντα πέντε ἔτη καὶ ἐγέννησεν τὸν Ιαρεδ. 16 καὶ ἔζησεν Μαλελεηλ μετὰ τὸ γεννῆσαι αὐτὸν τὸν Ιαρεδ ἑπτακόσια καὶ τριάκοντα ἔτη καὶ ἐγέννησεν υἱοὺς καὶ θυγατέρας. 17 καὶ ἐγένοντο πᾶσαι αἱ ἡμέραι Μαλελεηλ ὀκτακόσια καὶ ἐνενήκοντα πέντε ἔτη, καὶ ἀπέθανεν.

5,18 Καὶ ἔζησεν Ιαρεδ ἑκατὸν καὶ ἑξήκοντα δύο ἔτη καὶ ἐγέννησεν τὸν Ενωχ. 19 καὶ ἔζησεν Ιαρεδ μετὰ τὸ γεννῆσαι αὐτὸν τὸν Ενωχ ὀκτακόσια ἔτη καὶ ἐγέννησεν υἱοὺς καὶ θυγατέρας. 20 καὶ ἐγένοντο πᾶσαι αἱ ἡμέραι Ιαρεδ ἐννακόσια καὶ ἑξήκοντα δύο ἔτη, καὶ ἀπέθανεν.

5,21 Καὶ ἔζησεν Ενωχ ἑκατὸν καὶ ἑξήκοντα πέντε ἔτη καὶ ἐγέννησεν τὸν Μαθουσαλα. 22 εὐηρέστησεν δὲ Ενωχ τῷ θεῷ μετὰ τὸ γεννῆσαι αὐτὸν τὸν Μαθουσαλα διακόσια ἔτη καὶ ἐγέννησεν υἱοὺς καὶ θυγατέρας. 23 καὶ ἐγένοντο πᾶσαι αἱ ἡμέραι Ενωχ τριακόσια ἑξήκοντα πέντε ἔτη. 24 καὶ εὐηρέστησεν Ενωχ τῷ θεῷ καὶ οὐχ

5,6 셋은 이백오 년을 살고서 에노스를 낳았다. 7 셋은 에노스를 낳은 다음 칠백칠 년을 살면서 아들딸들을 낳았다. 8 셋은 (산) 날들이 모두 구백십이 년 되자 죽었다.

5,9 에노스는 백구십 년을 살고서 케난을 낳았다. 10 에노스는 케난을 낳은 다음 칠백십오 년을 살면서 아들딸들을 낳았다. 11 에노스는 (산) 날들이 모두 구백오 년 되자 죽었다.

5,12 케난은 백칠십 년을 살고서 마할랄렐을 낳았다. 13 케난은 마할랄렐을 낳은 다음 칠백사십 년을 살면서 아들딸들을 낳았다. 14 케난은 (산) 날들이 모두 구백십 년 되자 죽었다.

5,15 마할랄렐은 백육십오 년을 살고서 야렛을 낳았다. 16 마할랄렐은 야렛을 낳은 다음 칠백삼십 년을 살면서 아들딸들을 낳았다. 17 마할랄렐은 (산) 날들이 모두 팔백구십오 년 되자 죽었다.

5,18 야렛은 백육십이 년을 살고서 에녹을 낳았다. 19 야렛은 에녹을 낳은 다음 팔백 년을 살면서 아들딸들을 낳았다. 20 야렛은 (산) 날들이 모두 구백육십이 년 되자 죽었다.

5,21 에녹은 백육십오 년을 살고서 마투살라를[7] 낳았다. 22 에녹은 하느님을 기쁘게 해 드렸으며,[8] 마투살라를 낳은 다음 이백 년 동안 아들딸들을 낳았다. 23 에녹이 (산) 날들이 모두 삼백육십오 년 되었다. 24 에녹은 하느님을 기쁘게 해 드리

---

7) LXX에서는 아담의 족보에서 여덟 번째 족장과 카인의 여섯 번째 자손 이름이 $Ma\theta ov\sigma a\lambda \acute{a}$로 같다. MT는 4,18의 므두사엘(מתושאל)을 여기서는 "므두셀라"(מתושלח)로 기록하였다.

8) 처음 나온 동사 $\epsilon \grave{v}a\rho\epsilon\sigma\tau\acute{\epsilon}\omega$(24절에 다시 나옴)는 여격을 지배하여 '~을 기쁘게 하다'는 뜻을 지닌다. 형용사 $\acute{a}\rho\epsilon\sigma\tau\acute{o}s$는 '만족시키는, 허용할 만한'이라는 뜻으로서 기원후 2세기 이후의 비문들에 나타난다. 동사 $\acute{a}\rho\acute{\epsilon}\sigma\kappa\omega$는 다른 사람을 기쁘게 하거나 만족시키는 것을 뜻한다. 여기 나온 단어 $\epsilon \grave{v}a\rho\epsilon\sigma\tau\acute{\epsilon}\omega$는 히브리어 '걷다'(הלך)를 옮긴 것인데, הלך은 '하느님과 함께 걷다'나 '하느님 앞에서 걷다'를 뜻하며 하느님을 기쁘게 해 드린다는 의미를 포함한다. LXX는 히브리어의 표상적인 이 표현을 구체적으로 나타낸 것이다. LXX의 히브리화된 개정본들은 이 단어를 '걷다'($\pi\epsilon\rho\iota\pi\alpha\tau\acute{\epsilon}\omega$, 아퀼라역)나 '길을 가다'($\acute{o}\delta\epsilon\acute{v}\omega$, 심마쿠스역)로 옮겼다. LXX의 해석은 에녹이 하느님을 기쁘게 해 드리지 못한 시절이 있었고 마투살라를 낳은 뒤 회심하였음을 암시하는 것으로 볼 수 있다.

ηὑρίσκετο, ὅτι μετέθηκεν αὐτὸν ὁ θεός.

5,25 Καὶ ἔζησεν Μαθουσαλα ἑκατὸν καὶ ἑξήκοντα ἑπτὰ ἔτη καὶ ἐγέννησεν τὸν Λαμεχ. **26** καὶ ἔζησεν Μαθουσαλα μετὰ τὸ γεννῆσαι αὐτὸν τὸν Λαμεχ ὀκτακόσια δύο ἔτη καὶ ἐγέννησεν υἱοὺς καὶ θυγατέρας. **27** καὶ ἐγένοντο πᾶσαι αἱ ἡμέραι Μαθουσαλα, ἃς ἔζησεν, ἐννακόσια καὶ ἑξήκοντα ἐννέα ἔτη, καὶ ἀπέθανεν.

5,28 Καὶ ἔζησεν Λαμεχ ἑκατὸν ὀγδοήκοντα ὀκτὼ ἔτη καὶ ἐγέννησεν υἱὸν **29** καὶ ἐπωνόμασεν τὸ ὄνομα αὐτοῦ Νωε λέγων Οὗτος διαναπαύσει ἡμᾶς ἀπὸ τῶν ἔργων ἡμῶν καὶ ἀπὸ τῶν λυπῶν τῶν χειρῶν ἡμῶν καὶ ἀπὸ τῆς γῆς, ἧς κατηράσατο κύριος ὁ θεός. **30** καὶ ἔζησεν Λαμεχ μετὰ τὸ γεννῆσαι αὐτὸν τὸν Νωε πεντακόσια καὶ ἑξήκοντα πέντε ἔτη καὶ ἐγέννησεν υἱοὺς καὶ θυγατέρας. **31** καὶ ἐγένοντο πᾶσαι αἱ ἡμέραι Λαμεχ ἑπτακόσια καὶ πεντήκοντα τρία ἔτη, καὶ ἀπέθανεν.

5,32 Καὶ ἦν Νωε ἐτῶν πεντακοσίων καὶ ἐγέννησεν Νωε τρεῖς υἱούς, τὸν Σημ, τὸν Χαμ, τὸν Ιαφεθ.

---

9) 이 구절은 홍수 이전의 족보 가운데 특히 LXX에서 주목할 만한 것이다. 모든 족장의 이야기는 "… 되자 죽었다"(ἐγένετο … καὶ ἀπέθανεν)로 끝이 난다. 그러나 MT가 에녹이 "하느님과 함께 걷다가 사라졌다. 하느님께서 그를 데려가신 것이다"(כי ויתהלך את האלהים ואיננו לקח אתו אלהים)라고 표현한 반면, LXX는 "그는 보이지(εὑρίσκω) 않았다. 하느님께서 그를 옮겨 놓으셨기(μετατίθημι) 때문이다"라고 하였다. 요세푸스(*AJ* I,85)와 오리게네스(*Hom.Jos* I,1)는 에녹의 죽음이 확인되지 않아서 그 시체가 발견되지 않은 것이라고 이 구절을 풀이하였으며, 필로는 에녹이 "보이지 않았다"(οὐχ ηὑρίσκετο)라는 말은 에녹의 영성과 관련하여 그의 고독을 표현한 것이라고 보았다(*QG* I,82-84). 두 번째 동사 μετατίθημι는 다음과 같은 해석을 낳았다. 필로는 에녹의 변화를 예언자 엘리야의 올라감과 견주는데(*QG* I,86), 이는 유다 묵시록의 전통과 비슷하다. 테오도루스와 아우구스티누스에 따르면 에녹은 일곱 번째 족장이다. 숫자 7은 안식일의 7과 종말론적인 휴식을 암시하며 그리스도인들에게는 부활의 전조이기도 하다. 히브 11,5에 인용된 외경 전승에 따르면, 에녹은 '죽음을 맛보게 하지 않으려고' 하느님께서 옮겨 놓으셨다고 한다(요한 크리소스토무스, *Hom. in Ep. ad Haeb.* XXII sur He 11,5). 다른 이들은 이 동사가 에녹의 회심, 곧 하느님께서 그를 바꾸어 놓으신 것으로 본다. 집회 44,16에서 에녹은 회심(μετάνοια)의 모범으로 나온다.

다가 (더 이상) 보이지 않았다. 하느님께서 그를 옮겨 놓으셨기 때문이다.[9]

5,25 마투살라는 백육십칠 년을 살고서 라멕을 낳았다. 26 마투살라는 라멕을 낳은 다음 팔백이 년을 살면서 아들딸들을 낳았다. 27 마투살라는 (산) 날들이 모두 구백육십구 년 되자 죽었다.[10]

5,28 라멕은 백팔십팔 년을 살고서 아들을 낳았다. 29 그리고 "이 아이가 우리의 노동과 우리 손의 고생에서, 그리고 주 하느님께서 저주하신 땅에서[11] 우리를 쉬게 하리라" 하면서 그의 이름을 노아라[12] 하였다. 30 라멕은 노아를 낳은 다음 오백육십오 년을 살면서 아들딸들을 낳았다. 31 라멕은 (산) 날들이 모두 칠백오십삼 년 되자 죽었다.

5,32 노아가 오백 세였을 때, 노아는 세 아들 셈과 함과 야벳을 낳았다.

---

10) MT와 사마리아 오경의 계산에 따르면 마투살라는 홍수가 났을 때 죽지만, LXX에서는 창조 뒤 2256년, 곧 홍수가 나던 해인 2242년보다 14년 뒤에 죽는다. 그러나 7,7을 보면 노아와 그의 아내 그리고 그의 세 아들과 며느리들만이 방주에 들어갔다. 이 문제를 두고 세 가지 주장이 제시되었다. 첫째, 요세푸스(*AJ* I,86)와 율리우스 아프리카누스(PG 10,68A)는 고대 알렉산드리아 개정본과 일부 사본에 따라, 마투살라는 홍수가 나기 6년 전에 죽었다고 하였다. 마투살라가 라멕을 낳았을 때, 그는 백육십칠 세가 아니라 백팔십칠 세였으며 홍수가 나기 6년 전에 죽었으므로 홍수가 난 해는 2262년이다. 둘째, 일부 주석가들은, 마투살라는 홍수 뒤에도 자기 아버지 에녹처럼 변화하여 살았다고 한다. 셋째, 히에로니무스는 MT를 따를 것을 제안하였다.

11) LXX는 저주받은 땅을 앞의 두 표현(우리의 노동과 우리 손의 고생에서)과 마찬가지로 전치사 *ἀπό*로 이끈다(MT는 처음 둘에만 전치사 מן을 사용). 그리하여 노아는 땅에서 휴식을 얻게 되리라는 것이다.

12) 히브리어 이름 노아(נח)는 '쉬다'(נוח)나 '위로하다'(נחם)와 관계가 있다. LXX는 이를 '쉬게 하다'(*διαναπαύω*)로, 아퀼라역은 '위로하다'(*παρακαλέω*)로 옮겼다. 필로는 이 이름의 의미를 '이로운 자'(6,9 참조)나 '휴식'(*ἀνάπαυσις*)으로 풀이하였다(*QG* I,87). 그리스도인에게 *ἀνάπαυσις*는 종말론적인 휴식을 뜻하기도 한다.

6,1 Καὶ ἐγένετο ἡνίκα ἤρξαντο οἱ ἄνθρωποι πολλοὶ γίνεσθαι ἐπὶ τῆς γῆς, καὶ θυγατέρες ἐγενήθησαν αὐτοῖς. 2 ἰδόντες δὲ οἱ υἱοὶ τοῦ θεοῦ τὰς θυγατέρας τῶν ἀνθρώπων ὅτι καλαί εἰσιν, ἔλαβον ἑαυτοῖς γυναῖκας ἀπὸ πασῶν, ὧν ἐξελέξαντο. 3 καὶ εἶπεν κύριος ὁ θεός Οὐ μὴ καταμείνῃ τὸ πνεῦμά μου ἐν τοῖς ἀνθρώποις τούτοις εἰς τὸν αἰῶνα διὰ τὸ εἶναι αὐτοὺς σάρκας, ἔσονται δὲ αἱ ἡμέραι αὐτῶν ἑκατὸν εἴκοσι ἔτη. 4 οἱ δὲ γίγαντες ἦσαν ἐπὶ τῆς γῆς ἐν ταῖς ἡμέραις ἐκείναις καὶ μετ' ἐκεῖνο, ὡς ἂν εἰσεπορεύοντο οἱ υἱοὶ τοῦ θεοῦ πρὸς τὰς θυγατέρας τῶν ἀνθρώπων καὶ ἐγεννῶσαν ἑαυτοῖς· ἐκεῖνοι ἦσαν οἱ γίγαντες οἱ ἀπ' αἰῶνος, οἱ ἄνθρωποι οἱ ὀνομαστοί.

---

1) LXX도 MT와 마찬가지로 이 대목의 내용이 수수께끼 같다. 그러나 히브리어 본문의 6,4에 나오는 "느빌림족"(הנפלים)과 "용사들"(גברים)을 "거인들"(*γίγαντες*) 안에 묶어 여러 다른 인물들이 주는 혼란을 줄였다.

2) "하느님의 아들들"(*οἱ υἱοὶ τοῦ θεοῦ*)을 아퀼라역은 '신들의(*τῶν θεῶν*) 아들들'로, 심마쿠스역은 '장수들의(*τῶν δυνατευόντων*) 아들들'로 옮겼다. 어느 그리스어 이본(異本)에는 '하느님의 천사들'(*οἱ ἄγγελοι τοῦ θεοῦ*)로 나온다. '천사들'은 하느님의 아들들이라는 의인화를 피하기 위한 표현이다. 필로와 그리스 교부들은 두 가지로 해석한다. 하나는 '아들들'이나 '천사들'을 인간 이전의 신화적인 존재로 보는 것이고(필로, *Gig.* 6-18), 다른 하나는 하느님의 아들들을 셋과 에노스의 후손으로 풀이하는 것이다. 예를 들면 '에노스는 주 하느님의 이름 부르기를 희망하였기'(4,26) 때문에 그는 하느님의 아들이라 불릴 자격이 있다는 것이다. 성서 시대 이후의 유다교와 그리스도교 전통은 천사들을 '범죄한 자'(에녹 6; 2베드 2,4), '오만한 거인들'(지혜 14,6), '순종하지 않았던 자들'(1베드 3,19-21)이라 부르고, 그들은 여자들에게 우상 숭배 같은 악한 행위들을 옮기며(에녹 7; 이레네우스, *Dém.* 18), 하느님이 아니라 자신들을 위해서 자식들을 낳았다(창세 6,4)고 하였다. 다른 전통은, 이 천사들이 신의 사자(使者)들로서 인간에게 정의를 가르치러 왔는데(희년서 4,5), 불길한 여자들의 희생물이 되었다고 한다. LXX나 MT 모두 하느님의 아들들과 사람의 딸들 사이의 결합이 잘못된 것이라고 분명하게 표현하지는 않지만, 하느님(의 아들들)과 사람(의 아들들)을 대비시킴으로써 다음 절들에 이어지는 징벌을 정당화한다.

인간들이 악을 저지르기 시작하다[1]

6,1 땅 위에 사람들이 많아지기 시작하였을 때, 그들에게 딸들이 태어났다. 2 하느님의 아들들은[2] 사람의 딸들이 아름다운 것을 보고 고른 모든 이들 가운데서 자기네 아내들을 취하였다. 3 그러자 주 하느님께서 말씀하셨다. "이 사람들은[3] 살덩어리이니[4] 내 기운이 그들 안에 영원히 머물러서는 안 되리라.[5] 그들의 (살) 날은 백이십 년이다."[6] 4 하느님의 아들들이 사람의 딸들에게로 들어가서 그들에게 자식이 태어나던 저 날들과 그 뒤에도,[7] 땅 위에는 거인들이[8] 있었는데, 그들은 옛날의 거인들로서[9] 이름난 사람들이었다.[10]

---

3) LXX는 히브리어 본문의 일반적인 "사람들"(אדם)을 구체화하여 "이 사람들"($\grave{a}\nu\theta\rho\acute{\omega}\pi o\iota\varsigma$ $\tau o\acute{v}\tau o\iota\varsigma$)이라고 옮김으로써 하느님의 징벌 대상을 노아 시대의 죄인들에게 한정시켰다. 타르굼 옹켈로스도 이와 비슷하게 "이 악한 세대"(דרא בישא הדין)라고 옮겼다.

4) LXX는 히브리어 본문의 분명하지 않은 문장 בשׁגם הוא בשׂר(그는 살덩어리일 따름이니)를 전치사구 '…이므로'($\delta\iota\grave{a}$ $\tau\acute{o}$)를 사용하여 "이 사람들은 살덩어리이니"로 옮겨 논리적 연결을 꾀하였다.

5) '내 기운이 머물러서는 안 되리라'($o\grave{v}$ $\mu\grave{\eta}$ $\kappa\alpha\tau\alpha\mu\epsilon\acute{\iota}\nu\eta$ $\tau\grave{o}$ $\pi\nu\epsilon\hat{v}\mu\acute{a}$ μov)로 옮긴 LXX는, 동사 '머무르다'($\kappa\alpha\tau\alpha\mu\acute{\epsilon}\nu\omega$)를 사용하여 뜻이 분명하지 않은 히브리어(ידון)를 문맥에 맞게 풀이하였다. 시리아어역과 불가타도 LXX처럼 옮겼다.

6) "그들의 (살) 날은 백이십 년이다"($a\acute{\iota}$ $\dot{\eta}\mu\acute{\epsilon}\rho a\iota$ $a\dot{v}\tau\hat{\omega}\nu$ $\acute{\epsilon}\kappa a\tau\grave{o}\nu$ $\epsilon\emph{}\acute{\iota}\kappa o\sigma\iota$ $\emph{}\acute{\epsilon}\tau\eta$)는 두 가지로 해석할 수 있다. 하나는 백이십 년이 인간 수명의 한계를 나타낸다는 것이고(신명 34,7에 따른 모세의 수명), 다른 하나는 인간이 회개하는 데 백이십 년의 기한이 주어졌다는 것이다(7,6의 각주 참조).

7) 민수 13,33에서 가나안의 거인족이 모세와 이스라엘 백성에게 알려지게 된 때를 암시한다.

8) LXX는 "느빌림족"(הנפלים)을 민수 13,33에서 영감을 얻어 "거인들"($\gamma\acute{\iota}\gamma a\nu\tau\epsilon\varsigma$)로 옮겼다. 아퀼라역은 히브리어 נפלים을 문자적으로 옮겨 '떨어진 자들'($o\acute{\iota}$ $\acute{\epsilon}\pi\iota\pi\acute{\iota}\pi\tau o\nu\tau\epsilon\varsigma$)이라고 하였으며 타르굼 요나단도 '하늘에서 떨어진 자들'로 옮겼다.

9) 이 "거인들"($\gamma\acute{\iota}\gamma a\nu\tau\epsilon\varsigma$)은 "용사들"(גברים)을 옮긴 것이다. 하느님의 아들들이 사람의 딸들과 결합하여 태어난 이 거인들은 결국 홍수로 전멸한다(지혜 14,6).

10) LXX는 '남자들'($o\acute{\iota}$ $\emph{}\acute{a}\nu\delta\rho\epsilon\varsigma$) 대신 "사람들"($o\acute{\iota}$ $\emph{}\acute{a}\nu\theta\rho\omega\pi o\iota$)을 써서 일반적인 문장으로 표현하였다.

6.5 Ἰδὼν δὲ κύριος ὁ θεὸς ὅτι ἐπληθύνθησαν αἱ κακίαι τῶν ἀνθρώπων ἐπὶ τῆς γῆς καὶ πᾶς τις διανοεῖται ἐν τῇ καρδίᾳ αὐτοῦ ἐπιμελῶς ἐπὶ τὰ πονηρὰ πάσας τὰς ἡμέρας. **6** καὶ ἐνεθυμήθη ὁ θεὸς ὅτι ἐποίησεν τὸν ἄνθρωπον ἐπὶ τῆς γῆς, καὶ διενοήθη. **7** καὶ εἶπεν ὁ θεός Ἀπαλείψω τὸν ἄνθρωπον, ὃν ἐποίησα, ἀπὸ προσώπου τῆς γῆς ἀπὸ ἀνθρώπου ἕως κτήνους καὶ ἀπὸ ἑρπετῶν ἕως τῶν πετεινῶν τοῦ οὐρανοῦ, ὅτι ἐθυμώθην ὅτι ἐποίησα αὐτούς. **8** Νωε δὲ εὗρεν χάριν ἐναντίον κυρίου τοῦ θεοῦ.

6.9 Αὗται δὲ αἱ γενέσεις Νωε· Νωε ἄνθρωπος δίκαιος, τέλειος ὢν

---

11) LXX는 8.21과 같이 '주의 깊게'(ἐπιμελῶς)라는 부사로 벌 받는 인간의 책임을 강조한다. 이 부사는 רק(단지, 오직)에 대응하는 말로, 악을 행하려는 인간의 마음을 부각시켰다.

12) 여기서는 '마음에 품다'라고 옮긴 διανοέομαι의 주어가 사람인데, 창세 6.6; 8.21에서는 하느님이 주어이다. LXX는 이 절에 나온 히브리어 "성향"(יצר)을 옮기지 않았는데, 동사 '마음 먹다, 생각하다'(διανοέομαι)가 인간의 '생각'(מחשבת)을 표현하는 데 더 적합하다고 보았기 때문인 듯하다. 병행구절인 8.21에서는 יצר לב을 '마음'(διάνοια)으로 옮겼다.

13) LXX는 하느님의 기분을 묘사할 때 MT와 다른 동사들을 사용하였다. MT는 '후회하다'(נחם)와 '마음 아파하다'(עצב)라 하였는데, LXX는 נחם 대신에 ἐνθυμέομαι를 써서 '걱정하다'(7절에서는 '화나다') 등으로 표현하였다. 아퀼라역은 MT의 의미를 살려 '후회하다'(μεταμελέομαι)라 하였다. 한편 둘째 히브리어 동사 עצב은 '생각하다'(διανοέομαι)로 옮겼다.

14) 종교적 의미를 띤 '(주 하느님 앞에) 은총을 입다'(εὑρίσκω χάριν, 직역: 은총을 발견하다)라는 표현은 창세기에서 이곳에만 나온다. 다른 구절(18.3; 30.27 등)에는 '은총'(χάρις)이 주인에게 호의를 청한 다음 그에 대한 감사의 표현으로 사용되었다.

15) "그러나 노아만은 주 하느님 앞에 은총을 입었다"라는 문장은 인류의 기원에 관한 훌륭한 종결부이며, 하느님의 구원계획 선포이다. 노아의 역사는 5.29의 탄생에서 출발하여 홍수 이야기와 후손들의 삶 전부를 포함하며, 바벨탑의 건설과 인류의 흩어짐, 그리고 선조 아브람이 갈대아에서 나오는 이야기까지 포함한다.

16) 6.9—11.32의 노아의 역사는, 홍수와 노아의 자손 이야기에서 바벨탑 건설과 하느님께서 인간들을 세상에 흩으시고 아브람이 갈대아를 떠나는 것까지 포함한다. 노아 이야기의 의미는 성서는 물론, 성서 시대 이후의 문헌과 성서 밖의 전통이 창세 6—11장을 해석한 데서 분명하게 드러난다. 몇 가지 예를 들면 다음과 같다. 이사 54.8-9은 하느님께서 노아의 홍수 이래로 자비를 베푸시어 이스라엘을 구원하신다고 말한다. 한편 에제 14.14에서 노아는 다니엘과 욥처럼 그의 의로움 때문에 구원받는다. 또한 집회 44.17에서는, "노아는 완전하고 의로운 이로 드러나고, 분노의 시대에 세대 교체를 이루었다. 홍수가 닥쳤을 때 노아로 말미암아 땅 위에 살아남은 자가 있게 되었다"고 하였다. 지혜 10.4에 따르면, 의인이 나무조각에 의해 구조된다(지혜 14.6-7 참조). 신약성서는 "노아 때처럼 사람의 아들의 재림 때에도 그러할 것이다. …"라고 하여 홍수 때와 마지막 때, 또는 악인이 죽을 때를 가리키는 심판의 때와 연결시켰다(마태 24.37-39; 루가 17.26 이하). 『에녹서』와 다른 유다 문헌들에서 발견되는 일부 주제들은 신약성

하느님께서 인간을 벌하기로 작정하시다

6,5 주 하느님께서 보시니 땅 위에 사람들의 악행이 가득하고, 그들 모두 저마다 언제나 악한 것만 골똘히[11] 자기 마음에 품었다.[12] 6 하느님께서 땅 위에 사람을 만드신 것을 걱정하시며 생각에 잠기셨다.[13] 7 하느님께서 말씀하셨다. "내가 만든 사람들을 이 땅의 표면에서 쓸어버리리라. 사람에서 집짐승에 이르기까지, 기어다니는 것에서 하늘의 날짐승에 이르기까지 (쓸어버리리라). 내가 그것들을 만든 일이 화가 나는구나!" 8 그러나 노아만은 주 하느님 앞에 은총을[14] 입었다.[15]

노아에게 인간의 멸망이 예고되다

6,9[16] 이것이 노아의 족보이다. 노아는 자기 세대에 의롭고 완전한 사람이었

서를 거쳐 그리스도교 전통에 수용되었다. 1베드 3,18-21; 2베드 2,4-5; 히브 11,7에서 노아는 회개를 권하였고 불순종하는 자들은 지옥에 떨어졌다고 말한다. 필로는 특히 노아를 '새로운 아담'이라는 관점에서 다루었다. 노아는 새 세대의 기초이고, 창조주께서는 한 인간을 심판받은 세대의 마지막 사람인 동시에 죄없는 세대의 시조로 결정하셨다는 것이다(*QG* II,17.31.45-56; *Mos.* II,59-65; *Abr.* 46.56; *Praem.* 23 등). 그리스 교부들은 필로의 해석을 받아들여, 노아를 의인이며 새로운 아담이고, 근원이며 새로운 인간의 시작이라고 하였다(유스티누스, *Dial.* 119,4; 138,2 등). 그러나 오리게네스는 무엇보다도 노아가 진정한 '새로운 아담', 곧 그리스도를 예표하며, 그리스도만이 진정한 휴식을 줄 수 있고 세례를 통해 새로 태어남(παλιγγενεσία)을 가능하게 한다고 말한다(*Hom.Gen.* II,3). 유다교와 그리스도교의 그리스 문헌들은 성서의 홍수 이야기와 그리스 신화의 유사점을 인정한다. 그러나 성서에 니오는 홍수 이야기의 강조점은, 하느님께서는 계약을 맺으심으로써 더 이상 인간을 멸망시키지 않으시는 분이라는 데에 있다. 그리스도교 주석은 의인은 구원받고 악인은 심판받는다는 이야기에서 신학적인 교훈(예를 들면 율법 이전에 죄가 존재함)이나 구원론적 가르침(그리스도의 '십자가'), 성사적 가르침(세례의 '물'), 교회적 가르침(교회는 구원의 장소로 '방주'와 같음), 그리고 종말론적 가르침(심판 때에 노아의 방주 안에 있던 사람들 숫자인 여덟 명이 구원받음)을 끌어내었다. 마지막으로 노아는 그리스도교 전기나 강론집 등에서 의인이나 믿음을 가진 이의 모범으로 제시되는 성서의 인물이다. 한편 홍수가 난 시기는 LXX와 MT에서 서로 다르다. 두 본문이 일치하는 것은 노아의 나이로(5,32; 7,6), 홍수가 시작된 때를 알려 준다. 그러나 LXX에서 홍수는 일년 내내 계속되었고, MT에서는 일년보다 열흘 더 계속되있나. 곧 방수에서 보낸 열두 달에 대한 계산이 서로 다르게 나타난다. LXX에서는 산의 봉우리가 열한째 달 초하루에 보였으며(8,5), 노아가 땅에 물이 마른 것을 보고 방주의 뚜껑을 열었을 때는 그다음 해 첫째 달 초하루였다(8,13). 따라서 산봉우리가 보인 뒤 땅에 물이 마르기까지는 두 달이 걸렸다. 그러나 MT에서는 산봉우리가 열째 달 초하루에 보였으며, 노아가 방주 뚜껑을 연 때는 LXX와 마찬가지로 그다음 해 첫째 달 초하루이니 여기서는 석 달이 걸렸다. 자세히 살펴보면 LXX의 계산이 본문의 세분화된 내용과 더 잘 일치한다. 노아는 사십 일을 기다려(8,6) 까마귀를 방주 밖으로 내보낸다(8,7). 그다음에 비둘기를 내보내고(8,8) 다시 이레를 기다려 두 번째 비둘기를 내보냈으며(8,10), 그다음 다시 이레를 기다려 세 번째 비둘기를 내보낸디(8,10). 까마귀와 첫 번째 비둘기를 내보낸 때의 날짜 간격을 이레로 가정하면 노아가 기다린 기간은 모두 육십일 일(사십 일과 세 번의 이레)이 된다. 이 기간은 약 두 달 남짓이므로, LXX에서 산봉우리가 보였을 때와 노이기 방주 뚜껑을 열었을 때의 두 달과 논리적으로 일치한다.

ἐν τῇ γενεᾷ αὐτοῦ· τῷ θεῷ εὐηρέστησεν Νωε.   10 ἐγέννησεν δὲ Νωε τρεῖς υἱούς, τὸν Σημ, τὸν Χαμ, τὸν Ιαφεθ.   11 ἐφθάρη δὲ ἡ γῆ ἐναντίον τοῦ θεοῦ, καὶ ἐπλήσθη ἡ γῆ ἀδικίας.   12 καὶ εἶδεν κύριος ὁ θεὸς τὴν γῆν, καὶ ἦν κατεφθαρμένη, ὅτι κατέφθειρεν πᾶσα σὰρξ τὴν ὁδὸν αὐτοῦ ἐπὶ τῆς γῆς.   13 καὶ εἶπεν ὁ θεὸς πρὸς Νωε Καιρὸς παντὸς ἀνθρώπου ἥκει ἐναντίον μου, ὅτι ἐπλήσθη ἡ γῆ ἀδικίας ἀπ' αὐτῶν, καὶ ἰδοὺ ἐγὼ καταφθείρω αὐτοὺς καὶ τὴν γῆν.   14 ποίησον οὖν σεαυτῷ κιβωτὸν ἐκ ξύλων τετραγώνων· νοσσιὰς ποιήσεις τὴν κιβωτὸν καὶ ἀσφαλτώσεις αὐτὴν ἔσωθεν καὶ ἔξωθεν τῇ ἀσφάλτῳ.   15 καὶ οὕτως ποιήσεις τὴν κιβωτόν· τριακοσίων πήχεων τὸ μῆκος τῆς κιβωτοῦ καὶ πεντήκοντα πήχεων τὸ πλάτος καὶ τριάκοντα πήχεων τὸ ὕψος αὐτῆς·   16 ἐπισυνάγων ποιήσεις τὴν κιβωτὸν καὶ εἰς πῆχυν συντελέσεις αὐτὴν ἄνωθεν· τὴν δὲ θύραν τῆς κιβωτοῦ ποιήσεις ἐκ πλαγίων· κατάγαια,

---

17) "족보"(*γενέσεις*)라는 단어 뒤에 곧바로 노아의 덕을 묘사한다. 필로는 이 표현을 문자적으로 해석하여 노아의 자손들이 그의 미덕과 영혼의 산물이라고 풀이한다(*Deus.* 117-118).

18) "땅"(*ἡ γῆ*)은 창조 이야기에 나오는 하늘과 땅을 떠올리게 한다. 하느님께서 창조하시어 좋게 보셨던 그 땅이 이제 그분의 뜻을 거슬러 타락하였다.

19) "(하느님) 앞에"(*ἐναντίον*)는 '(하느님을) 거슬러' 라는 의미이다.

20) LXX의 "불의"(*ἀδικία*, MT: 폭력)는 노아의 의로움(9절)과 대비된다.

21) 이 문장의 뜻이 분명하지 않다. '길'을 꾸미는 남성대명사 '그의'(*αὐτοῦ*)는 여성명사 '살덩어리'(*σάρξ*)와 어울리지 않는다. MT의 소유접미사도 모호하다. '그의 길'(דרכו)의 남성접미사 ו가 남성명사 '살덩어리'(בשר)를 가리킬 수도, 하느님을 가리킬 수도 있다. 필로는 LXX의 이 구절을 하느님의 길이 타락한 것으로 추정하였으며(*QG* I, 99), 디디무스는 여기서 *αὐτοῦ*를 살덩어리로 표현된 인간(*ἄνθρωπος*)으로 보았다. 곧 인간 개개인이 자신의 고유한 도덕에서 벗어났다는 것이다. 위 번역은 필로의 해석을 따랐다.

22) 앞절의 "모든 살덩어리"(*πᾶσα σάρξ*)가 좀 더 구체화된 "모든 사람"(*παντὸς ἀνθρώπου*)으로 표현되었다. 곧 '인류'가 죄를 저지른 장본인이라는 것이다.

23) 그리스어 *καιρός*는 '결정적인 순간, 위기' 등을 뜻한다. 이에 대응하는 히브리어는 '끝'(קץ)인데, 일반적으로 קץ에 대응하는 그리스어는 *τέλος*나 *συντέλεια*이다(아퀼라역도 이곳에 *τέλος*를 썼다). 이레네우스는 LXX가 *καιρός*라는 단어를 선택함으로써 하느님의 '심판의 때'가 왔음을 의도한 것이라고 풀이하였다(V, 29, 2). 일부 쿰란 문헌과 미쉬나에서는 קץ를 '메시아가 도래하는 때'를 나타내는 데 사용하기도 하였다. *καιρός*의 선택에는 קץ의 의미상의 발전이 반영된 듯하다.

다.[17) 노아는 하느님을 기쁘게 해 드렸다. 10 노아는 세 아들, 셈과 함과 야벳을 낳았다. 11 땅은[18) 하느님 앞에[19) 타락하였고 불의로[20) 가득 찼다. 12 주 하느님께서 땅을 보시니, 땅은 부패해 있었다. 모든 살덩어리가 땅 위에서 길을 부패시켰기 때문이다.[21) 13 하느님께서 노아에게 말씀하셨다. "내 앞에 모든 사람의[22) 때가[23) 이르렀다. 그들로 말미암아 땅이 불의로 가득 찼기 때문이다. 이제 나는[24) 그들과 땅을 멸망시키리라. 14 그러니 너는 네모난 나무로[25) 〈너를 위하여〉 방주[26) 한 척을 만들어라. 그 방주를 작은 방들로[27) 만들고 역청으로 그것의 안팎을 칠하여라. 15 너는 그 방주를 이렇게 만들어라. 방주의 길이는 삼백 큐빗,[28) 너비는 오십 큐빗, 그 높이는 삼십 큐빗이다.[29) 16 그 방주를 좁혀 만들고,[30) 위로 한 큐빗 올려 마무리하여라. 방주의 문은 옆쪽에 만들어라. 그리고 그 방주를 아래층과 둘째 층

---

24) "이제 나는"(ἰδοὺ ἐγώ)에 대응하는 히브리어 הנני는 창세기에 모두 열세 번 나오는데 일곱 번은 이곳처럼 문자적으로(6,13; 22,1; 27,1.18; 37,13; 48,4) 옮겼고, 두 번은 단어 순서를 바꾸어 ἐγὼ ἰδού로(6,17; 9,9) 옮겼으며, 세 번은 관용적인 τί ἐστιν으로(22,7; 31,11; 46,2), 한 번은 ᾤμην으로(41,17) 옮겼다.

25) 방주는 "네모난 나무"(ξύλων τετραγώνων)로 만들어진다. 이는 고전 그리스어에서 대들보를 가리키는 전문용어였다. MT는 뜻이 분명치 않은 גפר라는 단어를 사용하였으며, 타르굼 옹켈로스는 "전나무"(קדרוס)로 옮겼나. 형용사 τετράγωνος는 나무를 네모나게 잘라내어 '각이진' 것을 나타내며 전례용 기물(器物)을 암시하기도 한다(탈출 27,1; 28,16; 30,2; 36,16). 아마도 노아가 방주로 들어가는 것과 성스러운 장소로 들어가는 것을 동일시한 것 같다. 일부 필사본들은 '썩지 않는'(ἄσηπτος)이라는 형용사를 썼는데, 이것도 탈출 25,5 이하에서 전례용 기물의 성질을 나타내는 데 쓰였다.

26) 노아는 육면체의 방주를 만든다(6,15). 여기서 '방주'로 옮긴 그리스어 κιβωτός는 계명이 적힌 서판을 넣은 '계약 궤'(탈출 25,10 이하)를 표현할 때도 쓰이는 단어이다. MT는 둘을 구분하여 노아의 '방주'는 תבה로, '계약 궤'는 ארון으로 나타냈다. LXX는 의로운 이가 구원받는 곳(방주)과 하느님이 현존하시는 곳(계약 궤)이 같음을 나타내려 한 듯하다.

27) "작은 방들"(νοσσιάς)은 본디 새들의 '둥지'를 가리킨다. 4마카 14,19에서는 '벌집'으로 번역하였다.

28) 히브리어 "암마"(אמה)를 LXX 시대의 도량형으로 바꾸어 옮겼다. 큐빗(πῆχυς)은 팔꿈치에서 가운뎃손가락 끝까지의 길이로 약 46-56cm이다.

29) 오리게네스는 에페 3,17-18을 바탕으로 방주의 길이와 너비와 높이를 각각 믿음과 희망과 사랑에 연결시켰다(*Hom.Gen.* II,6).

30) LXX는 단 한 번 나오는 단어 צהר(창, 지붕)를 옮기기 어려워 '보으다, 좁히다'(ἐπισυνάγω)라는 동사로 대치하였다. 그리하여 LXX는 방주가 만들어지는 과정을 구체적으로 묘사한다. 위로 좁혀 만든 방주는 피라미드 형태를 띤다. 그러나 심마쿠스역과 아퀼라역은 צהר를 동음이이어인 '정오'(צהר)로 보아 '빛을 주는 것'으로 해석하였다.

διώροφα καὶ τριώροφα ποιήσεις αὐτήν.   **17** ἐγὼ δὲ ἰδοὺ ἐπάγω τὸν κατακλυσμὸν ὕδωρ ἐπὶ τὴν γῆν καταφθεῖραι πᾶσαν σάρκα, ἐν ᾗ ἐστιν πνεῦμα ζωῆς, ὑποκάτω τοῦ οὐρανοῦ· καὶ ὅσα ἐὰν ᾖ ἐπὶ τῆς γῆς, τελευτήσει.   **18** καὶ στήσω τὴν διαθήκην μου πρὸς σέ· εἰσελεύσῃ δὲ εἰς τὴν κιβωτόν, σὺ καὶ οἱ υἱοί σου καὶ ἡ γυνή σου καὶ αἱ γυναῖκες τῶν υἱῶν σου μετὰ σοῦ.   **19** καὶ ἀπὸ πάντων τῶν κτηνῶν καὶ ἀπὸ πάντων τῶν ἑρπετῶν καὶ ἀπὸ πάντων τῶν θηρίων καὶ ἀπὸ πάσης σαρκός, δύο δύο ἀπὸ πάντων εἰσάξεις εἰς τὴν κιβωτόν, ἵνα τρέφῃς μετὰ σεαυτοῦ· ἄρσεν καὶ θῆλυ ἔσονται.   **20** ἀπὸ πάντων τῶν ὀρνέων τῶν πετεινῶν κατὰ γένος καὶ ἀπὸ πάντων τῶν κτηνῶν κατὰ γένος καὶ ἀπὸ πάντων τῶν ἑρπετῶν τῶν ἑρπόντων ἐπὶ τῆς γῆς κατὰ γένος αὐτῶν, δύο δύο ἀπὸ πάντων εἰσελεύσονται πρὸς σὲ τρέφεσθαι μετὰ σοῦ, ἄρσεν καὶ θῆλυ.   **21** σὺ δὲ λήμψῃ σεαυτῷ ἀπὸ πάντων τῶν βρωμάτων, ἃ ἔδεσθε, καὶ συνάξεις πρὸς σεαυτόν, καὶ ἔσται σοι καὶ ἐκείνοις φαγεῖν.   **22** καὶ ἐποίησεν Νωε πάντα, ὅσα ἐνετείλατο αὐτῷ κύριος ὁ θεός, οὕτως ἐποίησεν.

---

31) LXX는 MT(7,6 제외)처럼 홍수를 표현하는 데 두 단어를 함께 사용한다. 첫 번째 단어는 κατακλυσμός로 MT의 מבול(홍수, 랍비 전통에서 '전복하다, 파괴하다' 등의 뜻을 지님)에 대응한다. 두 번째 단어는 ὕδωρ(물, MT의 מים은 복수)로, 홍수 이야기에서 때때로 κατακλυσμός 없이 홀로 쓰이기도 한다.

32) "살아 숨쉬는" 것에 대해서는 1,30; 2,7의 각주 참조.

33) 히브리어의 '너와 함께'(אתך)를 LXX는 "너에게는"(πρὸς σέ)이라고 하여 뒤에 오는 "계약"(διαθήκη)과 함께 하느님의 일방적인 의지를 나타낸다.

34) 여기서 처음으로 ברית에 대응하여 διαθήκη라는 단어가 나온다. 그리스어에서 '계약'을 나타내는 말은 보통 συνθήκη(아퀼라역과 심마쿠스역)인데, 이는 서로 합의하여 체결하는 계약을 말한다. 그런데 하느님께서 노아와 맺으시는 계약은 하느님과 노아의 합의에 따른 것이 아니라 하느님의 일방적인 의지에 따라 이루어지는 것이다. 그래서 창세기 번역자가 συν-(함께)이라는 접두사 대신 δια-를 붙인 διαθήκη를 쓴 것이다. 본디 죽은 사람의 유언을 가리키는 διαθήκη는 이 문맥에 적절하지 않지만, 번역자의 고심 끝에 선택된 단어라고 할 수 있다.

과 셋째 층으로 만들어라. 17 이제 내가 땅 위에 홍수를[31] 불러와 하늘 아래 살아 숨쉬는[32] 모든 살덩어리를 멸망시키리라. 땅 위에 있는 것은 무엇이나 죽으리라. 18 그러나 내가 너에게는[33] 나의 계약을[34] 세우리라. 너는 방주로 들어가거라. 너와 네 아들들과 네 아내와 네 아들들의 아내들은 너와 함께 방주로 (들어가거라).[35] 19 그리고 온갖 집짐승 가운데서, 온갖 기어다니는 것 가운데서, 온갖 들짐승 가운데서, 온갖 살덩어리 가운데서,[36] 〈그들 모두에서〉 두 쌍씩[37] 방주에 데리고 들어가, 그것들이 너와 함께 먹고살게 하여라.[38] 그것들은 수컷과 암컷이어야 한다. 20 날아다니는 온갖 새[39] 가운데서 종류대로, 온갖 집짐승 가운데서 종류대로, 땅 위를 기어다니는 온갖 기어다니는 것 가운데서, 〈그들 모두에서〉 두 쌍씩 수컷과 암컷으로[40] 모두 너에게 와서 너와 함께 먹고살게 하여라. 21 그리고 너는 너를 위하여 너희가 먹을[41] 온갖 양식을 가져다 네 곁에 쌓아 두어라. 그러면 그것이 너와 저들의 먹을 것이 되리라.” 22 노아는 주 하느님께서 자기에게 명하신 모든 것을[42] 하였다. 그는 그렇게 하였다.

---

35) 노아 아들들의 아내들을 노아와 함께 방주로 들여보내는 것에 대해서는 7,13의 각주 참조.

36) LXX는 히브리어 본문의 “온갖 생물 가운데서, 온갖 살덩어리 가운데서” (מכל החי מכל בשר)를 풀어 구체적으로 표현하였다.

37) LXX는 히브리어 “두 마리” (שנים, 직역: 둘)를 사마리아 오경, 시리아어역, 불가타와 함께 ‘눌둘’ (δύο δύο), 곧 두 쌍씩으로 옮겼다.

38) LXX는 히브리어 “살아남도록” (להחית)을 “먹고살게” (ἵνα τρέφῃς)로 옮겼다.

39) LXX는 히브리어 “새” (עוף)에 덧붙여 “날아다니는 온갖 새” (πάντων τῶν ὀρνέων τῶν πετεινῶν)라고 표현하였다.

40) “수컷과 암컷” (ἄρσεν καὶ θῆλυ)은 히브리어 본문에 없는 말이다. LXX에서 19절에 나온 말을 덧붙였다.

41) LXX는 히브리어의 “먹을 수 있는” (יאכל의, 니팔형)을 “너희가 먹을” (ἃ ἔδεσθε)로 옮겼다. 여기 사용된 직설법 미래형은 허락의 의미가 있는 ‘너희가 먹어도 되는’으로 볼 수 있다.

42) LXX는 πάντα를 동사의 목적어로 쓴 반면에, MT는 בכל (모든 것대로)이라는 전치사 구문으로 묘사하였다.

7,1 Καὶ εἶπεν κύριος ὁ θεὸς πρὸς Νωε Εἴσελθε σὺ καὶ πᾶς ὁ οἶκός σου εἰς τὴν κιβωτόν, ὅτι σὲ εἶδον δίκαιον ἐναντίον μου ἐν τῇ γενεᾷ ταύτῃ. **2** ἀπὸ δὲ τῶν κτηνῶν τῶν καθαρῶν εἰσάγαγε πρὸς σὲ ἑπτὰ ἑπτά, ἄρσεν καὶ θῆλυ, ἀπὸ δὲ τῶν κτηνῶν τῶν μὴ καθαρῶν δύο δύο, ἄρσεν καὶ θῆλυ, **3** καὶ ἀπὸ τῶν πετεινῶν τοῦ οὐρανοῦ τῶν καθαρῶν ἑπτὰ ἑπτά, ἄρσεν καὶ θῆλυ, καὶ ἀπὸ τῶν πετεινῶν τῶν μὴ καθαρῶν δύο δύο, ἄρσεν καὶ θῆλυ, διαθρέψαι σπέρμα ἐπὶ πᾶσαν τὴν γῆν. **4** ἔτι γὰρ ἡμερῶν ἑπτὰ ἐγὼ ἐπάγω ὑετὸν ἐπὶ τὴν γῆν τεσσαράκοντα ἡμέρας καὶ τεσσαράκοντα νύκτας καὶ ἐξαλείψω πᾶσαν τὴν ἐξανάστασιν, ἣν ἐποίησα, ἀπὸ προσώπου τῆς γῆς. **5** καὶ ἐποίησεν Νωε πάντα, ὅσα ἐνετείλατο αὐτῷ κύριος ὁ θεός.

7,6 Νωε δὲ ἦν ἐτῶν ἑξακοσίων, καὶ ὁ κατακλυσμὸς ἐγένετο ὕδατος ἐπὶ τῆς γῆς. **7** εἰσῆλθεν δὲ Νωε καὶ οἱ υἱοὶ αὐτοῦ καὶ ἡ γυνὴ αὐτοῦ καὶ αἱ γυναῖκες τῶν υἱῶν αὐτοῦ μετ᾽ αὐτοῦ εἰς τὴν κιβωτὸν διὰ τὸ ὕδωρ τοῦ κατακλυσμοῦ. **8** καὶ ἀπὸ τῶν πετεινῶν καὶ ἀπὸ τῶν κτηνῶν τῶν καθαρῶν καὶ ἀπὸ τῶν κτηνῶν τῶν μὴ καθαρῶν καὶ ἀπὸ πάντων τῶν ἑρπετῶν τῶν ἐπὶ τῆς γῆς **9** δύο δύο εἰσῆλθον πρὸς Νωε εἰς τὴν κιβωτόν, ἄρσεν καὶ θῆλυ, καθὰ ἐνετείλατο αὐτῷ ὁ θεός. **10** καὶ ἐγένετο μετὰ τὰς ἑπτὰ ἡμέρας καὶ τὸ ὕδωρ τοῦ κατακλυσμοῦ ἐγένετο ἐπὶ τῆς γῆς. **11** ἐν τῷ ἑξακοσιοστῷ ἔτει ἐν τῇ ζωῇ τοῦ Νωε, τοῦ δευτέρου μηνός, ἑβδόμῃ καὶ εἰκάδι τοῦ μηνός, τῇ ἡμέρᾳ ταύτῃ ἐρράγησαν πᾶσαι αἱ πηγαὶ τῆς ἀβύσσου, καὶ οἱ καταρράκται τοῦ

---

1) 히브리어 '정결한'(טהורה)은 전례상의 정결함을 말한다. 이에 대응하여 옮긴 LXX의 *καθαρός*는 희생제물뿐 아니라 인간의 양식으로도 적절한 것을 뜻하는 말이다.

2) MT에는 "수컷과 암컷"(זכר ונקבה 1,27; 5,2; 6,19) 대신에 "수놈과 암놈"(איש ואשתו, 직역: 수놈과 그의 짝)으로 나오지만, LXX는 앞에 나온 그대로 "수컷과 암컷"(*ἄρσεν καὶ θῆλυ*)으로 옮겼다.

3) LXX는 사마리아 오경과 함께 앞절에서 짐승들을 언급할 때와 마찬가지로, 날짐승들 앞에 MT에 없는 형용사 "정결한"(*καθαρῶν*)과 "정결하지 않은"(*μὴ καθαρῶν*)을 넣었으며, 정결하지 않은 새들에게도 "두 쌍씩"(*δύο δύο* 둘 둘)이라는 숫자를 덧붙여 구체적으로 표현하였다.

4) LXX는 히브리어 본문의 "내가 만든 생물"(אשר עשיתי היקום)을 '내가 일으킨 것'(*τὴν ἐξανάστασιν, ἣν ἐποίησα*)이라고 표현하였다. 존재하는 것을 가리키는 יקום은 7,23에서는

방주에 들어가는 순서

7,1 주 하느님께서 노아에게 말씀하셨다. "너와 네 온 집안은 방주로 들어가거라. 나는 너를 이 세대에 내 앞에서 의로운 사람으로 보았다. 2 정결한[1] 짐승들 가운데서 수컷과 암컷으로[2] 일곱 쌍씩, 정결하지 않은 짐승들 가운데서 수컷과 암컷으로 두 쌍씩 네게로 데려가거라. 3 그리고 하늘의 정결한 날짐승들 가운데서 수컷과 암컷으로 일곱 쌍씩, 정결하지 않은 날짐승들은 수컷과 암컷으로 두 쌍씩 (데리고 가서) 씨가 온 땅 위에 보존되게 하여라.[3] 4 앞으로 칠 일이 되면 내가 사십 낮과 사십 밤 동안 땅 위에 비를 가져와, 내가 일으킨[4] 모든 것을 땅의 표면에서 쓸어버리리라." 5 노아는 주 하느님께서 자기에게 명하신 모든 것을 하였다.

홍수의 시작

7,6 노아가 육백 세였을 때 땅 위에 홍수가 났다.[5] 7 홍수 때문에 노아와 그의 아들들과 아내와 그 아들들의 아내들이 그와 함께 방주로 들어갔다. 8 날짐승과[6] 정결한 짐승들, 정결하지 않은 짐승과 땅 위를 기어다니는 모든 것 가운데서, 9 하느님께서 노아에게 명하신 대로, 수컷과 암컷으로 두 쌍씩 노아가 있는 방주로 들어갔다. 10 칠 일이 지나자 땅 위에 홍수가 났다. 11 노아의 나이가 육백 세 되던 해 둘째 달 이십칠일,[7] 이날에 심연의 모든 샘이 터지고 하늘 폭포들이[8] 열렸

'일어난 것'(ἀνάστημα)으로, 신명 11,6에서는 '실체'(ὑπόστασις)로 옮겼다. 불가타는 이를 창세 7,4.23; 신명 11,6에서 '존재'(substantia)라고 하였다.

5) 인간이 회개하기를 기다리시는 하느님의 인내와 관련하여 예루살렘의 치릴루스(*Cat.* II,8)나 디디무스 등은 홍수가 났을 때 노아의 나이는 육백 세였고, 그가 아들들을 낳은 때가 오백 세(6,1)였기 때문에 방주는 백 년에 걸쳐 만들어졌다고 지적하며, 이 기간은 하느님께서 인간에게 죄를 깨닫게 하시고 징벌을 경고하신 기간이라고 설명하였다. 다른 주석가들은 인간의 회개에 주어진 기간을 백이십 년(6,3 각주 참조)이나 칠 일(필로, *QG* II,13; 참조: 창세 7,4)로 보기도 하였다.

6) LXX는 순서를 바꾸어, MT에서 "정결한 짐승과 부정한 짐승" 다음에 오는 "새"를 맨 앞에 배치하였다.

7) LXX에 따르면 홍수의 시작과 끝(8,14)이 같은 달 "이십칠일"에 있었으므로 홍수는 꼬박 일 년 동안 계속되었다. 그러나 MT에 따르면 홍수의 시작이 "열이렛날"(8,4의 방주가 내려앉은 날노 일곱째 달 열이렛닐)이고, 홍수가 끝난 때는 "둘째 달 스무이렛날"(8,14)이므로 MT의 홍수 기간은 일 년하고도 열흘이 된다.

8) 히브리어 "창문들"(ארבת)을 옮긴 καταρράκται는 "폭포들"을 뜻하며 초자연적인 물이 모습을 묘사한다. 이는 '수문들'이나 '빗장들'을 암시하는 것으로 볼 수 있다.

οὐρανοῦ ἠνεῴχθησαν. *12* καὶ ἐγένετο ὁ ὑετὸς ἐπὶ τῆς γῆς τεσσαρά-
κοντα ἡμέρας καὶ τεσσαράκοντα νύκτας.   *13* ἐν τῇ ἡμέρᾳ ταύτῃ
εἰσῆλθεν Νωε, Σημ, Χαμ, Ιαφεθ, υἱοὶ Νωε, καὶ ἡ γυνὴ Νωε καὶ αἱ
τρεῖς γυναῖκες τῶν υἱῶν αὐτοῦ μετ᾽ αὐτοῦ εἰς τὴν κιβωτόν.
14 καὶ πάντα τὰ θηρία κατὰ γένος καὶ πάντα τὰ κτήνη κατὰ γένος
καὶ πᾶν ἑρπετὸν κινούμενον ἐπὶ τῆς γῆς κατὰ γένος καὶ πᾶν πετεινὸν
κατὰ γένος *15* εἰσῆλθον πρὸς Νωε εἰς τὴν κιβωτόν, δύο δύο ἀπὸ
πάσης σαρκός, ἐν ᾧ ἐστιν πνεῦμα ζωῆς.   *16* καὶ τὰ εἰσπορευόμενα
ἄρσεν καὶ θῆλυ ἀπὸ πάσης σαρκὸς εἰσῆλθεν, καθὰ ἐνετείλατο ὁ θεὸς
τῷ Νωε.   καὶ ἔκλεισεν κύριος ὁ θεὸς ἔξωθεν αὐτοῦ τὴν κιβωτόν.

    7,17 Καὶ ἐγένετο ὁ κατακλυσμὸς τεσσαράκοντα ἡμέρας καὶ
τεσσαράκοντα νύκτας ἐπὶ τῆς γῆς, καὶ ἐπληθύνθη τὸ ὕδωρ καὶ ἐπῆρεν
τὴν κιβωτόν, καὶ ὑψώθη ἀπὸ τῆς γῆς.   *18* καὶ ἐπεκράτει τὸ ὕδωρ καὶ
ἐπληθύνετο σφόδρα ἐπὶ τῆς γῆς, καὶ ἐπεφέρετο ἡ κιβωτὸς ἐπάνω τοῦ
ὕδατος.   *19* τὸ δὲ ὕδωρ ἐπεκράτει σφόδρα σφοδρῶς ἐπὶ τῆς γῆς καὶ
ἐπεκάλυψεν πάντα τὰ ὄρη τὰ ὑψηλά, ἃ ἦν ὑποκάτω τοῦ οὐρανοῦ·
20 δέκα πέντε πήχεις ἐπάνω ὑψώθη τὸ ὕδωρ καὶ ἐπεκάλυψεν πάντα τὰ
ὄρη τὰ ὑψηλά.   *21* καὶ ἀπέθανεν πᾶσα σὰρξ κινουμένη ἐπὶ τῆς γῆς
τῶν πετεινῶν καὶ τῶν κτηνῶν καὶ τῶν θηρίων καὶ πᾶν ἑρπετὸν
κινούμενον ἐπὶ τῆς γῆς καὶ πᾶς ἄνθρωπος.   *22* καὶ πάντα, ὅσα ἔχει
πνοὴν ζωῆς, καὶ πᾶς, ὃς ἦν ἐπὶ τῆς ξηρᾶς, ἀπέθανεν.   *23* καὶ

---

9) LXX는 홍수를 묘사하는 데 히브리어 문장의 교차대구법을 그대로 사용하였다(MT: 샘구멍이
터지고 하늘의 창문들이 열렸다 → LXX: 샘이 터지고 하늘 폭포들이 열렸다). 그리스 단어들은
하늘과 땅의 물들(1,6-7에서 갈라짐)이 혼란스러운 상태임을 적절하게 묘사하였다.

10) LXX에서는 노아 아들들의 아내들이 "그와 함께" (μετ᾽ αὐτοῦ) 방주로 들어갔다(6,18; 7,7)
고 말한다. 곧 노아의 며느리들은 그들의 남편들과 떨어져 방주로 들어갔다는 것이다. 한편
MT는 노아의 며느리들이 '그들과 함께' (אתם) 들어갔다고 한다. 그리스어 본문은 유다교와 그리
스도교 전통에 따른 것으로 방주에서는 남녀의 성생활이 배제된다고 본 것이다. 8,16에서도 대
부분의 필사본들이 "네 아들들의 아내들은 너와 함께"라고 증언하고 있으나, 8,18에서는 일부
필사본만이 "그와 함께"라고 전한다. 일부 사본들이 이 구체적인 표현(그와 함께)을 생략한 것
은 이제 후손을 위하여 부부가 함께 있어야 한다는 생각을 반영한 것인 듯하다.

11) LXX는 히브리어의 "그들" (המה)을 생략한 채 짐승들이 방주에 들어간 이야기를 전한다. 곧
노아와 그의 가족들(המה)은 따로 떼어 놓고, 짐승들이 방주로 들어간 것만을 14-15절에서 묘사
하고 있다.

다.9) 12 사십 낮과 사십 밤 동안 땅 위에 비가 내렸다. 13 이날 노아와 노아의 아들 셈과 함과 야벳, 노아의 아내와 아들들의 세 아내들이 그와 함께10) 방주로 들어갔다. 14 그리고11) 모든 들짐승이 종류대로, 모든 집짐승이 종류대로, 땅 위를 움직이며 기어다니는 모든 것이 종류대로, 그리고 모든 날짐승이 종류대로, 15 살아 숨 쉬는 모든 살덩어리 가운데서 두 쌍씩이 노아가 있는 방주로 들어갔다. 16 하느님께서 노아에게 명하신 대로, 모든 살덩어리의 수컷과 암컷이 들어갔다. 주 하느님께서 그의 뒤로 방주를 닫으셨다.12)

홍수

7,17 땅 위에 사십 낮과 사십 밤 동안 홍수가 났다. 물이 차서 방주를 밀어 올리자, 그것이 땅에서 들렸다. 18 물이 거세지며13) 땅 위에 가득 차니, 방주가 물 위를 떠다녔다.14) 19 땅 위에 물이 점점 더 거세져 하늘 아래15) 있는 모든 높은 산을 뒤덮었다. 20 물이 십오 큐빗16) 더 높이 올라와, 모든 높은 산을 덮었다. 21 그러자 날짐승들과 집짐승들과 들짐승들 가운데서 땅 위에서 움직이는 모든 살덩어리와, 땅 위에서 움직이며 기어다니는 모든 것, 그리고 모든 사람이 죽었다.17) 22 생명의 숨을 지닌18) 모든 것과, 마른 땅 위에 있던 모든 것이 죽었다. 23 그분께서는

---

12) 히브리어 본문의 '주님께서 그의 뒤로 닫으셨다'(ויסגר יהוה בעדו)라는 표현을, LXX는 좀 더 구체적으로 "주 하느님께서 그의 뒤로 '방주를'(τὴν κιβωτόν) 닫아 주셨다"고 표현하였다. 방주는 밖에서만 닫을 수 있도록 만들어진 모양이다. 이 구절에서 피조물들을 몸소 보호하시는 하느님의 모습을 엿볼 수 있다.

13) LXX는 '이기다, 힘을 얻다, 거세지다'(ἐπικρατέω)라는 말을 써서 땅 위의 생물을 쓸어버릴 물의 모습(20절)을 마치 전쟁하는 것처럼 묘사하였다.

14) "방주가 물 위를 떠다녔다"(ἐπεφέρετο ἡ κιβωτὸς ἐπάνω τοῦ ὕδατος)에서 LXX는 1,2의 하느님의 기운이 물 위를 떠다닐 때와 같은 동사 ἐπεφέρετο를 사용하였다. 그러나 MT는 이 두 곳의 동사가 서로 다르다(1,2 רחף; 7,18 הלך).

15) 히브리어 본문의 "온 하늘 아래"(תחת כל השמים)를 LXX는 "하늘 아래"(ὑποκάτω τοῦ οὐρανοῦ)로 옮겼다.

16) 십오 큐빗(약 6m)은 높은 산 봉우리보다 위에 더 올라온 물의 높이를 가리킨다.

17) 히브리어 본문에서는 "모든 살덩어리"(כל בשר)와 '모든 사람'(כל אדם)으로 묘사된 두 집단이 주어로 나온다. 그러나 LXX는 MT의 첫째 집단에서 넷째 부류를 따로 떼어 이 문장의 주어를 세 집단으로 구분한다. 곧 "모든 살덩어리"와 "땅 위에서 움직이며 기어다니는 모든 것"과 "모든 사람"이 동사의 주어가 된다.

18) LXX는 히브리어 "코에"(באפיו)라는 표현을 옮기지 않았다.

ἐξήλειψεν πᾶν τὸ ἀνάστημα, ὃ ἦν ἐπὶ προσώπου πάσης τῆς γῆς, ἀπὸ ἀνθρώπου ἕως κτήνους καὶ ἑρπετῶν καὶ τῶν πετεινῶν τοῦ οὐρανοῦ, καὶ ἐξηλείφθησαν ἀπὸ τῆς γῆς· καὶ κατελείφθη μόνος Νωε καὶ οἱ μετ' αὐτοῦ ἐν τῇ κιβωτῷ. 24 καὶ ὑψώθη τὸ ὕδωρ ἐπὶ τῆς γῆς ἡμέρας ἑκατὸν πεντήκοντα.

8,1 Καὶ ἐμνήσθη ὁ θεὸς τοῦ Νωε καὶ πάντων τῶν θηρίων καὶ πάντων τῶν κτηνῶν καὶ πάντων τῶν πετεινῶν καὶ πάντων τῶν ἑρπετῶν, ὅσα ἦν μετ' αὐτοῦ ἐν τῇ κιβωτῷ, καὶ ἐπήγαγεν ὁ θεὸς πνεῦμα ἐπὶ τὴν γῆν, καὶ ἐκόπασεν τὸ ὕδωρ, 2 καὶ ἐπεκαλύφθησαν αἱ πηγαὶ τῆς ἀβύσσου καὶ οἱ καταρράκται τοῦ οὐρανοῦ, καὶ συνεσχέθη ὁ ὑετὸς ἀπὸ τοῦ οὐρανοῦ. 3 καὶ ἐνεδίδου τὸ ὕδωρ πορευόμενον ἀπὸ τῆς γῆς, ἐνεδίδου καὶ ἠλαττονοῦτο τὸ ὕδωρ μετὰ πεντήκοντα καὶ ἑκατὸν ἡμέρας. 4 καὶ ἐκάθισεν ἡ κιβωτὸς ἐν μηνὶ τῷ ἑβδόμῳ, ἑβδόμῃ καὶ εἰκάδι τοῦ μηνός, ἐπὶ τὰ ὄρη τὰ Αραρατ. 5 τὸ δὲ ὕδωρ πορευόμενον ἠλαττονοῦτο ἕως τοῦ δεκάτου μηνός· ἐν δὲ τῷ ἑνδεκάτῳ μηνί, τῇ πρώτῃ τοῦ μηνός, ὤφθησαν αἱ κεφαλαὶ τῶν ὀρέων. — 6 καὶ ἐγένετο μετὰ τεσσαράκοντα ἡμέρας ἠνέῳξεν Νωε τὴν θυρίδα τῆς κιβωτοῦ, ἣν ἐποίησεν, 7 καὶ ἀπέστειλεν τὸν κόρακα τοῦ ἰδεῖν εἰ κεκόπακεν τὸ ὕδωρ· καὶ ἐξελθὼν οὐχ ὑπέστρεψεν ἕως τοῦ ξηρανθῆναι τὸ ὕδωρ ἀπὸ τῆς γῆς. 8 καὶ ἀπέστειλεν τὴν περιστερὰν ὀπίσω αὐτοῦ ἰδεῖν εἰ κεκόπακεν τὸ ὕδωρ ἀπὸ προσώπου τῆς γῆς· 9 καὶ οὐχ εὑροῦσα ἡ περιστερὰ ἀνάπαυσιν τοῖς ποσὶν αὐτῆς ὑπέστρεψεν πρὸς αὐτὸν εἰς τὴν

---

19) "그와 함께 … 있는 사람들과 짐승들"의 직역: '그와 함께 있는 것들' (οἱ μετ' αὐτοῦ).

1) "모든 날짐승과 기어다니는 모든 것"은 LXX의 첨가이다.

2) "바람"으로 옮긴 πνεῦμα는 대응하는 히브리어 רוח처럼 하느님의 '영'이나 '입김'을 뜻하기도 한다.

3) '닫히다'로 옮기는 ἐπικαλύπτω는 본디 '덮다'라는 뜻으로 홍수의 물줄기 위에 뚜껑을 덮는 것을 암시한다. 이에 대응하는 히브리어는 '멈추다' (סכר)이다. 아퀼라역은 이를 '멈추었다' (ἐνεφαράγασαν)로, 심마쿠스역은 '닫혔다' (ἐκλείσθησαν)로 옮겼다.

4) MT에서는 "일곱째 달 열이렛날에" (בחדש השביעי בשבעה עשר יום) 방주가 산 위에 앉았다고 한다.

사람에서부터 집짐승들과 기어다니는 것들과 하늘의 날짐승들에 이르기까지, 온 땅의 표면 위에 〈있는〉 서 있는 모든 것을 쓸어버리셨다. 그래서 그것들은 땅에서 쓸려가 버렸다. 노아와 그와 함께 방주에 있는 사람들과 짐승들만[19] 남겨졌다. 24 물은 땅 위에 백오십 일 동안 차올랐다.

홍수가 그치다

8,1 하느님께서 노아와 그와 함께 방주에 있던 모든 들짐승과 모든 집짐승, 모든 날짐승과 기어다니는 모든 것을[1] 기억하셨다. 하느님께서 땅 위에 바람을[2] 가져오시니 물이 잠잠해졌다. 2 심연의 샘들과 하늘의 폭포들이 닫히고[3] 하늘에서 비가 멎었다. 3 물이 땅에서 계속 빠져, 백오십 일이 지나자 〈물이〉 줄어들었다. 4 그리하여 일곱째 달, 그달 이십칠일에,[4] 방주가 아라랏 산 위에 앉았다.[5] 5 물은 열째 달이 될 때까지 점점 줄어, 열한 번째 달,[6] 그달 초하루에는 산의 봉우리들이 보였다. 6 사십 일이 지난 뒤에 노아는 자기가 만든 방주의 창을 열고, 7 까마귀를 내보내어 물이 잠잠해졌는지를 보게[7] 하였다. 그것은 나가서 땅에 물이 마를 때까지 돌아오지 않았다.[8] 8 그는 물이 땅의 표면에서 잠잠해졌는지 보려고 그 뒤로[9] 비둘기를 내보냈다. 9 비둘기는[10] 발 쉴 곳을 찾지 못하고 그가 있는 방주로 돌아

---

5) LXX 번역자는 사람을 주어로 갖는 동사 '앉다'($\kappa\alpha\theta\acute{\iota}\zeta o\mu\alpha\iota$)를 방주에 사용하여 방주에 상당한 가치와 지위를 부여하고 있다. LXX에서 이곳을 제외하면 이 동사의 주어가 사물로 나오는 경우는 1역대 13,14의 계약 궤뿐이다.

6) 히브리어 "열째 달"(החדש עשירי)을 LXX는 "열한 번째 달"($\acute{\epsilon}\nu\delta\epsilon\kappa\acute{\alpha}\tau\omega\ \mu\eta\nu\acute{\iota}$)로 옮겼다. LXX는 물이 줄어든 기간을 열째 달 말까지로 보고, 그다음 달인 열한 번째 달에 산봉우리가 보인 것으로 이해하였다.

7) LXX는 MT가 밝히지 않은 까마귀를 밖으로 내보낸 이유를 제시한다.

8) LXX는 까마귀가 "돌아오지 않았다"($o\mathring{v}\chi\ \mathring{v}\pi\acute{\epsilon}\sigma\tau\rho\epsilon\psi\epsilon\nu$)고 한 반면, MT는 까마귀가 "왔다갔다하였다"(יצוא ושוב ויצא)고 전한다. LXX는 까마귀가 왔다갔다하였다면, 결국 노아에게는 돌아오지 않은 것이라고 이해한 것이다.

9) "그 뒤로"($\acute{o}\pi\acute{\iota}\sigma\omega\ \alpha\mathring{v}\tauo\mathring{v}$)라는 표현에서 남성대명사 '그'($\alpha\mathring{v}\tauo\mathring{v}$)가 누구를 가리키는지 분명하지 않다. 히브리어 '그에게서'(מאתו)의 남성접미사는 노아를 가리키는 것으로 보인다. 그러나 LXX의 '그'는 노아를 가리킬 수도 있고, 시간적 의미를 덧붙이면 까마귀를 뜻할 수도 있으므로 '까마귀 다음으로'라고 옮길 수도 있다.

10) 그리스도교 전통은 노아의 비둘기와 예수께서 세례받으실 때 비둘기 모양의 성령이 그 위로 내려왔다는 이야기를 연결시킨다. 곧 노아의 비둘기와 예수님 위로 내려온 비둘기는 둘 다 인간을 구원하는 순간에 나타난 성령이다.

κιβωτόν, ὅτι ὕδωρ ἦν ἐπὶ παντὶ προσώπῳ πάσης τῆς γῆς, καὶ
ἐκτείνας τὴν χεῖρα αὐτοῦ ἔλαβεν αὐτὴν καὶ εἰσήγαγεν αὐτὴν πρὸς
ἑαυτὸν εἰς τὴν κιβωτόν.   **10** καὶ ἐπισχὼν ἔτι ἡμέρας ἑπτὰ ἑτέρας
πάλιν ἐξαπέστειλεν τὴν περιστερὰν ἐκ τῆς κιβωτοῦ·   **11** καὶ
ἀνέστρεψεν πρὸς αὐτὸν ἡ περιστερὰ τὸ πρὸς ἑσπέραν καὶ εἶχεν φύλλον
ἐλαίας κάρφος ἐν τῷ στόματι αὐτῆς, καὶ ἔγνω Νωε ὅτι κεκόπακεν τὸ
ὕδωρ ἀπὸ τῆς γῆς.   **12** καὶ ἐπισχὼν ἔτι ἡμέρας ἑπτὰ ἑτέρας πάλιν
ἐξαπέστειλεν τὴν περιστεράν, καὶ οὐ προσέθετο τοῦ ἐπιστρέψαι πρὸς
αὐτὸν ἔτι.   — **13** καὶ ἐγένετο ἐν τῷ ἑνὶ καὶ ἑξακοσιοστῷ ἔτει ἐν τῇ
ζωῇ τοῦ Νωε, τοῦ πρώτου μηνός, μιᾷ τοῦ μηνός, ἐξέλιπεν τὸ ὕδωρ
ἀπὸ τῆς γῆς·   καὶ ἀπεκάλυψεν Νωε τὴν στέγην τῆς κιβωτοῦ, ἣν
ἐποίησεν, καὶ εἶδεν ὅτι ἐξέλιπεν τὸ ὕδωρ ἀπὸ προσώπου τῆς γῆς.
14 ἐν δὲ τῷ μηνὶ τῷ δευτέρῳ, ἑβδόμῃ καὶ εἰκάδι τοῦ μηνός, ἐξηράνθη
ἡ γῆ.

8,15 Καὶ εἶπεν κύριος ὁ θεὸς τῷ Νωε λέγων **16** Ἔξελθε ἐκ τῆς
κιβωτοῦ, σὺ καὶ ἡ γυνή σου καὶ οἱ υἱοί σου καὶ αἱ γυναῖκες τῶν υἱῶν
σου μετὰ σοῦ **17** καὶ πάντα τὰ θηρία, ὅσα ἐστὶν μετὰ σοῦ, καὶ πᾶσα
σὰρξ ἀπὸ πετεινῶν ἕως κτηνῶν, καὶ πᾶν ἑρπετὸν κινούμενον ἐπὶ τῆς
γῆς ἐξάγαγε μετὰ σεαυτοῦ·   καὶ αὐξάνεσθε καὶ πληθύνεσθε ἐπὶ τῆς
γῆς.   **18** καὶ ἐξῆλθεν Νωε καὶ ἡ γυνὴ αὐτοῦ καὶ οἱ υἱοὶ αὐτοῦ καὶ αἱ
γυναῖκες τῶν υἱῶν αὐτοῦ μετ᾽ αὐτοῦ, **19** καὶ πάντα τὰ θηρία καὶ
πάντα τὰ κτήνη καὶ πᾶν πετεινὸν καὶ πᾶν ἑρπετὸν κινούμενον ἐπὶ τῆς

---

11) LXX는 "올리브 잎"(φύλλον ἐλαίας)에 "마른"(κάρφος)을 덧붙였다. 그러나 MT는 이 올리브
잎이 "싱싱한"(טרף) 것이라고 말한다. 일부 저술가들은 '잎'(φύλλον) 대신 다른 단어를 썼는
데, 심마쿠스역은 '가지'(θαλλός)로, 불가타는 '푸른 잎이 달린 올리브 가지'(ramum olivae
virentibus foliis)로 옮겼다.

12) LXX는 "육백일 년"이라는 햇수에 뜻을 분명히 하려고 MT에 없는 "노아의 삶"(ζωῇ τοῦ
Νωε)을 덧붙였다.

13) LXX는 "천장"(στέγη)이라는 단어를 사용하여 방주를 집처럼 묘사하였는데 MT는 "뚜껑"
(מכסה, 탈출 26,14 참조)이라고 하였다. 이 히브리 단어에 대응하는 그리스어는 '휘장, 너울'
(κάλυμμα)이다. 아퀼라역은 κάλυμμα로 옮겼다.

왔다. 물이 온 땅의 온 표면 위에 있었기 때문이다. 그는 손을 뻗어 그것을 잡아 자기가 있는 방주로 데려왔다. 10 그는 〈다른〉 칠 일을 더 기다렸다가 다시 그 비둘기를 방주에서 내보냈다. 11 그러자 비둘기는 저녁 무렵 그에게 돌아왔는데, 마른 올리브 잎을[11) 부리에 물고 있었다. 그래서 노아는 땅에 물이 잠잠해진 것을 알았다. 12 노아는 〈다른〉 칠 일을 더 기다려 그 비둘기를 다시 내보냈다. 그러자 비둘기는 그에게 더 이상 돌아오지 않았다. 13 노아의 생이 육백일 년[12) 되던 해, 첫째 달, 그달 초하루에 땅에서 물이 물러갔다. 노아가 자신이 만든 방주의 천장을[13) 열고 보니, 땅의 표면에서 물이 물러갔다. 14 둘째 달, 그달 이십칠일에 땅이 말랐다.

방주에서 나와 제물을 바치다[14)

8,15 주 하느님께서 노아에게 말씀하셨다. 16 "너와 아내와 아들들과 아들들의 아내들은 너와 함께[15) 방주에서 나오너라. 17 너는 너와 함께 있는 모든 들짐승과 모든 살덩어리, 곧 날짐승에서 집짐승에 이르기까지, 그리고 땅 위에서 움직이며 기어다니는 모든 것을 너와 함께 데리고 나오너라.[16) 그리하여 너희는 땅 위에서 번식하고 번성하여라."[17) 18 노아와 아내와 아들들과 아들들의 아내들이 그와 함께 나왔다. 19 모든 들짐승과 모든 집짐승, 모든 날짐승과 땅 위에서 움직이며 기어다

---

14) 두 번째 나오는 제물봉헌 장면으로, 아벨과 카인이 제물을 드리는 장면(4,3-5)보다 발전된 형태로 묘사하였다. 그리스도교 전통은 이를 하느님께서 기꺼이 받아들이시는 제사(8,21), 곧 진정한 사제이신 그리스도께서 기꺼이 바치신 참 제사의 예형으로 본다. 이 제사 덕분에 인간에게 내려진 저주가 사라진다.

15) 7,13 각주 참조.

16) LXX는 MT와 다르게 들짐승과 땅 위에서 기어다니는 것을 모든 살덩어리(날짐승과 집짐승)와 구분하여 언급한다.

17) LXX는 "그것들이 땅에 우글거리며"(וישׁרצו בארץ)를 생략하고, 히브리어 본문의 3인칭 복수 주어를 2인칭 복수형으로 옮겼다(히브리어 본문: 그것들이 땅에 … 번성하게 하여라 → LXX: 너희는 땅 위에서 번식하고 번성하여라).

γῆς κατὰ γένος αὐτῶν ἐξήλθοσαν ἐκ τῆς κιβωτοῦ. **20** καὶ ᾠκοδόμησεν Νωε θυσιαστήριον τῷ θεῷ καὶ ἔλαβεν ἀπὸ πάντων τῶν κτηνῶν τῶν καθαρῶν καὶ ἀπὸ πάντων τῶν πετεινῶν τῶν καθαρῶν καὶ ἀνήνεγκεν ὁλοκαρπώσεις ἐπὶ τὸ θυσιαστήριον. **21** καὶ ὠσφράνθη κύριος ὁ θεὸς ὀσμὴν εὐωδίας, καὶ εἶπεν κύριος ὁ θεὸς διανοηθείς Οὐ προσθήσω ἔτι τοῦ καταράσασθαι τὴν γῆν διὰ τὰ ἔργα τῶν ἀνθρώπων, ὅτι ἔγκειται ἡ διάνοια τοῦ ἀνθρώπου ἐπιμελῶς ἐπὶ τὰ πονηρὰ ἐκ νεότητος· οὐ προσθήσω οὖν ἔτι πατάξαι πᾶσαν σάρκα ζῶσαν, καθὼς ἐποίησα. **22** πάσας τὰς ἡμέρας τῆς γῆς σπέρμα καὶ θερισμός, ψῦχος καὶ καῦμα, θέρος καὶ ἔαρ ἡμέραν καὶ νύκτα οὐ καταπαύσουσιν.

9,1 Καὶ ηὐλόγησεν ὁ θεὸς τὸν Νωε καὶ τοὺς υἱοὺς αὐτοῦ καὶ εἶπεν αὐτοῖς Αὐξάνεσθε καὶ πληθύνεσθε καὶ πληρώσατε τὴν γῆν καὶ κατακυριεύσατε αὐτῆς. **2** καὶ ὁ τρόμος ὑμῶν καὶ ὁ φόβος ἔσται ἐπὶ πᾶσιν τοῖς θηρίοις τῆς γῆς καὶ ἐπὶ πάντα τὰ ὄρνεα τοῦ οὐρανοῦ καὶ ἐπὶ πάντα τὰ κινούμενα ἐπὶ τῆς γῆς καὶ ἐπὶ πάντας τοὺς ἰχθύας τῆς θαλάσσης· ὑπὸ χεῖρας ὑμῖν δέδωκα. **3** καὶ πᾶν ἑρπετόν, ὅ ἐστιν ζῶν, ὑμῖν ἔσται εἰς βρῶσιν· ὡς λάχανα χόρτου δέδωκα ὑμῖν τὰ

---

18) LXX에서 "제단"(θυσιαστήριον)을 나타내는 단어가 이곳에서 처음으로 나온다. LXX 번역 자들은 히브리어 '제단'(מזבח)을 긍정적 의미일 때는 θυσιαστήριον으로, 우상숭배에 연관된 부 정적 의미일 때는 βωμός로 옮겼다.

19) MT는 동족어를 사용하여 "번제물로 바쳤다"(יעל עלה)라고 하였다. 짐승을 살라 바치는 עלה에 대응하는 단어로 ὁλοκάρπωσις(직역: 모든 곡식제물)를 사용한 것은 이해하기 어렵다. 아브라함이 아들 이사악을 봉헌하는 이야기에도 이 단어가 사용되었다(22장 참조).

20) LXX의 "달콤한 냄새"(ὀσμὴ εὐωδίας)는 히브리어 "향내"(ריח ניחח)를 옮긴 것이다. 이 단어 는 신약성서에서 하느님 앞에 향기로운 예물과 희생제물이 되신 그리스도를 묘사하는 데 사용 되었으며(에페 5,2), 순교자들의 희생을 가리키는 데 쓰이기도 한다.

21) LXX 번역자는 "냄새를 맡다"(ὀσφραίνω)라고 구체적으로 묘사한다. 주체인 하느님을 의인 화한 이 문장이 히브리어 본문에 따라 그대로 옮겨진 것은, 이미 고전 그리스어에서 '기꺼이 받 아들이다' 라는 의미가 후각의 은유를 사용하여 표현되었기 때문이다.

22) LXX는 이 구절에 두 번 나오는 히브리어 본문의 "주님"(יהוה)을 모두 "주 하느님"(κύριος ὁ θεός)으로 옮겼다.

니는 모든 것이 제 종류대로 방주에서 나왔다. 20 노아는 하느님을 위하여 제단을[18] 쌓고 모든 정결한 집짐승과 모든 정결한 날짐승 가운데서 얼마를 가져다가, 그 제단 위에서 번제물로 바쳤다.[19] 21 주 하느님께서 달콤한 냄새를[20] 맡으시고,[21] 〈주 하느님께서〉[22] 생각하시며[23] 말씀하셨다. "사람의 마음은 어려서부터 악한 것에 골똘히 기울어지니, 내가 다시는 사람의 일들로[24] 땅을 저주하지 않으리라. 내가 (이번에) 한 것처럼 다시는 어떤 살아 있는 살덩어리도[25] 더 이상 파멸시키지 않으리라. 22 땅이 있는 한[26] 씨뿌리기와 거두기, 추위와 더위, 여름과 봄이 낮이나 밤이나[27] 그치지 않으리라."

하느님께서 노아와 그의 가족에게 복을 내리시다

9,1 하느님께서 노아와 그의 아들들에게 복을 내리시며 그들에게 말씀하셨다. "너희는 자식을 많이 낳고 번성하여 땅을 채우고 그것을 지배하여라.[1] 2 땅의 모든 들짐승과 하늘의 모든 새와 땅 위에서 움직이는 모든 것과 바다의 모든 물고기 위에 너희에 대한 떪과 무서움이 있으리라. 내가 너희 손에 (이것들을) 주었다. 3 살아 기어다니는 모든 것이 너희의 양식이 되리라. 내가 먹는 풀을[2] (주었듯이) 너희

---

23) 히브리어 본문의 '마음속으로'(אל לבו) 말씀하셨다는 표현을 LXX는 분사 διανοηθείς(생각하시며)를 써서 다르게 묘사하였다.

24) LXX는 히브리어의 "사람 때문에"(בעבור האדם)를 "사람의 일들로"(διὰ τὰ ἔργα τῶν ἀνθρώπων)라고 옮김으로써 신학적인 발전을 보여 준다. 곧 하느님께서도 이제는 인간성 자체가 아니라 인간의 행동에 따라 판단하신다는 것이다.

25) 히브리어 본문의 '살아 있는 어떤 것'(את כל חי)에 "살덩어리"(σάρκα)를 덧붙였다.

26) "땅이 있는 한"(πάσας τὰς ἡμέρας τῆς γῆς)을 직역하면 '땅의 모든 날들 동안'이다. 곧 '땅이 존속하는 한'을 뜻한다.

27) MT는 명사 여덟 개를 모두 ו로 연결하여 열거하였으나, LXX는 이를 네 개의 구로 나누어 마지막 구를 앞의 πάσας τὰς ἡμέρας τῆς γῆς를 설명하는 대격(ἡμέραν καὶ νύκτα)으로 표현하였다(땅의 모든 날들 동안, 낮이나 밤이나).

1) LXX는 히브리어 본문에 없는 "그것을 지배하여라"(κατακυριεύσατε αὐτῆς)를 덧붙여 1,28의 표현을 반복하고 확장시켰다.

2) LXX는 히브리어 "푸른 풀"(ירק עשׂב)을 "먹는 풀"(λάχανα χόρτου, 직역: 재배한 풀)로 옮겼다. 1,30에서 모든 생물에게 주어진 '푸른 풀'(χόρτον χλωρόν)과 사람에게민 주어지는 '먹는 풀'을 구별한 것이다. 시편 37,2에도 같은 표현이 나온다.

πάντα. **4** πλὴν κρέας ἐν αἵματι ψυχῆς οὐ φάγεσθε· **5** καὶ γὰρ τὸ ὑμέτερον αἷμα τῶν ψυχῶν ὑμῶν ἐκζητήσω, ἐκ χειρὸς πάντων τῶν θηρίων ἐκζητήσω αὐτὸ καὶ ἐκ χειρὸς ἀνθρώπου ἀδελφοῦ ἐκζητήσω τὴν ψυχὴν τοῦ ἀνθρώπου. **6** ὁ ἐκχέων αἷμα ἀνθρώπου ἀντὶ τοῦ αἵματος αὐτοῦ ἐκχυθήσεται, ὅτι ἐν εἰκόνι θεοῦ ἐποίησα τὸν ἄνθρωπον. **7** ὑμεῖς δὲ αὐξάνεσθε καὶ πληθύνεσθε καὶ πληρώσατε τὴν γῆν καὶ πληθύνεσθε ἐπ᾽ αὐτῆς.

9,8 Καὶ εἶπεν ὁ θεὸς τῷ Νωε καὶ τοῖς υἱοῖς αὐτοῦ μετ᾽ αὐτοῦ λέγων **9** Ἐγὼ ἰδοὺ ἀνίστημι τὴν διαθήκην μου ὑμῖν καὶ τῷ σπέρματι ὑμῶν μεθ᾽ ὑμᾶς **10** καὶ πάσῃ ψυχῇ τῇ ζώσῃ μεθ᾽ ὑμῶν ἀπὸ ὀρνέων καὶ ἀπὸ κτηνῶν καὶ πᾶσι τοῖς θηρίοις τῆς γῆς, ὅσα μεθ᾽ ὑμῶν, ἀπὸ πάντων τῶν ἐξελθόντων ἐκ τῆς κιβωτοῦ. **11** καὶ στήσω τὴν διαθήκην μου πρὸς ὑμᾶς, καὶ οὐκ ἀποθανεῖται πᾶσα σὰρξ ἔτι ἀπὸ τοῦ ὕδατος τοῦ κατακλυσμοῦ, καὶ οὐκ ἔσται ἔτι κατακλυσμὸς ὕδατος τοῦ καταφθεῖραι πᾶσαν τὴν γῆν. — **12** καὶ εἶπεν κύριος ὁ θεὸς πρὸς Νωε Τοῦτο τὸ σημεῖον τῆς διαθήκης, ὃ ἐγὼ δίδωμι ἀνὰ μέσον ἐμοῦ καὶ ὑμῶν καὶ ἀνὰ μέσον πάσης ψυχῆς ζώσης, ἥ ἐστιν μεθ᾽ ὑμῶν, εἰς γενεὰς αἰωνίους· **13** τὸ τόξον μου τίθημι ἐν τῇ νεφέλῃ, καὶ ἔσται

---

3) ‘먹는 풀을 주었듯이’ (ὡς λάχανα χόρτου δέδωκα)를 앞 문장과 연결하여 ‘내가 먹는 풀을 주었듯이 살아 기어다니는 모든 것이 너희의 양식이 되리라’로 옮기면, "너희에게 모든 것을 주었다"는 독립절이 된다. 또는 ‘먹는 풀을 주었듯이’를 ‘내가 너희에게 모든 것을 주었다’와 연결시킬 수도 있다. 이때 ‘모든 것’은 2절에 나오는 생물들을 가리킨다. 곧 ‘나는 너희에게 먹는 풀을 주었듯이 짐승들도 너희의 양식으로 준다’는 뜻이다. 이는 단순히 인간과 짐승들에게 풀을 먹이로 준 1,29-30을 떠올리게 하는 것이거나, 9,4의 피 없는 고기를 먹으라는 명령을 예고하는 것으로 볼 수 있다. 곧 인간이 식물 가운데서 채소만을 먹듯이, 먹을 수 있는 짐승과 먹을 수 없는 짐승을 구분하라는 것이다.

4) 여기서 "피"는 동물의 생명을 뜻한다.

5) LXX는 히브리어 본문의 ומיד האדם מיד איש אחיו (직역: 그 사람의 손, 그 형제의 사람의 손에서)에서 מיד האדם을 옮기지 않음으로써 어색한 히브리어 문장을 단순화시켰다. 불가타는 마지막 단어 앞에 접속사를 넣고, האדם과 איש를 구별하여 표현하였다 (de manu hominis, de manu viri et fratris eius 사람의 손에서, 남자와 그 형제의 손에서).

에게 모든 것을 주었다.[3] 4 다만 생명의 피가[4] 있는 살코기를 먹어서는 안 된다. 5 나는 너희의 생명인 너희의 피를 요구하리라. 나는 어떤 들짐승의 손에서는 그것을 요구할 것이며, 그 형제의 〈사람의〉 손에서도[5] 사람의 생명을 요구하리라. 6 사람의 피를 흘린 자는 그의 피 대신에 자신(의 피)도 흘리게 되리라.[6] 내가[7] 하느님의 모습으로 사람을 만들었기 때문이다. 7 너희는 자식을 많이 낳고 번성하여, 땅을 채우고 그 위에서 번성하여라."

하느님께서 노아와 맺으시는 계약[8]

9,8 하느님께서 노아와 그와 함께 있는 아들들에게 말씀하셨다. 9 "이제 나는 너희와 너희 뒤에 오는 자손들에게 나의 계약을 맺는다.[9] 10 그리고 너희와 함께 있는 모든 생물, 방주에서 나온 모든 것 가운데 새들과 집짐승들 〈가운데서〉 그리고 너희와 함께 있는 땅의 모든 들짐승에게도 (나의 계약을 맺는다). 11 내가 너희에게 나의 계약을 세워 다시는 홍수로 어떤 살덩어리도 죽지 않고,[10] 다시는 모든 땅을 파멸시키는 홍수도 일어나지 않으리라." 12 주 하느님께서[11] 노아에게 말씀하셨다. "이것이 내가 나와 너희 사이, 그리고 너희와 함께 있는 모든 생물 사이에 영원히 주는 계약의 징표이다. 13 내가 내 활을 구름 속에 두니, 이것이 나와 땅 사이에

---

6) LXX는 히브리어 본문의 "사람의 피를 흘린 자, 그 자도 사람에 의해서 피를 흘려야 하리라" (האדם באדם דמו ישפך דם)라는 문장에서 באדם을 *ἀντί τοῦ αἵματος αὐτοῦ*로 옮겨 "사람에 의해서"가 아니라 "그의 피 대신에"로 바꾸어 표현하였다. 다른 사람의 피를 흘리게 한 사람은 또 다른 사람에 의해 자신의 피도 흘리게 된다는 MT의 의미, 곧 연속적인 살인의 의미를 피하려는 의도를 엿볼 수 있다.

7) LXX는 히브리어 본문의 3인칭 주어(하느님)를 1인칭(나)으로 바꾸어 직접화법으로 문장을 이끈다.

8) 노아의 계약은 히브리 민족뿐 아니라 온 인류에게 효력이 미치는 것이다. 하느님께서는 새로운 인간 세대에 영원한 안녕을 약속하신다.

9) LXX는 히브리어 '세우다' (קום)에 대응하여 '맺다' (*ἀνίστημι*)를 사용하였으며, 6,18; 9,11에서는 *ἀνίστημι* 대신 그냥 *ἵστημι* (세우다)를 사용하였다. 요한 크리소스토무스는 접두어 *ἀνά*가 6,18에 나오는 계약의 갱신을 뜻한다고 풀이하였다.

10) LXX는 히브리어 본문의 '널방하다' (כרת의 니팔형, 직역: 잘리다)를 '죽다' (*ἀποθνήσκω*)로 옮겼다.

11) LXX는 히브리어 본문의 "하느님" (אלהים)을 "주 하느님" (*κύριος ὁ θεός*)으로 옮겼다.

εἰς σημεῖον διαθήκης ἀνὰ μέσον ἐμοῦ καὶ τῆς γῆς.   **14** καὶ ἔσται ἐν τῷ συννεφεῖν με νεφέλας ἐπὶ τὴν γῆν ὀφθήσεται τὸ τόξον μου ἐν τῇ νεφέλῃ.   **15** καὶ μνησθήσομαι τῆς διαθήκης μου, ἥ ἐστιν ἀνὰ μέσον ἐμοῦ καὶ ὑμῶν καὶ ἀνὰ μέσον πάσης ψυχῆς ζώσης ἐν πάσῃ σαρκί, καὶ οὐκ ἔσται ἔτι τὸ ὕδωρ εἰς κατακλυσμὸν ὥστε ἐξαλεῖψαι πᾶσαν σάρκα.   **16** καὶ ἔσται τὸ τόξον μου ἐν τῇ νεφέλῃ, καὶ ὄψομαι τοῦ μνησθῆναι διαθήκην αἰώνιον ἀνὰ μέσον ἐμοῦ καὶ ἀνὰ μέσον πάσης ψυχῆς ζώσης ἐν πάσῃ σαρκί, ἥ ἐστιν ἐπὶ τῆς γῆς.   **17** καὶ εἶπεν ὁ θεὸς τῷ Νωε Τοῦτο τὸ σημεῖον τῆς διαθήκης, ἧς διεθέμην ἀνὰ μέσον ἐμοῦ καὶ ἀνὰ μέσον πάσης σαρκός, ἥ ἐστιν ἐπὶ τῆς γῆς.

9,18 Ἦσαν δὲ οἱ υἱοὶ Νωε οἱ ἐξελθόντες ἐκ τῆς κιβωτοῦ Σημ, Χαμ, Ιαφεθ· Χαμ ἦν πατὴρ Χανααν.   **19** τρεῖς οὗτοί εἰσιν οἱ υἱοὶ Νωε· ἀπὸ τούτων διεσπάρησαν ἐπὶ πᾶσαν τὴν γῆν.

9,20 Καὶ ἤρξατο Νωε ἄνθρωπος γεωργὸς γῆς καὶ ἐφύτευσεν ἀμπελῶνα.   **21** καὶ ἔπιεν ἐκ τοῦ οἴνου καὶ ἐμεθύσθη καὶ ἐγυμνώθη ἐν τῷ οἴκῳ αὐτοῦ.   **22** καὶ εἶδεν Χαμ ὁ πατὴρ Χανααν τὴν γύμνωσιν τοῦ πατρὸς αὐτοῦ καὶ ἐξελθὼν ἀνήγγειλεν τοῖς δυσὶν ἀδελφοῖς αὐτοῦ ἔξω. **23** καὶ λαβόντες Σημ καὶ Ιαφεθ τὸ ἱμάτιον ἐπέθεντο ἐπὶ τὰ δύο νῶτα αὐτῶν καὶ ἐπορεύθησαν ὀπισθοφανῶς καὶ συνεκάλυψαν τὴν γύμνωσιν τοῦ πατρὸς αὐτῶν, καὶ τὸ πρόσωπον αὐτῶν ὀπισθοφανές, καὶ τὴν γύμνωσιν τοῦ πατρὸς αὐτῶν οὐκ εἶδον.   **24** ἐξένηψεν δὲ Νωε ἀπὸ τοῦ

---

12) LXX는 의미가 정확하지 않은 히브리어 표현 בענני ענן을 LXX에 단 한 번 나오는 단어 συννεφέω(구름을 모으다)로 옮겼다.

13) LXX는 히브리어 본문에 없는 소유 인칭대명사(μov)를 덧붙였다.

14) 노아의 세 아들들은 이미 5,32; 6,10에 언급되었다. 여기서는 그들의 이름을 다시 언급하고 (18절), 그들에게서 온 땅에 사람들이 퍼져 나가는데(19절), 그들의 이야기는 탑 건설과 세상에 사람들이 흩어지는 이야기(11,8-9)가 소개되기 전 10,32에서 끝을 맺는다.

15) 이 단락에서는 노아의 세 아들에 대한 축복과 저주가 중요한 의미를 지닌다. 유다교와 그리스도교에서 노아의 세 아들을 각각 어떤 집단에 일치시킬 것이냐에 관한 해석학적 문제들이 제기되었다.

16) 땅을 "경작한 사람"($ἄνθρωπος γεωργός$), 곧 농부인 노아와 땅을 '일구는 사람' ($ἐργαζόμενος$)인 카인은 다르다. 4,2의 각주 참조.

계약의 징표가 되리라. 14 내가 땅 위에 구름을 모아들일 때[12] 활이 구름 속에 보이면, 15 나는 나와 너희 사이에, 그리고 온갖 몸을 지닌 모든 생물 사이에 있는 나의 계약을 기억할 것이다. 그러면 다시는 물이 홍수가 되어 모든 살덩어리를 쓸어버리지 않을 것이다. 16 나의 활이[13] 구름 속에 있으면 나는 〈그것을〉 보고 나와 땅 위에 있는 온갖 몸을 지닌 모든 생물 사이에 있는 영원한 계약을 기억하리라." 17 하느님께서 노아에게 말씀하셨다. "이것이 나와 땅 위에 있는 모든 살덩어리 사이에 내가 맺은 계약의 징표이다."

노아의 세 아들[14]

9,18 방주에서 나온 노아의 아들들은 셈과 함과 야벳이다. 함은 가나안의 조상이다. 19 이들 셋이 노아의 아들들인데, 이들에게서 온 땅에 (사람들이) 퍼져 나갔다.

노아가 취하고 아들들에게 축복과 저주를 내리다[15]

9,20 노아는 처음으로 땅을 경작한 사람으로[16] 포도밭을 가꾸었다. 21 그가 포도주를 마시고 취하여, 벌거벗은 채 자기 집[17] 안에 있었다. 22 가나안의 조상 함이 아버지의 벗은 몸을[18] 보고 나가 밖에 있는 두 형제에게 알렸다.[19] 23 셈과 야벳은 겉옷을 집어 자기들 〈두〉 등에[20] 걸치고, 뒤를 보며 들어가[21] 아버지의 벗은 몸을 덮어 드렸다. 그들의 얼굴은 뒤를 보며 아버지의 벗은 몸을 보지 않았다. 24 노아

---

17) "천막"(אהלה)을 기원전 3세기 알렉산드리아 상황에 따라 "집"($o\hat{\iota}\kappa o s$)으로 바꾸었다.

18) LXX는 히브리어의 "알몸"(ערוה)에 대응하여 "벗은 몸"($\gamma\acute{\upsilon}\mu\nu\omega\sigma\iota s$)을 썼다. 그러나 부정적 의미인 '수치'를 뜻하는 ערוה는 일반적으로 $\dot{\alpha}\sigma\chi\eta\mu o\sigma\acute{\upsilon}\nu\eta$로 옮긴다. 아퀼라역과 심마쿠스역은 이 $\dot{\alpha}\sigma\chi\eta\mu o\sigma\acute{\upsilon}\nu\eta$를 썼다.

19) LXX는 히브리어 본문의 "함이 자기 아버지의 알몸을 보고, 밖에 있는 두 형제에게 알렸다"에 분사 "나가"($\dot{\epsilon}\xi\epsilon\lambda\theta\acute{\omega}\nu$)를 삽입하여 "함이 … 나가 … 알렸다"라고 옮겼다. 필로는 이를 두고 '집 안에서' 벌거벗는 것이 죄가 되지 않는데도 이를 알린 아들을 문제 삼으려는 LXX 번역자의 의도라고 풀이한다(*Leg.* II,60-62).

20) 히브리어 본문의 '자기들의 두 어깨에'(על שכם שניהם)를 "자기들 두 등에"($\dot{\epsilon}\pi\grave{\iota}$ $\tau\grave{\alpha}$ $\delta\acute{\upsilon}o$ $\nu\hat{\omega}\tau\alpha$ $\alpha\dot{\upsilon}\tau\hat{\omega}\nu$)로 옮겼다.

21) 히브리어의 '뒷걸음으로(אחרנית) 들어가다'를 '뒤를 보며($\dot{o}\pi\iota\sigma\theta o\phi\alpha\nu\hat{\omega}s$) 들어가다'로 옮겼다. 23절에서 '뒤를 보다'를 뜻하는 그리스어 $\dot{o}\pi\iota\sigma\theta o\phi\alpha\nu\hat{\omega}s$와 $\dot{o}\pi\iota\sigma\theta o\phi\alpha\nu\acute{e}s$는 LXX에서 이곳에만 나오는 단어들이다.

οἴνου καὶ ἔγνω ὅσα ἐποίησεν αὐτῷ ὁ υἱὸς αὐτοῦ ὁ νεώτερος, 25 καὶ εἶπεν

Ἐπικατάρατος Χανααν·
παῖς οἰκέτης ἔσται τοῖς ἀδελφοῖς αὐτοῦ.

26 καὶ εἶπεν

Εὐλογητὸς κύριος ὁ θεὸς τοῦ Σημ,
καὶ ἔσται Χανααν παῖς αὐτοῦ.
27 πλατύναι ὁ θεὸς τῷ Ιαφεθ
καὶ κατοικησάτω ἐν τοῖς οἴκοις τοῦ Σημ,
καὶ γενηθήτω Χανααν παῖς αὐτῶν.

9,28 Ἔζησεν δὲ Νωε μετὰ τὸν κατακλυσμὸν τριακόσια πεντήκοντα ἔτη. 29 καὶ ἐγένοντο πᾶσαι αἱ ἡμέραι Νωε ἐννακόσια πεντήκοντα ἔτη, καὶ ἀπέθανεν.

10,1 Αὗται δὲ αἱ γενέσεις τῶν υἱῶν Νωε, Σημ, Χαμ, Ιαφεθ, καὶ ἐγενήθησαν αὐτοῖς υἱοὶ μετὰ τὸν κατακλυσμόν.

10,2 Υἱοὶ Ιαφεθ· Γαμερ καὶ Μαγωγ καὶ Μαδαι καὶ Ιωυαν καὶ Ελισα καὶ Θοβελ καὶ Μοσοχ καὶ Θιρας. 3 καὶ υἱοὶ Γαμερ· Ασχαναζ καὶ Ριφαθ καὶ Θοργαμα. 4 καὶ υἱοὶ Ιωυαν· Ελισα καὶ Θαρσις,

---

22) LXX는 יקץ(깨어나다)를 드물게 나오는 단어 ἐκνήφω(술에서 깨어나다)로 옮겼다.

23) LXX는 히브리어 본문의 '가장 어린'(הקטן)을 노아의 아들 순서에 따라 '작은'의 비교급 νεώτερος로 고쳐 옮겼다. 형용사 '젊은, 작은'의 비교급 νεώτερος는 후기 그리스어에서 최상급 '가장 어린'으로 쓰였다.

24) LXX는 "종"(παῖς)과 "집안 종"(οἰκέτης)을 나란히 사용하여, MT가 최상급의 의미를 지닌 "가장 천한 종"으로 표현한 문장을 달리 옮겼다. 유스티누스(*Dial.* 139,3)와 이레네우스(*Dém.* 20)는 παῖς를 가나안으로 보아 '그 아이는 제 형제들의 집안 종이 되리라'고 이해하였다.

25) LXX는 히브리어의 희구법 표현 "될지어다"(יהי)를 직설법 미래(ἔσται)로 바꾸어 예언문으로 옮겼다.

는 술에서 깨어나[22] 작은아들이[23] 자기에게 한 일을 알고서, 25 (이렇게) 말하였다.

"가나안은 저주를 받아,

제 형제들의 종, 집안 종이 되리라."[24]

26 그가 (이어서) 말하였다.

"셈의 주 하느님께서는 복 받으실지어다,

가나안은 그의 종이 되리라.[25]

27 하느님께서 야벳에게[26] 자리를 넓혀 주시고

셈의 집들[27] 안에 살게 해 주시며, 가나안은 그들의 종이[28] 될지어다."

9,28 노아는 홍수가 난 뒤에 삼백오십 년을 살았다. 29 노아는 (산) 날들이 모두 구백오십 년 되자 죽었다.

노아의 자손들

10,1 이것이 노아의 아들들, 셈과 함과 야벳의 족보이다.[1] 홍수 뒤에 그들에게 아들들이 태어났다.

야벳의 자손

10,2 야벳의 아들들은 고멜, 마곡, 메대, 야완, 엘리사,[2] 두발, 메섹, 디라스이다. 3 고멜의 아들들은 아스그낫, 리밧, 도르가마이다. 4 야완의 아들들은 엘리사, 다르싯,

---

26) 랍비 전승은 야벳을 그리스와 동일시하고 언젠가는 그리스인들이 셈의 집들에서 살게 되리라고, 곧 개종하게 되리라고 이해하였다(타르굼). 그리스도교 주석가들은 야벳의 자리가 확장되는 것을 이방민족들에게 적용시키고 야벳은 교회를 가리킨다고 해석하였다(이레네우스, *Dém.* 21; 오리게네스, *Hom.Jos.* III,4).

27) 9,21 각주 참조.

28) 여기서 "그들"은 셈과 야벳을 가리킨다. LXX는 MT와 마찬가지로 가나안이 두 형제의 종이 될 것이라고 한다. 여기에 쓰인 $\pi\alpha\hat{\iota}s$는 $\delta o\hat{\upsilon}\lambda os$보다 가벼운 종살이하는 종을 가리킨다.

1) 노아의 세 아들은 5,32과 같은 순서로 불리지만 다음 단락에서는 순서가 바뀌어 이야기가 이어진다.

2) LXX는 히브리이 본문에 없는 이름 "엘리시"($E\lambda\iota\sigma\alpha$)를 야완과 두발 사이에 넣었다. 이 이름은 다음 4절에서 야완의 아들로 다시 나온다.

Κίτιοι, Ῥόδιοι. **5** ἐκ τούτων ἀφωρίσθησαν νῆσοι τῶν ἐθνῶν ἐν τῇ γῇ αὐτῶν, ἕκαστος κατὰ γλῶσσαν ἐν ταῖς φυλαῖς αὐτῶν καὶ ἐν τοῖς ἔθνεσιν αὐτῶν.

10,6 Υἱοὶ δὲ Χαμ· Χους καὶ Μεσραιμ, Φουδ καὶ Χανααν. **7** υἱοὶ δὲ Χους· Σαβα καὶ Ευιλα καὶ Σαβαθα καὶ Ρεγμα καὶ Σαβακαθα. υἱοὶ δὲ Ρεγμα· Σαβα καὶ Δαδαν. **8** Χους δὲ ἐγέννησεν τὸν Νεβρωδ. οὗτος ἤρξατο εἶναι γίγας ἐπὶ τῆς γῆς· **9** οὗτος ἦν γίγας κυνηγὸς ἐναντίον κυρίου τοῦ θεοῦ· διὰ τοῦτο ἐροῦσιν Ὡς Νεβρωδ γίγας κυνηγὸς ἐναντίον κυρίου. **10** καὶ ἐγένετο ἀρχὴ τῆς βασιλείας αὐτοῦ Βαβυλών, Ορεχ καὶ Αρχαδ καὶ Χαλαννη ἐν τῇ γῇ Σεννααρ. **11** ἐκ τῆς γῆς ἐκείνης ἐξῆλθεν Ασσουρ καὶ ᾠκοδόμησεν τὴν Νινευη καὶ τὴν Ροωβωθ πόλιν καὶ τὴν Χαλαχ **12** καὶ τὴν Δασεμ ἀνὰ μέσον Νινευη καὶ ἀνὰ μέσον Χαλαχ· αὕτη ἡ πόλις ἡ μεγάλη. — **13** καὶ Μεσραιμ ἐγέννησεν τοὺς Λουδιιμ καὶ τοὺς Ενεμετιιμ καὶ τοὺς Λαβιιμ καὶ τοὺς Νεφθαλιιμ **14** καὶ τοὺς Πατροσωνιιμ καὶ τοὺς Χασλωνιιμ, ὅθεν ἐξῆλθεν ἐκεῖθεν Φυλιστιιμ, καὶ τοὺς Καφθοριιμ. — **15** Χανααν δὲ ἐγέννησεν τὸν Σιδῶνα πρωτότοκον καὶ τὸν Χετταῖον **16** καὶ τὸν Ιεβουσαῖον καὶ τὸν Αμορραῖον καὶ τὸν Γεργεσαῖον **17** καὶ τὸν Ευαῖον καὶ τὸν Αρουκαῖον καὶ τὸν Ασενναῖον **18** καὶ τὸν Ἀράδιον καὶ τὸν Σαμαραῖον καὶ τὸν Αμαθι. καὶ μετὰ τοῦτο διεσπάρησαν αἱ φυλαὶ τῶν Χαναναίων, **19** καὶ ἐγένοντο τὰ ὅρια τῶν Χαναναίων ἀπὸ Σιδῶνος ἕως ἐλθεῖν εἰς Γεραρα καὶ Γάζαν, ἕως ἐλθεῖν Σοδομων καὶ Γομορρας, Αδαμα καὶ Σεβωιμ, ἕως Λασα. — **20** οὗτοι υἱοὶ Χαμ ἐν ταῖς φυλαῖς αὐτῶν κατὰ γλώσσας αὐτῶν ἐν ταῖς χώραις αὐτῶν καὶ ἐν τοῖς ἔθνεσιν αὐτῶν.

---

3) LXX는 "도다님"(דדנים)을 사마리아 오경(רודנים)처럼 "로디오이"(*Ῥόδιοι*)로 옮겼다.

4) "이들에게서"(*ἐκ τούτων*)와 "민족들의 섬들"(*νῆσοι τῶν ἐθνῶν*)이라는 말이 붙어 있지 않고 그 사이에 동사가 자리한 것으로 보아 '이들'은 4절에 나오는 야완의 아들들을 가리키는 것 같다. "민족들의 섬들"은 '바닷가 민족들'을 뜻하는 것으로 보인다. 필로는 이를 문자적으로 해석하여 야벳 가문이 수를 늘려 가면서 섬들의 경계를 넘어서게 된다고 보았다(*QG* II, 80).

5) LXX는 "삽드가"(סבתכא)를 *Σαβακαθα*로 옮겼다.

키티오이, 로디오이이다.[3] 5 이들에게서 저들 씨족과 민족 안에서 저마다 언어에 따라, 민족들의 섬들이 제 땅으로 갈라져 나갔다.[4]

함의 자손

10,6 함의 아들들은 구스, 이집트, 푸트, 가나안이다. 7 구스의 아들들은 스바, 하윌라, 삽다아, 라아마, 사바카타이다.[5] 라아마의 아들들은 세바와 드단이다. 8 구스는 네브롯을 낳았는데, 그가 땅 위의 첫 장사이다. 9 그는 주 하느님 앞에서[6] 힘센 사냥꾼이었다. 그래서 사람들은 "네브롯처럼 주님 앞에서 힘센 사냥꾼"이라고들 말하였다. 10 그의 왕국은 시날 땅의 바벨, 에렉과 아깟과 갈네에서[7] 시작되었다. 11 그는 그 땅에서 아시리아로 나가[8] 니느웨와 르호봇 성읍과 갈라를 세우고, 12 니느웨와 큰 성읍인 갈라 사이에 다셈을[9] (세웠다). 13 이집트는 리다이 사람, 아남 사람, 르합 사람, 납두 사람, 14 바드루스 사람, (나중에) 불레셋 사람이 나온 가슬루 사람, 갑돌 사람을 낳았다. 15 가나안은 맏이 시돈과 헷, 16 여부스, 아모리, 기르갓, 17 히위, 아르키, 하세내온,[10] 18 아르왓, 스말, 하맛을 낳았다. 그 뒤에 가나안 사람들의 씨족들이 퍼져 나갔다. 19 가나안 사람들의 경계들은 시돈에서 그랄 쪽으로 가자까지 이르고, 소돔과 고모라와, 아드마와 스보임, 라사까지 이르렀다. 20 이들이 씨족과 언어와 지방과 민족에 따른 함의 아들들이다.

---

6) "주 하느님 앞에서"($\epsilon\nu\alpha\nu\tau\iota o\nu$ $\kappa\upsilon\rho\iota o\upsilon$ $\tau o\upsilon$ $\theta\epsilon o\ddot{\upsilon}$)는 '주 하느님 보시기에'라는 뜻인 듯하다.

7) MT의 네 지명이 모두 접속사(ו)로 이어진 반면에, LXX에는 마지막 바벨과 에렉 사이에 접속사($\kappa\alpha\iota$)가 빠져 있다. 이 접속사의 생략이 의도적인 것이라면 바벨 다음에 나오는 세 지명은 바벨과 동격을 이루는 것으로 볼 수 있다.

8) $A\sigma\sigma o\upsilon\rho$와 동사 $\epsilon\xi\eta\lambda\theta\epsilon\nu$(나갔다)의 관계는 다음 두 가지로 볼 수 있다. 첫째는 아시리아를 주어로 하여 '아시리아가 나갔다'로 해석할 수 있고, 둘째는 아시리아를 결론의 대격으로 보아 '그는 아시리아로 나갔다'고 풀이할 수도 있다. 그런데 아시리아는 사람이 아니라 장소를 가리키므로 두 번째 해석이 타당할 것이다.

9) "레센"(רסן)을 "다셈"($\Delta\alpha\sigma\epsilon\mu$)이라는 알 수 없는 지명으로 옮겼다. 여러 전승이 뒤섞인 결과로 보인다.

10) "신"(הסיני)을 정관사까지 함께 읽은 결과인 듯하다.

10,21 Καὶ τῷ Σημ ἐγενήθη καὶ αὐτῷ, πατρὶ πάντων τῶν υἱῶν Εβερ, ἀδελφῷ Ιαφεθ τοῦ μείζονος. **22** υἱοὶ Σημ· Αιλαμ καὶ Ασσουρ καὶ Αρφαξαδ καὶ Λουδ καὶ Αραμ καὶ Καιναν. **23** καὶ υἱοὶ Αραμ· Ως καὶ Ουλ καὶ Γαθερ καὶ Μοσοχ. **24** καὶ Αρφαξαδ ἐγέννησεν τὸν Καιναν, καὶ Καιναν ἐγέννησεν τὸν Σαλα, Σαλα δὲ ἐγέννησεν τὸν Εβερ. **25** καὶ τῷ Εβερ ἐγενήθησαν δύο υἱοί· ὄνομα τῷ ἑνὶ Φαλεκ, ὅτι ἐν ταῖς ἡμέραις αὐτοῦ διεμερίσθη ἡ γῆ, καὶ ὄνομα τῷ ἀδελφῷ αὐτοῦ Ιεκταν. **26** Ιεκταν δὲ ἐγέννησεν τὸν Ελμωδαδ καὶ τὸν Σαλεφ καὶ Ασαρμωθ καὶ Ιαραχ **27** καὶ Οδορρα καὶ Αιζηλ καὶ Δεκλα **28** καὶ Αβιμεηλ καὶ Σαβευ **29** καὶ Ουφιρ καὶ Ευιλα καὶ Ιωβαβ. πάντες οὗτοι υἱοὶ Ιεκταν. **30** καὶ ἐγένετο ἡ κατοίκησις αὐτῶν ἀπὸ Μασση ἕως ἐλθεῖν εἰς Σωφηρα, ὄρος ἀνατολῶν. **31** οὗτοι υἱοὶ Σημ ἐν ταῖς φυλαῖς αὐτῶν κατὰ γλώσσας αὐτῶν ἐν ταῖς χώραις αὐτῶν καὶ ἐν τοῖς ἔθνεσιν αὐτῶν.

10,32 Αὗται αἱ φυλαὶ υἱῶν Νωε κατὰ γενέσεις αὐτῶν κατὰ τὰ ἔθνη αὐτῶν· ἀπὸ τούτων διεσπάρησαν νῆσοι τῶν ἐθνῶν ἐπὶ τῆς γῆς μετὰ τὸν κατακλυσμόν.

---

11) 여기서 동사 ἐγενήθη는 주어 없이 단독으로 쓰였는데, 이는 '자식들이 태어났다'를 뜻하는 것으로 본다.

12) 이 절에서는 노아 세 아들들의 서열이 달라진다. 이제까지(5,32; 6,10; 7,13; 9,18) 그들의 순서는 셈, 함, 야벳으로 셈이 맏이였다. 그런데 이제 노아의 세 아들 이야기가 거꾸로 야벳, 함, 셈의 순으로 이어질 뿐 아니라, LXX는 야벳이 맏이(τοῦ μείζονος)라고 말한다. 비교급 μείζων은 속격 τοῦ와 함께 야벳을 꾸민다(아퀼라역은 여격 τῷ를 써서 ἀδελφῷ에 연결시켜 셈을 꾸민다). MT는 야벳 다음에 형용사 '큰'(גדול)을 썼는데(אחי יפת הגדול), 이를 '셈, 야벳의 맏형'이라고 해석할 수 있다. 타르굼 요나단은 '셈, … 야벳의 형 …'이라고 주석하였다. 유다 전통도 셈을 노아의 맏아들로 본다. 그렇다면 LXX는 야벳을 맏이로 하는 다른 계보를 반영한 듯하다. 이 경우 노아의 아들을 셈, 함, 야벳 순으로 부르는 데는 '막내 우선'이라는 주제가 들어 있다. 곧 셈은 막내로서 약속을 물려받은 히브리 사람의 조상이다.

셈의 자손

10,21 셈에게도 자식들이 태어났는데,[11] 그는 에벨의 모든 아들의 조상이며 맏이 야벳의 형제이다.[12] 22 셈의 아들들은 엘람,[13] 아시리아, 아르박삿, 룻, 아람,[14] 캐난이다.[15] 23 아람의 아들들은 우스, 훌, 게델, 모속이다.[16] 24 아르박삿은 캐난을 낳았으며, 캐난은 셀라를 낳고, 셀라는 에벨을 낳았다. 25 에벨에게 아들 둘이 태어났는데, 하나의 이름은 벨렉이다. 그의 날들에 세상이 나누어졌기 때문이다. 그의 형제 이름은 욕단이다. 26 욕단은 알모닷, 셀렙, 하사르못,[17] 예라, 27 하도람, 우잘, 디클라, 28 아비마엘,[18] 세바, 29 오빌, 하윌라, 요밥을 낳았다. 이들 모두가 욕단의 아들들이다. 30 그들의 거주지는 메사에서 동쪽 산 스바르까지 이르렀다. 31 이들이 씨족과 언어와 지방과 민족에 따른 셈의 아들들이다.

10,32 이것이 계보와 민족에 따른 노아 아들들의 씨족들이다. 홍수 뒤에 이들에게서 민족들의 섬들이 땅으로 퍼져 나갔다.

---

13) 14,1.9에서는 "엘람"이 왕국으로 나온다.

14) 이곳에서만 "아람"(Αραμ)이 인명으로 쓰였고, 그 밖에는 시리아 또는 시리아인을 가리키는 단어로 사용된다.

15) LXX는 히브리어 본문에는 없는 셈의 여섯째 아들로 "캐난"(Καιναν)을 덧붙였다.

16) LXX는 히브리어 "마스"(מש)를 에제 32,26; 38,3; 39,1에도 나오는 이름 "모속"(Μοσοχ)으로 옮겼다.

17) 히브리어 이름 "하살마윗"(חצרמות)을 "하사르못"(Ασαρμωθ)으로 옮겼다. 하사르못은 예멘 동부의 하드리못(Hadramaut)이라는 지명과 같은데, 번역자가 이를 잘 알지 못하고 부정확하게 음역한 것 같다.

18) 히브리어 본문에는 "아비마엘" 앞에 "오발"(עוברל)이 있지만 LXX는 생략하였다. 따라서 욕단의 자식을 열둘이라고 전한다.

11.1 Καὶ ῏ἦν πᾶσα ἡ γῆ χεῖλος ἕν, καὶ φωνὴ μία πᾶσιν. *2* καὶ ἐγένετο ἐν τῷ κινῆσαι αὐτοὺς ἀπὸ ἀνατολῶν εὗρον πεδίον ἐν γῇ Σενναὰρ καὶ κατῴκησαν ἐκεῖ. *3* καὶ εἶπεν ἄνθρωπος τῷ πλησίον Δεῦτε πλινθεύσωμεν πλίνθους καὶ ὀπτήσωμεν αὐτὰς πυρί. καὶ ἐγένετο αὐτοῖς ἡ πλίνθος εἰς λίθον, καὶ ἄσφαλτος ἦν αὐτοῖς ὁ πηλός. *4* καὶ εἶπαν Δεῦτε οἰκοδομήσωμεν ἑαυτοῖς πόλιν καὶ πύργον, οὗ ἡ κεφαλὴ ἔσται ἕως τοῦ οὐρανοῦ, καὶ ποιήσωμεν ἑαυτοῖς ὄνομα πρὸ τοῦ διασπαρῆναι ἐπὶ προσώπου πάσης τῆς γῆς. *5* καὶ κατέβη κύριος ἰδεῖν τὴν πόλιν καὶ τὸν πύργον, ὃν ᾠκοδόμησαν οἱ υἱοὶ τῶν ἀνθρώπων. *6* καὶ εἶπεν κύριος Ἰδοὺ γένος ἕν καὶ χεῖλος ἕν πάντων, καὶ τοῦτο ἤρξαντο ποιῆσαι, καὶ νῦν οὐκ ἐκλείψει ἐξ αὐτῶν πάντα, ὅσα ἂν ἐπιθῶνται ποιεῖν. *7* δεῦτε καὶ καταβάντες συγχέωμεν ἐκεῖ αὐτῶν τὴν γλῶσσαν, ἵνα μὴ ἀκούσωσιν ἕκαστος τὴν φωνὴν τοῦ πλησίον. *8* καὶ διέσπειρεν αὐτοὺς κύριος ἐκεῖθεν ἐπὶ πρόσωπον πάσης τῆς γῆς, καὶ ἐπαύσαντο οἰκοδομοῦντες τὴν πόλιν καὶ τὸν πύργον. *9* διὰ τοῦτο ἐκλήθη τὸ ὄνομα αὐτῆς Σύγχυσις, ὅτι ἐκεῖ συνέχεεν κύριος τὰ χείλη πάσης τῆς γῆς, καὶ ἐκεῖθεν διέσπειρεν αὐτοὺς κύριος ὁ θεὸς ἐπὶ πρόσωπον πάσης τῆς γῆς.

---

1) 이 유명한 이야기는 히브리어 성서에서처럼 '바벨탑 건설'이라 불릴 수 없다. 그리스어 본문에는 바벨이라는 이름이 나오지 않기 때문이다. LXX에는 MT처럼 탑을 누가 건축하였는지 구체적으로 언급되지 않았지만, 이 이야기는 죄를 짓는 교만한 인간 모두에 대하여 말하고 있다. 사실 이 이야기는 이미 앞에서 언급한 세상의 첫 장사 니므롯(10,8-10)이 도시들을 건설하였는데, 그 도시들 가운데 탑이 건축된 장소로 지명되는(11,2) 시날 지방에 위치한 도시 바빌론도 포함된다. 성서 안에서 이 이야기는 여러 곳에서 인용되며(예: 지혜 10,5), 암시된 곳도 여러 군데(이사 9,10 등)이다. 교부들은 교만한 자들이 징벌받는 것은 홍수 이야기나 소돔 성읍의 멸망과 같이 악에 고삐를 매는 하느님의 선하신 행위로 보았다(이레네우스, *Dém.* 23). 그리스도교 전통은 여기서 말하는 언어의 혼란을 오순절의 성령강림과 반대되는 사건으로 본다.

2) 히브리어 '입술' (שָׂפָה)에 대응하여 쓰인 χεῖλος는 인간의 발음기관으로서 여기서는 '언어'를 뜻한다.

3) LXX는 "한 입술"(χεῖλος ἕν)과 "한 목소리"(φωνὴ μία)처럼 명사들을 단수로 사용하여 단일한 언어체계라는 상징적인 의미를 부각시켰다(MT: דברים 낱말들). 그러나 이제 인간들의 이러한 원시적인 의사전달의 단일체계가 무너지게 된다.

4) 불특정 주어 αὐτούς를 옮긴 것이다.

탑 건설과 인간의 흩어짐[1]

11,1 온 땅이 한 입술이었고[2] 모든 이에게 한 목소리가 있었다.[3] 2 사람들이[4] 해뜨는 쪽에서 옮겨오다가[5] 시날 땅에서 들판을 발견하고 거기에 자리 잡았다. 3 그들이 서로 말하였다.[6] "자, 벽돌들을 빚어 불에 구워내자." 그리하여 그들에게 돌 대신에 벽돌이, 찰흙 대신 역청이 있게 되었다. 4 그들이 말하였다. "자, 성읍과 꼭대기가 하늘까지 닿는 탑을 세워, 우리가 온 땅의 표면 위로 흩어지기 전에[7] 우리를 위하여 이름을 만들자." 5 그러자 주님께서 내려오시어[8] 사람들의 아들들이 세운 성읍과 탑을 보셨다. 6 주님께서 말씀하셨다. "보아라, 모두 한 겨레이고 한 입술이다. 그들이 이런 일을 하기 시작하였으니, 이제 그들이 하고자만 하면 무엇이든 이루어지지 않는 일이 없으리라. 7 자, 우리가 내려가 저기에서 그들의 언어를 섞어 놓아,[9] 저마다 이웃 사람의 소리를 듣지 못하게 하자." 8 주님께서 그들을 거기에서 온 땅의 표면 위로 흩어 버리셨다.[10] 그리하여 그들은 성읍과 탑 세우는 일을 그만두었다.[11] 9 그래서 그것의 이름을 '혼돈'이라[12] 하였다. 주님께서 거기에서 온 땅의 입술을 섞어 놓으시고, 주 하느님께서 거기에서 그들을 온 땅의 표면 위로 흩어 버리셨기 때문이다.

---

5) 주석가들은 사람들이 "해뜨는 쪽에서"(ἀπὸ ἀνατολῶν, 직역: 올라옴에서) 옮겨온 것은 잘못이라고 지적한다. 필로는 즈가 6,12를 인용하여 '새싹'(ἀνατολή)이신 그리스도에게서 멀어지는 그리스도인들의 잘못을 강조한다(*Confus.* 62-63).

6) 직역하면 '한 사람이 이웃에게 말하였다'(εἶπεν ἄνθρωπος τῷ πλησίον)이다.

7) LXX는 히브리어 본문의 '(흩어지지) 않도록'(פֶּן)을 전치사 '~ 전에'(πρό)를 사용하여 "흩어지기 전에"로 옮겨 인간들이 흩어질 것을 이미 알았음을 암시한다. LXX는 이 פֶּן을 창세 3,3; 44,34에서 '~하지 않도록'(ἵνα μή)으로 옮겼다.

8) 의인화된 동사 '내려오다'(καταβαίνω)가 창세기에서 처음으로 나온다. 오리게네스는 LXX가 이 동사를 사용함으로써 하느님의 징벌이 아래로 향함을 나타냈다고 보았다(*Hom.Is.* I,1).

9) '섞다'(συγχέω, MT: בלה 뒤섞다)라는 그리스어 동사는 언어의 혼란스런 상태를 잘 묘사해 주나, 하나의 언어가 다른 여러 언어로 바뀐 상황을 묘사하는 데에는 적절하지 않다. 필로는 이를 지적하며 문맥에 맞는 적확한 단어로 '나누다'(διακρίνω)를 제안한다(*Confus.* 185-195).

10) 죄의 대가로 인간들이 흩어지게(διασπείρω) 된 것은 언어의 혼란보다 더욱 중대한 사건일 수 있다. 이 이야기는 신명 32,8; 지혜 10,5에서 언급된다.

11) LXX는 사마리아 오경과 함께 히브리어 본문의 "그 성읍(עיר)을 세우는 일을 그만두었다" 대신 "성읍과 탑(τὴν πόλιν καὶ τὸν πύργον) 세우는 일을 그만두었다"라고 하였다. 성읍보다는 꼭대기가 하늘까지 닿는 답이 하느님의 주권에 도전하는 구조물이있기 때문이다.

12) LXX는 동사 '섞다, 혼란스럽게 하다'(συγχέω)와 성읍의 이름 "혼돈"(σύγχυσις)을 어원적으로 일치시킨다. MT는 고유명시 "바벨"(בבל)과 '뒤섞다'(בלל) 동사를 사용히여 말놀이를 꾀하였다.

11,10 Καὶ αὗται αἱ γενέσεις Σημ· Σημ υἱὸς ἑκατὸν ἐτῶν, ὅτε ἐγέννησεν τὸν Αρφαξαδ, δευτέρου ἔτους μετὰ τὸν κατακλυσμόν. *11* καὶ ἔζησεν Σημ μετὰ τὸ γεννῆσαι αὐτὸν τὸν Αρφαξαδ πεντακόσια ἔτη καὶ ἐγέννησεν υἱοὺς καὶ θυγατέρας καὶ ἀπέθανεν.

11,12 Καὶ ἔζησεν Αρφαξαδ ἑκατὸν τριάκοντα πέντε ἔτη καὶ ἐγέννησεν τὸν Καιναν. *13* καὶ ἔζησεν Αρφαξαδ μετὰ τὸ γεννῆσαι αὐτὸν τὸν Καιναν ἔτη τετρακόσια τριάκοντα καὶ ἐγέννησεν υἱοὺς καὶ θυγατέρας καὶ ἀπέθανεν.

Καὶ ἔζησεν Καιναν ἑκατὸν τριάκοντα ἔτη καὶ ἐγέννησεν τὸν Σαλα. καὶ ἔζησεν Καιναν μετὰ τὸ γεννῆσαι αὐτὸν τὸν Σαλα ἔτη τριακόσια τριάκοντα καὶ ἐγέννησεν υἱοὺς καὶ θυγατέρας καὶ ἀπέθανεν.

11,14 Καὶ ἔζησεν Σαλα ἑκατὸν τριάκοντα ἔτη καὶ ἐγέννησεν τὸν Εβερ. *15* καὶ ἔζησεν Σαλα μετὰ τὸ γεννῆσαι αὐτὸν τὸν Εβερ τριακόσια τριάκοντα ἔτη καὶ ἐγέννησεν υἱοὺς καὶ θυγατέρας καὶ ἀπέθανεν.

11,16 Καὶ ἔζησεν Εβερ ἑκατὸν τριάκοντα τέσσαρα ἔτη καὶ ἐγέννησεν τὸν Φαλεκ. *17* καὶ ἔζησεν Εβερ μετὰ τὸ γεννῆσαι αὐτὸν τὸν Φαλεκ ἔτη τριακόσια ἑβδομήκοντα καὶ ἐγέννησεν υἱοὺς καὶ θυγατέρας καὶ ἀπέθανεν.

11,18 Καὶ ἔζησεν Φαλεκ ἑκατὸν τριάκοντα ἔτη καὶ ἐγέννησεν τὸν Ραγαυ. *19* καὶ ἔζησεν Φαλεκ μετὰ τὸ γεννῆσαι αὐτὸν τὸν Ραγαυ διακόσια ἐννέα ἔτη καὶ ἐγέννησεν υἱοὺς καὶ θυγατέρας καὶ ἀπέθανεν.

11,20 Καὶ ἔζησεν Ραγαυ ἑκατὸν τριάκοντα δύο ἔτη καὶ ἐγέννησεν τὸν Σερουχ. *21* καὶ ἔζησεν Ραγαυ μετὰ τὸ γεννῆσαι αὐτὸν τὸν Σερουχ διακόσια ἑπτὰ ἔτη καὶ ἐγέννησεν υἱοὺς καὶ θυγατέρας καὶ ἀπέθανεν.

---

13) LXX는 셈에서 아브람에 이르는 열 세대를 열 항목으로 나누어 소개한다. 이는 10,21-31에 나온 계보를 다시 설명하고 아브람의 조상인 벨렉에서 아브람까지를 설명한 것이다. 세대마다 한 아들 이름만 나온다. 11,10-25에 나오는 셈의 자손들 나이는 LXX와 MT, 사마리아 오경이 서로 다르다.

셈의 자손[13]

11,10 이것은 셈의 족보이다. 셈은 백 세[14] 되었을 때, 아르박삿을 낳았다. 홍수 이 년 뒤였다. 11 아르박삿을 낳은 뒤 셈은 오백 년을 살면서 아들딸들을 낳고 죽었다.[15]

11,12 아르박삿은 백삼십오 년을 살고 캐난을[16] 낳았다. 13 캐난을 낳은 뒤 아르박삿은 사백삼십 년을 살면서 아들딸들을 낳고 죽었다.

캐난은 백삼십 년을 살고 셀라를 낳았다. 셀라를 낳은 뒤 캐난은 삼백삼십 년을 살면서 아들딸들을 낳고 죽었다.

11,14 셀라는 백삼십 년을 살고 에벨을 낳았다. 15 에벨을 낳은 뒤 셀라는 삼백삼십 년을 살면서 아들딸들을 낳고 죽었다.

11,16 에벨은 백삼십사 년을 살고 벨렉을 낳았다. 17 벨렉을 낳은 뒤 에벨은 삼백칠십 년을 살면서 아들딸들을 낳고 죽었다.

11,18 벨렉은 백삼십 년을 살고 르우를 낳았다. 19 르우를 낳은 뒤 벨렉은 이백구 년을 살면서 아들딸들을 낳고 죽었다.

11,20 르우는 백삼십이 년을 살고 스룩을 낳았다. 21 스룩을 낳은 뒤 르우는 이백칠 년을 살면서 아들딸들을 낳고 죽었다.

다음 표에서 각 본문들 아래 처음 나오는 숫자는 조상들 각자가 자손을 낳았을 때의 나이이고, 두 번째 숫자는 자손을 낳고 나서 그 조상이 산 나머지 햇수이다.

이름(구절)	LXX	MT	사마리아 오경
아르박삿(12-13ㄱ)	135-430	35-403	135-303
캐난(13ㄴ)	130-330	—	—
셀라(14-15)	130-330	30-403	130-303
에벨(16-17)	134-370	34-430	134-270
벨렉(18-19)	130-209	30-209	130-109
르우(20-21)	132-207	32-207	132-107
스룩(22-23)	130-200	30-200	130-100
나홀(24-25)	79-129	29-129	79-69

14) LXX는 히브리어 본문에서 "백 세"를 의미하는 בן מאת שנה(직역: 백년의 아들)이라는 표현을 그대로 직역하였다(υἱὸς ἑκατὸν ἐτῶν).

15) 한 세대의 이야기가 5,3-31의 계보와 같이 '그리고 그는 죽었다'(καὶ ἀπέθανεν)라는 표현으로 끝난다. 그러나 MT에는 이 표현이 없다.

16) LXX는 10,22.24과 마찬가지로 히브리어 본문에 없는 "캐난"(Καιναν)이라는 이름을 첨가하였다. 그리하여 그리스어 본문으로는 노아가 아담이 열 번째 세대였던 것처럼 아브람도 셈 게보의 열 번째 세대가 된다. 아르박삿과 셀라 사이의 캐난은 루가 3,36의 예수의 족보에도 있다.

11,22 Καὶ ἔζησεν Σερουχ ἑκατὸν τριάκοντα ἔτη καὶ ἐγέννησεν τὸν Ναχωρ. *23* καὶ ἔζησεν Σερουχ μετὰ τὸ γεννῆσαι αὐτὸν τὸν Ναχωρ ἔτη διακόσια καὶ ἐγέννησεν υἱοὺς καὶ θυγατέρας καὶ ἀπέθανεν.

11,24 Καὶ ἔζησεν Ναχωρ ἔτη ἑβδομήκοντα ἐννέα καὶ ἐγέννησεν τὸν Θαρα. *25* καὶ ἔζησεν Ναχωρ μετὰ τὸ γεννῆσαι αὐτὸν τὸν Θαρα ἔτη ἑκατὸν εἴκοσι ἐννέα καὶ ἐγέννησεν υἱοὺς καὶ θυγατέρας καὶ ἀπέθανεν.

11,26 Καὶ ἔζησεν Θαρα ἑβδομήκοντα ἔτη καὶ ἐγέννησεν τὸν Αβραμ καὶ τὸν Ναχωρ καὶ τὸν Αρραν.

11,27 Αὗται δὲ αἱ γενέσεις Θαρα· Θαρα ἐγέννησεν τὸν Αβραμ καὶ τὸν Ναχωρ καὶ τὸν Αρραν. καὶ Αρραν ἐγέννησεν τὸν Λωτ. *28* καὶ ἀπέθανεν Αρραν ἐνώπιον Θαρα τοῦ πατρὸς αὐτοῦ ἐν τῇ γῇ, ᾗ ἐγενήθη, ἐν τῇ χώρᾳ τῶν Χαλδαίων. *29* καὶ ἔλαβον Αβραμ καὶ Ναχωρ ἑαυτοῖς γυναῖκας· ὄνομα τῇ γυναικὶ Αβραμ Σαρα, καὶ ὄνομα τῇ γυναικὶ Ναχωρ Μελχα θυγάτηρ Αρραν, πατὴρ Μελχα καὶ πατὴρ Ιεσχα. *30* καὶ ἦν Σαρα στεῖρα καὶ οὐκ ἐτεκνοποίει. *31* καὶ ἔλαβεν Θαρα τὸν Αβραμ υἱὸν αὐτοῦ καὶ τὸν Λωτ υἱὸν Αρραν υἱὸν τοῦ υἱοῦ αὐτοῦ καὶ τὴν Σαραν τὴν νύμφην αὐτοῦ γυναῖκα Αβραμ τοῦ υἱοῦ αὐτοῦ καὶ ἐξήγαγεν αὐτοὺς ἐκ τῆς χώρας τῶν Χαλδαίων πορευθῆναι εἰς τὴν γῆν Χανααν καὶ ἦλθεν ἕως Χαρραν καὶ κατῴκησεν ἐκεῖ. *32* καὶ ἐγένοντο αἱ ἡμέραι Θαρα ἐν Χαρραν διακόσια πέντε ἔτη, καὶ ἀπέθανεν Θαρα ἐν Χαρραν.

---

17) 위의 족보에서 LXX와 MT와 사마리아 오경이 제시하는 나이(첫아들을 낳았을 때의 나이만 LXX와 사마리아 오경이 서로 일치한다)가 모두 다르나, 데라에 와서는 세 문헌이 일치한다.

18) MT는 '자기 친족의 땅' (אֶרֶץ מוֹלַדְתּוֹ)이라고 하였다.

19) LXX는 "갈대아 지방" (χώρᾳ τῶν Χαλδαίων)이라고만 하여 MT의 "갈대아의 우르(אוּר)"처럼 지명을 구체적으로 제시하지 않았다.

20) 11,28 각주 참조.

11,22 스룩은 백삼십 년을 살고 나홀을 낳았다. 23 나홀을 낳은 뒤 스룩은 이백 년을 살면서 아들딸들을 낳고 죽었다.

11,24 나홀은 칠십구 년을 살고 데라를 낳았다. 25 데라를 낳은 뒤 나홀은 백이십구 년을 살면서 아들딸들을 낳고 죽었다.

11,26 데라는 칠십 년을[17] 살고 아브람과 나홀과 하란을 낳았다.

데라가 갈대아를 떠나다

11,27 이것은 데라의 족보이다. 데라는 아브람과 나홀과 하란을 낳고, 하란은 롯을 낳았다. 28 하란은 자기가 태어난 땅,[18] 갈대아 지방에서[19] 아버지 데라 앞에 죽었다. 29 아브람과 나홀이 아내들을 맞아들였는데, 아브람의 아내 이름은 사래이고 나홀의 아내 이름은 밀가였다. 밀가는 밀가와 이스가의 아버지인 하란의 딸이었다. 30 사래는 임신하지 못하는 몸이어서 아이를 낳지 못하였다. 31 데라는 아들 아브람과 아들의 아들, 곧 하란의 아들 롯과, 아들 아브람의 아내인 며느리 사래를 데리고, 가나안 땅으로 가려고 갈대아 지방에서[20] 그들을 데리고 나왔다.[21] 그는 하란에 이르러 그곳에 자리 잡고 살았다.[22] 32 하란에서 데라의 날들이 이백오 년 되었을 때,[23] 데라는 하란에서 죽었다.

---

21) LXX는 히브리어 본문의 '그들은 떠났다'(וַיֵּצְאוּ)를 사마리아 오경과 함께 데라를 주어로 하여 '그는 그들을 데리고 나왔다'(ἐξήγαγεν αὐτούς)라고 하였다.

22) 데라의 세 아들의 종교적 영성은 그들이 살던 지역과 연결된다. 하란은 갈대아를 떠나기 전에 죽고 아브람을 따라나선 롯이라는 아들 하나를 남겼다. 나홀은 본문에 정확히 나오지는 않지만 하란에 남았다(22,20-24 참조). 전승에 따르면 나홀은 조상들의 우상숭배를 버리지 못하였다고 하며, 아브람만이 장소를 옮겨 다니며 믿음의 여정을 계속한다. 오리게네스는 이들 세 사람의 종교적 수준을 아브람은 '좋음', 롯은 '보통', 그리고 나홀은 '나쁨'으로 규정히었다(Com. Jo. XX,13).

23) MT는 데라가 이백오 년을 살고 죽었다고 전하는 반면, LXX는 데라가 하란에서 이백오 년을 산 뒤에 죽었다고 한다.

12,1 Καὶ εἶπεν κύριος τῷ Αβραμ Ἔξελθε ἐκ τῆς γῆς σου καὶ ἐκ τῆς συγγενείας σου καὶ ἐκ τοῦ οἴκου τοῦ πατρός σου εἰς τὴν γῆν, ἣν ἄν σοι δείξω· 2 καὶ ποιήσω σε εἰς ἔθνος μέγα καὶ εὐλογήσω σε καὶ μεγαλυνῶ τὸ ὄνομά σου, καὶ ἔσῃ εὐλογητός· 3 καὶ εὐλογήσω τοὺς εὐλογοῦντάς σε, καὶ τοὺς καταρωμένους σε καταράσομαι· καὶ ἐνευλογηθήσονται ἐν σοὶ πᾶσαι αἱ φυλαὶ τῆς γῆς. 4 καὶ ἐπορεύθη Αβραμ, καθάπερ ἐλάλησεν αὐτῷ κύριος, καὶ ᾤχετο μετ' αὐτοῦ Λωτ· Αβραμ δὲ ἦν ἐτῶν ἑβδομήκοντα πέντε, ὅτε ἐξῆλθεν ἐκ Χαρραν. 5 καὶ ἔλαβεν Αβραμ τὴν Σαραν γυναῖκα αὐτοῦ καὶ τὸν Λωτ υἱὸν τοῦ ἀδελφοῦ αὐτοῦ καὶ πάντα τὰ ὑπάρχοντα αὐτῶν, ὅσα ἐκτήσαντο, καὶ πᾶσαν ψυχήν, ἣν ἐκτήσαντο ἐν Χαρραν, καὶ ἐξήλθοσαν πορευθῆναι εἰς γῆν Χανααν καὶ ἦλθον εἰς γῆν Χανααν. — 6 καὶ διώδευσεν Αβραμ τὴν γῆν εἰς τὸ μῆκος αὐτῆς ἕως τοῦ τόπου Συχεμ ἐπὶ τὴν δρῦν τὴν ὑψηλήν· οἱ δὲ Χαναναῖοι τότε κατῴκουν τὴν γῆν. 7 καὶ ὤφθη κύριος τῷ Αβραμ καὶ εἶπεν αὐτῷ Τῷ σπέρματί σου δώσω τὴν γῆν ταύτην. καὶ ᾠκοδόμησεν ἐκεῖ Αβραμ θυσιαστήριον κυρίῳ τῷ ὀφθέντι αὐτῷ. 8 καὶ ἀπέστη ἐκεῖθεν εἰς τὸ ὄρος κατ' ἀνατολὰς Βαιθηλ καὶ ἔστησεν ἐκεῖ τὴν σκηνὴν αὐτοῦ, Βαιθηλ κατὰ θάλασσαν καὶ Αγγαι κατ' ἀνατολάς· καὶ ᾠκοδόμησεν ἐκεῖ θυσιαστήριον τῷ κυρίῳ καὶ ἐπεκαλέσατο ἐπὶ τῷ ὀνόματι κυρίου. 9 καὶ ἀπῆρεν Αβραμ καὶ πορευθεὶς ἐστρατοπέδευσεν ἐν τῇ ἐρήμῳ.

---

1) 하느님께서 아브람에게 내리신 명령 '～을 향해 떠나라'는, 아브람 이야기의 기초가 되는 말이다. 아브람은 아버지가 죽고 형제들이 한곳에 자리 잡은 뒤에 길을 떠난다. 이것은 아브람 이야기의 시작인 동시에 이스마엘과 이사악으로 내려오는 자손들 역사의 시작이기도 하다. 아브람 이야기는 사도 7,2-8; 히브 11,8-19에 정리되어 나온다. 필로와 교부들은 12,1-9에 묘사된 그의 여정을 알레고리로 풀이하였는데, 필로는 이 여정을 '회심'으로 보았다(De migratione). 그리스도교 전통에 따르면, '떠남'은 하느님의 말씀을 '따르는 것', 곧 예수님의 제자들처럼 예수님을 따르는 것을 의미한다(이레네우스, F. Petit).

2) 여기서 '(～을 통하여) 복을 받다'(*ἐνευλογέομαι*) 동사가 처음으로 나온다. 전치사 *ἐν*은 '～ 안에서, ～를 통하여, ～ 때문에' 등으로 해석할 수 있다.

3) "그들이 얻은"(*ὅσα ἐκτήσαντο*) 재물은 아브람뿐 아니라 롯의 재산까지 포함한다.

아브람이 약속의 땅을 향해 떠나다[1]

12,1 주님께서 아브람에게 말씀하셨다. "네 땅과 네 친족과 네 아버지의 집을 떠나, 내가 너에게 보여 줄 땅으로 가거라. 2 나는 너를 큰 민족이 되게 하고, 너에게 복을 내리며 네 이름을 크게 하리라. 너는 복 받으리라. 3 너를 축복하는 사람들에게는 내가 복을 내리고, 너를 저주하는 사람들에게는 내가 저주를 내리리라. 땅의 모든 종족들이 너를 통하여 복을 받으리라."[2] 4 아브람은 주님께서 자기에게 말씀하신 대로 길을 떠났다. 롯도 그와 함께 떠났다. 아브람이 하란에서 나왔을 때, 그는 칠십오 세였다. 5 아브람은 아내 사래와 형제의 아들 롯과, 그들이 얻은 모든 재물과[3] 하란에서 얻은[4] 모든 사람을 데리고 가나안 땅으로 가려고 길을 나서, 가나안 땅에 이르렀다. 6 아브람은 그 땅을 길이로 가로질러[5] 세겜의 (그)곳까지, 곧 높은[6] 참나무(가 있는 곳)에 이르렀다. 그때 그 땅에는 가나안 사람들이 자리 잡고 살았다. 7 주님께서 아브람에게 나타나시어[7] 그에게 말씀하셨다. "나는 이 땅을 네 후손에게 주겠다." 아브람은 자기에게 나타나신 주님을 위하여 그곳에 제단을 쌓았다. 8 그는 그곳을 떠나 베델 동쪽의 산악지방으로 가서, 서쪽으로는 베델이, 동쪽으로는 아이가 있는 그곳에 자신의 천막을 쳤다.[8] 그는 그곳에 주님을 위하여 제단을 쌓고 주님의 이름으로 기도하였다.[9] 9 아브람은 길을 떠나 사막에 가서 천막을 쳤다.[10]

---

4) LXX는 사물과 사람 모두에 '얻다'(*κτάομαι*) 동사를 사용하였는데, MT는 사물에는 '모으다'(רכשׁ), 사람에는 '만들다'(עשׂה) 동사를 사용하였다. 타르굼 옹켈로스는 MT의 עשׂה 동사를, '개종시키다'로 해석하여 "법으로 복종시킨"(דשׁעבידו לאוריתא)이라고 옮겼다.

5) LXX는 '가로지르다'(*διοδεύω*) 동사에 MT에 없는 "길이로"(*εἰς τὸ μῆκος αὐτῆς*)라는 표현을 덧붙였다.

6) MT의 고유명사 "모레"(מורה) 자리에, LXX는 형용사 '높은'(*ὑψηλός*)을 넣어 "높은 참나무"라고 표현하였다.

7) 이 절에서 창세기에서는 처음으로 하느님께서 인간에게 당신을 드러내신 것을 표현하기 위해 *ὁράω* 동사의 수동형 *ὤφθη*(직역: 보였다)가 쓰였다.

8) LXX는 '천막을 치다'라는 표현에 '계약을 맺다'에 쓰인 동사 *ἵστημι*를 사용하였다.

9) 이 구절의 *ἐπικαλέομαι*(직역: 부르다) 동사는 대격 대신 여격 *τῷ ὀνόματι*(이름으로)와 함께 사용되었다. LXX 본문에서는 '이름으로 간청하다, 기도하다'로 풀이할 수 있다.

10) 히브리어 본문의 ויסע אברם הלוך ונסוע נגבה(아브람은 다시 길을 떠나 차츰차츰 네겝 쪽으로 옮겨갔다)라는 문장에서 LXX는 동사를 바꾸어 "아브람은 길을 떠나 사막에 가서 천막을 쳤다"(*ἀπῆρεν Αβραμ καὶ πορευθεὶς ἐστρατοπέδευσεν ἐν τῇ ἐρήμῳ*)로 옮겼다. 그리하여 LXX는 한곳에서 다른 곳으로 차츰차츰 옮겨 다니는 히브리인들의 반유목민 생활을 제대로 묘사하는 데 실패하였다. 필로는 '사막'을 알레고리적으로 해석하여 문명사회에서 멀리 떨어진, 하느님을 찾기에 좋은 고독의 상소라고 하였다(*Abr.* 8-87).

12.10 Καὶ ἐγένετο λιμὸς ἐπὶ τῆς γῆς, καὶ κατέβη Αβραμ εἰς Αἴγυπτον παροικῆσαι ἐκεῖ, ὅτι ἐνίσχυσεν ὁ λιμὸς ἐπὶ τῆς γῆς. *11* ἐγένετο δὲ ἡνίκα ἤγγισεν Αβραμ εἰσελθεῖν εἰς Αἴγυπτον, εἶπεν Αβραμ Σαρα τῇ γυναικὶ αὐτοῦ Γινώσκω ἐγὼ ὅτι γυνὴ εὐπρόσωπος εἶ· *12* ἔσται οὖν ὡς ἂν ἴδωσίν σε οἱ Αἰγύπτιοι, ἐροῦσιν ὅτι Γυνὴ αὐτοῦ αὕτη, καὶ ἀποκτενοῦσίν με, σὲ δὲ περιποιήσονται. *13* εἰπὸν οὖν ὅτι Ἀδελφὴ αὐτοῦ εἰμι, ὅπως ἂν εὖ μοι γένηται διὰ σέ, καὶ ζήσεται ἡ ψυχή μου ἕνεκεν σοῦ. *14* ἐγένετο δὲ ἡνίκα εἰσῆλθεν Αβραμ εἰς Αἴγυπτον, ἰδόντες οἱ Αἰγύπτιοι τὴν γυναῖκα ὅτι καλὴ ἦν σφόδρα, *15* καὶ εἶδον αὐτὴν οἱ ἄρχοντες Φαραω καὶ ἐπῄνεσαν αὐτὴν πρὸς Φαραω καὶ εἰσήγαγον αὐτὴν εἰς τὸν οἶκον Φαραω· *16* καὶ τῷ Αβραμ εὖ ἐχρήσαντο δι’ αὐτήν, καὶ ἐγένοντο αὐτῷ πρόβατα καὶ μόσχοι καὶ ὄνοι, παῖδες καὶ παιδίσκαι, ἡμίονοι καὶ κάμηλοι. *17* καὶ ἤτασεν ὁ θεὸς τὸν Φαραω ἐτασμοῖς μεγάλοις καὶ πονηροῖς καὶ τὸν οἶκον αὐτοῦ περὶ Σαρας τῆς γυναικὸς Αβραμ. *18* καλέσας δὲ Φαραω τὸν Αβραμ εἶπεν Τί τοῦτο ἐποίησάς μοι, ὅτι οὐκ ἀπήγγειλάς μοι ὅτι γυνή σού ἐστιν; *19* ἵνα τί εἶπας ὅτι Ἀδελφή μού ἐστιν; καὶ ἔλαβον αὐτὴν ἐμαυτῷ εἰς γυναῖκα. καὶ νῦν ἰδοὺ ἡ γυνή σου ἐναντίον σου· λαβὼν ἀπότρεχε. *20* καὶ ἐνετείλατο Φαραω ἀνδράσιν περὶ Αβραμ συμπροπέμψαι αὐτὸν καὶ τὴν γυναῖκα αὐτοῦ καὶ πάντα, ὅσα ἦν αὐτῷ, καὶ Λωτ μετ’ αὐτοῦ.

---

11) 한 히브리인이 이국 땅에서 겪는 이 이야기가, 20장에서는 사라가 파라오 대신 그랄 임금 아비멜렉에게 불려가는 이야기로, 26장에서는 아브라함의 아들 이사악의 이야기로 바뀌어 다시 나온다.

12) 히브리어와 마찬가지로, 그리스어 '내려가다'(καταβαίνω)는 이집트로 가는 것을, '올라가다'(ἀναβαίνω)는 이집트에서 돌아오는 것을 말할 때 쓰이는 동사이다.

13) 히브리어 יפת מראה를 옮긴 형용사 "아름다운"(εὐπρόσωπος)은 LXX에 단 한 번 나오는 단어이다.

이집트로 간 아브람[11]

12,10 그 땅에 기근이 들자, 아브람은 거기에서 몸 붙여 살려고 이집트로 내려갔다.[12] 그 땅에 기근이 심하였기 때문이다. 11 아브람이 이집트 가까이에 이르렀을 때, 아브람이 아내 사래에게 말하였다. "나는 당신이 아름다운[13] 여인임을 알고 있소. 12 그래서 이집트인들이 당신을 보게 되면 '이 여자는 그의 아내이다' 하면서, 나는 죽이고 당신은 살려둘 것이오. 13 그러니 당신은 '나는 그의 누이입니다'라고 하시오. 그러면 당신 덕분에 내가 잘되고, 당신 덕택에 내 목숨을 부지할 수 있을 것이오." 14 아브람이 이집트에 들어갔을 때, 이집트 사람들이 보기에 그 여자는 매우 아름다웠다. 15 파라오의 대신들이 그 여자를 보고 파라오에게 그 여자를 칭송하였다. 그리고 그들은 그 여자를 파라오의 집으로 데려갔다. 16 그들은 그 여자 때문에 아브람에게 잘해 주었다.[14] 그래서 그는 양과 송아지와 나귀, 남종과 여종, 노새와 낙타들을 가지게 되었다. 17 하느님께서 아브람의 아내 사래의 일로 파라오와 그의 집안을 크고 험한 시험으로 시험하셨다.[15] 18 파라오가 아브람을 불러 말하였다. "너는 나에게 왜 이런 짓을 하였느냐? 그가 네 아내라고 왜 나에게 알리지 않았느냐? 19 어찌하여 너는 '그는 저의 누이입니다'라고 해서, 내가 그 여자를 아내로 삼게 하였느냐? 보아라, 지금 네 아내가 네 앞에 있으니 데리고 떠나거라."[16] 20 파라오는 사람들에게 명령하여 아브람과 그의 아내와 그가 가진 모든 것과 그와 함께 있던 롯을[17] 떠나게 하였다.

---

14) MT는 '그는 … 아브람에게 잘해 주었다'(לאברם היטיב)라고 하여 '그'가 파라오임을 암시해 주는데, LXX는 "그들은 … 아브람에게 잘해 주었다"(τῷ Αβραμ εὖ ἐχρήσαντο)라고 복수 주어를 사용하였다.

15) LXX는 '시험하다'(ἐτάζω) 동사를 어근이 같은 명사 '시험'(ἐτασμός)과 이를 꾸미는 두 형용사 '큰'(μεγάλος), "험한"(πονηρός)과 함께 사용하였다.

16) 여기서 파라오가 아브람에게 "떠나거라"(ἀποτρέχε)라고 한 말은 20,15에 나오는 아비멜렉의 관대한 처사(ἡ γῆ μου ἐναντίον σου· οὗ ἐὰν σοι ἀρέσκῃ, κατοίκει 내 땅이 그대 앞에 있으니, 그대 마음에 드는 곳에 자리 잡으시오)와 비교된다.

17) LXX는 12,4에 맞추어 히브리어 본문에 없는 "그와 함께 있던 롯"(Λωτ μετ' αὐτοῦ)이라는 말을 넛붙였다. 이는 다음 절(13,1)의 영향인 것 같다.

***13**.1 Ἀνέβη δὲ Αβραμ ἐξ Αἰγύπτου, αὐτὸς καὶ ἡ γυνὴ αὐτοῦ καὶ πάντα τὰ αὐτοῦ καὶ Λωτ μετ' αὐτοῦ, εἰς τὴν ἔρημον. **2** Αβραμ δὲ ἦν πλούσιος σφόδρα κτήνεσιν καὶ ἀργυρίῳ καὶ χρυσίῳ. **3** καὶ ἐπορεύθη ὅθεν ἦλθεν, εἰς τὴν ἔρημον ἕως Βαιθηλ, ἕως τοῦ τόπου, οὗ ἦν ἡ σκηνὴ αὐτοῦ τὸ πρότερον, ἀνὰ μέσον Βαιθηλ καὶ ἀνὰ μέσον Αγγαι, **4** εἰς τὸν τόπον τοῦ θυσιαστηρίου, οὗ ἐποίησεν ἐκεῖ τὴν ἀρχήν· καὶ ἐπεκαλέσατο ἐκεῖ Αβραμ τὸ ὄνομα κυρίου. **5** καὶ Λωτ τῷ συμπορευομένῳ μετὰ Αβραμ ἦν πρόβατα καὶ βόες καὶ σκηναί. **6** καὶ οὐκ ἐχώρει αὐτοὺς ἡ γῆ κατοικεῖν ἅμα, ὅτι ἦν τὰ ὑπάρχοντα αὐτῶν πολλά, καὶ οὐκ ἐδύναντο κατοικεῖν ἅμα. **7** καὶ ἐγένετο μάχη ἀνὰ μέσον τῶν ποιμένων τῶν κτηνῶν τοῦ Αβραμ καὶ ἀνὰ μέσον τῶν ποιμένων τῶν κτηνῶν τοῦ Λωτ· οἱ δὲ Χαναναῖοι καὶ οἱ Φερεζαῖοι τότε κατῴκουν τὴν γῆν. **8** εἶπεν δὲ Αβραμ τῷ Λωτ Μὴ ἔστω μάχη ἀνὰ μέσον ἐμοῦ καὶ σοῦ καὶ ἀνὰ μέσον τῶν ποιμένων μου καὶ ἀνὰ μέσον τῶν ποιμένων σου, ὅτι ἄνθρωποι ἀδελφοὶ ἡμεῖς ἐσμεν. **9** οὐκ ἰδοὺ πᾶσα ἡ γῆ ἐναντίον σού ἐστιν; διαχωρίσθητι ἀπ' ἐμοῦ· εἰ σὺ εἰς ἀριστερά, ἐγὼ εἰς δεξιά· εἰ δὲ σὺ εἰς δεξιά, ἐγὼ εἰς ἀριστερά. **10** καὶ ἐπάρας Λωτ τοὺς ὀφθαλμοὺς αὐτοῦ εἶδεν πᾶσαν τὴν περίχωρον τοῦ Ιορδάνου ὅτι πᾶσα ἦν ποτιζομένη — πρὸ τοῦ καταστρέψαι τὸν θεὸν Σοδομα καὶ Γομορρα — ὡς ὁ παράδεισος τοῦ θεοῦ καὶ ὡς ἡ γῆ Αἰγύπτου ἕως ἐλθεῖν εἰς Ζογορα. **11** καὶ ἐξελέξατο ἑαυτῷ Λωτ πᾶσαν τὴν περίχωρον τοῦ Ιορδάνου, καὶ ἀπῆρεν Λωτ ἀπὸ ἀνατολῶν, καὶ διεχωρίσθησαν ἕκαστος ἀπὸ τοῦ ἀδελφοῦ αὐτοῦ. **12** Αβραμ δὲ κατῴκησεν ἐν γῇ Χανααν, Λωτ δὲ κατῴκησεν ἐν πόλει τῶν περιχώρων καὶ ἐσκήνωσεν ἐν Σοδομοις· **13** οἱ δὲ ἄνθρωποι οἱ ἐν Σοδομοις πονηροὶ καὶ ἁμαρτωλοὶ ἐναντίον τοῦ θεοῦ σφόδρα.

---

1) 아브람과 롯이 자신들의 소유지를 정하는 장면이다.

2) LXX는 히브리어 למסעיו(그가 여행하였던 것에 따라)를 *ὅθεν ἦλθεν*으로 옮겼다. LXX는 13,1 과 마찬가지로 곧이어 "광야 쪽으로"(*εἰς τὴν ἔρημον*)를 반복하는데, MT는 아브람이 '네겝을 떠나(מנגב) 베델까지' 옮겨갔다고 말한다.

베델로 돌아감: 아브람과 롯이 갈라서다[1]

13,1 아브람은 아내와 자기의 모든 것과 자기와 함께 있던 롯과 함께 이집트에서 광야 쪽으로 올라갔다. 2 아브람은 가축과 은과 금을 지닌 큰 부자였다. 3 그는 (전에) 왔던 곳에서[2] 광야 쪽으로 베델까지, 곧 그가 처음에 베델과 아이 사이에 자신의 천막을 쳤던 곳까지 갔다. 4 그곳은 그가 애초에 제단을 만들었던 곳이다.[3] 거기서 아브람은 주님의 이름을 (받들어) 불렀다. 5 아브람과 함께 다니는 롯도 양과 소와 천막 들을 가지고 있었다. 6 그러나 그 땅은 그들이 함께 살 만큼 넉넉하지 못했다. 그들의 재산이 (너무) 많아, 함께 살 수가 없었던 것이다. 7 아브람의 가축을 치는 목자들과 롯의 가축을 치는 목자들 사이에 싸움이 있었다. 그때 그 땅에는 가나안 사람들과 브리즈 사람들이 자리 잡고 살았다. 8 아브람이 롯에게 말하였다. "우리는 형제이니, 너와 나 사이에, 그리고 내 목자들과 네 목자들 사이에 싸움이 있어서는 안 된다. 9 보아라, 온 땅이 네 앞에 있지 않느냐? 나에게서 갈라서라. 네가 왼쪽이면 나는 오른쪽으로, 네가 오른쪽이면 나는 왼쪽으로 (가겠다)." 10 롯이 눈을 들어 요르단과 이웃한 모든 지역을 바라보니, 조고라에[4] 이르기까지 어디나 물이 있어 마치 하느님의 정원과 같고 이집트 땅과 같았다. 하느님께서 소돔과 고모라를 멸망시키시기 전이었다. 11 롯은 요르단과 이웃한 모든 지역을 선택하고, 동쪽에서[5] 떠났다. 그들은 저마다 자기 형제에게서 갈라섰다. 12 아브람은 가나안 땅에 자리 잡고 살고, 롯은 (요르단과) 이웃한 지역들의 성읍에 자리 잡고 살았다. 그는 소돔 사람들 가운데[6] 천막을 쳤는데, 13 소돔에 있는 사람들은 하느님 앞에 악인들이었으며 큰 죄인들이었다.

---

3) 그리스어 $o\hat{v}$는 '제단'($\theta v\sigma\iota\alpha\sigma\tau\eta\rho\acute{\iota}ov$)을 선행사로 가진 관계대명사로, 보어는 '기초'($\tau\grave{\eta}v$ $\dot{\alpha}\rho\chi\acute{\eta}v$)이다. 이를 직역하면 '그가 그곳에서 기초를 세웠던 제단'($\tau\grave{o}v$ $\tau\acute{o}\pi ov$ $\tauo\hat{v}$ $\theta v\sigma\iota\alpha\sigma$-$\tau\eta\rho\acute{\iota}ov$, $o\hat{v}$ $\dot{\epsilon}\pi o\acute{\iota}\eta\sigma\epsilon v$ $\dot{\epsilon}\kappa\epsilon\hat{\iota}$ $\tau\grave{\eta}v$ $\dot{\alpha}\rho\chi\acute{\eta}v$)이다. 또는 $o\hat{v}$를 장소부사로 보고, $\tau\grave{\eta}v$ $\dot{\alpha}\rho\chi\acute{\eta}v$을 시간을 나타내는 것으로 이해하여 "그가 애초에 제단을 만들었던 곳"으로 옮길 수도 있다(MT: מקום המזבח אשר עשה שם בראשנה 그가 애초에 제단을 만들었던 곳).

4) LXX는 히브리어 "소알"(צער)을 "조고라"($Zo\gamma o\rho a$)로 옮겼는데, 이는 번역자가 갖고 있던 히브리어 원문에 צער 대신 זער로 표기되어 있었기 때문인 것 같다. צער은 19,22-23에 다시 나오는데, LXX 번역자는 여기의 조고라와 19장에서 롯이 피신한 곳을 다른 곳으로 이해하여 "세고르"($\Sigma\eta\gamma\omega\rho$)로 옮겼다.

5) LXX는 מקדם을 그대로 옮겨 "동쪽에서"($\dot{\alpha}\pi\grave{o}$ $\dot{\alpha}v\alpha\tau o\lambda\hat{\omega}v$)라고 하였다. 그러나 מקדם은 3,24에서처럼 '동쪽에'를 뜻하기도 한다.

6) 히브리어 "소돔까지"(עד סדם)를 "소돔 사람들 가운데"($\dot{\epsilon}v$ $\Sigma o\delta o\mu o\iota\varsigma$)로 옮겼다.

13,14 Ὁ δὲ θεὸς εἶπεν τῷ Αβραμ μετὰ τὸ διαχωρισθῆναι τὸν Λωτ ἀπ' αὐτοῦ Ἀναβλέψας τοῖς ὀφθαλμοῖς σου ἰδὲ ἀπὸ τοῦ τόπου, οὗ νῦν σὺ εἶ, πρὸς βορρᾶν καὶ λίβα καὶ ἀνατολὰς καὶ θάλασσαν· *15* ὅτι πᾶσαν τὴν γῆν, ἣν σὺ ὁρᾷς, σοὶ δώσω αὐτὴν καὶ τῷ σπέρματί σου ἕως τοῦ αἰῶνος. *16* καὶ ποιήσω τὸ σπέρμα σου ὡς τὴν ἄμμον τῆς γῆς· εἰ δύναταί τις ἐξαριθμῆσαι τὴν ἄμμον τῆς γῆς, καὶ τὸ σπέρμα σου ἐξαριθμηθήσεται. *17* ἀναστὰς διόδευσον τὴν γῆν εἴς τε τὸ μῆκος αὐτῆς καὶ εἰς τὸ πλάτος, ὅτι σοὶ δώσω αὐτήν. *18* καὶ ἀποσκηνώσας Αβραμ ἐλθὼν κατῴκησεν παρὰ τὴν δρῦν τὴν Μαμβρη, ἣ ἦν ἐν Χεβρων, καὶ ᾠκοδόμησεν ἐκεῖ θυσιαστήριον κυρίῳ.

14,1 Ἐγένετο δὲ ἐν τῇ βασιλείᾳ τῇ Αμαρφαλ βασιλέως Σεννααρ, Αριωχ βασιλεὺς Ελλασαρ καὶ Χοδολλογομορ βασιλεὺς Αιλαμ καὶ Θαργαλ βασιλεὺς ἐθνῶν *2* ἐποίησαν πόλεμον μετὰ Βαλλα βασιλέως Σοδομων καὶ μετὰ Βαρσα βασιλέως Γομορρας καὶ Σεννααρ βασιλέως Αδαμα καὶ Συμοβορ βασιλέως Σεβωιμ καὶ βασιλέως Βαλακ (αὕτη ἐστὶν Σηγωρ). *3* πάντες οὗτοι συνεφώνησαν ἐπὶ τὴν φάραγγα τὴν ἁλυκήν (αὕτη ἡ θάλασσα τῶν ἁλῶν). *4* δώδεκα ἔτη ἐδούλευον τῷ Χοδολλογομορ, τῷ δὲ τρισκαιδεκάτῳ ἔτει ἀπέστησαν. *5* ἐν δὲ τῷ τεσσαρεσκαιδεκάτῳ ἔτει ἦλθεν Χοδολλογομορ καὶ οἱ βασιλεῖς οἱ μετ' αὐτοῦ καὶ κατέκοψαν τοὺς γίγαντας τοὺς ἐν Ασταρωθ Καρναιν καὶ ἔθνη ἰσχυρὰ ἅμα αὐτοῖς καὶ

---

7) LXX는 "먼지"(עָפָר)를 "모래"(ἄμμος)로 바꾸어, 먼지보다는 상대적으로 셀 수 있는 가능성이 있는 물질로 묘사하였다.

8) '천막을 거두다'(ἀποσκηνόω)는 LXX에 단 한 번 나오는 단어이다.

9) LXX는 히브리어 본문에서 복수(אֵלֹנִים 참나무들)로 나오는 것을 12,6과 같이 단수(δρῦς)로 썼다.

1) 이 이야기는 아브람이 붙잡힌 롯을 구출한 데에 관심을 둔다. 첫 번째 전쟁에서 승리한 네 임금이(5-7절) 소돔과 연합한 다섯 임금을 무찌른다(8-12절). 필로는 이 전쟁 이야기를 알레고리적으로 해석하였는데, 여기 네 임금을 근동의 네 군주로 보고, '오감'(五感 = 다섯 임금)을 지배하는 '네 가지 정열'이라고 하였다(*Abr.* 226-241; *Ebr.* 105).

주님께서 다시 땅을 주시겠다고 약속하시다

13,14 롯이 그에게서 갈라선 다음, 하느님께서 아브람에게 말씀하셨다. "네 눈을 들어 지금 네가 있는 곳에서 북쪽과 남쪽, 동쪽과 서쪽을 바라보아라. 15 나는 네가 보는 모든 땅을 너와 네 후손에게 영원히 주겠다. 16 내가 네 후손을 땅의 모래처럼7) (많게) 하리니, 누군가 땅의 모래를 셀 수 있다면 네 후손도 셀 수 있을 것이다. 17 내가 너에게 그것을 주리니, 일어나 그 땅을 그 길이로도 너비로도 질러가 보아라." 18 아브람은 천막을 거두어,8) 헤브론에 있는 마므레의 참나무9) 옆으로 가서 자리 잡고 살았다. 그는 거기에 주님을 위하여 제단을 쌓았다.

네 임금이 다섯 임금과 전쟁하다1)

14,1 시날 임금2) 아므라벨 왕국 때에, 엘라살 임금 아르욕, 엘람 임금 그돌라오멜, 민족들의 임금 타르갈이3) 2 소돔 임금 베라,4) 고모라 임금 비르사, 아드마 임금 시날,5) 스보임 임금 세메벨, 세고르라고도 하는 벨라6) 임금과 전쟁을 벌였다. 3 이들은 모두 연합하여 소금 골짜기,7) 곧 소금 바다에 모였다. 4 그들은 십이 년 동안 그돌라오멜을 섬기다가 십삼 년째 되는 해에 반란을 일으켰다. 5 십사 년째 되는 해에는 그돌라오멜과 그와 함께한 임금들이 와서, 아스드롯-카르나임에서 거인들을 무찌르고

---

2) LXX는 MT와 다르게(MT에서는 1절에 나오는 네 임금이 모두 전쟁을 일으킨 주역들이다) 네 임금들 가운데 하나의 이름을 속격으로($\beta\alpha\sigma\iota\lambda\acute{\epsilon}\omega\varsigma$) 써서 그의 왕국에 전쟁이 일어났던 때를 가리킨다. 나머지 세 임금들의 이름은 주격으로($\beta\alpha\sigma\iota\lambda\epsilon\acute{u}\varsigma$) 나와 2절의 "전쟁을 벌였다"($\acute{\epsilon}\pi o\acute{\iota}\eta\sigma\alpha\nu$ $\pi\acute{o}\lambda\epsilon\mu o\nu$)의 주어가 된다.

3) 히브리어 "티드알"(תדעל)을 $\Theta\alpha\rho\gamma\alpha\lambda$로 옮겼다.

4) 히브리어 "베라"(בֶּרַע)를 LXX 랄프스판은 $B\alpha\lambda\lambda\alpha$로, 괴팅겐판은 $B\acute{a}\rho\alpha$로 옮겼다.

5) LXX는 히브리어 "시납"(שנאב)을 1절과 같이 $\Sigma\epsilon\nu\nu\alpha\alpha\rho$로 옮겼다.

6) 히브리어 "벨라"(בֶּלַע)를 LXX 랄프스판은 $B\alpha\lambda\alpha\kappa$으로, 괴팅겐판은 $B\acute{a}\lambda\alpha$로 옮겼다.

7) LXX는 히브리어 "시띤 골짜기"(עמק שדים)에서 시띤(שדים)을 '소금'($\ddot{a}\lambda\varsigma$)으로 번역하였다. 타르굼 옹켈로스는 단어의 뜻대로 '들판의 평원'(מישר חקליא)으로 옮겼다.

τοὺς Ομμαίους τοὺς ἐν Σαυη τῇ πόλει 6 καὶ τοὺς Χορραίους τοὺς ἐν τοῖς ὄρεσιν Σηιρ ἕως τῆς τερεμίνθου τῆς Φαραν, ἥ ἐστιν ἐν τῇ ἐρήμῳ.   7 καὶ ἀναστρέψαντες ἤλθοσαν ἐπὶ τὴν πηγὴν τῆς κρίσεως (αὕτη ἐστὶν Καδης) καὶ κατέκοψαν πάντας τοὺς ἄρχοντας Αμαληκ καὶ τοὺς Αμορραίους τοὺς κατοικοῦντας ἐν Ασασανθαμαρ.   8 ἐξῆλθεν δὲ βασιλεὺς Σοδομων καὶ βασιλεὺς Γομορρας καὶ βασιλεὺς Αδαμα καὶ βασιλεὺς Σεβωιμ καὶ βασιλεὺς Βαλακ (αὕτη ἐστὶν Σηγωρ) καὶ παρετάξαντο αὐτοῖς εἰς πόλεμον ἐν τῇ κοιλάδι τῇ ἁλυκῇ, 9 πρὸς Χοδολλογομορ βασιλέα Αιλαμ καὶ Θαργαλ βασιλέα ἐθνῶν καὶ Αμαρφαλ βασιλέα Σεννααρ καὶ Αριωχ βασιλέα Ελλασαρ, οἱ τέσσαρες βασιλεῖς πρὸς τοὺς πέντε.   10 ἡ δὲ κοιλὰς ἡ ἁλυκὴ φρέατα φρέατα ἀσφάλτου· ἔφυγεν δὲ βασιλεὺς Σοδομων καὶ βασιλεὺς Γομορρας καὶ ἐνέπεσαν ἐκεῖ, οἱ δὲ καταλειφθέντες εἰς τὴν ὀρεινὴν ἔφυγον.   11 ἔλαβον δὲ τὴν ἵππον πᾶσαν τὴν Σοδομων καὶ Γομορρας καὶ πάντα τὰ βρώματα αὐτῶν καὶ ἀπῆλθον.   12 ἔλαβον δὲ καὶ τὸν Λωτ υἱὸν τοῦ ἀδελφοῦ Αβραμ καὶ τὴν ἀποσκευὴν αὐτοῦ καὶ ἀπῴχοντο· ἦν γὰρ κατοικῶν ἐν Σοδομοις.

14.13 Παραγενόμενος δὲ τῶν ἀνασωθέντων τις ἀπήγγειλεν Αβραμ τῷ περάτῃ· αὐτὸς δὲ κατῴκει πρὸς τῇ δρυὶ τῇ Μαμβρη ὁ Αμορις τοῦ ἀδελφοῦ Εσχωλ καὶ ἀδελφοῦ Αυναν, οἳ ἦσαν συνωμόται τοῦ Αβραμ. 14 ἀκούσας δὲ Αβραμ ὅτι ᾐχμαλώτευται Λωτ ὁ ἀδελφὸς αὐτοῦ,

---

8) "그들과 함께"(ἅμα αὐτοῖς)는 히브리어 '함에서'(בְּהָם)를 '그들과 함께'(בָּהֶם)로 잘못 읽었기 때문이다.

9) 히브리어 "사웨-키럇다임"(שָׁוֵה קִרְיָתַיִם)에서 קִרְיָתַיִם을 쌍수가 아닌 단수로 읽고 성읍으로 이해하여 "사웨 성읍"(Σαυη τῇ πόλει)으로 옮겼다.

10) LXX 번역자는 처음 두 민족의 이름 뜻을 풀이하여 히브리어 "르바족"(רְפָאִים)을 "거인들"(γίγαντας)로, "수스족"(זוּזִים)을 "힘센 민족"(ἔθνη ἰσχυρά)으로 옮겼다. 그리고 세 번째 민족인 "엠족"(אֵימִים)은 음역하여 "옴 사람들"(Ομμαίος)이라 옮겼는데, 타르굼 옹켈로스는 '무시무시한 자들'(אֵימְתָנִי)로 번역하였다.

11) "테레빈 나무"(τερεμίνθος)는 히브리어 "엘-바란"(אֵיל פָּארָן)이라는 지명의 앞부분 '엘'(אֵיל)을 보통명사로 풀어 번역한 것이다.

12) LXX는 시리아어역처럼 히브리어 '들판'(שָׂדֶה)의 두 번째 자음 ד을 ר로 읽어 "수장"(ἀρχή)으로 옮겼다.

힘센 민족도 그들과 함께[8] (무찔렀다). 그리고 사웨 성읍에서[9] 온 사람들을,[10] 6 세일 산악지방에서는 호리 사람들을 (무찔러), 사막에 있는 바란의 테레빈 나무까지[11] 이르렀다. 7 그들은 (발길을) 돌려 심판의 우물, 곧 카데스로 가서 아말렉의 모든 수장과[12] 하사손-다말에 사는 아모리 사람들도 무찔렀다. 8 그러나 소돔 임금, 고모라 임금, 아드마 임금, 스보임 임금, 세고르라고도 하는 벨라[13] 임금이 나와 소금 골짜기에서 그들과 전쟁하려고 전열을 가다듬었다. 9 엘람 임금 그돌라오멜, 민족들의 임금 타르갈, 시날 임금 아므라벨, 엘라살 임금 아르욕, 이 네 임금이 다섯과 (싸웠다). 10 소금 골짜기에는 역청 수렁이 많았는데, 소돔 임금과 고모라 임금이 달아나다 거기에 빠졌고 나머지는 산으로 달아났다. 11 그러자 그들이 소돔과 고모라의 모든 말과[14] 그들의 모든 양식을 가져 가 버렸다. 12 그들은 또한 소돔에 살고 있던 아브람 형제의 아들 롯과 그의 재물도[15] 가지고 떠났다.

아브람이 롯을 구하다

14,13 목숨을 건진 사람 하나가 이주자[16] 아브람에게 와서 알렸는데, 그는 마므레의 참나무 곁에 살고 있었다. 아모리 사람 마므레는 에스골의 형제였고 아우난의[17] 형제이기도 한데, 이들은 아브람과 연대한 사람들이었다. 14 아브람은 자기 형제 롯

---

13) 14,2 각주 참조.

14) LXX는 히브리어 "재물"(רכש)을 "말"(ἵππος)로 옮겼다. 히브리어 '재물'(רכֶש)은 '빠른 말'(רֶכֶש)과 자음이 같다.

15) 히브리어 "재물"에 대응하는 그리스 단어 ἀποσκευή가 여기에 처음으로 등장하며 15,14과 31,18에 다시 나온다. 이 단어는 군사용어로서 이동하는 집단에 속한 모든 사람과 사물을 가리킨다. 다른 구절에서는 ἀποσκευή가 사람 가운데 어린이를 뜻하기도 하므로(46,5) 문맥에 따라 해석해야 한다.

16) 처음 등장하는 그리스어 "이주자"(περάτης)는 히브리어 עברי(히브리 사람)를 그 어근(עבר 지나가다, 통과하다)의 의미에 따라 옮긴 것이다. περάτης는 부사 '~ 저편에'(πέρα)에서 파생한 단어로 '저편을 지나온 사람', 또는 '저쪽에서 온 사람'을 뜻한다. 아브람의 이야기에 비추어 보면, 강(유프라테스)의 다른 쪽에서 온 사람, 곧 메소포다미아에서 온 사람을 말한다. 또한 이 단어는 히브리어 '유프라테스 강'(פרת)과 동음효과를 낸다.

17) LXX는 히브리어 "아넬"(ענר)을 다른 자료전승에 따라 이곳과 다음 24절에서 "아우난"(Αυναν)으로 옮겼다.

ἠρίθμησεν τοὺς ἰδίους οἰκογενεῖς αὐτοῦ, τριακοσίους δέκα καὶ ὀκτώ, καὶ κατεδίωξεν ὀπίσω αὐτῶν ἕως Δαν. **15** καὶ ἐπέπεσεν ἐπ᾽ αὐτοὺς τὴν νύκτα, αὐτὸς καὶ οἱ παῖδες αὐτοῦ, καὶ ἐπάταξεν αὐτοὺς καὶ ἐδίωξεν αὐτοὺς ἕως Χωβα, ἥ ἐστιν ἐν ἀριστερᾷ Δαμασκοῦ. **16** καὶ ἀπέστρεψεν πᾶσαν τὴν ἵππον Σοδομων, καὶ Λωτ τὸν ἀδελφὸν αὐτοῦ ἀπέστρεψεν καὶ τὰ ὑπάρχοντα αὐτοῦ καὶ τὰς γυναῖκας καὶ τὸν λαόν.

14,17 Ἐξῆλθεν δὲ βασιλεὺς Σοδομων εἰς συνάντησιν αὐτῷ — μετὰ τὸ ἀναστρέψαι αὐτὸν ἀπὸ τῆς κοπῆς τοῦ Χοδολλογομορ καὶ τῶν βασιλέων τῶν μετ᾽ αὐτοῦ — εἰς τὴν κοιλάδα τὴν Σαυη (τοῦτο ἦν τὸ πεδίον βασιλέως). **18** καὶ Μελχισεδεκ βασιλεὺς Σαλημ ἐξήνεγκεν ἄρτους καὶ οἶνον· ἦν δὲ ἱερεὺς τοῦ θεοῦ τοῦ ὑψίστου. **19** καὶ ηὐλόγησεν τὸν Αβραμ καὶ εἶπεν Εὐλογημένος Αβραμ τῷ θεῷ τῷ ὑψίστῳ, ὃς ἔκτισεν τὸν οὐρανὸν καὶ τὴν γῆν, **20** καὶ εὐλογητὸς ὁ θεὸς ὁ ὕψιστος, ὃς παρέδωκεν τοὺς ἐχθρούς σου ὑποχειρίους σοι. καὶ ἔδωκεν αὐτῷ δεκάτην ἀπὸ πάντων. **21** εἶπεν δὲ βασιλεὺς Σοδομων πρὸς Αβραμ Δός μοι τοὺς ἄνδρας, τὴν δὲ ἵππον λαβὲ σεαυτῷ

---

18) LXX는 히브리어 본문의 "자기 집에서 태어나서 훈련받은 장정"(חניכיו)을 "자기 집에서 태어난 종"(τοὺς ἰδίους οἰκογενεῖς αὐτοῦ)으로 옮겼다.

19) '삼백십팔'은 그리스어 문자 I(10), H(8), T(300)를 합한 수이기도 하다. 계수학을 응용한 일부 그리스도교 전승은 이 숫자에서 예수님의 이름(Ἰησοῦς)과 십자가(T)를 끌어내었다(바르나바의 편지 9,7-8).

20) 여기서 "왼쪽"(ἀριστερᾷ)은 북쪽을 말한다(MT: שמאל 북쪽). 사람은 해가 뜨는 쪽(동쪽)을 마주하기 때문이다.

21) "말"(ἵππος)에 대해서는 14,11 각주 참조. 이 절에서 MT는 '재물'(רכֻשׁ)이라는 말을 두 번 썼는데, LXX는 이것을 "말"(ἵππον)과 "재물"(ὑπάρχοντα)이라 하였다. LXX는 '말'을, 11절과 달리 "소돔의 모든 말"(πᾶσαν τὴν ἵππον Σοδομων)로 한정한다.

22) 그리스어 "사람들"(λαός)은 전쟁에 참가하는 사람들을 가리키기도 한다.

23) 18-20절에서는 예루살렘으로 알려진 도시 살렘의 임금 멜기세덱이라는 인물이 소개된다. 뜻이 분명하지 않은 20절은 여러 가지 해석을 낳았다. 필로는 멜기세덱이 '승리의 신'으로서 아브람에게 전승 기념물을 주었으며, 아브람은 신에 대한 감사로 하느님께 십분의 일을 바쳤다고 풀이하였다(*Congr.* 93). '드높으신 하느님의 사제'라고 불린 것으로 보아 멜기세덱은 이방 사제인 듯하다(필로, *Abr.* 235). 일부 유다교 전통은 멜기세덱이라는 이 신비한 존재에 메시아적 지위를 부여하였다(참조: 히브 5,5-10; 6,20; 7,1-10). 시편 110,4에서 멜기세덱은 '영원한 사제'이며 그리스도의 예형으로 나온다.

이 붙잡혀 갔다는 소식을 듣고, 자기 집에서 태어난 종[18] 삼백십팔 명을[19] 세어 (데리고) 단까지 그들 뒤를 쫓았다. 15 그와 그의 종들은 밤에 그들에게 와서 그들을 치고 다마스쿠스 왼쪽에[20] 있는 호바까지 〈그들을〉 쫓아갔다. 16 그는 소돔의 모든 말을[21] 도로 가져오고, 자기 형제 롯과 그의 재물과 부녀자들과 사람들도[22] 도로 데려왔다.

아브람과 멜기세덱[23]

14,17 아브람이[24] 그돌라오멜과 그와 함께한 임금들을 무찌르고 돌아오자, 소돔 임금이 사웨 골짜기, 곧 임금 평야로[25] 그를 만나러 나왔다. 18 살렘 임금 멜기세덱도 빵과 포도주를[26] 가지고 나왔다. 그는 드높으신 하느님의 사제였다.[27] 19 그는 아브람에게 축복하며 말하였다. "하늘과 땅을 창조하신 분,[28] 드높으신 하느님께 아브람은 복 받을지어다. 20 당신의 적들을 당신 손에 넘겨주신 분, 드높으신 하느님은 복 받으실 분이다."[29] 아브람은[30] 그 모든 것에서 십분의 일을 그에게 주었다. 21 소돔 임금이 아브람에게 말하였다. "남자들은 내게 주고 말은[31] 당신이 가지시

---

24) LXX 본문의 *αὐτός*는 '돌아오다' (*ἀναστρέφω*) 동사의 주어로 아브람을 뜻한다.

25) MT는 "사웨 골짜기 곧 임금 골짜기"(עמק שוה הוא עמק המלך)라 하여 '골짜기'를 반복하였으나, LXX는 '골짜기'(*κοιλάς*)와 '평야'(*πεδίον*)로 옮겼다.

26) 필로는 "빵과 포도주"가 승리를 축하하는 최고의 잔치음식이라고 한다(*Abr.* 235). 한편 그리스도교 전통은 여기에 나온 '빵과 포도주'를 성찬의 전조로 본다.

27) "사제"(*ἱερεύς*)라는 단어는 창세기 뒷부분(41: 47장)에서 이집트 사제를 가리키지만 LXX의 다른 책에서는 히브리 사제를 뜻하기도 한다. 여기서도 일반적으로 그리스 이교의 최고신에게 붙이는 칭호인 "드높으신 하느님"과 함께 나와 이교 용어처럼 쓰였다. 이것은 MT의 "지존하신 하느님"(אל עליון)에 대응하는 칭호로 창세기에 단 한 번 나온다. 이 표현은 민수 24,16(발람의 신탁)과 신명 32,8(모세의 노래) 등의 운문에 다시 등장한다.

28) '창조하다'(*κτίζω*) 동사는 LXX에서 이곳 말고 신명 4,32에만 나온다. 하느님을 '창조주'로 부르는 것은 일부 전승에서 하느님의 존재를 깨달은 멜기세덱의 전설이 발전한 것이다.

29) 19절에서 아브람을 묘사할 때는 *εὐλογημένος*를 썼으나 여기서는 *εὐλογητός*를 써서 하느님을 묘사하였다. 이 두 표현의 차이는, 하느님께서 복 받으실 분이라는 것은 명백한 사실이지만 아브람은 하느님께 복을 받고 있는 상태, 과정이라는 것이다. MT는 이런 구분 없이 둘 다 ברוך이라 하였다.

30) 동사 '주나'(*δίδωμι*)의 주어가 표시되지 않은 이 절에서 일부 필사본들은 아브람을 주어로 덧붙였다.

31) 필로는 이성을 지닌 '사람'과 비이성적 본성을 지닌 '말'을 대비시킨다(*Leg.* III,24-25).

22 εἶπεν δὲ Αβραμ πρὸς βασιλέα Σοδομων Ἐκτενῶ τὴν χεῖρά μου πρὸς τὸν θεὸν τὸν ὕψιστον, ὃς ἔκτισεν τὸν οὐρανὸν καὶ τὴν γῆν, **23** εἰ ἀπὸ σπαρτίου ἕως σφαιρωτῆρος ὑποδήματος λήμψομαι ἀπὸ πάντων τῶν σῶν, ἵνα μὴ εἴπῃς ὅτι Ἐγὼ ἐπλούτισα τὸν Αβραμ· **24** πλὴν ὧν ἔφαγον οἱ νεανίσκοι καὶ τῆς μερίδος τῶν ἀνδρῶν τῶν συμπορευθέντων μετ᾽ ἐμοῦ, Εσχωλ, Αυναν, Μαμβρη, οὗτοι λήμψονται μερίδα.

15.1 Μετὰ δὲ τὰ ῥήματα ταῦτα ἐγενήθη ῥῆμα κυρίου πρὸς Αβραμ ἐν ὁράματι λέγων Μὴ φοβοῦ, Αβραμ· ἐγὼ ὑπερασπίζω σου· ὁ μισθός σου πολὺς ἔσται σφόδρα. **2** λέγει δὲ Αβραμ Δέσποτα, τί μοι δώσεις; ἐγὼ δὲ ἀπολύομαι ἄτεκνος· ὁ δὲ υἱὸς Μασεκ τῆς οἰκογενοῦς μου, οὗτος Δαμασκὸς Ελιεζερ. **3** καὶ εἶπεν Αβραμ Ἐπειδὴ ἐμοὶ οὐκ ἔδωκας σπέρμα, ὁ δὲ οἰκογενής μου κληρονομήσει με. **4** καὶ εὐθὺς φωνὴ κυρίου ἐγένετο πρὸς αὐτὸν λέγων Οὐ κληρονομήσει σε οὗτος, ἀλλ᾽ ὃς ἐξελεύσεται ἐκ σοῦ, οὗτος κληρονομήσει σε. **5** ἐξήγαγεν δὲ αὐτὸν ἔξω καὶ εἶπεν αὐτῷ Ἀνάβλεψον δὴ εἰς τὸν οὐρανὸν καὶ ἀρίθμησον τοὺς ἀστέρας, εἰ δυνήσῃ ἐξαριθμῆσαι αὐτούς. καὶ εἶπεν

---

32) MT는 יהוה אל עליון קנה שמים וארץ(하늘과 땅을 지으신 분이시며 지존하신 하느님이신 주님)라고 하여, LXX의 τὸν θεὸν τὸν ὕψιστον, ὃς ἔκτισεν τὸν οὐρανὸν καὶ τὴν γῆν(하늘과 땅을 창조하신 분, 드높으신 하느님)에 "주님"(יהוה)이라는 표현이 더 들어 있다. 이는 멜기세덱의 하느님(19절)이 히브리 사람들의 하느님과 다름을 나타내는 것이다. 일부 그리스 사본들에도 '주님'(κύριος)이라는 표현이 들어 있다.

33) '손을 들어 올리다'(ἐκτείνω τὴν χεῖρα)라는 표현은 다음에 이어지는 맹세를 소개하는 구실을 한다.

34) 신발끈을 뜻하는 그리스어는 필사본에 따라 σφαιρωτήρ나 σφυρωτήρ의 두 가지 형태로 나온다. 그러나 탈출 25.30 이하에서 σφαιρωτήρ는 꽃모양의 '잔'을 가리킨다.

35) LXX는 부정의 맹세 정식을 이끄는 히브리어 אם을 εἰ로 옮겼다.

36) LXX는 MT의 "아넬과 에스골과 마므레"의 순서와 다르다. 에스골을 아넬(LXX: 아우난) 앞에 두었다.

1) 이 대목은 하느님의 개입 장면이다. LXX는 중요한 몇몇 어휘를 제외하고는 MT와 분위기를 맞추어 성서 본문의 극적인 요소들을 충실히 전달하였다. 그리스도교 전통은 우선 '후손'(σπέρμα)이라는 말에 초점을 맞춘다. 예수께서 유다인들과 말씀하실 때, 유다인들이 "우리는 아브라함의 후손입니다"(요한 8,33)라고 말한 것과, 바오로가 아브라함의 믿음에 관하여 설명한 것(로마 4,1-25)에 따르면, 그리스도인은 '아브라함의 작품'이며 그의 후손이다. 이 장면에 나오는 아브람의 희생제사와 환시에 관한 이야기는 이차적인 관심대상이다.

오.” 22 그러자 아브람이 소돔 임금에게 말하였다. “하늘과 땅을 창조하신 분, 드높으신 하느님께[32] 내 손을 들어 올리겠소.[33] 23 실오라기에서 신발끈까지[34] 당신 것에서는 아무것도 가지지 않겠소.[35] 그래서 당신이 ‘내가 아브람을 부자로 만들었다’고 말하지 못하게 말이오. 24 다만 젊은이들이 먹은 것을 빼고 나와 함께 갔던 남자들, 곧 에스콜과 아우난과 마므레는,[36] (자기네) 몫을 가질 것이오.”

하느님께서 아브람에게 후손을 약속하시다[1]

15,1 이런 일들이 있은 뒤, 주님의 말씀이 환시 가운데 아브람에게 있었다. “아브람아, 두려워하지 마라. 나는 너의 방패이다.[2] 너의 상이 매우 크리라.” 2 아브람이 말한다.[3] “주재자님,[4] 저에게 무엇을 주시겠습니까? 저는 자식 없이 떠납니다.[5] 제 집안 여종 마섹의 아들, 그가 다마스쿠스 사람 엘리에젤입니다.”[6] 3 아브람이 (다시) 말하였다. “당신께서 저에게 자식을 주지 않으셔서, 제 집안의 종이 저를 상속할 것입니다.” 4 곧이어 주님의 음성이[7] 그에게 이르렀다. “바로 그자가 너를 상속하지 않으리라. 너에게서 나온,[8] 그가 너를 상속하리라.” 5 그러고는 그를 밖으로 데려가시어 말씀하셨다. “하늘을 쳐다보고, 네가 셀 수 있거든 그 별들을[9] 세어 보아라.” 그리고

---

2) ὑπερασπίζω(방패로 어떤 사람을 덮어 주다) 동사는 고전주의 문학 이후 군사용어로 나타난다. 이 단어는 예언서(이사 31,5)와 지혜서에서 하느님께서 백성에게 나타나신다는 종교적 의미로 쓰였고, 그리스도교에서 ‘보호자’(ὑπερασπιστής) 하느님을 가리키는 용어로 사용되었다.

3) 창세기에서 과거를 대신하여 유일하게 역사적 현재형 ‘말하다’(λέγει)가 쓰인 경우이다.

4) ‘주재자님’(δεσπότης)은 여기서 하느님을 가리키는 말로 사용되었다.

5) ‘떠나다’(ἀπολύω) 동사는 고전 그리스어에서 ‘죽다’라는 뜻이다.

6) 이 절의 마지막 문장은 MT나 LXX 모두 그 의미가 명확하지 않다. LXX는 “마섹의 아들, 다마스쿠스 사람 엘리에젤”(ὁ υἱὸς Μασεκ … Δαμασκὸς Ελιεζερ)이라 하여 마섹(Μασεκ)을 고유명사처럼 사용하였는데, MT는 משק을 ‘소유, 상속’ 등으로 이해하였다. 필로와 몇몇 교부들은 ‘그가 저를 상속할 것입니다’를 3절에서 빌려와 여기에 덧붙인다.

7) LXX는 주님의 “음성”(φωνή)과 ‘말씀’(ῥῆμα, 1절)을 구분하지만, MT는 두 곳 모두 “말씀”(דבר)을 사용한다.

8) LXX의 “너에게서 나온”(ὃς ἐξελεύσεται ἐκ σοῦ)은 MT의 ‘네 배에서 나온’(יצא ממעיך)을 좀 더 문맥에 맞게 옮긴 것이다.

9) “별들”(ἀστέρας)은 13,16의 ‘모래’(ἄμμος)와 대비된다. 오리게네스는 이 ‘별들’을 천상의 후손, 곧 새로운 계약과 세례를 받은 ‘세상의 빛’(요한 1,7-8)과 연결시켰다(G 158).

Οὕτως ἔσται τὸ σπέρμα σου.   **6** καὶ ἐπίστευσεν Αβραμ τῷ θεῷ, καὶ ἐλογίσθη αὐτῷ εἰς δικαιοσύνην.   **7** εἶπεν δὲ πρὸς αὐτόν Ἐγὼ ὁ θεὸς ὁ ἐξαγαγών σε ἐκ χώρας Χαλδαίων ὥστε δοῦναί σοι τὴν γῆν ταύτην κληρονομῆσαι.   **8** εἶπεν δέ Δέσποτα κύριε, κατὰ τί γνώσομαι ὅτι κληρονομήσω αὐτήν;   **9** εἶπεν δὲ αὐτῷ Λαβέ μοι δάμαλιν τριετίζουσαν καὶ αἶγα τριετίζουσαν καὶ κριὸν τριετίζοντα καὶ τρυγόνα καὶ περιστεράν.   **10** ἔλαβεν δὲ αὐτῷ πάντα ταῦτα καὶ διεῖλεν αὐτὰ μέσα καὶ ἔθηκεν αὐτὰ ἀντιπρόσωπα ἀλλήλοις, τὰ δὲ ὄρνεα οὐ διεῖλεν.   **11** κατέβη δὲ ὄρνεα ἐπὶ τὰ σώματα, τὰ διχοτομήματα αὐτῶν, καὶ συνεκάθισεν αὐτοῖς Αβραμ.   **12** περὶ δὲ ἡλίου δυσμὰς ἔκστασις ἐπέπεσεν τῷ Αβραμ, καὶ ἰδοὺ φόβος σκοτεινὸς μέγας ἐπιπίπτει αὐτῷ.   **13** καὶ ἐρρέθη πρὸς Αβραμ Γινώσκων γνώσῃ ὅτι πάροικον ἔσται τὸ σπέρμα σου ἐν γῇ οὐκ ἰδίᾳ, καὶ δουλώσουσιν αὐτοὺς καὶ κακώσουσιν αὐτοὺς καὶ ταπεινώσουσιν αὐτοὺς τετρακόσια ἔτη.   **14** τὸ δὲ ἔθνος, ᾧ ἐὰν δουλεύσωσιν, κρινῶ ἐγώ· μετὰ δὲ ταῦτα ἐξελεύσονται ὧδε μετὰ ἀποσκευῆς πολλῆς.   **15** σὺ δὲ ἀπελεύσῃ πρὸς τοὺς πατέρας σου μετ᾽

---

10) ‘믿다’ (πιστεύω)라는 말이 이곳에서 처음으로 등장한다.

11) “의로움” (δικαιοσύνη)이 처음으로 나온다. 아브람이 하느님과의 관계에서 흠이 없다는 것이다. 이 말은 18,19에서 도덕적 의미로 쓰인다.

12) 하느님을 가리키는 “주재자” (δεσπότης)가 “주님” (κύριος)과 함께 나온다. 이런 표현은 오경의 다른 곳에서는 찾아볼 수 없는데, 히브리어 본문의 “주 하느님” יהוה אדני를 옮긴 것이다.

13) ‘세 살 먹다’ (τριετίζω)라는 동사는 ‘삼 년의, 세 살 된’ (τριετής)이라는 형용사에서 파생한 신조어이다. 필로는 여기 나오는 숫자 3은 완벽함을 가리킨다고 하였는데, 이 숫자가 ‘시작과 중간과 마지막’을 포함하고 있기 때문이라고 한다(*Her.* 125-127).

14) LXX의 마지막 짐승 “집비둘기” (περιστερά)는 MT의 “어린 집비둘기” (גוזל)와 다르다. 아퀼라역과 심마쿠스역은 ‘어린 새’ (νεοσσός)로 옮겼다.

15) 필로는 ‘나에게, 나를 위해서’ (μοι)를 다음과 같이 해석한다. 곧 인간은 하느님께서 맡겨 주신 것을 받았으므로 이를 봉헌의 형태로 다시 돌려드려야 한다는 것이다(*Her.* 102-124).

16) 짐승을 자르는 의식은 히브리어 ‘계약을 맺다’ (כרת ברית, 직역: 계약을 자르다)라는 표현과 함께 이해할 수 있는데, 일부 주석가들은 이를 성화(聖化) 의식으로 보았다. 그러나 교부들은 이러한 견해에 반대하여, 이는 계약을 견고히 하려는 의식이라고 하였다.

17) LXX는 MT의 “맹금들” (עיט) 대신에 구체적인 종류를 밝히지 않고 그냥 “새들” (ὄρνεα)이라고 하였다.

말씀하셨다. "네 후손이 이와 같이 되리라." 6 아브람이 하느님을 믿으니,[10] 그것이 그분께 의로움으로[11] 인정받았다. 7 그분께서 그에게 말씀하셨다. "나는 이 땅을 너에게 주어 차지하게 하려고 너를 갈대아 지방에서 이끌어 낸 하느님이다." 8 그러자 그가 말하였다. "주재자이신 주님,[12] 제가 그것을 차지하리라는 것을 무엇으로 알 수 있습니까?" 9 그분께서 그에게 말씀하셨다. "삼 년 된[13] 암송아지 한 마리와 삼 년 된 암염소 한 마리와 삼 년 된 숫양 한 마리. 그리고 산비둘기 한 마리와 집비둘기[14] 한 마리를 나에게[15] 가져오너라." 10 그는 이 모든 것을 그분께 가져와서 그것들을 반으로 잘라,[16] 그것들이 서로 마주 보게 차려 놓았다. 그러나 새들은 자르지 않았다. 11 새들이[17] 잘라 놓은 몸뚱이들 위에 내려앉자,[18] 아브람이 그것들 옆에 앉았다.[19] 12 해질 무렵, 아브람 위로 무아경이[20] 덮치고 짙은 어둠의 공포가 그를 뒤덮는 것이 아닌가. 13 아브람에게 말씀이 있었다.[21] "잘 알아 두어라. 너의 후손은 남의 땅에서 몸 붙여 살며 그들을 섬기고, 그들은 사백 년[22] 동안 너의 후손을[23] 억압하고 모욕하리라.[24] 14 그러나 그들이 종이 되어 섬길 민족을 나는 심판하리라. 그런 다음 그들은 많은 재물을 가지고 여기로[25] 나오리라. 15 너는 평화로이 네 조상들에게 가리라.

---

18) 필로는 '새들이 내려온 것'을 알레고리적으로 풀이하여, 이를 악령들의 활동이라고 하였다 (*Her.* 241-242).

19) LXX는 '앉다'($\sigma\nu\gamma\kappa\alpha\theta\iota\zeta\omega$) 동사를 여격과 함께 사용하여 아브람이 마치 새들 가운데 재판관처럼 앉아 있는 모습으로 묘사하였다. LXX 번역자는 이에 대응하는 히브리어 동사(וישב)의 어근을 '불다, 쫓다'(נשב)가 아니라 '앉다'(ישב)로 보았다. 아퀼라역은 '쫓다'($\alpha\pi\sigma\sigma\beta\epsilon\sigma\mu\alpha\iota$) 동사를 썼다.

20) "무아경"($\check{\epsilon}\kappa\sigma\tau\alpha\sigma\iota\varsigma$)은 히브리어 "깊은 잠"(תרדמה)에 대응하여 쓰였는데(2,21 각주 참조), 이 그리스 단어가 다른 히브리어 이근에 대응하여 쓰인 곳노 있다(27,33 참조).

21) "말씀이 있었다"($\epsilon\rho\rho\epsilon\theta\eta$)라는 수동형의 표현방식은 1,4절과 같으며, '(주님께서) 말씀하셨다'(ויאמר)라는 MT의 능동 표현과는 다르다.

22) 이 구절의 "사백 년"($\tau\epsilon\tau\rho\alpha\kappa\acute{o}\sigma\iota\alpha$ $\check{\epsilon}\tau\eta$)이라는 언급은 LXX의 탈출 12,40-41에 부합한다. LXX의 탈출 12,40은 이스라엘 백성이 이집트에 사백 년 동안 머물고, 가나안에 삼십 년 동안 머물렀다고 구체적으로 밝힌다. 그러나 MT의 탈출 12,40은 이스라엘 백성이 이집트에 머문 것이 사백삼십 년이라 하여 창세기의 이 구절과 정확하게 일치하지 않는다.

23) 대격 대명사 $\alpha\dot{\upsilon}\tau\sigma\acute{\upsilon}\varsigma$를 문맥에 따라 "너의 후손"으로 옮기다.

24) '그들이 그들을 모욕하리라'($\tau\alpha\pi\epsilon\iota\nu\acute{\omega}\sigma\sigma\nu\sigma\iota\nu$ $\alpha\dot{\upsilon}\tau\sigma\acute{\upsilon}\varsigma$)는 MT에 없는 구절이다. MT와 마찬가지로, 타르굼 옹켈로스와 이 구절을 인용한 사도 7,6에도 이 구절이 없다

25) MT에 없는 말 "여기로"($\hat{\omega}\delta\epsilon$)를 덧붙였다. 이는 다음의 16절과 일치시킨 결과이다.

εἰρήνης, ταφεὶς ἐν γήρει καλῷ. **16** τετάρτη δὲ γενεᾷ ἀποστραφήσονται ὧδε· οὔπω γὰρ ἀναπεπλήρωνται αἱ ἁμαρτίαι τῶν Αμορραίων ἕως τοῦ νῦν. **17** ἐπεὶ δὲ ἐγίνετο ὁ ἥλιος πρὸς δυσμαῖς, φλὸξ ἐγένετο, καὶ ἰδοὺ κλίβανος καπνιζόμενος καὶ λαμπάδες πυρός, αἳ διῆλθον ἀνὰ μέσον τῶν διχοτομημάτων τούτων. **18** ἐν τῇ ἡμέρᾳ ἐκείνῃ διέθετο κύριος τῷ Αβραμ διαθήκην λέγων Τῷ σπέρματί σου δώσω τὴν γῆν ταύτην ἀπὸ τοῦ ποταμοῦ Αἰγύπτου ἕως τοῦ ποταμοῦ τοῦ μεγάλου, ποταμοῦ Εὐφράτου, **19** τοὺς Καιναίους καὶ τοὺς Κενεζαίους καὶ τοὺς Κεδμωναίους **20** καὶ τοὺς Χετταίους καὶ τοὺς Φερεζαίους καὶ τοὺς Ραφαϊν **21** καὶ τοὺς Αμορραίους καὶ τοὺς Χαναναίους καὶ τοὺς Ευαίους καὶ τοὺς Γεργεσαίους καὶ τοὺς Ιεβουσαίους.

16.1 Σαρα δὲ ἡ γυνὴ Αβραμ οὐκ ἔτικτεν αὐτῷ. ἦν δὲ αὐτῇ παιδίσκη Αἰγυπτία, ᾗ ὄνομα Αγαρ. **2** εἶπεν δὲ Σαρα πρὸς Αβραμ Ἰδοὺ συνέκλεισέν με κύριος τοῦ μὴ τίκτειν· εἴσελθε οὖν πρὸς τὴν παιδίσκην μου, ἵνα τεκνοποιήσῃς ἐξ αὐτῆς. ὑπήκουσεν δὲ Αβραμ τῆς φωνῆς Σαρας. **3** καὶ λαβοῦσα Σαρα ἡ γυνὴ Αβραμ Αγαρ τὴν Αἰγυπτίαν τὴν ἑαυτῆς παιδίσκην — μετὰ δέκα ἔτη τοῦ οἰκῆσαι Αβραμ ἐν γῇ Χανααν — καὶ ἔδωκεν αὐτὴν Αβραμ τῷ ἀνδρὶ αὐτῆς αὐτῷ γυναῖκα. **4** καὶ εἰσῆλθεν πρὸς Αγαρ, καὶ συνέλαβεν καὶ εἶδεν ὅτι ἐν γαστρὶ ἔχει, καὶ ἠτιμάσθη ἡ κυρία ἐναντίον αὐτῆς. **5** εἶπεν δὲ Σαρα πρὸς Αβραμ Ἀδικοῦμαι ἐκ σοῦ· ἐγὼ δέδωκα τὴν παιδίσκην μου εἰς τὸν κόλπον σου, ἰδοῦσα δὲ ὅτι ἐν γαστρὶ ἔχει, ἠτιμάσθην ἐναντίον

---

26) 많은 LXX 필사본들에 동사 '먹이다/양육하다'(τρέφω)에서 파생된 τραφείς가 나온다. 우리말 번역 대본이 된 LXX(랄프스판)는 이 단어를 "너는 묻히리라"(ταφείς)로 고쳐 MT와의 일치를 꾀하였다.

27) "불길"(φλόξ)은 일반적으로 불꽃을 말한다(3,24 참조). 이 단어는 때로 연기나 수증기를 가리키기도 한다(19,28 참조). MT는 이 불길을 "어둠"(עלטה)이라 하였다.

28) 필로는 '횃불이 잘라 놓은 짐승들 사이로 지나가는 것'을 하느님의 심판을 묘사한 것이라 해석하였다(*Her.* 311-312).

29) '르바 사람들'만 제외하고 20-21절에 나오는 일곱 부족은 가나안에 사는 주민들을 가리키는 이름이다(참조: 신명 7,1; 여호 3,10; 24,11).

30) LXX는 히브리어 본문에 나오는 네 부족 이외에 "히위 사람들"(Ευαίους)을 첨가하였다.

너는 아주 늙어 무덤에 묻히리라.²⁶⁾ 16 그들은 사 대째 되어서야 여기로 돌아오리라. 아모리 사람들의 죄들이 아직 다 차지 않았기 때문이다.” 17 해가 지자 불길이²⁷⁾ 일었으며, 연기 뿜는 화덕과 타오르는 횃불이 잘라 놓은 이 짐승들 사이로 지나갔다.²⁸⁾ 18 그날 주님께서 (이렇게) 말씀하시며 아브람에게 계약을 맺으셨다. “나는 이집트 강에서 큰 강, 곧 유프라테스 강까지 이르는 이 땅을 네 후손에게 주겠다. 19 이는 켄 사람들, 크니즈 사람들, 카드몬 사람들, 20 헷 사람들, 브리즈 사람들, 르바 사람들,²⁹⁾ 21 아모리 사람들, 가나안 사람들, 히위 사람들,³⁰⁾ 기르갓 사람들, 여부스 사람들의 땅이다.”

사래의 불임과 하갈의 임신¹⁾

16,1 아브람의 아내 사래는 그에게 아이를 낳아 주지 못하였다. 그 여자에게는 하갈이라는 이름의 이집트 여종이 하나 있었다. 2 사래가 아브람에게 말하였다. “보세요, 주님께서 아이를 낳지 못하게 나를 닫으셨으니,²⁾ 내 여종에게 드시어 그에게서 아이를 얻도록 하세요.”³⁾ 아브람이 사래의 소리를 들었다. 3 아브람의 아내 사래는 자기의 이집트 여종 하갈을 데려다, 자기 남편 아브람에게 아내로 주었다. 아브람이 가나안 땅에 산 지 십 년이 지난 뒤였다. 4 그가 하갈에게 들자 그 여자가 임신하였다. 하갈이 자기 태에 (아이를) 가진 것을 알자, 여주인은 그 여자 앞에서 굴욕을 당했다.⁴⁾ 5 사래가 아브람에게 말하였다. “나는 당신에게 불의를 당하고 있어요. 내가 여종을 당신 품안에 주었는데, 그가 태에 (아이를) 가진 것을 알고는, 나는 그 앞에서 굴욕을 당하고 있어요. 부디 하느님께서 나와 당신 사이를 심판하여 주셨으

---

1) 그리스도교 전통(갈라 4,24)은 여기서 두 계약과 두 민족(하나는 율법의 시나이 계약으로 하갈처럼 노예가 될 민족, 다른 하나는 약속의 계약으로 하늘의 예루살렘에서 자유인이 될 민족)을 이끌어 내었다.

2) 하느님께서는 20,18; 30,22에서도 여자의 태를 열거나 닫으신다.

3) LXX에 따르면 사래는 아브람더러 하갈에게서 아이를 얻으라고 말한다. 그러나 MT는 1인칭 주어를 사용하여 ‘내가 그를 통하여 아들을 얻을 수 있게 …’ (אולי אבנה ממנה)라고 하였다. 아퀼라역도 MT와 마찬가지로 ‘내가 일가를 이룰 것입니다’ (οἰκοδομηθήσομαι)라고 하였다. 30,3에서는 LXX도 ‘그를 통하여 내가 아이를 얻을 것입니다’ 라고 한다. 그러나 그리스인들의 생각으로는 대리모를 통하여 이이를 얻는다는 것이 이상한 일이었으므로, 여기서는 아브람이 자식을 얻는다고 옮겼다.

4) 히브리어 본문의 ‘자다, 하찮다’ (קלל)를 “굴욕을 당했다” (ἠτιμάσθη)로 옮겨 사래의 처지를 더욱 강조하였다.

αὐτῆς· κρίναι ὁ θεὸς ἀνὰ μέσον ἐμοῦ καὶ σοῦ. **6** εἶπεν δὲ Αβραμ πρὸς Σαραν Ἰδοὺ ἡ παιδίσκη σου ἐν ταῖς χερσίν σου· χρῶ αὐτῇ, ὡς ἄν σοι ἀρεστὸν ᾖ. καὶ ἐκάκωσεν αὐτὴν Σαρα, καὶ ἀπέδρα ἀπὸ προσώπου αὐτῆς.

16,7 Εὗρεν δὲ αὐτὴν ἄγγελος κυρίου ἐπὶ τῆς πηγῆς τοῦ ὕδατος ἐν τῇ ἐρήμῳ, ἐπὶ τῆς πηγῆς ἐν τῇ ὁδῷ Σουρ. **8** καὶ εἶπεν αὐτῇ ὁ ἄγγελος κυρίου Αγαρ παιδίσκη Σαρας, πόθεν ἔρχη καὶ ποῦ πορεύη; καὶ εἶπεν Ἀπὸ προσώπου Σαρας τῆς κυρίας μου ἐγὼ ἀποδιδράσκω. **9** εἶπεν δὲ αὐτῇ ὁ ἄγγελος κυρίου Ἀποστράφητι πρὸς τὴν κυρίαν σου καὶ ταπεινώθητι ὑπὸ τὰς χεῖρας αὐτῆς. **10** καὶ εἶπεν αὐτῇ ὁ ἄγγελος κυρίου Πληθύνων πληθυνῶ τὸ σπέρμα σου, καὶ οὐκ ἀριθμηθήσεται ἀπὸ τοῦ πλήθους. **11** καὶ εἶπεν αὐτῇ ὁ ἄγγελος κυρίου Ἰδοὺ σὺ ἐν γαστρὶ ἔχεις καὶ τέξη υἱὸν καὶ καλέσεις τὸ ὄνομα αὐτοῦ Ισμαηλ, ὅτι ἐπήκουσεν κύριος τῇ ταπεινώσει σου. **12** οὗτος ἔσται ἄγροικος ἄνθρωπος· αἱ χεῖρες αὐτοῦ ἐπὶ πάντας, καὶ αἱ χεῖρες πάντων ἐπ' αὐτόν, καὶ κατὰ πρόσωπον πάντων τῶν ἀδελφῶν αὐτοῦ κατοικήσει. **13** καὶ ἐκάλεσεν Αγαρ τὸ ὄνομα κυρίου τοῦ λαλοῦντος πρὸς αὐτήν Σὺ ὁ θεὸς ὁ ἐπιδών με· ὅτι εἶπεν Καὶ γὰρ ἐνώπιον εἶδον ὀφθέντα μοι. **14** ἕνεκεν τούτου ἐκάλεσεν τὸ φρέαρ Φρέαρ οὗ ἐνώπιον εἶδον· ἰδοὺ ἀνὰ μέσον Καδης καὶ ἀνὰ μέσον Βαραδ.

---

5) 이 장면에서 아브람의 첫 아들 이스마엘이 소개되며, 이스마엘 후손의 번성이 예고된다.

6) 하느님을 가리키는 말이 '천사'(7절), '주님'(13절), '하느님'(13절)으로 바뀌는 것을 두고 주석가들은 신의 현현(theophany)이라고 풀이한다(입문 참조).

7) LXX는 히브리어 본문의 '그가 말하였다'(ויאמר)에 주어(주님의 천사)와 목적어(그 여자에게)를 넣어 말하는 이와 듣는 이를 분명히 하였다.

8) LXX는 '복종시키다'(*ταπεινόω*) 동사를 끌어들여 6절의 '핍박하다'(*κακόω*)와 다른 동사를 썼다. 한편 "너 자신을 굽혀라"를 "그의 손 아래로"로 꾸며 주어, 하갈이 자기 여주인 사래의 권위에 복종해야 함을 표현하였다. MT는 6절과 9절 모두에 같은 동사(ענה 억압하다, 구박하다)를 사용하였다. 필로의 해석에 따르면, 불완전한 영혼 하갈은 여기서 지혜인 사라에게 돌아가라고 지시하는 내적 말씀을 듣는다(*QG* III,30-34; *Somn*. I,240; *Fug*. 204-211).

면 좋겠어요." 6 아브람이 사래에게 말하였다. "여보, 당신의 종은 당신 손 안에 있소. 당신 좋을 대로 그를 다루시오." 그리하여 사래가 그 여자를 핍박하니, 그 여자는 그 앞에서 도망쳤다.

하갈에게 주어진 하느님의 약속5)

16,7 주님의 천사가6) 광야에 있는 샘터에서 하갈을 발견하였다. 그 샘은 수르로 가는 길가에 있었다. 8 주님의 천사가 그 여자에게 말하였다.7) "사래의 여종 하갈아, 너는 어디에서 와서 어디로 가느냐?" 그가 말하였다. "저는 제 여주인 사래 얼굴 앞에서 도망쳤습니다." 9 주님의 천사가 그에게 말하였다. "너의 여주인에게 돌아가서 그〈의 손〉 아래로 너 자신을 굽혀라."8) 10 주님의 천사가 (다시) 그에게 말하였다. "내가 네 후손을 많고 많게 하리니, (너무) 많아 다 셀 수 없으리라." 11 주님의 천사가 (또) 그에게 말하였다. "보아라, 너는 태에 (아이를) 가졌으니 아들을 낳아, 그 이름을 이스마엘이라 하리라. 주님께서 너의 비참함에 귀 기울이셨기 때문이다. 12 그는 들사람이9) 되리라. 그의 손은 모두 위에, 모든 이의 손은 그 위에 있으리라. 그는 제 모든 형제 얼굴에 맞서 살아가리라." 13 하갈은 자기에게 말씀하신 주님의 이름을 "당신은 나를 보시는 하느님"이라고10) 불렀다. 그러면서 "나에게 모습을 드러내신 분을 내가 앞에서 뵈었기 때문이다"라고11) 말하였던 것이다. 14 그리고 그는 그 우물을 '내가 앞에서 본 분의 우물'이라고12) 불렀다. 그것은 카데스와 베렛 사이에 있다.

---

9) 형용사 '들의'(ἄγροικος)는 25,27에서 에사오를 묘사하는 데 쓰이기도 하였다. MT는 이곳에서는 "들나귀"(פרא)라 하였고, 25,27에서는 "들"(שׂדה)이라고 하였다. 아퀼라역은 이를 '야생'(ἄγριος)으로 옮겼다. LXX도 다른 곳에서는 '들나귀'를 '야생'이나 '들나귀'(ὄναγρος)로 옮겼다.

10) 하갈이 부른 이름, "당신은 나를 보시는 하느님이십니다"(Σὺ ὁ θεὸς ὁ ἐπιδών με)는 MT의 "당신께서는 엘-로이이십니다"(אתה אל ראי)를 번역하여 옮긴 것이다.

11) MT의 "내가 그분을 뵈었는데 아직도 살아 있는가?"(הגם הלם ראיתי אחרי ראי)를 LXX는 "나에게 모습을 드러내신 분을 내가 앞에서 뵈었기 때문이다"라는 단언문으로 옮겼다.

12) MT와 LXX는 우물의 이름을 달리 설명한다. MT는 "브엘-라하이-로이"(באר לחי ראי)라고 하였는데, LXX에는 '살아 있는'(לחי)의 개념이 빠져 있다. '라하이-로이'(לחי ראי 나를 보시는 살아 계신 분)라는 이름은 관계절 "내가 앞에서 본 분"(οὗ ἐνώπιον εἶδον)에 포함되었다. LXX는 MT의 브엘 리히이 로이를 24,62; 25,11에서는 "환시의 우물"(φρέαρ τῆς ὁράσεως)이리고 옮긴다.

16,15 Καὶ ἔτεκεν Αγαρ τῷ Αβραμ υἱόν, καὶ ἐκάλεσεν Αβραμ τὸ ὄνομα τοῦ υἱοῦ αὐτοῦ, ὃν ἔτεκεν αὐτῷ Αγαρ, Ισμαηλ. **16** Αβραμ δὲ ἦν ὀγδοήκοντα ἓξ ἐτῶν, ἡνίκα ἔτεκεν Αγαρ τὸν Ισμαηλ τῷ Αβραμ.

17,1 Ἐγένετο δὲ Αβραμ ἐτῶν ἐνενήκοντα ἐννέα, καὶ ὤφθη κύριος τῷ Αβραμ καὶ εἶπεν αὐτῷ Ἐγώ εἰμι ὁ θεός σου· εὐαρέστει ἐναντίον ἐμοῦ καὶ γίνου ἄμεμπτος, **2** καὶ θήσομαι τὴν διαθήκην μου ἀνὰ μέσον ἐμοῦ καὶ ἀνὰ μέσον σοῦ καὶ πληθυνῶ σε σφόδρα. **3** καὶ ἔπεσεν Αβραμ ἐπὶ πρόσωπον αὐτοῦ, καὶ ἐλάλησεν αὐτῷ ὁ θεὸς λέγων **4** Καὶ ἐγὼ ἰδοὺ ἡ διαθήκη μου μετὰ σοῦ, καὶ ἔσῃ πατὴρ πλήθους ἐθνῶν. **5** καὶ οὐ κληθήσεται ἔτι τὸ ὄνομά σου Αβραμ, ἀλλ' ἔσται τὸ ὄνομά σου Αβρααμ, ὅτι πατέρα πολλῶν ἐθνῶν τέθεικα σέ. **6** καὶ αὐξανῶ σε σφόδρα σφόδρα καὶ θήσω σε εἰς ἔθνη, καὶ βασιλεῖς ἐκ σοῦ ἐξελεύσονται. **7** καὶ στήσω τὴν διαθήκην μου ἀνὰ μέσον ἐμοῦ καὶ ἀνὰ μέσον σοῦ καὶ ἀνὰ μέσον τοῦ σπέρματός σου μετὰ σὲ εἰς γενεὰς αὐτῶν εἰς διαθήκην αἰώνιον εἶναί σου θεὸς καὶ τοῦ σπέρματός σου μετὰ σέ. **8** καὶ δώσω σοι καὶ τῷ σπέρματί σου μετὰ σὲ τὴν γῆν, ἣν παροικεῖς, πᾶσαν τὴν γῆν Χανααν, εἰς κατάσχεσιν αἰώνιον καὶ ἔσομαι αὐτοῖς θεός. — **9** καὶ εἶπεν ὁ θεὸς πρὸς Αβρααμ Σὺ δὲ τὴν διαθήκην μου διατηρήσεις, σὺ καὶ τὸ σπέρμα σου μετὰ σὲ εἰς τὰς γενεὰς αὐτῶν. **10** καὶ αὕτη ἡ διαθήκη, ἣν διατηρήσεις, ἀνὰ μέσον ἐμοῦ καὶ ὑμῶν καὶ ἀνὰ μέσον τοῦ σπέρματός σου μετὰ σὲ εἰς τὰς

---

1) 이 이야기에서 가장 중요한 주제는 할례의 제정이다. 로마 4,9-12에서 바오로는, 하느님께서 아브라함이 할례를 받기 전에 그의 믿음을 보시고 올바른 사람으로 인정해 주셨다고 말한다. 그리스도인들에게는 '육체'의 할례가 아니라(유스티누스, *Dial.* 23,3-5; 이레네우스, *Dém.* 24 등) '성령'으로 말미암아 마음에 받는 할례(로마 2,28-29), 곧 그리스도의 할례(골로 2,11)인 세례가 참 할례이다(오리게네스, *Hom.Gen.* III,4-7).

2) LXX는 히브리어 '엘 샷다이' (אל שׁדי)를 "너의 하느님" (ὁ θεός σου)으로 옮겼다. 이 구절은 신의 현현을 묘사한 것이다.

3) '기쁘게 하다' (εὐαρεστέω)에 관해서는 5,22 각주 참조.

4) 직역은 '아브람이 자기 얼굴 위에 엎드리다' (ἔπεσεν Αβραμ ἐπὶ πρόσωπον αὐτοῦ)이다.

16,15 하갈이 아브람에게 아들을 낳아 주었다. 아브람은 하갈이 자기에게 낳아 준 아들의 이름을 이스마엘이라 하였다. 16 하갈이 아브람에게 이스마엘을 낳아 주었을 때, 아브람은 팔십육 세였다.

계약의 갱신과 할례[1]

17,1 아브람이 구십구 세 되었을 때, 주님께서 아브람에게 나타나 말씀하셨다. "나는 너의 하느님이다.[2] 너는 내 앞에서 기쁘게 하며[3] 흠없는 이가 되어라. 2 나는 나와 너 사이에 계약을 세우고 너를 크게 번성하게 하리라." 3 아브람이 얼굴을 (땅에) 대고 엎드리자[4] 하느님께서 그에게 말씀하셨다. 4 "보아라, 〈그리고〉 (이것이) 내가[5] 너와 (맺는) 나의 계약이다. 너는 많은 민족의 아버지가 되리라. 5 네 이름은 더 이상 아브람이라 불리지 않고, 너의 이름은 아브라함이 된다. 내가 너를 많은 민족의 아버지로 세웠기 때문이다.[6] 6 나는 너에게 아주 많은 자손을 낳게 하고, 너를 민족들이 되게 하리라. 너에게서 임금들도 나오리라. 7 나는 나와 너 사이에, 그리고 네 뒤에 오는 후손들 사이에 그들 대대로 내 계약을 영원한 계약으로 세워, 너와 네 뒤에 오는 후손들의 하느님이 되리라. 8 나는 네가 몸 붙여 사는[7] 땅, 곧 모든 가나안 땅을 너와 네 뒤에 오는 후손들에게 영원한 소유로[8] 주고, 나는 그들에게 하느님이 되어 주리라." 9 하느님께서 아브라함에게 말씀하셨다. "너는 내 계약을 지켜야 한다. 너와 네 뒤에 오는 후손들도 그들 대대로 (지켜야 한다). 10 이것이 네가 지켜야 할, 나와 너희 사이, 그리고 네 뒤에 오는 후손들 사이에

---

5) MT의 "나"(אני)로 시작하는 문장을 "그리고 내가"(καὶ ἐγώ)로 옮겼다. 이는 창세기에서 직접화법에 καί가 들어간 유일한 경우이다.

6) LXX는 MT처럼 아브람의 새로운 이름 "아브라함"(Αβρααμ, MT: אברהם)과 "많은 민족의 아버지"(πατρός πολλῶν ἐθνῶν, MT: '무리의 아버지'〈אב המון〉)라는 표현 사이에 음성학적 연결을 꾀하지 않았다. 필로는 아브람(Αβραμ)은 '높으신(μετέωρος) 아버지'로, 아브라함(Αβρααμ)은 '선택된(ἦχος) 아버지'로 보고, 이 변화는 아브람에 알파(α) 하나가 덧붙여짐으로써 나타난다고 하였다(*Mutat.* 66-76).

7) 동사 '~에 몸 붙여 살다'(παροικέω)는 여기서 전치사 '~ 안에'(ἐν) 대신 대격 '(땅)을'(ἥν)과 함께 썼다.

8) "소유"(κατάσχεσις)라는 단어가 여기서 처음 나온다. 이 단어는 본디 '보류, 보존'을 뜻하나 LXX에서 '소유, 유산'이라는 뜻으로 쓰인다. 기원전 2세기 파피루스에는 '땅을 소유함(κατέχειν γῆν)을 기뻐함'이라는 표현이 나온다. 본디 '붙잡음, 점유'를 뜻하기도 하는 히브리어 אחזה에 잘 대응하는 이 단어는 47,11; 48,4 그리고 레위기와 민수기에도 나온다.

γενεὰς αὐτῶν· περιτμηθήσεται ὑμῶν πᾶν ἀρσενικόν. **11** καὶ περιτμηθήσεσθε τὴν σάρκα τῆς ἀκροβυστίας ὑμῶν, καὶ ἔσται ἐν σημείῳ διαθήκης ἀνὰ μέσον ἐμοῦ καὶ ὑμῶν. **12** καὶ παιδίον ὀκτὼ ἡμερῶν περιτμηθήσεται ὑμῖν πᾶν ἀρσενικὸν εἰς τὰς γενεὰς ὑμῶν, ὁ οἰκογενὴς τῆς οἰκίας σου καὶ ὁ ἀργυρώνητος ἀπὸ παντὸς υἱοῦ ἀλλοτρίου, ὃς οὐκ ἔστιν ἐκ τοῦ σπέρματός σου. **13** περιτομῇ περιτμηθήσεται ὁ οἰκογενὴς τῆς οἰκίας σου καὶ ὁ ἀργυρώνητος, καὶ ἔσται ἡ διαθήκη μου ἐπὶ τῆς σαρκὸς ὑμῶν εἰς διαθήκην αἰώνιον. **14** καὶ ἀπερίτμητος ἄρσην, ὃς οὐ περιτμηθήσεται τὴν σάρκα τῆς ἀκροβυστίας αὐτοῦ τῇ ἡμέρᾳ τῇ ὀγδόῃ, ἐξολεθρευθήσεται ἡ ψυχὴ ἐκείνη ἐκ τοῦ γένους αὐτῆς, ὅτι τὴν διαθήκην μου διεσκέδασεν.

17,15 Εἶπεν δὲ ὁ θεὸς τῷ Αβρααμ Σαρα ἡ γυνή σου, οὐ κληθήσεται τὸ ὄνομα αὐτῆς Σαρα, ἀλλὰ Σαρρα ἔσται τὸ ὄνομα αὐτῆς. **16** εὐλογήσω δὲ αὐτὴν καὶ δώσω σοι ἐξ αὐτῆς τέκνον· καὶ εὐλογήσω αὐτόν, καὶ ἔσται εἰς ἔθνη, καὶ βασιλεῖς ἐθνῶν ἐξ αὐτοῦ ἔσονται. **17** καὶ ἔπεσεν Αβρααμ ἐπὶ πρόσωπον καὶ ἐγέλασεν καὶ εἶπεν ἐν τῇ διανοίᾳ αὐτοῦ λέγων Εἰ τῷ ἑκατονταετεῖ γενήσεται, καὶ εἰ Σαρρα

---

9) 동사 '할례받다'(περιτέμνομαι, 직역: 주위가 잘리다)는 그리스인들에게 익숙한 단어였으나, 히브리어가 뜻하는 것과는 달리 신체의 다른 부분들을 가리켜 사용되던 것이다.

10) "포피"를 가리키는 그리스어 ἀκροβυστία는 LXX 이전에는 나타나지 않으나, '가장자리' (ἄκρος)를 어간으로 하여 만들어진 다른 단어들은 있었다. ἀκροβυστία는 '할례받지 않다' (ἀκροβυστέω)와 '할례받지 않은'(ἀκρόβυστος)에서 생겨났다.

11) 바오로는 로마 4,11에서 '표'(σημεῖον)라는 단어를 써서, '하느님과 올바른 관계를 갖게 된 것, 믿음으로 받은 의로움을 확인하는 표로서 할례를 받은 것'이라고 하였다.

12) 그리스도교 전통은 "팔 일"(ὀκτὼ ἡμερῶν)이라는 표현을 두고, 진정한 할례는 그리스도가 부활하신 날에 이루어질 것이라고 한다(유스티누스, *Dial.* 41,4).

13) 고대 주석가들은 '할례하다' 동사가 수동형(περιτμηθήσεται)으로 쓰인 것에서 이 구절의 형용사 ἀπερίτμητος는 태어난 아이를 가리키는 것이 아니라 할례를 받지 않은 성인 남자를 가리킨다고 생각하였다.

14) 히브리어 본문의 '잘리다'(נכרתה)를 옮긴 그리스어 동사 '멸절하다'(ἐξολεθρεύω)는 창세기에서 여기에 처음으로 나온다. 이 단어는 탈출 12,23에 나오는 '파멸하다'(ὀλεθρεύω) 동사에서 파생하였다. 일부 필사본들은 다른 동사 '제거되다'(ἀφανίζομαι)를 썼다. 전치사 ἐκ를 첨가한 이유는 '자기 민족에게서' 근절되고 제거당한다는 뜻을 강조하기 위해서일 것이다.

그들과 대대로 맺는 계약이다. 너희 가운데 모든 남자는 할례를 받아야 한다.[9]
11 너희는 너희의 포피를[10] 베어 할례를 받아야 한다. 그것이 나와 너희 사이에 계약의 표가 되리라.[11] 12 너희 가운데 (난 지) 팔 일[12] 된 모든 남자아이는 너희 대대로 할례를 받아야 한다. 네 집에서 태어난 종과 네 자손이 아닌 모든 이방인의 아들 가운데 돈으로 산 종도 할례를 받아야 한다. 13 네 집에서 태어난 종과 돈으로 산 종도 할례를 받아야 한다. 그러면 내 계약이 너희 몸에 영원한 계약으로 있으리라. 14 할례를 받지 않은[13] 남자, 곧 (난 지) 팔 일 만에 자기 포피를 베어 할례를 받지 않은 자, 그자는 제 겨레에서 멸절당할[14] 것이다. 그가 내 계약을 깨뜨렸기 때문이다."

이사악의 탄생이 예고되다[15]

17,15 하느님께서 아브라함에게 말씀하셨다. "네 아내 사래는 〈이름이〉 사래라고 불리지 않고, 그의 이름은 사라가[16] 될 것이다.[17] 16 내가 그에게 복을 내리고 그에게서 너에게 아이를 주리라. 내가 사라에게[18] 복을 내려 그는 민족들이 되고, 민족들의 임금들도 그에게서 나오리라."[19] 17 아브라함은 얼굴을 (땅에) 대고 엎드려[20] 웃으면서[21] 속으로 말하였다. '백 살이나 된 이에게 아이가 태어난다고?[22] 그리고

---

15) 그리스도교 전통은 이사악의 이야기를 그리스도 탄생의 예형으로 본다.

16) LXX에서는 아브라함의 이름이 아브람에 알파(a)가 중복되어 아브라함으로 바뀐 것처럼, 그의 아내 이름도 사래($\Sigma a \rho a$)에 로(ρ)가 중복되어 사라($\Sigma a \rho \rho a$)로 바뀌었다.

17) MT는 아브라함이 그의 아내 이름을 더 이상 사래(שרי)라 부르지 말아야 할 이유를 제시한다. 곧 '그의 이름이 사라이기 때문'(כי שרה שמה)이라는 것이다. LXX는 MT와는 달리 단순히 사래의 이름이 달리 불리게 될 것이라고만 하였다.

18) 복을 받는 사람인 $a \dot{v} \tau \dot{\eta} v$을 우리말 번역에서는 문맥상 사라로 옮긴다.

19) 그리스어 필시본들은 두 번째 선지사 $\dot{\epsilon} \xi$를 중성이나 남성대명사 속격 $a \dot{v} \tau o \hat{v}$ 앞에 써서 사라에게 약속된 '아이'($\tau \acute{\epsilon} \kappa v o v$)를 꾸미거나(랄프스판), 여성대명사 속격 $a \dot{v} \tau \hat{\eta} s$ 앞에 써서 MT의 "그에게서"(ממנה)와 마찬가지로 사라를 꾸미게 한다(괴팅겐판). 시리아어역은 MT의 여성접미사 ה를 남성형 ו로 바꾸었다(ממנו). 그리스도교에서 아이를 낳지 못하는 여자에 대한 다산의 약속은 뭇 민족들의 교회공동체가 풍요로울 것임을 뜻한다. 역사적으로 이 약속은 히브리인들이 이집트에서 번성할 것을 선언한 것이다.

20) 17,3 각주 참조.

21) 히브리어에서 이사악(יצחק)이라는 이름은 같은 어근을 지녀 '웃다'(צחק)라는 말과 힘께 쓰여 말놀이를 하였는데, LXX는 히브리어 본문의 말놀이를 그대로 옮기지 않았다(18,12; 21,6).

22) 미래형이 뒤따르는 ϵi는 실현가능성이 희박한 사건의 가정문을 이끈다. 여기서는 '아이가 태어난다면, (나는 놀랄 것이다)' 처럼 결과절을 가정해야 한다.

ἐνενήκοντα ἐτῶν οὖσα τέξεται; **18** εἶπεν δὲ Ἀβρααμ πρὸς τὸν θεόν Ἰσμαηλ οὗτος ζήτω ἐναντίον σου. **19** εἶπεν δὲ ὁ θεὸς τῷ Ἀβρααμ Ναί· ἰδοὺ Σαρρα ἡ γυνή σου τέξεταί σοι υἱόν, καὶ καλέσεις τὸ ὄνομα αὐτοῦ Ἰσαακ, καὶ στήσω τὴν διαθήκην μου πρὸς αὐτὸν εἰς διαθήκην αἰώνιον καὶ τῷ σπέρματι αὐτοῦ μετ᾽ αὐτόν. **20** περὶ δὲ Ἰσμαηλ ἰδοὺ ἐπήκουσά σου· ἰδοὺ εὐλόγησα αὐτὸν καὶ αὐξανῶ αὐτὸν καὶ πληθυνῶ αὐτὸν σφόδρα· δώδεκα ἔθνη γεννήσει, καὶ δώσω αὐτὸν εἰς ἔθνος μέγα. **21** τὴν δὲ διαθήκην μου στήσω πρὸς Ἰσαακ, ὃν τέξεταί σοι Σαρρα εἰς τὸν καιρὸν τοῦτον ἐν τῷ ἐνιαυτῷ τῷ ἑτέρῳ. **22** συνετέλεσεν δὲ λαλῶν πρὸς αὐτὸν καὶ ἀνέβη ὁ θεὸς ἀπὸ Ἀβρααμ.

17,23 Καὶ ἔλαβεν Ἀβρααμ Ἰσμαηλ τὸν υἱὸν αὐτοῦ καὶ πάντας τοὺς οἰκογενεῖς αὐτοῦ καὶ πάντας τοὺς ἀργυρωνήτους καὶ πᾶν ἄρσεν τῶν ἀνδρῶν τῶν ἐν τῷ οἴκῳ Ἀβρααμ καὶ περιέτεμεν τὰς ἀκροβυστίας αὐτῶν ἐν τῷ καιρῷ τῆς ἡμέρας ἐκείνης, καθὰ ἐλάλησεν αὐτῷ ὁ θεός. **24** Ἀβρααμ δὲ ἦν ἐνενήκοντα ἐννέα ἐτῶν, ἡνίκα περιέτεμεν τὴν σάρκα τῆς ἀκροβυστίας αὐτοῦ· **25** Ἰσμαηλ δὲ ὁ υἱὸς αὐτοῦ ἐτῶν δέκα τριῶν ἦν, ἡνίκα περιετμήθη τὴν σάρκα τῆς ἀκροβυστίας αὐτοῦ. **26** ἐν τῷ καιρῷ τῆς ἡμέρας ἐκείνης περιετμήθη Ἀβρααμ καὶ Ἰσμαηλ ὁ υἱὸς αὐτοῦ· **27** καὶ πάντες οἱ ἄνδρες τοῦ οἴκου αὐτοῦ καὶ οἱ οἰκογενεῖς καὶ οἱ ἀργυρώνητοι ἐξ ἀλλογενῶν ἐθνῶν, περιέτεμεν αὐτούς.

18,1 Ὤφθη δὲ αὐτῷ ὁ θεὸς πρὸς τῇ δρυὶ τῇ Μαμβρη καθημένου

---

23) LXX는 MT에 없는 지시대명사 "이"(οὗτος)를 넣었다.

24) 히브리어 본문의 "열두 족장"(שנים עשר נשיאם)을 LXX는 "열두 민족"(δώδεκα ἔθνη)이라고 하였다.

25) "내년 이맘때"(εἰς τὸν καιρὸν τοῦτον ἐν τῷ ἐνιαυτῷ τῷ ἑτέρῳ)는 18,10의 각주 참조.

26) MT에서는 아브라함이 할례를 베푼 대상이 셋, 곧 이스마엘과 집안 종과 돈 주고 산 종으로 나타나고, 이는 '집안 사람들 가운데서 남자들 모두'(בית כל זכר באנשי)로 요약하여 언급된다. 그러나 LXX에서는 할례받은 대상이 셋이 아니라 넷이다. 곧 "모든 남성" 앞에 καί를 넣어 앞의 셋과 대등하게 연결시킨 것이다. 여기서 "모든 남성"(καὶ πᾶν ἄρσεν)은 12절의 "모든 남자 아이"(παιδίον … πᾶν ἀρσενικὸν)를 가리키는 것으로 보인다.

27) LXX는 MT의 수동형 문장 "할례를 받았다"(נמלו)를 능동형 문장 "할례를 베풀었다"(περιέτεμεν)로 옮겼다.

아흔 살이나 된 사라가 아이를 낳는다니?' 18 아브라함이 하느님께 말씀드렸다. "이[23] 이스마엘이나 당신 앞에서 살기를 바랍니다." 19 그러자 하느님께서 아브라함에게 말씀하셨다. "그래, 보아라, 네 아내 사라가 너에게 아들을 낳아 주리라. 너는 그 이름을 이사악이라 하여라. 나는 그의 뒤에 오는 후손들을 위하여 그에게 내 계약을 영원한 계약으로 세우리라. 20 보아라, 이스마엘에 대해서는 너(의 바람)을 내가 들었으니, 자, 나는 그에게 복을 내리고 그가 자식을 많이 낳고 크게 번성하게 하리라. 그는 열두 민족을[24] 낳으리니, 내가 그를 큰 민족으로 만들리라. 21 그러나 나는 내년 이맘때[25] 사라가 너에게 낳아 줄 이사악에게 내 계약을 세우리라." 22 하느님께서는 아브라함에게 말씀하기를 마치시고 그를 떠나 올라가셨다.

17,23 아브라함은 그날 그때에 아들 이스마엘과 자기 집에서 태어난 모든 종과 돈으로 산 모든 종, 그리고 집에 있는 남자들 가운데 모든 남성을[26] 데려다, 하느님께서 이르신 대로 그들의 포피를 베어 할례를 베풀었다. 24 아브라함이 자기 포피를 베어 할례를 받았을 때 그는 구십구 세였고, 25 그의 아들 이스마엘이 포피를 베어 할례를 받았을 때, 그는 십삼 세였다. 26 그날 그때에 아브라함과 그의 아들 이스마엘이 할례를 받았다. 27 그리고 아브라함은 집안의 모든 남자와 집에서 태어난 종들과 다른 민족에게서 돈을 주고 산 종들, 그들에게도 할례를 베풀었다.[27]

아브라함에게 나타나신 하느님: '세 사람'[1]

18,1 하느님께서[2] 마므레의 참나무 곁에서 그(아브라함)에게 나타나셨다. 그는 한

---

1) 아브라함이 신비한 세 여행자를 대접한 이 이야기는 유다교나 그리스도교에서 수많은 해석을 낳았다. 필로는 이를 두 권능에 둘러싸인 하느님의 환시에 관한 이야기로 보았다. 그는 마므레라는 이름이 '환시로부터'(מן מראה)를 뜻하고(타르굼 네오피티의 창세 13,18 '환시의 평원'; 오리게네스, *Hom.Gen.* IV,5 '환시의 나무' 참조), "한낮"(μεσημβρίας)은 지혜로운 태양이 순수한 영혼을 비추는 시간이라고 풀이한다(*QG* IV,1-9; *Abr.* 119-132; *Sacr.* 59-60). 2세기 그리스도인들은 이 이야기를 천사 둘을 동반한 하느님 말씀의 현현으로 보았는데(유스티누스, *Dial.* 56-59; 124-126), 이는 '하느님'(1절)으로, '어르신'(3절)으로, 또 '그분(9절 이하)으로 나타난다. 이 해석은 '세 남자'를 천사들로 보는 유다교 해석이나 그리스도교 주석가들의 해석과 다르다(오리게네스, *Com.Jo.* II,144 이하; 안티오키아 학파). 다른 주석가들은 이 장면에서 삼위일체를 떠올린다(알렉산드리아의 치릴루스). 히브 13,2에는 나그네의 발을 닦아 주고 음식을 대접하는 이 이야기가 '손님 접대'(φιλοξενία)의 모범으로 나온다. 오리게네스는, 아브라함의 경우 손님이 발을 씻도록 물을 준비하는 것에 그쳤으나 예수께서는 몸소 당신 제자들의 발을 씻기셨음을 강조한다(*Com.Jo.* XXXII,46-47).

2) "주님"(יהוה)을 "하느님"(ό θεός)으로 옮겼다.

αὐτοῦ ἐπὶ τῆς θύρας τῆς σκηνῆς αὐτοῦ μεσημβρίας. **2** ἀναβλέψας δὲ τοῖς ὀφθαλμοῖς αὐτοῦ εἶδεν, καὶ ἰδοὺ τρεῖς ἄνδρες εἱστήκεισαν ἐπάνω αὐτοῦ· καὶ ἰδὼν προσέδραμεν εἰς συνάντησιν αὐτοῖς ἀπὸ τῆς θύρας τῆς σκηνῆς αὐτοῦ καὶ προσεκύνησεν ἐπὶ τὴν γῆν **3** καὶ εἶπεν Κύριε, εἰ ἄρα εὗρον χάριν ἐναντίον σου, μὴ παρέλθῃς τὸν παῖδά σου· **4** λημφθήτω δὴ ὕδωρ, καὶ νιψάτωσαν τοὺς πόδας ὑμῶν, καὶ καταψύξατε ὑπὸ τὸ δένδρον· **5** καὶ λήμψομαι ἄρτον, καὶ φάγεσθε, καὶ μετὰ τοῦτο παρελεύσεσθε εἰς τὴν ὁδὸν ὑμῶν, οὗ εἵνεκεν ἐξεκλίνατε πρὸς τὸν παῖδα ὑμῶν. καὶ εἶπαν Οὕτως ποίησον, καθὼς εἴρηκας. **6** καὶ ἔσπευσεν Αβρααμ ἐπὶ τὴν σκηνὴν πρὸς Σαρραν καὶ εἶπεν αὐτῇ Σπεῦσον καὶ φύρασον τρία μέτρα σεμιδάλεως καὶ ποίησον ἐγκρυφίας. **7** καὶ εἰς τὰς βόας ἔδραμεν Αβρααμ καὶ ἔλαβεν μοσχάριον ἁπαλὸν καὶ καλὸν καὶ ἔδωκεν τῷ παιδί, καὶ ἐτάχυνεν τοῦ ποιῆσαι αὐτό. **8** ἔλαβεν δὲ βούτυρον καὶ γάλα καὶ τὸ μοσχάριον, ὃ ἐποίησεν, καὶ παρέθηκεν αὐτοῖς, καὶ ἐφάγοσαν· αὐτὸς δὲ παρειστήκει αὐτοῖς ὑπὸ τὸ δένδρον.

18,9 Εἶπεν δὲ πρὸς αὐτόν Ποῦ Σαρρα ἡ γυνή σου; ὁ δὲ ἀποκριθεὶς εἶπεν Ἰδοὺ ἐν τῇ σκηνῇ. **10** εἶπεν δέ Ἐπαναστρέφων ἥξω πρὸς σὲ κατὰ τὸν καιρὸν τοῦτον εἰς ὥρας, καὶ ἕξει υἱὸν Σαρρα ἡ γυνή σου.

---

3) "쉬십시오"(והשענו)를 자유롭게 옮긴 것이다.

4) LXX는 "조금"(פת)을 생략하고 옮기지 않았다.

5) LXX는 "원기를 돋우다"(וסעדו לבכם)에 대응하여 "드십시오"(φάγεσθε)로 옮겼다.

6) MT에 없는 "당신들 길을"(εἰς τὴν ὁδὸν ὑμῶν)을 덧붙였다.

7) 히브리어 본문의 "세 스아"(שלש סאים)에서 סאים을 μέτρα(분량)로 옮겼다. 아퀼라역은 히브리어 סאים의 동족어인 아람어 סאתא에서 빌려와 σάτα를 사용하였다.

8) 히브리어 עגות은 둥근 빵을 가리키는데, 이를 옮긴 그리스어 ἐγκρυφίας는 "재에 묻어 구운 빵"을 말한다. 고대 주석가들은 이 단어를 동사 '감추다'(κρύπτω)와 연결하여 해석하였다. 필로는 이 단어를 놓고 하느님에 관한 '비밀스런' 대화의 성격을 강조하였고(*QG* IV,8), 오리게네스는 이 빵을 '신비의 빵'으로 풀이하였다(*Hom.Gen.* IV,1). 이 빵은 19,3의 '누룩 들지 않은 빵'과 다르다.

낮에 자기 천막 어귀에 앉아 있었다. 2 그가 눈을 들어 보니, 자기 앞에 세 남자가 서 있는 것이 아닌가. 그가 보고는 그들을 맞으려고 자기 천막 어귀에서 달려나가 땅에 엎드려 3 말하였다. "어르신, 제가 당신 앞에서 은총을 입는다면, 당신 종을 그냥 지나가지 마십시오. 4 물을 가져오게 하시어 당신들 발을 씻으시고, 나무 아래에서 땀을 식히십시오.[3] 5 제가 빵도[4] 가져오겠으니, 드십시오.[5] 이렇게 당신들 종에게 발걸음하셨으니, 그런 다음 당신들 길을[6] 떠나십시오." 그들이 말하였다. "말하신 대로 그렇게 하시오." 6 아브라함은 서둘러 사라가 있는 천막으로 가 그에게 말하였다. "빨리 고운 밀가루 세 분량을[7] 반죽하여 〈재에 묻어 구운〉 빵을[8] 만드시오." 7 그리고 아브라함은 소떼에게 달려가, 살이 연하고 좋은 송아지[9] 한 마리를 끌어다가 종에게 주니, 그가 그것을 서둘러 요리하였다. 8 그는 우유기름과[10] 우유와 그가 요리한 송아지 고기를 가져다, 그들 앞에 차려 놓았다. 그들이 먹었고, 그는 나무 아래 그들 곁에 서 있었다.[11]

이사악의 탄생 예고

18,9 그분께서[12] 그에게 말씀하셨다. "네 아내 사라는 어디에 있느냐?" 그가 대답하였다. "보십시오, 천막에 있습니다." 10 그분께서 말씀하셨다. "적당한 〈이〉 때[13] 내가 틀림없이 너에게 돌아오리라.[14] (그때) 네 아내 사라는 아들을 가지리

---

9) 오리게네스는 여기에 나오는 "송아지"($\mu o\sigma\chi\acute{a}\rho\iota o\nu$)가 세상 구원을 위해 자신을 내주신 그리스도의 모습을 연상시킨다고 하였다(*Hom.Gen.* IV,2).

10) 그리스어 '우유기름'($\beta o\acute{v}\tau\upsilon\rho o\nu$)은 히브리어 '엉긴 젖'(המאה)과 다르다. 우리식으로 이해하자면 우유기름은 버터요 엉긴 젖은 치즈다.

11) '~ 곁에 서다'($\pi a\rho\acute{\iota}\sigma\tau\eta\mu\iota$) 동사는 호메로스 시대부터 하인이 주인 옆에서 시중드는 모습을 뜻하였다.

12) MT는 복수 주어 "그들"을 LXX는 단수형 "그분"을 사용하였다. 여기서 '그'는 아브라함을 찾아온 세 손님들 가운데 하나를 가리킨다.

13) 여기 나오는 $\epsilon\acute{\iota}s$ $\H{\omega}\rho as$는 '적당한 때'(29,7), 또는 '봄'(이사 52,7)을 가리키는 것으로 볼 수 있디. 비슷한 표현이 나오는 17,21과 딜리 '내닌'($\acute{\epsilon}\nu$ $\tau\H{\omega}$ $\acute{\epsilon}\nu\iota a\upsilon\tau\H{\omega}$ $\tau\H{\omega}$ $\acute{\epsilon}\tau\acute{\epsilon}\rho\omega$)이라는 말이 없다.

14) 여기 쓰인 '돌아오다'($\acute{\epsilon}\pi a\nu a\sigma\tau\rho\acute{\epsilon}\phi\omega$) 동사를 로마 9,9은 '내가 오리라'($\acute{\epsilon}\lambda\epsilon\acute{v}\sigma o\mu a\iota$)로 인용하였다.

Σαρρα δὲ ἤκουσεν πρὸς τῇ θύρᾳ τῆς σκηνῆς, οὖσα ὄπισθεν αὐτοῦ.
11 Αβρααμ δὲ καὶ Σαρρα πρεσβύτεροι προβεβηκότες ἡμερῶν, ἐξέλιπεν
δὲ Σαρρα γίνεσθαι τὰ γυναικεῖα.   12 ἐγέλασεν δὲ Σαρρα ἐν ἑαυτῇ
λέγουσα Οὔπω μέν μοι γέγονεν ἕως τοῦ νῦν, ὁ δὲ κύριός μου
πρεσβύτερος.   13 καὶ εἶπεν κύριος πρὸς Αβρααμ Τί ὅτι ἐγέλασεν
Σαρρα ἐν ἑαυτῇ λέγουσα Ἆρά γε ἀληθῶς τέξομαι; ἐγὼ δὲ γεγήρακα.
14 μὴ ἀδυνατεῖ παρὰ τῷ θεῷ ῥῆμα; εἰς τὸν καιρὸν τοῦτον ἀναστρέψω
πρὸς σὲ εἰς ὥρας, καὶ ἔσται τῇ Σαρρα υἱός.   15 ἠρνήσατο δὲ Σαρρα
λέγουσα Οὐκ ἐγέλασα· ἐφοβήθη γάρ. καὶ εἶπεν Οὐχί, ἀλλὰ
ἐγέλασας.

18,16 Ἐξαναστάντες δὲ ἐκεῖθεν οἱ ἄνδρες κατέβλεψαν ἐπὶ πρόσωπον
Σοδομων καὶ Γομορρας, Αβρααμ δὲ συνεπορεύετο μετ' αὐτῶν
συμπροπέμπων αὐτούς.   17 ὁ δὲ κύριος εἶπεν Μὴ κρύψω ἐγὼ ἀπὸ
Αβρααμ τοῦ παιδός μου ἃ ἐγὼ ποιῶ;   18 Αβρααμ δὲ γινόμενος ἔσται
εἰς ἔθνος μέγα καὶ πολύ, καὶ ἐνευλογηθήσονται ἐν αὐτῷ πάντα τὰ
ἔθνη τῆς γῆς.   19 ᾔδειν γὰρ ὅτι συντάξει τοῖς υἱοῖς αὐτοῦ καὶ τῷ
οἴκῳ αὐτοῦ μετ' αὐτόν, καὶ φυλάξουσιν τὰς ὁδοὺς κυρίου ποιεῖν
δικαιοσύνην καὶ κρίσιν· ὅπως ἂν ἐπαγάγῃ κύριος ἐπὶ Αβρααμ πάντα,
ὅσα ἐλάλησεν πρὸς αὐτόν.   20 εἶπεν δὲ κύριος Κραυγὴ Σοδομων καὶ
Γομορρας πεπλήθυνται, καὶ αἱ ἁμαρτίαι αὐτῶν μεγάλαι σφόδρα·

---

15) LXX는 현재분사의 여성형을 사용하여 사라가 '그의 뒤에 있었다' (οὖσα ὄπισθεν αὐτοῦ)라
고 명확하게 표현하였다. MT는 여성대명사 היא 대신, 남성대명사 הוא를 써서 '그가 그의 뒤에
있었다' (והוא אחרי)라는 모호한 표현을 낳았다.

16) LXX 번역자는 여자의 월경을 가리키는 단어로 τὰ γυναικεῖα를 사용하였는데, 이 단어는
본디 고전 그리스어에서 여자의 신체부위를 가리키는 말이었다. 월경을 가리키는 말은 τὰ
καταμήνια이다.

17) MT의 "이렇게 늙어 버린 나에게 무슨 육정이 일어나랴?" (אחרי בלתי היתה לי עדנה)를 LXX
는 "이제껏 나에게 아직 (그런 일이) 일어나지 않았고" (οὔπω μέν μοι γέγονεν ἕως τοῦ νῦν)
라고 옮겼다. LXX는 다음 두 가지에 영향을 받아 이와 같이 번역하였다. 먼저, '아직 아니'
(οὔπω)라는 단어는 히브리어 '이렇게 늙어 버린 나' (אחרי בלתי) 대신, '아직 아니' (בלתי אחרי)
로 읽은 결과이다. 둘째로, '나에게 일어났다' 라는 표현에는 주어가 없다. MT는 여기에 "육
정" (עדנה)이라는 단 한 번 나오는 단어를 사용하였고, 아퀼라역은 이를 '기쁨, 쾌락'
(τρυφηρία)으로 옮겼다. LXX는 이 עדנה를 '지금까지' (עד הנה)로 보고 옮긴 것이다. 타르굼 옹
켈로스는 "나에게 젊음이 생기겠느냐?" (תהי לי עולימו)로 번역하였다.

라." 그의 등 뒤에 있던[15] 사라가 천막 어귀에서 듣고 있었다. 11 아브라함과 사라는 나이 많은 노인들이었고, 사라에게는 여인들에게 있는 일도[16] 그쳐 있었다. 12 사라는 속으로 웃으며 말하였다. '이제껏 나에게 아직 (그런 일이) 일어나지 않았고,[17] 내 주인도 늙은 몸인데?' 13 주님께서 아브라함에게 말씀하셨다. "어찌하여 사라는 속으로 웃으며 '내가 늙었는데, 정말로 아이를 낳을 수 있을까?' 하느냐? 14 하느님께야[18] 어떤 일이 불가능하단 말이냐?[19] 내가 적당한 〈이〉때[20] 너에게 돌아오리니, (그때) 사라에게 아들이 있으리라." 15 그러자 사라가 두려워 부인하며 말하였다. "저는 웃지 않았어요." 그분께서 말씀하셨다. "아니다, 너는 웃었다."

아브라함의 간청[21]

18,16 그 남자들은 거기서 일어나 소돔과 고모라의 표면을 내려다보았다. 아브라함은 그들을 배웅하며 〈그들과〉 함께 갔다. 17 주님께서 말씀하셨다. "내가 하려는 일을 어찌 나의 종[22] 아브라함에게 숨기겠는가? 18 아브라함은 크고 많은 민족이 되고, 땅의 모든 민족이 그를 통하여 복을 받을 것이다. 19 나는 그가 자기 아들들과 자기 뒤에 올 자기 집안에 명을 내려, 그들이 정의와 공정을 실천하여 주님의 길을 지키리라는 것을 안다.[23] 그럼으로써 주님이 아브라함에게 말한 것 모두를 그에게 가져오려 함이다." 20 주님께서 말씀하셨다. "소돔과 고모라의 울부짖음이[24] 커지

---

18) LXX는 "주님"(יהוה)을 "하느님"으로 옮겼다.

19) 이 문장은 μή가 이끄는 의문문으로 부정적인 대답을 요구한다. LXX는 MT의 문장에서 דבר를 πράγμα 대신 ῥῆμα로 옮겼으나 이는 '말'이 아니라 "일"로 이해해야 한다. '능력이 없다, 불가능하다'(ἀδυνατέω) 동사는 LXX에 와서야 사물을 주어로 가지게 되었다. 이전에는 형용사 '실현불가능한'(ἀδύνατος)으로 사물을 묘사하였다.

20) 18,10 각주 참조.

21) 롯은 스스로 선택하여 악인들의 땅인 소돔에 자리 잡고 산다(13,10-13). 그러다가 소돔 성읍이 멸망할 때, 아브라함의 간청으로 그는 자기 두 딸과 함께 목숨을 구하게 된다.

22) 아브라함의 호칭인 "나의 종"(παῖς μου)은 MT에 없다.

23) 그리스어 '알다'(οἶδα)는 MT에 있는 인칭대명사 보어(내가 그를 선택한 …) 없이 관계사 ὅτι로 이어진다(나는 그가 ~ 것을 안다). MT의 '알다'(ידע)는 '사람을 구별하다', 곧 '누구를 ~로 선택하다'라는 의미로 쓰였는데, LXX는 하느님께서 알고 계심을 표현하였다.

24) 그리스어 "울부짖음"(κραυγή)은 속격을 취하여 "소돔과 고모라의 울부짖음"이 된다. 이것이 소돔 사람들의 울부짖음인지, 소돔 사람들에 대항하여 그들의 죄악을 고발하는 울부짖음인지는 분명하지 않다. 여기서는 이 속격을 울부짖음의 주체(소돔 사람들의 울부짖음)가 아니라 대상(소돔 사람들에 대항하는 울부짖음)으로 볼 수 있다. LXX에서 κραυγή는 주로 억압받는 이들의 신음소리를 나타내는 데 사용된다(탈출 3,9).

21 καταβὰς οὖν ὄψομαι εἰ κατὰ τὴν κραυγὴν αὐτῶν τὴν ἐρχομένην πρός με συντελοῦνται, εἰ δὲ μή, ἵνα γνῶ. 22 καὶ ἀποστρέψαντες ἐκεῖθεν οἱ ἄνδρες ἦλθον εἰς Σοδομα, Αβρααμ δὲ ἦν ἑστηκὼς ἐναντίον κυρίου. 23 καὶ ἐγγίσας Αβρααμ εἶπεν Μὴ συναπολέσῃς δίκαιον μετὰ ἀσεβοῦς καὶ ἔσται ὁ δίκαιος ὡς ὁ ἀσεβής; 24 ἐὰν ὦσιν πεντήκοντα δίκαιοι ἐν τῇ πόλει, ἀπολεῖς αὐτούς; οὐκ ἀνήσεις πάντα τὸν τόπον ἕνεκεν τῶν πεντήκοντα δικαίων, ἐὰν ὦσιν ἐν αὐτῇ; 25 μηδαμῶς σὺ ποιήσεις ὡς τὸ ῥῆμα τοῦτο, τοῦ ἀποκτεῖναι δίκαιον μετὰ ἀσεβοῦς, καὶ ἔσται ὁ δίκαιος ὡς ὁ ἀσεβής. μηδαμῶς· ὁ κρίνων πᾶσαν τὴν γῆν οὐ ποιήσεις κρίσιν; 26 εἶπεν δὲ κύριος Ἐὰν εὕρω ἐν Σοδομοις πεντήκοντα δικαίους ἐν τῇ πόλει, ἀφήσω πάντα τὸν τόπον δι᾽ αὐτούς. 27 καὶ ἀποκριθεὶς Αβρααμ εἶπεν Νῦν ἠρξάμην λαλῆσαι πρὸς τὸν κύριον, ἐγὼ δέ εἰμι γῆ καὶ σποδός· 28 ἐὰν δὲ ἐλαττονωθῶσιν οἱ πεντήκοντα δίκαιοι πέντε, ἀπολεῖς ἕνεκεν τῶν πέντε πᾶσαν τὴν πόλιν; καὶ εἶπεν Οὐ μὴ ἀπολέσω, ἐὰν εὕρω ἐκεῖ τεσσαράκοντα πέντε. 29 καὶ προσέθηκεν ἔτι λαλῆσαι πρὸς αὐτὸν καὶ εἶπεν Ἐὰν δὲ εὑρεθῶσιν ἐκεῖ τεσσαράκοντα; καὶ εἶπεν Οὐ μὴ ἀπολέσω ἕνεκεν τῶν τεσσαράκοντα. 30 καὶ εἶπεν Μή τι, κύριε, ἐὰν λαλήσω· ἐὰν δὲ εὑρεθῶσιν ἐκεῖ τριάκοντα; καὶ εἶπεν Οὐ μὴ ἀπολέσω, ἐὰν εὕρω ἐκεῖ τριάκοντα. 31 καὶ εἶπεν Ἐπειδὴ ἔχω λαλῆσαι πρὸς τὸν κύριον, ἐὰν δὲ εὑρεθῶσιν ἐκεῖ εἴκοσι; καὶ εἶπεν Οὐ μὴ ἀπολέσω ἕνεκεν τῶν εἴκοσι. 32 καὶ εἶπεν Μή τι, κύριε, ἐὰν λαλήσω ἔτι ἅπαξ· ἐὰν δὲ

---

25) ἵστημι의 분사형 ἑστηκώς와 εἰμί 동사를 사용하여 '서 있는' 모습을 표현하였는데, ἵστημι는 '무언가를 청하기 위해 서 있다'라는 뜻으로 이해된다.

26) MT에서는 이 절의 두 번째 문장이 25절에 나온다.

27) LXX는 MT의 "당신께 어울리지 않습니다"(חָלִלָה לְּךָ, 직역: 당신께 불경스런 일입니다)를 '결코 아니다'(μηδαμῶς)라는 강한 부정어로 옮겼다. 아브라함은 '그와 같은 일을 당신께서 하시리라는 것'(σὺ ποιήσεις ὡς τὸ ῥῆμα τοῦτο)을 생각할 수도 없다고 하느님께 항변한다. 여기서 σύ는 히브리어 '당신에게'(לְּךָ)를 드러내 주기 위해 덧붙여진 것 같다. LXX는 히브리어 본문의 문자적 번역이 하느님께 대한 적절한 표현이 아니라고 생각하여 이를 부정의 의미를 지닌 부사로 바꾼 것이다. 두 번째 חָלִלָה לְּךָ은 주어(σύ) 없이 μηδαμῶς로만 옮긴다.

28) 그리스어 κρίσις는 법률용어로서 '공정한 판결'이라는 뜻을 지닌다.

고, 그들의 죄들이 너무도 크구나. 21 그러니 내가 내려가서 저들이 저지르는 짓이 나에게 이른 그들의 울부짖음과 같은지 아닌지를 알아보겠다." 22 그 남자들은 거기에서 몸을 돌려 소돔으로 갔다. 그러나 아브라함은 아직 주님 앞에 서 있었다.[25] 23 아브라함이 다가가서 말씀드렸다. "의인을 악인과 함께 멸하시렵니까? 의인이 악인처럼 되게 하시렵니까?[26] 24 만일 그 성읍에 의인 쉰 명이 있다면 그들을 멸하시렵니까? 그 안에 의인 쉰 명이 있다면 그들 때문에라도 그곳을 모두 그냥 두지 않으시렵니까? 25 의인을 악인과 함께 죽이시어, 의인이 악인처럼 되게 하시는 그와 같은 일을 당신께서는 하지 않으실 것입니다. 절대로 그러실 수 없습니다.[27] 온 땅을 심판하시는 당신께서는 공정한 판결을[28] 내리지 않으시겠습니까?"[29] 26 주님께서 말씀하셨다. "소돔 성읍에 있는 사람들 가운데서 내가 의인 쉰 명을 찾아낸다면, 그들을 보아서 그곳 전체를 용서하겠다." 27 아브라함이 말씀드렸다. "제가 (비록) 흙과[30] 재에 지나지 않으나,[31] 이제[32] 주님께 말씀드리렵니다. 28 만일 의인 쉰 명보다 다섯이 적다면, 그 다섯 때문에 온 성읍을 멸망시키시렵니까?" 그분께서 말씀하셨다. "내가 거기서 마흔다섯 명을 찾아낸다면, 멸망시키지 않겠다." 29 그가 다시 그분께 말씀드렸다. "거기서 마흔 명이 발견된다면요?" 그러자 그분께서 말씀하셨다. "그 마흔 명을 보아서 내가 멸망시키지 않겠다."[33] 30 그가 말씀드렸다. "주님, 제가 말씀드린다고 무슨 일이 일어나지는 않겠지요.[34] 거기서 서른 명이 발견된다면요?" 그분께서 말씀하셨다. "내가 거기서 서른 명을 찾아낸다면, 멸망시키지 않겠다." 31 그가 말씀드렸다. "제가 주님께 말씀드릴 수 있게 되었으니 (아뢰옵니다).[35] 거기서 스무 명이 발견된다면요?" 그분께서 말씀하셨다. "그 스무 명을 보아서 내가 멸망시키지 않겠다." 32 그가 말씀드렸다. "주님, 제가 한 번 더

---

29) MT는 "온 세상의 심판자"(הַשֹׁפֵט כָּל־הָאָרֶץ)라는 3인칭 주어를 사용하여 일반적인 질문으로 문장을 전개하였으나, LXX는 아브라함이 하느님께 직접 항변하는 모습을 묘사하려고 2인칭 주어를 사용하였다(ποιήσει). 또한 여기서 사용된 부정어 οὐ는 긍정의 대답을 요구한다.

30) "먼지"(עָפָר)를 "흙"(γῆ)으로 옮겼다.

31) 그리스도교 전승은 "제가 흙과 재에 지나지 않으나"라는 이 문장을 겸손의 성서적 표현으로 받아들인다(체사레아의 바실리우스, *De fide* 1).

32) LXX는 הִנֵּה נָא를 "이제"(νῦν)로 옮겼다.

33) MT는 "그 일을 실행하지 않겠다"(לֹא אֶעֱשֶׂה)라고 하였다.

34) 히브리어 본문이 "노여워하지 마십시오"(אַל־נָא יִחַר)라는 구체적 표현을, LXX는 동사 없이 두 단어(μή τι, 직역: 아무 일도 없는)만으로 바꾸어 옮겼다.

35) LXX는 히브리어 본문의 "제가 주님께 간히 아뢰옵니다"(הִנֵּה נָא הוֹאַלְתִּי לְדַבֵּר אֶל־אֲדֹנָי)를 ἐπειδὴ ἔχω λαλῆσαι로 바꾸어 "말씀드릴 수 있게 되었으니"로 옮겼다.

εὑρεθῶσιν ἐκεῖ δέκα; καὶ εἶπεν Οὐ μὴ ἀπολέσω ἕνεκεν τῶν δέκα. **33** ἀπῆλθεν δὲ κύριος, ὡς ἐπαύσατο λαλῶν τῷ Αβρααμ, καὶ Αβρααμ ἀπέστρεψεν εἰς τὸν τόπον αὐτοῦ.

19,1 Ἦλθον δὲ οἱ δύο ἄγγελοι εἰς Σοδομα ἑσπέρας· Λωτ δὲ ἐκάθητο παρὰ τὴν πύλην Σοδομων. ἰδὼν δὲ Λωτ ἐξανέστη εἰς συνάντησιν αὐτοῖς καὶ προσεκύνησεν τῷ προσώπῳ ἐπὶ τὴν γῆν **2** καὶ εἶπεν Ἰδού, κύριοι, ἐκκλίνατε εἰς τὸν οἶκον τοῦ παιδὸς ὑμῶν καὶ καταλύσατε καὶ νίψασθε τοὺς πόδας ὑμῶν, καὶ ὀρθρίσαντες ἀπελεύσεσθε εἰς τὴν ὁδὸν ὑμῶν. εἶπαν δέ Οὐχί, ἀλλ' ἐν τῇ πλατείᾳ καταλύσομεν. **3** καὶ κατεβιάζετο αὐτούς, καὶ ἐξέκλιναν πρὸς αὐτὸν καὶ εἰσῆλθον εἰς τὴν οἰκίαν αὐτοῦ. καὶ ἐποίησεν αὐτοῖς πότον, καὶ ἀζύμους ἔπεψεν αὐτοῖς, καὶ ἔφαγον. **4** πρὸ τοῦ κοιμηθῆναι καὶ οἱ ἄνδρες τῆς πόλεως οἱ Σοδομῖται περιεκύκλωσαν τὴν οἰκίαν ἀπὸ νεανίσκου ἕως πρεσβυτέρου, ἅπας ὁ λαὸς ἅμα, **5** καὶ ἐξεκαλοῦντο τὸν Λωτ καὶ ἔλεγον πρὸς αὐτόν Ποῦ εἰσιν οἱ ἄνδρες οἱ εἰσελθόντες πρὸς σὲ τὴν νύκτα; ἐξάγαγε αὐτοὺς πρὸς ἡμᾶς, ἵνα συγγενώμεθα αὐτοῖς. **6** ἐξῆλθεν δὲ Λωτ πρὸς αὐτοὺς πρὸς τὸ πρόθυρον, τὴν δὲ θύραν προσέῳξεν ὀπίσω αὐτοῦ. **7** εἶπεν δὲ πρὸς αὐτούς Μηδαμῶς, ἀδελφοί, μὴ πονηρεύσησθε. **8** εἰσὶν δέ μοι δύο θυγατέρες, αἳ οὐκ ἔγνωσαν ἄνδρα· ἐξάξω αὐτὰς πρὸς ὑμᾶς, καὶ χρήσασθε αὐταῖς, καθὰ ἂν ἀρέσκῃ ὑμῖν· μόνον εἰς τοὺς ἄνδρας τούτους μὴ ποιήσητε μηδὲν ἄδικον, οὗ εἵνεκεν εἰσῆλθον ὑπὸ τὴν σκέπην τῶν δοκῶν μου.

---

1) 이 이야기의 초점은 딸들에 대한 롯의 위험한 태도보다 그의 손님 접대에 있다. 오리게네스는 아브라함의 손님 접대(현인의 완벽한 접대)와 롯의 접대(점점 나아지는 사람의 접대)를 비교하였다(G 98: F. Petit).

2) '강권하다'(κατεβιάζετο)와 '잔치를 베풀다'(ἐποίησεν πότον)의 주어를 문맥상 롯으로 이해하여 이와 같이 옮긴다.

3) "누룩 들지 않은"(ἄζυμος)이라는 말은 LXX에 와서야 사용되었다.

말씀드린다고 무슨 일이 일어나지는 않겠지요? 거기서 열 명이 발견된다면요?” 그분께서 말씀하셨다. “그 열 명을 보아서 내가 멸망시키지 않겠다.” 33 주님께서 아브라함에게 말씀하기를 마치시자 떠나가셨다. 아브라함도 자기가 사는 곳으로 돌아갔다.

천사들이 소돔에 이르다[1]

19,1 저녁때에 그 두 천사가 소돔에 왔다. 롯은 소돔 성문 옆에 앉아 있었다. 롯이 보고 일어나 그들을 맞으면서 얼굴을 땅에 대고 엎드려 2 말하였다. “보십시오, 어르신들. 당신들 종의 집에 들르시어 머무시며 발도 씻으십시오. (그런 다음) 일찍 일어나 당신들 길을 떠나십시오.” 그들이 말하였다. “아니오, 우리는 광장에서 머물겠소.” 3 그러나 롯이[2] 그들에게 강권하자, 그들은 〈그에게〉 발길을 돌려 그의 집으로 들어갔다. 롯이 그들에게 잔치를 베풀고, 누룩 들지 않은[3] 빵을 구워 주자 그들이 먹었다. 4 잠자리에 들기 전이었다.[4] 성읍의 남자들, 곧 소돔 사람들이 젊은이부터 늙은이에 이르기까지 모든 백성이 함께[5] 그 집을 둘러쌌다. 5 그리고 롯을 불러 말하였다. “오늘 밤 당신에게 온 남자들은 어디 있소? 우리가 그들과 관계 좀 할 터이니 그들을 우리에게 데려오시오.”[6] 6 그러자 롯이 그들이 있는 대문으로 나가, 자기 등 뒤로 문을 닫았다.[7] 7 그가 그들에게 말하였다. “형제들, 제발 못된 짓 하지들 마시오. 8 나에게 남자를 알지 못하는 두 딸이 있소.[8] 내가 그들을 당신들에게 데려올 테니, 〈그 여자들을〉 당신들 좋을 대로 다루시오. 그러나 내 지붕 그늘 아래로 들어온 사람들이니, 이 남자들에게는 의롭지 못한 짓을 하지들 마시오.”

---

4) 일부 그리스어 필사본은 이를 3절 마지막에 두었다.

5) LXX는 공간적인 의미로 해석되는 히브리어 מִקָּצֶה(한쪽 끝에서 다른 쪽 끝까지), “온통 사방에서”를 소돔 성읍이 아니라 “백성”($\acute{o}$ $\lambda\alpha\acute{o}\varsigma$)을 꾸미는 것으로 이해하여 $\acute{\alpha}\mu\alpha$(함께)로 옮겼다.

6) 여기서 ‘관계하다’($\sigma\upsilon\gamma\gamma\acute{\iota}\nu o\mu\alpha\iota$)는 성적 결합을 뜻하나, 본디 ‘함께 이야기하다, 만나다’를 뜻한다.

7) 열려고 문을 미는 것($\dot{\alpha}\nu o\acute{\iota}\gamma\nu\upsilon\mu\iota$)과 제자리에 돌려놓으려고 문을 미는 동작, 곧 ‘닫다’($\pi\rho o\sigma o\acute{\iota}\gamma\nu\upsilon\mu\iota$)는 중립적인 뜻을 지닌 ‘열다’($o\acute{\iota}\gamma\nu\upsilon\mu\iota$)에서 나왔다.

8) 고대 주석가들은 롯의 사위들이 나오는 14절과 관련하여 롯의 딸들이 약혼한 상태였다고 해석하였다.

9 εἶπαν δὲ Ἀπόστα ἐκεῖ. εἷς ἦλθες παροικεῖν· μὴ καὶ κρίσιν κρίνειν; νῦν οὖν σὲ κακώσομεν μᾶλλον ἢ ἐκείνους. καὶ παρεβιάζοντο τὸν ἄνδρα τὸν Λωτ σφόδρα καὶ ἤγγισαν συντρῖψαι τὴν θύραν. **10** ἐκτείναντες δὲ οἱ ἄνδρες τὰς χεῖρας εἰσεσπάσαντο τὸν Λωτ πρὸς ἑαυτοὺς εἰς τὸν οἶκον καὶ τὴν θύραν τοῦ οἴκου ἀπέκλεισαν· **11** τοὺς δὲ ἄνδρας τοὺς ὄντας ἐπὶ τῆς θύρας τοῦ οἴκου ἐπάταξαν ἀορασίᾳ ἀπὸ μικροῦ ἕως μεγάλου, καὶ παρελύθησαν ζητοῦντες τὴν θύραν.

19.12 Εἶπαν δὲ οἱ ἄνδρες πρὸς Λωτ Ἔστιν τίς σοι ὧδε, γαμβροὶ ἢ υἱοὶ ἢ θυγατέρες; ἢ εἴ τίς σοι ἄλλος ἔστιν ἐν τῇ πόλει, ἐξάγαγε ἐκ τοῦ τόπου τούτου· **13** ὅτι ἀπόλλυμεν ἡμεῖς τὸν τόπον τοῦτον, ὅτι ὑψώθη ἡ κραυγὴ αὐτῶν ἐναντίον κυρίου, καὶ ἀπέστειλεν ἡμᾶς κύριος ἐκτρῖψαι αὐτήν. **14** ἐξῆλθεν δὲ Λωτ καὶ ἐλάλησεν πρὸς τοὺς γαμβροὺς αὐτοῦ τοὺς εἰληφότας τὰς θυγατέρας αὐτοῦ καὶ εἶπεν Ἀνάστητε καὶ ἐξέλθατε ἐκ τοῦ τόπου τούτου, ὅτι ἐκτρίβει κύριος τὴν πόλιν. ἔδοξεν δὲ γελοιάζειν ἐναντίον τῶν γαμβρῶν αὐτοῦ. **15** ἡνίκα δὲ ὄρθρος ἐγίνετο, ἐπεσπούδαζον οἱ ἄγγελοι τὸν Λωτ λέγοντες Ἀναστὰς λαβὲ τὴν γυναῖκά σου καὶ τὰς δύο θυγατέρας σου, ἃς ἔχεις, καὶ ἔξελθε, ἵνα μὴ συναπόλῃ ταῖς ἀνομίαις τῆς πόλεως. **16** καὶ ἐταράχθησαν· καὶ ἐκράτησαν οἱ ἄγγελοι τῆς χειρὸς αὐτοῦ καὶ τῆς χειρὸς τῆς γυναικὸς αὐτοῦ καὶ τῶν χειρῶν τῶν δύο θυγατέρων

---

9) 히브리어 본문의 3인칭 표현 "이자는 나그네살이하려고 온 주제에"(האחד בא לגור)를, LXX 는 2인칭 주어를 사용하여 "너는 홀로 몸 붙여 살려고 와서"(εἷς ἦλθες παροικεῖν)로 옮겼다.

10) LXX는 "문"(הדלת)에다 "집"(τοῦ οἴκου)을 덧붙여 옮겼다.

11) "작은 사람부터 큰 사람에 이르기까지"라는 표현은, 사람들 전체를 일컫는 총괄법 (merismus)의 좋은 예이다.

12) '녹초가 되다'라고 옮긴 그리스어 παραλύομαι는 본디 의학용어로 '마비되다'라는 뜻이다. MT는 '그들은 찾을 수 없었다'(וילאו למצא)라고 하였다.

13) 이 재난 이야기는 성서의 다른 곳에서 죄인들을 불로 벌하시는 하느님의 진노를 묘사하는 본보기로 나온다(신명 29,22; 이사 1,9; 13,19; 예레 49,18; 50,40; 아모 4,11; 지혜 10,6-7). 또 노아의 홍수와 마찬가지로 사람의 아들이 올 때의 갑작스러움을 이 이야기에 빗대어 묘사하기도 한다(루가 17,28-30). 그리스도교 전통은 소돔을 멸망시킨 이 '불'을 노아의 홍수 '물'처럼 정화하는 징벌의 상징으로, 또는 종말론적 불의 상징으로 해석하였다.

9 그러자 그들이 말하였다. "거기서 물러서라. 너는 홀로 몸 붙여 살려고 와서9) 재판까지 하려 드느냐? 이제 저들보다 너를 더 혼내 주어야겠다." 그들은 그 남자 롯을 세게 밀치고 문을 부수려 다가왔다. 10 (그때) 그 남자들이 손을 내밀어 롯을 〈자기들이 있는〉 집 안으로 끌어들이고 집10) 문을 닫았다. 11 그리고 그 집 문 옆에 있는 남자들을 작은 사람부터 큰 사람에 이르기까지11) 눈멀음으로 치자, 그들은 문을 찾느라 녹초가 되었다.12)

소돔의 멸망과 롯의 구원13)

19,12 그 남자들이 롯에게 말하였다. "여기에 당신에게 (딸린) 어떤 이들, 곧 사위들이나 아들딸들이 있소? 성읍에 당신에게 (딸린) 다른 사람이 있으면,14) 이곳에서15) 데리고 나가시오. 13 우리가 이곳을 파멸시키려 하오. 저들의 울부짖음이 주님 앞에16) 올라갔기17) 때문이오. 주님께서 그것을 파괴하시려고 우리를 보내셨소." 14 롯은 밖으로 나가 자기 딸들을 아내로 삼은18) 사위들에게 말하였다. "주님께서 이 성읍을 파괴하실 것이니 어서 이곳을 빠져 나가게." 그러나 그는 자기 사위들 앞에서 우스갯소리를 하는 것처럼 보였다. 15 날이 밝아 올 무렵에 천사들은 롯을 재촉하여 말하였다. "성읍의 죄악과 함께 멸망하지19) 않으려거든, 어서 그대 아내와 그대가 데리고 있는20) 두 딸을 데리고 나가시오."21) 16 그러나 그들은 어쩔 줄 몰라 하였다.22) 그러자 주님께서 그를 아끼셨으므로, 천사들은 그의 손과 그의 아

---

14) LXX는 "성읍에 있는 그대의 가족들"(וכל אשר לך בעיר)을, 조건절 "성읍에 당신에게 (딸린) 다른 사람이 있으면"(ἢ εἴ τίς σοι ἄλλος ἔστιν ἐν τῇ πόλει)으로 옮겼다.

15) LXX는 MT에 없는 지시대명사 "이"(τούτου)를 사마리아 오경(הזה)에 따라 삽입하였다.

16) 필로는 전치사 "~ 앞에"(ἐναντίον)를 '~를 거슬러'라는 의미로 해석하였다.

17) LXX는 '커지다'(גדלה)를 '올려졌다'(ὑψώθη)로 옮겼다.

18) "자기 딸들을 아내로 삼은"(τοὺς εἰληφότας τὰς θυγατέρας αὐτοῦ)이라는 표현으로 보아, 롯에게는 이미 출가한 딸들과 아직 혼인하지 않은 딸들이 있었던 것 같다. 15절의 '그가 데리고 있던' 딸들은 8절의 "남자를 알지 못하는" 딸들을 가리킨다.

19) 여격과 함께 쓰인 동사 συναπόλλυμι는 '함께 멸망하다'라는 뜻이다. "성읍의 죄악과 함께"는 MT(בעון העיר)와 타르굼 옹켈로스(בחובי קרתא)에서 모두 "성읍의 죄악 때문에"로 되어 있다.

20) 히브리어 본문의 "여기에 있는"(הנמצאת, 직역: 발견되는)을 "그대가 데리고 있는"(ἃς ἔχεις)으로 옮겼다.

21) 히브리어 본문에 없는 "나가시오"(καὶ ἔξελθε)를 덧붙였다.

22) LXX는 "어쩔 줄 몰라 하였다"(ἐταράχθησαν)의 주어를 복수로 썼다. 그러나 MT는 단수 주어를 사용하여, '롯이 방설였다'(ויתמהמה)고 하였다.

αὐτοῦ ἐν τῷ φείσασθαι κύριον αὐτοῦ. **17** καὶ ἐγένετο ἡνίκα ἐξήγαγον αὐτοὺς ἔξω. καὶ εἶπαν Σῴζων σῷζε τὴν σεαυτοῦ ψυχήν· μὴ περιβλέψῃς εἰς τὰ ὀπίσω μηδὲ στῇς ἐν πάσῃ τῇ περιχώρῳ· εἰς τὸ ὄρος σῴζου, μήποτε συμπαραλημφθῇς. **18** εἶπεν δὲ Λωτ πρὸς αὐτούς Δέομαι, κύριε· **19** ἐπειδὴ εὗρεν ὁ παῖς σου ἔλεος ἐναντίον σου καὶ ἐμεγάλυνας τὴν δικαιοσύνην σου, ὃ ποιεῖς ἐπ᾽ ἐμέ, τοῦ ζῆν τὴν ψυχήν μου, ἐγὼ δὲ οὐ δυνήσομαι διασωθῆναι εἰς τὸ ὄρος, μὴ καταλάβῃ με τὰ κακὰ καὶ ἀποθάνω. **20** ἰδοὺ ἡ πόλις αὕτη ἐγγὺς τοῦ καταφυγεῖν με ἐκεῖ, ἥ ἐστιν μικρά, ἐκεῖ σωθήσομαι· οὐ μικρά ἐστιν; καὶ ζήσεται ἡ ψυχή μου. **21** καὶ εἶπεν αὐτῷ Ἰδοὺ ἐθαύμασά σου τὸ πρόσωπον καὶ ἐπὶ τῷ ῥήματι τούτῳ τοῦ μὴ καταστρέψαι τὴν πόλιν, περὶ ἧς ἐλάλησας· **22** σπεῦσον οὖν τοῦ σωθῆναι ἐκεῖ· οὐ γὰρ δυνήσομαι ποιῆσαι πρᾶγμα ἕως τοῦ σε εἰσελθεῖν ἐκεῖ. διὰ τοῦτο ἐκάλεσεν τὸ ὄνομα τῆς πόλεως ἐκείνης Σηγωρ. **23** ὁ ἥλιος ἐξῆλθεν ἐπὶ τὴν γῆν, καὶ Λωτ εἰσῆλθεν εἰς Σηγωρ, **24** καὶ κύριος ἔβρεξεν ἐπὶ Σοδομα καὶ Γομορρα θεῖον καὶ πῦρ παρὰ κυρίου ἐκ τοῦ οὐρανοῦ **25** καὶ κατέστρεψεν τὰς πόλεις ταύτας καὶ πᾶσαν τὴν περίοικον καὶ πάντας τοὺς κατοικοῦντας ἐν ταῖς πόλεσιν καὶ πάντα τὰ ἀνατέλλοντα ἐκ τῆς γῆς. **26** καὶ ἐπέβλεψεν ἡ γυνὴ αὐτοῦ εἰς τὰ ὀπίσω καὶ ἐγένετο στήλη ἁλός.

---

23) MT는 "그 사람들은 … 성읍 밖으로 데리고 나갔다" (האנשׁים … ויׁנחהו מחוץ לעיר)로 LXX보다 문장이 길다. 심마쿠스역은 이 문장의 주어를 '주님'으로 하여 '주님께서는 … 밖으로 데리고 나가셨다' 라고 옮겼다.

24) 듣는 이가 복수(πρὸς αὐτοὺς 그들에게)로 시작되었으나, 다음 문장에서는 단수(κύριε 주님)로 바뀐다.

25) 히브리어 본문의 "나리, 제발 그러지 마십시오" (אל נא אדני)를 LXX는 "주님, 제발 빕니다" (δέομαι, κύριε)로 옮겼다.

26) 히브리어 '호의'(חן)를 "자비"(ἔλεος)로 옮겼는데, 이는 드물게 나타나는 경우로 보통 χάρις로 옮긴다.

27) 히브리어 '자애'(חסד)는 ἔλεος로 옮기는데, 여기서는 "정의"(δικαιοσύνη)로 대체하였다.

28) 그리스어 동사 '살리다'(σῴζω)는 19,17-22 사이에 다섯 번 등장하며, 이에 대응하는 히브리어 מלט도 역시 다섯 번 나온다. MT는 מלט와 롯(לוט) 사이에 말놀이를 꾀하였다.

내의 손과 그의 두 딸의 손을 잡았다.[23] 17 그리고 그들을 밖으로 데리고 나와서는 말하였다. "반드시 당신 목숨을 구하시오. 뒤를 돌아보아서는 안 되오. 이 주위 어디에서도 서지 마시오. 휩쓸리지 않으려거든 산으로 (가) 목숨을 구하시오." 18 롯이 그들에게[24] 말하였다. "주님, 제발 빕니다.[25] 19 당신 종이 당신 앞에서 자비를[26] 입어, 당신이 저에게 해 주신 것처럼 당신의 정의를[27] 크게 베푸시어 제 목숨을 살려 주셨습니다.[28] 그러나 저는 재앙에 붙잡혀 죽을 것 같으니, 저 산으로는 달아날 수가 없습니다. 20 보십시오. 저 성읍은 가까워 제가 거기로 달아날 만하고 작은 성읍입니다. 저는 거기로 피신하겠습니다. 자그마하지 않습니까? 그러면 제 목숨을 살릴 수 있겠습니다." 21 그가 롯에게 말하였다. "보시오, 이 일을 두고도 그대의 얼굴을 보아서,[29] 그대가 말하는 저 성읍을 뒤엎지 않겠소. 22 그러니 서둘러 그곳으로 피신하시오. 그대가 그곳에 이르기 전까지는 내가 일을 할 수 없기 때문이오." 이리하여 그 성읍 이름을 세고르라[30] 하였다. 23 롯이 세고르에 이르자 해가 땅 위로 솟아올랐다. 24 주님께서는 〈주님에게서〉 하늘로부터 소돔과 고모라에 유황과 불을 내리셨다. 25 그리하여 그 성읍들과 주변의 모든 집과 성읍들에 있는 온 주민과 땅 위에 자란 모든 것을 뒤엎으셨다. 26 그의 아내는 뒤를[31] 바라보아 소금 기둥이 되었다.

---

29) 여기서 처음으로 "그대의 얼굴을 보아서"(ἐθαύμασά σου τὸ πρόσωπον, 직역: 당신 얼굴에 감탄하다)라는 표현이 나오는데, θαυμάζω는 '존경하다'라는 고전적 의미로 쓰였다. 이는 히브리어 표현 '~의 얼굴을 들다'(נשא פנים)에 일치시킨 것으로, '호의를 갖고 바라보다, 요구를 들어주다'(신명 28,50) 또는 '~에게 호의를 베풀다'(신명 10,17)라는 뜻을 지닌다. 고대 근동에서는 간청을 들어주는 표시로 임금이 부복해 있는 신하의 얼굴을 들게 하였다. 후기 성서 번역본들에서는 '어떤 사람의 얼굴을 들다'(πρόσωπον λαμβάνω)라는 좀 더 문자적인 표현을 찾아볼 수 있다. 레위 19,15에는 위의 두 표현, 가난한 사람의 '얼굴을 들다'(πρόσωπον λαμβάνω)와 권세가들의 '얼굴에 감탄하다'(θαυμάζω πρόσωπον)가 나온다. 위의 두 표현 이외에 신약성서(사도 10,35)에 나오는 προσωπολήπτω가 있는데, '얼굴을 들다'의 본디 의미가 '차별대우하다'로 발전하였다.

30) MT의 "소알"(צוער)은 '작은'(מצער)과 어원적으로 일치하지만, LXX의 "세고르"(Σηγωρ)는 '작은'(μικρά 19,20)과 상응하지 못한다. LXX 음역 '세고르'에 대해서는 13,1 각주 참조.

31) LXX는 MT의 '그의 아내는 그의 뒤(מאחריו)를 바라보았다'라는 문장을 분명하게 '그의 아내는 뒤(ὀπίσω)를 바라보았다'라고 옮겼다. 어떤 그리스어 필사본들은 '뒤에'(ὀπίσω)라는 부사 다음에 남성대명사(αὐτοῦ)를 넣어 '그의 뒤'나 여성대명사(αὐτῆς)를 넣어 '그 여자의 뒤'를 바라보았다고 더 구체적으로 표현하였다.

19,27 Ὤρθρισεν δὲ Αβρααμ τὸ πρωὶ εἰς τὸν τόπον, οὗ εἱστήκει ἐναντίον κυρίου, **28** καὶ ἐπέβλεψεν ἐπὶ πρόσωπον Σοδομων καὶ Γομορρας καὶ ἐπὶ πρόσωπον τῆς γῆς τῆς περιχώρου καὶ εἶδεν, καὶ ἰδοὺ ἀνέβαινεν φλὸξ τῆς γῆς ὡσεὶ ἀτμὶς καμίνου. **29** καὶ ἐγένετο ἐν τῷ ἐκτρῖψαι κύριον πάσας τὰς πόλεις τῆς περιοίκου ἐμνήσθη ὁ θεὸς τοῦ Αβρααμ καὶ ἐξαπέστειλεν τὸν Λωτ ἐκ μέσου τῆς καταστροφῆς ἐν τῷ καταστρέψαι κύριον τὰς πόλεις, ἐν αἷς κατῴκει ἐν αὐταῖς Λωτ.

19,30 Ἀνέβη δὲ Λωτ ἐκ Σηγωρ καὶ ἐκάθητο ἐν τῷ ὄρει καὶ αἱ δύο θυγατέρες αὐτοῦ μετ' αὐτοῦ· ἐφοβήθη γὰρ κατοικῆσαι ἐν Σηγωρ. καὶ ᾤκησεν ἐν τῷ σπηλαίῳ, αὐτὸς καὶ αἱ δύο θυγατέρες αὐτοῦ μετ' αὐτοῦ. **31** εἶπεν δὲ ἡ πρεσβυτέρα πρὸς τὴν νεωτέραν Ὁ πατὴρ ἡμῶν πρεσβύτερος, καὶ οὐδείς ἐστιν ἐπὶ τῆς γῆς, ὃς εἰσελεύσεται πρὸς ἡμᾶς, ὡς καθήκει πάσῃ τῇ γῇ· **32** δεῦρο καὶ ποτίσωμεν τὸν πατέρα ἡμῶν οἶνον καὶ κοιμηθῶμεν μετ' αὐτοῦ καὶ ἐξαναστήσωμεν ἐκ τοῦ πατρὸς ἡμῶν σπέρμα. **33** ἐπότισαν δὲ τὸν πατέρα αὐτῶν οἶνον ἐν τῇ νυκτὶ ταύτῃ, καὶ εἰσελθοῦσα ἡ πρεσβυτέρα ἐκοιμήθη μετὰ τοῦ πατρὸς αὐτῆς τὴν νύκτα ἐκείνην, καὶ οὐκ ᾔδει ἐν τῷ κοιμηθῆναι αὐτὴν καὶ ἀναστῆναι. **34** ἐγένετο δὲ τῇ ἐπαύριον καὶ εἶπεν ἡ πρεσβυτέρα πρὸς

---

32) 롯은 아브라함의 기도에 힘입어 소돔의 재난에서 몸을 구할 수 있었다. 그는 지혜 10,6; 2베드 2,7에 나오는 '구원받은 의인'의 명단에 들어 있다.

33) MT는 עַל과 פְּנֵי 사이에 כֹּל을 넣어 '온 땅 표면 위'(עַל כָּל פְּנֵי אֲרָץ)라고 하였다. 이렇게 כֹּל이 פְּנֵי 앞에 오는 것은 드문 배열법이므로 사마리아 오경과 시리아어역은 순서를 바꾸어 פְּנֵי 다음에 כֹּל을 넣는다. LXX는 כֹּל을 생략하여 바로 앞의 "소돔과 고모라의 표면"과 같은 문장을 만들었다.

34) LXX는 "내려다보니"(וַיַּשְׁקֵף)를 עַל의 영향을 받아 "바라보니"(ἐπέβλεψεν)로 옮겼다.

35) "땅의 불길"(φλὸξ τῆς γῆς: 땅이 속격으로 쓰임)이라는 표현에 일부 필사본들은 전치사 '(땅)에서'(ἀπό)를 덧붙였다.

36) 히브리어 분문에서 "연기"(קִיטֹר)로 표현된 두 곳을, LXX는 "불길"(φλόξ)과 "수증기"(ἀτμίς)로 옮겼다.

롯이 구원받다[32]

19,27 아브라함이 일찍 일어나 자기가 주님 앞에 서 있던 곳으로 (가서), **28** 소돔과 고모라의 표면과 그 주변의 땅 표면을[33] 바라보니,[34] 불가마의 수증기처럼 그 땅의 불길이[35] 솟아오르고 있는 것이 아닌가.[36] **29** 주님께서 그 주변의 온 성읍을 파괴시키실 때, 하느님께서 아브라함을 기억하셨다. 그래서 주님께서 롯이 살고 있던 그 성읍들을 뒤엎으실 때, 롯을 멸망의 한가운데서 내보내 주셨다.

롯의 두 딸이 자손을 얻다[37]

19,30 롯은 세고르에서 올라가 산에 머물렀는데, 그의 두 딸도 그와 함께 있었다. 그는 세고르에 사는 것이 두려웠기 때문이다. 그래서 그와 두 딸은 그와 함께[38] 굴 속에서 살았다. **31** 큰딸이 작은딸에게[39] 말하였다. "우리 아버지는 늙으셨고, 이 땅 위에는 온 세상의 풍속대로 우리에게 들 사람이 없구나. **32** 자, 우리 아버지에게 술을 드시게 하고 우리가 그와 함께 누워 우리 아버지에게서 자손을[40] 일으키자." **33** 그날 밤 그들은 아버지에게 술을 마시게 하고, 그 밤에는 큰딸이 들어가서 아버지와 함께 누웠다. 그러나 그는 그 여자가 누웠다 일어난 것을 몰랐다. **34** 다

---

37) 이 이야기는 모압과 암몬 두 민족의 기원을 밝힌다. 그러나 히브리 민족의 조상인 이들은 주님의 모임에서 제외된다(신명 23,4). 본문에서 알 수 있듯이 MT나 LXX 모두 이 근친상간을 비난하지 않는다. 롯은 자기와 딸들 사이에 무슨 일이 있었는지 알지 못하였고(33.35절), 딸들은 자손을 얻어야 한다는 합법적인 목적을 가졌다(32.34절). 필로는 딸들이 한 남자에게서 자식을 요구한 것을 비판하면서, 그들이 아이를 가진 것은 비난받을 일이며 그들의 자손은 저주받은 자들이라고 하였다(*Poster.* 175-177). 그러나 언니의 지시를 따른 작은딸에게는 죄가 없다고 한다(*Ebr.* 165). 오리게네스는 첼수스에게 보낸 글에서, 자신의 의지와는 상관없이 그 사건에 말려든 롯을 '상관없는 사람'으로 분류하며 그를 정당화하였다(*C.Cels.* IV,45). 그리스도교 전통에 이어진 다른 견해는 이레네우스의 해석이다. 그는 롯을 유일한 '아버지'의 모습으로 보고 두 딸은 두 민족, 곧 '신·구약성서'를 대표한다고 보았다. 그러므로 이 이야기는 하느님의 '섭리' 안에 흡수된다. 그에 따르면 롯은 그리스도의 예형이며, 신·구약성서는 같은 근원을 지니고, 하느님의 말씀은 생명의 씨, 곧 성령을 퍼뜨린다.

38) "그와 함께"($\mu\epsilon\tau$' $a\dot{v}\tau o\hat{v}$)는 MT에 없는 말이다. 사마리아 오경에는 עמו가 나온다.

39) 직역하면 '어린 (딸)'($\nu\epsilon\omega\tau\acute{\epsilon}\rho a$)이다.

40) 히브리어 분문의 '씨'(זרע)를 LXX는 $\sigma\pi\acute{\epsilon}\rho\mu a$로 옮겼는데, 타르굼 옹켈로스는 종교적 이미를 띠는 용어를 피하고 보다 중립적인 단어인 '아이들'(בנין)로 바꾸었다.

τὴν νεωτέραν Ἰδοὺ ἐκοιμήθην ἐχθὲς μετὰ τοῦ πατρὸς ἡμῶν·
ποτίσωμεν αὐτὸν οἶνον καὶ τὴν νύκτα ταύτην, καὶ εἰσελθοῦσα
κοιμήθητι μετ᾽ αὐτοῦ, καὶ ἐξαναστήσωμεν ἐκ τοῦ πατρὸς ἡμῶν
σπέρμα. **35** ἐπότισαν δὲ καὶ ἐν τῇ νυκτὶ ἐκείνῃ τὸν πατέρα αὐτῶν
οἶνον, καὶ εἰσελθοῦσα ἡ νεωτέρα ἐκοιμήθη μετὰ τοῦ πατρὸς αὐτῆς,
καὶ οὐκ ᾔδει ἐν τῷ κοιμηθῆναι αὐτὴν καὶ ἀναστῆναι. **36** καὶ
συνέλαβον αἱ δύο θυγατέρες Λωτ ἐκ τοῦ πατρὸς αὐτῶν. **37** καὶ
ἔτεκεν ἡ πρεσβυτέρα υἱὸν καὶ ἐκάλεσεν τὸ ὄνομα αὐτοῦ Μωαβ λέγουσα
Ἐκ τοῦ πατρός μου· οὗτος πατὴρ Μωαβιτῶν ἕως τῆς σήμερον
ἡμέρας. **38** ἔτεκεν δὲ καὶ ἡ νεωτέρα υἱὸν καὶ ἐκάλεσεν τὸ ὄνομα
αὐτοῦ Αμμαν υἱὸς τοῦ γένους μου· οὗτος πατὴρ Αμμανιτῶν ἕως τῆς
σήμερον ἡμέρας.

20,1 Καὶ ἐκίνησεν ἐκεῖθεν Αβρααμ εἰς γῆν πρὸς λίβα καὶ ᾤκησεν
ἀνὰ μέσον Καδης καὶ ἀνὰ μέσον Σουρ καὶ παρῴκησεν ἐν Γεραροις.
2 εἶπεν δὲ Αβρααμ περὶ Σαρρας τῆς γυναικὸς αὐτοῦ ὅτι Ἀδελφή μού
ἐστιν· ἐφοβήθη γὰρ εἰπεῖν ὅτι Γυνή μού ἐστιν, μήποτε ἀποκτείνωσιν
αὐτὸν οἱ ἄνδρες τῆς πόλεως δι᾽ αὐτήν. ἀπέστειλεν δὲ Αβιμελεχ
βασιλεὺς Γεραρων καὶ ἔλαβεν τὴν Σαρραν. **3** καὶ εἰσῆλθεν ὁ θεὸς
πρὸς Αβιμελεχ ἐν ὕπνῳ τὴν νύκτα καὶ εἶπεν Ἰδοὺ σὺ ἀποθνῄσκεις
περὶ τῆς γυναικός, ἧς ἔλαβες, αὕτη δέ ἐστιν συνῳκηκυῖα ἀνδρί.
4 Αβιμελεχ δὲ οὐχ ἥψατο αὐτῆς καὶ εἶπεν Κύριε, ἔθνος ἀγνοοῦν καὶ

---

41) MT에 없는 "우리"(ἡμῶν)를 덧붙였다.

42) LXX는 큰딸과 작은딸이 한 일을 '그는 자기 아버지와 함께 누웠다'(ἐκοιμήθη μετὰ τοῦ
πατρὸς αὐτῆς)라는 같은 문장으로 표현하였다. MT는 이 둘 사이에 차이를 두어 큰딸은 '자
기 아버지와 함께'(את אביה), 작은딸은 '그와 함께'(עמו) 누웠다고 묘사하였다. MT가 작은딸
의 행위를 큰딸과 다르게 표현한 것은, 맏이보다 동생을 우대하는 유다 전통에 따라 작은딸의
잘못을 약화시키려는 의도인 듯하다.

43) LXX는 히브리어 "모압"(מואב)을 מן אבי로 이해하여 "내 아버지에게서"라는 해석을 덧붙였다.

44) LXX는 히브리어 "벤-암미"(בן עמי)를 해석하여 암몬이라는 이름 다음에 "내 겨레의 아들"을
덧붙였다.

음 날 큰딸이 작은딸에게 말하였다. "보아라, 어제는 내가 우리[41] 아버지와 함께 누웠다. 오늘 밤에도 그에게 술을 드시게 하고, 네가 들어가 그와 함께 누워라. 그래서 우리 아버지에게서 자손을 일으키자." 35 그날 밤에도 그들은 아버지에게 술을 마시게 하고, 작은딸이 들어가 아버지와 함께 누웠다.[42] 그러나 그는 그 여자가 누웠다 일어난 것을 몰랐다. 36 롯의 두 딸이 자기네 아버지에게서 임신하였다. 37 큰딸은 아들을 낳고 '내 아버지에게서'라며[43] 그 이름을 모압이라 하였다. 그는 오늘날까지 모압 사람들의 조상이다. 38 작은딸도 아들을 낳고 그 이름을 암몬, 곧 '내 겨레의 아들'이라[44] 하였다. 그는 오늘날까지 암몬 사람들의 조상이다.

아브라함과 사라와 아비멜렉[1]

20,1 아브라함은 거기서 남쪽 땅으로 옮겨가, 카데스와 수르 사이에서 살았다. 그는 그랄 사람들 가운데 몸 붙여 살았다. 2 아브라함은 자기 아내 사라를 가리켜 '내 누이입니다' 하고 말하였다. '그는 내 아내입니다'라고 말하면, 그 여자 때문에 성읍 남자들이 자기를 죽일까 두려웠기 때문이다.[2] 그랄 임금 아비멜렉이 사람을 보내어 사라를 데려갔다. 3 그날 밤 꿈에, 하느님께서 아비멜렉에게 오시어 말씀하셨다. "보라, 네가 데려온 여자 때문에 너는 죽으리라. 그는 남자와 함께 사는 여자다."[3] 4 아비멜렉은 그 여자를 건드리지 않았으므로 (이렇게) 말하였다. "주님, 당신께서는

---

1) 아비멜렉 임금이 다스리는 땅에 이르러 아브라함은 자기 아내 사라를 누이라고 소개한다. 이 장면은 12장에서 이미 나왔고 26장에서는 이사악의 이야기로 다시 나온다. 필로는 이 이야기를 일레고리적으로 해석하여 사라는 미덕을 상징하므로 '현인'인 아브라함이 소유하는 것이 적법하다고 말한다(*QG* IV,61). 오리게네스는, 아비멜렉이 "민족"(*ἔθνος* 4절)을 대표하며, 그 집안은 치유받은 뒤 많은 자손을 얻게 된다(17절)고 한다(*Hom.Gen.* VI). 이렇게 오리게네스가 아비멜렉을 민족들의 교회로 그려 놓았으나, 그리스도교 전통에서 아비멜렉은 그다지 주목을 끌지 못하였다.

2) LXX는 MT에 없는 "'그는 내 아내입니다'라고 말하면, 그 여자 때문에 성읍 남자들이 자기를 죽일까 두려웠기 때문이다"(*ἐφοβήθη γὰρ εἰπεῖν ὅτι Γυνή μού ἐστιν, μήποτε ἀποκτείνωσιν αὐτὸν οἱ ἄνδρες τῆς πόλεως δι' αὐτήν*)라는 말을 덧붙였다. 이는 아브라함의 행동에 정당성을 부여하려는 표현으로, 12,12; 26,7에 나오는 문장과 병행을 이룬다.

3) 합법적인 여자 배우자를 나타낼 때 그리스어는 동사 '함께 살다'(*συνοικέω*)를 사용하여 "남자와 함께 사는 여자"(*συνῳκηκυῖα ἀνδρί*)라고 표현한다. 히브리어는 그리스어와 달리 아내가 남편의 '소유'(בעל בעלת 임자가 있는 몸)임을 강조한다.

δίκαιον ἀπολεῖς; **5** οὐκ αὐτός μοι εἶπεν Ἀδελφή μού ἐστιν; καὶ αὐτή μοι εἶπεν Ἀδελφός μού ἐστιν. ἐν καθαρᾷ καρδίᾳ καὶ ἐν δικαιοσύνῃ χειρῶν ἐποίησα τοῦτο. **6** εἶπεν δὲ αὐτῷ ὁ θεὸς καθ' ὕπνον Κἀγὼ ἔγνων ὅτι ἐν καθαρᾷ καρδίᾳ ἐποίησας τοῦτο, καὶ ἐφεισάμην ἐγώ σου τοῦ μὴ ἁμαρτεῖν σε εἰς ἐμέ· ἕνεκεν τούτου οὐκ ἀφῆκά σε ἅψασθαι αὐτῆς. **7** νῦν δὲ ἀπόδος τὴν γυναῖκα τῷ ἀνθρώπῳ, ὅτι προφήτης ἐστὶν καὶ προσεύξεται περὶ σοῦ καὶ ζήσῃ· εἰ δὲ μὴ ἀποδίδως, γνῶθι ὅτι ἀποθανῇ σὺ καὶ πάντα τὰ σά. **8** καὶ ὤρθρισεν Αβιμελεχ τὸ πρωὶ καὶ ἐκάλεσεν πάντας τοὺς παῖδας αὐτοῦ καὶ ἐλάλησεν πάντα τὰ ῥήματα ταῦτα εἰς τὰ ὦτα αὐτῶν, ἐφοβήθησαν δὲ πάντες οἱ ἄνθρωποι σφόδρα. **9** καὶ ἐκάλεσεν Αβιμελεχ τὸν Αβρααμ καὶ εἶπεν αὐτῷ Τί τοῦτο ἐποίησας ἡμῖν; μή τι ἡμάρτομεν εἰς σέ, ὅτι ἐπήγαγες ἐπ' ἐμὲ καὶ ἐπὶ τὴν βασιλείαν μου ἁμαρτίαν μεγάλην; ἔργον, ὃ οὐδεὶς ποιήσει, πεποίηκάς μοι. **10** εἶπεν δὲ Αβιμελεχ τῷ Αβρααμ Τί ἐνιδὼν ἐποίησας τοῦτο; **11** εἶπεν δὲ Αβρααμ Εἶπα γάρ Ἄρα οὐκ ἔστιν θεοσέβεια ἐν τῷ τόπῳ τούτῳ, ἐμέ τε ἀποκτενοῦσιν ἕνεκεν τῆς γυναικός μου. **12** καὶ γὰρ ἀληθῶς ἀδελφή μού ἐστιν ἐκ πατρός, ἀλλ' οὐκ ἐκ μητρός· ἐγενήθη δέ μοι εἰς γυναῖκα. **13** ἐγένετο δὲ ἡνίκα ἐξήγαγέν με ὁ θεὸς ἐκ τοῦ οἴκου τοῦ πατρός μου, καὶ εἶπα αὐτῇ Ταύτην τὴν δικαιοσύνην ποιήσεις ἐπ' ἐμέ· εἰς πάντα τόπον, οὗ ἐὰν εἰσέλθωμεν ἐκεῖ, εἰπὸν ἐμὲ ὅτι Ἀδελφός μού ἐστιν. **14** ἔλαβεν δὲ

---

4) LXX는 '모르다' (ἀγνόω)라는 동사의 분사형을 사용하여 '모르고 저지른 일' 이라 하였다. 필로는 이를 '정당함' 과 '부당함' 의 중간으로 보았다(*QG* IV, 64).

5) "깨끗한" (καθαρός) 마음과 "의로운" (δικαιοσύνη) 손이라는 그리스 용어는 이에 대응하는 히브리어 "흠 없는"(תֹם) 마음이나 "결백한" (נִקָּיוֹן) 손과 정확하게 일치하지 않는다.

6) MT는 연계형을 써서 "그 사람의 아내"(אֵשֶׁת הָאִישׁ)라고 하였다.

7) 여기서 '예언' 이라는 말은 기도와 관련 있다. '기도하다' (προσεύχομαι)가 예언의 의미로 사용된 경우는 창세기에서 이곳뿐이다.

8) LXX는 히브리어 분문의 "(아브라함이) 해서는 안 될 일" (מַעֲשִׂים אֲשֶׁר לֹא יֵעָשׂוּ)을 "아무도 해서는 안 될 일" (ἔργον, ὃ οὐδεὶς ποιήσει)이라고 옮겼다.

모르고 일을 저지른4) 의로운 민족을 죽이십니까? 5 그 자신이 저에게 '그는 제 누이입니다' 하고 말하지 않았습니까? 그리고 그 여자도 저에게 '그는 제 오라비입니다' 하고 말하였습니다. 저는 깨끗한 마음과 의로운 손으로5) 이 일을 하였습니다." 6 하느님께서 꿈에 그에게 말씀하셨다. "나도 네가 깨끗한 마음으로 이 일을 한 줄을 안다. 네가 나에게 죄를 짓지 않도록 지켜 준 이는 나다. 이 때문에 나는 네가 그 여자를 건드리게 놔두지 않았다. 7 이제 그 여자를6) 그 사람에게 돌려보내라. 그는 예언자이니7) 그가 너를 위하여 기도하면 너는 살 것이다. 그러나 네가 만일 돌려보내지 않으면, 너와 네 온 식구들이 죽을 것임을 알아라." 8 아비멜렉은 아침 일찍 일어나 그의 모든 종을 불러 모아, 그들 귀에 대고 이 일을 모두 이야기해 주었다. 그러자 그 사람들은 모두 크게 두려워하였다. 9 아비멜렉이 아브라함을 불러 〈그에게〉 말하였다. "그대는 어찌하여 우리에게 이런 짓을 하였소? 우리가 그대에게 무슨 죄를 지었기에, 그대는 나와 내 나라에 큰 죄를 불러들였소? 그대는 아무도 해서는 안 될 일을8) 나에게 저질렀소." 10 아비멜렉이 (또) 아브라함에게 말하였다. "그대는 무슨 마음을 먹고 이런 일을 하였소?" 11 아브라함이 말하였다. "제가 '이곳에는 도무지 하느님께 대한 경외심이9) 없어서, 사람들이 내 아내 때문에 나를 죽일 것이다' 하고 (자신에게) 말했기 때문입니다. 12 그리고 그는 정말로 아버지는 같고 어머니는 다른 내 누이입니다. 그래서 그 여자는 제 아내가 되었습니다. 13 하느님께서 저를 아버지의 집에서 이끌어 내셨을 때,10) 저는 그 여자에게 말하였습니다. '이것이 당신이 나에게 해 주어야 할 정의요.11) 우리가 가는 그곳마다, 당신은 나를 (두고) ´그는 나의 오라비입니다´라고 말하시오.'" 14 아비멜렉은 일천

---

9) LXX는 여기서 '하느님을 경외함'(יראת אלהים)이라는 히브리어 표현을 오경에 한 번 나오는 고전어 θεοσέβεια로 옮겼다. 다른 곳에서는 '하느님을 두려워함'(φόβος θεοῦ)이라는 표현을 사용하였다.

10) LXX는 "하느님"(θεός)을 주어로 하고 '이끌어 내다'(ἐξάγω)의 단수형을 써서 "하느님께서 저를 … 이끌어 내셨을 때"(ἐγένετο ἡνίκα ἐξήγαγέν με ὁ θεός)라고 표현하였다(12,1 참조). MT는 엘로힘(אלהים)을 주어로 하고 '떠돌아다니게 하다'(תעה의 히필형) 동사의 복수형을 사용하여 "하느님께서 나를 … 떠돌아다니게 하셨을 때"(ויהי כאשר התעו אתי אלהים)라고 표현하였다. MT의 문장은 독자들 시점에서 쓰인 것이다.

11) 히브리어 '자애'(חסד)를 "정의"(δικαιοσύνη)로 옮겼다. 19,19 각주 참조.

Αβιμελεχ χίλια δίδραχμα πρόβατα καὶ μόσχους καὶ παῖδας καὶ παιδίσκας καὶ ἔδωκεν τῷ Αβρααμ καὶ ἀπέδωκεν αὐτῷ Σαρραν τὴν γυναῖκα αὐτοῦ. **15** καὶ εἶπεν Αβιμελεχ τῷ Αβρααμ Ἰδοὺ ἡ γῆ μου ἐναντίον σου· οὗ ἐάν σοι ἀρέσκῃ, κατοίκει. **16** τῇ δὲ Σαρρα εἶπεν Ἰδοὺ δέδωκα χίλια δίδραχμα τῷ ἀδελφῷ σου· ταῦτα ἔσται σοι εἰς τιμὴν τοῦ προσώπου σου καὶ πάσαις ταῖς μετὰ σοῦ· καὶ πάντα ἀλήθευσον. **17** προσηύξατο δὲ Αβρααμ πρὸς τὸν θεόν, καὶ ἰάσατο ὁ θεὸς τὸν Αβιμελεχ καὶ τὴν γυναῖκα αὐτοῦ καὶ τὰς παιδίσκας αὐτοῦ, καὶ ἔτεκον· **18** ὅτι συγκλείων συνέκλεισεν κύριος ἔξωθεν πᾶσαν μήτραν ἐν τῷ οἴκῳ τοῦ Αβιμελεχ ἕνεκεν Σαρρας τῆς γυναικὸς Αβρααμ.

21.1 Καὶ κύριος ἐπεσκέψατο τὴν Σαρραν, καθὰ εἶπεν, καὶ ἐποίησεν κύριος τῇ Σαρρα, καθὰ ἐλάλησεν. **2** καὶ συλλαβοῦσα ἔτεκεν Σαρρα τῷ Αβρααμ υἱὸν εἰς τὸ γῆρας εἰς τὸν καιρόν, καθὰ ἐλάλησεν αὐτῷ κύριος. **3** καὶ ἐκάλεσεν Αβρααμ τὸ ὄνομα τοῦ υἱοῦ αὐτοῦ τοῦ γενομένου αὐτῷ, ὃν ἔτεκεν αὐτῷ Σαρρα, Ισαακ. **4** περιέτεμεν δὲ Αβρααμ τὸν Ισαακ τῇ ὀγδόῃ ἡμέρᾳ, καθὰ ἐνετείλατο αὐτῷ ὁ θεός. **5** Αβρααμ δὲ ἦν ἑκατὸν ἐτῶν, ἡνίκα ἐγένετο αὐτῷ Ισαακ ὁ υἱὸς αὐτοῦ. **6** εἶπεν δὲ Σαρρα Γέλωτά μοι ἐποίησεν κύριος· ὃς γὰρ ἂν

---

12) LXX는 문장 첫머리에 MT에 없는 "일천 드라크마"(χίλια δίδραχμα)를 첨가하였다. 이 돈은 아비멜렉이 아브라함에게 준 선물 값인 듯하다. 사마리아 오경에는 כסף ואלף으로 나온다. LXX는 여기서 접속사 ו만 빼고 그대로 옮긴 것이다. MT는 16절에서만 "은전 천 닢"(אלף כסף)을 언급한다.

13) 히브리어 분문에 없는 "아브라함에게"(τῷ Αβρααμ)를 덧붙였다.

14) LXX의 '그대 얼굴의 명예를 위하여'(εἰς τιμὴν τοῦ προσώπου σου)라는 표현은 아비멜렉이 아브라함에게 준 돈이 사라의 명예를 회복시킨다는 것을 의미한다. MT는 '사라와 함께 있는 모든 이에게 (그를 위한) 눈의 덮개'(כסות עינים לכל אשר אתך)라고 말한다. 이 '덮개'는 허물을 덮는 것이다. LXX는 "그대 얼굴의 명예와 그대와 함께 있는 모든 여인을 위한"이라고 하여 히브리어 분문의 '그대와 함께 있는 모든 이에게'(לכל אשר אתך)를 '(그대와) 그리고 그대와 함께 있는 모든 여인에게'(καὶ πάσαις ταῖς μετὰ σοῦ)라고 옮겼다.

드라크마와[12] 양과 소, 남종과 여종들을 데려다 아브라함에게 주고, 그의 아내 사라도 〈그에게〉 돌려보냈다. 15 아비멜렉이 아브라함에게[13] 말하였다. "보시오. 내 땅이 그대 앞에 있으니, 그대 마음에 드는 곳에 자리 잡으시오." 16 그리고 사라에게 말하였다. "보시오. 나는 그대 오라비에게 일천 드라크마를 주었소. 이것은 그대 얼굴의 명예와 그대와 함께 있는 모든 여인을 위한 것이오.[14] 그러니 모든 진실을 말하시오."[15] 17 아브라함이 하느님께 기도하자, 하느님께서 아비멜렉과 그의 아내와 여종들을 고쳐 주셨다.[16] 그러자 그들이 아이를 낳게 되었다. 18 주님께서 아브라함의 아내 사라 때문에 아비멜렉 집안의 모든 태를 밖에서 닫아 버리셨던 것이다.

이사악이 태어나다

21,1 주님께서는 말씀하신 대로 사라를 찾아 주셨다.[1] 주님께서 말씀하신 대로 사라에게 해 주시니 2 사라가 임신하여, 주님께서 그에게 말씀하신 대로 그때에[2] 나이 든 아브라함에게 아들을 낳아 주었다. 3 아브라함은 사라가 자기에게 낳아 주어 태어난 아들의 이름을 이사악이라 하였다.[3] 4 아브라함은 하느님께서 명하신 대로, (태어난 지) 팔 일 된 이사악에게 할례를 베풀었다. 5 아브라함에게 아들 이사악이 태어났을 때 그는 백 살이었다. 6 사라가 말하였다. "주님께서[4] 나에게 웃음을 주셨

---

15) LXX는 이 절의 마지막 문장을 "모든 진실을 말하시오"($\pi\acute{\alpha}\nu\tau\alpha \ \dot{\alpha}\lambda\acute{\eta}\theta\epsilon\upsilon\sigma\upsilon\nu$)라고 하여 히브리어 분문의 "그대는 모든 면에서 결백하다는 것이 입증되었소"(את כל ונכחת)를 바꾸었다. LXX는 아비멜렉이 사라에게 '자신이 아브라함의 누이가 아닌 아내라는 것과 아비멜렉이 자신을 건드리지 않았다'는 것을 밝히라고 요구한 것으로 묘사한다.

16) 오리게네스는 하느님의 자비로 아비멜렉의 집안, 곧 이방인들이 아기를 낳아 교회를 이룬다고 해석하였다(*Hom.Gen.* VI,3).

1) 히브리어 פקד에 대응하여 '찾아 주다'($\dot{\epsilon}\pi\iota\sigma\kappa\acute{\epsilon}\pi\tau o\mu\alpha\iota$)라는 단어가 처음으로 등장한다. 이 단어는 LXX에서 종교적 의미를 지니는데, 이는 하느님께서 이 절에서처럼 은총을 베푸시려고, 아니면 죄를 벌하시려고(이사 10,3; 예레 6,15 등) 방문하시는 것을 말한다. 창세 50,24-25에 나오는 '방문을 방문하다'($\dot{\epsilon}\pi\iota\sigma\kappa\sigma\pi\acute{\eta} \ \dot{\epsilon}\pi\iota\sigma\kappa\acute{\epsilon}\pi\tau o\mu\alpha\iota$)는 동사와 동족목적어를 사용하는 히브리어화된 표현 방식으로 루가복음에도 나타난다(1,68.78; 7,16; 19,44).

2) '～ 때에'($\epsilon\acute{\iota}\varsigma \ \tau\grave{o}\nu \ \kappa\alpha\iota\rho\acute{o}\nu$)라는 표현이 17,21과 18,10.14에 이어 다시 나온다. LXX는 이곳에서도 '정해진 때'($\kappa\alpha\iota\rho\acute{o}\varsigma$)를 반복하여 써 줌으로써 MT(מועד: 17,21; 18,14; 21,2; עת: 18,10)보다 일관성을 꾀하였다.

3) 아브라함은 16,15에서 이스마엘에게 이름을 지어 준 것처럼, 사라가 낳은 아들에게도 자신이 직접 이름을 지어 준다.

4) 히브리어 분문의 "하느님"(אלהים)을 "주님"($\kappa\acute{\upsilon}\rho\iota o\varsigma$)으로 옮겼다.

ἀκούσῃ, συγχαρεῖταί μοι.   **7** καὶ εἶπεν Τίς ἀναγγελεῖ τῷ Αβρααμ ὅτι θηλάζει παιδίον Σαρρα; ὅτι ἔτεκον υἱὸν ἐν τῷ γήρει μου.

21.8 Καὶ ηὐξήθη τὸ παιδίον καὶ ἀπεγαλακτίσθη, καὶ ἐποίησεν Αβρααμ δοχὴν μεγάλην, ᾗ ἡμέρᾳ ἀπεγαλακτίσθη Ισαακ ὁ υἱὸς αὐτοῦ. **9** ἰδοῦσα δὲ Σαρρα τὸν υἱὸν Αγαρ τῆς Αἰγυπτίας, ὃς ἐγένετο τῷ Αβρααμ, παίζοντα μετὰ Ισαακ τοῦ υἱοῦ αὐτῆς **10** καὶ εἶπεν τῷ Αβρααμ Ἔκβαλε τὴν παιδίσκην ταύτην καὶ τὸν υἱὸν αὐτῆς· οὐ γὰρ κληρονομήσει ὁ υἱὸς τῆς παιδίσκης ταύτης μετὰ τοῦ υἱοῦ μου Ισαακ. **11** σκληρὸν δὲ ἐφάνη τὸ ῥῆμα σφόδρα ἐναντίον Αβρααμ περὶ τοῦ υἱοῦ αὐτοῦ. **12** εἶπεν δὲ ὁ θεὸς τῷ Αβρααμ Μὴ σκληρὸν ἔστω τὸ ῥῆμα ἐναντίον σου περὶ τοῦ παιδίου καὶ περὶ τῆς παιδίσκης· πάντα, ὅσα ἐὰν εἴπῃ σοι Σαρρα, ἄκουε τῆς φωνῆς αὐτῆς, ὅτι ἐν Ισαακ κληθήσεταί σοι σπέρμα. **13** καὶ τὸν υἱὸν δὲ τῆς παιδίσκης ταύτης, εἰς ἔθνος μέγα ποιήσω αὐτόν, ὅτι σπέρμα σόν ἐστιν. **14** ἀνέστη δὲ Αβρααμ τὸ

---

5) LXX 번역자는 명사 '웃음'(γέλως)과 동사 '함께 기뻐하다'(συγχαίρομαι)를 사용하여 의미를 전달하였다. 그러나 MT의 이사악(יִצְחָק)과 '웃다'(צָחַק)라는 어간이 같은 두 단어를 사용한 말놀이는 살리지 못하였다.

6) LXX는 아브라함이 이미 아들을 얻은 것과는 모순되게 '사라가 아이에게 젖을 먹인다고 누가 알리겠는가?'(Τίς ἀναγγελεῖ …)라는 미래형으로 옮겼다(MT: מִי מִלֵּל 누가 말할 수 있었으랴?). 이는 단순 미래를 가리키는 것이 아니라 과거 시점에서 바라보는 기대나 예상을 뜻하는 것으로 볼 수 있다.

7) MT의 '그의 늘그막에'(לִזְקֻנָיו)를 LXX는 '나의 늘그막에'(ἐν τῷ γήρει μου)라고 하였다.

8) 16,1-16에 이은 이스마엘 이야기이다. 그리스도교 전통은 이스마엘을 유다교 회당을 대표하는 이(갈라 4,29-30)로 묘사하였다. 하갈이 기적적으로 '생명의 물'을 발견하는 이 이야기에서 이스마엘은 세례받는 이의 예형이라 볼 수 있다.

9) 여기 나오는 "아이"(παιδίον)는 앞절의 "아이"와 같은 인물로서, 두 절(7.8절)을 연결시켜 주는 구실을 한다.

구나. (이를) 듣는 이는 모두 나와 함께 기뻐할 것이다."[5] 7 그가 (또) 말하였다. "사라가 아이에게 젖을 먹인다고 누가 아브라함에게 알리겠는가?[6] 내가 〈나의〉 늘그막에[7] 아들을 낳았구나!"

하갈과 이스마엘이 광야로 쫓겨나다[8]

21,8 그 아이는[9] 자라서 젖을 떼게 되었다. 아들 이사악이 젖을 떼던 날, 아브라함은 큰 잔치를 베풀었다. 9 사라는 아브라함에게 태어난[10] 이집트 여자 하갈의 아들이 자기 아들 이사악과 함께 노는[11] 것을 보고, 10 아브라함에게 말하였다. "이 여종과 그의 아들을 내쫓으세요. 이 여종의 아들이 내 아들 이사악과 함께 상속받을 수는 없어요." 11 자기 아들에 관한 이 말은[12] 아브라함 앞에 무척이나 가혹하게 보였다. 12 하느님께서 아브라함에게 말씀하셨다. "그 아이와 여종에 관한 그 일을 〈네 앞에서〉 가혹하게 여기지 마라. 사라가 너에게 말한 것은 무엇이든 〈그의 소리를〉 들어주어라. 이사악을 통하여 후손이 너에게 불릴 것이기 때문이다.[13] 13 그러나 이 여종의 아들도 네 자식이니, 내가 그를 큰[14] 민족으로 만들리라." 14 아브라함은 아

---

10) LXX는 21,7에서 사라가 이사악을 낳았을 때는 '내가 낳았다'($\check{\epsilon}\tau\epsilon\kappa o\nu$)라고 하여 주어를 밝히며 '아이를 낳다'(ילד)라는 히브리어와 대응을 이루었는데, 이스마엘을 얻었을 때는 같은 히브리 단어 ילד의 주어를 분명히 밝히지 않은 채 '아브라함에게 태어난'($\acute{\epsilon}\gamma\acute{\epsilon}\nu\epsilon\tau o$ $\tau\hat{\omega}$ $A\beta\rho a a\mu$)으로 옮겨 두 아들의 탄생을 다르게 묘사하였다.

11) LXX는 '놀다'($\pi a\acute{\iota}\zeta\omega$)라는 동사 뒤에 히브리어 분문에 없는 '그 여자의 아들 이사악과 함께'($\mu\epsilon\tau\grave{a}$ $I\sigma a a\kappa$ $\tau o\hat{v}$ $v\acute{\iota}o\hat{v}$ $a\grave{v}\tau\hat{\eta}s$)라는 말을 넣어 사라가 화가 나 하갈을 쫓아내기로 마음먹게 되었다고 구체적으로 묘사한다. $\pi a\acute{\iota}\zeta\omega$는 여기서 '공격하다'라는 부정적인 의미로 해석될 수 있다(갈라 4,29 참조). 곧 '하갈의 아들이 자기 아들 이사악을 공격하는'으로 해석할 수 있다.

12) 알렉산드리아 사본은 이 구절이 단순히 '아브라함의 아들'이 아니라 이스마엘에 대한 언급($\tau o\hat{v}$ $v\acute{\iota}o\hat{v}$ $a\grave{v}\tau o\hat{v}$ $I\sigma\mu a\eta\lambda$)임을 구체적으로 표현하였다.

13) 로마 9,7; 히브 11,18에 인용된 이 마지막 문장($\acute{\epsilon}\nu$ $I\sigma a a\kappa$ $\kappa\lambda\eta\theta\acute{\eta}\sigma\epsilon\tau a\acute{\iota}$ $\sigma o\iota$ $\sigma\pi\acute{\epsilon}\rho\mu a$)의 뜻이 분명하지 않다. '이사악을 통하여 후손이 너의 이름으로 불릴 것이다', 또는 '이사악으로부터 후손이 너의 이름으로 불릴 것이다'라고 해석할 수 있다. 동사 '부르다'($\kappa a\lambda\acute{\epsilon}\omega$)의 수동형은 여격과 함께 쓰였을 때, '불리다', 또는 단순히 '~이 되다, 누구의 이름으로 불리다'라는 뜻을 지닌다.

14) LXX는 사마리아 오경과 시리아어역, 불가타와 함께 "민족"($\check{\epsilon}\theta\nu o s$) 앞에 형용사 "큰"($\mu\acute{\epsilon}\gamma a$)을 넣었다. MT의 경우 이 절에는 없고 18절에만 나온다.

πρωὶ καὶ ἔλαβεν ἄρτους καὶ ἀσκὸν ὕδατος καὶ ἔδωκεν Αγαρ καὶ ἐπέθηκεν ἐπὶ τὸν ὦμον καὶ τὸ παιδίον καὶ ἀπέστειλεν αὐτήν. ἀπελθοῦσα δὲ ἐπλανᾶτο τὴν ἔρημον κατὰ τὸ φρέαρ τοῦ ὅρκου. **15** ἐξέλιπεν δὲ τὸ ὕδωρ ἐκ τοῦ ἀσκοῦ, καὶ ἔρριψεν τὸ παιδίον ὑποκάτω μιᾶς ἐλάτης· **16** ἀπελθοῦσα δὲ ἐκάθητο ἀπέναντι αὐτοῦ μακρόθεν ὡσεὶ τόξου βολήν· εἶπεν γὰρ Οὐ μὴ ἴδω τὸν θάνατον τοῦ παιδίου μου. καὶ ἐκάθισεν ἀπέναντι αὐτοῦ, ἀναβοῆσαν δὲ τὸ παιδίον ἔκλαυσεν. **17** εἰσήκουσεν δὲ ὁ θεὸς τῆς φωνῆς τοῦ παιδίου ἐκ τοῦ τόπου, οὗ ἦν, καὶ ἐκάλεσεν ἄγγελος τοῦ θεοῦ τὴν Αγαρ ἐκ τοῦ οὐρανοῦ καὶ εἶπεν αὐτῇ Τί ἐστιν, Αγαρ; μὴ φοβοῦ· ἐπακήκοεν γὰρ ὁ θεὸς τῆς φωνῆς τοῦ παιδίου σου ἐκ τοῦ τόπου, οὗ ἐστιν. **18** ἀνάστηθι, λαβὲ τὸ παιδίον καὶ κράτησον τῇ χειρί σου αὐτό· εἰς γὰρ ἔθνος μέγα ποιήσω αὐτόν. **19** καὶ ἀνέῳξεν ὁ θεὸς τοὺς ὀφθαλμοὺς αὐτῆς, καὶ εἶδεν φρέαρ ὕδατος ζῶντος καὶ ἐπορεύθη καὶ ἔπλησεν τὸν ἀσκὸν ὕδατος καὶ ἐπότισεν τὸ παιδίον. **20** καὶ ἦν ὁ θεὸς μετὰ τοῦ παιδίου, καὶ ηὐξήθη. καὶ κατῴκησεν ἐν τῇ ἐρήμῳ, ἐγένετο δὲ τοξότης. **21** καὶ κατῴκησεν ἐν τῇ ἐρήμῳ τῇ Φαραν, καὶ ἔλαβεν αὐτῷ ἡ μήτηρ γυναῖκα ἐκ γῆς Αἰγύπτου.

---

15) 오리게네스는 "물 한 가죽부대"는 퇴락해 가는 율법을 나타낸다고 해석하였다(*Hom.Gen.* VIII,5).

16) 이스마엘이 태어났을 때 아브라함의 나이는 팔십육 세였고(16,16 참조), 이사악이 태어났을 때는 백 세였다(21,5 참조). 그렇다면 하갈과 이스마엘이 쫓겨나간 때의 이스마엘 나이는 십오 세이다. 십오 세 된 아이를 하갈의 어깨 위에 올려놓았다는 것은 논리적으로 설득력이 없다. 필로는 이를 두고 이 문장에서 이스마엘을 가리키는 단어가 '아이'(παιδίον)임을 지적하며 여기에 경멸의 의미가 담겨 있다고 보았다(*Sobr.* 9).

17) MT는 ויקח ··· ויתן אל הגר שם על שכמה ואת הילד וישלחה(··· 가져다 하갈에게 주어 어깨에 메게 하고는, 그를 아기와 함께 내보냈다)이다. '하갈에게 주다'(ἔδωκεν Αγαρ) 다음에 접속사 καί를 넣어, 빵과 물 가죽부대 이외에 아이까지도 하갈의 어깨 위에 메게 하였다는 문장으로 만들었다.

침에 일어나 빵과 물 한 가죽부대를[15] 하갈에게 주고, 아이도 어깨에 올려놓고[16] 그 여자를 내보냈다.[17] 길을 나선 그 여자는 '맹세의 우물' 건너편 광야를[18] 헤매었다. 15 가죽부대의 물이 떨어지자 그 여자는 아이를 한 전나무[19] 밑으로 던졌다. 16 하갈은 화살이 날아가는 거리만큼 멀리 물러가 아이를 마주하고 앉았다. 그가 '내 아이의 죽음을 보지 못하겠구나' 하고 말하였던 것이다. 그 여자는 아이를 마주하고 앉았고, 아이는 소리 높여 울었다.[20] 17 하느님께서 아이가 있는 곳에서 들려오는 아이의 목소리를 들으셨다. 그러자 하느님의 천사가 하늘에서 하갈을 부르며 그 여자에게 말하였다. "하갈아, 무슨 일이냐? 두려워하지 마라. 하느님께서 아이가 있는 곳에서 들려오는 네 아이의[21] 목소리를 들으셨다. 18 일어나, 아이를 안아 네 손으로 그를 붙들어라. 내가 그를 큰 민족으로 만들리라." 19 하느님께서 그 여자의 눈을 열어 주시니, 그는 물이 솟는 우물을[22] 보았다. 그가 가서 물 가죽부대를 채우고 아이에게 물을 먹였다. 20 하느님께서 그 아이와 함께 계셨고, 그는 자랐다. 그는 광야에 자리 잡고 살며 활쏘는 사람이 되었다. 21 그는 바란 광야에 자리 잡고 살았는데, 그의 어머니는 그에게 이집트 땅에서 아내를 얻어 주었다.[23]

---

18) LXX는 히브리어 분문의 "브엘-세바 광야"(מדבר באר שבע)에서 지명 브엘-세바를 "맹세의 우물"(φρέαρ τοῦ ὅρκου)로 번역하고 전치사 κατά를 넣어 "맹세의 우물 건너편"이라 옮겼다.

19) 히브리어 분문의 "덤불"(שיח)이라는 말을 잘 이해하지 못한 LXX 번역자는, 이를 사막에서는 보기 어려운 "전나무"(ἐλάτης)로 옮겼다.

20) 히브리어 분분에서 '그는 목놓아 울었다'(ותשא את קלה ותבך)라고 한 문장을 LXX는, "하느님께서 … 아이의 목소리를 들으셨다"(εἰσήκουσεν ὁ θεὸς τῆς φωνῆς τοῦ παιδίου)라는 다음 절과 논리적인 일치를 이루려고 "… 아이는 소리 높여 울었다"(ἀναβοῆσαν δὲ τὸ παιδίον ἔκλαυσεν)라고 하였다.

21) LXX는 "아이"(הנער)를 보다 구체화시켜 "네 아이"(τοῦ παιδίου σου)라 하였다.

22) LXX는 "우물"(באר מים)을 "물이 솟는 우물"(φρέαρ ὕδατος ζῶντος)로 옮겼다. 이는 26,19에 나오는 이사악의 우물과 같은 우물이다. 니사의 그레고리우스는 이 이야기를 세례의 전조로 보았다. 곧 죽어가는 아이가 '생명의 물'로 구원받은 것이다(*In diem luminum, GNO* IX,I, pp. 230,19-231,9).

23) 하갈이 이스마엘에게 아내를 얻어 주었다는 이 마지막 문장은 아브라함이 더 이상 이스마엘을 놀보지 않았음을 암시한다.

21,22 Ἐγένετο δὲ ἐν τῷ καιρῷ ἐκείνῳ καὶ εἶπεν Αβιμελεχ καὶ Οχοζαθ ὁ νυμφαγωγὸς αὐτοῦ καὶ Φικολ ὁ ἀρχιστράτηγος τῆς δυνάμεως αὐτοῦ πρὸς Αβρααμ λέγων Ὁ θεὸς μετὰ σοῦ ἐν πᾶσιν, οἷς ἐὰν ποιῇς· **23** νῦν οὖν ὄμοσόν μοι τὸν θεὸν μὴ ἀδικήσειν με μηδὲ τὸ σπέρμα μου μηδὲ τὸ ὄνομά μου, ἀλλὰ κατὰ τὴν δικαιοσύνην, ἣν ἐποίησα μετὰ σοῦ, ποιήσεις μετ' ἐμοῦ καὶ τῇ γῇ, ᾗ σὺ παρῴκησας ἐν αὐτῇ. **24** καὶ εἶπεν Αβρααμ Ἐγὼ ὀμοῦμαι. **25** καὶ ἤλεγξεν Αβρααμ τὸν Αβιμελεχ περὶ τῶν φρεάτων τοῦ ὕδατος, ὧν ἀφείλαντο οἱ παῖδες τοῦ Αβιμελεχ. **26** καὶ εἶπεν αὐτῷ Αβιμελεχ Οὐκ ἔγνων, τίς ἐποίησεν τὸ πρᾶγμα τοῦτο, οὐδὲ σύ μοι ἀπήγγειλας, οὐδὲ ἐγὼ ἤκουσα ἀλλ' ἢ σήμερον. **27** καὶ ἔλαβεν Αβρααμ πρόβατα καὶ μόσχους καὶ ἔδωκεν τῷ Αβιμελεχ, καὶ διέθεντο ἀμφότεροι διαθήκην. **28** καὶ ἔστησεν Αβρααμ ἑπτὰ ἀμνάδας προβάτων μόνας. **29** καὶ εἶπεν Αβιμελεχ τῷ Αβρααμ Τί εἰσιν αἱ ἑπτὰ ἀμνάδες τῶν προβάτων τούτων, ἃς ἔστησας μόνας; **30** καὶ εἶπεν Αβρααμ ὅτι Τὰς ἑπτὰ ἀμνάδας ταύτας λήμψῃ παρ' ἐμοῦ, ἵνα ὦσίν μοι εἰς μαρτύριον ὅτι ἐγὼ ὤρυξα τὸ φρέαρ τοῦτο. **31** διὰ τοῦτο ἐπωνόμασεν τὸ ὄνομα τοῦ τόπου ἐκείνου Φρέαρ ὁρκισμοῦ, ὅτι ἐκεῖ ὤμοσαν ἀμφότεροι. **32** καὶ διέθεντο διαθήκην ἐν τῷ φρέατι τοῦ ὄρκου. ἀνέστη δὲ Αβιμελεχ καὶ Οχοζαθ ὁ νυμφαγωγὸς αὐτοῦ καὶ Φικολ ὁ ἀρχιστράτηγος τῆς δυνάμεως αὐτοῦ καὶ ἐπέστρεψαν εἰς τὴν γῆν τῶν Φυλιστιιμ. **33** καὶ ἐφύτευσεν Αβρααμ ἄρουραν ἐπὶ τῷ φρέατι τοῦ ὄρκου καὶ ἐπεκαλέσατο ἐκεῖ τὸ ὄνομα κυρίου Θεὸς αἰώνιος. **34** παρῴκησεν δὲ Αβρααμ ἐν τῇ γῇ τῶν Φυλιστιιμ ἡμέρας πολλάς.

---

24) 반유목민인 히브리인들과 토착민이 동맹조약을 맺는 이야기다.

25) MT에는 아비멜렉의 친구 오코잣(Οχοζαθ)에 대한 언급이 없다. "친구"를 뜻하는 말로 쓰인 νυμφαγωγός는 본디 혼인 때 신랑의 들러리를 뜻한다.

26) 히브리어 '자애'(חסד)를 문맥에 맞추어 "정의"(δικαιοσύνη)로 옮겼다.

27) 이 맹세 형식은 특정한 문제에 대한 서약에 적용되기도 한다.

28) LXX의 "암양 일곱 마리"(ἑπτὰ ἀμνάδας)는 "맹세함의 우물"(φρέαρ ὁρκισμοῦ 31절)과 관련이 없다. 따라서 MT에서처럼 "(어린) 암양 일곱 마리"(שֶׁבַע כְּבָשֹׂת)와 그곳의 지명 브엘-세바 (בְּאֵר שֶׁבַע) 사이의 공통점(שׁבע)을 이끌어 내지 못하였다.

아브라함과 아비멜렉의 계약[24]

21,22 그때 아비멜렉과 그의 친구 오코잣과[25] 그의 군대 수장인 비골이 아브라함에게 말하였다. "하느님께서 당신이 하는 모든 일에 당신과 함께하시는구려. 23 그러니 이제 당신은 나와 내 후손과 내 이름을 부당하게 대하지 않고, 내가 당신과 함께 베푼 정의에[26] 따라 나와 당신이 몸 붙여 사는 이 땅을 대하겠다고 하느님을 두고 나에게 맹세해 주시오." 24 아브라함이 말하였다. "맹세합니다."[27] 25 아브라함은 아비멜렉의 종들이 빼앗은 우물에 대해 아비멜렉에게 따졌다. 26 아비멜렉이 그에게 말하였다. "누가 그런 짓을 하였는지 나는 모르오. 당신도 내게 알리지 않았고, 나도 오늘까지 들어보지 못했소." 27 아브라함은 양과 소를 가져다가 아비멜렉에게 주고 두 사람은 계약을 맺었다. 28 아브라함이 양떼에서 어린 암양 일곱 마리를[28] 따로 세워 놓자, 29 아비멜렉이 아브라함에게 말하였다. "이 양떼 가운데서 당신이 따로 세워 놓은 어린 암양 일곱 마리는 무엇이오?" 30 아브라함이 말하였다. "이 어린 암양 일곱 마리를 저에게서 가져가시고, 그것들이 제가 이 우물을 팠다는 증거가 되게 해 주십시오." 31 그리하여 그 두 사람이 거기서 맹세하였기에 그곳의 이름을 '맹세함의 우물'이라[29] 하였다. 32 (이렇게) 그들은 맹세의 우물에서 계약을 맺었다. 그리고 아비멜렉과 친구 오코잣과 그의 군대 수장인 비골은 일어나, 불레셋 사람들의 땅으로 돌아갔다. 33 아브라함은 맹세의 우물에서 땅 한 쪽을[30] 일구고, 거기서 주님의 이름을 영원한 하느님이라 불렀다.[31] 34 아브라함은 오랫동안 불레셋 사람들의 땅에서 몸 붙여 살았다.

---

29) 21,14에서 "맹세의 우물"($τὸ$ $φρέαρ$ $τοῦ$ $ὅρκου$)이라 한 것을 LXX는 이곳에서 "맹세함의 우물"($τὸ$ $φρέαρ$ $ὁρκισμοῦ$)로 옮겼다. MT는 이러한 구분 없이 모두 "브엘-세바"라 하였다.

30) 그리스어 '경작지'($ἄρουρα$)는 이집트의 농지 단위로서 경작용 땅을 일컫는다. MT의 '(아브라함이) 민위성류나무를 심었다'(ויטע אשל)에서 אשל의 뜻을 정확히 이해하지 못한 LXX 번역자는 '경작지를 일구다'로 옮긴 것이다.

31) 히브리어 분문의 "영원한 하느님"(אל עולם)은 주님(יהוה)을 수식해 주어 아브라함은 영원한 하느님이라 불리는 주님을 받들어 불렀다. 곧 기도하였다는 의미로 해석된다. 이 문장을 제대로 이해하지 못한 LXX 번역자는 $ἐπικαλέσατο$ + 대격 $τὸ$ $ὄνομα$로 옮겨 '이름 부르다, 명명하다'라는 뜻으로 표현하였다. 따라서 아브라함은 주님께 기도한 것이 아니라 주님의 다른 이름(영원한 하느님)을 불렀다는 것이 된다.

22.1 Καὶ ἐγένετο μετὰ τὰ ῥήματα ταῦτα ὁ θεὸς ἐπείραζεν τὸν Αβρααμ καὶ εἶπεν πρὸς αὐτόν Αβρααμ, Αβρααμ· ὁ δὲ εἶπεν Ἰδοὺ ἐγώ. **2** καὶ εἶπεν Λαβὲ τὸν υἱόν σου τὸν ἀγαπητόν, ὃν ἠγάπησας, τὸν Ισαακ, καὶ πορεύθητι εἰς τὴν γῆν τὴν ὑψηλὴν καὶ ἀνένεγκον αὐτὸν ἐκεῖ εἰς ὁλοκάρπωσιν ἐφ᾽ ἓν τῶν ὀρέων, ὧν ἄν σοι εἴπω. **3** ἀναστὰς δὲ Αβρααμ τὸ πρωὶ ἐπέσαξεν τὴν ὄνον αὐτοῦ· παρέλαβεν δὲ μεθ᾽ ἑαυτοῦ δύο παῖδας καὶ Ισαακ τὸν υἱὸν αὐτοῦ καὶ σχίσας ξύλα εἰς ὁλοκάρπωσιν ἀναστὰς ἐπορεύθη καὶ ἦλθεν ἐπὶ τὸν τόπον, ὃν εἶπεν αὐτῷ ὁ θεός. **4** τῇ ἡμέρᾳ τῇ τρίτῃ καὶ ἀναβλέψας Αβρααμ τοῖς ὀφθαλμοῖς εἶδεν τὸν τόπον μακρόθεν. **5** καὶ εἶπεν Αβρααμ τοῖς παισὶν αὐτοῦ Καθίσατε αὐτοῦ μετὰ τῆς ὄνου, ἐγὼ δὲ καὶ τὸ παιδάριον διελευσόμεθα ἕως ὧδε καὶ προσκυνήσαντες ἀναστρέψωμεν πρὸς ὑμᾶς. **6** ἔλαβεν δὲ Αβρααμ τὰ ξύλα τῆς ὁλοκαρπώσεως καὶ ἐπέθηκεν Ισαακ τῷ υἱῷ αὐτοῦ· ἔλαβεν δὲ καὶ τὸ πῦρ μετὰ χεῖρα καὶ τὴν μάχαιραν, καὶ ἐπορεύθησαν οἱ δύο ἅμα. **7** εἶπεν δὲ Ισαακ πρὸς Αβρααμ τὸν

---

1) 이 대목은 대화와 극적인 장면(하느님의 개입)으로 이루어진 단순한 서술로서 LXX와 MT의 내용이 거의 같다. 유다교나 그리스도교 전통에서 이 이야기가 전하고자 하는 의미는, 무엇보다도 하느님에게 시험받는 아브라함의 믿음이다(집회 44,20: 히브 11,17). 그러나 세부적인 부분(이사악을 묶음)에 이르러서는 유다교와 그리스도교 전통이 서로 다른 시각을 드러낸다(아래 9절 각주 참조). 탈출 12장과 함께 본디 회당에서 과월절 독서였던 창세 22장은 나중에 회당의 새해 축제 본문이 되었다. 이는 아마도 이사악의 이야기를 그리스도의 수난과 죽음과 부활의 예형으로 여기던 그리스도교의 사순절/부활절과 충돌을 피하기 위한 것인 듯하다. 교부들의 예형론에서, 희생제물을 사를 장작을 짊어진 이사악(6절)은 십자가를 지신 예수님이다. 또한 희생제물이 되지 않은 이사악은 '변하지 않는' 하느님의 말씀을 가리키며, '덤불에 걸렸다가'(13절) 제물로 바쳐지는 숫양은 인간의 모습으로 철저한 고통 속에 죽어가는 예수님을 가리킨다. 창세 22장에 대한 이러한 해석은 교회에서 매우 오래된 것으로, 신약성서 저자들에서 여러 초대 교회 문헌들(예: 바르나바의 편지 7,3), 그리고 많은 연구서들로 이어졌다.

2) LXX는 형용사 '사랑하는'(ἀγαπητός)과 동사 '사랑하다'(ἀγαπάω)를 사용하여 이사악을 묘사한다. 그러나 MT는 '사랑하는' 대신에 '유일한'(יחיד)이라는 형용사를 썼고, 아퀼라역은 '유일한'(μονογενής)으로, 심마쿠스역은 '너의 유일한'(μόνος σου)으로 옮겼다. 히브 11,17에서도 이사악을 μονογενής라고 묘사하였다. LXX에서 히브리어 '유일한'(יחיד)을 '사랑하는'(ἀγαπητός)으로 옮긴 횟수는 모두 네 번이며, 신약성서에서 '하느님의 아들'을 '사랑하는'(ἀγαπητός)으로 묘사한 곳은 마태 3,17: 마르 1,11: 9,7 등이다.

아브라함의 제사: 시험받는 믿음[1]

22,1 이런 일들이 있은 뒤에 하느님께서 아브라함을 시험하셨다. 그분께서 그에게 말씀하셨다. "아브라함아, 아브라함아!" 그가 말하였다. "저 여기 있습니다." 2 그분께서 말씀하셨다. "너의 사랑하는[2] 아들, 네가 사랑하는 이사악을 데리고 높은[3] 땅으로 가거라. 내가 너에게 말해 주는 산들 가운데 하나에서, 거기서 그를 번제물로[4] 바쳐라." 3 아브라함은 아침에 일어나 자기 나귀에 안장을 얹고, 하인 둘과 자기 아들 이사악과 함께, 번제물에 필요한 장작을 패서, 〈일어나〉 길을 떠나, 하느님께서 자기에게 말씀하신 곳에 이르렀다. 4 사흘째 되는 날,[5] 아브라함은 눈을 들어 멀리 있는 그곳을 바라보았다. 5 아브라함이 하인들에게 말하였다. "너희는 나귀와 함께 머물러 있어라. 나와 이 아이는 저기까지 건너가서 경배하고[6] 너희에게 돌아오마."[7] 6 아브라함은 번제물에 쓰일 장작을[8] 가져다 아들 이사악에게 지우고, 자기는 손에 불과 칼을[9] 들었다. 그리고 둘은 함께 걸어갔다. 7 이사악이 아버지 아브

---

3) 히브리어 지명 "모리야"(מריה)를 LXX 번역자는 "높은"($\dot{\upsilon}\psi\eta\lambda\acute{o}s$)으로 옮겼다. 12,6의 "모레의 참나무"(אלון מורה)를 "높은 참나무"($\delta\rho\hat{\upsilon}\nu\ \tau\grave{\eta}\nu\ \dot{\upsilon}\psi\eta\lambda\acute{\eta}\nu$)로 옮긴 것에서 비롯한 듯하다.

4) "번제물"($\dot{o}\lambda o\kappa\acute{a}\rho\pi\alpha\sigma\iota s$)에 대해서는 8,20 각주 참조.

5) "사흘째 되는 날"은 그리스도인들에게 그리스도 부활의 예고로 해석된다(오리게네스, *Hom. Gen.* VIII,4). 이 구절을 3절에 넣은 필사본들도 있다.

6) 절히는 동작을 나타내는 동사 $\pi\rho o\sigma\kappa\upsilon\nu\acute{e}\omega$는 다른 곳에서 '인사하다'라는 뜻으로 쓰이기도 하였는데, 여기서는 '경배하다'라는 의미로 사용되었다.

7) '우리는 돌아오겠다'($\dot{a}\nu\alpha\sigma\tau\rho\acute{e}\psi\omega\mu\epsilon\nu$)라는 아브라함의 선언은 유다교와 그리스도교 전통에서 여러 다른 주석들을 낳았다. 아브라함은 선의의 거짓말을 하였거나, 희생물을 바치면 행복한 결말이 온다는 것을 예고한 것이거나, 또는 그가 죽은 이들의 부활을 언급한 것이라는 해석이 있다.

8) 그리스도교 전통은 여기서 복수형태로 나오는 '나무(또는 장작)'($\tau\grave{a}\ \xi\acute{\upsilon}\lambda a$)를 예수께서 짊어지신 십자가를 상징하는 것으로 해석한다.

9) 희생제물을 도살할 때 쓰는 칼을 가리키는 그리스어 $\mu\acute{a}\chi\alpha\iota\rho a$는 가사용 칼과는 다른 칼을 가리키는 히브리어 מאכלת에 적절하게 대응한다. 그러나 히브리어 מאכלת이 드물게 나타나는 데 만하여 $\mu\acute{a}\chi\alpha\iota\rho a$는 자주 등장한다. 이는 이 단어가 무기용 칼을 가리키는 חרב에도 대응하기 때문이다.

πατέρα αὐτοῦ εἶπας Πάτερ. ὁ δὲ εἶπεν Τί ἐστιν, τέκνον; λέγων
Ἰδοὺ τὸ πῦρ καὶ τὰ ξύλα· ποῦ ἐστιν τὸ πρόβατον τὸ εἰς
ὁλοκάρπωσιν; 8 εἶπεν δὲ Αβρααμ Ὁ θεὸς ὄψεται ἑαυτῷ πρόβατον εἰς
ὁλοκάρπωσιν, τέκνον. πορευθέντες δὲ ἀμφότεροι ἅμα 9 ἦλθον ἐπὶ τὸν
τόπον, ὃν εἶπεν αὐτῷ ὁ θεός. καὶ ᾠκοδόμησεν ἐκεῖ Αβρααμ
θυσιαστήριον καὶ ἐπέθηκεν τὰ ξύλα καὶ συμποδίσας Ισαακ τὸν υἱὸν
αὐτοῦ ἐπέθηκεν αὐτὸν ἐπὶ τὸ θυσιαστήριον ἐπάνω τῶν ξύλων. 10 καὶ
ἐξέτεινεν Αβρααμ τὴν χεῖρα αὐτοῦ λαβεῖν τὴν μάχαιραν σφάξαι τὸν
υἱὸν αὐτοῦ. 11 καὶ ἐκάλεσεν αὐτὸν ἄγγελος κυρίου ἐκ τοῦ οὐρανοῦ
καὶ εἶπεν αὐτῷ Αβρααμ, Αβρααμ. ὁ δὲ εἶπεν Ἰδοὺ ἐγώ. 12 καὶ
εἶπεν Μὴ ἐπιβάλῃς τὴν χεῖρά σου ἐπὶ τὸ παιδάριον μηδὲ ποιήσῃς
αὐτῷ μηδέν· νῦν γὰρ ἔγνων ὅτι φοβῇ τὸν θεὸν σὺ καὶ οὐκ ἐφείσω τοῦ
υἱοῦ σου τοῦ ἀγαπητοῦ δι᾽ ἐμέ. 13 καὶ ἀναβλέψας Αβρααμ τοῖς
ὀφθαλμοῖς αὐτοῦ εἶδεν, καὶ ἰδοὺ κριὸς εἷς κατεχόμενος ἐν φυτῷ σαβεκ
τῶν κεράτων· καὶ ἐπορεύθη Αβρααμ καὶ ἔλαβεν τὸν κριὸν καὶ
ἀνήνεγκεν αὐτὸν εἰς ὁλοκάρπωσιν ἀντὶ Ισαακ τοῦ υἱοῦ αὐτοῦ. 14 καὶ
ἐκάλεσεν Αβρααμ τὸ ὄνομα τοῦ τόπου ἐκείνου Κύριος εἶδεν, ἵνα
εἴπωσιν σήμερον Ἐν τῷ ὄρει κύριος ὤφθη. 15 καὶ ἐκάλεσεν ἄγγελος
κυρίου τὸν Αβρααμ δεύτερον ἐκ τοῦ οὐρανοῦ 16 λέγων Κατ᾽ ἐμαυτοῦ
ὤμοσα, λέγει κύριος, οὗ εἵνεκεν ἐποίησας τὸ ῥῆμα τοῦτο καὶ οὐκ
ἐφείσω τοῦ υἱοῦ σου τοῦ ἀγαπητοῦ δι᾽ ἐμέ, 17 ἦ μὴν εὐλογῶν
εὐλογήσω σε καὶ πληθύνων πληθυνῶ τὸ σπέρμα σου ὡς τοὺς ἀστέρας
τοῦ οὐρανοῦ καὶ ὡς τὴν ἄμμον τὴν παρὰ τὸ χεῖλος τῆς θαλάσσης, καὶ
κληρονομήσει τὸ σπέρμα σου τὰς πόλεις τῶν ὑπεναντίων· 18 καὶ

---

10) ‘보다’(ὁράω)라는 그리스어 동사는 14절에 나오는 장소 이름과 관련하여 쓰인 말이다.

11) 그리스어 동사 ‘(손과 발을) 묶다’(συμποδίζω)는 히브리어 עקד에 대응하여 쓰인 말이다. 유다 전통은 이 이사악의 ‘묶임’을 순순히 자신을 바치고자 하는 마음의 표현으로 보았고, 그리스도교 전통은 그리스도의 수난을 예표하는 것으로 보았다.

12) 이야기가 시작되는 1절에서는 하느님께서 아브라함에게 말씀하셨는데, 이제 주님의 천사가 아브라함을 불러 말한다. 또한 1.3.8-9절의 하느님이 이제 11.14-16절에서는 주님으로 바뀐다. 이로써 하느님과 아브라함의 관계가 더욱 새롭고 깊이 있게 형성되는 것을 나타낸 듯하다.

13) 로마 8.32(하느님께서는 당신의 아들을 아끼지 않고 …)에서도 여기에 나오는 동사 ‘아끼다’(φείδομαι)가 쓰였다.

라함에게 말하였다. "아버지!" 그가 말하였다. "애야! 무슨 일이냐?" 그가 말하였다. "보십시오, 불과 장작을. 그런데 번제물로 바칠 양은 어디 있습니까?" 8 아브라함이 말하였다. "애야, 번제물로 바칠 양은 하느님께서 손수 보실10) 것이다." 그리고 그 두 사람은 함께 걸어갔다. 9 그들이 하느님께서 그에게 말씀하신 곳에 이르자, 아브라함은 그곳에 제단을 쌓고 장작을 얹어놓았다. 그리고 그는 자기 아들 이사악을 묶어11) 제단의 장작 위에 올려놓았다. 10 아브라함은 자기 아들을 죽이려고 칼을 잡기 위해 손을 내밀었다. 11 그러자 주님의 천사가12) 하늘에서 그를 불러 말하였다. "아브라함아, 아브라함아!" 그가 말하였다. "저 여기 있습니다." 12 천사가 말하였다. "그 아이에게 손을 대지 마라. 그에게 어떤 짓도 해서는 안 된다. 이제 나는 네가 하느님을 두려워하는 줄을 알았다. 너는 네 사랑하는 아들까지 나를 위하여 아끼지 않았다."13) 13 아브라함이 눈을 들어보니 사벡 덤불에14) 뿔이 걸린 숫양15) 한16) 마리가 있는 것이 아닌가. 아브라함은 가서 그 숫양을 끌어와 아들 이사악 대신 그것을 번제물로 바쳤다. 14 아브라함은 그곳 이름을 '주님께서 보셨다'라고17) 하였다. 그래서 오늘날 사람들은 '그 산에서 주님께서 나타나셨다'라고 말한다. 15 주님의 천사가 두 번째로 하늘에서 아브라함을 불러 16 말하였다. "나는 나 자신을 두고 맹세한다.18) 주님께서 말씀하신다. 네가 이 일을 하였고 네 사랑하는 아들까지 나를 위하여 아끼지 않았으니, 17 나는 너에게 복을 내리고 또 내려, 네 후손이 하늘의 별처럼 바닷가의 모래처럼 많고도 많게 하리라. 네 후손은 적들의 성읍들을19) 차지하리라. 18 네가 내 소리에 따랐으니, 세상의 모든 민족이 네

---

14) "사벡"(סבך)은 히브리어 분문에 드물게 나오는 말로서 관목이나 덤불(φυτόν)의 일종인 듯하다. LXX는 이를 음역하고(σαβεκ) 그 뜻까지 옮겨 "사벡 덤불"(φυτῷ σαβεκ)이라 하였다.

15) 그리스도교 전통에서 "숫양"(κρίος)은 십자가에 달리신 그리스도를 상징한다. 유다 전통에 따르면 숫양은 하느님께서 태초에 창조하신 열 가시 가운데 하나로 이 순산을 위해 예비된 것이라고 한다.

16) 그리스어 본문에서는 수 형용사 '하나'가 '숫양'을 꾸민다. 이 그리스어 '하나'(εἷς)에 대응하는 히브리어는 אחד이다. 그러나 MT와 불가타는 '뒤'를 뜻하는 אחר와 arietem을 사용하였다.

17) LXX는 히브리어 분문의 "야훼-이레"(יהוה יראה)에서 יראה(보다, 볼 것이다)를 완료로 이해하여 "주님께서 보셨다"(Κύριος εἶδεν)로 옮겼다. 8절에서 말한 일이 성취되었음을 나타내는 것이다. 유다 전승(희년서 18,13)과 일부 그리스도교 전승(그리스도의 수난과 죽으심의 장소)은 주님께서 '보시고, 나타나신' 산이 예루살렘이라고 해석한다.

18) 자신에게 하는 맹세는 가장 강력한 맹세이다. 히브리어 맹세 정식 "나는 나 자신을 걸고 맹세한다"(בי נשבעתי)는 예언문학에서 잘 알려진 양식으로 LXX에서 정형화되었다.

19) MT의 "성문"(שער)을 "성읍들"(τὰς πόλεις)로 옮겼다.

ἐνευλογηθήσονται ἐν τῷ σπέρματί σου πάντα τὰ ἔθνη τῆς γῆς, ἀνθ' ὧν ὑπήκουσας τῆς ἐμῆς φωνῆς. 19 ἀπεστράφη δὲ Αβρααμ πρὸς τοὺς παῖδας αὐτοῦ, καὶ ἀναστάντες ἐπορεύθησαν ἅμα ἐπὶ τὸ φρέαρ τοῦ ὅρκου. καὶ κατῴκησεν Αβρααμ ἐπὶ τῷ φρέατι τοῦ ὅρκου.

22,20 Ἐγένετο δὲ μετὰ τὰ ῥήματα ταῦτα καὶ ἀνηγγέλη τῷ Αβρααμ λέγοντες Ἰδοὺ τέτοκεν Μελχα καὶ αὐτὴ υἱοὺς Ναχωρ τῷ ἀδελφῷ σου, 21 τὸν Ωξ πρωτότοκον καὶ τὸν Βαυξ ἀδελφὸν αὐτοῦ καὶ τὸν Καμουηλ πατέρα Σύρων 22 καὶ τὸν Χασαδ καὶ τὸν Αζαυ καὶ τὸν Φαλδας καὶ τὸν Ιεδλαφ καὶ τὸν Βαθουηλ· 23 καὶ Βαθουηλ ἐγέννησεν τὴν Ρεβεκκαν. ὀκτὼ οὗτοι υἱοί, οὓς ἔτεκεν Μελχα τῷ Ναχωρ τῷ ἀδελφῷ Αβρααμ. 24 καὶ ἡ παλλακὴ αὐτοῦ, ᾗ ὄνομα Ρεημα, ἔτεκεν καὶ αὐτὴ τὸν Ταβεκ καὶ τὸν Γααμ καὶ τὸν Τοχος καὶ τὸν Μωχα.

23,1 Ἐγένετο δὲ ἡ ζωὴ Σαρρας ἔτη ἑκατὸν εἴκοσι ἑπτά. 2 καὶ ἀπέθανεν Σαρρα ἐν πόλει Αρβοκ, ἥ ἐστιν ἐν τῷ κοιλώματι (αὕτη ἐστὶν Χεβρων) ἐν γῇ Χανααν. ἦλθεν δὲ Αβρααμ κόψασθαι Σαρραν καὶ πενθῆσαι. 3 καὶ ἀνέστη Αβρααμ ἀπὸ τοῦ νεκροῦ αὐτοῦ καὶ εἶπεν τοῖς υἱοῖς Χετ λέγων 4 Πάροικος καὶ παρεπίδημος ἐγώ εἰμι μεθ' ὑμῶν· δότε οὖν μοι κτῆσιν τάφου μεθ' ὑμῶν, καὶ θάψω τὸν νεκρόν μου ἀπ'

---

20) 이 구절은 사도 3,25; 갈라 3,8-9에서 '세상의 모든 민족이 아브라함의 후손으로 말미암아 축복받으리라'고 인용되었다.

21) 이 대목은 하란에 남은 아브라함의 아우 나홀의 이야기를 아브라함의 이야기와 함께 전하는 구실을 한다. 나중에 아브라함의 자손들은 자기네 아내를 맞으러 그곳으로 간다(24,1 이하; 29,1 이하).

22) "시리아 사람들"(MT: ארם)이라는 단어가 처음으로 나온다. 브두엘은 25,20에서, 라반은 31,20-24에서 '시리아 사람'으로 불린다. LXX는 나라와 민족들의 이름을 현재화시키는 작업으로 히브리어 바딴 또는 바딴-아람(또는 아람-나하라임)을 메소포타미아 또는 메소포타미아-시리아로 바꾸었다.

23) 나홀의 아들 이름 목록에 불쑥 끼어든 이 문장은 24장을 소개하는 구실을 한다.

24) LXX는 MT에 없는 '아들들'(υἱοί)을 덧붙였다.

1) 이 이야기는 아브라함이 헤브론에 자기 가족의 묘지를 합법적으로 소유하게 되는 과정을 보여 준다. 이 헤브론이나 마므레는 나중에 이사악과 야곱이 살러 오는 땅이기도 하다(35,27). LXX 와 MT는 적지 않은 편집상의 차이를 드러낸다(아래 각주들 참조).

후손을 통하여 복을 받으리라.”[20] 19 아브라함은 자기 하인들에게 돌아와, 그들은 함께 맹세의 우물로 갔다. 아브라함은 맹세의 우물 근처에 살았다.

아브라함의 아우 나홀의 자손[21]

22,20 이런 일이 있은 뒤에 아브라함에게 소식이 전해졌다. “밀가도 당신의 아우 나홀에게 아들들을 낳아 주었습니다.” 21 곧 맏이 우스, 그의 형제 부즈, 시리아 사람들의[22] 아버지 크무엘, 22 케셋, 하조, 빌다스, 이들랍, 브두엘이다. 23 브두엘은 리브가를 낳았다.[23] 이 여덟 아들을[24] 밀가가 아브라함의 아우 나홀에게 낳아 주었다. 24 이름이 르우마인 〈그의〉 소실도 테바, 가함, 다하스, 마아가를 낳았다.

사라의 죽음과 헤브론의 땅[1]

23,1 사라가 산 날이 백이십칠 년 되었다.[2] 2 사라는 가나안 땅 골짜기에 있는[3] 아르복 성읍, 곧 헤브론에서[4] 죽었다. 아브라함이 와서 사라를 애도하며 슬퍼하였다. 3 그런 다음 아브라함은 〈자기의〉 죽은 이[5] 앞에서 일어나[6] 헷의 아들들에게 말하였다. 4 “나는 여러분과 함께 〈몸 붙여〉 사는 거류민입니다.[7] 그러니 내게 여러분 곁에 있는 묘지를[8] 양도해 주십시오. 내 죽은 이를 〈나에게서〉 내다 묻으렵니다.”

---

2) MT에는 이 절 끝에 LXX에 없는 “이것이 사라가 산 햇수이다”(שׁני חיי שׂרה)라는 문장이 들어와 있다.

3) LXX는 MT에 없는 “골짜기에 있는”(ἥ ἐστιν ἐν τῷ κοιλώματι)을 첨가하였다.

4) 헤브론의 옛 이름은 ‘넷의 성읍’(קרית הארבע)이다. LXX는 첫 단어 קרית을 ‘성읍’(πόλις)으로 옮기고, 그 뒤는 음역하여 아르복(Αρβοκ)이라 하였다. 35,27에도 같은 이름(הארבע קרית)이 나오지만, 그 경우에는 ‘벌판의 성읍’(πόλις τοῦ πεδίου)으로 옮겼다.

5) 남자든 여자든 죽은 사람을 가리키는 그리스어는 보통 νεκρός(직역: 시체, 죽음)이다.

6) “죽은 이 앞에서 일어나”는 애도의 예절이 끝났음을 뜻한다.

7) LXX에는 토착민 ‘옆에’ 정착하여 사는 사람들의 법률적 신분을 말해 주는 ‘몸 붙여 사는 사람’(πάροικος)이 자주 등장한다. 반면에, “거류민”(παρεπίδημος)은 LXX의 다른 곳에서 한 번(시편 38,13)만 나오는 말이다. ‘거류민’은 한시적으로 머무는 사람들을 가리키며 ‘몸 붙여 사는 사람’보다 법률적 지위가 취약하다. 히브 11장; 1베드 2,11에서 이 단어를 볼 수 있다.

8) 필로는 아브라한이 단순히 ‘무덤’을 원하는 것이 아니라 ‘무덤의 소유권’(4절의 κτῆσις τάφου; 9절의 κτῆσις μνημείου)을 요구하고 있음에 주목하였다. 무덤은 물질을 의미하고, 현인 아브라함은 물질의 ‘소유, 지배’를 원하지 물질 그 자체를 원하는 것이 아니라는 것이다(*QG* V,75.77-78).

ἐμοῦ. 5 ἀπεκρίθησαν δὲ οἱ υἱοὶ Χετ πρὸς Αβρααμ λέγοντες 6 Μή, κύριε· ἄκουσον δὲ ἡμῶν. βασιλεὺς παρὰ θεοῦ εἶ σὺ ἐν ἡμῖν· ἐν τοῖς ἐκλεκτοῖς μνημείοις ἡμῶν θάψον τὸν νεκρόν σου· οὐδεὶς γὰρ ἡμῶν τὸ μνημεῖον αὐτοῦ κωλύσει ἀπὸ σοῦ τοῦ θάψαι τὸν νεκρόν σου ἐκεῖ. 7 ἀναστὰς δὲ Αβρααμ προσεκύνησεν τῷ λαῷ τῆς γῆς, τοῖς υἱοῖς Χετ. 8 καὶ ἐλάλησεν πρὸς αὐτοὺς Αβρααμ λέγων Εἰ ἔχετε τῇ ψυχῇ ὑμῶν ὥστε θάψαι τὸν νεκρόν μου ἀπὸ προσώπου μου, ἀκούσατέ μου καὶ λαλήσατε περὶ ἐμοῦ Εφρων τῷ τοῦ Σααρ, 9 καὶ δότω μοι τὸ σπήλαιον τὸ διπλοῦν, ὅ ἐστιν αὐτῷ, τὸ ὂν ἐν μέρει τοῦ ἀγροῦ αὐτοῦ· ἀργυρίου τοῦ ἀξίου δότω μοι αὐτὸ ἐν ὑμῖν εἰς κτῆσιν μνημείου. 10 Εφρων δὲ ἐκάθητο ἐν μέσῳ τῶν υἱῶν Χετ· ἀποκριθεὶς δὲ Εφρων ὁ Χετταῖος πρὸς Αβρααμ εἶπεν ἀκουόντων τῶν υἱῶν Χετ καὶ πάντων τῶν εἰσπορευομένων εἰς τὴν πόλιν λέγων 11 Παρ' ἐμοὶ γενοῦ, κύριε, καὶ ἄκουσόν μου. τὸν ἀγρὸν καὶ τὸ σπήλαιον τὸ ἐν αὐτῷ σοι δίδωμι· ἐναντίον πάντων τῶν πολιτῶν μου δέδωκά σοι· θάψον τὸν νεκρόν σου. 12 καὶ προσεκύνησεν Αβρααμ ἐναντίον τοῦ λαοῦ τῆς γῆς 13 καὶ εἶπεν τῷ Εφρων εἰς τὰ ὦτα τοῦ λαοῦ τῆς γῆς Ἐπειδὴ πρὸς ἐμοῦ εἶ, ἄκουσόν μου· τὸ ἀργύριον τοῦ ἀγροῦ λαβὲ παρ' ἐμοῦ, καὶ θάψω τὸν νεκρόν μου ἐκεῖ. 14 ἀπεκρίθη δὲ Εφρων τῷ Αβρααμ λέγων 15 Οὐχί, κύριε· ἀκήκοα. γῆ τετρακοσίων διδράχμων ἀργυρίου, ἀνὰ μέσον ἐμοῦ καὶ σοῦ τί ἂν εἴη τοῦτο; σὺ δὲ τὸν νεκρόν σου θάψον. 16 καὶ ἤκουσεν Αβρααμ τοῦ Εφρων, καὶ ἀπεκατέστησεν Αβρααμ τῷ Εφρων τὸ ἀργύριον, ὃ ἐλάλησεν εἰς τὰ ὦτα τῶν υἱῶν Χετ, τετρακόσια δίδραχμα ἀργυρίου δοκίμου ἐμπόροις. 17 καὶ ἔστη ὁ ἀγρὸς Εφρων, ὃς ἦν ἐν

---

9) LXX는 첫머리에 부정어 "아닙니다"(Μή)를 넣었다. MT의 23,5 끝에 있는 '그에게'(לו)를 부정어 לֹא로 본 것이다. 15절 처음에도 같은 예가 나온다.

10) MT는 "하느님의 제후"(נשִׂיא אלֹהים)라 하였다.

11) "내 얼굴 앞으로부터"(ἀπὸ προσώπου μου)는 '내 밖으로', 또는 '내 옆에서 들어내어' 로 이해할 수 있다.

12) '당신들의 마음에 ~을 지니다'(ἔχω τῇ ψυχῇ ὑμῶν)라는 표현은 히브리어 관용구 '~에 당신들 자신이 함께 있다면'(אם יֵשׁ את נפשכם ~할 마음이 있다면)의 형식을 따른 것이다.

13) LXX는 히브리어 "막벨라"(מכפלה 이중)의 어원적 의미를 살려 '이중으로 된'(διπλοῦς)으로 옮겼다.

5 헷의 아들들이 아브라함에게 대답하였다. 6 "아닙니다,9) 어르신. 우리 말을 들어 보십시오. 당신은 우리 안에 계신 하느님에게서 (오신) 임금이십니다.10) 우리의 가장 좋은 무덤들 가운데에 당신의 죽은 이를 안장하십시오. 어르신께서 당신의 죽은 이를 거기에 안장하시겠다는데 우리 가운데 어느 누구도 자기 무덤을 거절하지 않을 것입니다." 7 아브라함은 일어나 그 땅의 백성, 곧 헷의 아들들에게 절하였다. 8 아브라함이 그들에게 말하였다. "여러분이 내 죽은 이를 내 얼굴 앞으로부터11) 내다 묻을 수 있게 해 줄 마음이 있다면,12) 내 말을 듣고 소할의 아들 에브론에게 나에 대해 말해 주십시오. 9 그래서 그가 자기 밭 한쪽에 있는 그의 소유인 이중굴을13) 내게 주도록 해 주십시오. 여러분 안에서 그가 적당한 값을 받고 나에게 그것을 묘지로 양도하게 해 주십시오." 10 에브론은 헷의 아들들 가운데 앉아 있었다. 이 헷 사람 에브론은 헷의 아들들과 성읍으로 들어가는 모든 사람이 듣는 데서, 아브라함에게 대답하였다. 11 "어르신, 제 옆으로 오시어,14) 제 말을 들어 보십시오. 제가 그 밭과 그 안에 있는 동굴을 당신께 드리겠습니다. 내 성읍의 모든 사람15) 앞에서 당신께 드리니, (거기에) 당신의 죽은 이를 안장하십시오." 12 아브라함은 그 땅의 백성 앞에 절을 하고, 13 그 땅 백성의 귀에 대고 에브론에게 말하였다. "그대가 내 곁에 있으니,16) 내 말을 들어주십시오. 내게서 밭값을 받으십시오.17) 그래야 내가 내 죽은 이를 거기에 묻겠습니다." 14 에브론이 아브라함에게 대답하였다. 15 "아닙니다, 어르신. 제가 은 사백 드라크마짜리 땅이라고 듣기는 하였으나,18) 저와 어르신 사이에 이게 무슨 일입니까? 그냥 당신의 죽은 이를 안장하십시오." 16 아브라함은 에브론의 말을 듣고, 〈아브라함은〉 헷의 아들들의 귀에 대고 에브론이 말한 값, 곧 상인들에게 통용되는 은 사백 드라크마를 그에게 치렀다.19) 17 이중굴

---

14) MT에는 "아닙니다"(לא)라는 말만 나온다.

15) 히브리어 분문의 "내 겨레"(בני עמי)라는 말에 "모든"을 덧붙여 옮겼다.

16) LXX는 MT의 "제발 그대가 … 바랍니다"(אך אם אתה לו)에서 לו(제발)를 לי(나에게)로 읽은 듯하다.

17) 히브리어 분문의 '밭값을 드릴 터이니 내게서 받아 주십시오'(נתתי כסף השדה קח ממני)를 줄여 "내게서 밭값을 받으시오"($\tau\grave{o}$ $\dot{\alpha}\rho\gamma\acute{u}\rho\iota o\nu$ $\tau o\hat{u}$ $\dot{\alpha}\gamma\rho o\hat{u}$ $\lambda\grave{\alpha}\beta\epsilon$ $\pi\alpha\rho'$ $\dot{\epsilon}\mu o\hat{u}$)라고 옮겼다.

18) 히브리어 분문의 "제 말을 들어 보십시오"(שמעני)라는 명령문(명령형 + 1인칭 대명접미사)을 완료형, 1인칭 단수형으로 이해하여 옮겼다.

19) MT의 '무게로 달다'(ישקל)를 "치렀다"($\dot{\alpha}\pi\epsilon\kappa\alpha\tau\acute{\epsilon}\sigma\tau\eta\sigma\epsilon\nu$)로 옮겼다. 히브리어 שקל은 은의 무게를 달아 계산하던 히브리 문화를 나타내지만, 알렉산드리아의 드라크미는 무게를 달 필요가 없는 동전이었다.

τῷ διπλῷ σπηλαίῳ, ὅς ἐστιν κατὰ πρόσωπον Μαμβρη, ὁ ἀγρὸς καὶ τὸ σπήλαιον, ὃ ἦν ἐν αὐτῷ, καὶ πᾶν δένδρον, ὃ ἦν ἐν τῷ ἀγρῷ, ὅ ἐστιν ἐν τοῖς ὁρίοις αὐτοῦ κύκλῳ, **18** τῷ Αβρααμ εἰς κτῆσιν ἐναντίον τῶν υἱῶν Χετ καὶ πάντων τῶν εἰσπορευομένων εἰς τὴν πόλιν. **19** μετὰ ταῦτα ἔθαψεν Αβρααμ Σαρραν τὴν γυναῖκα αὐτοῦ ἐν τῷ σπηλαίῳ τοῦ ἀγροῦ τῷ διπλῷ, ὅ ἐστιν ἀπέναντι Μαμβρη (αὕτη ἐστὶν Χεβρων) ἐν τῇ γῇ Χανααν. **20** καὶ ἐκυρώθη ὁ ἀγρὸς καὶ τὸ σπήλαιον, ὃ ἦν ἐν αὐτῷ, τῷ Αβρααμ εἰς κτῆσιν τάφου παρὰ τῶν υἱῶν Χετ.

24,1 Καὶ Αβρααμ ἦν πρεσβύτερος προβεβηκὼς ἡμερῶν, καὶ κύριος εὐλόγησεν τὸν Αβρααμ κατὰ πάντα. **2** καὶ εἶπεν Αβρααμ τῷ παιδὶ αὐτοῦ τῷ πρεσβυτέρῳ τῆς οἰκίας αὐτοῦ τῷ ἄρχοντι πάντων τῶν αὐτοῦ Θὲς τὴν χεῖρά σου ὑπὸ τὸν μηρόν μου, **3** καὶ ἐξορκιῶ σε κύριον τὸν θεὸν τοῦ οὐρανοῦ καὶ τὸν θεὸν τῆς γῆς, ἵνα μὴ λάβῃς γυναῖκα τῷ υἱῷ μου Ισαακ ἀπὸ τῶν θυγατέρων τῶν Χαναναίων, μεθ᾽ ὧν ἐγὼ οἰκῶ ἐν αὐτοῖς, **4** ἀλλὰ εἰς τὴν γῆν μου, οὗ ἐγενόμην, πορεύσῃ καὶ εἰς τὴν φυλήν μου καὶ λήμψῃ γυναῖκα τῷ υἱῷ μου Ισαακ ἐκεῖθεν. **5** εἶπεν δὲ πρὸς αὐτὸν ὁ παῖς Μήποτε οὐ βούλεται ἡ γυνὴ πορευθῆναι μετ᾽ ἐμοῦ ὀπίσω εἰς τὴν γῆν ταύτην· ἀποστρέψω τὸν υἱόν σου εἰς τὴν γῆν, ὅθεν ἐξῆλθες ἐκεῖθεν; **6** εἶπεν δὲ πρὸς αὐτὸν Αβρααμ Πρόσεχε σεαυτῷ, μὴ ἀποστρέψῃς τὸν υἱόν μου ἐκεῖ. **7** κύριος ὁ θεὸς τοῦ οὐρανοῦ καὶ ὁ θεὸς τῆς γῆς, ὃς ἔλαβέν με ἐκ τοῦ οἴκου τοῦ πατρός μου καὶ ἐκ τῆς γῆς, ἧς ἐγενήθην, ὃς ἐλάλησέν μοι καὶ ὤμοσέν μοι λέγων Σοὶ δώσω τὴν γῆν ταύτην καὶ τῷ σπέρματί σου, αὐτὸς ἀποστελεῖ τὸν ἄγγελον αὐτοῦ ἔμπροσθέν σου, καὶ λήμψῃ γυναῖκα τῷ υἱῷ μου Ισαακ ἐκεῖθεν. **8** ἐὰν δὲ μὴ θέλῃ ἡ γυνὴ πορευθῆναι μετὰ

---

20) LXX는 에브론의 밭이 아브라함의 소유가 되었음을 히브리어 표현에 따라 옮겼다. MT의 동사 '서다'(קוּם)에 대응하여 17절 첫머리에 ἵστημι 동사의 활용형인 ἔστη를 사용하고, 아브라함 다음에 '소유로'(εἰς κτῆσιν)라는 말로 수식한다. 그리고 물건의 이전을 표현하려고 소속을 나타내는 관사 '~에게'(τῷ, MT: לְ)를 아브라함 앞에 두었다.

1) 이 대목은 아브라함이 늙어 죽을 때가 가까이 왔음을 암시하며, 아들 이사악의 혼인 준비에 관한 이야기로 시작한다. LXX는 아브라함의 종이 주인의 조상 땅으로 가서 리브가를 데려오는 긴 여정을 일곱 단락으로 나누어 기록한다.

근처, 마므레 맞은편에 있는 에브론의 밭, 그 밭과 그 안에 있는 동굴과 그 밭을 둘러싼 경계에 있는 모든 나무가 18 헷의 아들들과 성읍으로 들어가는 모든 사람 앞에서 아브라함의 소유가 되었다.[20] 19 그런 다음 아브라함은 자기 아내 사라를 가나안 땅 마므레, 곧 헤브론 맞은편에 있는 그 밭의 이중굴에 안장하였다. 20 (이렇게) 그 밭과 그 안에 있는 동굴은 헷의 아들들에게서 아브라함에게 무덤 소유권이 있음이 선포되었다.

아브라함이 이사악의 아내를 맞아들이려고 하인을 보내다[1]

24,1 아브라함은 (산) 날들이 많이 지난 노인이었다. 주님께서 모든 일마다 아브라함에게 복을 내려 주셨다. 2 아브라함은 자기의 모든 일을 맡아보는 자기 집안의 늙은 종에게[2] 말하였다. "네 손을 내 넓적다리 밑에 넣어라.[3] 3 나는 네가 하늘의 하느님이시며 땅의 하느님이신 주님을 두고[4] 맹세하게 하여 내가 그들 가운데 살고 있는 가나안 사람들의 딸들 가운데서 내 아들 이사악의[5] 아내 (될 여자)를 데려오지 않도록, 4 너는 내가 태어난 내 땅, 내 종족에게 가서 거기서 내 아들 이사악의 아내 (될 여자)를 데려올 것이다." 5 그 종이 아브라함에게 말하였다. "그 여자가 저를 따라 함께 이 땅으로 오려고 하지 않을지도 모릅니다. 그러면 제가 당신께서 떠나오신 거기 그 땅으로 당신 아드님을 데려가야 합니까?" 6 아브라함이 그에게 말하였다. "너는 내 아들을 그곳으로 데려가는 일이 없도록 조심하여라. 7 하늘의 하느님이시며 땅의 하느님이신 주님, 곧 나를 나의 아버지 집과 내가 태어난 땅에서 데려오시고 '내가 너와 네 후손에게[6] 이 땅을 주겠다'고 나에게 말씀하시고 맹세하신 그분께서 당신 천사를 네 앞에 보내시어, 네가 거기서 내 아들 이사악의 아내 (될 여자)를 데려오게 될 것이다. 8 그 여자가 너와 함께 이 땅으로 오려고 하지 않으

---

2) 여기에 나오는 '종'($\pi a \hat{i} s$)을 15,2에서 언급한 엘리에젤로 보는 것이 전통적인 견해이다. 그리스도교 전통은 이 종을 우상숭배가 만연한 가운데서 민족들의 교회(리브가)를 찾으러 떠나는 예수님 제자들의 예형이라 보았다(알렉산드리아의 치릴루스, *G* 216: F. Petit).

3) 같은 형태의 맹세가 47,29(야곱이 요셉에게 시킨 맹세)에 다시 나온다.

4) 히브리어에서는 맹세할 때 전치사 ב를 쓰지만(ביהוה) LXX는 대격을 써서($\tau \grave{o} \nu \ \theta \epsilon \acute{o} \nu$) 맹세를 나타냈다.

5) 히브리어 분문에 없는 "이사악"을 덧붙였다.

6) 히브리어 분문에서 단지 "네 후손에게"(לזרעך)라고 한 것을 LXX는 "너와 네 후손에게"($\sigma o i \ \cdots \ \kappa a \grave{i} \ \tau \hat{\omega} \ \sigma \pi \acute{\epsilon} \rho \mu a \tau \acute{i} \ \sigma o u$)라고 표현하였다.

σοῦ εἰς τὴν γῆν ταύτην, καθαρὸς ἔσῃ ἀπὸ τοῦ ὅρκου τούτου· μόνον
τὸν υἱόν μου μὴ ἀποστρέψῃς ἐκεῖ.   9 καὶ ἔθηκεν ὁ παῖς τὴν χεῖρα
αὐτοῦ ὑπὸ τὸν μηρὸν Αβρααμ τοῦ κυρίου αὐτοῦ καὶ ὤμοσεν αὐτῷ περὶ
τοῦ ῥήματος τούτου

24.10 Καὶ ἔλαβεν ὁ παῖς δέκα καμήλους ἀπὸ τῶν καμήλων τοῦ
κυρίου αὐτοῦ καὶ ἀπὸ πάντων τῶν ἀγαθῶν τοῦ κυρίου αὐτοῦ μεθ'
ἑαυτοῦ καὶ ἀναστὰς ἐπορεύθη εἰς τὴν Μεσοποταμίαν εἰς τὴν πόλιν
Ναχωρ.   11 καὶ ἐκοίμισεν τὰς καμήλους ἔξω τῆς πόλεως παρὰ τὸ
φρέαρ τοῦ ὕδατος τὸ πρὸς ὀψέ, ἡνίκα ἐκπορεύονται αἱ ὑδρευόμεναι.
12 καὶ εἶπεν Κύριε ὁ θεὸς τοῦ κυρίου μου Αβρααμ, εὐόδωσον ἐναντίον
ἐμοῦ σήμερον καὶ ποίησον ἔλεος μετὰ τοῦ κυρίου μου Αβρααμ.
13 ἰδοὺ ἐγὼ ἕστηκα ἐπὶ τῆς πηγῆς τοῦ ὕδατος, αἱ δὲ θυγατέρες τῶν
οἰκούντων τὴν πόλιν ἐκπορεύονται ἀντλῆσαι ὕδωρ, 14 καὶ ἔσται ἡ
παρθένος, ᾗ ἂν ἐγὼ εἴπω Ἐπίκλινον τὴν ὑδρίαν σου, ἵνα πίω, καὶ
εἴπῃ μοι Πίε, καὶ τὰς καμήλους σου ποτιῶ, ἕως ἂν παύσωνται
πίνουσαι, ταύτην ἡτοίμασας τῷ παιδί σου Ισαακ, καὶ ἐν τούτῳ
γνώσομαι ὅτι ἐποίησας ἔλεος τῷ κυρίῳ μου Αβρααμ.   15 καὶ ἐγένετο
πρὸ τοῦ συντελέσαι αὐτὸν λαλοῦντα ἐν τῇ διανοίᾳ, καὶ ἰδοὺ Ρεβεκκα
ἐξεπορεύετο ἡ τεχθεῖσα Βαθουηλ υἱῷ Μελχας τῆς γυναικὸς Ναχωρ

---

7) LXX는 히브리어 분문의 "너를 따라오려고 하지 않으면" (ואם לא תאבה … אחריך)에 "이 땅으
로" (εἰς τὴν γῆν ταύτην)를 덧붙였다.

8) 그리스도교 전통은 이 유명한 대목을 '정혼' (μνηστεία) 장면으로 보고, 아브라함의 종이 리브
가를 '우물 옆'에서 만나는 것을 세례의 예형이자 혼인(그리스도와 영혼, 또는 그리스도와 교회
의 결합)의 전주(前奏)로 해석한다. 또한 이 장면은 성화집에서 '수태고지'의 한 형태로 나타나
기도 한다. 필로는 리브가를 현명한 사람(목마른 이에게 물을 길어줌)으로 보았다(Poster. 136-
140; 146-153). 그리스도교 전통에 따르면 여기서 리브가가 "처녀"(14절)로 불림으로써 그는 영혼
이나 교회, 또는 동정 마리아를 상징한다.

9) LXX는 전치사 ἀπό를 이어지는 속격과 함께 사용하여 '~의 일부, ~ 가운데 얼마' 라고 표
현한다. 이는 아브라함이 자기 종에게 재산의 일부만을 준 것을 나타낸다. 그러나 MT는 "주인
의 온갖 선물" (כל טוב אדניו)이라고 하였다.

10) 히브리어 분문의 "아람-나하라임" (ארם נהרים)을 아람인들이 살던 북부 "메소포타미아"
(Μεσοποταμία)로 옮겼다.

면,7) 너는 이 맹세에서 풀리게 된다. 내 아들만은 그곳으로 데려가지 마라." 9 그 종은 자기 주인 아브라함의 넓적다리 밑에 제 손을 넣어 이 일에 대하여 그에게 맹세하였다.

아브라함의 종이 리브가를 만나다8)

24,10 그 종은 자기 주인의 낙타들 가운데 열 마리를 데리고 주인의 온갖 좋은 것 가운데 얼마를9) 몸에 지니고, 일어나 나홀의 성읍인 메소포타미아로10) 길을 떠났다. 11 그는 물 긷는 여자들이 나오는 때인 저녁 무렵에, 성읍 밖 우물 곁에서 낙타들을 쉬게 하였다.11) 12 그가 말하였다. "제 주인 아브라함의 하느님이신 주님, 오늘 제 앞에서 일이 잘되게 해 주십시오.12) 제 주인 아브라함에게 자비를13) 베풀어 주십시오. 13 이제 제가 샘물가에14) 서 있으면, 성읍에 사는 사람들의 딸들이 물을 길러 나올 것입니다. 14 제가 '내가 물을 마실 수 있게 당신의 물동이를 기울여 주시오'라고 말하면, 저에게 '드십시오, 당신의 낙타들도 물을 다 마실 때까지 제가 물을 먹이겠습니다' 하고 말하는 바로 그 처녀가,15) 당신의 종 이사악에게 당신께서 마련하신 여자이게 해 주십시오. 이것으로 당신께서 제 주인 아브라함에게 자비를 베푸신 줄 알겠습니다." 15 그가 마음속으로16) 말을 마치기도 전에, 아브라함의 형제 나홀의 아내인 밀가의 아들 브두엘에게 태어난 리브가가 어깨에17) 물동이를 메고

---

11) 낙타의 모습을 묘사하기에는 '쉬게 하다'($\kappa o \iota \mu i \zeta \omega$)라는 LXX의 동사보다 아퀼라가 만들어 낸 '무릎을 꿇게 하다'($\gamma o \nu a \tau i \zeta \omega$)가 더 정확하다.

12) '좋은 길을 가게 하다, 여정이 순조롭게 이루어지게 하다' 등의 의미로 쓰인 동사 $\epsilon \dot{v} o \delta \acute{o} \omega$ 는 특히 LXX에서 쓰기 시작한 단어로 보이나, 파피루스들에서도 그 용례를 찾아볼 수 있다. 여기서는 27.40.42.56절과 다르게 직접목적어 없이 '내 앞에서'($\dot{\epsilon} \nu a \nu \tau i o \nu$ $\dot{\epsilon} \mu o \hat{v}$)와 함께 쓰였다.

13) 히브리어 분문의 "자애"(חסד)를 여기서 처음으로 "자비"($\ddot{\epsilon} \lambda \epsilon o \varsigma$)로 옮겼다(24,14.44.49; 40,14에서도 같은 단어로 옮김).

14) 창세기의 '우물'과 '샘'에 관해서는 입문 참조.

15) LXX는 리브가를 이곳과, 16절('어떤 남자도 알지 못하는'이라고 구체적으로 표현)에서 두 번, 그리고 43절과 55절에서 '처녀'($\pi a \rho \theta \acute{\epsilon} \nu o \varsigma$)라고 부른다. 그리고 28절과 57절에서는 "아이"($\pi a \hat{\iota} \varsigma$)라고 부른다. MT는 이곳과 16절 앞부분, 28.55.57절에서는 '소녀'(נערה)라고 하였고, 16절 뒷부분에서는 "처녀"(בתולה)로, 그리고 43절에서는 '젊은 여인'(עלמה)으로 다르게 표현하였다.

16) "마음속으로"($\dot{\epsilon} \nu$ $\tau \hat{\eta}$ $\delta \iota a \nu o i a$)는 MT에 없는 말이나, 사마리아 오경(אל לבו)과 불가타에는 나온다.

17) LXX는 히브리어 분문의 '그 여자의 어깨 위에'(על שכמה)를 '어깨들 위에'($\dot{\epsilon} \pi i$ $\tau \hat{\omega} \nu$ $\ddot{\omega} \mu \omega \nu$)로 옮겼다. 단수형 '어깨'가 논리상 맞으나 그리스어 본문의 '어깨들'은 어깨 위에 걸친 지게를 암시하는 듯하다.

ἀδελφοῦ δὲ Ἀβρααμ ἔχουσα τὴν ὑδρίαν ἐπὶ τῶν ὤμων αὐτῆς. **16** ἡ δὲ παρθένος ἦν καλὴ τῇ ὄψει σφόδρα· παρθένος ἦν, ἀνὴρ οὐκ ἔγνω αὐτήν. καταβᾶσα δὲ ἐπὶ τὴν πηγὴν ἔπλησεν τὴν ὑδρίαν καὶ ἀνέβη. **17** ἐπέδραμεν δὲ ὁ παῖς εἰς συνάντησιν αὐτῆς καὶ εἶπεν Πότισόν με μικρὸν ὕδωρ ἐκ τῆς ὑδρίας σου. **18** ἡ δὲ εἶπεν Πίε, κύριε. καὶ ἔσπευσεν καὶ καθεῖλεν τὴν ὑδρίαν ἐπὶ τὸν βραχίονα αὐτῆς καὶ ἐπότισεν αὐτόν, **19** ἕως ἐπαύσατο πίνων. καὶ εἶπεν Καὶ ταῖς καμήλοις σου ὑδρεύσομαι, ἕως ἂν πᾶσαι πίωσιν. **20** καὶ ἔσπευσεν καὶ ἐξεκένωσεν τὴν ὑδρίαν εἰς τὸ ποτιστήριον καὶ ἔδραμεν ἔτι ἐπὶ τὸ φρέαρ ἀντλῆσαι καὶ ὑδρεύσατο πάσαις ταῖς καμήλοις. **21** ὁ δὲ ἄνθρωπος κατεμάνθανεν αὐτὴν καὶ παρεσιώπα τοῦ γνῶναι εἰ εὐόδωκεν κύριος τὴν ὁδὸν αὐτοῦ ἢ οὔ. **22** ἐγένετο δὲ ἡνίκα ἐπαύσαντο πᾶσαι αἱ κάμηλοι πίνουσαι, ἔλαβεν ὁ ἄνθρωπος ἐνώτια χρυσᾶ ἀνὰ δραχμὴν ὁλκῆς καὶ δύο ψέλια ἐπὶ τὰς χεῖρας αὐτῆς, δέκα χρυσῶν ὁλκὴ αὐτῶν. **23** καὶ ἐπηρώτησεν αὐτὴν καὶ εἶπεν Θυγάτηρ τίνος εἶ; ἀνάγγειλόν μοι· εἰ ἔστιν παρὰ τῷ πατρί σου τόπος ἡμῖν καταλῦσαι; **24** καὶ εἶπεν αὐτῷ Θυγάτηρ Βαθουηλ εἰμὶ ἐγὼ τοῦ Μελχας, ὃν ἔτεκεν τῷ Ναχωρ. **25** καὶ εἶπεν αὐτῷ Καὶ ἄχυρα καὶ χορτάσματα πολλὰ παρ᾽ ἡμῖν καὶ τόπος τοῦ καταλῦσαι. **26** καὶ εὐδοκήσας ὁ ἄνθρωπος προσεκύνησεν κυρίῳ **27** καὶ εἶπεν Εὐλογητὸς κύριος ὁ θεὸς τοῦ κυρίου μου Ἀβρααμ, ὃς οὐκ ἐγκατέλιπεν τὴν δικαιοσύνην αὐτοῦ καὶ τὴν ἀλήθειαν ἀπὸ τοῦ κυρίου μου· ἐμὲ εὐόδωκεν κύριος εἰς οἶκον τοῦ ἀδελφοῦ τοῦ κυρίου μου.

---

18) LXX는 물동이를 기울이려면 손이 아니라 팔 위에 물동이를 놓아야 한다고 생각하여 MT의 "(그의) 손에" (עַל יָדָהּ)를 "자기 팔 위에" (ἐπὶ τὸν βραχίονα αὐτῆς)로 바꾸어 옮겼다.

19) LXX는 히브리어 분문의 "물을 다 마실 때까지" (עַד אִם כִּלּוּ לִשְׁתֹּת)에서 כִּלּוּ의 어간을 כלה 대신에 כל로 이해하여 옮긴 듯하다.

20) 20절에 두 번 나오는 '물을 긷다' (שָׁאַב)라는 히브리어 동사를, LXX는 한 번은 '물을 긷다' (ἀντλέω)로, 그다음에는 '물을 길어다 주다' (ὑδρεύομαι)로 옮겼다.

21) LXX는 히브리어 אִישׁ를 '남자' (ἀνήρ) 대신 "사람" (ἄνθρωπος)으로 옮겼다. 한 번도 이름이 언급되지 않은 아브라함의 종은 LXX에서 '남자' 라기보다는 한 '사람' 으로 묘사되었다.

22) MT에는 없는 말이다.

나왔다. 16 그 처녀는 보기에 아주 예뻤으며, 어떤 남자도 그 여자를 알지 못하는 처녀였다. 그가 샘 곁으로 내려가 물동이를 채워 올라오자, 17 그 종이 그 여자에게 달려가서 말하였다. "내가 당신 물동이에서 물을 조금 마시게 해 주시오." 18 그 여자가 말하였다. "드십시오, 어르신." 그러고는 얼른 물동이를 내려 자기 팔 위에[18] 놓고는, 그에게 물을 마시게 해 주었다. 19 그가 물을 다 마실 때까지. 그리고 그 여자가 말하였다. "당신의 낙타들에게도, 모두 물을 마실 때까지[19] 제가 물을 길어다 주겠습니다." 20 그는 서둘러 물동이를 물통에 비워 내고, 다시 물을 길러 우물로 달려갔다. 그는 모든 낙타에게 물을 길어다 주었다.[20] 21 그 사람은[21] 주님께서 자기 (여행) 길을 잘되게, 또는 잘 안 되게 하시는지 알아보려고, 그 여자를 말없이 지켜보았다. 22 낙타들이 모두[22] 물을 다 마셨을 때, 그 사람은 각각의 무게가 한 드라크마 나가는 금귀걸이[23] 한 쌍을 가져오고, 금 십 (드라크마)짜리 팔찌 두 개를 그 여자의 손목에 (끼워 주었다). 23 그가 그 여자에게 물어 말하였다.[24] "당신은 누구의 따님이오? 내게 말해 주오. 당신 아버지 곁에[25] 우리가 쉬어 갈 수 있는 자리가 있겠소?" 24 그 여자가 그에게 말하였다. "저는 밀가가 나홀에게 낳아 준 브두엘의 딸입니다." 25 그리고 그에게 말하였다. "저희에게는 꼴과 여물도 많고 쉬어 갈 수 있는 자리도 있습니다." 26 그 사람은 만족하며[26] 주님께 경배하고 27 말하였다. "내 주인에게 당신의 정의와 진실을[27] 거절하지 않으신 나의 주인 아브라함의 하느님이신 주님께서는 찬미받으소서. 주님께서 나를 내 주인의 형제 집으로 잘 이끌어 주셨구나."

---

23) 히브리어 분문에서는 "코걸이"(נזם)를 언급하지만 기원전 3세기에 알렉산드리아에서는 코걸이를 하시 않았으므로 LXX는 "귀설이"($\acute{\epsilon}\nu\acute{\omega}\tau\iota\alpha$)로 바꾸어 옮겼다.

24) MT에는 '묻다' 동사가 없다.

25) MT는 '당신 아버지 집'(בית אביך)이라고 하였다.

26) 동사 '만족하다'($\epsilon\dot{\upsilon}\delta\sigma\kappa\acute{\epsilon}\omega$, MT 33,10의 רצה)는 리브가의 말에 대한 종의 반응을 나타낸다. 히브리어 분문의 "그는 무릎을 꿇어 주님께 경배하고"(ויקד האיש וישתחו ליהוה)를 LXX는 "그 사람은 만족하며 주님께 경배하고"($\epsilon\dot{\upsilon}\delta\sigma\kappa\acute{\eta}\sigma\alpha\varsigma\ \dot{o}\ \check{\alpha}\nu\theta\rho\omega\pi\sigma\varsigma\ \pi\rho\sigma\sigma\epsilon\kappa\acute{\upsilon}\nu\eta\sigma\epsilon\nu\ \kappa\upsilon\rho\acute{\iota}\omega$)로 옮겼다. LXX 창세 43,28에서는 '무릎을 꿇고 경배하다'라는 히브리어 관용법을 그대로 옮겼다 ($\kappa\acute{\upsilon}\psi\alpha\nu\tau\epsilon\varsigma\ \pi\rho\sigma\sigma\epsilon\kappa\acute{\upsilon}\nu\eta\sigma\alpha\nu$). 이 26절과 다음 48절의 '만족하며'($\epsilon\dot{\upsilon}\delta\sigma\kappa\acute{\eta}\sigma\alpha\varsigma$)는 자신의 여행 목적이 잘 이루어지는 것을 보게 된 종의 기쁜 마음을 적절히 묘사한 것이다.

27) 여기서 처음으로 "진실"($\dot{\alpha}\lambda\acute{\eta}\theta\epsilon\iota\alpha$)이 나온다. 이 단어는 창세기에서 네 번 등장하는데, 히브리어 אמת를 옮긴 것이다.

24,28 Καὶ δραμοῦσα ἡ παῖς ἀπήγγειλεν εἰς τὸν οἶκον τῆς μητρὸς αὐτῆς κατὰ τὰ ῥήματα ταῦτα. *29* τῇ δὲ Ρεβεκκα ἀδελφὸς ἦν, ᾧ ὄνομα Λαβαν· καὶ ἔδραμεν Λαβαν πρὸς τὸν ἄνθρωπον ἔξω ἐπὶ τὴν πηγήν. *30* καὶ ἐγένετο ἡνίκα εἶδεν τὰ ἐνώτια καὶ τὰ ψέλια ἐπὶ τὰς χεῖρας τῆς ἀδελφῆς αὐτοῦ καὶ ὅτε ἤκουσεν τὰ ῥήματα Ρεβεκκας τῆς ἀδελφῆς αὐτοῦ λεγούσης Οὕτως λελάληκέν μοι ὁ ἄνθρωπος, καὶ ἦλθεν πρὸς τὸν ἄνθρωπον ἑστηκότος αὐτοῦ ἐπὶ τῶν καμήλων ἐπὶ τῆς πηγῆς *31* καὶ εἶπεν αὐτῷ Δεῦρο εἴσελθε· εὐλογητὸς κύριος· ἵνα τί ἕστηκας ἔξω; ἐγὼ δὲ ἡτοίμακα τὴν οἰκίαν καὶ τόπον ταῖς καμήλοις. *32* εἰσῆλθεν δὲ ὁ ἄνθρωπος εἰς τὴν οἰκίαν καὶ ἀπέσαξεν τὰς καμήλους. καὶ ἔδωκεν ἄχυρα καὶ χορτάσματα ταῖς καμήλοις καὶ ὕδωρ νίψασθαι τοῖς ποσὶν αὐτοῦ καὶ τοῖς ποσὶν τῶν ἀνδρῶν τῶν μετ' αὐτοῦ. *33* καὶ παρέθηκεν αὐτοῖς ἄρτους φαγεῖν. καὶ εἶπεν Οὐ μὴ φάγω ἕως τοῦ λαλῆσαί με τὰ ῥήματά μου. καὶ εἶπαν Λάλησον.

24,34 Καὶ εἶπεν Παῖς Αβρααμ ἐγώ εἰμι. *35* κύριος δὲ εὐλόγησεν τὸν κύριόν μου σφόδρα, καὶ ὑψώθη· καὶ ἔδωκεν αὐτῷ πρόβατα καὶ μόσχους, ἀργύριον καὶ χρυσίον, παῖδας καὶ παιδίσκας, καμήλους καὶ ὄνους. *36* καὶ ἔτεκεν Σαρρα ἡ γυνὴ τοῦ κυρίου μου υἱὸν ἕνα τῷ κυρίῳ μου μετὰ τὸ γηρᾶσαι αὐτόν, καὶ ἔδωκεν αὐτῷ ὅσα ἦν αὐτῷ. *37* καὶ ὥρκισέν με ὁ κύριός μου λέγων Οὐ λήμψῃ γυναῖκα τῷ υἱῷ μου ἀπὸ τῶν θυγατέρων τῶν Χαναναίων, ἐν οἷς ἐγὼ παροικῶ ἐν τῇ γῇ αὐτῶν, *38* ἀλλ' ἢ εἰς τὸν οἶκον τοῦ πατρός μου πορεύσῃ καὶ εἰς τὴν φυλήν μου καὶ λήμψῃ γυναῖκα τῷ υἱῷ μου ἐκεῖθεν. *39* εἶπα δὲ τῷ κυρίῳ μου Μήποτε οὐ πορεύσεται ἡ γυνὴ μετ' ἐμοῦ.

---

28) 여기서 "집" (οἶκος)은 '집안식구'를 가리킨다.

29) 24,22 각주 참조.

30) 히브리어 분문에서는 "~ 와서 보니(ויבא ··· והנה) ··· 서 있었다"인데 LXX는 이 귀결절을 καί와 연결하여 절대 속격으로 표현하였다.

31) 히브리어 분문의 "주님께 복 받으신 분" (ברוך יהוה)이라는 호격을 "주님께서는 찬미받으실지어다" (εὐλογητὸς κύριος)라는 서술문으로 옮겼다.

32) '안장(짐)을 내리다' (ἀποσάττω) 동사는 이곳에 처음 나온다. 이 단어는 '안장을 채우다'

리브가의 가족이 아브라함의 종을 맞아들이다

24,28 그 여자 아이는 제 어머니의 집으로[28] 달려가 이 일들을 알렸다. 29 리브가에게는 이름이 라반인 오빠가 있었는데, 라반은 샘가에 있는 그 사람을 향하여 밖으로 뛰어나갔다. 30 그는 귀걸이와[29] 제 누이의 손목에 끼워진 팔찌를 보고, '그 사람이 내게 이렇게 말했어요'라고 하는 제 누이 리브가의 말을 듣고서, 샘가 낙타들 곁에 서 있는 그 사람에게 왔다.[30] 31 라반이 그에게 말하였다. "어서 들어오십시오. 주님께서는 찬미받으실지어다.[31] 당신은 왜 밖에 서 계십니까? 제가 집도 낙타들을 둘 곳도 마련하였습니다." 32 그 사람은 집으로 들어와 낙타들 짐을 내렸다.[32] 그리고 그는 낙타들에게 꼴과 여물을 주고, 그의 발과 그와 함께 있는 남자들의 발 씻을 물도 주었다. 33 그리고 그들에게 먹을 빵을 차려 놓았다. 그러나 종이 말하였다. "제가 제 일을 말씀드리게 하시기 전에는 먹을 수 없습니다." 그들이 말하였다.[33] "말씀하십시오."

아브라함의 종 이야기: 혼인을 청함

24,34 그가 말하였다. "저는 아브라함의 종입니다. 35 주님께서 제 주인에게 복을 많이 내리시어, 그분은 높여지셨습니다.[34] 그분께서는 그에게 양과 소, 은과 금, 남종과 여종, 그리고 낙타와 나귀들을 주셨습니다. 36 제 주인의 부인 사라는 주인이 늙은 뒤[35] 그분께 아들 하나를[36] 낳아 주셨고, 그분은 그 (아들)에게 당신에게 있는 것은 무엇이든 주셨습니다. 37 제 주인은 (다음과 같이) 말씀하시며 저에게 맹세하게 하셨습니다. '너는 내가 몸 붙여 살고 있는 저들의 땅 가나안 사람들의 딸들 가운데서 내 아들의 아내 (될 여자)를 데려오지 말고, 38 내 아버지의 집안, 내 종족에게 가서 거기서 내 아들의 아내 (될 여자)를 데려와야 한다.' 39 그래서 제가 제 주인에게 '그 여자기 저와 함께[37] 오려고 하지 않을시노 모릅니다'라고 말씀드

(ἐπισάττω)의 반대말이다. 두 동사 모두 '채우다, 꾸리다' (σάττω)에서 파생하였다.

33) LXX는 MT가 3인칭 단수를 써서 "(라반이) … 대답하였다"(ויאמר)라고 한 것과 달리, 사마리아 오경과 시리아어역과 함께 3인칭 복수형 동사를 사용하였다.

34) LXX는 히브리어 분문의 '그는 커졌다' (ויגדל)를 과장하여 '높여졌다' (ὑψώθη)로 옮겼다.

35) MT는 "(사라가) 늘그막에"(אחרי זקנתה)라고 하였는데, LXX는 '(아브라함이) 늙은 뒤' (μετὰ τὸ γηρᾶσαι αὐτόν)라 하여 사마리아 오경과 같다.

36) MT는 단순히 "아들"(בן)이라 하였다.

37) 히브리어 분문의 '제 뒤' (אחרי)를 "저와 함께"(μετ' ἐμοῦ)로 옮겼다.

40 καὶ εἶπέν μοι Κύριος, ᾧ εὐηρέστησα ἐναντίον αὐτοῦ, αὐτὸς ἀποστελεῖ τὸν ἄγγελον αὐτοῦ μετὰ σοῦ καὶ εὐοδώσει τὴν ὁδόν σου, καὶ λήμψῃ γυναῖκα τῷ υἱῷ μου ἐκ τῆς φυλῆς μου καὶ ἐκ τοῦ οἴκου τοῦ πατρός μου. **41** τότε ἀθῷος ἔσῃ ἀπὸ τῆς ἀρᾶς μου· ἡνίκα γὰρ ἐὰν ἔλθῃς εἰς τὴν ἐμὴν φυλὴν καὶ μή σοι δῶσιν, καὶ ἔσῃ ἀθῷος ἀπὸ τοῦ ὁρκισμοῦ μου. **42** καὶ ἐλθὼν σήμερον ἐπὶ τὴν πηγὴν εἶπα Κύριε ὁ θεὸς τοῦ κυρίου μου Αβρααμ, εἰ σὺ εὐοδοῖς τὴν ὁδόν μου, ἣν νῦν ἐγὼ πορεύομαι ἐπ᾽ αὐτήν, **43** ἰδοὺ ἐγὼ ἐφέστηκα ἐπὶ τῆς πηγῆς τοῦ ὕδατος, καὶ αἱ θυγατέρες τῶν ἀνθρώπων τῆς πόλεως ἐξελεύσονται ὑδρεύσασθαι ὕδωρ, καὶ ἔσται ἡ παρθένος, ᾗ ἂν ἐγὼ εἴπω Πότισόν με μικρὸν ὕδωρ ἐκ τῆς ὑδρίας σου, **44** καὶ εἴπῃ μοι Καὶ σὺ πίε, καὶ ταῖς καμήλοις σου ὑδρεύσομαι, αὕτη ἡ γυνή, ἣν ἡτοίμασεν κύριος τῷ ἑαυτοῦ θεράποντι Ισαακ, καὶ ἐν τούτῳ γνώσομαι ὅτι πεποίηκας ἔλεος τῷ κυρίῳ μου Αβρααμ. **45** καὶ ἐγένετο πρὸ τοῦ συντελέσαι με λαλοῦντα ἐν τῇ διανοίᾳ εὐθὺς Ρεβεκκα ἐξεπορεύετο ἔχουσα τὴν ὑδρίαν ἐπὶ τῶν ὤμων καὶ κατέβη ἐπὶ τὴν πηγὴν καὶ ὑδρεύσατο. εἶπα δὲ αὐτῇ Πότισόν με. **46** καὶ σπεύσασα καθεῖλεν τὴν ὑδρίαν αὐτῆς ἀφ᾽ ἑαυτῆς καὶ εἶπεν Πίε σύ, καὶ τὰς καμήλους σου ποτιῶ. καὶ ἔπιον, καὶ τὰς καμήλους μου ἐπότισεν. **47** καὶ ἠρώτησα αὐτὴν καὶ εἶπα Τίνος εἶ θυγάτηρ; ἡ δὲ ἔφη Θυγάτηρ Βαθουηλ εἰμὶ τοῦ υἱοῦ Ναχωρ, ὃν ἔτεκεν αὐτῷ Μελχα. καὶ περιέθηκα αὐτῇ τὰ ἐνώτια καὶ τὰ ψέλια περὶ τὰς χεῖρας αὐτῆς· **48** καὶ εὐδοκήσας προσεκύνησα κυρίῳ καὶ εὐλόγησα κύριον τὸν θεὸν τοῦ κυρίου μου Αβρααμ, ὃς εὐόδωσέν μοι ἐν ὁδῷ ἀληθείας λαβεῖν τὴν θυγατέρα τοῦ ἀδελφοῦ τοῦ κυρίου μου τῷ υἱῷ αὐτοῦ. **49** εἰ οὖν ποιεῖτε ὑμεῖς ἔλεος καὶ δικαιοσύνην πρὸς τὸν κύριόν μου, ἀπαγγείλατέ μοι, εἰ δὲ μή, ἀπαγγείλατέ μοι, ἵνα ἐπιστρέψω εἰς δεξιὰν ἢ εἰς ἀριστεράν.

---

38) 맹세와 관련된 ‘저주’에 대해서는 입문 참조.

39) 14절에서 이사악은 하느님의 ‘종’(παῖς, MT: עבד)이라 불렸으며, 이곳에서는 ‘하느님을 섬기는 이’(θεράπων 창세 50,17에 다시 나옴)로 묘사되었다. ‘하느님을 섬기는 이’라는 칭호는 모세에게도 주어졌다(민수 12,7; 히브 3,5). MT는 “제 주인의 아들”(בן אדני)이라 하였다.

렸더니, 40 그분이 저에게 말씀하셨습니다. '내가 〈그분 앞에서〉 은총을 입은 주님께서 당신의 천사를 너와 함께 보내시어, 네가 하는 (여행) 길을 잘되게 해 주셔서, 너는 내 종족, 내 아버지의 집안에서 내 아들의 아내 (될 여자)를 데려올 것이다. 41 네가 내 종족에게 간다면, 그때 너는 내 저주에서[38] 풀릴 것이다. 그들이 네게 (여자를) 주지 않아도 너는 나의 서약에서 풀려난다.' 42 저는 오늘 그 샘에 이르러 말하였습니다. '제 주인 아브라함의 하느님이신 주님, 제가 이제 나서려는 (여행) 길이 잘 이루어지게 해 주시려거든, 43 이제 제가 샘물가에 서 있을 때, 성읍 사람들의 딸들이 물을 길러 나올 것입니다. 그러면 제가 한 처녀에게 ′당신의 물동이에서 내가 물을 조금 마시게 해 주시오′라고 말하고, 44 그가 저에게 ′드십시오. 제가 어르신의 낙타들에게도 물을 길어다 주겠습니다′라고 말하면, 그 여자가 주님께서 당신을 섬기는 이[39] 이사악에게 마련하신 여인이게 해 주십시오. 그러면 이것으로 제가 당신께서 제 주인 아브라함에게 자비를 베푸셨다는 것을 알겠습니다.' 45 제가 마음속으로 말을 마치기도 전에 바로[40] 리브가가 어깨〈들〉 위에 물동이를 메고 나와, 샘으로 내려가서 물을 길었습니다. 그래서 제가 그에게 '내게 물을 마시게 해 주시오'라고 말하였더니, 46 그가 서둘러 〈몸에서〉 물동이를 내려놓고 '드십시오. 당신의 낙타들에게도 제가 물을 먹이겠습니다' 하고 말하였습니다. 그래서 제가 물을 마셨고, 그는 제 낙타들에게 물을 먹였습니다. 47 그래서 제가 그에게 물었습니다. '당신은 누구의 따님이오?' 그러자 그는 '저는 밀가가 나홀에게 낳아 준 아들 브두엘의 딸입니다' 하고 말하였습니다. 저는 그에게 귀걸이를[41] 걸어 주고 손목에 팔찌를 끼워 주고는, 48 만족하며 주님께 경배하고, 제 주인 아브라함의 하느님이신 주님을 찬미하였습니다. 그분께서는 제 주인님 아우의 딸을 주인님 아들에게 데려갈 수 있도록 저를 진리의 길로 이끌어 주셨습니다. 49 그러니 당신들이 제 주인에게 자비와 정의를 베풀어 주시려거든, 저에게 (그렇다고) 알려 주십시오. 아니면 저에게 (그렇지 않다고) 알려 주십시오. 그러면 제가 오른쪽이니 왼쪽으로 방향을 잡겠습니다."

---

40) LXX는 15절과는 달리 히브리어 분문의 וְהִנֵּה를 *καὶ ἰδού*가 아닌 *εὐθύς*로 번역하였다. 이는 이야기를 극적으로 이끌려는 LXX 번역자의 의도이다.

41) LXX는 장신구 '걸이'에 '코'를 언급하지 않았다. 왜냐하면 이 '걸이'(*ἐνώτια*)는 그리스어에서 코가 아니라 귀(*τὰ ὦτα*)에 거는 장신구이기 때문이다. 24,22 각주 참조.

24,50 Ἀποκριθεὶς δὲ Λαβαν καὶ Βαθουηλ εἶπαν Παρὰ κυρίου ἐξῆλθεν τὸ πρόσταγμα τοῦτο· οὐ δυνησόμεθα οὖν σοι ἀντειπεῖν κακὸν καλῷ. *51* ἰδοὺ Ρεβεκκα ἐνώπιόν σου· λαβὼν ἀπότρεχε, καὶ ἔστω γυνὴ τῷ υἱῷ τοῦ κυρίου σου, καθὰ ἐλάλησεν κύριος. *52* ἐγένετο δὲ ἐν τῷ ἀκοῦσαι τὸν παῖδα τὸν Αβρααμ τῶν ῥημάτων τούτων προσεκύνησεν ἐπὶ τὴν γῆν κυρίῳ. *53* καὶ ἐξενέγκας ὁ παῖς σκεύη ἀργυρᾶ καὶ χρυσᾶ καὶ ἱματισμὸν ἔδωκεν Ρεβεκκα καὶ δῶρα ἔδωκεν τῷ ἀδελφῷ αὐτῆς καὶ τῇ μητρὶ αὐτῆς. *54* καὶ ἔφαγον καὶ ἔπιον, αὐτὸς καὶ οἱ ἄνδρες οἱ μετ᾽ αὐτοῦ ὄντες, καὶ ἐκοιμήθησαν.

Καὶ ἀναστὰς πρωὶ εἶπεν Ἐκπέμψατέ με, ἵνα ἀπέλθω πρὸς τὸν κύριόν μου. *55* εἶπαν δὲ οἱ ἀδελφοὶ αὐτῆς καὶ ἡ μήτηρ Μεινάτω ἡ παρθένος μεθ᾽ ἡμῶν ἡμέρας ὡσεὶ δέκα, καὶ μετὰ ταῦτα ἀπελεύσεται. *56* ὁ δὲ εἶπεν πρὸς αὐτούς Μὴ κατέχετέ με, καὶ κύριος εὐόδωσεν τὴν ὁδόν μου· ἐκπέμψατέ με, ἵνα ἀπέλθω πρὸς τὸν κύριόν μου. *57* οἱ δὲ εἶπαν Καλέσωμεν τὴν παῖδα καὶ ἐρωτήσωμεν τὸ στόμα αὐτῆς. *58* καὶ ἐκάλεσαν Ρεβεκκαν καὶ εἶπαν αὐτῇ Πορεύσῃ μετὰ τοῦ ἀνθρώπου τούτου; ἡ δὲ εἶπεν Πορεύσομαι. *59* καὶ ἐξέπεμψαν Ρεβεκκαν τὴν ἀδελφὴν αὐτῶν καὶ τὰ ὑπάρχοντα αὐτῆς καὶ τὸν παῖδα τὸν Αβρααμ καὶ τοὺς μετ᾽ αὐτοῦ. *60* καὶ εὐλόγησαν Ρεβεκκαν τὴν ἀδελφὴν αὐτῶν καὶ εἶπαν αὐτῇ Ἀδελφὴ ἡμῶν εἶ· γίνου εἰς χιλιάδας μυριάδων, καὶ κληρονομησάτω τὸ σπέρμα σου τὰς πόλεις τῶν ὑπεναντίων.

---

42) 아브라함 종의 청에 응답한 이들은 리브가의 오빠(라반)와 아버지(브두엘)이지만 아브라함의 선물은 리브가의 오빠와 어머니에게만 주어졌다(53절). 그다음 장면에서는 리브가의 오빠가 복수형(55절, 오빠들 οἱ ἀδελφοί)으로 나온다.

43) 히브리어 본문의 "이 일"(הדבר)을 "이 명령"(τὸ πρόσταγμα τοῦτο)으로 옮겼다. LXX 번역자는 하느님의 말씀을 거역할 수 없는 명령으로 이해하였다.

44) LXX는 히브리어 본문의 "나쁘다 좋다 말할 수가 없습니다"를 긍정적인 문장으로 바꾸어 "좋은 것을 나쁘다고 반대할 수 없습니다"로 옮겼다.

45) '좋은 물건들, 고른 물건들'을 뜻하는 히브리어 본문의 מגדנת을 중립적인 뜻을 지닌 "선물들"(δῶρα)로 옮겼다.

리브가의 오빠가 청을 받아들이다[42]

24,50 그러자 라반과 브두엘이 대답하였다. "이 명령은[43] 주님에게서 온 것이니, 우리가 당신에게 좋은 것을 나쁘다고 반대할 수 없습니다.[44] 51 보십시오, 리브가가 당신 앞에 있습니다. 데리고 가서 주님께서 말씀하신 대로, 당신 주인 아들의 아내가 되게 하십시오." 52 아브라함의 종은 이 말을 듣고 땅에 엎드려 주님께 경배하였다. 53 그 종은 은붙이와 금붙이 그리고 옷가지를 꺼내서 리브가에게 주고 그의 오빠와 어머니에게도 선물들을[45] 주었다. 54 그와 〈그와〉 함께 있던 남자들은 먹고 마시고 잤다.

리브가가 아브라함 종의 청에 따르다

그는 아침에 일어나[46] 말하였다. "제 주인에게 돌아갈 수 있도록[47] 저를 보내 주십시오." 55 그의 오빠들과 어머니가 말하였다. "저 처녀를 열흘 정도 우리와 함께 머물게 해 주십시오. 그런 다음에는 그가 떠날 것입니다." 56 그러자 그가 그들에게 말하였다. "저를 붙잡지 말아 주십시오. 주님께서 제 (여행) 길을 잘 이루어 주셨으니, 제 주인에게 돌아갈 수 있도록 저를 보내 주십시오." 57 그들이 말하였다. "그 아이를 불러다가 직접[48] 물어봅시다." 58 그리고 그들은 리브가를 불러 말하였다. "너는 이 사람과 같이 가겠느냐?" 그가 말하였다. "가겠습니다." 59 그리하여 그들은 자기 누이 리브가와 그의 소유물[49] 그리고 아브라함의 종과 그와 함께 있는 사람들을 보냈다. 60 그들은 자기들 누이 리브가에게 축복하며 말하였다. "너는 우리 누이이다. 너는 수천만이 되고, 네 후손은 적들의 성읍들을[50] 차지하여

---

46) 히브리어 본문은 종과 그와 함께 있던 사람들 전부를 가리켜 복수(ויקומו 모두가 일어났을 때)로 표현하였으나 LXX는 다음에 나오는 단수 동사와 일치시켜 단수형 분사(ἀναστάς)로 옮겼다.

47) 히브리어 본문의 "제 주인에게 돌아가게 해 주십시오"(שלחני לאדני)라는 문장에 LXX는 '제가 돌아갈 수 있도록'(ἵνα ἀπέλθω)이라는 말을 덧붙였다.

48) 히브리어 표현인 이 말을 직역하면 '그의 입을'(τὸ στόμα αὐτῆς)이다.

49) 히브리어 본문에서 리브가가 그의 "유모"(מנקתה)와 함께 떠난다고 한 것을, LXX는 מנקתה에서 두 글자의 위치를 바꾸어 (מקנתה) 리브가가 자기 "소유물"(τὰ ὑπάρχοντα)을 지니고 떠난다고 하였다. 35,8에서는 히브리어 그대로 "유모"(ἡ τροφός)라고 옮겼다. ὑπάρχοντα는 14,12의 '재물'(ἀποσκευή)과 마찬가지로 한 사람에게 딸린 물건이나 사람 모두를 가리킨다.

50) "저들의 성읍들"에 대해서는 22,17 각주 참조.

61 ἀναστᾶσα δὲ Ρεβεκκα καὶ αἱ ἅβραι αὐτῆς ἐπέβησαν ἐπὶ τὰς καμήλους καὶ ἐπορεύθησαν μετὰ τοῦ ἀνθρώπου, καὶ ἀναλαβὼν ὁ παῖς τὴν Ρεβεκκαν ἀπῆλθεν.

24,62 Ισαακ δὲ ἐπορεύετο διὰ τῆς ἐρήμου κατὰ τὸ φρέαρ τῆς ὁράσεως· αὐτὸς δὲ κατῴκει ἐν τῇ γῇ τῇ πρὸς λίβα. **63** καὶ ἐξῆλθεν Ισαακ ἀδολεσχῆσαι εἰς τὸ πεδίον τὸ πρὸς δείλης καὶ ἀναβλέψας τοῖς ὀφθαλμοῖς εἶδεν καμήλους ἐρχομένας. **64** καὶ ἀναβλέψασα Ρεβεκκα τοῖς ὀφθαλμοῖς εἶδεν τὸν Ισαακ καὶ κατεπήδησεν ἀπὸ τῆς καμήλου **65** καὶ εἶπεν τῷ παιδί Τίς ἐστιν ὁ ἄνθρωπος ἐκεῖνος ὁ πορευόμενος ἐν τῷ πεδίῳ εἰς συνάντησιν ἡμῖν; εἶπεν δὲ ὁ παῖς Οὗτός ἐστιν ὁ κύριός μου. ἡ δὲ λαβοῦσα τὸ θέριστρον περιεβάλετο. **66** καὶ διηγήσατο ὁ παῖς τῷ Ισαακ πάντα τὰ ῥήματα, ἃ ἐποίησεν. **67** εἰσῆλθεν δὲ Ισαακ εἰς τὸν οἶκον τῆς μητρὸς αὐτοῦ καὶ ἔλαβεν τὴν Ρεβεκκαν, καὶ ἐγένετο αὐτοῦ γυνή, καὶ ἠγάπησεν αὐτήν· καὶ παρεκλήθη Ισαακ περὶ Σαρρας τῆς μητρὸς αὐτοῦ.

25,1 Προσθέμενος δὲ Αβρααμ ἔλαβεν γυναῖκα, ᾗ ὄνομα Χεττουρα. **2** ἔτεκεν δὲ αὐτῷ τὸν Ζεμραν καὶ τὸν Ιεξαν καὶ τὸν Μαδαν καὶ τὸν Μαδιαμ καὶ τὸν Ιεσβοκ καὶ τὸν Σωυε. **3** Ιεξαν δὲ ἐγέννησεν τὸν

---

51) '우아한' (ἅβρος)이라는 형용사에서 파생한 명사 '젊은 여종' (ἅβρα)은 헬레니즘 시대부터 쓰이기 시작한 단어이다. 이 단어의 복수형은 LXX에서 처음 나온다.

52) LXX는 히브리어 본문의 "그 사람을 '따라' (אחרי) 나섰다"를 "그 사람과 '함께' (μετά) 길을 떠났다"로 옮겼다.

53) "환시의 우물"에 대해서는 16,14 참조.

54) "광야를 지나" (διὰ τῆς ἐρήμου)라는 구절은 MT에 없다. LXX는 MT의 בא מבוא 대신에 사마리아 오경의 בא במדבר 을 옮겨놓은 것이다.

55) 히브리어 본문의 "네겝 땅에" (בארץ הנגב)를 "남쪽으로 향한 땅에서" (ἐν τῇ γῇ τῇ πρὸς λίβα)로 옮겼다.

56) 시간을 나타내는 부사절 τὸ πρὸς δείλης는 본디 오후를 뜻하지만, 이른 아침이나 늦은 오후를 가리키기도 한다.

57) 그리스어 '묵상하다' (ἀδολεσχέω)는 고전 그리스어에서 '수다 떨다' 또는 '의미없는 말을 오래 하다' 라는 뜻이었다. LXX에서 이 단어는 이곳 이외에 시편에서 아홉 번 나오는데, '묵상하다' (율법을 묵상하다: 시편 118) 또는 '하소연하다, 근심하다' (시편 54,3) 등으로 쓰였다. ἀδολεσχέω는 '이야기를 나누는 곳' (λεσχή)을 기초로 만들어진 말이다. MT에는 단 한 번 나

라.” 61 리브가와 그의 몸종들은[51] 일어나 낙타 위에 올라앉아, 그 사람과 함께 길을 떠났다.[52] (이렇게) 그 종은 리브가를 데리고 갔다.

이사악과 리브가가 만나다

24,62 이사악은 환시의 우물이[53] 있는 광야를 지나,[54] 남쪽으로 향한 땅에서[55] 자리 잡고 살았다. 63 늦은 오후[56] 이사악은 들에 묵상하러[57] 나갔다가, 눈을 들어 보니 낙타들이 오고 있었다. 64 리브가가 눈을 들어 이사악을 보고 낙타에서 내려, 65 그 종에게 말하였다. “들에서 우리를 만나러 오는 저 사람은 누구입니까?” 종이 말하였다. “그분은 나의 주인입니다.” 그러자 그 여자는 너울을[58] 꺼내서 (자신을) 감쌌다. 66 그 종은 이사악에게 자기가 한 모든 일을 아뢰었다. 67 이사악은 자기 어머니[59] 집으로[60] 들어가[61] 리브가를 맞아들였다. 그는 이사악의 아내가 되었고, 그는 그 여자를 사랑하였다. 이사악은 자기 어머니 사라에 관한 일을 위로받았다.[62]

아브라함의 새 아내 크투라의 자손[1]

25,1 아브라함이 다시 아내를 맞아들였는데, 그의 이름은 크투라였다. 2 그는 아브라함에게 지므란, 욕산, 므단, 미디안, 이스박, 수아를 낳아 주었다. 3 욕산은 세바와

오는 단어 שׂוח가 쓰였는데, 그 뜻이 분명하지 않아 아랍어와 시리아어에 따라 ‘산책하다’로 옮긴다. 동사 ἀδολεσχέω나 명사 ἀδολεσχία는 히브리어 שׂוח를 שׂיח(생각에 잠기다, 묵상하다)로 이해하여 옮긴 것이다. 타르굼 옹켈로스는 이 동사를 기도와 연관시켜 ‘기도하러’로 해석한다.

58) 후기 그리스어에만 나오는 θέριστρον은 본디 여름(θέρος)에 걸치는 가벼운 의복을 뜻한다.

59) LXX는 히브리어 본문의 “자기 어머니 사라”(שׂרה אמו)에서 사라를 생략하였다.

60) MT의 “천막으로”(האהלה)를 알렉사드리아 시대 상황에 맞추어 “집으로”(εἰς τὸν οἶκον)라고 옮겼다.

61) LXX는 히브리어 본문의 이사악이 리브가를 사라의 천막으로 “데리고 들어갔다”라는 문장에서 대명접미사가 붙은 히필형 동사(ויבאה 그가 그 여자를 데리고 들어갔다)를 접미사 없는 칼 동사로 이해하여 ‘그가 들어갔다’(εἰσῆλθεν)로 옮겼다.

62) MT는 이사악이 자기 어머니의 ‘(죽음) 뒤에’(אחרי) 위로를 받았다고 하였는데, LXX는 자기 어머니 사라에 ‘관한 (일)’(περί)을 위로받았다고 하였다. ‘위로하다’(παρακαλέω)라는 동사는 고전 그리스어에서 ‘격려하다, 권고하다’, 곧 ‘다시 북돋우다’를 뜻하였다.

1) LXX에 따르면 욕산은 세 아들, 세바와 태만과 드단을 낳았는데, MT에는 태만의 이름이 없다. 또 드단이 낳은 아들이 MT에는 셋인데, LXX에는 라구엘(Ραγουηλ)과 납데엘(Ναβδεηλ)이 추가되어 다섯 아들의 이름이 나온다. 드단의 다섯 아들 가운데 마지막 세 아들 이름이 복수형(MT도 같음)인 것은 이들이 민족들이나 직업 이름임을 가리킨다.

Σαβα καὶ τὸν Θαιμαν καὶ τὸν Δαιδαν· υἱοὶ δὲ Δαιδαν ἐγένοντο Ραγουηλ καὶ Ναβδεηλ καὶ Ασσουριιμ καὶ Λατουσιιμ καὶ Λοωμιμ. *4* υἱοὶ δὲ Μαδιαμ· Γαιφα καὶ Αφερ καὶ Ενωχ καὶ Αβιρα καὶ Ελραγα. πάντες οὗτοι ἦσαν υἱοὶ Χεττουρας.

25,5 Ἔδωκεν δὲ Αβρααμ πάντα τὰ ὑπάρχοντα αὐτοῦ Ισαακ τῷ υἱῷ αὐτοῦ. *6* καὶ τοῖς υἱοῖς τῶν παλλακῶν αὐτοῦ ἔδωκεν Αβρααμ δόματα καὶ ἐξαπέστειλεν αὐτοὺς ἀπὸ Ισαακ τοῦ υἱοῦ αὐτοῦ ἔτι ζῶντος αὐτοῦ πρὸς ἀνατολὰς εἰς γῆν ἀνατολῶν.

25,7 Ταῦτα δὲ τὰ ἔτη ἡμερῶν ζωῆς Αβρααμ, ὅσα ἔζησεν· ἑκατὸν ἑβδομήκοντα πέντε ἔτη. *8* καὶ ἐκλιπὼν ἀπέθανεν Αβρααμ ἐν γήρει καλῷ πρεσβύτης καὶ πλήρης ἡμερῶν καὶ προσετέθη πρὸς τὸν λαὸν αὐτοῦ. *9* καὶ ἔθαψαν αὐτὸν Ισαακ καὶ Ισμαηλ οἱ υἱοὶ αὐτοῦ εἰς τὸ σπήλαιον τὸ διπλοῦν εἰς τὸν ἀγρὸν Εφρων τοῦ Σααρ τοῦ Χετταίου, ὅ ἐστιν ἀπέναντι Μαμβρη. *10* τὸν ἀγρὸν καὶ τὸ σπήλαιον, ὃ ἐκτήσατο Αβρααμ παρὰ τῶν υἱῶν Χετ, ἐκεῖ ἔθαψαν Αβρααμ καὶ Σαρραν τὴν γυναῖκα αὐτοῦ. *11* ἐγένετο δὲ μετὰ τὸ ἀποθανεῖν Αβρααμ εὐλόγησεν ὁ θεὸς Ισαακ τὸν υἱὸν αὐτοῦ· καὶ κατῴκησεν Ισαακ παρὰ τὸ φρέαρ τῆς ὁράσεως.

---

2) LXX에서 덧붙인 "태만"(Θαιμαν)은 15절에서 이스마엘의 아들 이름으로, 36,11에서는 엘리바 즈의 아들로 다시 나온다.

3) MT에 없는 "라구엘"은 36,4.10에서 에사오의 아들로 나오는데, 탈출 2,18; 민수 10,29에서는 모세의 장인 이름(רעואל)으로 나타난다.

4) LXX에서 덧붙인 "납데엘"은 25,13에서 이스마엘의 아들 이름으로 다시 나온다.

5) MT의 "엘다아"(אלדעה)에서 ד을 ר로 읽고 ע을 g로 옮긴 결과이다.

6) LXX는 사마리아 오경에 따라 시리아어역과 함께 MT의 "이사악에게"에 "자기 아들"(τῷ υἱῷ αὐτοῦ)을 첨가하여 구체적으로 묘사하였다.

7) MT와 마찬가지로 LXX는 아브라함이 아들 이사악에게 준 '재산'(τὰ ὑπάρχοντα)과 자기 소 실들의 아들들에게 준 "선물"(δόματα)을 구별한다.

8) "동쪽"(ἀνατολάς)과 "해 뜨는 땅"(γῆν ἀνατολῶν)이 모두 동사를 꾸미는데, 동쪽은 방향 을, 해 뜨는 땅은 목적지(일반적으로 요르단 강)를 가리킨다. 방향을 지시하는 명사는 여기서 처럼 종종 복수형으로 쓴다.

태만과[2] 드단을 낳았다. 드단의 아들들은 라구엘과[3] 납데엘과[4] 아수르 사람과 르투스 사람과 르움 사람들이다. 4 미디안의 아들들은 에바, 에벨, 하녹, 아비다, 엘라가이다.[5] 이들이 모두 크투라의 자손들이었다.

아브라함이 소실들의 자식들을 멀리 보내다

25,5 아브라함은 모든 재산을 자기 아들[6] 이사악에게 주었다. 6 아브라함은 소실들의 아들들에게도 선물을[7] 주었다. 그리고 그는 아직 살아 있는 동안 그들을 자기 아들 이사악에게서 동쪽에 있는 해 뜨는 땅으로[8] 내보냈다.

아브라함이 죽고 이사악은 환시의 우물 곁에 자리 잡다

25,7 이것이 아브라함이 산 〈날들의〉 햇수, 백칠십오 년이다. 8 아브라함은 나이 많은 노인으로 날들을 (다) 채우고는 숨을 거두고 죽어 자기 백성에[9] 합류하였다.[10] 9 그의 아들 이사악과 이스마엘이 마므레 맞은편에 있는, 헷 사람 소할의 아들 에브론의 밭에 있는 이중굴에 그를 안장하였다. 10 그 밭과 동굴은[11] 아브라함이 헷의 아들들에게 사들인 것으로, 그곳에 아브라함과 그의 아내 사라를 안장하였다. 11 아브라함이 죽은 뒤 하느님께서 그의 아들 이사악에게 복을 내리셨다. 이사악은 환시의 우물 근처에 자리 잡고 살았다.[12]

---

9) 17절의 이스마엘에 관한 이야기에서는 "백성"(λαός) 대신 "겨레"(γένος)를 쓴다. MT는 두 곳 모두 같은 단어 '백성'(עַם)을 쓴다.

10) 필로는 대비되는 두 동사 '(숨을) 거두다'(ἐκλείπω)와 '~에 더하다'(προστίθεμαι)를 지적하며 아브라함의 죽음을 '더 좋은 것'에 합류하려고 '덜 좋은 것'을 버린 것이라고 하였다 (*Sacr.* 5).

11) LXX는 히브리어 본문에서 "밭"(הַשָּׂדֶה)만 언급한 것을 고쳐 "밭과 동굴"(τὸν ἀγρὸν καὶ τὸ σπήλαιον)이라 옮겼다. 아브라함이 에브론에게서 산 것은 밭이라기보다 그 밭에 있는 동굴이기 때문이다.

12) 아브라함 혈통 사람들이 모두 '~에 일시적으로 거주하다'라고 묘사된 것에 비하여, 이사악은 여기서 '자리 잡고 살다'(κατοικέω)라고 달리 묘사하였다. 이를 두고 오리게네스는 이사악이 특별한 지위를 부여받은 것이라고 해석하였다(*Hom.Gen.* XI,3).

25.12 Αὗται δὲ αἱ γενέσεις Ισμαηλ τοῦ υἱοῦ Αβρααμ, ὃν ἔτεκεν Αγαρ ἡ παιδίσκη Σαρρας τῷ Αβρααμ. 13 καὶ ταῦτα τὰ ὀνόματα τῶν υἱῶν Ισμαηλ κατ' ὄνομα τῶν γενεῶν αὐτοῦ· πρωτότοκος Ισμαηλ Ναβαιωθ καὶ Κηδαρ καὶ Ναβδεηλ καὶ Μασσαμ 14 καὶ Μασμα καὶ Ιδουμα καὶ Μασση 15 καὶ Χοδδαδ καὶ Θαιμαν καὶ Ιετουρ καὶ Ναφες καὶ Κεδμα. 16 οὗτοί εἰσιν οἱ υἱοὶ Ισμαηλ καὶ ταῦτα τὰ ὀνόματα αὐτῶν ἐν ταῖς σκηναῖς αὐτῶν καὶ ἐν ταῖς ἐπαύλεσιν αὐτῶν· δώδεκα ἄρχοντες κατὰ ἔθνη αὐτῶν. 17 καὶ ταῦτα τὰ ἔτη τῆς ζωῆς Ισμαηλ· ἑκατὸν τριάκοντα ἑπτὰ ἔτη· καὶ ἐκλιπὼν ἀπέθανεν καὶ προσετέθη πρὸς τὸ γένος αὐτοῦ. 18 κατῴκησεν δὲ ἀπὸ Ευιλατ ἕως Σουρ, ἥ ἐστιν κατὰ πρόσωπον Αἰγύπτου, ἕως ἐλθεῖν πρὸς Ἀσσυρίους· κατὰ πρόσωπον πάντων τῶν ἀδελφῶν αὐτοῦ κατῴκησεν.

25.19 Καὶ αὗται αἱ γενέσεις Ισαακ τοῦ υἱοῦ Αβρααμ· Αβρααμ ἐγέννησεν τὸν Ισαακ. 20 ἦν δὲ Ισαακ ἐτῶν τεσσαράκοντα, ὅτε ἔλαβεν τὴν Ρεβεκκαν θυγατέρα Βαθουηλ τοῦ Σύρου ἐκ τῆς Μεσοποταμίας ἀδελφὴν Λαβαν τοῦ Σύρου ἑαυτῷ γυναῖκα. 21 ἐδεῖτο δὲ Ισαακ κυρίου περὶ Ρεβεκκας τῆς γυναικὸς αὐτοῦ, ὅτι στεῖρα ἦν·

---

13) MT는 '그들의 이름에, 그들의 족보에 따른' (בשמתם לתולדתם)이다.

14) LXX는 25,3에서 드단의 아들 이름으로 나온 납데엘을 이곳에서는 히브리어 본문의 "아드브엘"(אדבאל)에 대응하여 옮겼다. 이 이름을 잘 모르는 번역자가 ד과 ב의 위치를 서로 바꾸고 어두에 נ을 더하여 Ναβδεηλ로 쓴 것이다.

15) "두마"(דומה)를 앞 단어 καί와 중복오사(dittography)하여 Ιδουμα로 옮긴 것 같다.

16) 히브리어 이름 나비스(נפיש)를 옮긴 그리스어 Ναφες는 1역대 5,19에 여툴족과 함께 요르단 건너편에서 르우벤 지파와 전쟁을 벌인 종족으로 나온다. LXX에서 이를 역대기와 연관지어 음역하였는지는 확실하지 않다.

17) 히브리어 본문의 "마을과 고을에 따라" (בחצריהם ובטירתם)를 LXX는 "그들의 천막과 그들의 야영지로" (ἐν ταῖς σκηναῖς αὐτῶν καὶ ἐν ταῖς ἐπαύλεσιν αὐτῶν)라고 옮겼다. 여기서 ἔπαυλις는 αὖλις(천막 없이 밤을 보내는 곳)에서 나온 말이다. 이 말은 군사용어로 쓰이거나 전원생활을 묘사하는 데 쓰인다.

18) LXX는 히브리어 본문의 '(형제들과 맞서) 떨어지다' (נפל)를 '자리 잡고 살다' (κατῴκησεν)로 바꾸어 옮겼다.

이스마엘의 자손들

25,12 이것은 사라의 여종 하갈이 아브라함에게 낳아 준, 아브라함의 아들 이스마엘의 족보이다. 13 이것은 그의 부족 이름에 따른[13] 이스마엘 아들들의 이름이다. 곧 이스마엘의 맏이 느바욧, 케달, 납데엘,[14] 밉삼, 14 미스마, 이두마,[15] 마싸, 15 하닷, 태만, 여툴, 나비스,[16] 케드마이다. 16 이들이 이스마엘의 아들들로, 이것이 그들의 천막과 그들의 야영지로[17] 본 그들의 이름으로서, 그들 민족에 따른 열두 족장들이다. 17 이것이 이스마엘이 산 햇수, 백삼십칠 년이다. 그는 숨을 거두고 죽어 자기 겨레에 합류하였다. 18 그는 하윌라에서 이집트 〈얼굴〉 맞은편, 아시리아에 이르는 시리아에까지 살았다. 그는 자기의 모든 형제〈의 얼굴〉에 맞서 살았다.[18]

에사오와 야곱이 태어나다[19]

25,19 이것은 아브라함의 아들 이사악의 족보이다. 아브라함은 이사악을 낳았고, 20 이사악은 마흔 살에, 메소포타미아의[20] 시리아 사람 브두엘의 딸이며 시리아 사람 라반의 누이인 리브가를 아내로 맞았다. 21 이사악은 임신하지 못하는 아내 리브가를 위하여 주님께 간청하였다.[21] 그러자 하느님께서 이를 들어주시어 그의 아내 리브

---

19) 이사악은 아버지 아브라함이 죽은 뒤 집안의 가장이 된다. 쌍둥이가 태어나면서 형과 아우의 위치가 바뀌는 이야기는 여러 각도에서 해석되었다. 유다 전통은 에사오를 열등한 모습으로(에녹 89), 야곱은 아첨꾼으로 그렸다. 랍비 전통은 야곱을 이스라엘 민족과 일치시키고 에사오는 로마의 상징으로 보았다(M. Hadas-Lebel, RHR, 1984, pp. 369-392). 그리스도교는 자신을 막내 야곱과 일치시켜 하느님의 사랑받는 자로 여겼으며(말라 1,2-3; 로마 9,13 참조), 형 에사오는 유다 민속과 일치시켰다(23절 각주 참조). 한 유다 전통은 그리스도교의 이러한 수장에 맞서 쌍둥이 형제 가운데 두 번째 나오는 자식이 맏이라는 의견을 내놓았다. 왜냐하면 두 번째 나오는 자식이 모태 안에서 먼저 형성되기 때문이라는 것이다. 이렇게 되면 먼저 생긴 유다교가 야곱이고, 뒤에 생긴 그리스도교가 에사오이다.

20) LXX는 히브리어 본문의 '아람-나하라임'(אֲרַם נַהֲרַיִם 24,10)과 '바딴-아람'(פַּדַּן אֲרָם 25,20; 28,2.5.7; 31,18)을 "메소포타미아"($M\varepsilon\sigma o\pi o\tau\alpha\mu\iota\alpha$)로 옮긴다. 그러나 28,6; 33,18; 35,9.26; 46,15에서는 '시리아의 메소포타미아' 라고 하며 MT에 '바딴'(פַּדָּן)으로만 나오는 48,7도 '시리아의 메소포타미아'로 옮긴다.

21) 남편이 아이를 낳지 못하는 아내를 위하여 기도하는 것은 이례적이다. 임신 못하는 여인 스스로가 탄원하며 기도하는 일이 더 일반적이다(30,1 라헬; 1사무 1,10-18 한나). 성서에서 아이를 낳지 못하는 여인의 이야기는 자주 등장하는 주제이다(사라, 삼손의 어머니, 엘리사벳). 이러한 이야기에서는 모두 범상치 않은 임신을 알리는 하느님의 계시가 내린다.

ἐπήκουσεν δὲ αὐτοῦ ὁ θεός, καὶ ἔλαβεν ἐν γαστρὶ Ρεβεκκα ἡ γυνὴ
αὐτοῦ. **22** ἐσκίρτων δὲ τὰ παιδία ἐν αὐτῇ· εἶπεν δέ Εἰ οὕτως μοι
μέλλει γίνεσθαι, ἵνα τί μοι τοῦτο; ἐπορεύθη δὲ πυθέσθαι παρὰ
κυρίου. **23** καὶ εἶπεν κύριος αὐτῇ

    Δύο ἔθνη ἐν τῇ γαστρί σού εἰσιν,

    καὶ δύο λαοὶ ἐκ τῆς κοιλίας σου διασταλήσονται·

    καὶ λαὸς λαοῦ ὑπερέξει,

    καὶ ὁ μείζων δουλεύσει τῷ ἐλάσσονι.

24 καὶ ἐπληρώθησαν αἱ ἡμέραι τοῦ τεκεῖν αὐτήν, καὶ τῇδε ἦν
δίδυμα ἐν τῇ κοιλίᾳ αὐτῆς. **25** ἐξῆλθεν δὲ ὁ υἱὸς ὁ πρωτότοκος
πυρράκης, ὅλος ὡσεὶ δορὰ δασύς· ἐπωνόμασεν δὲ τὸ ὄνομα αὐτοῦ
Ησαυ. **26** καὶ μετὰ τοῦτο ἐξῆλθεν ὁ ἀδελφὸς αὐτοῦ, καὶ ἡ χεὶρ αὐτοῦ
ἐπειλημμένη τῆς πτέρνης Ησαυ· καὶ ἐκάλεσεν τὸ ὄνομα αὐτοῦ Ιακωβ.
Ισαακ δὲ ἦν ἐτῶν ἑξήκοντα, ὅτε ἔτεκεν αὐτοὺς Ρεβεκκα.

25.27 Ηὐξήθησαν δὲ οἱ νεανίσκοι, καὶ ἦν Ησαυ ἄνθρωπος εἰδὼς
κυνηγεῖν ἄγροικος, Ιακωβ δὲ ἦν ἄνθρωπος ἄπλαστος οἰκῶν οἰκίαν.
28 ἠγάπησεν δὲ Ισαακ τὸν Ησαυ, ὅτι ἡ θήρα αὐτοῦ βρῶσις αὐτῷ·
Ρεβεκκα δὲ ἠγάπα τὸν Ιακωβ. **29** ἥψησεν δὲ Ιακωβ ἕψεμα· ἦλθεν δὲ
Ησαυ ἐκ τοῦ πεδίου ἐκλείπων, **30** καὶ εἶπεν Ησαυ τῷ Ιακωβ Γεῦσόν με
ἀπὸ τοῦ ἑψέματος τοῦ πυρροῦ τούτου, ὅτι ἐκλείπω. διὰ τοῦτο ἐκλήθη

---

22) 이 작은 예언문은 병행구절을 이룬다. MT와 마찬가지로 LXX는 "두 민족"(δύο ἔθνη)과
"두 백성"(δύο λαοί)이 리브가의 배 안에 있다고 표현한다. 그리스도교 전통은 여기서 야곱으로
대표되는 그리스도인과 에사오로 대표되는 유다 민족의 분리라는 주제를 이끌어 낸다.

23) 심마쿠스역은 히브리어 본문과 같이(יאמץ), '~보다 강하다'(ὑπερισχύσει)로 옮겼다.

24) 히브리어 본문의 '첫째'(הראשון)를 "첫째 아들"(ὁ υἱὸς ὁ πρωτότοκος)로 바꾸어 옮겼다.

25) 그리스어 형용사 πυρράκης는 고전 그리스어에는 없는 말이다. 이 단어는 '붉은'(πυρρός)에
서 파생한 것으로 '붉은 머리'나 '붉은 살갗'을 말한다. MT는 '붉은'(אדום)과 에사오의 다른
이름인 에돔(אדום)으로 말놀이를 이루었다.

26) 그리스어 '가죽'(δορά)은 짐승에게서 벗겨낸 것을 말하며, 히브리어 אדרת은 '(털)옷'을 말
한다.

가는 태에 (아이를) 갖게 되었다. 22 아이들이 그 여자 (몸) 안에서 버둥거리자, 그가 말하였다. "나에게 이 같은 일이 생기다니, 어찌하여 내게 이런 일이 일어나는가?" 그는 주님께 가서 여쭈어 보았다. 23 주님께서 그에게 말씀하셨다.

> "네 태에는 두 민족이 있으며,
>
> 두 백성이 네 배에서 나와 갈라지리라.[22)]
>
> (한) 백성이 (다른) 백성을 지배하고[23)]
>
> 큰 아이가 작은 아이를 섬기리라."

24 그가 아이 낳을 날이 차니, 그의 뱃속에는 쌍둥이가 들어 있었다. 25 첫째 아들이[24)] 나왔는데 몸이 붉고,[25)] 살갗이[26)] 온통 털로 뒤덮여 있어 그의 이름을 에사오라 지었다. 26 그다음 〈그의〉 아우가 나왔는데, 그의 손이 에사오의 발뒤꿈치를[27)] 붙잡고 있어서, 그의 이름을 야곱이라 하였다. 리브가가 그들을 낳았을 때,[28)] 이사악은 육십 세였다.

에사오가 맏아들 권리를 팔다

25,27 그 어린아이들이 자라서 에사오는 들에 살며 사냥을 하는 사람이 되었고, 야곱은 꾸밈없는[29)] 사람으로 집에서 살았다. 28 이사악은 에사오가 사냥한 것이 자신에게 양식이 되었으므로[30)] 그를 사랑하였고, 리브가는 야곱을 사랑하였다. 29 야곱이 죽을 끓이고 있었다. (그때) 기진한 에사오가 들에서 돌아왔다. 30 에사오가 야곱에게 말하였다. "내가 기진하니, 그 붉은 죽[31)] 좀 맛보게 해 다오." 그래서 그의

---

27) 그리스어 '뒤꿈치'(πτέρνα)는 야곱에게 주어진 칭호 '~의 자리를 빼앗는 자'(πτερνιστής 27,36 참조)라는 말을 낳았으나, 히브리어가 꾀한 야곱(יעקב)과 '뒤꿈치'(עקב) 사이의 어원적 말놀이에는 대응하지 못했다.

28) 히브리어 본문의 '그들을 낳았을 때'(בלדת אתם)라고 주어를 밝히지 않고 묘사한 문장에 LXX는 리브가를 덧붙여 주어를 명확히 하였다.

29) 야곱의 성격을 묘사하는 데 "꾸밈없는"(ἄπλαστος)이라는 형용사를 쓴 것이 놀랍다. 히브리어 "온순한"(תם)에 대응하는 그리스어는 일반적으로 τέλειος, ἄμωμος, ὅσιος 등이다. '형태가 없는' 물질을 말하는 이 고전 그리스어(ἄπλαστος)는 코이네 그리스어에서 도덕적인 의미로 거짓이 없고 진실한 사고를 일컬었으나, 여기서는 사람의 성향을 묘사하는 데 사용되었다. 아퀼라역은 '온순한'(ἁπλοῦς)으로, 심마쿠스역은 '오점이 없는'(ἄμωμος)으로 옮겼다.

30) LXX 번역자는 히브리어 표현 "자기 입에"(בפיו)를 "양식"(βρῶσις)이라는 단어를 사용하여 추상적으로 표현하였다.

31) LXX는 히브리어 본문의 "저 붉은 것, 그 붉은 것"(האדם האדם הזה)에서, 첫 번째 אדם은 "죽"(ἑψέματος)으로, 두 번째 אדם은 "그 붉은"(τοῦ πιρροῦ τούτου)으로 옮겨 "그 붉은 죽"이라 하였다.

τὸ ὄνομα αὐτοῦ Εδωμ. **31** εἶπεν δὲ Ιακωβ τῷ Ησαυ Ἀπόδου μοι σήμερον τὰ πρωτοτόκιά σου ἐμοί. **32** εἶπεν δὲ Ησαυ Ἰδοὺ ἐγὼ πορεύομαι τελευτᾶν, καὶ ἵνα τί μοι ταῦτα τὰ πρωτοτόκια; **33** καὶ εἶπεν αὐτῷ Ιακωβ Ὄμοσόν μοι σήμερον. καὶ ὤμοσεν αὐτῷ· ἀπέδοτο δὲ Ησαυ τὰ πρωτοτόκια τῷ Ιακωβ. **34** Ιακωβ δὲ ἔδωκεν τῷ Ησαυ ἄρτον καὶ ἔψεμα φακοῦ, καὶ ἔφαγεν καὶ ἔπιεν καὶ ἀναστὰς ᾤχετο· καὶ ἐφαύλισεν Ησαυ τὰ πρωτοτόκια.

26,1 Ἐγένετο δὲ λιμὸς ἐπὶ τῆς γῆς χωρὶς τοῦ λιμοῦ τοῦ πρότερον, ὃς ἐγένετο ἐν τῷ χρόνῳ τῷ Αβρααμ· ἐπορεύθη δὲ Ισαακ πρὸς Αβιμελεχ βασιλέα Φυλιστιιμ εἰς Γεραρα. **2** ὤφθη δὲ αὐτῷ κύριος καὶ εἶπεν Μὴ καταβῇς εἰς Αἴγυπτον· κατοίκησον δὲ ἐν τῇ γῇ, ᾗ ἄν σοι εἴπω. **3** καὶ παροίκει ἐν τῇ γῇ ταύτῃ, καὶ ἔσομαι μετὰ σοῦ καὶ εὐλογήσω σε· σοὶ γὰρ καὶ τῷ σπέρματί σου δώσω πᾶσαν τὴν γῆν ταύτην καὶ στήσω τὸν ὅρκον μου, ὃν ὤμοσα Αβρααμ τῷ πατρί σου. **4** καὶ πληθυνῶ τὸ σπέρμα σου ὡς τοὺς ἀστέρας τοῦ οὐρανοῦ καὶ δώσω τῷ σπέρματί σου πᾶσαν τὴν γῆν ταύτην, καὶ ἐνευλογηθήσονται ἐν τῷ σπέρματί σου πάντα τὰ ἔθνη τῆς γῆς, **5** ἀνθ᾽ ὧν ὑπήκουσεν Αβρααμ ὁ πατήρ σου τῆς ἐμῆς φωνῆς καὶ ἐφύλαξεν τὰ προστάγματά μου καὶ τὰς ἐντολάς μου καὶ τὰ δικαιώματά μου καὶ τὰ νόμιμά μου. **6** καὶ κατῴκησεν Ισαακ ἐν Γεραροις.

26,7 Ἐπηρώτησαν δὲ οἱ ἄνδρες τοῦ τόπου περὶ Ρεβεκκας τῆς γυναικὸς αὐτοῦ, καὶ εἶπεν Ἀδελφή μού ἐστιν· ἐφοβήθη γὰρ εἰπεῖν ὅτι Γυνή μού ἐστιν, μήποτε ἀποκτείνωσιν αὐτὸν οἱ ἄνδρες τοῦ τόπου περὶ Ρεβεκκας, ὅτι ὡραία τῇ ὄψει ἦν. **8** ἐγένετο δὲ πολυχρόνιος

---

32) ‘맏아들 권리’로 옮긴 τὰ πρωτοτόκια는 LXX 어휘이다. 더 일반적인 낱말 τὰ πρεσβεῖα는 ‘나이에 따른 특권’을 일컬으며 장자권보다는 덜 구체적이다. 아퀼라역은 여성 단수로 쓰인 히브리어 בכרה에 따라 ἡ πρωτοτοκία로 옮겼다.

33) 여기서 “가 버렸다”(ᾤχετο)는 MT의 ‘그는 갔다’(וילך)보다 더 구체적인 이탈이요 떠남을 뜻한다.

1) 하느님 말씀에 순종하는 아브라함에 관한 언급은 22,18에도 나온다.

이름이 에돔이라 불리게 되었다. 31 그러자 야곱이 에사오에게 말하였다. "오늘 형의 맏아들 권리를[32] 나에게 넘겨주세요." 32 에사오가 말하였다. "보아라, 내가 지금 죽게 생겼는데, 그 맏아들 권리가 나에게 무엇이란 말이냐?" 33 그러자 야곱이 그에게 말하였다. "오늘 나에게 맹세하세요." 그러자 에사오는 그에게 맹세를 하고, 맏아들 권리를 야곱에게 넘겨주었다. 34 야곱이 에사오에게 빵과 콩죽을 주니, 그는 먹고 마시고 일어나 가 버렸다.[33] 에사오는 맏아들 권리를 하찮게 여겼다.

주님께서 이사악에게 말씀하시다

26,1 아브라함 시대에 들었던 먼젓번 기근과는 다른 기근이 그 땅에 들었다. 이사악은 그랄에 있는 불레셋 임금 아비멜렉에게 갔다. 2 주님께서 그에게 나타나시어 말씀하셨다. "너는 이집트로 내려가지 말고, 내가 너에게 말해 주는 땅에 자리 잡고 살아라. 3 너는 이 땅에서 몸 붙여 살아라. 내가 너와 함께 있으며 너에게 복을 내려 주리라. 내가 너와 네 후손에게 이 모든 땅을 주고, 네 아버지 아브라함에게 약속한 내 맹세를 지키리라. 4 네 후손을 하늘의 별처럼 불어나게 하고, 네 후손에게 이 모든 땅을 주리라. 세상의 모든 민족이 네 후손을 통하여 복을 받으리라. 5 이는 네 아버지 아브라함이 내 소리에 귀 기울이고,[1] 나의 명령과[2] 나의 계명, 나의 규정과 나의 법을 지켰기 때문이다." 6 이사악은 그랄 사람들 가운데서 자리 잡고 살았다.

이사악과 리브가와 아비멜렉[3]

26,7 그런데 그곳 남자들이 자기 아내 리브가에[4] 대하여 묻자 그가 말하였다. "그는 내 누이요." 그는 리브가가 〈보기에〉 아름다워 그곳 남자들이 리브가 때문에 자기를 죽이지나 않을까 하여, "내 아내요" 하고 말하기가 두려웠던 것이다. 8 그

---

2) 이 5절은 창세기에서 법률적인 용어들이 나오는 유일한 구절이다. MT에서는 첫째 명사를 동족목적어(וישמר משמרתי 내 명령을 … 지켰다)를 써서 문장을 만들었는데, LXX는 상투적인 동족목적어(τὰς φυλακάς) 대신에 τὰ προστάγματα를 썼다.

3) 아브람과 파라오(12,10-20), 아브라함과 아비멜렉(20,1-18) 사이에 일어났던 이야기가 반복된다. 오리게네스는, '인간의 지혜'를 대표하는 아비멜렉은 '율법 안에 있는 하느님의 말씀'을 상징하는 이사악과 때로는 화평하고 때로는 전쟁을 한다고 해석하였다(*Hom.Gen.* XIV,3).

4) 새로운 이야기가 시작되는 이곳에서 MT가 "자기 아내"(אשתו)라고만 한 것을, LXX는 "자기 아내 리브가"라고 이름을 밝혀 문상을 명확히 하였다.

ἐκεῖ· παρακύψας δὲ Αβιμελεχ ὁ βασιλεὺς Γεραρων διὰ τῆς θυρίδος εἶδεν τὸν Ισαακ παίζοντα μετὰ Ρεβεκκας τῆς γυναικὸς αὐτοῦ. 9 ἐκάλεσεν δὲ Αβιμελεχ τὸν Ισαακ καὶ εἶπεν αὐτῷ Ἄρα γε γυνή σού ἐστιν· τί ὅτι εἶπας Ἀδελφή μού ἐστιν; εἶπεν δὲ αὐτῷ Ισαακ Εἶπα γάρ Μήποτε ἀποθάνω δι᾽ αὐτήν. 10 εἶπεν δὲ αὐτῷ Αβιμελεχ Τί τοῦτο ἐποίησας ἡμῖν; μικροῦ ἐκοιμήθη τις τοῦ γένους μου μετὰ τῆς γυναικός σου, καὶ ἐπήγαγες ἐφ᾽ ἡμᾶς ἄγνοιαν. 11 συνέταξεν δὲ Αβιμελεχ παντὶ τῷ λαῷ αὐτοῦ λέγων Πᾶς ὁ ἁπτόμενος τοῦ ἀνθρώπου τούτου ἢ τῆς γυναικὸς αὐτοῦ θανάτου ἔνοχος ἔσται.

26,12 Ἔσπειρεν δὲ Ισαακ ἐν τῇ γῇ ἐκείνῃ καὶ εὗρεν ἐν τῷ ἐνιαυτῷ ἐκείνῳ ἑκατοστεύουσαν κριθήν· εὐλόγησεν δὲ αὐτὸν κύριος. 13 καὶ ὑψώθη ὁ ἄνθρωπος καὶ προβαίνων μείζων ἐγίνετο, ἕως οὗ μέγας ἐγένετο σφόδρα· 14 ἐγένετο δὲ αὐτῷ κτήνη προβάτων καὶ κτήνη βοῶν καὶ γεώργια πολλά. ἐζήλωσαν δὲ αὐτὸν οἱ Φυλιστιιμ, 15 καὶ πάντα τὰ φρέατα, ἃ ὤρυξαν οἱ παῖδες τοῦ πατρὸς αὐτοῦ ἐν τῷ χρόνῳ τοῦ πατρὸς αὐτοῦ, ἐνέφραξαν αὐτὰ οἱ Φυλιστιιμ καὶ ἔπλησαν αὐτὰ γῆς. 16 εἶπεν δὲ Αβιμελεχ πρὸς Ισαακ Ἄπελθε ἀφ᾽ ἡμῶν, ὅτι δυνατώτερος ἡμῶν ἐγένου σφόδρα. 17 καὶ ἀπῆλθεν ἐκεῖθεν Ισαακ καὶ κατέλυσεν ἐν τῇ φάραγγι Γεραρων καὶ κατῴκησεν ἐκεῖ. 18 καὶ πάλιν Ισαακ ὤρυξεν

---

5) LXX는 이사악을 두고 사람에게는 잘 쓰지 않는 "오랫동안 (머무르는)" (πολυχρόνιος)이라는 형용사를 썼다. 필로는 이를 이사악이 이방인들 가운데 머물며 오랫동안 하느님과 떨어져 있었음을 표현한 것으로 보았다(*QG* VI,187).

6) 히브리어 본문의 "불레셋 임금" (מלך פלשתים)을 20,2에 맞추어 "그랄 임금" (ὁ βασιλεὺς Γεράρων)으로 바꾸어 옮겼다.

7) MT의 '내려다보다' (וירא … וישקף)는 아비멜렉이 이사악을 내려다볼 수 있는 위치에 있음을 암시하나, 그리스어 παρακύψας … εἶδεν은 단순히 '(창문을 통하여) 바라보다'를 뜻한다.

8) 여기서 '놀다' (παίζω) 동사는 '희롱하다, 애무하다' 등의 뜻을 지닌다. '놀다' (παίζω)의 다른 의미에 관해서는 21,9의 각주 참조.

9) LXX는 히브리어 본문의 "백성" (העם)을 "부족" (γένους)으로 옮겼다.

10) 히브리어 "죄" (אשם)를 옮긴 "모르고 저지른 일" (ἄγνοια)은 죄(ἁμαρτία)와 대비되는 개념으로 나온다. 기원전 2-1세기의 비문과 파피루스들에서도 이 둘은 대비되는 개념으로 쓰였다.

11) MT에는 LXX의 "누구나" (πᾶς)에 대응하는 말(כל)이 없다.

가 그곳에 오랫동안5) 있었다. 그랄 임금6) 아비멜렉이 창문으로 내다보니,7) 이사악이 자기 아내 리브가와 함께 놀고 있었다.8) 9 아비멜렉이 이사악을 불러 그에게 말하였다. "그는 분명히 그대의 아내인데, 어찌하여 그대는 '내 누이요' 하고 말하였소?" 이사악이 그에게 말하였다 "'그 여자 때문에 내가 죽지 않을까'라고 (자신에게) 말했기 때문입니다." 10 아비멜렉이 그에게 말하였다. "그대는 어찌하여 우리에게 이런 일을 저질렀소? 하마터면 내 부족9) 가운데 누군가가 그대 아내와 잠자리를 같이 할 뻔하지 않았소? 그대는 모르고 저지른 일을10) 우리 위로 불러들일 뻔하였소." 11 아비멜렉은 온 백성에게 경고하여 말하였다. "이 사람이나 그의 아내를 건드리는 자는 누구나11) 죽어 마땅하다."

이사악이 부자가 되다

26,12 이사악은 그 땅에 씨를 뿌려,12) 그해에 백 배의 보리를13) 거두었다.14) 주님께서 그에게 복을 내리시어, 13 그 사람은 높여졌다.15) 그는 점점 더 부유해져 마침내 큰 부자가 되었다. 14 그가 양떼와 소떼와 많은 농토를16) 지니자, 불레셋 사람들이 그를 시기하였다. 15 불레셋 사람들은, 그의 아버지17) 시대에 그의 아버지의 종들이 판 우물들을 모두 막아버리고, 그것들을 흙으로18) 메워버렸다. 16 아비멜렉이 이사악에게 말하였다. "그대가 우리보다 훨씬 강해졌으니, 우리에게서 떠나 주시오." 17 이사악은 그곳을 떠나 그랄 골짜기에 머물며, 그곳에 자리 잡고 살았다.19) 18 이사악은 자기 아버지 아브라함의 종들이 팠던 우물들을 다시 팠다. 이것

---

12) 이 절 첫머리에 나온 동사 '씨뿌리다' (σπείρω)는 그리스도교에서 전형적인 해석을 낳았다. 이사악이 율법에 씨를 뿌렸다면, 예수님은 복음에 말씀의 씨를 뿌렸다(오리게네스, *Hom.Gen.* XII,5).

13) 그리스어 "보리"(κριθή)는 히브리어 "수확"(שערים)을 '보리'(שערים)로 읽은 결과이다.

14) '백 배로 주다'(ἑκατοστεύω)는 새로 만들어진 단어로 LXX에서 단 한 번 나온다.

15) "높여졌다"라는 표현에 대해서는 24,35 각주 참조.

16) MT에서 이사악이 많은 "하인"(עבדה)을 거느렸다고 한 대신 LXX는 "농토"(γεώργια)를 지니게 되었다고 하여, 이사악이 짐승과 사람뿐 아니라 농사지을 땅까지도 소유하였음을 나타내었다.

17) MT에 있는 아브라함의 이름을 넣지 않았다.

18) 소유격 γῆς는 재료를 나타내는 것으로 "흙으로"라는 뜻을 나타낸다. '흙'(γῆ)이라는 말은 불레셋 사람들의 '세상 일'(필립 3,19 바오로의 표현 참조)을 묘사하는 데 시용되었다. 곧 이사악의 생명수와 신앙이 없는 자들을 대비시키는 것이다(오리게네스, *Hom.Gen.* XIII,2).

19) MT에는 '천막을 치고 살다'(ישב)라고 되어 있으나, LXX는 '머물며 … 자리 잡고 살다'(κατέλυσεν … κατῴκησεν)라고 옮겼다.

τὰ φρέατα τοῦ ὕδατος, ἃ ὤρυξαν οἱ παῖδες Αβρααμ τοῦ πατρὸς αὐτοῦ καὶ ἐνέφραξαν αὐτὰ οἱ Φυλιστιιμ μετὰ τὸ ἀποθανεῖν Αβρααμ τὸν πατέρα αὐτοῦ, καὶ ἐπωνόμασεν αὐτοῖς ὀνόματα κατὰ τὰ ὀνόματα, ἃ ἐπωνόμασεν Αβρααμ ὁ πατὴρ αὐτοῦ. **19** καὶ ὤρυξαν οἱ παῖδες Ισαακ ἐν τῇ φάραγγι Γεραρων καὶ εὗρον ἐκεῖ φρέαρ ὕδατος ζῶντος. **20** καὶ ἐμαχέσαντο οἱ ποιμένες Γεραρων μετὰ τῶν ποιμένων Ισαακ φάσκοντες αὐτῶν εἶναι τὸ ὕδωρ· καὶ ἐκάλεσεν τὸ ὄνομα τοῦ φρέατος Ἀδικία· ἠδίκησαν γὰρ αὐτόν. **21** ἀπάρας δὲ Ισαακ ἐκεῖθεν ὤρυξεν φρέαρ ἕτερον, ἐκρίνοντο δὲ καὶ περὶ ἐκείνου· καὶ ἐπωνόμασεν τὸ ὄνομα αὐτοῦ Ἐχθρία. **22** ἀπάρας δὲ ἐκεῖθεν ὤρυξεν φρέαρ ἕτερον, καὶ οὐκ ἐμαχέσαντο περὶ αὐτοῦ· καὶ ἐπωνόμασεν τὸ ὄνομα αὐτοῦ Εὐρυχωρία λέγων Διότι νῦν ἐπλάτυνεν κύριος ἡμῖν καὶ ηὔξησεν ἡμᾶς ἐπὶ τῆς γῆς.

26,23 Ἀνέβη δὲ ἐκεῖθεν ἐπὶ τὸ φρέαρ τοῦ ὅρκου. **24** καὶ ὤφθη αὐτῷ κύριος ἐν τῇ νυκτὶ ἐκείνῃ καὶ εἶπεν Ἐγώ εἰμι ὁ θεὸς Αβρααμ τοῦ πατρός σου· μὴ φοβοῦ· μετὰ σοῦ γάρ εἰμι καὶ ηὐλόγηκά σε καὶ πληθυνῶ τὸ σπέρμα σου διὰ Αβρααμ τὸν πατέρα σου. **25** καὶ ᾠκοδόμησεν ἐκεῖ θυσιαστήριον καὶ ἐπεκαλέσατο τὸ ὄνομα κυρίου καὶ ἔπηξεν ἐκεῖ τὴν σκηνὴν αὐτοῦ· ὤρυξαν δὲ ἐκεῖ οἱ παῖδες Ισαακ φρέαρ. **26** καὶ Αβιμελεχ ἐπορεύθη πρὸς αὐτὸν ἀπὸ Γεραρων καὶ Οχοζαθ ὁ νυμφαγωγὸς αὐτοῦ καὶ Φικολ ὁ ἀρχιστράτηγος τῆς δυνάμεως αὐτοῦ. **27** καὶ εἶπεν αὐτοῖς Ισαακ Ἵνα τί ἤλθατε πρός με; ὑμεῖς δὲ ἐμισήσατέ με καὶ ἀπεστείλατέ με ἀφ' ὑμῶν. **28** καὶ εἶπαν Ἰδόντες ἑωράκαμεν ὅτι ἦν κύριος μετὰ σοῦ, καὶ εἴπαμεν Γενέσθω ἀρὰ ἀνὰ μέσον ἡμῶν καὶ ἀνὰ μέσον σοῦ, καὶ διαθησόμεθα μετὰ σοῦ διαθήκην

---

20) LXX는 MT와 달리 "그의 아버지"를 반복하였다.

21) MT에는 없는 지명 "그랄"을 덧붙였다.

22) "물이 솟는 우물"에 대해서는 21,19 각주 참조.

23) 그리스어 "불의"(ἀδικία)는 LXX에서 지명 "에섹"(עֵשֶׂק)과 목자들이 '다투었다'(עָשַׁק)는 동사로 만들어 낸 말놀이를 살리지 못한다. LXX 번역자는 히브리어 עָשַׁק(다투다)을 '억누르다, 괴롭히다' 라는 뜻을 지닌 עָשַׁק으로 보고 이 동사에서 '불의' 라는 이름 뜻을 끌어내었다.

24) LXX는 히브리어 "시트나"(שִׂטְנָה 시비, 대립)를 "증오"(Ἐχθρία)라고 옮겼다.

들을 블레셋 사람들이 그의 아버지[20] 아브라함이 죽은 뒤에 막아버렸었다. 그는 그 우물들의 이름을, 아버지 아브라함이 부르던 이름 그대로 불렀다. 19 이사악의 종들이 그랄[21] 골짜기에서 (우물을) 파다가, 〈거기서〉 물이 솟는 우물을 발견하였다.[22] 20 그러자 그랄의 목자들이 그 물을 자기네 것이라고 주장하면서, 이사악의 목자들과 다투었다. 그렇게 그들이 그에게 의롭지 못하였기 때문에, 그 우물의 이름을 '불의'라[23] 하였다. 21 이사악은 거기서 옮겨가 다른 우물을 팠는데, 그들은 그것에 대해서도 시비를 걸었다. 그리하여 그 이름을 '증오'라[24] 하였다. 22 그가 거기서 옮겨 다른 우물을 파자, 그들은 그것에 대해서는 다투지 않았다. 그래서 그는 "이제 주님께서 우리에게 자리를 넓혀 주시고 우리가 이 땅에서 많아지게 하셨구나"[25] 하면서, 그 (우물의) 이름을 '넓은 곳'이라[26] 하였다.

이사악이 우물을 파다

26,23 그는 거기서 맹세의 우물로 올라갔다. 24 그날 밤 주님께서 그에게 나타나 말씀하셨다. "나는 너의 아버지 아브라함의 하느님이다. 두려워하지 마라. 내가 너와 함께 있으며 너의 아버지[27] 아브라함을 보아서, 내가 너에게 복을 내리고 네 후손이 번성하게 하리라." 25 그는 그곳에 제단을 쌓아 주님의 이름을 (받들어) 부르고 그곳에 천막을 쳤다. 이사악의 종들은 그곳에 우물을 팠다. 26 아비멜렉과 그의 친구 오코잣과[28] 그의 군대 수장 비골이 그랄에서 그에게 왔다. 27 이사악이 그들에게 말하였다. "당신들은 나를 미워하여 〈나를〉 당신들에게서 쫓아내고는 무슨 일로 나에게 왔소?" 28 그들이 말하였다. "우리는 주님께서 그대와 함께 계심을 똑똑히 보았소. 그래서 '우리와 그대 사이에 서약이[29] 있어야겠다'고 (우리 자신에게) 말

---

25) MT는 "… 마련해 주셨으니, 우리가 이 땅에서 벋쳐 나갈 수 있게 되었다"라고 결과절로 문장을 이끌었다.

26) LXX는 "르호봇"(רחבות)이라는 히브리어 지명을 해석하여 "넓은 곳"(Εὐρυχωρία)으로 옮겼다. 이 이름에 대한 설명으로 9,27에 나오는 동사 '넓히다'(πλατύνω)가 쓰였다.

27) 히브리 본문의 "나의 종"(עבדי)을 LXX는 "너의 아버지"로 옮겼다. 이는 18,17에 나오는 '나의 종'이라는 번역의 반복을 피한 것이다.

28) 아비멜렉의 친구 오코잣에 관해서는 21,22 각주 참조.

29) "서약"이라고 옮긴 그리스어 ἀρά는 본디 '저주'를 뜻하지만, 모든 맹세에는 그 약속을 어긴 자에게 저주가 내릴 것을 가정하기 때문에 '서약, 맹세'라는 뜻으로도 사용된다. 여기서 '맹세'(ὅρκος) 대신에 ἀρά가 쓰인 것은 MT의 '서약'(אלה)이라는 단어와 비슷한 소리를 내는 말을 선택하였기 때문일 것이다.

29 μὴ ποιήσειν μεθ' ἡμῶν κακόν, καθότι ἡμεῖς σε οὐκ ἐβδελυξάμεθα, καὶ ὃν τρόπον ἐχρησάμεθά σοι καλῶς καὶ ἐξαπεστείλαμέν σε μετ' εἰρήνης· καὶ νῦν σὺ εὐλογητὸς ὑπὸ κυρίου. 30 καὶ ἐποίησεν αὐτοῖς δοχήν, καὶ ἔφαγον καὶ ἔπιον· 31 καὶ ἀναστάντες τὸ πρωὶ ὤμοσαν ἄνθρωπος τῷ πλησίον αὐτοῦ, καὶ ἐξαπέστειλεν αὐτοὺς Ισαακ, καὶ ἀπῴχοντο ἀπ' αὐτοῦ μετὰ σωτηρίας. 32 ἐγένετο δὲ ἐν τῇ ἡμέρᾳ ἐκείνῃ καὶ παραγενόμενοι οἱ παῖδες Ισαακ ἀπήγγειλαν αὐτῷ περὶ τοῦ φρέατος, οὗ ὤρυξαν, καὶ εἶπαν Οὐχ εὕρομεν ὕδωρ. 33 καὶ ἐκάλεσεν αὐτὸ Ὅρκος· διὰ τοῦτο ὄνομα τῇ πόλει Φρέαρ ὅρκου ἕως τῆς σήμερον ἡμέρας.

26,34 Ἦν δὲ Ησαυ ἐτῶν τεσσαράκοντα καὶ ἔλαβεν γυναῖκα Ιουδιν τὴν θυγατέρα Βεηρ τοῦ Χετταίου καὶ τὴν Βασεμμαθ θυγατέρα Αιλων τοῦ Ευαίου. 35 καὶ ἦσαν ἐρίζουσαι τῷ Ισαακ καὶ τῇ Ρεβεκκα.

27,1 Ἐγένετο δὲ μετὰ τὸ γηρᾶσαι Ισαακ καὶ ἠμβλύνθησαν οἱ ὀφθαλμοὶ αὐτοῦ τοῦ ὁρᾶν, καὶ ἐκάλεσεν Ησαυ τὸν υἱὸν αὐτοῦ τὸν πρεσβύτερον καὶ εἶπεν αὐτῷ Υἱέ μου· καὶ εἶπεν Ἰδοὺ ἐγώ. 2 καὶ εἶπεν Ἰδοὺ γεγήρακα καὶ οὐ γινώσκω τὴν ἡμέραν τῆς τελευτῆς μου· 3 νῦν οὖν λαβὲ τὸ σκεῦός σου, τήν τε φαρέτραν καὶ τὸ τόξον, καὶ ἔξελθε εἰς τὸ πεδίον καὶ θήρευσόν μοι θήραν 4 καὶ ποίησόν μοι ἐδέσματα, ὡς φιλῶ ἐγώ, καὶ ἔνεγκέ μοι, ἵνα φάγω, ὅπως εὐλογήσῃ σε ἡ ψυχή μου πρὶν ἀποθανεῖν με. 5 Ρεβεκκα δὲ ἤκουσεν λαλοῦντος

---

30) βδελύσσομαι라는 그리스어 동사는 창세기에 단 한 번 나온다. 이 단어는 '혐오하다, 역겹다' 등을 뜻한다. MT는 "우리가 그대를 '건드리지' 않고" (לֹא נְגַעֲנוּךָ)라고 하여 공격적인 의미로 표현하였다.

31) 히브리어 "평화롭게" (בְּשָׁלוֹם)를 LXX는 "무사히" (μετὰ σωτηρίας)로 이해하였다.

32) 히브리어 본문의 "저희가 물을 발견하였습니다" (מָצָאנוּ מָיִם)를 LXX는 부정문으로 바꾸어 "저희가 물을 발견하지 못하였습니다" (οὐχ εὕρομεν ὕδωρ)라고 옮겼다. LXX는 MT의 "그들이 그에게 말하였다" (וַיֹּאמְרוּ לוֹ)에서 לוֹ(그에게)를 부정어 לֹא로 이해하여 뒤에 오는 말에 연결시킨 것이다.

33) "맹세의 우물"에 관해서는 21,14 각주 참조. 아퀼라역은 물을 발견한 것에 맞추어 '풍요' (πλησμονή)라고 옮겼다.

했소. 우리는 그대와 계약을 맺고 싶소. 29 우리가 그대를 몹시 싫어하지[30] 않고 그대에게 잘 대해 주었으며 그대를 평화롭게 보내 주었듯이, 그대도 우리에게 해를 끼치지 않기를 바라오. 이제 그대는 주님께 복 받은 사람이오." 30 그가 그들에게 잔치를 베푸니, 그들은 먹고 마셨다. 31 그들은 아침에 일어나 서로 맹세하였다. 이사악이 그들을 보내자, 그들은 무사히[31] 그에게서 떠나갔다. 32 그날 이사악의 종들이 와서 자기들이 판 우물에 대하여 그에게 알리며 말하였다. "저희가 물을 발견하지 못하였습니다."[32] 33 그는 그것을 '맹세'라 불렀다. 그래서 오늘날까지 그 성읍의 이름은 '맹세의 우물'이다.[33]

에사오가 헷 여인을 아내로 맞아들이다

26,34 에사오는 사십 세가 되어 헷 사람 브에리의 딸 유딧과 히위 사람[34] 아일론의 딸 바스맛을 아내로 맞아들였다. 35 이들은 이사악과 리브가와 다투었다.[35]

야곱이 에사오 대신 이사악의 복을 받다[1]

27,1 이사악이 늙은 뒤 그의 눈이 어두워[2] 잘 볼 수 없게 되자, 자기 큰아들 에사오를 불러 그에게 말하였다. "내 아들아!" 그가 말하였다. "저 여기 있습니다." 2 이사악이 말하였다. "보아라, 나는 늙어서 내 죽을 날이[3] (언제인지) 모르겠구나. 3 그러니 이제 너의 (사냥) 도구인 화살통과 활을 메고 들로 나가 나를 위해 〈사냥 고기를〉 사냥해 다오. 4 그리고 내가 좋아하는 대로 〈나를 위하여〉 맛있는 고기요리를[4] 만들어 내가 먹을 수 있도록 나에게 가져오너라. 그러면 내가 죽기 전에 〈내 영이〉 너에게 복을 빌어 주겠다." 5 리브가는 이사악이 아들 에사오에게 말하는 것을

---

34) LXX는 히브리어 본문의 "헷 사람"(החתי) 대신 사마리아 오경의 החוי를 따라 "히위 사람"(Εὑαίου)으로 옮겼다.

35) LXX는 에사오의 부인들이 이사악과 리브가와 "다투었다"(ἦσαν ἐρίζουσαι)로 옮겼다. MT에서 이들은 이사악과 리브가에게 "근심거리가 되었다"(תהיין מרת רוח)고 한다. 이렇게 해석이 다른 이유는 LXX에서 מרת의 어근을 מרר(쓰다) 대신 מרה(다투다)로 이해한 결과로 보인다.

1) 아브라함과 이사악의 가문이, 야곱에서 이어지는 이스라엘 민족과 에사오에서 이어지는 에돔족으로 나뉘는 역사가 여기서 시작된다.

2) 필로는 이사악의 눈이 어두워짐을 영적 이주의 한 신호로 보았다(QG VI,196).

3) 직역하면 '내 완성의 날'(τὴν ἡμέραν τῆς τελευτῆς μου)이다. 이는 히브리어 본문의 '내 죽을 날'(יום מותי)을 옮긴 것이다.

4) "맛있는 고기요리"(ἐδέσματα)는 '맛보다'(טעם)를 어근으로 하는 히브리어 "별미"(מטעמים)에 대응한다.

Ισαακ πρὸς Ησαυ τὸν υἱὸν αὐτοῦ. ἐπορεύθη δὲ Ησαυ εἰς τὸ πεδίον θηρεῦσαι θήραν τῷ πατρὶ αὐτοῦ· **6** Ρεβεκκα δὲ εἶπεν πρὸς Ιακωβ τὸν υἱὸν αὐτῆς τὸν ἐλάσσω Ἰδὲ ἐγὼ ἤκουσα τοῦ πατρός σου λαλοῦντος πρὸς Ησαυ τὸν ἀδελφόν σου λέγοντος **7** Ἔνεγκόν μοι θήραν καὶ ποίησόν μοι ἐδέσματα, καὶ φαγὼν εὐλογήσω σε ἐναντίον κυρίου πρὸ τοῦ ἀποθανεῖν με. **8** νῦν οὖν, υἱέ, ἄκουσόν μου, καθὰ ἐγώ σοι ἐντέλλομαι, **9** καὶ πορευθεὶς εἰς τὰ πρόβατα λαβέ μοι ἐκεῖθεν δύο ἐρίφους ἀπαλοὺς καὶ καλούς, καὶ ποιήσω αὐτοὺς ἐδέσματα τῷ πατρί σου, ὡς φιλεῖ, **10** καὶ εἰσοίσεις τῷ πατρί σου, καὶ φάγεται, ὅπως εὐλογήσῃ σε ὁ πατήρ σου πρὸ τοῦ ἀποθανεῖν αὐτόν. **11** εἶπεν δὲ Ιακωβ πρὸς Ρεβεκκαν τὴν μητέρα αὐτοῦ Ἔστιν Ησαυ ὁ ἀδελφός μου ἀνὴρ δασύς, ἐγὼ δὲ ἀνὴρ λεῖος· **12** μήποτε ψηλαφήσῃ με ὁ πατήρ μου, καὶ ἔσομαι ἐναντίον αὐτοῦ ὡς καταφρονῶν καὶ ἐπάξω ἐπ᾽ ἐμαυτὸν κατάραν καὶ οὐκ εὐλογίαν. **13** εἶπεν δὲ αὐτῷ ἡ μήτηρ Ἐπ᾽ ἐμὲ ἡ κατάρα σου, τέκνον· μόνον ὑπάκουσον τῆς φωνῆς μου καὶ πορευθεὶς ἔνεγκέ μοι. **14** πορευθεὶς δὲ ἔλαβεν καὶ ἤνεγκεν τῇ μητρί, καὶ ἐποίησεν ἡ μήτηρ αὐτοῦ ἐδέσματα, καθὰ ἐφίλει ὁ πατὴρ αὐτοῦ. **15** καὶ λαβοῦσα Ρεβεκκα τὴν στολὴν Ησαυ τοῦ υἱοῦ αὐτῆς τοῦ πρεσβυτέρου τὴν καλήν, ἣ ἦν παρ᾽ αὐτῇ ἐν τῷ οἴκῳ, ἐνέδυσεν Ιακωβ τὸν υἱὸν αὐτῆς τὸν νεώτερον **16** καὶ τὰ δέρματα τῶν ἐρίφων περιέθηκεν ἐπὶ τοὺς βραχίονας αὐτοῦ καὶ ἐπὶ τὰ γυμνὰ τοῦ τραχήλου αὐτοῦ **17** καὶ ἔδωκεν τὰ ἐδέσματα καὶ τοὺς ἄρτους, οὓς ἐποίησεν, εἰς τὰς χεῖρας Ιακωβ τοῦ υἱοῦ αὐτῆς. **18** καὶ εἰσήνεγκεν τῷ πατρὶ αὐτοῦ. εἶπεν δέ Πάτερ. ὁ δὲ εἶπεν Ἰδοὺ ἐγώ· τίς εἶ σύ, τέκνον; **19** καὶ εἶπεν Ιακωβ τῷ πατρὶ αὐτοῦ Ἐγὼ Ησαυ ὁ πρωτότοκός σου·

---

5) LXX는 야곱 앞에 MT에 없는 '작은'(τὸν ἐλάσσω)을 덧붙여 구체적으로 표현하였다.

6) 부정과거 명령형이 이 절에 한 개, 4절에 두 개, 13절에 한 개가 나온다. 그런데 같은 '가져오다'(φέρω)의 명령형이 이 절(ἔνεγκον)과 4절, 13절(ἔνεγκε)에서 형태가 다르다.

7) MT는 "내 아들아"(בני)이다.

8) MT에는 새끼염소 앞에 '살이 연한'(ἀπαλός)이라는 형용사가 없다. 타르굼 옹켈로스는 '살진'(עזין) 새끼염소라 하였다.

들었다. 에사오가 아버지를 위하여 〈사냥고기를〉 사냥하러 들로 가자, 6 리브가는 작은아들[5] 야곱에게 말하였다. "보아라! 나는 네 아버지가 형 에사오에게 말하는 것을 들었다. 7 '내게 사냥한 것을 가져다[6] 나를 위하여 맛있는 고기요리를 만들어라. 그러면 내가 (그것을) 먹고 죽기 전에 주님 앞에서 너에게 복을 빌어 주겠다.' 8 그러니 이제 아들아,[7] 내가 너에게 시키는 대로 내 말을 들어라. 9 너는 양들에게 가서 살이 연하고[8] 좋은 새끼염소 두 마리를 내게 끌고 오너라. 내가 그것으로 네 아버지가 좋아하는 대로 그에게 맛있는 고기요리를 만들어 줄 테니, 10 너는 (그것을) 아버지께 가져다 드려라. 그러면 아버지가[9] 잡수시고 당신이 돌아가시기 전에 너에게 복을 빌어 주실 것이다." 11 야곱이 자기 어머니 리브가에게 말하였다. "형 에사오는 털이 많은 남자이고, 저는 (살갗이) 매끈한[10] 남자입니다. 12 아버지께서 저를 만져보시면 그분 앞에서 마치 제가 무시한[11] 것처럼 되어, 〈제 위에〉 축복이 아니라 저주를 불러들이게 될 것입니다." 13 그러자 어머니가 그에게 말하였다. "얘야! 너에게 올 저주는 내가 받으마.[12] 너는 다만 내 소리에 따라, 가서 (새끼염소나) 나에게 끌고 오너라." 14 그가 가서 (그것들을) 어머니에게 끌고 오자, 어머니는 아버지가 좋아하는 대로 맛있는 고기요리를 만들었다. 15 리브가는 집 안 자기 곁에 있는 큰아들 에사오의 가장 좋은[13] 겉옷을 가져다, 어린아들 야곱에게 입혔다. 16 그리고 새끼염소의 가죽을 그의 팔과 그의 드러난 목에[14] 둘러 주고, 17 자기가 만든 맛있는 고기요리와 빵을 아들 야곱의 손에 들려 주었다. 18 그가 (그것들을) 아버지에게 들고 가[15] 말하였다. "아버지!" 그가 말하였다. "나 여기 있다. 얘야! 너는 누구냐?" 19 야곱이 아버지에게 말하였다. "저는 아버지의 첫째 (아들) 에사오입니다. 아

---

9) MT는 '그가 너에게 복을 빌어 주실 것이다' (יברכך)라고 하였는데 LXX는 '네 아버지가' (ὁ πατήρ σου)를 넣어 주어를 구체적으로 밝혔다.

10) 야곱을 묘사한 그리스어 형용사 "매끈한"(λεῖος)을 두고, 필로는 이 단어가 야곱의 첫째 부인 레아(Λεία 부드러운)와 의미가 통한다고 지적하였다(*Leg.* II,59).

11) 그리스어 동사 '무시하다, 멸시하다' (καταφρονέω)는 MT에 쓰인 동사 '놀리다, 모욕하다' (תעע)와 정확하게 일치하지 않는다. 2역대 36,16에서는 같은 히브리어를 그리스어 '~를 놀리다' (ἐμπαίζω)로 옮겼다. 심마쿠스역은 '조롱하다' (καταπαίζω)로 옮긴다.

12) 직역하면 '너의 저주는 내 위에' (Ἐπ' ἐμὲ ἡ κατάρα σου)이다.

13) LXX는 MT의 '탐나는' (החמדת)을 "좋은" (τὴν καλήν)으로 옮겼다.

14) LXX는 "드러난" (τὰ γύμνα) 목이라고 하였고, MT는 11절과 같은 단어를 써서 "매끈한" 목이라고 하였다.

15) MT의 '들어갔다' (ויבא)를 '들고 갔다' (εἰσήνεγκεν)로 옮겼다.

ἐποίησα, καθὰ ἐλάλησάς μοι· ἀναστὰς κάθισον καὶ φάγε τῆς θήρας μου, ὅπως εὐλογήσῃ με ἡ ψυχή σου. 20 εἶπεν δὲ Ισαακ τῷ υἱῷ αὐτοῦ Τί τοῦτο, ὃ ταχὺ εὗρες, ὦ τέκνον; ὁ δὲ εἶπεν Ὃ παρέδωκεν κύριος ὁ θεός σου ἐναντίον μου. 21 εἶπεν δὲ Ισαακ τῷ Ιακωβ Ἔγγισόν μοι, καὶ ψηλαφήσω σε, τέκνον, εἰ σὺ εἶ ὁ υἱός μου Ησαυ ἢ οὔ. 22 ἤγγισεν δὲ Ιακωβ πρὸς Ισαακ τὸν πατέρα αὐτοῦ, καὶ ἐψηλάφησεν αὐτὸν καὶ εἶπεν Ἡ μὲν φωνὴ φωνὴ Ιακωβ, αἱ δὲ χεῖρες χεῖρες Ησαυ. 23 καὶ οὐκ ἐπέγνω αὐτόν· ἦσαν γὰρ αἱ χεῖρες αὐτοῦ ὡς αἱ χεῖρες Ησαυ τοῦ ἀδελφοῦ αὐτοῦ δασεῖαι· καὶ ηὐλόγησεν αὐτόν. 24 καὶ εἶπεν Σὺ εἶ ὁ υἱός μου Ησαυ; ὁ δὲ εἶπεν Ἐγώ. 25 καὶ εἶπεν Προσάγαγέ μοι, καὶ φάγομαι ἀπὸ τῆς θήρας σου, τέκνον, ἵνα εὐλογήσῃ σε ἡ ψυχή μου. καὶ προσήγαγεν αὐτῷ, καὶ ἔφαγεν· καὶ εἰσήνεγκεν αὐτῷ οἶνον, καὶ ἔπιεν. 26 καὶ εἶπεν αὐτῷ Ισαακ ὁ πατὴρ αὐτοῦ Ἔγγισόν μοι καὶ φίλησόν με, τέκνον. 27 καὶ ἐγγίσας ἐφίλησεν αὐτόν, καὶ ὠσφράνθη τὴν ὀσμὴν τῶν ἱματίων αὐτοῦ καὶ ηὐλόγησεν αὐτὸν καὶ εἶπεν

Ἰδοὺ ὀσμὴ τοῦ υἱοῦ μου
ὡς ὀσμὴ ἀγροῦ πλήρους, ὃν ηὐλόγησεν κύριος.
28 καὶ δῴη σοι ὁ θεὸς ἀπὸ τῆς δρόσου τοῦ οὐρανοῦ
καὶ ἀπὸ τῆς πιότητος τῆς γῆς
καὶ πλῆθος σίτου καὶ οἴνου.
29 καὶ δουλευσάτωσάν σοι ἔθνη,
καὶ προσκυνήσουσίν σοι ἄρχοντες·

---

16) 27.13.18과 달리 여기에서는 τέκνον 앞에 호격 관사 ὦ를 사용한다. 이 호격 관사는 오경에서 여기에만 한 번 나온다.

17) MT에서 이사악은 야곱이 어떻게 '그처럼' (ㅁㅁ ㅁㅁ) 빨리 사냥감을 찾아냈는지에 놀라는데, LXX에서 이사악은 야곱이 그렇게 빨리 찾아낸 사냥감이 "무엇" (τί)이냐고 묻는다. LXX는 히브리어의 '무엇' (ㅁㅁ)에 강조를 두어 옮긴 것이다.

18) MT는 "일이 잘되게 해 주셨습니다" (ㅁㅁㅁㅁ)로 표현하였다.

19) 유다 전통은 이사악이 알아들은 야곱의 "목소리"는 에사오가 단순명령형으로 딱딱하게 말하는 것(31절)에 비하여 부드러운 목소리(19절)였음을 지적한다(필로, *QG* VI.210.222).

버지께서 저에게 말씀하신 대로 하였으니, 일어나 앉으셔서 제가 사냥해 온 것을 드시고, 아버지 영이 저에게 복을 빌어 주십시오." 20 이사악이 아들에게 말하였다. "오, 얘야!16) 네가 (그렇게) 빨리 찾아낸 이것이 무엇이냐?"17) 그가 말하였다. "아버지의 주 하느님께서 제 앞에 내주신 것입니다."18) 21 이사악이 야곱에게 말하였다. "내게 가까이 오너라. 얘야, 네가 내 아들 에사오인지 아닌지 내가 너를 만져보아야겠다." 22 야곱이 아버지 이사악에게 가까이 가자, 이사악이 그를 만져보고 말하였다. "목소리는 야곱의 목소리인데, 손은 에사오의 손이구나."19) 23 그는 야곱의 손이 형 에사오의 손처럼 털이 많았기 때문에, 그를 알아보지 못하고, 그를 축복하며 24 말하였다. "네가 내 아들 에사오냐?" 그가 말하였다. "접니다." 25 이사악이 말하였다. "(그것을) 나에게 가져오너라. 얘야! 네가20) 사냥한 것을 내가 먹고 내 영이 너에게 복을 빌어 주겠다." 그가 이사악에게 가져다주니 먹었다. 그리고 그에게 포도주도 가져다주니 마셨다. 26 아버지 이사악이 그에게 말하였다. "얘야,21) 나에게 가까이 와서 나에게 입맞춰 다오." 27 그가 가까이 가서 그에게 입을 맞추자, 이사악은 그의 옷냄새를 맡고 그에게 복을 빌어 주며 말하였다.

> "보라, 내 아들의 냄새는
> 주님께서 복을 내리신 풍요로운22) 들판의 냄새 같구나.23)
> 28 하느님께서 너에게 하늘의 이슬과
> 땅의 기름짐과, 곡식과 술의
> 풍성함을 내려 주실지어다.
> 29 민족들이 너를 섬기고,
> 통치자들이 네 앞에 엎드릴지어다.24)

---

20) MT는 "내 아들이"(בני)라고 표현하였다.

21) MT는 "내 아들아"(בני)라고 하였다.

22) LXX는 '들판'(ἀγρός) 앞에 형용사 '가득한'(πλήρης)을 넣어 '경작되지 않은 땅'을 말하는 ἀγρός와는 다른 비옥하고 풍요로운 들판으로 묘사하였다. 이는 사마리아 오경의 מלא에 대응한다(불가타: agri pleni). 일부 사본들은 '농토'(ἄρουρα)라고 썼다.

23) 소(小) 축복시의 형식이다.

24) LXX는 "민족들"(ἔθνη)과 "통치자들"(ἄρχοντες)을, MT는 "민족"(עמים)과 "거레"(לאמים)를 나란히 두었다.

καὶ γίνου κύριος τοῦ ἀδελφοῦ σου,
καὶ προσκυνήσουσίν σοι οἱ υἱοὶ τοῦ πατρός σου.
ὁ καταρώμενός σε ἐπικατάρατος,
ὁ δὲ εὐλογῶν σε εὐλογημένος.

27,30 Καὶ ἐγένετο μετὰ τὸ παύσασθαι Ισαακ εὐλογοῦντα Ιακωβ τὸν υἱὸν αὐτοῦ καὶ ἐγένετο ὡς ἐξῆλθεν Ιακωβ ἀπὸ προσώπου Ισαακ τοῦ πατρὸς αὐτοῦ, καὶ Ησαυ ὁ ἀδελφὸς αὐτοῦ ἦλθεν ἀπὸ τῆς θήρας. **31** καὶ ἐποίησεν καὶ αὐτὸς ἐδέσματα καὶ προσήνεγκεν τῷ πατρὶ αὐτοῦ καὶ εἶπεν τῷ πατρί Ἀναστήτω ὁ πατήρ μου καὶ φαγέτω τῆς θήρας τοῦ υἱοῦ αὐτοῦ, ὅπως εὐλογήσῃ με ἡ ψυχή σου. **32** καὶ εἶπεν αὐτῷ Ισαακ ὁ πατὴρ αὐτοῦ Τίς εἶ σύ; ὁ δὲ εἶπεν Ἐγώ εἰμι ὁ υἱός σου ὁ πρωτότοκος Ησαυ. **33** ἐξέστη δὲ Ισαακ ἔκστασιν μεγάλην σφόδρα καὶ εἶπεν Τίς οὖν ὁ θηρεύσας μοι θήραν καὶ εἰσενέγκας μοι; καὶ ἔφαγον ἀπὸ πάντων πρὸ τοῦ σε ἐλθεῖν καὶ ηὐλόγησα αὐτόν, καὶ εὐλογημένος ἔστω. **34** ἐγένετο δὲ ἡνίκα ἤκουσεν Ησαυ τὰ ῥήματα Ισαακ τοῦ πατρὸς αὐτοῦ, ἀνεβόησεν φωνὴν μεγάλην καὶ πικρὰν σφόδρα καὶ εἶπεν Εὐλόγησον δὴ κάμέ, πάτερ. **35** εἶπεν δὲ αὐτῷ Ἐλθὼν ὁ ἀδελφός σου μετὰ δόλου ἔλαβεν τὴν εὐλογίαν σου. **36** καὶ εἶπεν Δικαίως ἐκλήθη τὸ ὄνομα αὐτοῦ Ιακωβ· ἐπτέρνικεν γάρ με ἤδη δεύτερον τοῦτο· τά τε πρωτοτόκιά μου εἴληφεν καὶ νῦν εἴληφεν τὴν εὐλογίαν μου. καὶ

---

25) MT가 복수형으로 "형제들"이라고 한 반면에, LXX는 "형제"(에사오)라고 표현한다.

26) 히브리어 본문에서 "네 어머니의 자식들"(בני אמך)이라 한 것을 LXX는 "네 아버지의 아들들"(οἱ υἱοὶ τοῦ πατρός σου)이라고 옮겼는데, 이것이 문맥상 더 논리적이다.

27) '…한 다음 … 물러나오는데 … 에사오가 들어왔다'(καὶ ἐγένετο μετὰ … καὶ ἐγένετο ὡς … καὶ Ησαυ … ἦλθεν)로 이루어진 이 절은 극적인 순간을 묘사한다. 야곱은 형 에사오가 사냥에서 돌아온 바로 그 순간에 자기 아버지 앞에서 물러나온 것이다.

28) MT는 '당신의 아들, 당신의 맏아들'(בנך בכרך)이라고 표현하였다.

29) LXX는 어원이 같은 동사 ἐξίστημι와 명사 ἔκστασις를 사용하여 '큰 혼란으로 혼란스러워 하다'(ἐξέστη … ἔκστασιν)라는 표현을 만들어, 히브리어 '큰 떨림으로 떨다'(… חרדה ויחרד)와 같은 표현 방식으로 묘사하였다. 2,21 각주 참조.

너는 네 형제의[25] 주인이 되어,

네 아버지의 아들들이[26] 네 앞에 엎드릴지어다.

너를 저주하는 자는 저주를 받고,

너를 축복하는 자는 복을 받을지어다."

에사오가 자신의 복을 주장하다

27,30 이사악이 아들 야곱에게 축복을 마친 다음, 야곱이 자기 아버지 이사악〈의 얼굴〉 앞에서 물러나오는데, 그의 형 에사오가 사냥에서 들어왔다.[27] 31 그도 맛있는 고기요리를 만들어 자기 아버지에게 가져가서 〈아버지에게〉 말하였다. "나의 아버지께서는 일어나서 아버지 아들이 사냥해 온 것을 잡수시고 아버지의 영은 저에게 복을 빌어 주십시오." 32 그의 아버지 이사악이 그에게 말하였다. "너는 누구냐?" 그가 말하였다. "저는 아버지의 첫째 아들[28] 에사오입니다." 33 그러자 이사악은 큰 혼란으로 혼란스러워하며[29] 말하였다. "그렇다면 나를 위하여 사냥을 해서 사냥고기를 나에게 가져온 자는 누구냐? 네가 오기 전에 나는 (그것을) 다 먹고 그에게 복을 빌어 주었다. 그러니 그가 복을 받아야 한다."[30] 34 에사오가 아버지 이사악의[31] 말을 들었을 때, 그는 크고 몹시 괴로운 목소리로 울면서 말하였다.[32] "아버지 제발, 저에게도 복을 빌어 주십시오." 35 이사악이 그에게 말하였다. "네 아우가 와서 속임수로[33] 네 복을 가져갔구나." 36 에사오가 말하였다. "그가 이미 저를 〈이〉 두 번이나 발뒤꿈치로 찼으니[34] 그의 이름이 야곱이라 불리는 것이 옳습니다.[35] 그가 제 맏아들 권리를 가져가더니, 이제는 제 복까지 가져갔습니다." 그리

---

30) MT의 "그가 복을 받을 것이다"(ברוך יהיה)가 LXX에서는 3인칭 명령형($\epsilon\vec{v}\lambda o\gamma\eta\mu\acute{\epsilon}\nu os$ $\acute{\epsilon}\sigma\tau\omega$)으로 쓰였다.

31) LXX에는 히브리어 본문의 '자기 아버지'(אביו)에 이사악이라는 이름이 첨가된다.

32) MT에 있는 '자기 아버지에게'(לאביו)가 빠져 있다.

33) "속임수로"($\mu\epsilon\tau\grave{a}$ $\delta\acute{o}\lambda ov$)라는 말은 '오다'($\acute{\epsilon}\lambda\theta\acute{\omega}\nu$)보다는 '가져가다'($\acute{\epsilon}\lambda a\beta\epsilon\nu$)를 수식하는 것으로 보인다. 타르굼 옹켈로스는 '그가 와서 지혜롭게(בחוכמא) 너의 축복을 받아갔다'라고 옮겼다.

34) 야곱은 25,26에서 자기 형 에사오의 "발뒤꿈치"($\tau\hat{\eta}s$ $\pi\tau\acute{\epsilon}\rho\nu\eta s$)를 붙잡고 태어난다. 여기에 쓰인 동사 $\pi\tau\epsilon\rho\nu\acute{\iota}\zeta\omega$(발뒤꿈치질하다)는 발뒤꿈치로 무언가를 차는 동작을 가리킨다.

35) 히브리어 본문의 의문문/감탄문(הכי קרא שמו יעקב 야곱이라는 그 녀석의 이름이 딱 맞지 않습니까?)을 LXX는 강한 선언문으로 이해하여 "그의 이름이 야곱이라 불리는 것이 옳습니다"($\Delta\iota\kappa a\acute{\iota}\omega s$ $\acute{\epsilon}\kappa\lambda\acute{\eta}\theta\eta$ $\tau\grave{o}$ $\acute{o}\nu o\mu a$ $a\mathring{v}\tau o\hat{v}$ $Ia\kappa\omega\beta$)라고 옮겼다. 타르굼 옹켈로스(יאות קרא שמיה יעקב 야곱이라는 이름으로 불릴 만한 세 딱 늘어맞는군요)도 LXX처럼 옮겼다.

εἶπεν Ησαυ τῷ πατρὶ αὐτοῦ Οὐχ ὑπελίπω μοι εὐλογίαν, πάτερ; **37** ἀποκριθεὶς δὲ Ισαακ εἶπεν τῷ Ησαυ Εἰ κύριον αὐτὸν ἐποίησά σου καὶ πάντας τοὺς ἀδελφοὺς αὐτοῦ ἐποίησα αὐτοῦ οἰκέτας, σίτῳ καὶ οἴνῳ ἐστήρισα αὐτόν, σοὶ δὲ τί ποιήσω, τέκνον; **38** εἶπεν δὲ Ησαυ πρὸς τὸν πατέρα αὐτοῦ Μὴ εὐλογία μία σοί ἐστιν, πάτερ; εὐλόγησον δὴ κἀμέ, πάτερ. κατανυχθέντος δὲ Ισαακ ἀνεβόησεν φωνὴν Ησαυ καὶ ἔκλαυσεν. **39** ἀποκριθεὶς δὲ Ισαακ ὁ πατὴρ αὐτοῦ εἶπεν αὐτῷ

Ἰδοὺ ἀπὸ τῆς πιότητος τῆς γῆς ἔσται ἡ κατοίκησίς σου

καὶ ἀπὸ τῆς δρόσου τοῦ οὐρανοῦ ἄνωθεν·

40 καὶ ἐπὶ τῇ μαχαίρῃ σου ζήσῃ

καὶ τῷ ἀδελφῷ σου δουλεύσεις·

ἔσται δὲ ἡνίκα ἐὰν καθέλῃς,

καὶ ἐκλύσεις τὸν ζυγὸν αὐτοῦ ἀπὸ τοῦ τραχήλου σου.

27,41 Καὶ ἐνεκότει Ησαυ τῷ Ιακωβ περὶ τῆς εὐλογίας, ἧς εὐλόγησεν αὐτὸν ὁ πατὴρ αὐτοῦ· εἶπεν δὲ Ησαυ ἐν τῇ διανοίᾳ Ἐγγισάτωσαν αἱ ἡμέραι τοῦ πένθους τοῦ πατρός μου, ἵνα ἀποκτείνω Ιακωβ τὸν

---

36) LXX는 MT(ויאמר 그가 말하였다)에는 없는 주어(에사오)와 듣는 이(그의 아버지)를 밝혀 혼동의 여지를 두지 않으려 하였다.

37) MT에는 없는 말이다.

38) 그리스어 동사 στερίζω는 '~의 필요에 맞추다' 라는 뜻이며 은유적으로 사용되었다. 이 구절 이전에는 이와 같이 쓰인 경우가 없으며 '~를 건강하게 만들다' 라는 뜻을 지닌 의학용어로 사용되었다.

39) LXX는 에사오의 요청과 외침 사이에 이사악의 반응을 묘사하는 문장 "이사악은 어찌할 줄 몰랐고(κατανυχθέντος)"를 넣었다. 이 문장은 아마도 MT에는 없는 히브리어 문장을 번역한 것 같다. 여기에 사용한 그리스어 동사는 κατανύσσομαι이고 그 파생명사는 κατάνυχις인데, 이들은 고전 그리스어 동사 '찌르다' (νύττω)에서 파생하였으며 수동의 의미로 '마음에 타격을 입다' 를 뜻한다. 명사 κατάνυχις는 이사 29,10과 시편 59,5에 나오고, 동사 κατανύσσομαι는 창세 34,7과 레위 10,3 그리고 시편에 네 번 나온다. 신약성서에서는 단 한 번 사도 2,37에 나온다. '마음에 타격을 입다' 는 문맥에 따라 고통이나 분노, 또는 몸을 마비시키고 입을 얼어붙게 만드는 경악을 뜻한다.

고 에사오는 아버지에게 말하였다.36) "아버지,37) 저를 위해 축복을 남겨두지 않으셨습니까?" 37 이사악이 에사오에게 대답하였다. "애야! 내가 그를 너의 주인으로 삼았고, 그의 모든 형제를 그의 종으로 삼았으며, 내가 그에게 곡식과 술을 마련해 주었으니,38) 내가 너에게 무엇을 해 줄 수 있겠느냐?" 38 에사오가 아버지에게 말하였다. "아버지, 아버지께는 축복이 하나밖에 없다는 말씀인가요? 아버지 제발 저에게도 축복해 주십시오." 이사악은 어찌할 줄 몰랐고39) 에사오는 소리 높여 울었다. 39 그의 아버지 이사악이 그에게 대답하였다.

> "보라, 네가 살 곳은 땅의 기름짐과
> 저 위 하늘의 이슬에서40) (멀리) 있으리라.
> 40 너는 네 칼에 (기대어)41) 살며,
> 네 아우를 섬기리라.
> 그러나 네가 뒤엎을 때,42)
> 네 목에서 그의 멍에를 떨쳐버릴 수 있으리라."

리브가가 야곱을 떠나보내다43)

27,41 에사오는 아버지가 야곱에게 빌어 준 복 때문에 그에게 화가 났다. 그래서 에사오는 마음속으로 말하였다. "내 아우 야곱을 죽여 버리게 아버지(의 죽음을) 애

---

40) LXX는 히브리어 본문의 전치사 מן에 ἀπό를 대응시켜 속성의 결여를 나타내는 결성사(缺性詞)로서 '~로부터', 곧 '땅에 기름짐이 없는'의 의미로 옮겼다. 타르굼 요나단은 MT의 이 전치사를 '~ 가운데'라는 부분 관사로 해석하여 '땅의 기름짐 가운데에'라고 옮겼다.

41) "네 칼에 (기대어)"(ἐπὶ τῇ μαχαίρῃ σου)라는 표현은 에사오의 처지를 말해 준다. 그는 농사보다는 칼에 의존하여 살게 될 것이다. 이는 에사오의 후손 에돔족이 이스라엘 민족에 굴복하게 되는 신명기계 역사를 가리킨다(역대 8,20-22 참조).

42) LXX는 뜻이 분명하지 않은 히브리어 תריד의 어근을 ירד로 보고 '끌어내리다, 뒤엎다'라는 뜻의 καθαιρέω로 옮겼다. 아퀼라역이나 타르굼 옹켈로스도 LXX처럼 이해하여 아퀼라역은 '내려가게 하다'(καταβιβάζω) 동사를 썼으며, 타르굼 옹켈로스는 '그의 자손들이 율법의 말씀들을 거역할 때'(ויהי כד יעברון בנוהי על פתגמי אוריתא)라고 해석하여 옮겼다.

43) 야곱이 에사오를 피해 달아나는 모습은 지혜서에서 '지혜가 인도하고 보호하는 의인의 도주'(지혜 10,10)로 묘사되었다. 필로는 야곱이 두려워서 도주하였다고 본다. 필로에 따르면, 야곱은 아직 싸울 능력이 없었기 때문에 도망친 것이다. 이 도주는 하갈이 굴욕감 때문에 도망친 것(16,6)이나, 야곱이 자신을 바보 취급 하는 라반의 속임수를 증오하며 그 앞에서 달아난 것(31,20-21)과는 다르다(De fuga). 필로는 사려 깊은 리브가를 칭송하였다(Deter. 45). 타르굼 요나단은 '신성한 영'이 에사오의 계획을 리브가에게 알려 주었다고 설명한다. 이레네우스는 에사오가 야곱을 해치려는 계획과 유다인들이 교회를 박해하려는 것이 비슷하다고 해석하였다(IV,21,3).

ἀδελφόν μου.   *42* ἀπηγγέλη δὲ Ρεβεκκα τὰ ῥήματα Ησαυ τοῦ υἱοῦ αὐτῆς τοῦ πρεσβυτέρου, καὶ πέμψασα ἐκάλεσεν Ιακωβ τὸν υἱὸν αὐτῆς τὸν νεώτερον καὶ εἶπεν αὐτῷ Ἰδοὺ Ησαυ ὁ ἀδελφός σου ἀπειλεῖ σοι τοῦ ἀποκτεῖναί σε· *43* νῦν οὖν, τέκνον, ἄκουσόν μου τῆς φωνῆς καὶ ἀναστὰς ἀπόδραθι εἰς τὴν Μεσοποταμίαν πρὸς Λαβαν τὸν ἀδελφόν μου εἰς Χαρραν *44* καὶ οἴκησον μετ’ αὐτοῦ ἡμέρας τινὰς ἕως τοῦ ἀποστρέψαι τὸν θυμὸν *45* καὶ τὴν ὀργὴν τοῦ ἀδελφοῦ σου ἀπὸ σοῦ καὶ ἐπιλάθηται ἃ πεποίηκας αὐτῷ, καὶ ἀποστείλασα μεταπέμψομαί σε ἐκεῖθεν, μήποτε ἀτεκνωθῶ ἀπὸ τῶν δύο ὑμῶν ἐν ἡμέρᾳ μιᾷ.

27,46 Εἶπεν δὲ Ρεβεκκα πρὸς Ισαακ Προσώχθικα τῇ ζωῇ μου διὰ τὰς θυγατέρας τῶν υἱῶν Χετ· εἰ λήμψεται Ιακωβ γυναῖκα ἀπὸ τῶν θυγατέρων τῆς γῆς ταύτης, ἵνα τί μοι ζῆν;

28,1 προσκαλεσάμενος δὲ Ισαακ τὸν Ιακωβ εὐλόγησεν αὐτὸν καὶ ἐνετείλατο αὐτῷ λέγων Οὐ λήμψη γυναῖκα ἐκ τῶν θυγατέρων Χανααν· *2* ἀναστὰς ἀπόδραθι εἰς τὴν Μεσοποταμίαν εἰς τὸν οἶκον Βαθουηλ τοῦ πατρὸς τῆς μητρός σου καὶ λαβὲ σεαυτῷ ἐκεῖθεν γυναῖκα ἐκ τῶν θυγατέρων Λαβαν τοῦ ἀδελφοῦ τῆς μητρός σου. *3* ὁ δὲ θεός μου εὐλογήσαι σε καὶ αὐξήσαι σε καὶ πληθύναι σε, καὶ ἔσῃ εἰς συναγωγὰς ἐθνῶν· *4* καὶ δῴη σοι τὴν εὐλογίαν Αβρααμ τοῦ πατρός μου, σοὶ καὶ τῷ σπέρματί σου μετὰ σέ, κληρονομῆσαι τὴν γῆν τῆς παροικήσεώς σου, ἣν ἔδωκεν ὁ θεὸς τῷ Αβρααμ. *5* καὶ ἀπέστειλεν Ισαακ τὸν Ιακωβ, καὶ ἐπορεύθη εἰς τὴν Μεσοποταμίαν πρὸς Λαβαν τὸν υἱὸν Βαθουηλ τοῦ Σύρου ἀδελφὸν δὲ Ρεβεκκας τῆς μητρὸς Ιακωβ καὶ Ησαυ.

---

44) MT에는 “아버지의 죽음을 애도하게 될 날도 멀지 않았으니, 그때 아우 야곱을 죽여 버려 야지”(יקרבו ימי אבל אבי ואהרגה את יעקב אחי)로 되어 있으나, LXX는 문장의 강조점을 에사오 의 나쁜 생각에 두어 ‘야곱을 죽여 버리게 … 가까이 왔으면’이라고 표현하였다.

45) 히브리어 ‘원한을 풀다’(נחם의 히트파엘형)를 ‘위협하다’(ἀπειλέω)로 옮겼다.

46) LXX는 MT에 없는 “메소포타미아”를 넣어 더 구체적으로 나타내었다.

47) 자식을 잃는 것을 히브리어는 특유의 동사 שכל로 표현하였는데, LXX 번역자는 이를 ‘자식 없음’(ἄτεκνος)에 맞추어 동사 ἀτεκνόω의 수동형(ἀτεκνωθῶ)으로 옮겼다.

48) ‘화나다, 지치다’(προσοχθίζω)라는 동사가 여기서 처음 등장한다. 이 단어는 분노나 짜증 을 나타내는 동사 ὀχθέω에서 파생하였다.

도할 날이 가까이 왔으면!"[44] 42 리브가는 큰아들 에사오가 한 말을 전해 듣고, 사람을 보내 자기 어린 아들 야곱을 불러 그에게 말하였다. "보아라, 네 형 에사오가 너를 죽이겠다고 위협하는구나.[45] 43 그러니 얘야! 이제 내 소리를 듣고, 일어나 메소포타미아[46] 하란의 내 오라버니 라반에게 달아나거라. 44 그리고 얼마 동안 그와 함께 살아라. 네 형의 분노가 풀리고 45 너에 대한 화가 풀릴 때까지, 네가 그에게 한 일들을 그가 잊을 때까지다. 그러면 내가 사람을 보내어 너를 거기서 데려오겠다. 내가 한날에 너희 둘에서 자식 없는 사람이[47] 될 수는 없다."

야곱의 출발

27,46 리브가가 이사악에게 말하였다. "헷 사람들의 딸들 때문에 나는 내 삶에 지쳤습니다.[48] 만일 야곱이 이 땅의 딸들 가운데서 아내를 맞는다면, 내가 왜 살아야 합니까?"[49]

28,1 이사악이 야곱을 불러들여 그에게 축복하며 일렀다. "너는 가나안의 딸들에게서는 아내를 맞지 마라. 2 일어나 메소포타미아에[1] 있는 네 어머니의 아버지 브두엘의 집으로 달아나,[2] 그곳에 있는 네 어머니의 오라버니 라반의 딸들 가운데서 네 아내를 맞아라. 3 내 하느님께서[3] 너에게 복을 내리시어 너는 자식을 많이 낳고 번성할 것이며, 너는 민족들의 무리가 될지어다.[4] 4 그분께서 내 아버지 아브라함의 복을 너와 네 뒤에 올 후손에게 내리시어, 너는 네가 몸 붙여 사는 땅,[5] 곧 하느님께서 아브라함에게 주신 땅을 차지하게 될지어다. 5 이사악이 야곱을 보내자, 그는 메소포타미아에 있는 시리아 사람 브두엘의 아들이며, 야곱과 에사오의 어머니 리브가의 오빠인 라반에게 갔다.

---

49) 직역하년 '어찌하여 삶이 나에게 있습니까?' ($\H{i}\nu a\ \tau\hat{\iota}\ \mu o\iota\ \zeta\hat{\eta}\nu;$)이다.

1) 육공관성서에는 '시리아의 메소포타미아'로 되어 있다.

2) MT는 '가다' (הלך) 동사를 썼는데, LXX는 27,43과 같은 단어 '달아나다' ($\mathring{a}\pi o\delta\iota\delta\rho\mathring{a}\sigma\kappa\omega$)를 썼다.

3) MT는 "전능하신 하느님" (אל שדי)이다.

4) "너는 민족들의 무리가 될지어다" ($\H{e}\sigma\eta\ \epsilon\mathring{\iota}s\ \sigma\upsilon\nu\alpha\gamma\omega\gamma\mathring{a}s\ \mathring{\epsilon}\theta\nu\hat{\omega}\nu$)라는 표현이 처음 나오는 축복문이다. 35,11; 48,4 참조.

5) "몸 붙여 사는 땅" ($\gamma\hat{\eta}\ \tau\hat{\eta}s\ \pi\alpha\rho o\iota\kappa\acute{\eta}\sigma\epsilon\omega s$)이라는 표현이 처음 나온다. 몸 붙여 사는 땅에 일시적으로 거주하는 사람들에 관한 영성적 전통(23,4 각주 참조)은 시편과 지혜서에 나오는 단어 $\pi\alpha\rho o\iota\kappa\acute{\iota}\alpha$를 근거로 한다.

28.6 Εἶδεν δὲ Ησαυ ὅτι εὐλόγησεν Ισαακ τὸν Ιακωβ καὶ ἀπῴχετο εἰς τὴν Μεσοποταμίαν Συρίας λαβεῖν ἑαυτῷ ἐκεῖθεν γυναῖκα ἐν τῷ εὐλογεῖν αὐτὸν καὶ ἐνετείλατο αὐτῷ λέγων Οὐ λήμψῃ γυναῖκα ἀπὸ τῶν θυγατέρων Χανααν, 7 καὶ ἤκουσεν Ιακωβ τοῦ πατρὸς καὶ τῆς μητρὸς αὐτοῦ καὶ ἐπορεύθη εἰς τὴν Μεσοποταμίαν Συρίας, 8 καὶ εἶδεν Ησαυ ὅτι πονηραί εἰσιν αἱ θυγατέρες Χανααν ἐναντίον Ισαακ τοῦ πατρὸς αὐτοῦ, 9 καὶ ἐπορεύθη Ησαυ πρὸς Ισμαηλ καὶ ἔλαβεν τὴν Μαελεθ θυγατέρα Ισμαηλ τοῦ υἱοῦ Αβρααμ ἀδελφὴν Ναβαιωθ πρὸς ταῖς γυναιξὶν αὐτοῦ γυναῖκα.

28.10 Καὶ ἐξῆλθεν Ιακωβ ἀπὸ τοῦ φρέατος τοῦ ὅρκου καὶ ἐπορεύθη εἰς Χαρραν. 11 καὶ ἀπήντησεν τόπῳ καὶ ἐκοιμήθη ἐκεῖ· ἔδυ γὰρ ὁ ἥλιος· καὶ ἔλαβεν ἀπὸ τῶν λίθων τοῦ τόπου καὶ ἔθηκεν πρὸς κεφαλῆς αὐτοῦ καὶ ἐκοιμήθη ἐν τῷ τόπῳ ἐκείνῳ. 12 καὶ ἐνυπνιάσθη, καὶ ἰδοὺ κλίμαξ ἐστηριγμένη ἐν τῇ γῇ, ἧς ἡ κεφαλὴ ἀφικνεῖτο εἰς τὸν οὐρανόν, καὶ οἱ ἄγγελοι τοῦ θεοῦ ἀνέβαινον καὶ κατέβαινον ἐπ᾽ αὐτῆς. 13 ὁ δὲ κύριος ἐπεστήρικτο ἐπ᾽ αὐτῆς καὶ εἶπεν Ἐγὼ κύριος ὁ θεὸς Αβρααμ τοῦ πατρός σου καὶ ὁ θεὸς Ισαακ· μὴ φοβοῦ· ἡ γῆ, ἐφ᾽ ἧς

---

6) 이 대목은 역사에서 영웅이 되지 못할 자의 위치를 결정하는 구실을 한다. 이사악에게 밀려난 이스마엘에게 이제 에사오를 합류시킨다. 여기서 이사악의 두 아들이 갈라지며 이사악의 이야기는 끝나고 약속을 물려받은 야곱의 이야기가 시작된다.

7) MT에는 "바딴-아람"(פדנה ארם)으로 되어 있다. 25,20 각주 참조.

8) 6절은 해석하는 데 어려움이 있다. 동사 *ἀπῴχετο*는 '떠나가다'라는 뜻으로 이 문장에서 주어는 야곱일 수밖에 없다. 그리고 그다음에 오는 동사들(축복하다, 이르다)의 주어는 이사악으로 보아야 한다. 그러나 MT에 나오는 동사들의 주어는 모두 이사악이다. 또 LXX에서 이사악이 야곱에게 축복한 것은 다음에 오는 내용, 곧 '가나안의 딸들 가운데서 아내를 맞지 마라'는 당부와 관련되지만, MT에서 이사악의 축복은 그가 야곱에게 축복하여 보냈다는 뜻도 된다.

9) 25,20 각주 참조.

10) 이사악이 가나안 여자를 탐탁하지 않게 생각한다는 것은 26,35에서도 알 수 있다.

11) 여격과 함께 나타나는 전치사 *πρός*는 여기서 '~에 더하다'라는 뜻으로 쓰였다.

12) 이 이야기는 나중에 아브라함 집안의 예배 장소가 되는 베델(하느님의 집)이라는 지명을 잘 설명해 준다. 랍비 전통은 예루살렘 성전의 기원을 여기에 둔다. 필로는 사다리와 천사의 환시를 깊이 연구하여 그 안에서 우주적 의미(사다리가 우주를 상징함), 심리적 의미(사다리는 하느님 말씀에 따라 움직이는 영혼), 그리고 도덕적 의미(인간의 삶은 기복이 있다)를 찾아냈다 (*Somn.* I, 1-188). 요한 1,51에 있는 예수님의 말씀(너희는 하늘이 열리고 하느님의 천사들이 사

에사오가 이스마엘의 **딸을 아내로 맞아들이다**[6]

28,6 에사오는 이사악이 야곱에게 축복하고, 야곱이 시리아의 메소포타미아로[7] 〈그 곳에서〉 자기 아내를 맞아들이러 떠나간 것과, 이사악이 야곱에게 축복하며 그에게 '너는 가나안의 딸들 가운데서는 아내를 맞지 마라'고 이른 것과,[8] 7 야곱이 자기 아버지와 어머니의 말을 듣고 시리아의 메소포타미아로[9] 간 것을 알았다. 8 그리고 에사오는 아버지 이사악 앞에 가나안의 딸들이 나쁨도[10] 알았다. 9 그래서 에사오는 이스마엘에게 가서, 아브라함의 아들 이스마엘의 딸이며, 느바욧의 누이인 마할랏을 자기 아내들에 더하여[11] 아내로 맞았다.

야곱의 꿈[12]

28,10 야곱은 맹세의 우물을 떠나 하란으로 갔다. 11 그는 어떤 곳을 발견하고[13] 거기서 잠이 들었다.[14] 해가 졌기 때문이다. 그는 그곳의 돌들 가운데서 (하나를) 가져다가 자기 머리맡에 두고, 그곳에서 잤다. 12 그가 꿈을 꾸었는데, 보니 사다리[15] 하나가 땅에 세워져 그 꼭대기는 하늘까지 닿아 있었고, 하느님의 천사들이 그 위를 오르락내리락하였다. 13 주님께서 그 위에 서서[16] 말씀하셨다. "나는 네 아버지 아브라함의 하느님이며 이사악의 하느님인 주님이다. 두려워 마라.[17] 나는

람의 아들 위로 오르내리는 것을 보게 될 것이다)은 아마도 땅과 하늘의 관계를 설명한 것이지 성전이나 예수 자신을 뜻하는 것은 아니었을 것이다. 그리스도교의 해석 가운데 하나는 이 사다리가 영적인 성장의 단계를 상징한다고 본다. 오리게네스는 야곱이 사색적 철학을 대표한다고 이해하였다. 아브라함의 순종이 도덕적 철학을, 우물을 판 이사악은 물리적 철학을 대표한다고 한 다음에, 야곱이 사색적 철학을 대표하는 근거는 야곱이 하느님의 진영들, 곧 천사들(이곳과 32,2-3)을 보았고 '하느님의 집'(17절)과 사다리에서 천사들의 오르내림(12절)을 보았기 때문이라고 한다(아가서 주석서 서문 pp. 78,22-79,5, *GCS*).

13) 동사 '만나다'(*ἀπαντάω*)는 보통 사람을 만나는 것을 뜻한다. 후기 고전 그리스어에서 이 단어는 여기서처럼 '어떤 장소를 발견하다, ~에 이르다'라는 뜻으로 쓰이기도 하였으나, 필로는 이 구절을 '만나다'의 뜻으로 해석하였다. 그 '장소'(*τόπος*, MT: מקום)는 하느님의 말씀이자 하느님 자신이기도 하기 때문이라고 한다(*Somn.* I,61-71).

14) LXX는 이 절에 나오는 MT의 '밤을 보내다'(לין)와 '자다'(שכב)라는 두 동사를 구분하지 않고, '자다'(*κοιμάω*)라는 한 단어로 옮겼다.

15) LXX의 *κλίμαξ*는 계단을 밟고 오르내리는 '사다리'를 가리키고 이에 대응하는 히브리어 סלם은 사다리보다 '층계'에 가깝다.

16) '~ 위에 서다'(*ἐπιστηρίζομαι*)는 12절에 나오는 동사 '세워져 있다'(*στερίζω*)에 *ἐπί*가 접목된 동사이다. LXX에서는 주님께서 "그 위에"(*ἐπ' αὐτῆς*) 서 계시다고 했는데, 여기서 여성대명사로 나온 '그'는 '사다리'(*κλίμαξ*)를 가리킨다. 한편 MT는 '그 위에'(עליו)처럼 남성대명접미사를 사용하였는데 이 '그'는 '층계'(סלם 남성) 또는 '야곱'을 가리킨다.

17) MT에는 없는 문장이다.

σὺ καθεύδεις ἐπ' αὐτῆς, σοὶ δώσω αὐτὴν καὶ τῷ σπέρματί σου. **14** καὶ ἔσται τὸ σπέρμα σου ὡς ἡ ἄμμος τῆς γῆς καὶ πλατυνθήσεται ἐπὶ θάλασσαν καὶ ἐπὶ λίβα καὶ ἐπὶ βορρᾶν καὶ ἐπ' ἀνατολάς, καὶ ἐνευλογηθήσονται ἐν σοὶ πᾶσαι αἱ φυλαὶ τῆς γῆς καὶ ἐν τῷ σπέρματί σου. **15** καὶ ἰδοὺ ἐγὼ μετὰ σοῦ διαφυλάσσων σε ἐν τῇ ὁδῷ πάσῃ, οὗ ἐὰν πορευθῇς, καὶ ἀποστρέψω σε εἰς τὴν γῆν ταύτην, ὅτι οὐ μή σε ἐγκαταλίπω ἕως τοῦ ποιῆσαί με πάντα, ὅσα ἐλάλησά σοι. **16** καὶ ἐξηγέρθη Ιακωβ ἀπὸ τοῦ ὕπνου αὐτοῦ καὶ εἶπεν ὅτι Ἔστιν κύριος ἐν τῷ τόπῳ τούτῳ, ἐγὼ δὲ οὐκ ᾔδειν. **17** καὶ ἐφοβήθη καὶ εἶπεν Ὡς φοβερὸς ὁ τόπος οὗτος· οὐκ ἔστιν τοῦτο ἀλλ' ἢ οἶκος θεοῦ, καὶ αὕτη ἡ πύλη τοῦ οὐρανοῦ. **18** καὶ ἀνέστη Ιακωβ τὸ πρωὶ καὶ ἔλαβεν τὸν λίθον, ὃν ὑπέθηκεν ἐκεῖ πρὸς κεφαλῆς αὐτοῦ, καὶ ἔστησεν αὐτὸν στήλην καὶ ἐπέχεεν ἔλαιον ἐπὶ τὸ ἄκρον αὐτῆς. **19** καὶ ἐκάλεσεν Ιακωβ τὸ ὄνομα τοῦ τόπου ἐκείνου Οἶκος θεοῦ· καὶ Ουλαμλους ἦν ὄνομα τῇ πόλει τὸ πρότερον. **20** καὶ ηὔξατο Ιακωβ εὐχὴν λέγων Ἐὰν ᾖ κύριος ὁ θεὸς μετ' ἐμοῦ καὶ διαφυλάξῃ με ἐν τῇ ὁδῷ ταύτῃ, ᾗ ἐγὼ πορεύομαι, καὶ δῷ μοι ἄρτον φαγεῖν καὶ ἱμάτιον περιβαλέσθαι **21** καὶ ἀποστρέψῃ με μετὰ σωτηρίας εἰς τὸν οἶκον τοῦ πατρός μου, καὶ ἔσται μοι κύριος εἰς θεόν, **22** καὶ ὁ λίθος οὗτος, ὃν ἔστησα στήλην, ἔσται μοι οἶκος θεοῦ, καὶ πάντων, ὧν ἐάν μοι δῷς, δεκάτην ἀποδεκατώσω αὐτά σοι.

---

18) LXX는 "먼지"(עפר)를 "모래"(ἄμμος)로 옮겼다. 보통 עפר는 γῆ나 χοῦς로 옮기며, ἄμμος 에 대응하는 히브리어는 חול이다.

19) MT에서는 "너는 서쪽과 동쪽 그리고 북쪽과 남쪽으로 퍼져 나가리라"(ופרצת ימה וקדמה וצפנה ונגבה)이지만, LXX에서는 "네 후손은 ⋯ 서쪽과 남쪽, 북쪽과 동쪽으로 넓혀 가리라" (πλατυνθήσεται ἐπὶ θάλασσαν καὶ ἐπὶ λίβα καὶ ἐπὶ βορρᾶν καὶ ἐπ' ἀνατολάς)로 되어 있 어 문장의 주어(너 → 네 후손)와 방위 순서(서동북남 → 서남북동)가 다르다.

20) MT는 단언적 관사 "진정"(אכן)을 써서 야곱의 놀라움을 묘사하였는데, LXX는 이를 무시 하고 직접화법을 나타내는 ὅτι로 대신하여 앞의 "말하였다"(εἶπεν)와 연결하였다.

21) 랍비 전통에 따르면 기름부은 돌(λίθος)은 예루살렘 성전의 기초이다. 그리스도교 전통은 이 를 그리스도의 예형으로 보았다(유스티누스, *Dial.* 86,2-3).

22) MT와는 달리 주어(야곱)를 밝혀 주었다.

23) LXX는 히브리어 지명 "베델"(בית אל)을 어원적으로 해석하여 "하느님의 집"(Οἶκος θεοῦ)으

네가 누워 있는 그 땅을, 너와 네 후손에게 주리라. 14 네 후손은 땅의 모래처럼[18] 되고, 서쪽과 남쪽, 북쪽과 동쪽으로 넓혀 가리라.[19] 그래서 땅의 모든 종족이 너와 네 후손을 통하여 복을 받으리라. 15 보아라, 나는 너와 함께 (있으면서) 네가 가는 모든 길에서 너를 지켜 주며, 너를 이 땅으로 되돌리겠다. 내가 너에게 말한 것을 모두 이룰 때까지 나는 너를 떠나지 않겠다." 16 야곱이 잠에서 깨어 "주님께서 이곳에 계시는데, 나는 (그것을) 모르고 있었구나"[20] 하고 말하였다. 17 그는 두려워하며 말하였다. "이곳은 얼마나 무서운가! 이것은 다름 아닌 하느님의 집이며, 이것이 하늘의 문이로구나." 18 야곱은 아침에 일어나 〈거기〉 자기 머리 밑에 놓았던 돌을 가져다가, 그것으로 기둥을 세우고 그 꼭대기에 기름을 부었다.[21] 19 야곱은[22] 그곳의 이름을 '하느님의 집'이라[23] 하였다. 그 성읍의 이름은 예전에 울람루스였다.[24] 20 야곱은 (다음과 같이) 〈서원을〉 서원하였다.[25] "주 하느님께서[26] 저와 함께 계시면서 제가 가는 이 길에서 저를 지켜 주시고, 저에게 먹을 빵과 몸에 두를[27] 옷을 주시며, 21 저를 무사히 제 아버지 집으로 돌려보내 주신다면,[28] 주님께서는 저에게 하느님이 되실 것이며, 22 제가 기둥으로 세운 이 돌은 저에게[29] 하느님의 집이 되고, 저는 당신께서 저에게 주시는 모든 것에서 십분의 일을 당신께 바치겠습니다."[30]

로 옮겼다. MT는 여기서는 בֵית אֵל로 17절에서는 בֵית אֱלֹהִים이라 하였는데, LXX는 이를 구별하지 않고 똑같이 Οἶκος θεοῦ라 하였다.

24) LXX는 고유명사 "루즈"(לוּז)를 옮길 때, 그 앞에 있는 히브리어 אוּלָם(그러나)을 성읍 이름의 한 부분으로 붙여서 "울람루스"(Ουλαμλους)라고 옮겼다.

25) '서원'(εὐχή)은 후기 그리스어에서 '기도'라는 특수한 의미로 사용되었다. 여기서는 '서원'이나 '약속'이라는 일반적인 의미로 쓰였다. '서원을 서원하였다'(ηὔξατο εὐχὴν)라는 표현은 동사와 같은 어원을 가진 동족목적어를 사용한 히브리어법을 따른 것이다.

26) LXX는 히브리어 본문 "하느님께서"에 "주님"을 덧붙여 표현하였다. 이는 יהיה를 εἶναι(히브리어 היה) 동사와 명사 κύριος(히브리어 יהוה)로 중복하여 읽은 결과인 듯하다.

27) '몸에 두르다'(περιβάλλω)라는 말은 LXX의 오경 가운데 여기에만 나온다.

28) MT에서는 "제가 … 돌아가게 해 주신다면"(ושבתי)이지만, LXX에서는 "저를 … 돌려보내 주신다면"(ἀποστρέψῃ με)이다. LXX는 야곱이 스스로의 힘으로 자기 아버지 집에 돌아가는 것이 아니라 하느님께서 그를 돌려보내신다는 것을 강조하며, 이는 15절에 나오는 하느님의 약속(ἀποστρέψω σε εἰς τὴν γῆν ταύτην 너를 이 땅으로 되돌리겠다)과도 일치한다.

29) MT에는 "저에게"(μοί)라는 말이 없다. LXX 번역자의 이해에 따르면 이는 일반적인 "하느님의 집"이 아니라, 야곱 개인에게 특별한 의미가 있는 "하느님의 집"이다.

30) 하느님께 십일조를 바치는 규정이 여기서 시작되며, 신명 14,22에서는 율법으로 문서화되었다. '십분의 일을 바치다'(ἀποδεκατόω)라는 동사는 신조어이다. 또한 여기서처럼 이중목적어(δεκάτην, αὐτά)를 사용한 예는 드물다.

29.1 Καὶ ἐξάρας Ιακωβ τοὺς πόδας ἐπορεύθη εἰς γῆν ἀνατολῶν πρὸς Λαβαν τὸν υἱὸν Βαθουηλ τοῦ Σύρου ἀδελφὸν δὲ Ρεβεκκας μητρὸς Ιακωβ καὶ Ησαυ. **2** καὶ ὁρᾷ καὶ ἰδοὺ φρέαρ ἐν τῷ πεδίῳ, ἦσαν δὲ ἐκεῖ τρία ποίμνια προβάτων ἀναπαυόμενα ἐπ᾽ αὐτοῦ· ἐκ γὰρ τοῦ φρέατος ἐκείνου ἐπότιζον τὰ ποίμνια, λίθος δὲ ἦν μέγας ἐπὶ τῷ στόματι τοῦ φρέατος. **3** καὶ συνήγοντο ἐκεῖ πάντα τὰ ποίμνια καὶ ἀπεκύλιον τὸν λίθον ἀπὸ τοῦ στόματος τοῦ φρέατος καὶ ἐπότιζον τὰ πρόβατα καὶ ἀπεκαθίστων τὸν λίθον ἐπὶ τὸ στόμα τοῦ φρέατος εἰς τὸν τόπον αὐτοῦ. **4** εἶπεν δὲ αὐτοῖς Ιακωβ ᾿Αδελφοί, πόθεν ἐστὲ ὑμεῖς; οἱ δὲ εἶπαν ᾿Εκ Χαρραν ἐσμέν. **5** εἶπεν δὲ αὐτοῖς Γινώσκετε Λαβαν τὸν υἱὸν Ναχωρ; οἱ δὲ εἶπαν Γινώσκομεν. **6** εἶπεν δὲ αὐτοῖς ῾Υγιαίνει; οἱ δὲ εἶπαν ῾Υγιαίνει. καὶ ἰδοὺ Ραχηλ ἡ θυγάτηρ αὐτοῦ ἤρχετο μετὰ τῶν προβάτων. **7** καὶ εἶπεν Ιακωβ ῎Ετι ἐστὶν ἡμέρα πολλή, οὔπω ὥρα συναχθῆναι τὰ κτήνη· ποτίσαντες τὰ πρόβατα ἀπελθόντες βόσκετε. **8** οἱ δὲ εἶπαν Οὐ δυνησόμεθα ἕως τοῦ συναχθῆναι πάντας τοὺς ποιμένας καὶ ἀποκυλίσωσιν τὸν λίθον ἀπὸ τοῦ στόματος τοῦ φρέατος, καὶ ποτιοῦμεν τὰ πρόβατα. **9** ἔτι αὐτοῦ λαλοῦντος αὐτοῖς καὶ Ραχηλ ἡ θυγάτηρ Λαβαν ἤρχετο μετὰ τῶν προβάτων τοῦ πατρὸς αὐτῆς· αὐτὴ γὰρ ἔβοσκεν τὰ πρόβατα τοῦ πατρὸς αὐτῆς. **10** ἐγένετο δὲ ὡς εἶδεν Ιακωβ τὴν Ραχηλ θυγατέρα Λαβαν ἀδελφοῦ τῆς μητρὸς αὐτοῦ καὶ τὰ πρόβατα Λαβαν ἀδελφοῦ τῆς μητρὸς αὐτοῦ, καὶ προσελθὼν Ιακωβ ἀπεκύλισεν τὸν λίθον ἀπὸ τοῦ στόματος τοῦ φρέατος καὶ ἐπότισεν τὰ πρόβατα Λαβαν τοῦ ἀδελφοῦ τῆς μητρὸς αὐτοῦ. **11** καὶ ἐφίλησεν

---

1) 야곱이 우물 곁에서 라헬을 만난 것은 혼인의 전형적 서곡이다(24,10-27 참조). 그리스도교 전통은 이를 세례의 예형으로 본다.

2) LXX는 히브리어의 관용 표현 '발을 들(어 떠나)다' (רגל נשא)를 그대로 옮겼다(ἐξάρας … τοὺς πόδας). 야곱의 '발'에 대한 언급은 30,30에도 나온다. 타르굼 요나단은 야곱이 '가벼운 발(걸음으)로 떠났다'라고 해석하여 옮겼다.

3) LXX는 히브리어 "동방인들의 땅으로"(ארצה בני קדם)를 '동쪽 땅으로' (εἰς γῆν ἀνατολῶν) 라고 옮겼다. 한편 MT는 "동방인들의 땅으로 들어갔다"로 이 절이 끝난다. 그러나 LXX는 야곱과 라반 사이의 혈연관계를 강조하는 듯하다.

야곱이 라반의 집에 도착하다[1]

29,1 야곱은 발을 들어[2] 동쪽 땅에 있는 시리아 사람 브두엘의 아들이며 야곱과 에사오의 어머니인 리브가의 오빠 라반에게 갔다.[3] **2** 그가 〈보았다.〉 보니 들에 우물이 하나 있고, 양떼 세 무리가 그 곁에서 쉬고 있었다. 사람들이 그 우물에서 가축에게 물을 먹이는데 그 우물 입구에 큰 돌이 하나 있었다. **3** 가축들이 그곳에 모두 모이면 사람들은 그 우물 입구에서 돌을 굴려내고,[4] 양떼에게 물을 먹이고는 그 돌을 우물 입구 제자리에 되돌려 놓는다. **4** 야곱이 그들에게 말하였다. "형제들, 당신들은 어디에서 〈오셨습니까〉?" 그들이 말하였다. "우리는 하란에서 〈왔습니다〉." **5** 그가 그들에게 말하였다. "당신들은 나홀의 아들 라반을 아십니까?" 그들이 말하였다. "압니다." **6** 그가 그들에게 말하였다. "그분은 건강하십니까?"[5] 그들이 말하였다. "건강하십니다. 보십시오, 그의 딸 라헬이 양떼와 함께 오는군요." **7** 야곱이 말하였다. "아직 낮이 많〈이 남아 있〉습니다.[6] 가축들을 모아들일 때가 아닙니다. 양떼에게 물을 먹이고 가서 풀을 뜯기셔야지요." **8** 그들이 말하였다. "목자들이[7] 다 모일 때까지 우리는 〈그렇게〉 할 수 없습니다. 〈목자들이〉 우물 입구에서 돌을 굴려내고, 우리는 양떼에게 물을 먹입니다." **9** 그가 아직 그들에게 말하고 있을 때, 라반의 딸[8] 라헬이 자기 아버지의 양떼와 함께 왔다. 그 여자는 아버지의 양떼에게 풀을 뜯겼던 것이다.[9] **10** 야곱이 어머니의 오빠 라반의 딸 라헬과 어머니의 오빠 라반의 양떼를 보고, 〈야곱은〉 다가가 우물 입구에서 돌을 굴려내고 자기 어머니의 오빠 라반의 양떼에게 물을 먹였다.[10] **11** 야곱은 라헬에게 입맞추고 소리 높여 울었

---

4) '굴리다'(ἀποκυλίω)라는 동사는 여기서 처음으로 사용된 것 같다. '구르게 하다'(κυλίω)라는 동사에서 파생한 이 단어는 입구를 막고 있는 돌을 치워 내는 동작을 표현한다.

5) '건강하다'(ὑγιαίνω)라는 동사를 써서 표현한 LXX의 인사는 평화를 비는 히브리 인사(שָׁלוֹם)의 의미를 그대로 전하지 못한다.

6) LXX는 MT에 있는 이 구절 첫머리의 הַ + 명사절(아직 한낮이라)을 그냥 동사(ἐστίν)로만 옮겼다.

7) LXX는 MT의 "가축들"(עֲדָרִים) 대신에 사마리아 오경(הָרֹעִים)처럼 "목자들"(τοὺς ποιμένας)로 옮겼다.

8) LXX는 MT에 없는 "라반의 딸"(ἡ θυγάτηρ Λαβαν)을 넣어 라헬을 수식하였다.

9) MT가 라헬을 "양지는 여자"(רֹעָה)라고 한 반면에, LXX는 히브리이 명사 양치기(רֹעֶה)를 분사로 이해하여 옮겼다.

10) 그리스도교 전통은 라헬의 양떼(교회)에게 살아 있는 물을 주는〈세례〉 야곱에게서 그리스도의 예형을 끌어냈다(니사의 그레고리우스, *In diem luminum*, *GNO* IX, p. 232, 1-16).

Ιακωβ τὴν Ραχηλ καὶ βοήσας τῇ φωνῇ αὐτοῦ ἔκλαυσεν. **12** καὶ ἀνήγγειλεν τῇ Ραχηλ ὅτι ἀδελφὸς τοῦ πατρὸς αὐτῆς ἐστιν καὶ ὅτι υἱὸς Ρεβεκκας ἐστίν, καὶ δραμοῦσα ἀπήγγειλεν τῷ πατρὶ αὐτῆς κατὰ τὰ ῥήματα ταῦτα. **13** ἐγένετο δὲ ὡς ἤκουσεν Λαβαν τὸ ὄνομα Ιακωβ τοῦ υἱοῦ τῆς ἀδελφῆς αὐτοῦ, ἔδραμεν εἰς συνάντησιν αὐτῷ καὶ περιλαβὼν αὐτὸν ἐφίλησεν καὶ εἰσήγαγεν αὐτὸν εἰς τὸν οἶκον αὐτοῦ. καὶ διηγήσατο τῷ Λαβαν πάντας τοὺς λόγους τούτους. **14** καὶ εἶπεν αὐτῷ Λαβαν Ἐκ τῶν ὀστῶν μου καὶ ἐκ τῆς σαρκός μου εἶ σύ. καὶ ἦν μετ' αὐτοῦ μῆνα ἡμερῶν.

29,15 Εἶπεν δὲ Λαβαν τῷ Ιακωβ Ὅτι γὰρ ἀδελφός μου εἶ, οὐ δουλεύσεις μοι δωρεάν· ἀπάγγειλόν μοι, τίς ὁ μισθός σού ἐστιν. **16** τῷ δὲ Λαβαν δύο θυγατέρες, ὄνομα τῇ μείζονι Λεια, καὶ ὄνομα τῇ νεωτέρᾳ Ραχηλ· **17** οἱ δὲ ὀφθαλμοὶ Λειας ἀσθενεῖς, Ραχηλ δὲ καλὴ τῷ εἴδει καὶ ὡραία τῇ ὄψει. **18** ἠγάπησεν δὲ Ιακωβ τὴν Ραχηλ καὶ εἶπεν Δουλεύσω σοι ἑπτὰ ἔτη περὶ Ραχηλ τῆς θυγατρός σου τῆς νεωτέρας. **19** εἶπεν δὲ αὐτῷ Λαβαν Βέλτιον δοῦναί με αὐτὴν σοὶ ἢ δοῦναί με αὐτὴν ἀνδρὶ ἑτέρῳ· οἴκησον μετ' ἐμοῦ. **20** καὶ ἐδούλευσεν Ιακωβ περὶ Ραχηλ ἔτη ἑπτά, καὶ ἦσαν ἐναντίον αὐτοῦ ὡς ἡμέραι ὀλίγαι παρὰ τὸ ἀγαπᾶν αὐτὸν αὐτήν. — **21** εἶπεν δὲ Ιακωβ πρὸς Λαβαν Ἀπόδος τὴν γυναῖκά μου, πεπλήρωνται γὰρ αἱ ἡμέραι μου, ὅπως εἰσέλθω πρὸς αὐτήν. **22** συνήγαγεν δὲ Λαβαν πάντας τοὺς ἄνδρας τοῦ τόπου καὶ ἐποίησεν γάμον. **23** καὶ ἐγένετο ἑσπέρα, καὶ λαβὼν Λαβαν Λειαν τὴν θυγατέρα αὐτοῦ εἰσήγαγεν αὐτὴν πρὸς Ιακωβ,

---

11) MT는 "(야곱이 왔다는) 소식을 (듣고)"(שמע את)이라 하였다. LXX의 '야곱의 이름(ὄνομα) 을 들었다'는 그가 도착했음을 알리며, 사람들이 그를 야곱이라고 부르는 것을 들었다는 의미 이거나 그의 명성을 들었다는 것을 뜻한다(타르굼 요나단: 그의 힘과 관대함에 관한 명성).

12) LXX는 '너는 나의 뼈요 나의 살이다'(עצמי ובשרי אתה)라는 히브리어 표현을 전치사 ἐκ와 속격을 사용하여 "너는 나의 뼈들에서 (나왔으며), 나의 살에서 (나왔다)"(ἐκ τῶν ὀστῶν μου καὶ ἐκ τῆς σαρκός μου)라는 표현으로 바꾸었다.

13) 필로는 야곱의 두 아내에게 상징적 의미를 부여하였다. 곧 그들 두 아내는 영혼의 두 부분 을 대표하는데, 레아는 덕을, 라헬은 감성을 대표한다고 설명한다. 그리고 아름답고 사랑스러 운 동생 라헬과 먼저 혼인하고 싶어 하는 야곱의 바람을 정당화한다. 라헬은 덕을 상징하는 언 니 레아에 이르기 전에 지나야 할 가치라는 것이다(*Congr.* 25-28). 그리스도교 주석가들은 이 두

다. 12 그리고 그는 라헬에게 자기가 그 여자의 아버지와 형제간이며, 리브가의 아들이라고 알려 주었다. 그러자 그 여자는 달려가서 아버지에게 이 일들을 알렸다. 13 라반은 자기 누이의 아들 야곱의 이름을 듣자,[11] 그를 마중하러 달려나가 그를 껴안고 입맞추고는 자기 집으로 그를 데려왔다. 그가 라반에게 이 모든 일을 들려 주자, 14 라반이 그에게 말하였다. "너는 나의 뼈들에서 (나왔으며), 나의 살에서 (나왔다)."[12] 야곱은 한 달 동안 그와 함께 지냈다.

야곱이 라반의 딸들을 얻기 위해 라반에게 일해 주다[13]

29,15 라반이 야곱에게 말하였다. "네가 내 형제라고 해서, 나에게 거저 종살이할 수야 없지 않느냐? 네 품값이 얼마인지 나에게 말해 보아라." 16 라반에게는 딸이 둘 있었는데, 큰딸의 이름은 레아였고, 작은딸의[14] 이름은 라헬이었다. 17 레아의 눈은 힘이 없었지만, 라헬은 보기에 좋았고 모습도 아름다웠다.[15] 18 야곱은 라헬을 사랑하여, (라반에게) 말하였다. "당신의 작은딸 라헬을 위하여 제가 칠 년 동안 당신께 종살이하겠습니다." 19 라반이 그에게 말하였다. "그 아이를 다른 남자에게 주느니 너에게 주는 것이 나한테 낫겠다. 나와 함께 살자." 20 그래서 야곱은 라헬을 위하여 칠 년 동안 종살이하였다. 그 여자에 대한 그의 사랑 때문에 (이것이) 그 앞에는 며칠 같았다. 21 야곱이 라반에게 말하였다. "제 날이 찼으니, 제 아내를[16] 돌려주십시오.[17] 제가 그에게 들겠습니다." 22 라반은 그곳 남자들을[18] 모두 불러 모아 혼인(잔치)를[19] 베풀었다. 23 저녁이 되자 라반은 자기 딸 레아를 데

여인을 두 공동체로 풀이하였다. 언니인 레아는 유다교의 회당을 나타내고(17절: 눈이 힘이 없는), 동생 라헬은 민족들의 교회를 가리킨다(유스티누스, *Dial.* 143,3; 이레네우스, IV,21,3).

14) 직역하면 '어린 (딸)'($τῇ\ νεωτέρᾳ$)이다.

15) 이 구절은 라헬의 몸매와 얼굴이 모두 아름다움을 뜻한다.

16) 예루살렘의 치릴루스는 야곱이 라헬을 '자기 아내'라고 하는 것은 마태 1,24에서 마리아를 '요셉의 아내'라고 말하는 것처럼 실제적으로는 아니지만 약속된 아내라고 생각한 것으로 이해한다(*Cat.* XII,31).

17) LXX는 히브리어 '주다'(הבה) 동사 대신 '돌려주다'($ἀποδίδωμι$) 동사를 사용하여, 라헬을 기한을 채운 물건처럼 '나의 아내를 돌려주시오'($ἀπόδος\ τὴν\ γυναῖκά\ μου$)라는 표현으로 옮겼다. 라헬은 15절에서 언급한 야곱의 품삯이다. 다른 곳(25,31.33; 37,27.28.36; 45,4.5 등)에서 이 동사는 '팔다, 넘겨주다'라는 뜻으로 쓰였다.

18) "남자들을"($ἄνδρας$) 모두 불러모았다는 사실은 당시 사회가 가부장적이었음을 말해 준다.

19) 히브리어 "잔치"(משתה)는 '마시다'(שתה)에서 파생한 명사이다. LXX는 이를 "혼인(잔치)"($γάμος$)로 옮겼다.

καὶ εἰσῆλθεν πρὸς αὐτὴν Ιακωβ. **24** ἔδωκεν δὲ Λαβαν Λεια τῇ θυγατρὶ αὐτοῦ Ζελφαν τὴν παιδίσκην αὐτοῦ αὐτῇ παιδίσκην. **25** ἐγένετο δὲ πρωί, καὶ ἰδοὺ ἦν Λεια. εἶπεν δὲ Ιακωβ τῷ Λαβαν Τί τοῦτο ἐποίησάς μοι; οὐ περὶ Ραχηλ ἐδούλευσα παρὰ σοί; καὶ ἵνα τί παρελογίσω με; **26** εἶπεν δὲ Λαβαν Οὐκ ἔστιν οὕτως ἐν τῷ τόπῳ ἡμῶν, δοῦναι τὴν νεωτέραν πρὶν ἢ τὴν πρεσβυτέραν· **27** συντέλεσον οὖν τὰ ἕβδομα ταύτης, καὶ δώσω σοι καὶ ταύτην ἀντὶ τῆς ἐργασίας, ἧς ἐργᾷ παρ' ἐμοὶ ἔτι ἑπτὰ ἔτη ἕτερα. **28** ἐποίησεν δὲ Ιακωβ οὕτως καὶ ἀνεπλήρωσεν τὰ ἕβδομα ταύτης, καὶ ἔδωκεν αὐτῷ Λαβαν Ραχηλ τὴν θυγατέρα αὐτοῦ αὐτῷ γυναῖκα. **29** ἔδωκεν δὲ Λαβαν Ραχηλ τῇ θυγατρὶ αὐτοῦ Βαλλαν τὴν παιδίσκην αὐτοῦ αὐτῇ παιδίσκην. **30** καὶ εἰσῆλθεν πρὸς Ραχηλ· ἠγάπησεν δὲ Ραχηλ μᾶλλον ἢ Λειαν· καὶ ἐδούλευσεν αὐτῷ ἑπτὰ ἔτη ἕτερα.

29,31 Ἰδὼν δὲ κύριος ὅτι μισεῖται Λεια, ἤνοιξεν τὴν μήτραν αὐτῆς· Ραχηλ δὲ ἦν στεῖρα. **32** καὶ συνέλαβεν Λεια καὶ ἔτεκεν υἱὸν τῷ Ιακωβ· ἐκάλεσεν δὲ τὸ ὄνομα αὐτοῦ Ρουβην λέγουσα Διότι εἶδέν μου κύριος τὴν ταπείνωσιν· νῦν με ἀγαπήσει ὁ ἀνήρ μου. **33** καὶ συνέλαβεν πάλιν Λεια καὶ ἔτεκεν υἱὸν δεύτερον τῷ Ιακωβ καὶ εἶπεν Ὅτι ἤκουσεν κύριος ὅτι μισοῦμαι, καὶ προσέδωκέν μοι καὶ τοῦτον· ἐκάλεσεν δὲ τὸ ὄνομα αὐτοῦ Συμεων. **34** καὶ συνέλαβεν ἔτι καὶ ἔτεκεν υἱὸν καὶ εἶπεν Ἐν τῷ νῦν καιρῷ πρός ἐμοῦ ἔσται ὁ ἀνήρ μου, ἔτεκον γὰρ αὐτῷ τρεῖς υἱούς· διὰ τοῦτο ἐκάλεσεν τὸ ὄνομα αὐτοῦ Λευι. **35** καὶ συλλαβοῦσα ἔτι ἔτεκεν υἱὸν καὶ εἶπεν Νῦν ἔτι τοῦτο ἐξομολογήσομαι κυρίῳ· διὰ τοῦτο ἐκάλεσεν τὸ ὄνομα αὐτοῦ Ιουδα. καὶ ἔστη τοῦ τίκτειν.

---

20) MT는 '그가 말하였다' (וַיֹּאמֶר)라고 하여 주어를 명시하지 않았다.

21) 중성 복수 τὰ ἕβδομα는 '일주간'을 뜻하는 말로 LXX에서는 이곳과 28절에만 쓰였다. 일반적으로 일주간에는 ἑβδομάς를 사용한다. 여기서 일주간은 혼인(잔치)의 기간을 말한다.

22) LXX는 야곱이 라헬을 위해 처음 칠 년 동안 종살이한 것과 달리, 이제 강제된 일이라는 의미가 약화된 '일' (ἐργασία) 또는 '일하다' (ἐργάζομαι)라는 말을 쓴다. 29,15에서는 라반 자신이 '종살이하다' (δουλεύω)라고 표현하였으며, 야곱도 스스로 이 단어를 사용하였다(29,25.30; 30,26). MT는 이를 구분하지 않고 한결같이 עָבַד를 썼다.

려다 그를 야곱에게 데려다 주었다. 야곱이 그에게 들었다. 24 라반은 자기 여종 질바를 자기 딸 레아에게 여종으로 주었다. 25 아침이 되어 보니 그는 레아였다. 야곱이[20] 라반에게 말하였다. "당신은 저에게 무슨 일을 하신 것입니까? 라헬 때문에 제가 당신께 종살이하지 않았습니까? 왜 저를 속이셨습니까?" 26 라반이 말하였다. "우리 고장에는 작은아이를 큰아이보다 먼저 주지 않는다. 27 그러니 이 한 주간을[21] 마쳐라. 네가 다시 다른 칠 년 동안 내 곁에서 일하는 〈그 일〉[22] 대신 이 아이도 내가 너에게 주겠다." 28 야곱은 그렇게 하여 그 한 주간을 채웠다. 그러자 라반은 자기 딸 라헬을 그에게 아내로 주었다. 29 라반은 자기 여종 빌하를 자기 딸 라헬에게 여종으로 주었다. 30 야곱이 라헬에게 들었다. 그는 레아보다 라헬을 더 사랑하였다. 그는 다른 칠 년 동안[23] 그에게 종살이하였다.

레아의 네 아들

29,31 주님께서 레아가 미움받는[24] 것을 보시고 그의 태를 열어 주셨다.[25] 그러나 라헬은 임신하지 못하는 몸이었다. 32 레아는 임신하여 야곱에게[26] 아들을 낳아 주었다. 그리고 "주님께서 나의 비참함을 보아주셨으니, 이제는 내 남편이 나를 사랑하겠지" 하면서 그 이름을 르우벤이라 하였다. 33 레아가 다시 임신하여 야곱에게 둘째 아들을 낳아 주고 말하였다. "주님께서 내가 미움받는 것을 들으시고, 이 (아들)도 나에게 〈더하여〉 주셨구나" 하면서 그 이름을 시므온이라 하였다. 34 그가 또 임신하여 아들을 낳고 말하였다. "내가 그에게 아들 셋을 낳아 주었으니, 이번에는 남편이 내 곁에 있겠지." 그래서 그의 이름을 레위라 하였다. 35 그가 또 임신하여 아들을 낳고 말하였다. "이제 내가 다시 주님을 찬미하리라." 그래서 그의 이름을 유다라 하였다. 그리고 (그 여자의) 아이 낳는 것이 멈추었다.[27]

---

23) LXX는 27절과 달리 여기서는 히브리어 본문 "다시 칠 년 동안"(עוד שבע שנים)에서 "다시"(עוד)를 옮기지 않았다.

24) '미움받다'(μισέομαι)라는 단어는 30절의 '사랑하다'(ἀγαπάω)와 반대 개념으로, 레아가 사랑받지 못하였음을 가리킨다.

25) 치루스의 테오도레투스는 이스라엘 족장들의 여인들에게 임신이 허락된 것은 자연에 의해서가 아니라 하느님의 은혜에 의한 것이고 이렇게 태어난 그 후손들은 결국 그리스도에 이른다고 하였다(QG 75).

26) MT에는 "야곱에게"(τῷ Ιακωβ)가 없다.

27) 필로는 레아가 유다를 낳고 출산이 멈춘 것은 '유다', 곧 하느님을 '찬미하는'(ידה) 최고의 덕을 낳았기 때문이라고 한다(Somn. II,34).

30.1 Ἰδοῦσα δὲ Ραχηλ ὅτι οὐ τέτοκεν τῷ Ιακωβ, καὶ ἐζήλωσεν Ραχηλ τὴν ἀδελφὴν αὐτῆς καὶ εἶπεν τῷ Ιακωβ Δός μοι τέκνα· εἰ δὲ μή, τελευτήσω ἐγώ.   2 ἐθυμώθη δὲ Ιακωβ τῇ Ραχηλ καὶ εἶπεν αὐτῇ Μὴ ἀντὶ θεοῦ ἐγώ εἰμι, ὃς ἐστέρησέν σε καρπὸν κοιλίας;   3 εἶπεν δὲ Ραχηλ τῷ Ιακωβ Ἰδοὺ ἡ παιδίσκη μου Βαλλα· εἴσελθε πρὸς αὐτήν, καὶ τέξεται ἐπὶ τῶν γονάτων μου, καὶ τεκνοποιήσομαι κἀγὼ ἐξ αὐτῆς.   4 καὶ ἔδωκεν αὐτῷ Βαλλαν τὴν παιδίσκην αὐτῆς αὐτῷ γυναῖκα· εἰσῆλθεν δὲ πρὸς αὐτὴν Ιακωβ.   5 καὶ συνέλαβεν Βαλλα ἡ παιδίσκη Ραχηλ καὶ ἔτεκεν τῷ Ιακωβ υἱόν.   6 καὶ εἶπεν Ραχηλ Ἔκρινέν μοι ὁ θεὸς καὶ ἐπήκουσεν τῆς φωνῆς μου καὶ ἔδωκέν μοι υἱόν· διὰ τοῦτο ἐκάλεσεν τὸ ὄνομα αὐτοῦ Δαν.   7 καὶ συνέλαβεν ἔτι Βαλλα ἡ παιδίσκη Ραχηλ καὶ ἔτεκεν υἱὸν δεύτερον τῷ Ιακωβ.   8 καὶ εἶπεν Ραχηλ Συνελάβετό μοι ὁ θεός, καὶ συνανεστράφην τῇ ἀδελφῇ μου καὶ ἠδυνάσθην· καὶ ἐκάλεσεν τὸ ὄνομα αὐτοῦ Νεφθαλι.

30.9 Εἶδεν δὲ Λεια ὅτι ἔστη τοῦ τίκτειν, καὶ ἔλαβεν Ζελφαν τὴν παιδίσκην αὐτῆς καὶ ἔδωκεν αὐτὴν τῷ Ιακωβ γυναῖκα.   10 εἰσῆλθεν δὲ πρὸς αὐτὴν Ιακωβ, καὶ συνέλαβεν Ζελφα ἡ παιδίσκη Λειας καὶ ἔτεκεν τῷ Ιακωβ υἱόν.   11 καὶ εἶπεν Λεια Ἐν τύχῃ· καὶ ἐπωνόμασεν τὸ ὄνομα αὐτοῦ Γαδ.   12 καὶ συνέλαβεν Ζελφα ἡ παιδίσκη Λειας καὶ ἔτεκεν ἔτι τῷ Ιακωβ υἱὸν δεύτερον.   13 καὶ εἶπεν Λεια Μακαρία ἐγώ, ὅτι μακαρίζουσίν με αἱ γυναῖκες· καὶ ἐκάλεσεν τὸ ὄνομα αὐτοῦ Ασηρ.

---

1) LXX는 MT에서 '그 여자가 말하였다'(תאמר)라고 표현한 문장에 주어(라헬)와 간접목적어 (야곱에게)를 밝혀 주었다.

2) 대리모를 통한 다산에 관한 이야기는 16,2 각주 참조.

3) LXX 번역자는 MT의 '하느님의 싸움'(נפתולי אלהים)으로 풀이되는 문장을 잘 이해하지 못하 여 '하느님께서 나를 도우시다'(συνελάβετό μοι ὁ θεός)로 옮겼다.

4) '겨루다'(συναναστρέφω) 동사는 LXX에서 한 번 나오는 단어이다. '엎치락뒤치락하다' (ἀναστρέφω)에서 파생한 이 말은 라헬이 자기 언니와 같은 삶을 살고 싶어 함을 나타낸다. 곧 라헬은 자기 언니와 겨룬 것이다. 이에 대응하는 MT의 구절은 납달리(נפתלי)라는 이름과 어원 적으로 일치하는 동사를 사용한 '내가 싸웠다'(נפתלתי)이다.

라헬의 질투: 빌하의 두 아들

30,1 라헬은 자기가 야곱에게 아이를 낳아 주지 못한 것을 알고, 〈라헬은〉 언니를 질투하며 야곱에게 말하였다. "나에게도 아이들을 주세요. 그렇지 않으면, 나는 죽을 거예요." 2 라헬에게 화를 내며 야곱이 그에게 말하였다. "내가 당신 배의 열매를 주지 않으시는 하느님 대신이기라도 하다는 말이오?" 3 라헬이 야곱에게1) 말하였다. "보셔요, 내 몸종 빌하가 있습니다. 그에게 드세요. 그래서 그가 내 무릎에 아이를 낳아 주면, 나도 그에게서 아이를 얻을 수 있을 겁니다."2) 4 그 여자가 그에게 자기 몸종 빌하를 아내로 주자, 야곱이 그에게 들었다. 5 라헬의 몸종 빌하가 임신하여 야곱에게 아들을 낳아 주었다. 6 라헬이 말하였다. "하느님께서 나를 판단하시고 나의 목소리를 들으셔서 나에게 아들을 주셨구나." 그래서 그의 이름을 단이라 하였다. 7 라헬의 몸종 빌하가 다시 임신하여 야곱에게 둘째 아들을 낳아 주었다. 8 라헬이 말하였다. "하느님께서 나를 도와주시어,3) 내가 언니와 겨루어4) 이겼다." 그러고는 그의 이름을 납달리라 하였다.5)

질바의 두 아들

30,9 레아는 (자신에게) 아이 낳는 것이 멈추었음을 알고, 몸종 질바를 데려다 그를 야곱에게 아내로 주었다. 10 야곱이 레아의 몸종 질바에게 들자, 그가 임신하여 야곱에게 아들을 낳아 주었다.6) 11 레아가 말하였다. "행운이로구나."7) 그리고 그의 이름을 가드라 지었다. 12 레아의 몸종 질바가 임신하여8) 야곱에게 〈다시〉 둘째 아들을 낳아 주었다. 13 레아가 말하였다. "여인들이9) 나를 복 있다고 하니 나는 행복하다."10) 그리고 그의 이름을 아셀이라 하였다.

---

5) 요세푸스는 납달리의 탄생을 라헬이 자기 언니를 반격하기 위해 계책을 통해 얻은 결과물이라고 해석한다(*AJ* I,305-306).

6) 히브리어 본문의 "레아의 몸종 질바도 … 낳아 주었다"(**ותלד זלפה שפחת לאה**) 앞에 "야곱이 레아의 몸종 질바에게 들자"를 덧붙였다.

7) 히브리어 '다행이다'(**בגד**)를 *ἐν τύχῃ*(*τύχη*는 이방신을 가리키기도 함)로 옮긴 것을 두고, 테오도레투스는 레아가 자기 아버지의 우상숭배(30,27; 31,30-35) 관습을 물려받았음을 보여 주는 것이라고 풀이한다(*QG* 87).

8) MT에는 '임신하다'(*τίκτω*)라는 말이 없다.

9) LXX는 히브리어 '딸들'(**בנות**)을 "여인들"(*γυναῖκες*)로 옮겼다.

10) LXX는 '행복한'(*μακαρία*)과 '행복하다고 선언하다'(*μακαρίζω*)를 사용하여 고유명사 "아셀"(**אשר** 행복)과 이원을 일지시켰나.

30,14 Ἐπορεύθη δὲ Ρουβην ἐν ἡμέραις θερισμοῦ πυρῶν καὶ εὗρεν μῆλα μανδραγόρου ἐν τῷ ἀγρῷ καὶ ἤνεγκεν αὐτὰ πρὸς Λειαν τὴν μητέρα αὐτοῦ. εἶπεν δὲ Ραχηλ τῇ Λεια Δός μοι τῶν μανδραγορῶν τοῦ υἱοῦ σου. *15* εἶπεν δὲ Λεια Οὐχ ἱκανόν σοι ὅτι ἔλαβες τὸν ἄνδρα μου; μὴ καὶ τοὺς μανδραγόρας τοῦ υἱοῦ μου λήμψῃ; εἶπεν δὲ Ραχηλ Οὐχ οὕτως· κοιμηθήτω μετὰ σοῦ τὴν νύκτα ταύτην ἀντὶ τῶν μανδραγορῶν τοῦ υἱοῦ σου. *16* εἰσῆλθεν δὲ Ιακωβ ἐξ ἀγροῦ ἑσπέρας, καὶ ἐξῆλθεν Λεια εἰς συνάντησιν αὐτῷ καὶ εἶπεν Πρός με εἰσελεύσῃ σήμερον· μεμίσθωμαι γάρ σε ἀντὶ τῶν μανδραγορῶν τοῦ υἱοῦ μου. καὶ ἐκοιμήθη μετ' αὐτῆς τὴν νύκτα ἐκείνην. *17* καὶ ἐπήκουσεν ὁ θεὸς Λειας, καὶ συλλαβοῦσα ἔτεκεν τῷ Ιακωβ υἱὸν πέμπτον. *18* καὶ εἶπεν Λεια Ἔδωκεν ὁ θεὸς τὸν μισθόν μου ἀνθ' οὗ ἔδωκα τὴν παιδίσκην μου τῷ ἀνδρί μου· καὶ ἐκάλεσεν τὸ ὄνομα αὐτοῦ Ισσαχαρ, ὅ ἐστιν Μισθός. *19* καὶ συνέλαβεν ἔτι Λεια καὶ ἔτεκεν υἱὸν ἕκτον τῷ Ιακωβ. *20* καὶ εἶπεν Λεια Δεδώρηταί μοι ὁ θεὸς δῶρον καλόν· ἐν τῷ νῦν καιρῷ αἱρετιεῖ με ὁ ἀνήρ μου, ἔτεκον γὰρ αὐτῷ υἱοὺς ἕξ· καὶ ἐκάλεσεν τὸ ὄνομα αὐτοῦ Ζαβουλων. *21* καὶ μετὰ τοῦτο ἔτεκεν θυγατέρα καὶ ἐκάλεσεν τὸ ὄνομα αὐτῆς Δινα.

30,22 Ἐμνήσθη δὲ ὁ θεὸς τῆς Ραχηλ, καὶ ἐπήκουσεν αὐτῆς ὁ θεὸς καὶ ἀνέῳξεν αὐτῆς τὴν μήτραν, *23* καὶ συλλαβοῦσα ἔτεκεν τῷ Ιακωβ υἱόν. εἶπεν δὲ Ραχηλ Ἀφεῖλεν ὁ θεός μου τὸ ὄνειδος· *24* καὶ ἐκάλεσεν τὸ ὄνομα αὐτοῦ Ιωσηφ λέγουσα Προσθέτω ὁ θεός μοι υἱὸν ἕτερον.

---

11) 밀을 거두어들이던 때는 보통 5월이나 6월 초순이다.

12) LXX는 히브리어 דודאים을 "사랑사과 열매"(μῆλα μανδραγόρου)로 옮겼다. 이는 임신촉진 제로서 소유격 μανδραγόρου가 이후의 절에서 복수(μανδραγορῶν)로 나오지만 단수가 옳은 표현이다. 사랑사과 나무의 열매이지 그것들의 열매가 아니기 때문이다.

13) LXX의 "그렇지 않아요"(οὐχ οὕτως)는 MT의 '그래요'(כן)와는 다르다. 그리스어 표현은 히브리어 כן이 아니라 לא כן과 일치한다.

레아의 또 다른 아들들

30,14 밀을 거두어들일 때에[11] 르우벤이 나갔다가 밭에서 사랑사과 열매를[12] 발견하고, 그것을 자기 어머니 레아에게 갖다 드렸다. 라헬이 레아에게 말하였다. "당신 아들의 사랑사과에서 얼마를 나에게 줘요." 15 레아가 말하였다. "내 남편을 데려간 것으로 너에게 충분치 않니? 내 아들의 사랑사과까지도 가지려 드느냐?" 라헬이 말하였다. "그렇지 않아요.[13] 당신 아들의 사랑사과 대신, 오늘 밤에는 그이가 당신과 함께 자게 할게요." 16 저녁에 야곱이 밭에서 들어오자, 레아가 그를 맞으러 나가 말하였다. "오늘은[14] 저에게 드셔야 해요. 내 아들의 사랑사과 대신 당신을 빌렸기 때문입니다." 그래서 그는 그날 밤 그 여자와 함께 잤다. 17 하느님께서 레아(의 호소)를 들어주시어, 그가 임신하여 야곱에게 다섯째 아들을 낳아 주었다. 18 레아가 말하였다. "내가 남편에게 몸종을 주었더니 하느님께서 나에게 보답해 주셨구나." 그리고 그의 이름을 이싸갈, 곧 '보상'이라[15] 하였다. 19 레아가 다시 임신하여 야곱에게 여섯째 아들을 낳아 주었다. 20 레아가 말하였다. "하느님께서 나에게 좋은 선물을 하셨구나. 내가 남편에게 아들 여섯을 낳아 주었으니, 이번에는 그가 나를 택하겠지." 그리고 그의 이름을 즈불룬이라 하였다. 21 이 일이 있은 뒤에 그는 딸을 낳고 이름을 디나라 하였다.

요셉이 태어나다

30,22 하느님께서 라헬을 기억하시고, 하느님께서 그(의 호소)를 들어주시어 그의 태를 열어 주셨다. 23 그 여자는 임신하여 야곱에게[16] 아들을 낳아 주었다. 라헬이 말하였다. "하느님께서 나의 수치를 걷어 가셨구나." 24 그리고 "하느님께서 나에게 다른 아들 하나를 더하여 주셨으면!" 하고 말하면서, 그 이름을 요셉이라[17] 하였다.

---

14) LXX는 MT에 없는 "오늘"(σήμερον)이라는 말을 넣어 '하룻밤'만이라는 의미를 덧붙였다.

15) MT가 '보상'(יִשָּׂשכָר)과 16절의 '빌리다'(שכר)를 써서 어근이 같은 말놀이를 꾀한 반면, LXX는 "이싸갈"의 뜻을 풀어 옮겨 놓았다. 필로는 이싸갈이 '선한 행위에 대한 보상'을 뜻한다고 풀이하였다(*Somn.* II,34).

16) MT에 없는 "야곱에게"(τῷ Ἰακωβ)가 첨가되었다.

17) LXX는 "요셉"(Ἰωσηφ)이라는 이름에서 두 가지 의미를 끌어낸다. 곧 23절에서는 '걷어 가다, 제거하다'(ἀφαιρέω, MT: אסף), 24절에서는 '더하다'(προστίθημι, MT: יסף)이다.

30,25 Ἐγένετο δὲ ὡς ἔτεκεν Ραχηλ τὸν Ιωσηφ, εἶπεν Ιακωβ τῷ Λαβαν Ἀπόστειλόν με, ἵνα ἀπέλθω εἰς τὸν τόπον μου καὶ εἰς τὴν γῆν μου. **26** ἀπόδος τὰς γυναῖκάς μου καὶ τὰ παιδία, περὶ ὧν δεδούλευκά σοι, ἵνα ἀπέλθω· σὺ γὰρ γινώσκεις τὴν δουλείαν, ἣν δεδούλευκά σοι. **27** εἶπεν δὲ αὐτῷ Λαβαν Εἰ εὗρον χάριν ἐναντίον σου, οἰωνισάμην ἄν· εὐλόγησεν γάρ με ὁ θεὸς τῇ σῇ εἰσόδῳ. **28** διάστειλον τὸν μισθόν σου πρός με, καὶ δώσω. **29** εἶπεν δὲ αὐτῷ Ιακωβ Σὺ γινώσκεις ἃ δεδούλευκά σοι καὶ ὅσα ἦν κτήνη σου μετ' ἐμοῦ· **30** μικρὰ γὰρ ἦν ὅσα σοι ἦν ἐναντίον ἐμοῦ, καὶ ηὐξήθη εἰς πλῆθος, καὶ ηὐλόγησέν σε κύριος ἐπὶ τῷ ποδί μου. νῦν οὖν πότε ποιήσω κἀγὼ ἐμαυτῷ οἶκον; **31** καὶ εἶπεν αὐτῷ Λαβαν Τί σοι δώσω; εἶπεν δὲ αὐτῷ Ιακωβ Οὐ δώσεις μοι οὐθέν· ἐὰν ποιήσῃς μοι τὸ ῥῆμα τοῦτο, πάλιν ποιμανῶ τὰ πρόβατά σου καὶ φυλάξω. **32** παρελθάτω πάντα τὰ πρόβατά σου σήμερον, καὶ διαχώρισον ἐκεῖθεν πᾶν πρόβατον φαιὸν ἐν τοῖς ἀρνάσιν καὶ πᾶν διάλευκον καὶ ῥαντὸν ἐν ταῖς αἰξίν· ἔσται μοι

---

18) 야곱은 라반의 속임수에 계략으로 맞선다. 야곱의 계략은 가축들이 새끼를 밸 때 눈앞에 있던 것과 닮은꼴의 새끼를 낳는다는 민간의 속설에 바탕을 둔 것이다. 야곱은 라반에게 '흰' (לבן 야곱의 장인 라반과 같다) 양떼는 양보하고 얼룩지거나 점 박히고 회색 빛깔의 양떼는 자기 몫으로 하겠다고 약속한다. 보통 흰색 양이 대부분이므로 흰색이 아닌 양떼를 자기 몫으로 삼겠다는 야곱의 계획에는 적은 수의 양떼에 만족해야 할지도 모르는 위험이 있었다. 그러나 양들이 새끼를 밸 때 그 앞에 얼룩덜룩한 나뭇가지를 세워 두는 그의 계략은 결국 많은 양떼를 그의 차지가 되게 한다. LXX는 비교적 명료한 이야기로 MT와는 일부 세부적인 부분에서 차이를 드러낸다. 라반의 양떼와 야곱의 양떼를 가리키는 서로 다른 용어들(42-43절)은 필로와 교부들에게 풍부한 연구거리를 제공하였다. 유다교와 그리스도교 전통에서 라반은 부정적(다신교 신자이며 무지한 사람의 모습)으로, 야곱은 매우 긍정적인 모습(현인이며 그리스도의 예형)으로 그려졌다.

19) LXX는 '나에게 호의를 베풀어 준다면, 내가 점을 쳐 보니 주님께서 자네 때문에 나에게 복을 내리셨더군'으로 앞문장의 귀결절이 28절에 가서야 나오는, 연결이 불완전한 MT 문장과는 다르다. LXX는 '내가 점을 쳐 보니'를 귀결절로 하여 조건절은 εἰ + εὗρον으로, 귀결절은 οἰωνισάμην + ἄν으로 만들어 놓았다. οἰωνίζομαι는 본디 새들이 움직이는 모양에 따라 점을 치는 것을 말하지만 여기에서는 좀 더 일반적 의미인 '예측하다, 예상하다'로 사용된 것 같다. LXX 번역자는 라반이 야곱에게 좋은 삼촌이 아니었음을 보여 준다. 그는 자기 딸 라헬을 주겠다는 약속을 빌미로 야곱에게서 취할 수 있는 이익을 다 챙긴 것이다. 곧 라반의 행위는 미리 예측하여 계산된 것이다.

20) LXX는 "주님" (יהוה)을 불가타처럼 "하느님" (ὁ θεός)으로 바꾸었다. LXX 29—31장에서 시리

야곱이 부자가 되다[18)]

　30,25 라헬이 요셉을 낳았을 때, 야곱이 라반에게 말하였다. "제 장소, 제 땅으로 돌아가게 저를 보내 주십시오. 26 제가 당신께 종살이하고 얻은 제 아내들과 아이들을 내주시어, 제가 돌아가게 해 주십시오. 제가 당신께 종살이한 일은 당신도 아실 것이니 말입니다." 27 라반이 그에게 말하였다. "내가 자네 앞에 호의를 입었다면 나는 (그것을) 예측하였다네.[19)] 하느님께서[20)] 자네가 (이곳으로) 왔기 때문에[21)] 나에게 복을 내리셨으니, 28[22)] 나에게 자네 품삯을 정해 보게.[23)] 내가 주겠네." 29 야곱이 그에게 말하였다. "제가 당신께 일해 드린 것과, 저와 함께 있던 당신의 가축을 당신도 잘 아십니다. 30 저 (오기) 이전에는 당신께 있던 것이 적었지만, (이제) 많이 불어났습니다. 제 발길마다 주님께서 당신에게 복을 내리셨습니다. 그런데 언제쯤에나 저도 제 집안을 돌볼 수 있겠습니까?" 31 라반이 그에게 말하였다.[24)] "내가 자네에게 무엇을 줄까?" 야곱이 그에게 말하였다. "저에게 아무것도 주지 않으셔도 됩니다. 저에게 이것만 해 주신다면, 당신의 양과 염소를[25)] 제가 다시 치며 지키겠습니다. 32 오늘 당신의 양과 염소 모두가 지나가게 하십시오. 그리고 거기에서 새끼양들 가운데 모든 회색 양과, 염소들 가운데 모든 희끗희끗하게 얼룩지고[26)] 점 박힌[27)] 것들을 가려내 주십시오.[28)] 그것들이 저에게 품삯이 될 것입니

아 사람 라반은 '주님' 보다는 '하느님' 을 선호한다.

21) LXX는 "자네 때문에"(בגללי)를 "자네가 왔기 때문에"($\tau \hat{\eta}\ \sigma \hat{\eta}\ \epsilon i \sigma \acute{o} \delta \omega$)로 옮겼다. 이로써 라반에게 생긴 복의 기원을 단순히 야곱에게 돌리지 않고 야곱이 라반의 집에 온 것에 둔다.

22) LXX는 불가타처럼 MT에 있는 '그가 말하였다'(ויאמר)를 생략하였다.

23) '정하다'($\delta \iota a \sigma \tau \acute{\epsilon} \lambda \lambda \omega$) 동사가 35-40절에서는 '따로 떼어 놓다' 라는 뜻으로 쓰였다. MT는 여기는 '정하다'(נקב), 35-40절에는 '떼어 놓다'(סור)로 다른 동사를 사용하였다.

24) MT는 주어를 구체적으로 언급하지 않고 '그가 말하였다'(ויאמר)고 하였다.

25) 본디 '양떼'(LXX: $\pi \rho \acute{o} \beta a \tau a$, MT: צאן)이다.

26) 형용사 $\delta \iota \acute{a} \lambda \epsilon \upsilon \kappa o s$는 보통 완전히 흰 것을 의미하지만, 여기서는 단순히 '하얀'($\lambda \epsilon \upsilon \kappa \acute{o} s$)과는 다른 여기저기가 하얀 양의 털색을 가리키는 것 같다.

27) "점 박힌"($\rho a \nu \tau \acute{o} s$)은 고전 그리스어 '(물) 뿌리다'($\rho a \acute{\iota} \nu \omega$)에서 파생한 단어이다. 이는 37절의 형용사 "얼룩덜룩한"($\pi o \iota \kappa \acute{\iota} \lambda o s$)과 42절의 "표시가 있는"($\epsilon \pi \acute{\iota} \sigma \eta \mu o s$) 등으로 표현된다. 양과 염소들의 모습을 표현한 세 형용사, '희게 얼룩진', '점 박힌', '얼룩덜룩한'은 MT에 나오는 형용사들과 정확하게 일치하지 않는다.

28) LXX는 MT(오늘 제가 … 두루 다니면서, … 가려내겠습니다)와는 달리 동사의 명령형을 써서 이 절을 묘사하였다. 첫째 동사는 3인칭 단수 명령형 '지나가게 하십시오'($\pi a \rho \epsilon \lambda \theta \acute{a} \tau \omega$)로 주어는 "양과 염소"($\tau \grave{a}\ \pi \rho \acute{o} \beta a \tau a$)이다. 다음 동사는 2인칭 단수 명령형 '가려내 주십시오'($\delta \iota a \chi \acute{\omega} \rho \iota \sigma o \nu$)로 주어가 라반임을 암시한다. 곧 라반 스스로 자신의 양떼에서 야곱의 몫을 가려내야 한다는 것이다.

μισθός.   *33* καὶ ἐπακούσεταί μοι ἡ δικαιοσύνη μου ἐν τῇ ἡμέρᾳ τῇ αὔριον, ὅτι ἐστὶν ὁ μισθός μου ἐνώπιόν σου· πᾶν, ὃ ἐὰν μὴ ᾖ ῥαντὸν καὶ διάλευκον ἐν ταῖς αἰξὶν καὶ φαιὸν ἐν τοῖς ἀρνάσιν, κεκλεμμένον ἔσται παρ' ἐμοί.   *34* εἶπεν δὲ αὐτῷ Λαβαν Ἔστω κατὰ τὸ ῥῆμά σου.   *35* καὶ διέστειλεν ἐν τῇ ἡμέρᾳ ἐκείνῃ τοὺς τράγους τοὺς ῥαντοὺς καὶ τοὺς διαλεύκους καὶ πάσας τὰς αἶγας τὰς ῥαντὰς καὶ τὰς διαλεύκους καὶ πᾶν, ὃ ἦν λευκὸν ἐν αὐτοῖς, καὶ πᾶν, ὃ ἦν φαιὸν ἐν τοῖς ἀρνάσιν, καὶ ἔδωκεν διὰ χειρὸς τῶν υἱῶν αὐτοῦ. *36* καὶ ἀπέστησεν ὁδὸν τριῶν ἡμερῶν ἀνὰ μέσον αὐτῶν καὶ ἀνὰ μέσον Ιακωβ· Ιακωβ δὲ ἐποίμαινεν τὰ πρόβατα Λαβαν τὰ ὑπολειφθέντα.   — *37* ἔλαβεν δὲ ἑαυτῷ Ιακωβ ῥάβδον στυρακίνην χλωρὰν καὶ καρυίνην καὶ πλατάνου, καὶ ἐλέπισεν αὐτὰς Ιακωβ λεπίσματα λευκὰ περισύρων τὸ χλωρόν· ἐφαίνετο δὲ ἐπὶ ταῖς ῥάβδοις τὸ λευκόν, ὃ ἐλέπισεν, ποικίλον.   *38* καὶ παρέθηκεν τὰς ῥάβδους, ἃς ἐλέπισεν, ἐν ταῖς ληνοῖς τῶν ποτιστηρίων τοῦ ὕδατος, ἵνα, ὡς ἂν ἔλθωσιν τὰ πρόβατα πιεῖν ἐνώπιον τῶν ῥάβδων, ἐλθόντων αὐτῶν εἰς τὸ πιεῖν, *39* ἐγκισσήσωσιν τὰ πρόβατα εἰς τὰς ῥάβδους· καὶ ἔτικτον τὰ πρόβατα διάλευκα καὶ ποικίλα καὶ σποδοειδῆ ῥαντά.   *40* τοὺς δὲ ἀμνοὺς διέστειλεν Ιακωβ καὶ ἔστησεν ἐναντίον τῶν προβάτων κριὸν διάλευκον καὶ πᾶν ποικίλον ἐν τοῖς ἀμνοῖς· καὶ διεχώρισεν ἑαυτῷ ποίμνια καθ' ἑαυτὸν καὶ οὐκ ἔμιξεν αὐτὰ εἰς τὰ πρόβατα Λαβαν. *41* ἐγένετο δὲ ἐν τῷ καιρῷ, ᾧ ἐνεκίσσησεν τὰ πρόβατα ἐν γαστρὶ

---

29) LXX의 "제 품삯이 당신 앞에 있을 터이니"(ὁ μισθός μου ἐνώπιόν σου)는 '당신 스스로 볼 수 있다'를 뜻한다. '나의 의로움이 나를 위하여 대답할 것입니다'(ἐπακούομαι 동사와 여격)는 '나의 정직함이 드러날 것'이라는 뜻이다.

30) LXX는 MT에 없는 말 "그에게"(αὐτῷ)를 덧붙였다.

31) 주어를 밝히고 있지 않으나 문맥상 앞절에서 이어지는 주어, 라반임을 알 수 있다.

32) LXX는 히브리어 표현(דרך שלשת ימים)을 그대로 옮겼다. 곧 '길'을 대격으로 쓰고 다음에 속격이 따르게 하여(ὁδὸν τριῶν ἡμερῶν), '길'이라는 단어가 거리를 표현하게 하였다.

33) 분사 '한쪽에 남은 것들'(τὰ ὑπολειφθέντα)은 실하지 못한 짐승들을 일컫는 듯하다. 타르굼 요나단은 '늙고 병든 짐승들'이라 하였다.

다. 33 제 품삯이 당신 앞에 있을 터이니, 뒷날 저의 의로움이 〈저를 위해〉 응답할 것입니다.[29] 염소들 가운데 점 박히고 희끗희끗하게 얼룩지지 않은 것이나, 새끼양들 가운데 회색이 아닌 것은 모두 제가 훔친 것이 됩니다." 34 라반이 그에게[30] 말하였다. "자네 말대로 하세." 35 그는[31] 그날, 점 박히고 희끗희끗하게 얼룩진 숫염소들과 점 박히고 희게 얼룩진 모든 암염소와 그들 가운데 흰 점이 있는 것들 전부와 새끼양들 가운데서 회색 (양)들을 모두 떼어 놓아 자기 아들들의 손에 주었다. 36 그리고 그는 그들과 야곱 사이를 사흘 길로[32] 떼어 놓았다. 야곱은 라반의 남은[33] 양과 염소를 쳤다. 37 야곱은 초록[34] 때죽나뭇가지와 편도나뭇가지, 그리고 버즘나무를 가져다가, 〈야곱은〉[35] 초록을 떼내어 그것들을 흰 줄로 벗겨 내었다. 그가 벗겨 낸 흰 (줄)이 가지 위에 얼룩덜룩하게 드러났다.[36] 38 그는 껍질을 벗긴 가지들을 물구유에 세워, 양과 염소들이 와서 그 가지들 앞에서 물을 마시게 하였다. 양과 염소들이 물을 먹으러 와서는[37] 39 그 가지들 쪽에서 새끼를 배어,[38] 〈양과 염소들은〉 희끗희끗하게 얼룩진 것, 얼룩덜룩한 것, 잿빛 점 박힌 것 들을 낳았다. 40 야곱은 어린 양들을 가려내어, 희끗희끗하게 얼룩진 숫양들과 어린 양들 가운데 모든 얼룩덜룩한 것들[39] 앞에 두었다.[40] 그러나 자기의 가축 떼는 떼어 놓아, 〈그것들이〉 라반의 양떼와 섞이지 않게 하였다. 41 야곱은 양과 염소들이 〈태에〉 새끼를

---

34) LXX는 '초록'($\chi\lambda\omega\rho\delta\varsigma$)이라는 색깔 형용사를 덧붙여 '때죽나무'($\sigma\tau\rho\acute{\alpha}\kappa\iota\nu o\varsigma$)의 싱싱함을 표현하였다.

35) MT에 없는 야곱을 다시 넣어 주었다.

36) LXX에 따르면 야곱은 초록 부분을 떼어 내고($\pi\epsilon\rho\iota\sigma\acute{\nu}\rho\omega$ ~의 테두리를 잡아당기다) 하얀 줄무늬를 만든다. 야곱은 가지의 초록 부분을 모두 떼어 낸 것이 아니라 흰 부분이 "얼룩덜룩하게"($\pi o\iota\kappa\acute{\iota}\lambda o\varsigma$) 나타나도록 일부만 제거한 것이다. 그리스도교 전통은 이 구절을 예형론적으로 해석하여, '나뭇가지'($\dot{\rho}\acute{\alpha}\beta\delta o\varsigma$)가 그리스도의 십자가 나무를(유스티누스, *Dial.* 86,2) 가리킨다고 보았다. 니사의 그레고리우스는 이 나뭇가지들이 38절에서 물에 담기는 것을 두고 세례를 연상하였다(*In diem luminum*, *GNO* IX, p. 232,16-22).

37) LXX는 히브리어 "짝짓기를 하였다"(ויחמנה)를 생략하였다.

38) '새끼를 배다'($\dot{\epsilon}\gamma\kappa\iota\sigma\sigma\acute{\alpha}\omega$) 동사는 고전 그리스어에는 없는 단어인 듯한데, 이는 '욕망을 품다'라는 동사 $\kappa\iota\sigma\sigma\acute{\alpha}\omega$에서 파생하였으며 여자의 임신을 가리킨다.

39) LXX는 MT에 비하여 분명하고 일관성이 있다(34-35절과 논리적으로 연결). MT의 "라반의 양떼 가운데서 줄 쳐진 양들과 모든 검은 양들에게"를 이미 사흘 거리로 떼어 놓은 라반의 양떼(36절) 대신에 "어린 양들 가운데"($\dot{\epsilon}\nu$ $\tau o\hat{\iota}\varsigma$ $\dot{\alpha}\mu\nu o\hat{\iota}\varsigma$)라고 하였다. 그리고 עקד אל(줄 쳐진 양들)를 עקד איל로 읽어 $\kappa\rho\iota\dot{o}\nu$ $\delta\iota\acute{\alpha}\lambda\epsilon\upsilon\kappa o\nu$(희끗희끗하게 얼룩진 숫양)으로 바꾸고, חום כל(모든 검은 양들)은 $\pi\hat{\alpha}\nu$ $\pi o\iota\kappa\acute{\iota}\lambda o\nu$(모든 얼룩덜룩한 것들)으로 옮겼다.

40) LXX는 히브리어 본문의 "(그 짐승들의) 얼굴을 ~로 향하게 하였다"(ויתן פני)에서 짐승들이 얼굴을 "앞에"($\dot{\epsilon}\nu\alpha\nu\tau\acute{\iota}o\nu$)로 바꾸어 "~ 앞에 두었다"($\ddot{\epsilon}\sigma\tau\eta\sigma\epsilon\nu$ $\dot{\epsilon}\nu\alpha\nu\tau\acute{\iota}o\nu$)로 옮겼다.

λαμβάνοντα, ἔθηκεν Ιακωβ τὰς ῥάβδους ἐναντίον τῶν προβάτων ἐν ταῖς ληνοῖς τοῦ ἐγκισσῆσαι αὐτὰ κατὰ τὰς ῥάβδους· **42** ἡνίκα δ᾽ ἂν ἔτεκον τὰ πρόβατα, οὐκ ἐτίθει· ἐγένετο δὲ τὰ ἄσημα τοῦ Λαβαν, τὰ δὲ ἐπίσημα τοῦ Ιακωβ. **43** καὶ ἐπλούτησεν ὁ ἄνθρωπος σφόδρα σφόδρα, καὶ ἐγένετο αὐτῷ κτήνη πολλὰ καὶ βόες καὶ παῖδες καὶ παιδίσκαι καὶ κάμηλοι καὶ ὄνοι.

31.1 Ἤκουσεν δὲ Ιακωβ τὰ ῥήματα τῶν υἱῶν Λαβαν λεγόντων Εἴληφεν Ιακωβ πάντα τὰ τοῦ πατρὸς ἡμῶν καὶ ἐκ τῶν τοῦ πατρὸς ἡμῶν πεποίηκεν πᾶσαν τὴν δόξαν ταύτην. **2** καὶ εἶδεν Ιακωβ τὸ πρόσωπον τοῦ Λαβαν, καὶ ἰδοὺ οὐκ ἦν πρὸς αὐτὸν ὡς ἐχθὲς καὶ τρίτην ἡμέραν. **3** εἶπεν δὲ κύριος πρὸς Ιακωβ Ἀποστρέφου εἰς τὴν γῆν τοῦ πατρός σου καὶ εἰς τὴν γενεάν σου, καὶ ἔσομαι μετὰ σοῦ. **4** ἀποστείλας δὲ Ιακωβ ἐκάλεσεν Ραχηλ καὶ Λειαν εἰς τὸ πεδίον, οὗ τὰ ποίμνια, **5** καὶ εἶπεν αὐταῖς Ὁρῶ ἐγὼ τὸ πρόσωπον τοῦ πατρὸς ὑμῶν ὅτι οὐκ ἔστιν πρὸς ἐμοῦ ὡς ἐχθὲς καὶ τρίτην ἡμέραν· ὁ δὲ θεὸς τοῦ πατρός μου ἦν μετ᾽ ἐμοῦ. **6** καὶ αὐταὶ δὲ οἴδατε ὅτι ἐν πάσῃ τῇ ἰσχύι μου δεδούλευκα τῷ πατρὶ ὑμῶν. **7** ὁ δὲ πατὴρ ὑμῶν παρεκρούσατό με καὶ ἤλλαξεν τὸν μισθόν μου τῶν δέκα ἀμνῶν, καὶ οὐκ ἔδωκεν αὐτῷ ὁ θεὸς κακοποιῆσαί με. **8** ἐὰν οὕτως εἴπῃ Τὰ ποικίλα ἔσται σου μισθός, καὶ τέξεται πάντα τὰ πρόβατα ποικίλα·

---

41) LXX와 MT가 서로 다르다. MT는 41절의 튼튼한 양떼들과 42절의 약한 양떼들을 구별하여 그들 앞에 나뭇가지를 세우기도 하고 세우지 않기도 하였다. 그러나 LXX는 양떼가 새끼를 밸 때에는 가지를 세워 두고, 새끼를 낳을 때는 그 가지를 두지 않는다. 두 본문의 결론도 서로 다르다. LXX 이야기는 처음부터 설정된 구분을 유지한다. 곧 한 가지 색깔의 양떼는 라반의 것이고 여러 색깔의 양떼는 야곱의 것이다. 이 두 사람의 소유를 가르는 '표시가 없는' (ἄσημος)과 '표시가 있는' (ἐπίσημος)이라는 두 형용사는 LXX 고유의 것이다. MT도 LXX와 같이 한 가지 색깔의 양떼는 라반의 것이고 여러 색깔의 양떼는 야곱의 것이 된다고 이야기를 시작하였으나, 결론적으로 '약한 양떼'는 라반의 것이 되고 '튼튼한 양떼'는 야곱의 것이 되었다. 필로는 LXX의 두 형용사를 두고 표시가 있는 것은 교육을 받았다는 징표라고 보았다(*Her.* 180-181). 그리고 이레네우스와 오리게네스는 '얼룩덜룩하고 표시가 있는' 야곱의 양떼는 하느님의 말씀이 새겨진 나라들을 가리킨다고 보았다(*C.Cels.* IV.43; *Com.Jo.* XXVIII.8).

42) LXX는 히브리어 צאן(양과 염소, 직역: 양떼)을 "가축"(κτήνη)으로 옮기고 MT에 없는 "소떼"(βόες)를 덧붙였다. 남종과 여종의 순서도 MT와 다르다.

밸 때, 그 나뭇가지들을 양과 염소들 앞 물통에 세워 놓고, 짐승들이 그 가지들을 마주하고 새끼를 배도록 하였다. 42 그러나 양과 염소들이 새끼를 낳을 때는 〈나뭇가지를 그 앞에〉 두지 않았다. 그래서 아무런 표시가 없는 것은 라반의 것이 되고, 표시가 있는 것은 야곱의 것이 되었다.[41] 43 그 사람은 굉장한 부자가 되어 〈그는〉 많은 가축과 소떼와 남종과 여종,[42] 낙타와 나귀 들을 가지게 되었다.

야곱과 그의 가족이 떠날 채비를 하다

31,1 야곱은[1] 라반의 아들들이 '야곱이 우리 아버지의 모든 것을 가져가고, 우리 아버지 것으로 그 모든 영광을[2] 이루었다'고 하는 말을 들었다. 2 야곱이 라반의 얼굴을 보니, 자기를 대하는 것이 어제나 사흘 전[3] 같지 않았다. 3 주님께서 야곱에게 말씀하셨다. "네 아버지의[4] 땅으로, 네 집안으로 돌아가거라. 내가 너와 함께 하리라." 4 야곱은 사람을 보내어 가축들이 있는 들로 라헬과 레아를 불러내어, 5 그들에게 말하였다. "내가 당신들 아버지의 얼굴을 보니 나를 대하는 것이 어제나 사흘 전과 같지 않소. 그러나 내 아버지의 하느님께서는 나와 함께 계셔 주었소. 6 내가 온 힘으로 당신들 아버지에게 종살이한 것 〈그것들〉을 당신들도 알 것이오. 7 그런데 당신들의 아버지는 나를 속여, 내 품삯인 양 열 마리를[5] 바꿔쳤소. 그러나 하느님께서는 그분이 내게 해 입히는 것을 허락하지 않으셨소. 8 그분이 '얼룩덜룩한 것들이[6] 자네 품삯이네' 하고 〈그렇게〉 말하면, 양과 염소들이 모두 얼

---

1) MT는 이 절의 주어를 밝히지 않았다.

2) "영광"($\delta\delta\xi\alpha$)은 히브리어 כבוד를 옮긴 것으로, 이는 '부'(富)를 가리킨다.

3) "어제나 사흘 전"($\dot{\epsilon}\chi\theta\dot{\epsilon}s$ $\kappa\alpha\grave{\iota}$ $\tau\rho\acute{\iota}\tau\eta\nu$ $\dot{\eta}\mu\acute{\epsilon}\rho\alpha\nu$)이라는 표현은 히브리어법(תמל שלשם)을 그대로 옮긴 것이다.

4) 히브리어 אבותיך(네 조상들)를 단수로 바꿔($\pi\alpha\tau\rho\acute{o}s$ $\sigma o\upsilon$) 5절($\pi\alpha\tau\rho\acute{o}s$ $\mu o\upsilon$)과 일치시켰다.

5) '품삯'과 함께 나오는 속격, "양 열 마리"($\delta\acute{\epsilon}\kappa\alpha$ $\dot{\alpha}\mu\nu\hat{\omega}\nu$)는 동사 '바꾸다'($\dot{\alpha}\lambda\lambda\acute{\alpha}\sigma\sigma\omega$)의 보어이다. 이는 두 가지로 이해할 수 있다. 하나는 이 속격이 정해진 품삯이 얼마인지를 나타냄으로써 라반은 양 열 마리여야 하는 품삯을 바꾼 것이다. 다른 하나는 라반이 바꾼 품삯이 어느 정도인지를 나타낸다. 곧 라반이 그 품삯을 양 열 마리로 줄여버린 것이다. MT는 그 품삯이 "열 번"(מנים עשרת) 바뀌었다고 한다. 육공관성서는 '열' 또는 '열 번'($\delta\epsilon\kappa\acute{\alpha}\kappa\iota s$)으로 옮겼으며, 타르굼 요나단은 그 품삯이 '열 군데'(מנות)에서 바뀌었다고 옮겼다.

6) MT는 "얼룩진 것들"(נקדים)이다. 이를 30,35에서는 "점 박힌 (것들)"($\dot{\rho}\alpha\nu\tau o\acute{u}s$)로 옮겼다.

ἐὰν δὲ εἴπῃ Τὰ λευκὰ ἔσται σου μισθός, καὶ τέξεται πάντα τὰ πρόβατα λευκά· **9** καὶ ἀφείλατο ὁ θεὸς πάντα τὰ κτήνη τοῦ πατρὸς ὑμῶν καὶ ἔδωκέν μοι αὐτά. **10** καὶ ἐγένετο ἡνίκα ἐνεκίσσων τὰ πρόβατα, καὶ εἶδον τοῖς ὀφθαλμοῖς αὐτὰ ἐν τῷ ὕπνῳ, καὶ ἰδοὺ οἱ τράγοι καὶ οἱ κριοὶ ἀναβαίνοντες ἦσαν ἐπὶ τὰ πρόβατα καὶ τὰς αἶγας διάλευκοι καὶ ποικίλοι καὶ σποδοειδεῖς ῥαντοί. **11** καὶ εἶπέν μοι ὁ ἄγγελος τοῦ θεοῦ καθ᾽ ὕπνον Ιακωβ· ἐγὼ δὲ εἶπα Τί ἐστιν; **12** καὶ εἶπεν Ἀνάβλεψον τοῖς ὀφθαλμοῖς σου καὶ ἰδὲ τοὺς τράγους καὶ τοὺς κριοὺς ἀναβαίνοντας ἐπὶ τὰ πρόβατα καὶ τὰς αἶγας διαλεύκους καὶ ποικίλους καὶ σποδοειδεῖς ῥαντούς· ἑώρακα γὰρ ὅσα σοι Λαβαν ποιεῖ. **13** ἐγώ εἰμι ὁ θεὸς ὁ ὀφθείς σοι ἐν τόπῳ θεοῦ, οὗ ἤλειψάς μοι ἐκεῖ στήλην καὶ ηὔξω μοι ἐκεῖ εὐχήν· νῦν οὖν ἀνάστηθι καὶ ἔξελθε ἐκ τῆς γῆς ταύτης καὶ ἄπελθε εἰς τὴν γῆν τῆς γενέσεώς σου, καὶ ἔσομαι μετὰ σοῦ. **14** καὶ ἀποκριθεῖσα Ραχηλ καὶ Λεια εἶπαν αὐτῷ Μὴ ἔστιν ἡμῖν ἔτι μερὶς ἢ κληρονομία ἐν τῷ οἴκῳ τοῦ πατρὸς ἡμῶν; **15** οὐχ ὡς αἱ ἀλλότριαι λελογίσμεθα αὐτῷ; πέπρακεν γὰρ ἡμᾶς καὶ κατέφαγεν καταβρώσει τὸ ἀργύριον ἡμῶν. **16** πάντα τὸν πλοῦτον καὶ τὴν δόξαν, ἣν ἀφείλατο ὁ θεὸς τοῦ πατρὸς ἡμῶν, ἡμῖν ἔσται καὶ τοῖς τέκνοις ἡμῶν. νῦν οὖν ὅσα εἴρηκέν σοι ὁ θεός, ποίει.

---

7) "흰 것들"(τὰ λευκά)은 여기서 처음 나온다. MT는 "줄 쳐진 것들"(עקדים)이라 하였다.

8) LXX는 MT와 달리 라반의 불행을 강조하여 그의 "모든"(πάντα) 가축이라 하였다.

9) LXX는 MT의 '암양 위에 올라탄 숫염소들'(העתדים העלים על הצאן)을 확대하여 "암양과 암염소들 위에 올라탄 숫염소와 숫양들"(οἱ τράγοι καὶ οἱ κριοὶ ἀναβαίνοντες ἦσαν ἐπὶ τὰ πρόβατα καὶ τὰς αἶγας)이라 하였다.

10) 히브리어 본문 "줄 쳐진 것, 얼룩진 것, 반점이 진 것들"(עקדים נקדים וברדים)을 LXX는 "희게 얼룩지고 얼룩덜룩하고 잿빛 점 박힌 것들"(διάλευκοι καὶ ποικίλοι καὶ σποδοειδεῖς ῥαντοί)로 옮겼는데, LXX 번역자들은 이들의 차이를 구별할 수 없었던 듯하다.

11) LXX는 '천사가 말하였다'(εἶπεν ὁ ἄγγελος)와 짝을 이루도록 '내가 말하였다'(ἐγὼ εἶπα)에 대명사 ἐγώ를 넣었다.

룩덜룩한 것들을 낳소. 그러나 그분이 '흰 것들이[7] 자네 품삯이네' 하고 말하면 양과 염소들이 모두 흰 것들을 낳소. 9 하느님께서 당신들 아버지의 모든[8] 가축을 거두어 나에게 〈그것들을〉 주셨소. 10 양과 염소들이 새끼를 밸 때, 내가 꿈 속에서 〈눈으로〉 그것들을 보니, 암양과 암염소들 위에 올라탄 숫염소와 숫양들은[9] 희게 얼룩지고 얼룩덜룩하고 잿빛 점 박힌 것들이었소.[10] 11 꿈에 하느님의 천사가 나에게 '야곱아!' 하고 말하셨소. 그래서 내가 말하였소.[11] '무슨 일이십니까?' 12 그분이 말하였소. '눈을 들어 보아라. 암양과 암염소들 위에 올라탄 숫양과 숫염소들은 희끗희끗하게 얼룩지고 얼룩덜룩하고 잿빛 점 박힌 것들이다. 라반이 너에게 한 것을 내가 모두 보았기 때문이다. 13 나는 네가 〈거기서〉 기둥에 기름 붓고 나에게 〈거기서 서원을〉 서원한 곳, '하느님의 장소'에서 너에게 나타난 하느님이다.[12] 그러니 이제 일어나서 이 땅을 떠나 네가 태어난 땅으로 돌아가거라. 내가 너와 함께하리라.'"[13] 14 라헬과 레아가 그에게 대답하였다. "우리 아버지 집에서 우리에게 올 몫과 유산이 더 이상[14] 없지 않습니까? 15 우리는 그분께 이방인이나 마찬가지 아닙니까? 그분은 우리를 팔아넘기고[15] 우리 돈도 다 삼켜버렸으니 말입니다. 16 하느님께서 우리 아버지에게서 거두신 재물과 영광은[16] 모두 우리와 우리 아이들의 것입니다. 그러니 이제 하느님께서 당신에게 말씀하신 대로 하십시오."

---

12) MT의 '나는 베델의 하느님이다'(אנכי האל בית אל)와는 달리 LXX는 "나는 '하느님의 장소'에서 너에게 나타난 하느님이다"라고 하였다. 타르굼 옹켈로스도 LXX와 비슷하게 '나는 베델에서 너에게 나타났던 엘이다'(אנא אלהא דאתגליתי עלך בית אל)라고 옮겼다.

13) LXX는 이 절 마지막에 "내가 너와 함께하리라"(ἔσομαι μετὰ σοῦ)를 덧붙여 31,3의 마지막 문장을 반복하였다. MT에는 이 구절이 없다.

14) "더 이상"(ἔτι)은 라헬과 레아가 이미 상속을 받았거나, 야곱이 라반의 가축을 모두 차지하였기 때문에 더 물려받을 것이 없음을 나타내기도 한다.

15) LXX 동사 '팔다'(πιπράσκω)는, 대응하는 히브리어 מכר와 마찬가지로 '노예를 팔아넘기다'의 뜻으로 쓰였다(신명 15,12 참조).

16) LXX는 עשׁר(재물)를 πλοῦτος(재물)와 δόξα(영광)라는 두 단어로 옮겼다.

31,17 Ἀναστὰς δὲ Ιακωβ ἔλαβεν τὰς γυναῖκας αὐτοῦ καὶ τὰ παιδία αὐτοῦ ἐπὶ τὰς καμήλους *18* καὶ ἀπήγαγεν πάντα τὰ ὑπάρχοντα αὐτοῦ καὶ πᾶσαν τὴν ἀποσκευὴν αὐτοῦ, ἣν περιεποιήσατο ἐν τῇ Μεσοποταμίᾳ, καὶ πάντα τὰ αὐτοῦ ἀπελθεῖν πρὸς Ισαακ τὸν πατέρα αὐτοῦ εἰς γῆν Χανααν. *19* Λαβαν δὲ ᾤχετο κεῖραι τὰ πρόβατα αὐτοῦ· ἔκλεψεν δὲ Ραχηλ τὰ εἴδωλα τοῦ πατρὸς αὐτῆς. *20* ἔκρυψεν δὲ Ιακωβ Λαβαν τὸν Σύρον τοῦ μὴ ἀναγγεῖλαι αὐτῷ ὅτι ἀποδιδράσκει, *21* καὶ ἀπέδρα αὐτὸς καὶ πάντα τὰ αὐτοῦ καὶ διέβη τὸν ποταμὸν καὶ ὥρμησεν εἰς τὸ ὄρος Γαλααδ. *22* ἀνηγγέλη δὲ Λαβαν τῷ Σύρῳ τῇ τρίτῃ ἡμέρᾳ ὅτι ἀπέδρα Ιακωβ, *23* καὶ παραλαβὼν πάντας τοὺς ἀδελφοὺς αὐτοῦ μεθ' ἑαυτοῦ ἐδίωξεν ὀπίσω αὐτοῦ ὁδὸν ἡμερῶν ἑπτὰ καὶ κατέλαβεν αὐτὸν ἐν τῷ ὄρει τῷ Γαλααδ. *24* ἦλθεν δὲ ὁ θεὸς πρὸς Λαβαν τὸν Σύρον καθ' ὕπνον τὴν νύκτα καὶ εἶπεν αὐτῷ Φύλαξαι σεαυτόν, μήποτε λαλήσῃς μετὰ Ιακωβ πονηρά. *25* καὶ κατέλαβεν Λαβαν τὸν Ιακωβ· Ιακωβ δὲ ἔπηξεν τὴν σκηνὴν αὐτοῦ ἐν τῷ ὄρει· Λαβαν δὲ ἔστησεν τοὺς ἀδελφοὺς αὐτοῦ ἐν τῷ ὄρει Γαλααδ. *26* εἶπεν δὲ Λαβαν τῷ Ιακωβ Τί ἐποίησας; ἵνα τί κρυφῇ ἀπέδρας καὶ ἐκλοποφόρησάς με καὶ ἀπήγαγες τὰς θυγατέρας μου ὡς αἰχμαλώτιδας μαχαίρᾳ; *27* καὶ εἰ ἀνήγγειλάς μοι, ἐξαπέστειλα ἄν σε μετ' εὐφροσύνης καὶ μετὰ μουσικῶν, τυμπάνων καὶ κιθάρας. *28* οὐκ ἠξιώθην καταφιλῆσαι τὰ

---

17) 라헬이 라반의 신상을 훔쳐 달아나는 장면이 포함된 이 긴 이야기는 라반과 야곱 사이에 계약이 세워지고 둘이 서로 갈라서는 분기점을 이룬다. 이 이야기는 또 라반으로 대표되는 우상숭배에서 멀어지는 한 집안의 역사이기도 하다. 야곱은 나중에 두 신상을 없애 버린다(35,2-4). 이 부분은 LXX와 MT가 서로 많이 다르다. LXX는 히브리어 본문 27절의 "어째서 몰래 달아났는가?"(למה נחבאת לברח)를 26ㄱ절과 ㄴ절 사이에 넣고, 26ㄱ절의 두 번째 문장 "자네가 나를 속이고"(ותגנב את לבבי)를 생략하여 "자네 무슨 짓을 한 건가?"(Τί ἐποίησας;)로 대치하였다. 그리고 히브리어 본문의 27절 "나를 속이고"(ותגנב אתי)를 '어찌하여 몰래 달아났는가?' 뒤에 연결시켰다(ἵνα τί κρυφῇ ἀπέδρας καὶ ἐκλοποφόρησάς με). 또한 27절의 "왜 나에게 알리지 않았나?"(ולא הגדת לי)를 사실과 반대되는 조건절 "자네가 나에게 알렸다면"(καὶ εἰ ἀνήγγειλάς μοι)으로 바꾼다.

18) 히브리어 본문의 "자식과 아내 들"이라고 한 것을 LXX는 사마리아 오경과 함께 순서를 바꾸어 "아내들과 자식들"이라 하였다.

19) MT는 "가축"(מקנה)이라고 하였다.

야곱이 라반을 떠나다: 야곱과 라반이 갈라섬[17]

31,17 야곱은 일어나 자기 아내들과 자식들을[18] 낙타에 태우고, 18 모든 소유물과[19] 모든 재산, 곧 그가 메소포타미아에서 얻은 것과 모든 것을 가지고 가나안 땅에 있는 아버지 이사악에게 돌아갔다. 19 라반이 양떼의 털을 깎으러 가자, 라헬은 아버지의 우상들을[20] 훔쳤다. 20 야곱은 시리아 사람[21] 라반에게 (자신을) 감추어[22] 자신이 달아날 것을[23] 그에게 알리지 않고, 21 자신의 모든 것을 가지고 달아났다. 그는 강을 건너 길르앗 산으로 향하였다. 22 야곱이 달아났다는 소식이 사흘 만에 시리아 사람 라반에게[24] 전해졌다. 23 그는 몸소 〈자기의〉 모든 친족을 이끌고 야곱의 뒤를 쫓아 이레 길을 가, 길르앗 산에서 그를 따라잡았다. 24 그(날) 밤 꿈에 하느님께서 시리아 사람 라반에게 오시어 〈그에게〉 말씀하셨다. "너는 야곱에게 나쁜 말 하지[25] 않도록 조심하여라." 25 라반이 야곱을 따라잡았을 때, 야곱이 산에 천막을 쳤으므로 라반은 자기 친족들을 길르앗 산에 두었다. 26 라반이 야곱에게 말하였다. "자네 무슨 짓을 한 건가? 어찌하여 몰래 달아났으며 내 재산을 훔쳐내고[26] 내 딸들을 칼로 (사로잡은) 포로들처럼[27] 끌고 갔는가? 27 자네가 나에게 알렸다면,[28] 내가 기뻐하며 음악과 손북과 수금과 함께[29] 자네를 떠나보냈을 것이네. 28 나는

---

20) '상'(像)(εἴδωλον)이 '신의 표상', 곧 "우상"이라는 의미로 사용되었다. 아퀼라역은 '모습들'(μορφώματα)을 썼고, 심마쿠스역은 תְּרָפִים(수호신)을 그대로 음역하여 Θεραφείμ이라고 하였다.

21) הָאֲרַמִּי(아람인)을 이곳과 24절에서 "시리아 사람"(τὸν Σύρον)으로 옮겼다.

22) '마음을 훔치다'(גנב את־לב)를 '감추다'(κρύπτω)로 옮겼다.

23) LXX 번역자는 야곱이 떠나는 것을 마치 노예나 탈영병이 '달아나는'(ἀποδιδράσκω) 것으로 묘사하였다. 필로는 야곱이 '무지한, 표시가 없는'(ἄσημος) 불완전한 존재를 상징하는 라반(30,42 각주 참조) 앞에서 달아나는 것은 정당하다고 옹호한다(*Fug.* 7-22).

24) LXX는 "시리아 사람 라반에게"(Λαβαν τῷ Σύρῳ)라고 하여 리반을 구체적으로 소개한다.

25) 히브리어 본문의 "좋은 말이든 나쁜 말이든"(מטוב עד רע)을 LXX는 논리적으로 정리하여 옮겼다. 라반이 야곱에게 좋은 말을 하리라고는 기대할 수 없는 상황이기 때문이다.

26) '훔쳐내다'(κλοποφορέω)라는 동사는 LXX에 한 번만 나오는 단어이다. 이 동사는 '도둑질'(κλοπή)과 '가져가다'(φορέω)를 합성한 것으로 아마도 필사자들의 실수인 듯하다. 히브리어 본문에 나오는 '야곱이 라반을 속였다'(네가 내 마음을 훔쳐냈다)라는 표현이 LXX의 이 구절에 반영된 듯하다.

27) "칼로 (사로잡은) 포로들"(αἰχμαλώτιδας μαχαίρᾳ)은 전쟁포로들을 가리킨다.

28) MT는 "왜 나에게 알리지 않았나?"(לא הגדת לי)라는 부정의문문이다.

29) MT는 '기쁨과 노래, 손북과 비파로'(בשמחה ובשרים בתף ובכנור)이다. LXX는 '노래'(שיר)를 '음악'으로, '손북'(תף)을 복수형(τυμπάνων)으로, '비파'(כנור)는 '수금'으로 옮겼다.

παιδία μου καὶ τὰς θυγατέρας μου. νῦν δὲ ἀφρόνως ἔπραξας. **29** καὶ νῦν ἰσχύει ἡ χείρ μου κακοποιῆσαί σε· ὁ δὲ θεὸς τοῦ πατρός σου ἐχθὲς εἶπεν πρός με λέγων Φύλαξαι σεαυτόν, μήποτε λαλήσῃς μετὰ Ιακωβ πονηρά. **30** νῦν οὖν πεπόρευσαι· ἐπιθυμίᾳ γὰρ ἐπεθύμησας ἀπελθεῖν εἰς τὸν οἶκον τοῦ πατρός σου· ἵνα τί ἔκλεψας τοὺς θεούς μου; **31** ἀποκριθεὶς δὲ Ιακωβ εἶπεν τῷ Λαβαν Εἶπα γὰρ Μήποτε ἀφέλῃς τὰς θυγατέρας σου ἀπ’ ἐμοῦ καὶ πάντα τὰ ἐμά· **32** ἐπίγνωθι, τί ἐστιν τῶν σῶν παρ’ ἐμοί, καὶ λαβέ. καὶ οὐκ ἐπέγνω παρ’ αὐτῷ οὐθέν. καὶ εἶπεν αὐτῷ Ιακωβ Παρ’ ᾧ ἐὰν εὕρῃς τοὺς θεούς σου, οὐ ζήσεται ἐναντίον τῶν ἀδελφῶν ἡμῶν. οὐκ ᾔδει δὲ Ιακωβ ὅτι Ραχηλ ἡ γυνὴ αὐτοῦ ἔκλεψεν αὐτούς. **33** εἰσελθὼν δὲ Λαβαν ἠρεύνησεν εἰς τὸν οἶκον Λειας καὶ οὐχ εὗρεν· καὶ ἐξελθὼν ἐκ τοῦ οἴκου Λειας ἠρεύνησεν τὸν οἶκον Ιακωβ καὶ ἐν τῷ οἴκῳ τῶν δύο παιδισκῶν καὶ οὐχ εὗρεν. εἰσῆλθεν δὲ καὶ εἰς τὸν οἶκον Ραχηλ. **34** Ραχηλ δὲ ἔλαβεν τὰ εἴδωλα καὶ ἐνέβαλεν αὐτὰ εἰς τὰ σάγματα τῆς καμήλου καὶ ἐπεκάθισεν αὐτοῖς **35** καὶ εἶπεν τῷ πατρὶ αὐτῆς Μὴ βαρέως φέρε, κύριε· οὐ δύναμαι ἀναστῆναι ἐνώπιόν σου, ὅτι τὸ κατ’ ἐθισμὸν τῶν γυναικῶν μοί ἐστιν. ἠρεύνησεν δὲ Λαβαν ἐν ὅλῳ τῷ οἴκῳ καὶ οὐχ εὗρεν τὰ εἴδωλα. **36** ὠργίσθη δὲ Ιακωβ καὶ ἐμαχέσατο τῷ Λαβαν· ἀποκριθεὶς δὲ Ιακωβ εἶπεν τῷ Λαβαν Τί τὸ ἀδίκημά μου καὶ τί τὸ ἁμάρτημά μου, ὅτι κατεδίωξας ὀπίσω μου **37** καὶ ὅτι ἠρεύνησας πάντα τὰ σκεύη μου; τί εὗρες ἀπὸ πάντων τῶν σκευῶν τοῦ οἴκου σου; θὲς ὧδε ἐναντίον τῶν ἀδελφῶν μου καὶ τῶν ἀδελφῶν σου, καὶ ἐλεγξάτωσαν ἀνὰ μέσον τῶν δύο ἡμῶν. **38** ταῦτά μοι εἴκοσι

---

30) 히브리어 본문의 '자네는 내가 …하도록 기회를 주지 않았네' (… לא נשלתני)를 1인칭 수동형 '나는 허락받지 못하였네', 또는 '나는 할 수 없었네' (οὐκ ἠξιώθην)로 옮겼다.

31) 히브리어 본문의 "… 하는 생각에 두려웠기" (כי יראתי כי אמרתי)를 간단하게 כי절을 생략하여 "… 않을까 하고 제가 말했기" (εἶπα γάρ)로 옮겼다. 이는 첫째 כי에서 둘째 כי로 건너뛴 탈락오사(脫落誤寫)의 결과인 듯하다.

32) 이 절에서 LXX는 MT와 달리 이어지는 문장(누구에게서든 … 살아남지 못할 것입니다)과 그 다음 문장(… 훔쳤다는 사실을 몰랐다) 사이의 논리적인 연결을 위하여 "저에게 … 가져가

내 아이들과 딸들에게 입맞출 수도 없었네.[30] 〈이제〉 자네는 어리석은 짓을 하였네. 29 지금 내 손은 자네를 해롭게 할 수 있을 만한 힘이 있지만, 어제 자네 아버지의 하느님께서 '야곱에게 나쁜 말 하지 않도록 조심하여라' 하고 나에게 말씀하셨네. 30 그래, 이제 자네는 떠났군, 그토록 자네 아버지 집으로 가고 싶어 하더니. 그런데 내 신들은 어째서 훔쳤나?" 31 야곱이 라반에게 대답하였다. "어르신께서 어르신의 딸들과 제 모든 것을 저에게서 가져 가시지나 않을까 하고 제가 (자신에게) 말했기[31] 때문입니다. 32[32] 저에게 어르신의 것이 있는지 살펴보시고 가져가십시오." 그러나 라반은 그에게서 아무것도 알아내지 못하였다. 야곱이 말하였다. "어르신께서 누구에게서든 어르신의 신들을 발견하신다면, 그자는 우리 친족들 앞에서 살아남지 못할 것입니다." 야곱은 자기 아내 라헬이 그것들을 훔쳤다는 사실을 몰랐다. 33 라반은 레아의 거처에[33] 들어가 뒤져 보았지만 찾아내지 못하였다. 그는 레아의 거처에서 나와 야곱의 거처와 두 여종의 거처도 뒤져 보았지만 찾아내지 못하였다.[34] 그러자 그는 라헬의 거처로 들어갔다. 34 라헬은 그 우상들을 가져다가 〈그것들을〉 낙타 안장 속에 넣고 그 위에 앉았다.[35] 35 그가 아버지에게 말하였다. "주인님, 언짢아하지 마십시오. 저는 (지금) 여인들에게 있는 일을[36] 치르고 있기 때문에, 당신 앞에 일어설 수 없습니다." 라반은 그 거처를 온통 뒤져 보았으나, 우상들을 찾아내지 못하였다. 36 야곱은 화가 나서 라반과 다투었다. 야곱이 라반에게 〈응대하여〉 말하였다. "제 잘못이 무엇이며, 저의 죄가 무엇이길래 저를 뒤쫓아 오셨습니까? 37 제 물건은 다 뒤지셨습니까? 어르신 집안의 모든 물건 가운데 무엇을 찾아내셨습니까? 여기 저의 친족과 어르신의 친족 앞에 내놓으십시오. 그들이 우리 둘 사이를 판가름하게 합시다. 38 저는 이 이십 년을 어르신과 함께 지냈습니다.

십시오"를 앞에 두었다. 그리고 MT에 없는 문장 "라반은 그에게서 아무것도 알아내지 못하였다"(οὐκ ἐπέγνω παρ' αὐτῷ οὐθέν)를 끼워 넣었다.

33) "천막"(אהל)을 번역자의 시대상황에 맞추어 "거처"(οἶκον)로 옮겼다.

34) LXX에서는 라반이 거처에 들어간 순서가 MT와 다르다. MT에서는 야곱과 레아의 천막, 그리고 두 여종의 천막에 들어갔다가 레아의 천막에서 나와 라헬의 천막으로 들어갔지만, LXX에서는 레아의 거처에 먼저 들어가고 야곱과 두 여종의 거처를 뒤진다. 또한 LXX는 "뒤져 보았지만 찾아내지 못하였다"(ἠρεύνησεν … καὶ οὐχ εὗρεν)는 결과를 묘사하였다.

35) LXX는 이어지는 히브리어 본문의 וימשש לבן את כל האהל ולא מצא(라반은 천막 안을 샅샅이 뒤졌으나 찾아내지 못하였다)를 생략하였는데, 다음 절에 비슷한 문장이 나오기 때문이다.

36) 직역하면 '여인들의 관습'(ἐθισμὸν τῶν γυναικῶν)이다. LXX는 월경을 묘사하는 데 18,11(τὰ γυναικεῖα)과는 달리 히브리어법(MT: דרך נשים לי 저에게 여인들의 길이)에 따라 옮겼다.

ἔτη ἐγώ εἰμι μετὰ σοῦ· τὰ πρόβατά σου καὶ αἱ αἶγές σου οὐκ ἠτεκνώθησαν· κριοὺς τῶν προβάτων σου οὐ κατέφαγον· **39** θηριάλωτον οὐκ ἀνενήνοχά σοι, ἐγὼ ἀπετίννυον παρ' ἐμαυτοῦ κλέμματα ἡμέρας καὶ κλέμματα νυκτός· **40** ἐγινόμην τῆς ἡμέρας συγκαιόμενος τῷ καύματι καὶ παγετῷ τῆς νυκτός, καὶ ἀφίστατο ὁ ὕπνος ἀπὸ τῶν ὀφθαλμῶν μου. **41** ταῦτά μοι εἴκοσι ἔτη ἐγώ εἰμι ἐν τῇ οἰκίᾳ σου· ἐδούλευσά σοι δέκα τέσσαρα ἔτη ἀντὶ τῶν δύο θυγατέρων σου καὶ ἓξ ἔτη ἐν τοῖς προβάτοις σου, καὶ παρελογίσω τὸν μισθόν μου δέκα ἀμνάσιν. **42** εἰ μὴ ὁ θεὸς τοῦ πατρός μου Αβρααμ καὶ ὁ φόβος Ισαακ ἦν μοι, νῦν ἂν κενόν με ἐξαπέστειλας· τὴν ταπείνωσίν μου καὶ τὸν κόπον τῶν χειρῶν μου εἶδεν ὁ θεὸς καὶ ἤλεγξέν σε ἐχθές. **43** ἀποκριθεὶς δὲ Λαβαν εἶπεν τῷ Ιακωβ Αἱ θυγατέρες θυγατέρες μου, καὶ οἱ υἱοὶ υἱοί μου, καὶ τὰ κτήνη κτήνη μου, καὶ πάντα, ὅσα σὺ ὁρᾷς, ἐμά ἐστιν καὶ τῶν θυγατέρων μου. τί ποιήσω ταύταις σήμερον ἢ τοῖς τέκνοις αὐτῶν, οἷς ἔτεκον; **44** νῦν οὖν δεῦρο διαθώμεθα διαθήκην ἐγὼ καὶ σύ, καὶ ἔσται εἰς μαρτύριον ἀνὰ μέσον ἐμοῦ καὶ σοῦ. εἶπεν δὲ αὐτῷ Ἰδοὺ οὐθεὶς μεθ' ἡμῶν ἐστιν, ἰδὲ ὁ θεὸς μάρτυς ἀνὰ μέσον ἐμοῦ καὶ σοῦ. **45** λαβὼν δὲ Ιακωβ λίθον ἔστησεν αὐτὸν στήλην. **46** εἶπεν δὲ Ιακωβ τοῖς ἀδελφοῖς αὐτοῦ Συλλέγετε λίθους. καὶ συνέλεξαν λίθους καὶ ἐποίησαν βουνόν, καὶ ἔφαγον καὶ ἔπιον ἐκεῖ ἐπὶ τοῦ βουνοῦ. καὶ εἶπεν αὐτῷ Λαβαν Ὁ βουνὸς οὗτος μαρτυρεῖ ἀνὰ μέσον ἐμοῦ καὶ σοῦ σήμερον. **47** καὶ ἐκάλεσεν αὐτὸν Λαβαν Βουνὸς τῆς μαρτυρίας, Ιακωβ δὲ ἐκάλεσεν αὐτὸν Βουνὸς μάρτυς. **48** εἶπεν δὲ Λαβαν τῷ Ιακωβ Ἰδοὺ

---

37) 히브리어 본문의 הייתי ביום אכלני חרב וקרח בלילה(낮에는 더위가, 밤에는 추위가 저를 먹어)를 "낮에는 더위먹고, 밤에는 추위에 떨었으며"(ἐγινόμην τῆς ἡμέρας συγκαιόμενος τῷ καύματι καὶ παγετῷ τῆς νυκτός)로 옮겼다.

38) 야곱의 품삯에 관하여 히브리어 본문의 "열 번이나"(עשרת מנים)를 "양 열 마리를"(δέκα ἀμνάσιν)로 바꾸었다. 야곱이 레아와 라헬에게 말하는 대목(7절) 각주 참조.

39) LXX 번역자는 '아버지'와 아브라함 사이에 있던 '하느님'을 빠뜨린 것 같다(MT: 제 아버지의 하느님, 아브라함의 하느님 אלהי אבי אלהי אברהם). 그리스어 개정본들은 여기 빠뜨린 단어를 채워 넣었다.

어르신의 암양과 암염소가 새끼를 잃은 적이 없고, 제가 어르신 양떼에서 숫양들을 잡아먹지도 않았습니다. 39 들짐승에게 잡힌 것은 어르신께 가져가지 않았고, 낮에 도둑맞은 것이든, 밤에 도둑맞은 것이든 제가 물어냈습니다. 40 저는 낮에는 더위 먹고, 밤에는 추위에 떨었으며,[37] 제 눈에서 잠이 달아나 버리곤 하였습니다. 41 저는 이 이십 년 동안 어르신 댁에서 지냈습니다. 십사 년은 어르신의 두 딸 때문에, 그리고 육 년은 어르신의 양떼를 얻으려고 당신께 일해 드렸습니다. 그런데 당신께서는 제 품삯 양 열 마리를[38] 속이셨습니다. 42 제 아버지 아브라함의 하느님,[39] 이사악의 두려운 분께서[40] 저와 함께하지 않으셨다면, 어르신께서는 지금 저를 빈털터리로 보내셨을 것입니다. (그러나) 하느님께서는 저의 비참함과 제 손의 고생을 보시고, 어제 어르신을 심판하신 것입니다.” 43 라반이 야곱에게 〈응대하여〉 말하였다. “딸들은 내 딸들이요, 아들들은 내 아들들이고, 가축 떼도 내 가축 떼일세. 자네가 보는 모든 것이 나와 내 딸들의 것이네.[41] 그렇지만 오늘 내가 이 딸들과 그들이 낳은 아이들을 어찌하겠는가? 44 그러니 이제 나와 자네가 계약을 맺세. 그것이 나와 자네 사이에 증거가 될 걸세.” 그리고 라반이 그에게 말하였다. “보게나, 우리 곁에 아무도 없으니 하느님께서 나와 자네 사이의 증인이시네.”[42] 45 야곱은 돌 하나를 가져다 그것으로 기둥을 세웠다. 46 야곱이 자기 친족들에게 말하였다. “돌을 모아 오시오.” 그래서 그들이 돌들을 모아다가 돌무더기를 만들고 그 돌무더기 위에서 먹고 마셨다. 라반이 그에게 말하였다. “오늘 이 돌무더기가 나와 자네 사이를 증거하네.”[43] 47 라반은 그것을 ‘증거의 돌무더기’라[44] 불렀고, 야곱은 그것을 ‘돌무더기 증인’이라[45] 불렀다. 48 라반이 야곱에게 말하였다. “이 돌무더기

---

40) 그리스어 ‘두려움’($\phi\acute{o}\beta o\varsigma$)은 MT에 나오는 “(이사악의) 두려우신 분”(פחד)과 정확히 일치한다. 일부 그리스어 사본들은 이를 ‘하느님’($\theta\epsilon\acute{o}\varsigma$)으로 옮겼다. 헬레니즘 시대의 ‘두려움’은 스토아 학파에서 징죄한 감정들 가운데 하나로 종교적 의미를 지니지 않았다.

41) 히브리어 본문의 “(모두가) 내 것이네”(לי הוא)에 LXX는 “내 딸들”($\tau\hat{\omega}\nu\ \theta\upsilon\gamma\alpha\tau\acute{\epsilon}\rho\omega\nu\ \mu o\upsilon$)의 것까지 덧붙였다.

42) 이 절의 두 번째 문장, “라반이 그에게 말하였다. ‘보게나, 우리 곁에 아무도 없으니 하느님께서 나와 자네 사이의 증인이시네’”($\epsilon\hat{\iota}\pi\epsilon\nu\ \delta\grave{\epsilon}\ \alpha\grave{\upsilon}\tau\hat{\omega}\ \text{'}I\delta o\grave{\upsilon}\ o\grave{\upsilon}\theta\epsilon\grave{\iota}\varsigma\ \mu\epsilon\theta\text{'}\ \acute{\eta}\mu\hat{\omega}\nu\ \acute{\epsilon}\sigma\tau\iota\nu,\ \acute{\iota}\delta\epsilon\ \acute{o}\ \theta\epsilon\grave{o}\varsigma\ \mu\acute{\alpha}\rho\tau\upsilon\varsigma\ \acute{\alpha}\nu\grave{\alpha}\ \mu\acute{\epsilon}\sigma o\nu\ \acute{\epsilon}\mu o\hat{\upsilon}\ \kappa\alpha\grave{\iota}\ \sigma o\hat{\upsilon}$)는 MT에 없다.

43) LXX의 “라반이 그에게 말하였다. ‘오늘 … 증거하네’”는 히브리어 본문의 48ㄱ절이다.

44) LXX는 아람어 여가르-사하두타(יגר שהדותא)를 뜻으로 풀어 “증거의 돌무더기”($B o\upsilon\nu\grave{o}\varsigma\ \tau\hat{\eta}\varsigma\ \mu\alpha\rho\tau\upsilon\rho\acute{\iota}\alpha\varsigma$)로 옮겼다.

45) LXX는 히브리어 본문의 고유명사 “갈르엣”(גלעד)을 해석하여 “돌무더기 증인”($B o\upsilon\nu\grave{o}\varsigma\ \mu\acute{\alpha}\rho\tau\upsilon\varsigma$)이라고 옮겼다.

ὁ βουνὸς οὗτος καὶ ἡ στήλη αὕτη, ἣν ἔστησα ἀνὰ μέσον ἐμοῦ καὶ σοῦ, μαρτυρεῖ ὁ βουνὸς οὗτος καὶ μαρτυρεῖ ἡ στήλη αὕτη· διὰ τοῦτο ἐκλήθη τὸ ὄνομα αὐτοῦ Βουνὸς μαρτυρεῖ **49** καὶ Ἡ ὅρασις, ἣν εἶπεν Ἐπίδοι ὁ θεὸς ἀνὰ μέσον ἐμοῦ καὶ σοῦ, ὅτι ἀποστησόμεθα ἕτερος ἀπὸ τοῦ ἑτέρου. **50** εἰ ταπεινώσεις τὰς θυγατέρας μου, εἰ λήμψῃ γυναῖκας ἐπὶ ταῖς θυγατράσιν μου, ὅρα οὐθεὶς μεθ’ ἡμῶν ἐστιν· **52** ἐάν τε γὰρ ἐγὼ μὴ διαβῶ πρὸς σὲ μηδὲ σὺ διαβῇς πρός με τὸν βουνὸν τοῦτον καὶ τὴν στήλην ταύτην ἐπὶ κακίᾳ, **53** ὁ θεὸς Αβρααμ καὶ ὁ θεὸς Ναχωρ κρινεῖ ἀνὰ μέσον ἡμῶν. καὶ ὤμοσεν Ιακωβ κατὰ τοῦ φόβου τοῦ πατρὸς αὐτοῦ Ισαακ. **54** καὶ ἔθυσεν Ιακωβ θυσίαν ἐν τῷ ὄρει καὶ ἐκάλεσεν τοὺς ἀδελφοὺς αὐτοῦ, καὶ ἔφαγον καὶ ἔπιον καὶ ἐκοιμήθησαν ἐν τῷ ὄρει.

32,1 ἀναστὰς δὲ Λαβαν τὸ πρωὶ κατεφίλησεν τοὺς υἱοὺς αὐτοῦ καὶ τὰς θυγατέρας αὐτοῦ καὶ εὐλόγησεν αὐτούς, καὶ ἀποστραφεὶς Λαβαν ἀπῆλθεν εἰς τὸν τόπον αὐτοῦ.

32,2 Καὶ Ιακωβ ἀπῆλθεν εἰς τὴν ἑαυτοῦ ὁδόν. καὶ ἀναβλέψας εἶδεν παρεμβολὴν θεοῦ παρεμβεβληκυῖαν, καὶ συνήντησαν αὐτῷ οἱ ἄγγελοι τοῦ θεοῦ. **3** εἶπεν δὲ Ιακωβ, ἡνίκα εἶδεν αὐτούς Παρεμβολὴ θεοῦ αὕτη· καὶ ἐκάλεσεν τὸ ὄνομα τοῦ τόπου ἐκείνου Παρεμβολαί.

---

46) 이 절에서 LXX는 히브리어 본문의 48ㄴ절(그리하여 그 이름을 갈르엣이라 부르게 되었다) 앞에 51절과 52ㄱ절을 끼워 넣었다. 이러한 문장의 재배치를 위하여 46ㄴ절에는 "라반이 그에게 말하였다"를, 48절에는 "라반이 야곱에게 말하였다"를 넣어 연결을 꾀하였다.

47) LXX는 '망보는 곳'이라는 뜻을 지닌 히브리어 지명 "미스바"(מצפה)를 풀어 "살핌"(ἡ ὅρασις)으로 옮겼다.

48) LXX는 아람인 라반이 '주님'이라 하는 것을 피하려고 히브리어 본문의 "주님"(יהוה)을 대신하여 "하느님"(ὁ θεός)으로 옮겼다.

49) MT에 있는 '하느님께서 나와 자네 사이의 증인이시네'(ראה אלהים עד ביני וביניך)가 없다. LXX는 이를 44절 뒷부분에 배치하였다.

50) LXX 본문 편집자는 51절을 두지 않았다. 히브리어 본문의 51절에 대응하는 구절을 48절에 이미 포함시켰기 때문이다.

51) LXX는 아브라함의 하느님과 나홀의 하느님을 구분한(ישפטו 그들이 심판할 것이다) MT와 달리, 이들을 같은 하느님(κρινεῖ 그가 심판할 것이다)으로 묘사한다.

와, 내가 나와 자네 사이에 세운 이 기둥을 보게. 이 돌무더기가 증거하고 이 기둥이 증거하네." 그리하여 그것의 이름은 '돌무더기가 증거한다'라고 불렸다.[46)]
49 그리고 '살핌'이라고도[47)] (불렸는데), 그것은 그가 (이렇게) 말하였기 때문이다. "우리가 서로 떨어져 있는 동안, 하느님께서[48)] 나와 자네 사이를 살피실지어다. 50 자네가 내 딸들을 구박하거나 내 딸들을 두고 (다른) 아내들을 맞아들이면, 보게나 우리 곁에 아무도 없네.[49)] (51)[50)] 52 내가 자네 쪽으로 건너가지 않고 자네가 나쁜 맘을 먹고 이 돌무더기와 이 기념기둥을 넘어 내 쪽으로 오지 않는다면, 53 아브라함의 하느님과 나홀의 하느님께서[51)] 우리 사이를 심판하실 걸세."[52)] 야곱은 자기 아버지 이사악의 두려운 분을 두고 맹세하였다. 54 야곱은 그 산에서 제물을 바치고 자기 친족들을 불렀다.[53)] 그들은 먹고 마시며 그 산에서 잤다.

라반이 야곱에게 인사하고 돌아가다

32,1 라반은 아침에 일어나 자기 아들들과 딸들에게 입맞추고 그들에게 축복하였다. (그런 다음) 라반은 몸을 돌려 자기 장소로 돌아갔다.[1)]

야곱의 출발[2)]

32,2 야곱도 자기 (갈) 길을 갔다. 그가 올려다보니 하느님의 진영이 쳐져 있었는데,[3)] 하느님의 천사들이 그와 마주쳤다. 3 야곱이 그들을 보고 말하였다. "이것은 하느님의 진영이구나." 그리고 그곳의 이름을 '진영들'이라 하였다.

---

52) MT와 달리 LXX의 52절은 조건절이며 53절이 귀결절이다(미래 조건문). 이 문장은 조건절과 귀결절의 주어가 다른 파격구문이다. 여기서 돌무더기와 기념기둥은 라반과 야곱이 서로 침범해서는 안 되는 경계선이다. 조건절의 부정문이 의미를 전달하는 데 미약하여, $\gamma \acute{\alpha} \rho$라는 접속사를 앞세워 뜻을 분명히 하였다.

53) MT는 형제들을 청한 이유(לֶאֱכָל־לֶחֶם 음식을 함께 나누자고)를 밝힌다.

1) 이 절은 앞 단락의 결론으로서 야곱과 라반이 갈라서는 장면을 훌륭하게 마무리하며, 야곱의 새로운 출발이 시작되는 다음 단락에 자리를 내준다.

2) 이 부분에서 야곱과 에사오가 만나게 될 장소의 이름이 소개된다. LXX 번역자는 '두 진영'을 뜻하는 히브리어 이름 마하나임(מַחֲנַיִם)을 군사용어인 "진영들"($\pi \alpha \rho \epsilon \mu \beta o \lambda \alpha \acute{\iota}$)로 옮겼다. 이는 하느님의 진영과 야곱의 진영, 곧 그의 낙타 떼, 가족들, 가축 등을 말한다. 이 야곱의 진영 가운데 일부는 앞으로 에사오의 마음을 달래 줄 선물로 쓰일 것이다.

3) LXX는 MT에 없는 '야곱이 올려다보니 하느님의 진영이 쳐져 있었다'($\dot{\alpha} \nu \alpha \beta \lambda \acute{\epsilon} \psi \alpha \varsigma$ $\epsilon \hat{\iota} \delta \epsilon \nu$ $\pi \alpha \rho \epsilon \mu \beta o \lambda \dot{\eta} \nu$ $\theta \epsilon o \hat{\upsilon}$ $\pi \alpha \rho \epsilon \mu \beta \epsilon \beta \lambda \eta \kappa \upsilon \hat{\iota} \alpha \nu$)라는 문장을 덧붙였다. 이는 다음 2절에 나오는 '하느님의 진영'을 미리 소개하는 구실을 한다.

32,4 Ἀπέστειλεν δὲ Ιακωβ ἀγγέλους ἔμπροσθεν αὐτοῦ πρὸς Ησαυ τὸν ἀδελφὸν αὐτοῦ εἰς γῆν Σηιρ εἰς χώραν Εδωμ **5** καὶ ἐνετείλατο αὐτοῖς λέγων Οὕτως ἐρεῖτε τῷ κυρίῳ μου Ησαυ Οὕτως λέγει ὁ παῖς σου Ιακωβ Μετὰ Λαβαν παρῴκησα καὶ ἐχρόνισα ἕως τοῦ νῦν, **6** καὶ ἐγένοντό μοι βόες καὶ ὄνοι καὶ πρόβατα καὶ παῖδες καὶ παιδίσκαι, καὶ ἀπέστειλα ἀναγγεῖλαι τῷ κυρίῳ μου Ησαυ, ἵνα εὕρῃ ὁ παῖς σου χάριν ἐναντίον σου. **7** καὶ ἀνέστρεψαν οἱ ἄγγελοι πρὸς Ιακωβ λέγοντες Ἤλθομεν πρὸς τὸν ἀδελφόν σου Ησαυ, καὶ ἰδοὺ αὐτὸς ἔρχεται εἰς συνάντησίν σοι καὶ τετρακόσιοι ἄνδρες μετ' αὐτοῦ. **8** ἐφοβήθη δὲ Ιακωβ σφόδρα καὶ ἠπορεῖτο. καὶ διεῖλεν τὸν λαὸν τὸν μετ' αὐτοῦ καὶ τοὺς βόας καὶ τὰ πρόβατα εἰς δύο παρεμβολάς, **9** καὶ εἶπεν Ιακωβ Ἐὰν ἔλθῃ Ησαυ εἰς παρεμβολὴν μίαν καὶ ἐκκόψῃ αὐτήν, ἔσται ἡ παρεμβολὴ ἡ δευτέρα εἰς τὸ σῴζεσθαι. **10** εἶπεν δὲ Ιακωβ Ὁ θεὸς τοῦ πατρός μου Αβρααμ καὶ ὁ θεὸς τοῦ πατρός μου Ισαακ, κύριε ὁ εἶπας μοι Ἀπότρεχε εἰς τὴν γῆν τῆς γενέσεώς σου καὶ εὖ σε ποιήσω, **11** ἱκανοῦταί μοι ἀπὸ πάσης δικαιοσύνης καὶ ἀπὸ πάσης ἀληθείας, ἧς ἐποίησας τῷ παιδί σου· ἐν γὰρ τῇ ῥάβδῳ μου διέβην τὸν Ιορδάνην τοῦτον, νῦν δὲ γέγονα εἰς δύο παρεμβολάς. **12** ἐξελοῦ με ἐκ χειρὸς τοῦ ἀδελφοῦ μου Ησαυ, ὅτι φοβοῦμαι ἐγὼ αὐτόν, μήποτε ἐλθὼν πατάξῃ με καὶ μητέρα ἐπὶ τέκνοις. **13** σὺ δὲ εἶπας Καλῶς εὖ σε ποιήσω καὶ θήσω τὸ σπέρμα σου ὡς τὴν ἄμμον τῆς θαλάσσης, ἣ οὐκ ἀριθμηθήσεται ἀπὸ τοῦ πλήθους. **14** καὶ ἐκοιμήθη ἐκεῖ τὴν νύκτα ἐκείνην. καὶ ἔλαβεν ὧν ἔφερεν δῶρα καὶ ἐξαπέστειλεν Ησαυ τῷ ἀδελφῷ αὐτοῦ, **15** αἶγας διακοσίας, τράγους εἴκοσι, πρόβατα διακόσια,

---

4) LXX는 "당신 종"(ὁ παῖς)을 넣어 야곱의 낮춤을 강조하였다.

5) LXX는 "제 주인님"의 동격으로 에사오를 넣어 형제 사이의 거리감을 미묘하게 강화하였다.

6) צרר(걱정하다, 괴로워하다)를 '당황하다' (ἀπορέω)로 옮겼다.

7) LXX와 MT에서 짐승들을 열거한 순서가 다르며, LXX에는 MT의 "낙타들"(גמלים)이 없다 (MT: 양과 염소, 소와 낙타 들).

8) MT에 없는 야곱을 덧붙여 주어를 명시하였다.

9) MT의 "너의 고향으로, 너의 친족에게"(לארצך ולמולדתך)를 하나로 묶어 묘사하였다.

에사오와 만날 준비를 하는 야곱

32,4 야곱은 에돔 지방 세일 땅에 있는 자기 형 에사오에게 자기보다 먼저 전령들을 보내며, 5 그들에게 지시하였다. "너희는 내 주인 에사오에게 이렇게 말하여라. '당신의 종 야곱이 이렇게 말씀드립니다. '저는 라반 곁에서 몸 붙여 살며 지금까지 보냈습니다. 6 (이제) 저에게는 소와 나귀와 양과 염소, 남종과 여종들이 있습니다. 당신 종이[4] 당신 앞에 은총을 입고자 하여, 제 주인님이신 에사오께[5] 소식을 전하라고 보냈습니다.'" 7 전령들이 돌아와 야곱에게 말하였다. "저희가 당신의 형님 에사오에게 갔었습니다. 보십시오. 그분과 장정 사백 명이 나리를 만나러 오십니다." 8 야곱은 매우 두려워하며 당황하여,[6] 자기와 함께 있는 사람들과 소와 양과 염소들을[7] 두 무리로 나누었다. 9 야곱은[8] '에사오가 한 무리에게 들이닥쳐 〈그것을〉 치더라도, 두 번째 무리는 살아남겠지' 하고 (자신에게) 말했던 것이다. 10 야곱이 말하였다. "나의 조상 아브라함의 하느님, 나의 아버지 이사악의 하느님, '네가 태어난 땅으로[9] 돌아가거라. 나는 네가 잘되게 해 주겠다' 하고 저에게 말씀하신 주님, 11 당신께서 당신 종에게 베푸신 그 모든 정의와 모든 진실이 저에게 충분합니다.[10] 저는 제 지팡이 하나로 이 요르단 강을 건넜으나, 이제 저는 두 무리가 되었습니다. 12 제 형 에사오의 손에서 저를 구해 주십시오. 그가 들이닥쳐 저와 어미와 자식들까지[11] 치지나 않을까 저는 〈그가〉 두렵습니다. 13 당신께서는 '내가 너를 〈훌륭히〉[12] 잘되게 해 주고 네 자손을 너무 많아 셀 수 없는 바닷가 모래처럼 만들어 주겠다' 하고 말씀하셨습니다." 14 그는 그날 밤 거기에서 잤다. 그는 자기가 가져온 것들 가운데서[13] 선물을 가져다 자기 형 에사오에게 보냈다.[14] 15 암염소 이

---

10) 비인칭 수동형 문장인 "저에게 충분합니다"($i\kappa\alpha\nu o\hat{\nu}\tau\alpha\iota\ \mu oi$)라는 그리스어 표현은 '저는 만족합니다'라는 의미로 이해할 수 있다. 동사 $i\kappa\alpha\nu\acute{o}\omega$는 이유를 나타내는 전치사 $\dot{\alpha}\pi\acute{o}$와 함께 두 개의 속격이 따르며 '…을 충분히 가지다'를 뜻한다(에제 44,6 참조: $i\kappa\alpha\nu o\acute{\nu}\sigma\theta\omega\ \dot{\nu}\mu\hat{\iota}\nu\ \dot{\alpha}\pi\grave{o}\ \pi\alpha\sigma\hat{\omega}\nu\ \tau\hat{\omega}\nu\ \dot{\alpha}\nu o\mu\iota\hat{\omega}\nu\ \dot{\nu}\mu\hat{\omega}\nu$ 너희의 모든 악행이 너희에게 충분하리라). MT의 표현은 "…가 지에게는 과분합니나"(קטנתי)라고 하여 LXX의 표현과 다르다. 이 문맥에서 전치사 '~로부터'(מן)는 거리감과 부정의 의미를 나타낸다. 이 히브리어 문장이 말하고자 한 것은 '저는 …의 자격이 없습니다'이다. 아퀼라역은 '저는 …하기에 너무 작습니다'($\mu\epsilon\mu\acute{\iota}\kappa\rho\upsilon\mu\mu\alpha\iota$)라고 하였으며, 타르굼 옹켈로스는 '제 공덕이 보잘것없습니다'(זעירן זכותי)라고 옮겼다. 알렉산드리아 사본은 2인칭 주어를 사용하여 '당신은 저에게 충분히 해 주셨습니다'($i\kappa\alpha\nu o\hat{\upsilon}\sigma\alpha\iota\ \mu oi$)로 옮겼다.

11) "자식들까지"($\dot{\epsilon}\pi\grave{\iota}\ \tau\acute{\epsilon}\kappa\nu o\iota s$)는 MT의 עם על־בנים를 그대로 베낀 것이다(호세 10,14 참조).

12) MT의 동족분사(היטב)를 형용사 $\kappa\alpha\lambda\hat{\omega}s$로 옮겼다.

13) מן הבא בידו(자기가 가진 것 가운데)를 $\hat{\omega}\nu\ \acute{\epsilon}\phi\epsilon\rho\epsilon\nu$(자기기 가져온 깃들 가운네)로 옮겼다.

14) LXX는 MT와 달리 "자기 형 에사오" 앞에 "보냈다"($\dot{\epsilon}\xi\alpha\pi\acute{\epsilon}\sigma\tau\epsilon\iota\lambda\epsilon\nu$)라는 동사를 덧붙여, 야곱이 에사오에게 선물을 골라 보냈음을 묘사하였다.

κριοὺς εἴκοσι, *16* καμήλους θηλαζούσας καὶ τὰ παιδία αὐτῶν τριάκοντα, βόας τεσσαράκοντα, ταύρους δέκα, ὄνους εἴκοσι καὶ πώλους δέκα. *17* καὶ ἔδωκεν διὰ χειρὸς τοῖς παισὶν αὐτοῦ ποίμνιον κατὰ μόνας. εἶπεν δὲ τοῖς παισὶν αὐτοῦ Προπορεύεσθε ἔμπροσθέν μου καὶ διάστημα ποιεῖτε ἀνὰ μέσον ποίμνης καὶ ποίμνης. *18* καὶ ἐνετείλατο τῷ πρώτῳ λέγων Ἐάν σοι συναντήσῃ Ησαυ ὁ ἀδελφός μου καὶ ἐρωτᾷ σε λέγων Τίνος εἶ καὶ ποῦ πορεύῃ, καὶ τίνος ταῦτα τὰ προπορευόμενά σου; *19* ἐρεῖς Τοῦ παιδός σου Ιακωβ· δῶρα ἀπέσταλκεν τῷ κυρίῳ μου Ησαυ, καὶ ἰδοὺ αὐτὸς ὀπίσω ἡμῶν. *20* καὶ ἐνετείλατο τῷ πρώτῳ καὶ τῷ δευτέρῳ καὶ τῷ τρίτῳ καὶ πᾶσι τοῖς προπορευομένοις ὀπίσω τῶν ποιμνίων τούτων λέγων Κατὰ τὸ ῥῆμα τοῦτο λαλήσατε Ησαυ ἐν τῷ εὑρεῖν ὑμᾶς αὐτὸν *21* καὶ ἐρεῖτε Ἰδοὺ ὁ παῖς σου Ιακωβ παραγίνεται ὀπίσω ἡμῶν. εἶπεν γάρ Ἐξιλάσομαι τὸ πρόσωπον αὐτοῦ ἐν τοῖς δώροις τοῖς προπορευομένοις αὐτοῦ, καὶ μετὰ τοῦτο ὄψομαι τὸ πρόσωπον αὐτοῦ· ἴσως γὰρ προσδέξεται τὸ πρόσωπόν μου. *22* καὶ παρεπορεύοντο τὰ δῶρα κατὰ πρόσωπον αὐτοῦ, αὐτὸς δὲ ἐκοιμήθη τὴν νύκτα ἐκείνην ἐν τῇ παρεμβολῇ.

32,23 Ἀναστὰς δὲ τὴν νύκτα ἐκείνην ἔλαβεν τὰς δύο γυναῖκας καὶ τὰς δύο παιδίσκας καὶ τὰ ἔνδεκα παιδία αὐτοῦ καὶ διέβη τὴν διάβασιν τοῦ Ιαβοκ· *24* καὶ ἔλαβεν αὐτοὺς καὶ διέβη τὸν χειμάρρουν καὶ

---

15) LXX는 히브리어 본문의 "암나귀 스무 마리와 수나귀 열 마리"(אתנת עשרים ועירם עשרה)를 "나귀 스무 마리와 새끼나귀 열 마리"(ὄνους εἴκοσι καὶ πώλους δέκα)로 바꾸어 옮겼다.

16) LXX는 히브리어 본문의 "종들의 손에 넘기면서"(ויתן ביד עבדיו)를 "손수 자기 종들에게 … 넘겨주면서"(ἔδωκεν διὰ χειρὸς τοῖς παισὶν αὐτοῦ)로 옮겼는데, χείρ가 전치사와 함께 부사처럼 쓰인 것은 아주 드문 경우이다.

17) LXX는 "이것들"(ταῦτα) 앞에 MT의 "네 앞에 있는"과 달리 "앞에 가는"(προπορευόμενα)을 넣어 설명해 주고 있다.

18) LXX에는 MT에 없는 '첫째에게'(τῷ πρώτῳ)가 더 있다.

19) LXX는 이 절에서 '얼굴'(πρόσωπος)이라는 단어를 세 번 사용하였다(그의 얼굴을 풀다, 그의 얼굴을 보다, 내 얼굴을 받아주다). MT는 이 세 번 이외에 한 번 더 이 단어(פנים)를 써서 '나를 앞장서 가는 선물'(ההלכת לפני מנחה)이라고 표현하였다. LXX는 이를 "그 앞을 지나치는"(τοῖς προπορευομένοις αὐτοῦ)으로 옮겼다.

20) 야곱이 이스라엘이라는 이름을 얻게 되는(29절) 이 이야기는 깊은 의미가 있다. 여기서 야곱은 부상당한 승리자로 나오는데, 야곱과 씨름한 상대방이 누구인지(25절: '어떤 사람' : 29.31

백 마리와 숫염소 스무 마리, 암양 이백 마리와 숫양 스무 마리, 16 젖을 먹이는
낙타와 그 새끼들 서른 마리, 암소 마흔 마리와 황소 열 마리, 나귀 스무 마리와
새끼나귀 열 마리였다.[15] 17 그는 가축을 손수 자기 종들에게[16] 한 가축 떼씩 따로
넘겨주면서, 자기 종들에게 말하였다. "너희는 나를 앞서 가며, 떼와 떼 사이에 거
리를 두어라." 18 그리고 그는 첫째 (종)에게 일렀다. "나의 형 에사오가 너를 만
나, '너는 누구에게 딸렸으며 어디로 가느냐? 네 앞에 가는[17] 이것들은 누구의 것
이냐?' 하고 너에게 묻거든, 19 너는 (이렇게) 말하여라. '나리의 종 야곱의 것인
데, 그분께서 주인 에사오께 보내신 선물입니다. 보십시오, 그분은 저희 뒤에 있습
니다.'" 20 그는 첫째와[18] 둘째와 셋째 (종)에게, 그리고 그 가축 떼들을 뒤따라 앞
서 가는 자들에게도 모두 지시하였다. "너희도 에사오를 보거든 그에게 이
⟨말⟩대로 말해야 한다. 21 그리고 '보십시오, 당신 종 야곱도 저희 뒤에 오고 있습
니다' 하고 말하여라." 그는 '그 앞을 지나치는 선물로 그의 얼굴을 풀어야지. 그
런 다음 내가 그의 얼굴을 보리라. 그러면 아마도 그가 내 얼굴을 받아줄 거야' 하
고 (자신에게) 말하였던 것이다.[19] 22 그리하여 선물은 그의 얼굴보다 앞서 가고,
그는 그날 밤 그 진영에서 잤다.

야곱이 한 사람과 씨름하다[20]

32,23 그는 그 밤에 일어나 두 아내와 두 여종과 자기의 열한 아이들을 데리고
야뽁[21] 건널목을 건넜다. 24 그는 그들을 데리고 시내를 건넜고,[22] 자기의 모든 것

절: '하느님'), 그리고 누가 이겼는지 분명하지 않다(26절). 이 이야기의 주제는 '씨름'(25절)
이며, 히브리어 지명 야뽁(יבק)과 어근이 같다. 또한 야곱에게 '이스라엘'이라는 새로운 이름을
주고 자기 이름은 밝히지 않은 '하느님의 모습'($E\hat{\imath}\delta os\ \tau o\hat{u}\ \theta\epsilon o\hat{u}$)이 나타난 곳을 설명해 준다.
이 지명을 MT는 브니엘(פניאל 31절)이라고 하였다. 한편 하느님과 씨름하여 허벅지 부분을 다
친 야곱(32절)의 이야기는 히브리 민족의 음식문화의 일면을 보여 준다. 이 야곱의 이야기는 지
혜서나 신약성서(사도 7장; 히브 11장)에 다시 나오지만 다소 드물게 인용되었다. 지혜 10,12
은 야곱이 격렬한 싸움을 벌였을 때 그에게 승리를 인거 준 것은 지혜라고 말한다. 집회 44,22-
23은 야곱과 하느님의 씨름에 관하여 말하지 않고 야곱을 다만 열두 지파의 조상이라 표현하였
다. 한편 호세 12,3-5에는 위 본문과 차이가 있기는 하지만 야곱과 하느님의 씨름 이야기가 언
급되었다. 필로는 야곱의 씨름을 욕망들과의 싸움으로 보며 이 때문에 야곱이 새로운 이름을 보
상으로 받았다고 해석하였다(*Praem.* 36-48). 일부 그리스도교 전통은 필로의 이러한 해석을 받
아들였다(오리게네스, *Hom.Num.* XVI,7). 다른 한편 그리스도인들에게 야곱은 대적하는 자를 물
리치고 아버지를 직접 볼 수 있는 그리스도의 모습으로 비쳤다(오리게네스, *Com.Jo.* I,260).

21) LXX는 고유명사 "야뽁"(יבק)을 음역하여 옮겼다(*Ιαβοκ*). 이는 25-26절의 '그가 싸웠다'
(יאבק)와 어간이 같다. LXX는 24-25절에서 히브리어 본문과 상관없이 '씨름하다'($\pi\alpha\lambda\alpha\acute{\imath}\omega$) 동
사를 썼다.

22) MT는 다음 절에 맞춰(혼자 남겨진 야곱) 'ㄱ는 그들을 건네 보냈다'(ויעברם)라고 하였다.

διεβίβασεν πάντα τὰ αὐτοῦ. **25** ὑπελείφθη δὲ Ιακωβ μόνος, καὶ ἐπάλαιεν ἄνθρωπος μετ' αὐτοῦ ἕως πρωί. **26** εἶδεν δὲ ὅτι οὐ δύναται πρὸς αὐτόν, καὶ ἥψατο τοῦ πλάτους τοῦ μηροῦ αὐτοῦ, καὶ ἐνάρκησεν τὸ πλάτος τοῦ μηροῦ Ιακωβ ἐν τῷ παλαίειν αὐτὸν μετ' αὐτοῦ. **27** καὶ εἶπεν αὐτῷ Ἀπόστειλόν με· ἀνέβη γὰρ ὁ ὄρθρος. ὁ δὲ εἶπεν Οὐ μή σε ἀποστείλω, ἐὰν μή με εὐλογήσῃς. **28** εἶπεν δὲ αὐτῷ Τί τὸ ὄνομά σού ἐστιν; ὁ δὲ εἶπεν Ιακωβ. **29** εἶπεν δὲ αὐτῷ Οὐ κληθήσεται ἔτι τὸ ὄνομά σου Ιακωβ, ἀλλὰ Ισραηλ ἔσται τὸ ὄνομά σου, ὅτι ἐνίσχυσας μετὰ θεοῦ καὶ μετὰ ἀνθρώπων δυνατός. **30** ἠρώτησεν δὲ Ιακωβ καὶ εἶπεν Ἀνάγγειλόν μοι τὸ ὄνομά σου. καὶ εἶπεν Ἵνα τί τοῦτο ἐρωτᾷς τὸ ὄνομά μου; καὶ ηὐλόγησεν αὐτὸν ἐκεῖ. **31** καὶ ἐκάλεσεν Ιακωβ τὸ ὄνομα τοῦ τόπου ἐκείνου Εἶδος θεοῦ· εἶδον γὰρ θεὸν πρόσωπον πρὸς πρόσωπον, καὶ ἐσώθη μου ἡ ψυχή. **32** ἀνέτειλεν δὲ αὐτῷ ὁ ἥλιος, ἡνίκα παρῆλθεν τὸ Εἶδος τοῦ θεοῦ· αὐτὸς δὲ ἐπέσκαζεν τῷ μηρῷ αὐτοῦ. **33** ἕνεκεν τούτου οὐ μὴ φάγωσιν οἱ υἱοὶ Ισραηλ τὸ νεῦρον, ὃ ἐνάρκησεν, ὅ ἐστιν ἐπὶ τοῦ πλάτους τοῦ μηροῦ, ἕως τῆς ἡμέρας ταύτης, ὅτι ἥψατο τοῦ πλάτους τοῦ μηροῦ Ιακωβ τοῦ νεύρου καὶ ἐνάρκησεν.

---

23) LXX는 אישׁ를 *ἀνήρ* 대신 *ἄνθρωπος*로 옮겼다. 유다 전통은 이 '사람'을 '천사'로 본다(호세 12,5; 체사레아의 에우세비우스, *PE* IX,21,7). 오리게네스는 이 사람을 야곱이 다른 한 천사와 씨름할 때 야곱을 도우려고 야곱과 함께 싸운 천사로 본다(*P.Arch.* IV,2,5). 또한 '야곱의 기도'라는 위경을 소개하며 우리엘이라는 천사가 야곱이라는 이름으로 땅에 내려와 본래의 야곱과 씨름을 하여 야곱이 결국 이스라엘이라는 이름을 갖게 되었을 것이라고 해석한다(*Com.Jo.* II,188-192). 그리스도교 전통은 이 사람을 강생하기 전에 발현된 '말씀'으로 풀이하였다(유스티누스, *Dial.* 125,3).

24) 히브리어 본문의 "동이 틀 때까지"(עד עלות השחר)를 "아침까지"(*ἕως πρωί*)로 옮겼다.

25) 바오로는 야곱의 싸움을 영의 싸움이라고 말한다(에페 6,12).

26) *δύναται πρὸς αὐτόν*은 드문 그리스어 표현이다. 이는 יכל לו(그를 능가하다)를 그대로 옮긴 것이다.

27) 히브리어 본문의 '허벅지의 우묵한 곳'(כף ירכו)에서 כף를 '평평한 부분'(*πλάτος*)으로 옮겨 "그의 허벅지 부분"(*τοῦ πλάτους τοῦ μηροῦ αὐτοῦ*)이라 하였다.

28) 이 문장은 주어가 명확하지 않아서 이 구절을 이해하는 데 어려움이 있다. 일반적으로 여기 나오는 세 동사(*εἶδεν, ἥψατο, παλαίειν*)의 주어를 '사람'(천사)으로 보아 해석한다.

29) LXX는 '마비되다, 굳어 버리다'(*ναρκάω*) 동사를 써서 야곱이 엉덩이뼈를 '다쳤다'(ותקע)라고 한 MT와 약간 다르게 묘사하였다. 불가타는 이를 '힘을 잃다'(emarcescuit)로 옮겼다.

도 건네 보냈다. 25 야곱은 혼자 남겨졌고, 어떤 사람이[23] 그와 아침까지[24] 씨름하였다.[25] 26 그는 야곱을 이길 수[26] 없음을 알고 그의 허벅지 부분을[27] 만졌다.[28] 그러자 그와 씨름하다가 야곱의 허벅지 부분이 굳어 버렸다.[29] 27 그가 야곱에게 말하였다. "동이 텄으니 나를 보내 다오." 그러나 야곱이 말하였다. "저를 축복해 주시지 않으면, 당신을 보내드리지 않겠습니다." 28 그가 야곱에게 말하였다. "네 이름이 무엇이냐?" 야곱이 말하였다. "야곱입니다." 29 그가 말하였다. "네가 하느님과 겨루어 그 사람들에게[30] 이겼으니,[31] 네 이름은 더 이상 야곱이라 불리지 않고 〈네 이름은〉 이스라엘이 되리라." 30 야곱이 물어 말하였다. "저에게 당신 이름을 알려 주십시오." 그가 말하였다. "무엇 때문에 내 이름을 물어보느냐?" 그리고 그는 거기에서 야곱에게 복을 내려 주었다. 31 야곱은 "내가 하느님의 얼굴을 마주하여 뵈었는데도 내 목숨을 건졌구나" 하면서,[32] 그곳의 이름을 '하느님의 모습'이라[33] 하였다. 32 그가 '하느님의 모습'을 지날 때 해가 그의 위로 떠올랐다. 그는 허벅지 때문에 절뚝거렸다.[34] 33 이 일로 말미암아 이스라엘의 아들들은 이날까지도 허벅지 부분에 있는 뻣뻣한 힘줄은 먹지 않는다.[35] 그분께서 야곱의 허벅지 부분에 있는 힘줄을 만지시어 그것이 굳어버렸기 때문이다.

---

30) LXX의 '그 사람들'($\dot{\alpha}\nu\theta\rho\acute{\omega}\pi\omega\nu$)이 누구를 가리키는지 분명하지 않다. MT는 "네가 하느님과 겨루고 사람들과 겨루어 이겼으니"(כי שׂרית עם אלהים ועם אנשׁים ותוכל)라고 하여, 두 종류의 대상을 지시한 듯하다. 이와는 달리 LXX는 "네가 하느님과 겨루어 그 사람들에게 이겼으니"로 이해하였다(일부 필사본들은 $\epsilon\dot{\iota}\mu\acute{\iota}$ 동사의 미래형 $\ddot{\epsilon}\sigma\eta$를 덧붙임). 테오도루스는 야곱의 이 싸움과 승리에 대해, 하느님께서 자기 형을 다시 보게 되는 야곱을 격려하신 것이라고 말한다 (*QG* 92).

31) 그리스어 동사 $\dot{\epsilon}\nu\iota\sigma\chi\acute{\nu}\omega$는 아리스토텔레스 이후 쓰인 낱말로 '…에 맞서 자기의 힘을 겨루다'라는 뜻을 지닌다. 여기서는 전치사 $\mu\epsilon\tau\acute{\alpha}$와 함께 사용되어 그 뜻이 분명하지 않다. 이는 '네가 하느님과 겨루어 그를 이겼다'로 이해할 수 있다. 심마쿠스역은 여기에 전치사 '~에 맞서'($\pi\rho\acute{o}\varsigma$)를 썼다.

32) 이 구절은 탈출 33,20의 "그러나 내 얼굴을 보지는 못한다. 나를 본 사람은 아무도 살 수 없기 때문이다"(לא תוכל לראת את פני כי לא יראני האדם וחי)를 연상시킨다.

33) LXX는 히브리어 고유명사 "브니엘"(פניאל)의 앞부분(פנים)을 번역하여 '모습, 형상'($\epsilon\hat{\iota}\delta o\varsigma$)으로 옮겼다. 이 단어는 곧이어 나오는 동사 '보다'($\epsilon\hat{\iota}\delta o\nu$)와 어원이 일치한다. 33,10에서는 같은 표현을 '얼굴'($\pi\rho\acute{o}\sigma\omega\pi o\nu$)이라는 단어로 바꾸어 옮겼다. 아퀼라역은 '강한 분의 얼굴'($\pi\rho\acute{o}\sigma\omega\pi o\nu$ $\dot{\iota}\sigma\chi\nu\rho o\hat{\nu}$)이라고 하였다.

34) $\dot{\epsilon}\pi\iota\sigma\kappa\acute{\alpha}\zeta\omega$는 단순동사 '절뚝거리다'($\sigma\kappa\acute{\alpha}\zeta\omega$)에서 파생한 합성어이다. 이 단어는 여격과 함께 '허벅지 때문에($\tau\hat{\omega}$ $\mu\eta\rho\hat{\omega}$) 절뚝거리다'라는 뜻으로 쓰였다.

35) LXX는 가정법 앞에 $o\dot{\nu}$ $\mu\acute{\eta}$를 써서 법적 효력을 지닌 일종의 금지를 표현하였다. MT는 현재의 의미를 지닌 미래형을 써서 항구성을 묘사하였다. 성서의 다른 곳에서는 '허벅지 힘줄을 먹지 않는다'는 말이 나타나지 않는다.

33,1 Ἀναβλέψας δὲ Ιακωβ εἶδεν καὶ ἰδοὺ Ησαυ ὁ ἀδελφὸς αὐτοῦ ἐρχόμενος καὶ τετρακόσιοι ἄνδρες μετ᾽ αὐτοῦ. καὶ ἐπιδιεῖλεν Ιακωβ τὰ παιδία ἐπὶ Λειαν καὶ Ραχηλ καὶ τὰς δύο παιδίσκας **2** καὶ ἐποίησεν τὰς δύο παιδίσκας καὶ τοὺς υἱοὺς αὐτῶν ἐν πρώτοις καὶ Λειαν καὶ τὰ παιδία αὐτῆς ὀπίσω καὶ Ραχηλ καὶ Ιωσηφ ἐσχάτους. **3** αὐτὸς δὲ προῆλθεν ἔμπροσθεν αὐτῶν καὶ προσεκύνησεν ἐπὶ τὴν γῆν ἑπτάκις ἕως τοῦ ἐγγίσαι τοῦ ἀδελφοῦ αὐτοῦ. **4** καὶ προσέδραμεν Ησαυ εἰς συνάντησιν αὐτῷ καὶ περιλαβὼν αὐτὸν ἐφίλησεν καὶ προσέπεσεν ἐπὶ τὸν τράχηλον αὐτοῦ, καὶ ἔκλαυσαν ἀμφότεροι. **5** καὶ ἀναβλέψας εἶδεν τὰς γυναῖκας καὶ τὰ παιδία καὶ εἶπεν Τί ταῦτά σοί ἐστιν; ὁ δὲ εἶπεν Τὰ παιδία, οἷς ἠλέησεν ὁ θεὸς τὸν παῖδά σου. **6** καὶ προσήγγισαν αἱ παιδίσκαι καὶ τὰ τέκνα αὐτῶν καὶ προσεκύνησαν. **7** καὶ προσήγγισεν Λεια καὶ τὰ τέκνα αὐτῆς καὶ προσεκύνησαν, καὶ μετὰ ταῦτα προσήγγισεν Ραχηλ καὶ Ιωσηφ καὶ προσεκύνησαν. **8** καὶ εἶπεν Τί ταῦτά σοί ἐστιν, πᾶσαι αἱ παρεμβολαὶ αὗται, αἷς ἀπήντηκα; ὁ δὲ εἶπεν Ἵνα εὕρῃ ὁ παῖς σου χάριν ἐναντίον σου, κύριε. **9** εἶπεν δὲ Ησαυ Ἔστιν μοι πολλά, ἄδελφε· ἔστω σοι τὰ σά. **10** εἶπεν δὲ Ιακωβ Εἰ εὕρηκα χάριν ἐναντίον σου, δέξαι τὰ δῶρα διὰ τῶν ἐμῶν χειρῶν· ἕνεκεν τούτου εἶδον τὸ πρόσωπόν σου, ὡς ἄν τις ἴδοι πρόσωπον θεοῦ, καὶ εὐδοκήσεις με· **11** λαβὲ τὰς εὐλογίας μου, ἃς ἤνεγκά σοι, ὅτι ἠλέησέν με ὁ θεὸς καὶ ἔστιν μοι πάντα. καὶ ἐβιάσατο αὐτόν, καὶ ἔλαβεν. **12** καὶ εἶπεν Ἀπάραντες πορευσόμεθα ἐπ᾽ εὐθεῖαν. **13** εἶπεν δὲ αὐτῷ Ὁ κύριός μου γινώσκει ὅτι τὰ παιδία ἁπαλώτερα καὶ τὰ πρόβατα καὶ αἱ βόες λοχεύονται ἐπ᾽ ἐμέ· ἐὰν οὖν

---

1) 야곱과 에사오가 다시 만나고 헤어지는 이 장면은 영웅만이 진정한 계승자가 되는 분기점을 보여 준다.

2) LXX는 에사오 뒤에 MT에 없는 "자기 형"(ὁ ἀδελφὸς αὐτοῦ)을 덧붙였다.

3) LXX에서 '나누어 주다'(ἐπιδιαιρέω) 동사는 한 번만 나온다. 이는 '나누다'(διαιρέω)와 '분배하다'(ἐπαιρέω)가 결합하여 한 단어로 만들어진 것이다.

4) LXX는 '두다'(שׂים)를 ποιέω(직역: 하다, 만들다)로 옮겼다. שׂים은 보통 '두다, 놓다'(τίθημι)나 '~에 두다, ~ 위에 놓다'(ἐπιτίθημι)로 옮긴다.

야곱과 에사오의 만남 그리고 결별[1]

33,1 야곱이 올려다보니 자기 형[2] 에사오와 장정 사백 명이 〈그와 함께〉 오고 있는 것이 아닌가. 야곱은 아이들을 레아와 라헬과 두 여종에게 나누어 주고,[3] 2 두 여종과 그들의 아들들을 맨 앞에, 레아와 그의 아이들은 그 뒤에, 그리고 라헬과 요셉을 맨 뒤에 두었다.[4] 3 그러나 자신은 그들 앞에 가면서 자기 형에게 다가갈 때까지 일곱 번 땅에 (엎드려) 절하였다. 4 에사오가 그를 만나러 달려와, 그를 껴안고는[5] 입맞추며 그의 목 위로 (얼굴을) 떨구었다. 그들 두 사람 (다) 울었다. 5 그가 여자들과 아이들을 바라보며 말하였다. "이들은 〈너에게〉 누구냐?" 그가 말하였다. "하느님께서 당신의 종에게 자비로 주신 아이들입니다." 6 여종들과 그들의 아이들이 가까이 나와 절을 하였다. 7 레아와 그의 아이들도 가까이 나와 절을 하였다. 그다음, 라헬과 요셉이[6] 가까이 나와 절을 하였다. 8 그가 말하였다. "내가 만났던 이 무리들은 모두 〈너에게〉 무엇이냐?" 그가 말하였다. "당신 종이 당신 앞에서 호의를 입을까 해서입니다, 주인님." 9 그러나 에사오가 말하였다. "아우야,[7] 나에게도 많다. 네 것은 네가 가져라." 10 야곱이 말하였다. "제가 당신 앞에서 호의를 입었다면,[8] 선물을 제 손에서 받아주십시오. 어떤 사람이[9] 하느님의 얼굴을 뵈옵듯이 제가 당신의 얼굴을 뵈었기 때문에, 당신께서는 저를 기꺼이 받아주실 것입니다.[10] 11 제가 당신께 가져온 나의 복들을[11] 받아주십시오. 하느님께서 저에게 자비를 베푸시어 저에게 모든 것이 있습니다." 야곱이 그에게 강권하자, 그가 (그것을) 받았다. 12 그리고 그가 말하였다. "일어나 어서[12] 가자." 13 야곱이 그에게 말하였다. "나의 주인님도 아시다시피 아이들은 약하고, 양과 소들은 제 곁에서 새끼

---

5) 타르굼 요니단은 에사오가 야곱을 '껴안았다'고 하는 대신에, '그를 공격하였다'라고 하였다.

6) 히브리어 본문의 "요셉과 라헬"(יוסף ורחל)의 순서를 바꾸어 "라헬과 요셉"이라 하였다.

7) LXX는 MT의 "내 아우야"(אחי)와는 달리 소유대명사 없이 "아우야"(ἄδελφε)로 되어 있다.

8) LXX에는 히브리어 본문의 첫머리에 나오는 부정어 "아닙니다"(אל נא)가 없다.

9) MT에서는 '내가 보았다'(ראיתי)로 야곱이 주어가 된다.

10) LXX는 이 절을 미래형으로 끝낸다(εὐδοκήσεις με 나를 받아주실 것입니다). 그러나 MT는 과거형(ותרצני 나를 받아주셨다)으로 표현하였다.

11) "복늘"(εὐλογίας)은 문맥상 야곱이 가져온 선물들로 보인다.

12) ἐπ' εὐθεῖαν(지름길로)는 '곧장, 빨리'를 뜻한다. MT는 ואלכה לנגדך(내가 네 앞에 가마)라고 하였나.

καταδιώξω αὐτοὺς ἡμέραν μίαν, ἀποθανοῦνται πάντα τὰ κτήνη.
14 προελθέτω ὁ κύριός μου ἔμπροσθεν τοῦ παιδός, ἐγὼ δὲ ἐνισχύσω ἐν
τῇ ὁδῷ κατὰ σχολὴν τῆς πορεύσεως τῆς ἐναντίον μου καὶ κατὰ πόδα
τῶν παιδαρίων ἕως τοῦ με ἐλθεῖν πρὸς τὸν κύριόν μου εἰς Σηιρ.
15 εἶπεν δὲ Ησαυ Καταλείψω μετὰ σοῦ ἀπὸ τοῦ λαοῦ τοῦ μετ' ἐμοῦ.
ὁ δὲ εἶπεν Ἵνα τί τοῦτο; ἱκανὸν ὅτι εὗρον χάριν ἐναντίον σου,
κύριε.   **16** ἀπέστρεψεν δὲ Ησαυ ἐν τῇ ἡμέρᾳ ἐκείνῃ εἰς τὴν ὁδὸν
αὐτοῦ εἰς Σηιρ.

33,17 Καὶ Ιακωβ ἀπαίρει εἰς Σκηνάς· καὶ ἐποίησεν ἑαυτῷ ἐκεῖ
οἰκίας καὶ τοῖς κτήνεσιν αὐτοῦ ἐποίησεν σκηνάς· διὰ τοῦτο ἐκάλεσεν
τὸ ὄνομα τοῦ τόπου ἐκείνου Σκηναί.   **18** καὶ ἦλθεν Ιακωβ εἰς Σαλημ
πόλιν Σικιμων, ἥ ἐστιν ἐν γῇ Χανααν, ὅτε ἦλθεν ἐκ τῆς Μεσοποτα-
μίας Συρίας, καὶ παρενέβαλεν κατὰ πρόσωπον τῆς πόλεως.   **19** καὶ

---

13) LXX는 히브리어 본문의 '젖을 주는' (עלות: עול의 분사)을 동사 λοχεύονται로 옮겼다. '새
끼를 낳다' (λοχεύω)는 여기서 ἐπ' ἐμέ와 함께 쓰였다. על를 그대로 옮긴 ἐπ' ἐμέ는 '나를 위
하여' 라기보다는 '내 옆에서'의 뜻으로 풀이할 수 있다. 일부 사본들은 '내 곁에서' (παρ'
ἐμοί)로 옮긴다.

14) MT는 주어를 3인칭 복수로 하여 '그들(사람들)이 그들을 몰아치다' (דפקום)라고 하였으나,
LXX는 야곱을 주어로 하여 '내가 몰아치다' (καταδιώξω)라고 하였다. 짐승을 '모는' 행위를 나
타내는 동사 καταδιώκω는 창세기의 다른 곳에서 '적을 뒤쫓는 것'을 묘사하는 데 쓰였다
(14,14; 31,36; 35,5).

15) LXX에 단 한 번 나오는 πόρευσις는 '길, 걸음, 여행'을 뜻하는 πορεία나 πόρευμα와 동의
어이다. 여성 단수 주격 명사인 πόρευσις는 보통 '길'을 뜻하지만, 여기서는 야곱이 가진 모든
것을 가리키는 히브리어 מלאכה에 맞추려고 만들어진 단어인 듯하다. 타르굼 옹켈로스는 이를
'가축들' (עבידתא)로 옮겼다. LXX 번역자는 아마도 히브리어 מלאכה를 '가다' (הלך)의 한 형태
로 읽은 듯하다.

16) '내 앞에 천천히 가는 것' (κατὰ σχολὴν τῆς πορεύσεως τῆς ἐναντίον μου)은 MT의 표
현과 같은 뜻이지만 이 구절에 쓰인 단어들은 차이가 있다. '천천히' (κατὰ σχολήν)는 히브리
어 표현 לאטי와 일치하나 LXX에는 MT에 나오는 '발걸음에 따라' (לרגל)가 없다. LXX가 이 부
분을 빠뜨린 듯하다.

를 낳습니다.[13] 제가 그것들을 하루만 몰아쳐도[14] 그 가축들은 모두 죽습니다. 14 그러니 나의 주인께서는 이 종보다 앞서 가십시오. 저는 세일에 계신 주인님께 이를 때까지, 제 앞에 천천히 가는[15] 것과[16] 아이들의 걸음에 맞추어 〈힘을 조절해 가며〉 길을 가겠습니다."[17] 15 에사오가 말하였다. "나와 함께 있는 사람들 가운데 (몇이) 너와 함께 남게 하겠다." 그러자 그가 말하였다. "그것은 왜입니까? 제가 당신 앞에서 호의를 입은 것으로 충분합니다.[18] 주인님." 16 그날 에사오는 세일로 (가는) 자기 길로 몸을 돌렸다.

야곱이 가나안에 자리 잡다[19]

33,17 야곱은 '천막들'로[20] 옮겨가, 그곳에 〈자신을 위하여〉 집들을 짓고, 자기 가축들을 위한 천막들을 만들었다. 그래서 그곳 이름을 '천막들'이라 하였다. 18 야곱은 시리아의 메소포타미아를[21] 떠나 가나안 땅에 있는 세겜 사람들의 성읍인 살렘에[22] 이르러, 그 성읍을 마주하여 진을 쳤다. 19 그는 자기 천막을 친 그곳 대

---

17) 여기 쓰인 그리스어 동사 ἐνισχύω는 32,28에서처럼 '이기다'라는 뜻으로 쓰인 것 같지 않다. MT는 여기서 단 한 번 나오는 '(쉴 곳으로) 인도하다'(נחל)의 히트파엘형 אתנהלה를 써서 '길을 가다'라는 뜻을 나타내었다. 그러나 LXX 번역자는 נחל을 '보살피다, 양육하다, 강하게 하다'로 옮겨 '길을 가며'(MT에 없음) 스스로 자기 자신을 돌보는 것을 표현한 듯하다.

18) LXX는 히브리어 본문의 '제가 주인님 눈에서 호의를 발견하기만 하면'(אמצא חן בעיני אדני)이라는 뜻이 불분명한 기원문을 문맥에 맞추어 "호의를 입은 것으로 충분합니다"로 옮겼다.

19) MT는 33,17에서 한 단락이 끝나는데, LXX는 17절부터 새로운 단락이 시작된다.

20) LXX는 히브리어 고유명사 "수꼿"(סכות)을 해석하여 "천막들"로 옮겼다.

21) MT의 "바딴-아람"을 "시리아의 메소포타미아"로 옮겼다. 25,20 각주 참조.

22) LXX는 야곱이 '세겜 성읍(세겜 사람들의 성읍)의 살렘'(Σαλημ πόλιν Σικιμων)에 도착하였다고 한다. 히브리어 본문의 "세겜 성읍에 무사히"(שלם עיר שכם)에서 "무사히"(שלם)를 성읍 이름으로 옮긴 것이다. 시리아어역과 불가타도 שלם을 지명으로 옮겼다. 살렘을 성읍의 이름으로 옮긴 다음 속격 복수 명사 Σικιμων이 따라오게 하였는데, 이는 성읍의 이름이지만(35,4-5; 48,22) 여기서처럼 그곳에 사는 주민들을 가리키기도 한다. 이것이 지명으로 쓰였을 때는 히브리어를 음역하여 세겜(Συχεμ)으로 옮겼다(12,6; 37,12-14). 그러나 33,19; 34,2-26의 이야기에서 세겜은 사람 이름이다. 필로는 세겜이라는 사람 이름에서 그가 사는 성읍의 이름이 세겜이라 불렸을 것이라고 한다(*Migr.* 224).

ἐκτήσατο τὴν μερίδα τοῦ ἀγροῦ, οὗ ἔστησεν ἐκεῖ τὴν σκηνὴν αὐτοῦ, παρὰ Εμμωρ πατρὸς Συχεμ ἑκατὸν ἀμνῶν **20** καὶ ἔστησεν ἐκεῖ θυσιαστήριον καὶ ἐπεκαλέσατο τὸν θεὸν Ισραηλ.

34,1 Ἐξῆλθεν δὲ Δινα ἡ θυγάτηρ Λειας, ἣν ἔτεκεν τῷ Ιακωβ, καταμαθεῖν τὰς θυγατέρας τῶν ἐγχωρίων. **2** καὶ εἶδεν αὐτὴν Συχεμ ὁ υἱὸς Εμμωρ ὁ Χορραῖος ὁ ἄρχων τῆς γῆς καὶ λαβὼν αὐτὴν ἐκοιμήθη μετ' αὐτῆς καὶ ἐταπείνωσεν αὐτήν. **3** καὶ προσέσχεν τῇ ψυχῇ Δινας τῆς θυγατρὸς Ιακωβ καὶ ἠγάπησεν τὴν παρθένον καὶ ἐλάλησεν κατὰ τὴν διάνοιαν τῆς παρθένου αὐτῇ. **4** εἶπεν δὲ Συχεμ πρὸς Εμμωρ τὸν πατέρα αὐτοῦ λέγων Λαβέ μοι τὴν παιδίσκην ταύτην εἰς γυναῖκα. **5** Ιακωβ δὲ ἤκουσεν ὅτι ἐμίανεν ὁ υἱὸς Εμμωρ Διναν τὴν θυγατέρα αὐτοῦ· οἱ δὲ υἱοὶ αὐτοῦ ἦσαν μετὰ τῶν κτηνῶν αὐτοῦ ἐν τῷ πεδίῳ, παρεσιώπησεν δὲ Ιακωβ ἕως τοῦ ἐλθεῖν αὐτούς. **6** ἐξῆλθεν δὲ Εμμωρ ὁ πατὴρ Συχεμ πρὸς Ιακωβ λαλῆσαι αὐτῷ. **7** οἱ δὲ υἱοὶ Ιακωβ ἦλθον ἐκ τοῦ πεδίου· ὡς δὲ ἤκουσαν, κατενύχθησαν οἱ ἄνδρες, καὶ λυπηρὸν ἦν αὐτοῖς σφόδρα ὅτι ἄσχημον ἐποίησεν ἐν Ισραηλ κοιμηθεὶς μετὰ τῆς θυγατρὸς Ιακωβ, καὶ οὐχ οὕτως ἔσται. **8** καὶ ἐλάλησεν Εμμωρ αὐτοῖς

---

23) 히브리어 본문의 "하몰의 아들들에게서"(מין בני חמור)에서 '아들들'(בני)을 옮기지 않고 "하몰에게서"(παρὰ Εμμωρ)라 하였다.

24) MT에서는 토지를 사들이는 값을 뜻이 분명하지 않은 '커시타'(קשיטה 주화 또는 무게의 단위)로 표현하였다. LXX는 이를 통상적으로 쓰이는 단어인 '양'으로 나타냈다. 양은 매매의 가치를 가리키기도 하는데, 라틴어 '돈'(pecunia)은 '양'(pecus)에서 파생하였다. LXX에서는 이미 31,7.41에 나오듯이 품삯을 '양'으로 지불한다. 불가타도 agnis로 번역하였다.

25) 이스라엘이 아직까지는 야곱만을 가리킨다.

26) 그리스어 동사 ἐπικαλέομαι는 '~을 부르다'인지, '이름을 부르다'인지 분명하지 않다 (4,26; 13,4; 21,33; 26,25 참조). MT는 그 제단 이름을 "엘-엘로헤-이스라엘"(אל אלהי ישראל)이라 하였다.

1) 이 이야기는 히브리 민족과 가나안 거주민들 사이의 관계를 보여 주는 흥미로운 예이다. 자기들의 누이가 겪은 치욕을 무자비하게 되갚아준 시므온과 레위의 책략은 유다교 전통에서 여러 가지로 해석되었다. 야곱이 자식들에게 복을 빌어 주는 이야기에서도 나타나듯이 시므온과 레위는 정죄받는가 하면(49,5-7), 그들의 행위가 율법을 지키려는 열성적인 태도로 평가되어 칭송받기도 하였다(희년서 30,17-23). 필로는 이 사건을 악(세겜은 여기서 이방종교 숭배자를 대표함)에 대항하는 정의와 디나를 옹호하려는 지혜의 실행으로 보았다(*Mutat.* 197; *Migr.* 223-224).

지 한쪽을, 세겜의 아버지 하몰에게서[23] 양 백 마리로[24] 샀다. 20 그는 그곳에 제단을 세우고 이스라엘의[25] 하느님(의 이름)을 (받들어) 불렀다.[26]

디나가 폭행을 당하다[1]

34,1 레아가 야곱에게 낳아 준 딸 디나가 그 마을 사람들의 딸들을[2] 살펴보러[3] 나갔다. 2 그런데 그 땅의 족장으로 후리 사람 하몰의[4] 아들 세겜이 그 여자를 보고, 그를 데려다 그와 동침하여 그를 욕보였다. 3 그는 야곱의 딸 디나 〈자신〉에게 매달려,[5] 그 처녀를[6] 사랑하였다. 그는 그 처녀의 마음에 대고 말하였다. 4 세겜은 자기 아버지 하몰에게 말하였다. "이 소녀를 저에게 아내로 얻어 주십시오." 5 야곱은 하몰의 아들이[7] 자기 딸 디나를 더럽혔다는 말을 들었지만, 자기 아들들이 가축과 함께 들에 있었기 때문에, 그들이 돌아올 때까지 〈야곱은〉 아무 말도 하지 않았다. 6 세겜의 아버지 하몰이 야곱에게 이야기하려고 〈그에게〉 나왔다. 7 야곱의 아들들이 들에서 돌아와 (이 소식을) 들었을 때, 그 〈남자〉들은 괴로워하였다.[8] 이는 그들에게 몹시 고통스러웠다. 세겜이 야곱의 딸과 동침하여 이스라엘[9] 안에서 부끄러운 일을 저질렀기 때문이다. 그것은 그렇게 되어서는 안 되는 것이다.[10] 8 하몰이

---

2) 히브리어 본문의 '그 땅의 딸들' (בנות הארץ)을 보다 구체적으로 표현하였다.

3) 히브리어 본문의 "보러"(לראות)를 더 명확하게 '살펴보다' (καταμανθάνω)라고 하였다.

4) MT에 히위 사람(החוי)으로 나오는 하몰을 LXX는 후리 사람(ὁ Χορραῖος)이라고 한다.

5) MT는 세겜의 넋(נפש)을 문장의 주어로 하여 '그의 넋이(또는 그 자신이) 디나에게(בדינה) 매달렸다(תדבק)'고 하였다. 그러나 LXX는 세겜을 주어로 하여 '그가 디나 자신에게(τῇ ψυχῇ Δινας) 매달렸다'(προσέσχεν)고 하였다. 여기서 ψυχή는 '넋'이라기보다 히브리어 נפש의 또 다른 뜻과 같이 '사람, 그 자신'을 가리킨다.

6) LXX는 "소녀"(הנער)를 "처녀"로, 다음 절에서는 "여자아이"(ילדה)를 "소녀"(παιδίσκη)로 옮겼다.

7) LXX는 MT가 밝히지 않은(טמא את דינה 그가 디나를 욕보였다) 동사의 주어 "하몰의 아들"(ὁ υἱὸς Εμμωρ)을 명시하였다.

8) '괴로움이 스며들다'(κατανύσσομαι)라는 단어에 관해서는 27,38의 각주 참조. 여기서는 히브리어 '화나다'(עצב)에 대응하여 쓰였다.

9) 여기서 이스라엘은 '야곱의 기족'을 가리키는 말로 나온다.

10) LXX는 히브리어 본문의 "그런 짓은 해서는 안 되는 것이었다"(וכן לא יעשה)를 매끄럽게 옮기지 못하고, '그것은 그렇게 되어서는 안 된다'(οὐχ οὕτως ἔσται)라는 표현을 만들어 냈다.

λέγων Συχεμ ὁ υἱός μου προείλατο τῇ ψυχῇ τὴν θυγατέρα ὑμῶν· δότε οὖν αὐτὴν αὐτῷ γυναῖκα. 9 ἐπιγαμβρεύσασθε ἡμῖν· τὰς θυγατέρας ὑμῶν δότε ἡμῖν καὶ τὰς θυγατέρας ἡμῶν λάβετε τοῖς υἱοῖς ὑμῶν. 10 καὶ ἐν ἡμῖν κατοικεῖτε, καὶ ἡ γῆ ἰδοὺ πλατεῖα ἐναντίον ὑμῶν· κατοικεῖτε καὶ ἐμπορεύεσθε ἐπ’ αὐτῆς καὶ ἐγκτήσασθε ἐν αὐτῇ. 11 εἶπεν δὲ Συχεμ πρὸς τὸν πατέρα αὐτῆς καὶ πρὸς τοὺς ἀδελφοὺς αὐτῆς Εὕροιμι χάριν ἐναντίον ὑμῶν, καὶ ὃ ἐὰν εἴπητε, δώσομεν. 12 πληθύνατε τὴν φερνὴν σφόδρα, καὶ δώσω, καθότι ἂν εἴπητέ μοι, καὶ δώσετέ μοι τὴν παῖδα ταύτην εἰς γυναῖκα. 13 ἀπεκρίθησαν δὲ οἱ υἱοὶ Ιακωβ τῷ Συχεμ καὶ Εμμωρ τῷ πατρὶ αὐτοῦ μετὰ δόλου καὶ ἐλάλησαν αὐτοῖς, ὅτι ἐμίαναν Διναν τὴν ἀδελφὴν αὐτῶν, 14 καὶ εἶπαν αὐτοῖς Συμεων καὶ Λευι οἱ ἀδελφοὶ Δινας υἱοὶ δὲ Λειας Οὐ δυνησόμεθα ποιῆσαι τὸ ῥῆμα τοῦτο, δοῦναι τὴν ἀδελφὴν ἡμῶν ἀνθρώπῳ, ὃς ἔχει ἀκροβυστίαν· ἔστιν γὰρ ὄνειδος ἡμῖν. 15 ἐν τούτῳ ὁμοιωθησόμεθα ὑμῖν καὶ κατοικήσομεν ἐν ὑμῖν, ἐὰν γένησθε ὡς ἡμεῖς καὶ ὑμεῖς ἐν τῷ περιτμηθῆναι ὑμῶν πᾶν ἀρσενικόν, 16 καὶ δώσομεν τὰς θυγατέρας ἡμῶν ὑμῖν καὶ ἀπὸ τῶν θυγατέρων ὑμῶν λημψόμεθα ἡμῖν γυναῖκας καὶ οἰκήσομεν παρ’ ὑμῖν καὶ ἐσόμεθα ὡς γένος ἕν. 17 ἐὰν δὲ μὴ εἰσακούσητε ἡμῶν τοῦ περιτέμνεσθαι,

---

11) MT는 3절과 비슷하게 ‘내 아들 세겜의 넋이 여러분의 따님에게 반해 있습니다’ (שכם בני 라고 하였다. נפשו בבתכם חשקה)

12) 그리스어 동사 ἐπιγαμβρεύομαι는 신조어이다. 이 단어는 ‘누구의 γαμβρός가 되다’ 인데, γαμβρός는 결혼으로 가족의 일원이 되는 남자, 곧 사위뿐 아니라 시아버지, 장인, 시동생, 처남 등을 가리킨다.

13) MT는 LXX의 “여러분의 아들들에게” (τοῖς υἱοῖς ὑμῶν) 대신에 단순히 ‘당신들을 위하여’ (לכם)라고 하였다.

14) ‘자리 잡고 살다’ (κατοικέω)라는 말은 정착생활을 잘 표현해 준다. 뒤따르는 두 개의 동사 는 구체적인 내용을 전해 주는데, 첫 번째 동사 ἐμπορεύομαι는 한곳에 살면서 여행하며 상업 활동을 하는 것을 말하고, 다음 동사 ἐγκτάομαι(LXX에 단 한 번 나오는 단어)는 낯선 곳에서 소유권을 얻는 것을 뜻한다. 야곱은 세겜 성읍에서 세 가지 특혜(자리 잡고 땅을 다니며 그것을 얻는 것)를 누릴 수 있게 된다.

15) MT에서 ‘제가 드리겠습니다’ (אתן)의 주어가 1인칭 단수인 반면, LXX에서는 세겜뿐 아니라 후리 사람들 모두가 주어이다.

그들에게 말하였다. "내 아들 세겜이 〈바로〉 여러분의 따님을 선택했습니다.[11] 그러니 그를 그에게 아내로 주십시오. 9 우리와 사돈을 맺읍시다.[12] 여러분의 딸들을 우리에게 주고 여러분의 아들들에게[13] 우리 딸들을 데려가십시오. 10 그리고 여러분은 우리 가운데 자리 잡고 사십시오. 보십시오, 땅이 여러분 앞에 넓게 펼쳐져 있으니, 자리 잡고 사시면서 그 안을 이리저리 다니시고 〈그것을〉 소유하십시오."[14] 11 세겜이 그 여자의 아버지와 오빠들에게 말하였다. "제가 여러분 앞에서 호의를 입게 해 주십시오. 말씀하시는 것은 무엇이나 저희가 드리겠습니다.[15] 12 신부 몸값을[16] 많이 올리십시오. 여러분이 저에게 말씀하시는 대로 제가 드리겠습니다. 그리고 이 아이를 저에게 아내로 주십시오." 13 야곱의 아들들은 그들이 자기들의 누이 디나를 더럽혔기[17] 때문에, 세겜과 그의 아버지 하몰에게 거짓으로 대답하였다. 14 디나의 오빠들이며 레아의 아들들인 시므온과 레위가 그들에게 말하였다.[18] "할례 받지 않은 사람에게 우리 누이를 주다니, 우리는 그런 일을 할 수 없습니다. 그것은 우리에게 수치스러운 일이기 때문입니다. 15 만일 여러분 자신도 여러분 가운데 있는 모든 남성이 할례를 받아 우리와 같아진다면, 〈그럼으로써〉 우리도 여러분과 같아지며 여러분 가운데 자리 잡고 살겠습니다.[19] 16 그러면 우리 딸들을 여러분에게 주고 여러분의 딸들 가운데서 우리 아내로 맞아들이고,[20] 우리는 여러분 곁에 살겠습니다. 그래서 우리는 한 겨레처럼 되는 것입니다.[21] 17 그러나 여러분이 할

---

16) LXX는 '몸값'($\phi\epsilon\rho\nu\acute{\eta}$)이라는 단어 하나로 히브리어 본문의 "신부 몸값"(מהר)과 "선물"(מתן)을 한꺼번에 표현하였다.

17) LXX는 야곱의 아들들이 말하는 대상이 세겜과 하몰이므로 '더럽히다'를 복수 주어로 써서 '그들이 자기들의 누이 디나를 더럽혔다'($\acute{\epsilon}\mu\acute{\iota}\alpha\nu\alpha\nu$ $\varDelta\iota\nu\alpha\nu$ $\tau\grave{\eta}\nu$ $\mathring{\alpha}\delta\epsilon\lambda\phi\grave{\eta}\nu$ $\alpha\mathring{\upsilon}\tau\hat{\omega}\nu$)라고 하였다. MT에는 단수 주어로 나온다.

18) MT에는 주어가 막연히 3인칭 복수(ויאמרו אליהם 그들이 그들에게 말하였다)로 나오는데, LXX는 이를 구체적으로 "디나의 오빠들이며 레아의 아들들인 시므온과 레위"($\varSigma\upsilon\mu\epsilon\omega\nu$ $\kappa\alpha\grave{\iota}$ $\varLambda\epsilon\upsilon\iota$ $o\acute{\iota}$ $\mathring{\alpha}\delta\epsilon\lambda\phi o\grave{\iota}$ $\varDelta\iota\nu\alpha\varsigma$ $\upsilon\acute{\iota}o\grave{\iota}$ $\varLambda\epsilon\iota\alpha\varsigma$)라고 밝힌다.

19) '다만 그럼으로써 우리는 여러분에게 동의하겠습니다'(אך בזאת נאות לכם)를 LXX는 다르게 표현하였다. LXX 번역자는 다음 22.23절에 맞추어 이 문장을 확대 해석하여 옮겼다.

20) LXX는 히브리어 본문의 "여러분의 딸들을 우리에게 데려오고"(את בנתיכם נקח לנו)에 $\gamma\upsilon\nu\alpha\hat{\iota}\kappa o\varsigma$를 덧붙여 '아내로 맞아들인다는 것'을 명확히 하였다.

21) 히브리어 본문의 "우리는 한 겨레가 되는 것입니다"(והיינו לעם אחד)를 LXX는 "우리는 한 겨레처럼 되는 것입니다"($\kappa\alpha\grave{\iota}$ $\acute{\epsilon}\sigma\acute{o}\mu\epsilon\theta\alpha$ $\acute{\omega}\varsigma$ $\gamma\acute{\epsilon}\nu o\varsigma$ $\acute{\epsilon}\nu$)라 하여 야곱의 아들들이 하몰에게 완전히 동화되지 않음을 표현하였다. LXX는 디나 오빠들의 말 '한 겨레($\gamma\acute{\epsilon}\nu o\varsigma$)가 되다'와 22절의 하몰과 세겜의 말 '한 백성($\lambda\alpha\acute{o}\varsigma$)이 되다'에서 다른 명사를 사용하였다. 반면에 MT는 여기와 22절에 모두 '백성'(עם)을 썼다

λαβόντες τὰς θυγατέρας ἡμῶν ἀπελευσόμεθα. 18 καὶ ἤρεσαν οἱ λόγοι ἐναντίον Εμμωρ καὶ ἐναντίον Συχεμ τοῦ υἱοῦ Εμμωρ. 19 καὶ οὐκ ἐχρόνισεν ὁ νεανίσκος τοῦ ποιῆσαι τὸ ῥῆμα τοῦτο· ἐνέκειτο γὰρ τῇ θυγατρὶ Ιακωβ· αὐτὸς δὲ ἦν ἐνδοξότατος πάντων τῶν ἐν τῷ οἴκῳ τοῦ πατρὸς αὐτοῦ. 20 ἦλθεν δὲ Εμμωρ καὶ Συχεμ ὁ υἱὸς αὐτοῦ πρὸς τὴν πύλην τῆς πόλεως αὐτῶν καὶ ἐλάλησαν πρὸς τοὺς ἄνδρας τῆς πόλεως αὐτῶν λέγοντες 21 Οἱ ἄνθρωποι οὗτοι εἰρηνικοί εἰσιν μεθ' ἡμῶν· οἰκείτωσαν ἐπὶ τῆς γῆς καὶ ἐμπορευέσθωσαν αὐτήν, ἡ δὲ γῆ ἰδοὺ πλατεῖα ἐναντίον αὐτῶν. τὰς θυγατέρας αὐτῶν λημψόμεθα ἡμῖν γυναῖκας καὶ τὰς θυγατέρας ἡμῶν δώσομεν αὐτοῖς. 22 μόνον ἐν τούτῳ ὁμοιωθήσονται ἡμῖν οἱ ἄνθρωποι τοῦ κατοικεῖν μεθ' ἡμῶν ὥστε εἶναι λαὸν ἕνα, ἐν τῷ περιτέμνεσθαι ἡμῶν πᾶν ἀρσενικόν, καθὰ καὶ αὐτοὶ περιτέτμηνται. 23 καὶ τὰ κτήνη αὐτῶν καὶ τὰ ὑπάρχοντα αὐτῶν καὶ τὰ τετράποδα οὐχ ἡμῶν ἔσται; μόνον ἐν τούτῳ ὁμοιωθῶμεν αὐτοῖς, καὶ οἰκήσουσιν μεθ' ἡμῶν. 24 καὶ εἰσήκουσαν Εμμωρ καὶ Συχεμ τοῦ υἱοῦ αὐτοῦ πάντες οἱ ἐκπορευόμενοι τὴν πύλην τῆς πόλεως αὐτῶν καὶ περιετέμοντο τὴν σάρκα τῆς ἀκροβυστίας αὐτῶν, πᾶς ἄρσην. 25 ἐγένετο δὲ ἐν τῇ ἡμέρᾳ τῇ τρίτῃ, ὅτε ἦσαν ἐν τῷ πόνῳ, ἔλαβον οἱ δύο υἱοὶ Ιακωβ Συμεων καὶ Λευι οἱ ἀδελφοὶ Δινας ἕκαστος τὴν μάχαιραν αὐτοῦ καὶ εἰσῆλθον εἰς τὴν πόλιν ἀσφαλῶς καὶ ἀπέκτειναν πᾶν ἀρσενικόν· 26 τόν τε Εμμωρ καὶ Συχεμ τὸν υἱὸν αὐτοῦ ἀπέκτειναν ἐν στόματι μαχαίρας καὶ ἔλαβον τὴν Διναν ἐκ τοῦ οἴκου τοῦ Συχεμ καὶ ἐξῆλθον. 27 οἱ δὲ υἱοὶ Ιακωβ εἰσῆλθον ἐπὶ τοὺς τραυματίας καὶ διήρπασαν τὴν πόλιν, ἐν ᾗ ἐμίαναν Διναν τὴν ἀδελφὴν αὐτῶν, 28 καὶ τὰ πρόβατα αὐτῶν καὶ τοὺς βόας αὐτῶν καὶ τοὺς ὄνους αὐτῶν, ὅσα τε ἦν ἐν τῇ πόλει καὶ ὅσα ἦν ἐν τῷ πεδίῳ, ἔλαβον. 29 καὶ πάντα τὰ σώματα αὐτῶν καὶ πᾶσαν τὴν ἀποσκευὴν αὐτῶν καὶ

---

22) LXX는 디나를 가리키는 '우리 딸' (בתנו)을 9절에서 하몰이 말한 '여러분의 딸들'과 일치시켜 "우리 딸들"(θυγατέρας ἡμῶν)로 옮겼다.

23) 15절처럼 "우리와 어울려 살면서" (לשבת אתנו)를 풀이하여 옮겼다. 23절도 마찬가지다.

24) LXX는 בהמה(짐승)을 옮기는데, 이에 대응하는 그리스어 κτήνη를 앞에서 מקנה에 대응하는 단어로 이미 썼기 때문에 "네발짐승"(τετράποδος)이라 하였다.

례받으라는 우리 말을 듣지 않는다면, 우리는 우리 딸들을[22] 데리고 떠나겠습니다." 18 그 말들이 하몰과 하몰의 아들 세겜 앞에 좋게 보였다. 19 그래서 그 젊은 이는 시간을 끌지 않고 그 일을 하였다. 그가 야곱의 딸에게 반했기 때문이다. 그는 자기 아버지 집안의 모든 사람 가운데 가장 존경받는 사람이었다. 20 하몰과 그의 아들 세겜은 자기들의 성읍 대문으로 가서, 자기네 성읍 남자들에게 말하였다. 21 "이 사람들은 우리와 더불어 평화롭게 지냅니다. 그들이 이 땅에 살며 〈땅을〉 이리저리 다니게 합시다. 보시오, 그들 앞에 땅이 넓게 펼쳐져 있습니다. 그들의 딸들을 우리 아내로 맞아들이고 우리 딸들을 그들에게 줍시다. 22 그러나 그 사람들은 자기들이 할례를 받은 것처럼 우리 가운데 있는 모든 남성이 할례를 받아야만, 〈다만 이렇게 함으로써〉 우리와 함께 살며[23] 한 백성이 되기 위하여 우리와 같아질 것입니다. 23 그들의 가축과 그들의 재산과 네발짐승들이[24] 우리 것이 되지 않겠습니까? 다만 이렇게 함으로써[25] 우리가 그들과 같아지기만 합시다. 그러면 그들이 우리와 함께 살 것입니다." 24 그들의 성읍[26] 문에 나온 사람들이 모두 하몰과 그의 아들 세겜의 말을 받아들였다. 모든 남성이 자기들의 포피를 베어[27] 할례를 받았다. 25 사흘째 되는 날 그들이 아파하고 있을 때, 야곱의 두 아들이며 디나의 오빠인 시므온과 레위가 저마다 자기 칼을 들고 무사히 성읍으로 들어가 모든 남자를 죽였다. 26 그들은 하몰과 그의 아들 세겜도 칼끝으로 죽이고, 세겜의 집에서 디나를 데리고 나왔다. 27 야곱의 아들들은 다쳐 죽어가는 사람들에게[28] 달려들어가 성읍을 약탈하였다. 거기서 그들이 자기들 누이 디나를 더럽혔기 때문이다. 28 야곱의 아들들은 그들의 양떼와 그들의 소떼, 그리고 그들의 나귀들, 곧 성 안에 있는 것과 들에 있는 것들은 무엇이나 가져갔다. 29 그리고 그들의 종들과[29] 사람들과[30]

---

25) 히브리어 본문에 없는 "이렇게 함으로써"($\acute{\epsilon}\nu$ $\tau o\acute{\upsilon}\tau\omega$)를 넣었다.

26) '그의 성읍'(עירו)을 복수로 바꾸어 "그들의 성읍"($\tau\hat{\eta}\varsigma$ $\pi\acute{o}\lambda\epsilon\omega\varsigma$ $\alpha\grave{\upsilon}\tau\hat{\omega}\nu$)이라 했다.

27) 히브리어 본문의 '모든 남자, (그의) 성문에 나온 모든 이'(כל זכר כל יצאי שער עירו)를 LXX는 '성문에 나온 모든 이' 대신 "자기들의 포피를 베어"($\pi\epsilon\rho\iota\epsilon\tau\acute{\epsilon}\mu o\nu\tau o$ $\tau\grave{\eta}\nu$ $\sigma\acute{a}\rho\kappa a$ $\tau\hat{\eta}\varsigma$ $\dot{a}\kappa\rho o\beta\upsilon\sigma\tau\acute{\iota}a\varsigma$ $a\grave{\upsilon}\tau\hat{\omega}\nu$)로 바꾸었다.

28) 고전 그리스어 '부상당한 사람'($\tau\rho a\upsilon\mu a\tau\acute{\iota}a\varsigma$)은 LXX에서 '치명상을 입은 사람'이라는 뜻으로 쓰였다(신명 21,1-6 참조).

29) 히브리어 חיל(재산/군대)을 동사 '포로로 잡아가다'(שבה)와 연결시키는 데 어려움을 느낀 LXX 번역자는 이를 $\sigma\acute{\omega}\mu a\tau a$로 옮겼다. $\sigma\acute{\omega}\mu a\tau a$(직역: 몸)가 노예나 종들을 가리키는 말이 된 것은 기원전 3세기부터다.

30) 히브리어 "어린아이들"(טף)을 LXX는 소유한 물건이나 사람을 가리키는 $\dot{a}\pi o\sigma\kappa\epsilon\upsilon\acute{\eta}$로 옮겼다(14,12 각주 참조).

τὰς γυναῖκας αὐτῶν ἠχμαλώτευσαν, καὶ διήρπασαν ὅσα τε ἦν ἐν τῇ πόλει καὶ ὅσα ἦν ἐν ταῖς οἰκίαις. **30** εἶπεν δὲ Ιακωβ Συμεων καὶ Λευι Μισητόν με πεποιήκατε ὥστε πονηρόν με εἶναι πᾶσιν τοῖς κατοικοῦσιν τὴν γῆν, ἔν τε τοῖς Χαναναίοις καὶ τοῖς Φερεζαίοις· ἐγὼ δὲ ὀλιγοστός εἰμι ἐν ἀριθμῷ, καὶ συναχθέντες ἐπ' ἐμὲ συγκόψουσίν με, καὶ ἐκτριβήσομαι ἐγὼ καὶ ὁ οἶκός μου. **31** οἱ δὲ εἶπαν Ἀλλ' ὡσεὶ πόρνῃ χρήσωνται τῇ ἀδελφῇ ἡμῶν;

35.1 Εἶπεν δὲ ὁ θεὸς πρὸς Ιακωβ Ἀναστὰς ἀνάβηθι εἰς τὸν τόπον Βαιθηλ καὶ οἴκει ἐκεῖ καὶ ποίησον ἐκεῖ θυσιαστήριον τῷ θεῷ τῷ ὀφθέντι σοι ἐν τῷ ἀποδιδράσκειν σε ἀπὸ προσώπου Ησαυ τοῦ ἀδελφοῦ σου. **2** εἶπεν δὲ Ιακωβ τῷ οἴκῳ αὐτοῦ καὶ πᾶσιν τοῖς μετ' αὐτοῦ Ἄρατε τοὺς θεοὺς τοὺς ἀλλοτρίους τοὺς μεθ' ὑμῶν ἐκ μέσου ὑμῶν καὶ καθαρίσασθε καὶ ἀλλάξατε τὰς στολὰς ὑμῶν. **3** καὶ ἀναστάντες ἀναβῶμεν εἰς Βαιθηλ καὶ ποιήσωμεν ἐκεῖ θυσιαστήριον τῷ θεῷ τῷ ἐπακούσαντί μοι ἐν ἡμέρᾳ θλίψεως, ὃς ἦν μετ' ἐμοῦ καὶ διέσωσέν με ἐν τῇ ὁδῷ, ᾗ ἐπορεύθην. **4** καὶ ἔδωκαν τῷ Ιακωβ τοὺς θεοὺς τοὺς ἀλλοτρίους, οἳ ἦσαν ἐν ταῖς χερσὶν αὐτῶν, καὶ τὰ ἐνώτια τὰ ἐν τοῖς ὠσὶν αὐτῶν, καὶ κατέκρυψεν αὐτὰ Ιακωβ ὑπὸ τὴν τερέμινθον τὴν ἐν Σικιμοις καὶ ἀπώλεσεν αὐτὰ ἕως τῆς σήμερον ἡμέρας. **5** καὶ ἐξῆρεν Ισραηλ ἐκ Σικιμων, καὶ ἐγένετο φόβος θεοῦ ἐπὶ τὰς πόλεις τὰς κύκλῳ αὐτῶν, καὶ οὐ κατεδίωξαν ὀπίσω τῶν υἱῶν Ισραηλ. **6** ἦλθεν δὲ Ιακωβ εἰς Λουζα, ἥ ἐστιν ἐν γῇ Χανααν, ἥ ἐστιν Βαιθηλ, αὐτὸς καὶ πᾶς ὁ λαός, ὃς ἦν μετ' αὐτοῦ. **7** καὶ ᾠκοδόμησεν ἐκεῖ θυσιαστήριον καὶ

---

31) LXX는 히브리어 본문의 '그들이 약탈하였다. 그리고 집안에 있는 모든 것'(כל־אשר בבית ואת ויבזו)에 "성읍에 있는 것과"(ὅσα ἦν ἐν τῇ πόλει καὶ)를 삽입하여 문장을 명확히 표현하고자 하였다.

32) LXX는 비슷한 뜻을 지닌 두 형용사 '혐오스러운'(μισητός)과 '악한'(πονηρός)을 써서 히브리어 본문의 "나를 흉측한 인간으로 만들어, 나를 불행에 빠뜨리는구나"(עכרתם אתי להבאישני)와 다르게 표현하였다.

33) 히브리어 본문의 단수 주어 '그'를 LXX는 '그들'로 바꾸어 세겜만의 잘못이 아님을 표현하였다.

아내들을 포로로 잡아가고, 성읍에 있는 것과[31) 집에 있는 것도 모두 약탈하였다. 30 야곱이 시므온과 레위에게 말하였다. "너희는 나를 혐오스러운 사람으로 만들어, 나는 이 땅에 사는 모든 주민들, 가나안 사람들과 브리즈 사람들에게 악인이 되었구나.[32) 나는 숫자도 적은데, 그들이 한데 모여 나를 치면 나와 내 집안은 뿌리째 뽑힐 것이다." 31 그러자 야곱의 아들들이 말하였다. "그러면 그들이[33) 우리 누이를 창녀처럼 다루어도 되겠습니까?"

야곱이 베델로 가다: 우상들을 파괴함

35,1 하느님께서 야곱에게 말씀하셨다. "일어나 베델이라는 곳으로[1) 올라가 거기에 살아라. 그리고 네가 네 형 에사오〈의 얼굴〉로부터 달아날 때 너에게 드러내신 하느님을 위하여 거기에 제단을 만들어라." 2 야곱은 자기 집안과 자기와 함께 있는 모든 사람에게 말하였다. "너희 곁에 있는 이방 신들을 너희 가운데에서 치워버려라. 그리고 너희 자신을 깨끗이 하고 옷을 갈아입어라. 3 일어나 베델로 올라가자. 힘겹던 날, 나의 말을 들어주시고 나와 함께하시며 내가 걸어온 길에서 나를 구원해 주신 하느님을 위하여 그곳에 제단을 만들자."[2) 4 그들은 〈자기들〉 손에 있던 이방 신들과 귀에 걸었던 귀걸이들을 야곱에게 주었다. 야곱은 그것들을 세겜에 있는 테레빈 나무 밑에 감추어 버려, 그는 오늘날까지 〈그것들을〉 없애 버렸다.[3) 5 이스라엘이 세겜 사람들을 떠나자 하느님의 공포가 그들 주위의 성읍들을 에워쌌다. 그래서 그들은 이스라엘의 아들들을 뒤쫓지 못하였다.[4) 6 야곱과 그와 함께 있던 모든 백성은 가나안 땅에 있는 루자,[5) 곧 베델에 이르렀다. 7 그는 거기에 제단

---

1) LXX는 7절과 15절에 맞추어 히브리어 본문의 "베델"(בית אל)을 "베델이라는 곳"(εἰς τὸν τόπον Βαιθηλ)으로 옮겼다.

2) 히브리어 본문의 '내가 그곳에 제단을 만들리라'(ואעשה שם מזבח)를 LXX는 복수형으로 "그곳에 제단을 만들자"(ποιήσωμεν ἐκεῖ θυσιαστήριον)로 옮겼으며, 히브리어 본문에 없는 '나를 구원해 주신 (하느님)'(ὅς … διέσωσέν με)이라는 말을 덧붙였다.

3) LXX의 "오늘날까지 그것들을 없애 버렸다"(ἀπώλεσεν αὐτὰ ἕως τῆς σήμερον ἡμέρας)라는 표현은 MT에 없다.

4) 이 절은 문맥 흐름상 이곳보다는 34장 마지막에 놓여야 더 적절할 것으로 보인다. LXX는 이를 참작하여 히브리어 본문의 '그들이 길을 가다'(ויסעו)를 바꾸어 '이스라엘이 세겜 사람들을 떠났다'(ἐξῆρεν Ισραηλ ἐκ Σικιμων)로 옮겼다. LXX는 이 절에서 야곱의 새 이름 이스라엘을 두 번 썼다. 처음에는 '떠나다'의 주어(MT: 그들이 길을 가다)로, 다음에는 '이스라엘의 아들들'(τῶν υἱῶν Ισραηλ, MT: בני יעקב 야곱의 아들들)에서 나타난다.

5) 베델의 옛 이름에 관해서는 28,19 각주 참조. LXX는 여기서 히브리어 루즈(לוז)에 붙은 방향 접미사 ה-까지 음역하여 "루자"(Λουζα)로 옮겼다.

ἐκάλεσεν τὸ ὄνομα τοῦ τόπου Βαιθηλ· ἐκεῖ γὰρ ἐπεφάνη αὐτῷ ὁ θεὸς ἐν τῷ ἀποδιδράσκειν αὐτὸν ἀπὸ προσώπου Ησαυ τοῦ ἀδελφοῦ αὐτοῦ. **8** ἀπέθανεν δὲ Δεββωρα ἡ τροφὸς Ῥεβεκκας κατώτερον Βαιθηλ ὑπὸ τὴν βάλανον, καὶ ἐκάλεσεν Ιακωβ τὸ ὄνομα αὐτῆς Βάλανος πένθους.

35,9 Ὤφθη δὲ ὁ θεὸς Ιακωβ ἔτι ἐν Λουζα, ὅτε παρεγένετο ἐκ Μεσοποταμίας τῆς Συρίας, καὶ ηὐλόγησεν αὐτὸν ὁ θεός. **10** καὶ εἶπεν αὐτῷ ὁ θεός Τὸ ὄνομά σου Ιακωβ· οὐ κληθήσεται ἔτι Ιακωβ, ἀλλ' Ισραηλ ἔσται τὸ ὄνομά σου. **11** εἶπεν δὲ αὐτῷ ὁ θεός Ἐγὼ ὁ θεός σου· αὐξάνου καὶ πληθύνου· ἔθνη καὶ συναγωγαὶ ἐθνῶν ἔσονται ἐκ σοῦ, καὶ βασιλεῖς ἐκ τῆς ὀσφύος σου ἐξελεύσονται. **12** καὶ τὴν γῆν, ἣν δέδωκα Αβρααμ καὶ Ισαακ, σοὶ δέδωκα αὐτήν· σοὶ ἔσται, καὶ τῷ σπέρματί σου μετὰ σὲ δώσω τὴν γῆν ταύτην. **13** ἀνέβη δὲ ὁ θεὸς ἀπ' αὐτοῦ ἐκ τοῦ τόπου, οὗ ἐλάλησεν μετ' αὐτοῦ. **14** καὶ ἔστησεν Ιακωβ στήλην ἐν τῷ τόπῳ, ᾧ ἐλάλησεν μετ' αὐτοῦ, στήλην λιθίνην, καὶ ἔσπεισεν ἐπ' αὐτὴν σπονδὴν καὶ ἐπέχεεν ἐπ' αὐτὴν ἔλαιον. **15** καὶ ἐκάλεσεν Ιακωβ τὸ ὄνομα τοῦ τόπου, ἐν ᾧ ἐλάλησεν μετ' αὐτοῦ ἐκεῖ ὁ θεός, Βαιθηλ.

---

6) LXX는 히브리어 본문의 "엘-베델"(אל בית אל)에서 אל을 빼고 בית אל만을 옮겼다. 이는 지명에 신 이름(אל)을 넣지 않으려고 한 결과인 듯하다. 시리아어역과 불가타도 LXX처럼 옮겼다.

7) MT는 형 이름 "에사오"를 밝히지 않았다.

8) '나타나다'(ἐπιφαίνω)라는 말은 창세기에서 이곳에만 한 번 나온다.

9) LXX는 12,6에 나오는 '참나무'(δρῦς)와 여기의 '상수리나무'(βάλανος)를 구별하여 사용하였다. 반면에 MT는 두 곳 모두에 같은 단어 '참나무'(אלון)를 사용하였다.

10) LXX는 드보라가 상수리나무 밑에서 '죽었다'(ἀπέθανεν)고만 전하는데, MT는 그가 그 나무 밑에 '묻혔다'(ותקבר)고 한다.

11) MT와 달리 문맥상 알 수 있는 동사의 주어를 밝혀 주었다.

12) 이 장면은 야곱이 이스라엘이라는 새 이름을 얻는 이야기(32,28-29)를 반복하고 베델이라는 지명의 기원을 다시 설명한다.

을 세우고, 그곳의 이름을 베델이라[6] 하였다. 그가 자기 형 에사오〈의 얼굴〉로부터[7] 달아날 때 하느님께서 그곳에서 그에게 나타나셨기[8] 때문이다. 8 리브가의 유모 드보라가 베델 아래에 있는 상수리나무[9] 밑에서 죽었다.[10] 그래서 야곱은[11] 그 이름을 '슬픔의 상수리나무'라 하였다.

하느님께서 야곱에게 나타나시다[12]

35,9 야곱이 시리아의 메소포타미아에서[13] 나오자, 하느님께서 다시 루자에 있는 그에게 나타나셨다. 하느님께서 그에게 복을 내리시고,[14] 10 〈하느님께서〉 그에게 말씀하셨다. "너의 이름은 야곱이다. 그러나 너는 더 이상 야곱이라 불리지 않고, 너의 이름은 이스라엘이 되리라."[15] 11 하느님께서 그에게 말씀하셨다. "나는 너의 하느님이다.[16] 너는 자식을 많이 낳고 번성하여라. 너에게서 한 민족이, 민족들의 무리가 생겨나리라. 그리고 네 허리에서 임금들이 나오리라. 12 내가 아브라함과 이사악에게 준 땅, 그것을 너에게 주었으니, (그것이) 너의 것이 되리라.[17] 나는 또 네 뒤에 오는 네 후손들에게도 그 땅을 주리라." 13 하느님께서는 그와 더불어 말씀하시던 곳에서 그를 떠나 올라가셨다. 14 야곱은 그분께서 자기와 말씀을 나누신 곳에 기둥, 곧 돌기둥을 세우고 그 위에 술을 따라 올리고 그 위에 기름을 부었다.[18] 15 야곱은 하느님께서 자기와 말씀을 나누신 그곳의 이름을 베델이라 하였다.

---

13) 히브리어 본문의 "바딴-아람"(פדן ארם)을 옮긴 것이다.

14) LXX는 MT에는 나타나지 않는 야곱이 있는 장소 "루지"(35,6 각주 참조)를 명시하였다. 타르굼 네오피티에 따르면, 하느님께서는 리브가의 유모 드보라의 죽음과, 특히 19절에 묘사하는 라헬의 죽음 때문에 상심하는 야곱의 고통을 위로하려고 그에게 복을 내리셨다고 한다.

15) 히브리어 본문의 "(하느님께서) 그의 이름을 이스라엘이라 하셨다"(ישראל ויקרא את שמו)라는 표현이 LXX에는 없다.

16) MT의 "나는 전능한 하느님이다"(אני אל שדי)를 "나는 너의 하느님이다"($\dot{\epsilon}\gamma\dot{\omega}$ $\dot{o}$ $\theta\epsilon\dot{o}\varsigma$ $\sigma o\upsilon$)로 옮겼다.

17) LXX는 앞 문장을 '너에게 주었다'($\sigma o\grave{\iota}$ $\delta\dot{\epsilon}\delta\omega\kappa\alpha$)라고 완료시제로 표현한 반면, MT는 '너에게 주겠다'(לך אתננה)라고 한 뒤에 이를 설명하는 말을 덧붙였다.

18) 이 구절은 28,18을 반복하였다. 다만 28,18에 없는 '술을 따라 올림'($\sigma\pi o\nu\delta\acute{\eta}$)이라는 단어가 첨가되었는데 이 단어는 창세기에서 여기에만 나온다.

35.16 Ἀπάρας δὲ Ιακωβ ἐκ Βαιθηλ ἔπηξεν τὴν σκηνὴν αὐτοῦ ἐπέκεινα τοῦ πύργου Γαδερ. ἐγένετο δὲ ἡνίκα ἤγγισεν χαβραθα εἰς γῆν ἐλθεῖν Εφραθα, ἔτεκεν Ραχηλ καὶ ἐδυστόκησεν ἐν τῷ τοκετῷ. **17** ἐγένετο δὲ ἐν τῷ σκληρῶς αὐτὴν τίκτειν εἶπεν αὐτῇ ἡ μαῖα Θάρσει, καὶ γὰρ οὗτός σοί ἐστιν υἱός. **18** ἐγένετο δὲ ἐν τῷ ἀφιέναι αὐτὴν τὴν ψυχήν — ἀπέθνησκεν γάρ — ἐκάλεσεν τὸ ὄνομα αὐτοῦ Υἱὸς ὀδύνης μου· ὁ δὲ πατὴρ ἐκάλεσεν αὐτὸν Βενιαμιν. **19** ἀπέθανεν δὲ Ραχηλ καὶ ἐτάφη ἐν τῇ ὁδῷ Εφραθα (αὕτη ἐστὶν Βηθλεεμ). **20** καὶ ἔστησεν Ιακωβ στήλην ἐπὶ τοῦ μνημείου αὐτῆς· αὕτη ἐστὶν στήλη μνημείου Ραχηλ ἕως τῆς σήμερον ἡμέρας.

35.22 Ἐγένετο δὲ ἡνίκα κατῴκησεν Ισραηλ ἐν τῇ γῇ ἐκείνῃ, ἐπορεύθη Ρουβην καὶ ἐκοιμήθη μετὰ Βαλλας τῆς παλλακῆς τοῦ πατρὸς αὐτοῦ· καὶ ἤκουσεν Ισραηλ, καὶ πονηρὸν ἐφάνη ἐναντίον αὐτοῦ.

Ἦσαν δὲ οἱ υἱοὶ Ιακωβ δώδεκα. **23** υἱοὶ Λειας· πρωτότοκος Ιακωβ Ρουβην, Συμεων, Λευι, Ιουδας, Ισσαχαρ, Ζαβουλων. **24** υἱοὶ δὲ Ραχηλ· Ιωσηφ καὶ Βενιαμιν. **25** υἱοὶ δὲ Βαλλας παιδίσκης Ραχηλ· Δαν καὶ Νεφθαλι. **26** υἱοὶ δὲ Ζελφας παιδίσκης Λειας· Γαδ καὶ Ασηρ. οὗτοι υἱοὶ Ιακωβ, οἳ ἐγένοντο αὐτῷ ἐν Μεσοποταμίᾳ τῆς Συρίας

---

19) 예수께서 베들레헴에서 태어나실 때 펼쳐지는 이야기와 연결된다. 타르굼 요나단 35,21(= LXX 35,16)은 이 대목을 메시아적으로 해석하였다(가축 떼의 탑 너머, 임금이신 메시아가 마지막 날에 나타나시리라: 미가 4,8; 5,2 참조).

20) LXX는 복수 주어(ויסעו מבית אל 그들이 베델을 떠나) 대신 야곱을 주어로 삼았다. MT에는 '믹달-에델 너머에 자기 천막을 쳤다' 라는 구절이 21절에 나온다. '에델 탑'은 히브리어 지명 믹달-에델(מגדל עדר)의 앞부분은 번역하고(탑) 뒷부분은 음역한(에델 Γαδερ) 것이다.

21) LXX는 히브리어 지명 "에브랏"(אפרת)에 붙은 방향을 나타내는 접미사 ה-까지 음역하여 "에프라타"(Εφραθα)로 옮겼다.

22) '…에 이르기 위해 카브라타에 가까이 왔을 때' 라는 표현은 48,7에서 다시 나오는데, 이는 히브리어 표현 ויהי עוד כברת הארץ לבוא אפרתה(에브랏까지는 아직 얼마 더 가야 하는 곳에서) 와 대응한다. 히브리어 כברת은 땅의 '거리'를 나타내는 말인 듯하다. LXX는 כברת을 거리를 나타내는 전문용어로 이해하고 이를 아람어(כברתא) 식으로 음역하여 옮겼거나, 장소 이름으로 이해하여 옮겼을 것이다.

23) בהקשתה(산고가 심할 때)를 옮긴 σκληρῶς는 산고가 절정에 이르렀을 때의 고통을 말한다.

베냐민의 탄생과 라헬의 죽음[19]

35,16 야곱은 베델을 떠나 에델 탑 너머에 자기 천막을 쳤다.[20] 그가 에프라타[21] 땅으로 가던 중 카브라타에 가까이 왔을 때,[22] 라헬이 아이를 낳는데 산고가 심하였다. 17 그가 아이를 낳으며 힘들어할 때[23] 산파가 그에게 말하였다. "힘내세요.[24] 이 (아이)도 당신 아들입니다." 18 그 여자가 죽게 되어 숨을 거두면서, 그 (아이)의 이름을 '내 고통의 아들'이라[25] 하였다. 그러나 (아기의) 아버지는 그를 베냐민이라 불렀다. 19 라헬은 죽어 에프라타, 곧 베들레헴으로 가는 길가에 묻혔다. 20 야곱은 그 여자의 무덤에 기둥을 세웠다. 그것이 오늘날까지 라헬의 기념기둥이다.

르우벤이 자기 아버지의 소실과 잠자리에 들다[26]

35,22 이스라엘이 그 땅에 살 때, 르우벤이 자기 아버지의 소실 빌하에게 가서 그와 동침하였다. 이스라엘이 (이 일을) 들었는데, 그것은 그 앞에 악하게 보였다.[27]

야곱의 열두 아들

야곱의 아들들은 열둘이었다. 23 레아의 아들들은 야곱의 맏이 르우벤과 시므온, 레위, 유다, 이싸갈, 즈불룬이다. 24 그리고 라헬의 아들들은 요셉과 베냐민이다. 25 라헬의 여종 빌하의 아들들은 단과 납달리이다. 26 레아의 여종 질바의 아들들은 가드와 아셀이다. 이들은 시리아의 메소포타미아에서[28] 그에게 태어난 야곱의 아들들이다.[29]

---

24) אל תיראי (두려워하지 마셔요)를 LXX는 "힘내세요"($\theta \acute{\alpha} \rho \sigma \epsilon \iota$)로 옮겼다.

25) LXX는 라헬이 부른 이름 "벤-오니"(בן אוני)를 번역하여 "내 고통의 아들"($\gamma \iota \grave{o} \varsigma\ \acute{o} \delta \acute{v} \nu \eta \varsigma\ \mu o v$)로 옮겼으나, 야곱이 부른 이름 "베냐민"은 그대로 음역($B \epsilon \nu \iota \alpha \mu \iota \nu$)하였다.

26) 이 절은 LXX에서 절 하나로 하나의 단락을 이루는 유일한 예이다. LXX는 21절 없이 이 절을 22절로 두었는데, 이에 대응하는 히브리어 본문이 이미 16절에서 언급되있기 때문이다. 유다교에서는 이 불명예스러운 이야기를 문자 그대로 받아들이려 하지 않았으나, 일부 유다 전통은 그대로 받아들이기도 하였다. 타르굼 요나단은 이야기의 심각성을 완화시키려고, 르우벤이 자기 어머니 레아를 위하여 빌하의 침대를 '어지럽히기만' 하였다고 전한다. 다음에 이어지는 야곱의 열두 아들 목록은 르우벤 역시 다른 아들들과 같은 위치에 있음을 보여 준다. 그러나 49,3-4에 나오는 야곱의 축복 장면은 이 사건의 중대성을 상기시킨다.

27) LXX는 MT에 없는 "그것은 그 앞에 악해 보였다"($\pi o \nu \eta \rho \grave{o} \nu\ \acute{\epsilon} \phi \acute{\alpha} \nu \eta\ \acute{\epsilon} \nu \alpha \nu \tau \acute{\iota} o \nu\ \alpha \grave{v} \tau o \hat{v}$)라는 말을 넣어 르우벤의 추행소식을 들은 이스라엘의 반응을 묘사하고 있다.

28) MT는 "바딴-아람"(פדן ארם)이다.

29) 16-18절을 보면 베냐민은 가나안 땅 에프라타 가까이에서 태어나는데, 여기서는 베냐민을 포함한 야곱의 아들들이 "시리아의 메소포타미아"에서 태어난다.

35,27 Ἦλθεν δὲ Ιακωβ πρὸς Ισαακ τὸν πατέρα αὐτοῦ εἰς Μαμβρη εἰς πόλιν τοῦ πεδίου (αὕτη ἐστὶν Χεβρων) ἐν γῇ Χανααν, οὗ παρῴκησεν Αβρααμ καὶ Ισαακ. **28** ἐγένοντο δὲ αἱ ἡμέραι Ισαακ, ἃς ἔζησεν, ἔτη ἑκατὸν ὀγδοήκοντα· **29** καὶ ἐκλιπὼν ἀπέθανεν καὶ προσετέθη πρὸς τὸ γένος αὐτοῦ πρεσβύτερος καὶ πλήρης ἡμερῶν, καὶ ἔθαψαν αὐτὸν Ησαυ καὶ Ιακωβ οἱ υἱοὶ αὐτοῦ.

36,1 Αὗται δὲ αἱ γενέσεις Ησαυ (αὐτός ἐστιν Εδωμ)· **2** Ησαυ δὲ ἔλαβεν γυναῖκας ἑαυτῷ ἀπὸ τῶν θυγατέρων τῶν Χαναναίων, τὴν Αδα θυγατέρα Αιλων τοῦ Χετταίου καὶ τὴν Ελιβεμα θυγατέρα Ανα τοῦ υἱοῦ Σεβεγων τοῦ Ευαίου **3** καὶ τὴν Βασεμμαθ θυγατέρα Ισμαηλ ἀδελφὴν Ναβαιωθ. **4** ἔτεκεν δὲ Αδα τῷ Ησαυ τὸν Ελιφας, καὶ Βασεμμαθ ἔτεκεν τὸν Ραγουηλ, **5** καὶ Ελιβεμα ἔτεκεν τὸν Ιεους καὶ τὸν Ιεγλομ καὶ τὸν Κορε· οὗτοι υἱοὶ Ησαυ, οἳ ἐγένοντο αὐτῷ ἐν γῇ Χανααν. **6** ἔλαβεν δὲ Ησαυ τὰς γυναῖκας αὐτοῦ καὶ τοὺς υἱοὺς καὶ τὰς θυγατέρας καὶ πάντα τὰ σώματα τοῦ οἴκου αὐτοῦ καὶ πάντα τὰ ὑπάρχοντα καὶ πάντα τὰ κτήνη καὶ πάντα, ὅσα ἐκτήσατο καὶ ὅσα περιεποιήσατο ἐν γῇ Χανααν, καὶ ἐπορεύθη ἐκ γῆς Χανααν ἀπὸ προσώπου Ιακωβ τοῦ ἀδελφοῦ αὐτοῦ· **7** ἦν γὰρ αὐτῶν τὰ ὑπάρχοντα πολλὰ τοῦ οἰκεῖν ἅμα, καὶ οὐκ ἐδύνατο ἡ γῆ τῆς παροικήσεως αὐτῶν φέρειν αὐτοὺς ἀπὸ τοῦ πλήθους τῶν ὑπαρχόντων αὐτῶν. **8** ᾤκησεν δὲ Ησαυ ἐν τῷ ὄρει Σηιρ (Ησαυ αὐτός ἐστιν Εδωμ).

---

30) LXX는 MT에 없는 "가나안 땅에 있는"(ἐν γῇ Χανααν)을 덧붙였다. 시리아어역도 LXX처럼 옮겼다.

31) "벌판의 성읍"(πόλιν τοῦ πεδίου)으로 번역하여 옮긴 히브리어 "키럇-아르바"(קרית הארבע)를 23,2에서는 부분적으로 음역하여 "아르복 성읍"(πόλει Αρβοκ)이라고 하였다.

32) MT는 이사악이라는 주어를 밝힌다.

33) "숨을 거두다"(ἐκλείπω)에 관해서는 25,8 각주 참조.

34) LXX는 여기서 조상들과 합류함을 표현하는 데 "겨레"(γένος)라는 단어를 썼으나 다른 곳에서는 '백성'(λαός)을 사용하였다(25,8; 49,29.33). MT는 모두 עם을 사용한다.

1) 에사오의 이름에 관해서는 25,25과 각주 참조.

이사악의 죽음

35,27 야곱은 가나안 땅에 있는[30] 마므레, 곧 벌판의 성읍으로[31] 자기 아버지 이사악에게 돌아갔다. 그곳은 헤브론으로 아브라함과 이사악이 몸 붙여 살던 곳이다. 28 이사악이 산 날이 백팔십 년 되었다. 29 그는[32] 노인으로 날들을 채우고는 숨을 거두고[33] 죽어 자기 겨레와 합류하였다.[34] 그의 아들들인 에사오와 야곱이 그를 안장하였다.

에사오의 자손: 에사오가 세일에 자리 잡다

36,1 이것이 에사오 곧 에돔의[1] 족보이다. 2 에사오는 가나안의 딸들 가운데서 아내들을 맞아들였다. 헷 사람 엘론의 딸 아다와 히위 사람 시브온의 아들인[2] 아나의 딸 엘리바마,[3] 3 이스마엘의 딸이며 느바욧의 누이인 바스맛(을 맞아들인 것이다). 4 아다는 에사오에게 엘리바즈를 낳아 주었고, 바스맛은 라구엘을 낳았다. 5 엘리바마는 여우스와 야을람과 코라를 낳았다. 이들이 가나안 땅에서 에사오에게 태어난 아들들이다. 6 에사오는 아내들과 아들들과 딸들과 자기 집안 식구 모두,[4] 그리고 모든 재산과 모든 가축 떼와, 그가 가나안 땅에서 소유하고 얻은 모든 것을[5] 가지고 자기 아우 야곱〈의 얼굴〉 앞에서 (떠나) 가나안 땅에서 나왔다.[6] 7 그들의 재산이 함께 살기에는 너무 많았기[7] 때문이다. 그들이 몸 붙여 살던 땅은 그들의 많은 재산을 수용할 수 없었다. 8 그래서 에사오는 세일 산악지방에 살았다. 이 에사오가 에돔이다.

---

2) MT에서는 아나가 '시브온의 딸'(בת צבעון)로 나온다. LXX와 시리아어역은 사마리아 오경에 따라 아나를 시브온의 아들이라 하였다.

3) 히브리어 본문의 "오홀리바마"(אהליבמה)를 옮긴 것이다. 다른 그리스어 필사본들에는 첫 음절에 ϵ 대신 o가 나온다.

4) נפשות은 '사람들'을 뜻하는데 LXX 번역자는 ψυχάς 대신 σώματα로 옮겼다. 이는 번역자가 נפשות을 '종들'로 이해한 결과인 듯하다. σώματα는 여기서 집안 식구로, 돈으로 산 남종과 여종을 가리키는 깃 같다.

5) LXX는 히브리어 본문의 את כל קנינו אשר רכש בארץ כנען(그가 가나안 땅에서 얻은 모든 재산)을 ὅσα ἐκτήσατο καὶ ὅσα περιεποιήσατο ἐν γῇ Xαναav(그가 가나안 땅에서 소유하고 얻은 모든 것)으로 옮겼다. 둘째 동사 '얻다'(περιποιέω)는 히브리어 '재산'(רכש)을 풀이한 것이다.

6) 의미가 불분명한 히브리어 본문의 문장 וילך אל ארץ מפני יעקב(야곱에게서 좀 떨어진 땅으로 갔다)에 LXX는 ἐκ γῆς Xαναav을 넣어 "가나안 땅에서 나왔다"(ἐπορεύθη ἐκ γῆς Xαναav)로 옮겼다. 타르굼 옹켈로스는 אוחרי를 넣어 '다른 땅으로 갔다'(ואזל לארע אוחרי)라고 하였고, 시리아어역은 8절에 나오는 세일을 덧붙였다.

7) 속격과 부정사로 이어지는 '많은'(πολύς)은 비교급처럼 쓰여 '~하기에 너무 많은'이라는 의미를 지닌다.

36,9 Αὗται δὲ αἱ γενέσεις Ησαυ πατρὸς Εδωμ ἐν τῷ ὄρει Σηιρ, *10* καὶ ταῦτα τὰ ὀνόματα τῶν υἱῶν Ησαυ· Ελιφας υἱὸς Αδας γυναικὸς Ησαυ καὶ Ραγουηλ υἱὸς Βασεμμαθ γυναικὸς Ησαυ. *11* ἐγένοντο δὲ υἱοὶ Ελιφας· Θαιμαν, Ωμαρ, Σωφαρ, Γοθομ καὶ Κενεζ· *12* Θαμνα δὲ ἦν παλλακὴ Ελιφας τοῦ υἱοῦ Ησαυ καὶ ἔτεκεν τῷ Ελιφας τὸν Αμαληκ· οὗτοι υἱοὶ Αδας γυναικὸς Ησαυ. *13* οὗτοι δὲ υἱοὶ Ραγουηλ· Ναχοθ, Ζαρε, Σομε καὶ Μοζε· οὗτοι ἦσαν υἱοὶ Βασεμμαθ γυναικὸς Ησαυ. *14* οὗτοι δὲ ἦσαν υἱοὶ Ελιβεμας θυγατρὸς Ανα τοῦ υἱοῦ Σεβεγων, γυναικὸς Ησαυ· ἔτεκεν δὲ τῷ Ησαυ τὸν Ιεους καὶ τὸν Ιεγλομ καὶ τὸν Κορε. — *15* οὗτοι ἡγεμόνες υἱοὶ Ησαυ· υἱοὶ Ελιφας πρωτοτόκου Ησαυ· ἡγεμὼν Θαιμαν, ἡγεμὼν Ωμαρ, ἡγεμὼν Σωφαρ, ἡγεμὼν Κενεζ, *16* ἡγεμὼν Κορε, ἡγεμὼν Γοθομ, ἡγεμὼν Αμαληκ· οὗτοι ἡγεμόνες Ελιφας ἐν γῇ Ιδουμαίᾳ· οὗτοι υἱοὶ Αδας. *17* καὶ οὗτοι υἱοὶ Ραγουηλ υἱοῦ Ησαυ· ἡγεμὼν Ναχοθ, ἡγεμὼν Ζαρε, ἡγεμὼν Σομε, ἡγεμὼν Μοζε· οὗτοι ἡγεμόνες Ραγουηλ ἐν γῇ Εδωμ· οὗτοι υἱοὶ Βασεμμαθ γυναικὸς Ησαυ. *18* οὗτοι δὲ υἱοὶ Ελιβεμας γυναικὸς Ησαυ· ἡγεμὼν Ιεους, ἡγεμὼν Ιεγλομ, ἡγεμὼν Κορε· οὗτοι ἡγεμόνες Ελιβεμας. — *19* οὗτοι υἱοὶ Ησαυ, καὶ οὗτοι ἡγεμόνες αὐτῶν. οὗτοί εἰσιν υἱοὶ Εδωμ.

36,20 Οὗτοι δὲ υἱοὶ Σηιρ τοῦ Χορραίου τοῦ κατοικοῦντος τὴν γῆν· Λωταν, Σωβαλ, Σεβεγων, Ανα *21* καὶ Δησων καὶ Ασαρ καὶ Ρισων· οὗτοι ἡγεμόνες τοῦ Χορραίου τοῦ υἱοῦ Σηιρ ἐν τῇ γῇ Εδωμ. *22* ἐγένοντο δὲ υἱοὶ Λωταν· Χορρι καὶ Αιμαν· ἀδελφὴ δὲ Λωταν Θαμνα. *23* οὗτοι δὲ υἱοὶ Σωβαλ· Γωλων καὶ Μαναχαθ καὶ Γαιβηλ, Σωφ καὶ Ωμαν. *24* καὶ οὗτοι υἱοὶ Σεβεγων· Αιε καὶ Ωναν· οὗτός ἐστιν ὁ Ωνας, ὃς εὗρεν τὸν Ιαμιν ἐν τῇ ἐρήμῳ, ὅτε ἔνεμεν τὰ

---

8) LXX는 "스보"(צְבֹי)를 "소파르"(Σωφαρ)로 읽는다. 이는 욥기에 나오는 욥의 친구 이름 "소바르"(צֹפַר → Σωφαρ)와 같다. LXX 번역자는 욥기의 배경을 에돔 지방으로 이해하고, 에사오의 후손 가운데 적어도 한둘은 욥의 친구들일 것이라고 생각한 것이다.

9) LXX는 히브리어 본문의 "에돔 땅에"(בְּאֶרֶץ אֱדֹום)를 "이두매아 땅에"라고 하였다. 그러나 17절의 "에돔 땅"은 ἐν γῇ Εδωμ으로 옮긴다. LXX 번역자는 에돔을 이두매아와 동일시한 것 같다.

에사오의 자손: 에돔의 족장들

36,9 이것은 세일 산악지방에 사는 에돔의 조상 에사오의 족보이며, 10 이것은 에사오의 아들들 이름이다. 에사오의 아내 아다의 아들 엘리바즈와 에사오의 아내 바스맛의 아들 라구엘이다. 11 엘리바즈의 아들들은 태만, 오말, 소파르,[8] 가아담, 크나즈이다. 12 딤나는 에사오의 아들 엘리바즈의 소실이었는데, 그는 엘리바즈에게 아말렉을 낳아 주었다. 이들이 에사오의 아내 아다의 아들들이다. 13 라구엘의 아들들은 이러하다. 나핫, 제라, 삼마, 미짜이다. 이들이 에사오의 아내 바스맛의 아들들이었다. 14 이들은 시브온의 아들 아나의 딸로서 에사오의 아내 엘리바마의 아들들이다. 그는 에사오에게 여우스, 야을람, 코라를 낳아 주었다. 15 에사오 아들들의 족장들은 이러하다. 에사오의 맏이인 엘리바즈의 아들들은 족장 태만, 족장 오말, 족장 소파르, 족장 크나즈, 16 족장 코라, 족장 가아담, 족장 아말렉이다. 이들은 이두매아 땅에[9] 있는 엘리바즈의 족장들로서, 〈이들은〉 아다의 아들들이다. 17 에사오의 아들 라구엘의 아들들은 이러하다. 족장 나핫, 족장 제라, 족장 삼마, 족장 미짜이다. 이들은 에돔 땅에 있는 라구엘의 족장들로서, 〈이들은〉 에사오의 아내 바스맛의 아들들이다. 18 에사오의 아내 엘리바마의 아들들은 이러하다. 족장 여우스, 족장 야을람, 족장 코라이다. 이들은 엘리바마의[10] 족장들이다. 19 이들은 에사오의 아들들이며 〈이들이〉 그들의 족장들이다. 이들은 에돔의 아들들이다.

세일의 자손

36,20 그 땅에 사는 호리 사람 세일의 아들들은 이러하다. 로탄, 소발, 시브온, 아나와 21 디손, 에제르, 리손이다.[11] 이들이 에돔 땅에 사는 세일의 아들인 호리 사람의 족장들이다. 22 로탄의 아들들이 태어났는데, 호리와 헤맘이다. 그리고 로탄의 누이는 딤나이다. 23 소발의 아들들은 이러하다. 골론, 마나핫, 에발, 스보, 오남이다. 24 시브온의 아들들은 이러하다. 곧 아야와 오난이다.[12] 이 사람이 자기 아버지 시브

---

10) LXX는 에사오의 아내 엘리바마를 구체적으로 묘사하지 않지만 MT는 오홀리바마가 "아나의 딸"(בת ענה)이라고 밝혀 준다.

11) LXX는 "디산"(דישן)을 ראש으로 읽어 "리손"($P\iota\sigma\omega\nu$)으로 옮겼다.

12) LXX는 히브리어 본문의 20절과 24절에서 중복되어 나오는 "아나"(ענה)를 구분하고자 한 듯하다. 그리하여 24절에서는 20절의 "아나"($A\nu a$)와는 다르게 "오난"($\Omega\nu a\nu$)으로 옮겼다. 이 오난이 그다음에 속격으로 보이는 오니스($\Omega\nu a\varsigma$)로 나오는 이유는 알 수 없다. 그렇다고 오난이 대격일 가능성은 희박하다. 아퀼라역은 이를 애나스($Ai\nu a\varsigma$)로, 심마쿠스역과 테오도시온역은 애난($Ai\nu a\nu$)으로 옮겼다. LXX는 다음 25절에서는 "아나"로 옮긴다.

ὑποζύγια Σεβεγων τοῦ πατρὸς αὐτοῦ.   **25** οὗτοι δὲ υἱοὶ Ανα· Δησων·
καὶ Ελιβεμα θυγάτηρ Ανα.   **26** οὗτοι δὲ υἱοὶ Δησων· Αμαδα καὶ
Ασβαν καὶ Ιεθραν καὶ Χαρραν.   **27** οὗτοι δὲ υἱοὶ Ασαρ· Βαλααν καὶ
Ζουκαμ καὶ Ιωυκαμ καὶ Ουκαν.   **28** οὗτοι δὲ υἱοὶ Ρισων· Ως καὶ
Αραμ.   — **29** οὗτοι ἡγεμόνες Χορρι· ἡγεμὼν Λωταν, ἡγεμὼν Σωβαλ,
ἡγεμὼν Σεβεγων, ἡγεμὼν Ανα, **30** ἡγεμὼν Δησων, ἡγεμὼν Ασαρ,
ἡγεμὼν Ρισων. οὗτοι ἡγεμόνες Χορρι ἐν ταῖς ἡγεμονίαις αὐτῶν ἐν γῇ
Εδωμ.

36,31 Καὶ οὗτοι οἱ βασιλεῖς οἱ βασιλεύσαντες ἐν Εδωμ πρὸ τοῦ
βασιλεῦσαι βασιλέα ἐν Ισραηλ.   **32** καὶ ἐβασίλευσεν ἐν Εδωμ Βαλακ
υἱὸς τοῦ Βεωρ, καὶ ὄνομα τῇ πόλει αὐτοῦ Δενναβα.   **33** ἀπέθανεν δὲ
Βαλακ, καὶ ἐβασίλευσεν ἀντ’ αὐτοῦ Ιωβαβ υἱὸς Ζαρα ἐκ Βοσορρας.
34 ἀπέθανεν δὲ Ιωβαβ, καὶ ἐβασίλευσεν ἀντ’ αὐτοῦ Ασομ ἐκ τῆς γῆς
Θαιμανων.   **35** ἀπέθανεν δὲ Ασομ, καὶ ἐβασίλευσεν ἀντ’ αὐτοῦ Αδαδ
υἱὸς Βαραδ ὁ ἐκκόψας Μαδιαμ ἐν τῷ πεδίῳ Μωαβ, καὶ ὄνομα τῇ πόλει
αὐτοῦ Γεθθαιμ.   **36** ἀπέθανεν δὲ Αδαδ, καὶ ἐβασίλευσεν ἀντ’ αὐτοῦ
Σαμαλα ἐκ Μασεκκας.   **37** ἀπέθανεν δὲ Σαμαλα, καὶ ἐβασίλευσεν ἀντ’
αὐτοῦ Σαουλ ἐκ Ρωβωθ τῆς παρὰ ποταμόν.   **38** ἀπέθανεν δὲ Σαουλ,
καὶ ἐβασίλευσεν ἀντ’ αὐτοῦ Βαλαεννων υἱὸς Αχοβωρ.   **39** ἀπέθανεν δὲ
Βαλαεννων υἱὸς Αχοβωρ, καὶ ἐβασίλευσεν ἀντ’ αὐτοῦ Αραδ υἱὸς
Βαραδ, καὶ ὄνομα τῇ πόλει αὐτοῦ Φογωρ, ὄνομα δὲ τῇ γυναικὶ αὐτοῦ
Μαιτεβεηλ θυγάτηρ Ματραιθ υἱοῦ Μαιζοοβ.

---

13) LXX는 "야민"(*Ιαμιν*)을 고유명사로 썼다. 이는 히브리어 ימם을 옮긴 것으로, '뜨거운 물',
또는 '샘'을 뜻하는 듯하다. 타르굼 옹켈로스는 이를 '힘센 자들'(גבריא)로 옮겼다.

14) "그란"(כרן)을 잘못 음역하여 지명과 같은 "카란"(*Χαρραν*)으로 옮겼다.

15) "자완"(זעון)을 잘못 음역하여 "주캄"(*Ζουκαμ*)으로 옮겼다.

16) MT에는 에제르의 아들이 '빌한과 자완과 아칸' 세 명만 나온다.

17) 히브리어 이름 "아란"(ארן)을 "아람"(*Αραμ*)으로 옮겼는데, 이는 ן으로 끝나는 고유명사를 μ
로 음역하는 LXX의 일반적인 경향이 적용된 결과이다(예: 2,8.10 ערן → *Εδεμ*; 37,17 דתן →
Δωθαιμ).

온의 나귀들을 치다가 광야에서 야민을[13) 발견한 그 오나스이다. 25 아나의 아들들은 이러하다. 디손과, 아나의 딸 엘리바마이다. 26 디손의 아들들은 이러하다. 헴단, 에스반, 이드란, 카란이다.[14) 27 에제르의 아들들은 이러하다. 빌한, 주캄,[15) 요우캄, 아칸이다.[16) 28 리손의 아들들은 이러하다. 우스와 아람이다.[17) 29 호리의 족장들은 이러하다. 족장 로탄, 족장 소발, 족장 시브온, 족장 아나, 30 족장 디손, 족장 에제르, 족장 리손이다. 이들이 에돔[18) 땅에 있는 족장들에 따라 본 호리의 족장들이다.

에돔의 임금들

36,31 이스라엘에서 임금이 다스리기 전에 에돔에서[19) 다스리던 임금들은 이러하다. 32 브올의 아들 벨라가 에돔에서 다스렸는데, 그의 성읍의 이름은 딘하바이다. 33 벨라가 죽자, 보스라 출신 제라의 아들 요밥이 그를 대신하여 다스렸다. 34 요밥이 죽자, 태만 사람들의 땅 출신 후삼이 그를 대신하여 다스렸다. 35 후삼이 죽자, 모압 들판에서 미디안을 무찌른 바랏의[20) 아들 하닷이 그를 대신하여 다스렸다. 그의 성읍 이름은 게탬이다.[21) 36 하닷이 죽자, 마스레카 출신 사믈라가 그를 대신하여 다스렸다. 37 사믈라가 죽자, 강가 르호봇 출신 사울이 그를 대신하여 다스렸다. 38 사울이 죽자, 악볼의 아들 발라엔논이[22) 그를 대신하여 다스렸다. 39 악볼의 아들 발라엔논이 죽자, 바랏의 아들 하랏이[23) 그를 대신하여 다스렸다. 그의 성읍의 이름은 포고르이다.[24) 그의 아내 이름은 므헤타브엘로서 메-자합의 아들 마드렛의 딸이다.[25)

---

18) LXX는 "세일"(שעיר) 땅을 "에돔"(Εδωμ) 땅으로 옮겼다. 에돔은 9절에서 세일과 같은 곳으로 나온다.

19) '에돔 땅에서'(בארץ אדום)를 "에돔에서"(ἐν Εδωμ)로 옮겼다.

20) LXX는 "브닷"(בדד)을 ברד으로 읽어 "바랏"(Βαραδ)으로 옮겼다.

21) LXX는 "게탬"(Γεθθαιμ)으로 읽는데, 이는 MT(עוית)가 아니라 גתים이 나오는 다른 자료문헌에 따라 옮긴 결과인 듯하다.

22) "바알-하난"(בעל חנן)을 "발라엔논"(Βαλαεννων)으로 옮겼다. 본디 Βααλεννων으로 음역해야 하는데 בעל을 בלע로 보고 철자를 바꾸어 음역한 듯하다.

23) "하달"(הדר)을 "바랏의 아들 하랏"(Αραδ υἱὸς Βαραδ)이라고 자세히 표현하였다.

24) MT는 "바우"(פעו)이다. LXX의 음역은 모압에 있는 브올 산(פעור 민수 23,28)과 벳-브올 골짜기(בית פעור 신명 3,29; 4,46; 34,6)를 연상시킨다.

25) MT는 므헤타브엘이 "메-자합의 딸인 마드렛의 딸"(בת מטרד בת מיזהב)이라고 한다. 불가타는 MT와 일치하며, 시리아어역은 LXX와 같이 마드렛이 메 지합의 아들이라 하였다.

36,40 Ταῦτα τὰ ὀνόματα τῶν ἡγεμόνων Ησαυ ἐν ταῖς φυλαῖς αὐτῶν κατὰ τόπον αὐτῶν, ἐν ταῖς χώραις αὐτῶν καὶ ἐν τοῖς ἔθνεσιν αὐτῶν· ἡγεμὼν Θαμνα, ἡγεμὼν Γωλα, ἡγεμὼν Ιεθερ, **41** ἡγεμὼν Ελιβεμας, ἡγεμὼν Ηλας, ἡγεμὼν Φινων, **42** ἡγεμὼν Κενεζ, ἡγεμὼν Θαιμαν, ἡγεμὼν Μαζαρ, **43** ἡγεμὼν Μεγεδιηλ, ἡγεμὼν Ζαφωιμ. οὗτοι ἡγεμόνες Εδωμ ἐν ταῖς κατῳκοδομημέναις ἐν τῇ γῇ τῆς κτήσεως αὐτῶν.

Οὗτος Ησαυ πατὴρ Εδωμ.

37,1 Κατῴκει δὲ Ιακωβ ἐν τῇ γῇ, οὗ παρῴκησεν ὁ πατὴρ αὐτοῦ, ἐν γῇ Χανααν. **2** αὗται δὲ αἱ γενέσεις Ιακωβ· Ιωσηφ δέκα ἑπτὰ ἐτῶν ἦν ποιμαίνων μετὰ τῶν ἀδελφῶν αὐτοῦ τὰ πρόβατα ὢν νέος, μετὰ τῶν υἱῶν Βαλλας καὶ μετὰ τῶν υἱῶν Ζελφας τῶν γυναικῶν τοῦ πατρὸς αὐτοῦ· κατήνεγκεν δὲ Ιωσηφ ψόγον πονηρὸν πρὸς Ισραηλ τὸν πατέρα αὐτῶν. **3** Ιακωβ δὲ ἠγάπα τὸν Ιωσηφ παρὰ πάντας τοὺς υἱοὺς αὐτοῦ, ὅτι υἱὸς γήρους ἦν αὐτῷ· ἐποίησεν δὲ αὐτῷ χιτῶνα ποικίλον. **4** ἰδόντες δὲ οἱ ἀδελφοὶ αὐτοῦ ὅτι αὐτὸν ὁ πατὴρ φιλεῖ ἐκ πάντων τῶν υἱῶν αὐτοῦ, ἐμίσησαν αὐτὸν καὶ οὐκ ἐδύναντο λαλεῖν αὐτῷ οὐδὲν εἰρηνικόν.

---

26) 여기서는 씨족과 지역과 영토에 따라 민족들을 나눈 것을 노아의 세 아들에게서 민족들이 나뉜 것(창세 10장)과 비교한다.

27) MT는 '씨족과 지역' 다음에 '이름에 따라' 라 하였다. LXX는 '종족과 지역'을 말한 다음, 거꾸로 중복되는 '고장들과 민족들에 따라' 라고 옮겼다.

28) LXX는 히브리어 이름 "알와"(עלוה)를 "골라"(Γωλα)로 옮겼다.

29) LXX는 "이람"(עירם)을 전혀 이유를 알 수 없는 이름 "자포임"(Ζαφωιμ)으로 옮겼다.

30) "거처들"로 옮긴 κατοικοδομέω의 완료 수동 분사(κατῳκοδομημέναις 지어진 곳들)는 LXX에 한 번 나오는 단어이다. 10,30; 27,39에서는 이와 같은 의미를 간단히 κατοίκησις(거주지, 살 곳)로 나타냈다.

1) 서로 대비되는 야곱 선조들의 떠돌이생활과 야곱의 정착생활을 '몸 붙여 살다'(παροικέω)와 '자리 잡고 살다'(κατοικέω)로 묘사하였다. 아브라함이 순수한 유목민인 데 비하여 야곱은 농경(7절)과 목축(12절)을 겸하였다. '이방인으로서 ~에 머무름'에 관해서는 루가 24,18(παροικέω) 참조. '거주'(παροικία)는 본디 유다인의 외국정착생활을 의미하였으나, 알렉산드리아와 에페소 등지의 그리스도인들에게는 교회법상의 구역이나 본당을 뜻하게 되었다.

2) 사람들 이름이 뒤따르지 않은 채 "야곱의 족보는 이러하다"(αὗται δὲ αἱ γενέσεις Ιακωβ) 라고 한 것은 '야곱의 역사는 이러하다' 라는 말과 같다.

에돔의 족장들[26)

36,40 이것은 그들의 종족과 지역과 고장들과 민족들에 따라[27) 본 에사오의 족장들 이름이다. 족장 딤나, 족장 골라,[28) 족장 여뎃, 41 족장 엘리바마, 족장 엘라, 족장 비논, 42 족장 크나즈, 족장 태만, 족장 밉살, 43 족장 막디엘, 족장 자포임이다.[29) 이들이 그들이 소유한 땅의 거처들에[30) 따라 본 에돔의 족장들이다.

이 에사오가 에돔의 아버지이다.

요셉을 사랑하는 야곱

37,1 야곱은 자기 아버지가 몸 붙여 살던 땅, (곧) 가나안 땅에 자리 잡고 살았다.[1) 2 야곱의 족보는 이러하다.[2) 열일곱 살 난 요셉은 자기 형제들, 곧 자기 아버지의 아내인 빌하의 아들들과 질바의 아들들과 함께 양을 치는 젊은이였다. 요셉은 그들 아버지인 이스라엘에게[3) 험담을 일러바치곤 하였다.[4) 3 야곱은 요셉이 나이 들어 얻은 아들이라, 그를 자기 어느 아들들보다[5) 더 사랑하였다. 그래서 그에게 여러 색깔의 긴 옷을[6) 만들어 입혔다. 4 그의 형제들은 아버지가 당신의 모든 아들[7) 가운데서 그를 더 사랑하는 것을 보고 그를 미워하여, 그에게 평화롭게 말할 수가 없었다.

---

3) LXX는 MT에 없는 아버지의 이름 "이스라엘"을 밝혔다.

4) 요셉이 자기 아버지에게 일러바친 '험담'($\psi\acute{o}\gamma o\varsigma$ $\pi o\nu\eta\rho\acute{o}\varsigma$)이 그의 형들이 자기 아버지를 두고 한 험담인지, 요셉 자신이나 다른 이들이 그의 형들을 두고 한 험담인지 그 뜻이 분명하지 않다. LXX는 히브리어 본문의 "그들에 대한 나쁜 평판"(רעה דבתם)에서 대명접미사를 옮기지 않았다. 아퀼라역은 LXX 본문에 히브리어 본문의 대명접미사에 대응하는 $a\dot{v}\tau\hat{\omega}\nu$을 덧붙였다. 한편 그리스어 동사 '보고하다'($\kappa a\tau a\phi\acute{e}\rho\omega$)는 공격적인 뜻을 지닌 말이다. 따라서 요셉이 아버지에게 자기 형들을 비난하였다고 이해하는 것이 가장 그럴듯하다.

5) 비교급의 의미를 지닌 $\pi a\rho\acute{a}$는 최상급을 뜻하기도 하나. 성서 그리스어에서는 $\pi a\rho\acute{a}$가 늘 형용사의 비교급과 함께 쓰였다.

6) 그리스어 형용사 $\pi o\iota\kappa\acute{\iota}\lambda o\varsigma$는 색깔이 여럿이거나 수를 놓은 옷을 묘사할 때 사용되며 히브리어 본문의 '(소매 달린) 긴'(פסים)에 대응한다. 필로는 요셉을 정치인으로 보고 그가 입은 옷이 여러 색깔로 지어진 것은 정치의 다양성을 나타내는 것이라고 풀이하였다(*Jos.* 32). 알렉산드리아의 클레멘스는 요셉의 옷을 인간 지식의 다양성과 비슷하다고 해석하였다(*Strom.* V,53,2-3). 한편 LXX의 "긴 옷"($\chi\iota\tau\acute{\omega}\nu$)은 여기서 히브리어 '저고리'(כתנת)와 대응하는데, $\chi\iota\tau\acute{\omega}\nu$은 히브리어와 비슷한 페니키아어에서 빌려온 것이다. 요셉의 옷을 가리키는 이 말은 2사무 13,18에서 다말이 자기가 공주임을 표시하려고 입은 옷($\chi\iota\tau\acute{\omega}\nu$ $\kappa a\rho\pi\omega\tau\acute{o}\varsigma$ 손목까지 오는 긴 옷)을 묘사할 때도 나온다.

7) MT의 '형제들'을 LXX는 '아들들'로 옮겼다.

37,5 Ἐνυπνιασθεὶς δὲ Ἰωσηφ ἐνύπνιον ἀπήγγειλεν αὐτὸ τοῖς ἀδελφοῖς αὐτοῦ **6** καὶ εἶπεν αὐτοῖς Ἀκούσατε τοῦ ἐνυπνίου τούτου, οὗ ἐνυπνιάσθην· **7** ὤμην ἡμᾶς δεσμεύειν δράγματα ἐν μέσῳ τῷ πεδίῳ, καὶ ἀνέστη τὸ ἐμὸν δράγμα καὶ ὠρθώθη, περιστραφέντα δὲ τὰ δράγματα ὑμῶν προσεκύνησαν τὸ ἐμὸν δράγμα. **8** εἶπαν δὲ αὐτῷ οἱ ἀδελφοί Μὴ βασιλεύων βασιλεύσεις ἐφ' ἡμᾶς ἢ κυριεύων κυριεύσεις ἡμῶν; καὶ προσέθεντο ἔτι μισεῖν αὐτὸν ἕνεκεν τῶν ἐνυπνίων αὐτοῦ καὶ ἕνεκεν τῶν ῥημάτων αὐτοῦ. — **9** εἶδεν δὲ ἐνύπνιον ἕτερον καὶ διηγήσατο αὐτὸ τῷ πατρὶ αὐτοῦ καὶ τοῖς ἀδελφοῖς αὐτοῦ καὶ εἶπεν Ἰδοὺ ἐνυπνιασάμην ἐνύπνιον ἕτερον, ὥσπερ ὁ ἥλιος καὶ ἡ σελήνη καὶ ἕνδεκα ἀστέρες προσεκύνουν με. **10** καὶ ἐπετίμησεν αὐτῷ ὁ πατὴρ αὐτοῦ καὶ εἶπεν αὐτῷ Τί τὸ ἐνύπνιον τοῦτο, ὃ ἐνυπνιάσθης; ἆρά γε ἐλθόντες ἐλευσόμεθα ἐγώ τε καὶ ἡ μήτηρ σου καὶ οἱ ἀδελφοί σου προσκυνῆσαί σοι ἐπὶ τὴν γῆν; **11** ἐζήλωσαν δὲ αὐτὸν οἱ ἀδελφοὶ αὐτοῦ, ὁ δὲ πατὴρ αὐτοῦ διετήρησεν τὸ ῥῆμα.

37,12 Ἐπορεύθησαν δὲ οἱ ἀδελφοὶ αὐτοῦ βόσκειν τὰ πρόβατα τοῦ πατρὸς αὐτῶν εἰς Συχεμ. **13** καὶ εἶπεν Ισραηλ πρὸς Ἰωσηφ Οὐχ οἱ ἀδελφοί σου ποιμαίνουσιν ἐν Συχεμ; δεῦρο ἀποστείλω σε πρὸς αὐτούς. εἶπεν δὲ αὐτῷ Ἰδοὺ ἐγώ. **14** εἶπεν δὲ αὐτῷ Ισραηλ Πορευθεὶς ἰδὲ εἰ ὑγιαίνουσιν οἱ ἀδελφοί σου καὶ τὰ πρόβατα, καὶ

---

8) MT와 타르굼 옹켈로스에 있는 "그 때문에 형들은 그를 더 미워하게 되었다"(MT: עוד ויוספו‎ שׂנא אתו‎; 타르굼 옹켈로스: ואוסיפו עוד סנו יתיה‎)라는 문장이 LXX에는 없다.

9) *πεδιόν*은 여기서 '들판'이 아니라 "밭"으로 쓰였다.

10) '절하다' (*προσκυνέω*) 동사는 동양의 인사를 표현하는 그리스어로서 문자적으로는 '~ 앞에서 입을 맞추다'를 뜻한다.

11) "더욱 미워하였다"(*προσέθεντο ἔτι μισεῖν*, 직역: 미워하기를 더하였다)라는 이 표현은 LXX에서 자주 나오는 히브리어법(MT: שׂנא עוד ויוספו‎)이다.

12) LXX는 5절처럼 동족목적어와 동사를 사용한 표현 '꿈을 꾸다' (*ἐνυπνιασθεὶς … ἐνύπνιον*) 대신에 이번에는 '보다' (*εἶδεν*)라는 동사를 사용하였다.

13) LXX에 따르면 요셉은 자기가 꾼 두 번째 꿈을 '자기 아버지와 형제들에게' (*τῷ πατρὶ αὐτοῦ καὶ τοῖς ἀδελφοῖς αὐτοῦ*) 이야기한다. 그러나 MT는 9절에서 '자기 형들에게' (לאחיו‎) 라고만 하였고, 10절 처음에 '그가 아버지와 형들에게 이야기하였다' (ויספר אל אביו ואל אחיו‎)

요셉의 꿈

37,5 (한번은) 요셉이 꿈을 꾸고서 그것을 자기 형제들에게 알려 주었다.[8] 6 그가 그들에게 말하였다. "내가 꾼 이 꿈 좀 들어 보세요. 7 우리가 밭[9] 한가운데서 곡식단을 묶고 있었던 것 같아요. 그런데 내 곡식단이 우뚝 서고, 여러분의 곡식단들이 둘러서서 내 곡식단에 절을 했어요."[10] 8 형제들이 그에게 말하였다. "네가 정말 우리의 임금이라도 되겠다는 말이냐? 아니면 네가 정말 우리를 다스리기라도 할 셈이냐?" 그들은 그의 꿈과 그의 말 때문에 그를 더욱 미워하였다.[11] 9 요셉은 (또) 다른 꿈을 보고서[12] 그것을 자기 아버지와 자기 형제들에게[13] (자세히) 이야기하였다. 〈그가 말하였다.〉 "보세요, 내가 다른 꿈을 꾸었는데, 해와 달과[14] 별 열하나가 나에게 절을 했어요." 10 그의 아버지는 그를 꾸짖으며 〈그에게〉 말하였다. "네가 꾸었다는 그 꿈이 무엇이냐? 나와 네 어머니와 네 형제들이 너에게 나아가 땅에 엎드려 절을 한다는 말이냐?" 11 그의 형제들은 그를 시기하였지만[15] 그의 아버지는 그 일을 마음에 두었다.[16]

요셉의 형제들이 요셉을 구덩이에 던지다[17]

37,12 그의 형제들이 〈자기들〉 아버지의 양떼에게 풀을 뜯기러 세겜으로 갔다. 13 이스라엘이 요셉에게 말하였다. "네 형제들이 세겜에서 양들을 치고 있지 않느냐? 이제 너를 그들에게 보내겠다." 요셉이 그에게 말하였다. "저 여기 있습니다."[18] 14 이스라엘이[19] 그에게 말하였다. "가서 네 형제들과 양들이 잘 있는지 보고 나에

라고 하였다. LXX에는 MT의 이 10절 첫 부분이 없다.

14) 요세푸스는 '달'($\acute{\eta}\ \sigma\epsilon\lambda\acute{\eta}\nu\eta$)을 어머니로, '해'($\acute{o}\ \acute{\eta}\lambda\iota o\varsigma$)를 아버지로 설명하는데, 달은 만물을 기르며 자라게 하고, 해는 만물의 틀을 형성하며 힘을 주기 때문이라고 하였다(*AJ* II,2).

15) 오리게네스는 요셉 형제들의 시기에 관해서, 형제들이 요셉을 시기하고 미워하지 않았다면 먼훗날 야곱 자손들이 이집트를 탈출하여 약속의 땅에 들어가는 일은 일어나지 않았을 것이라고 말한다. 하느님께서는 당신의 계획을 이루시기 위해 인간의 악의를 이용하시기도 한다는 것이다(*Hom.Nom.* XIV,2).

16) LXX의 '마음에 두다'($\delta\iota\alpha\tau\eta\rho\acute{\epsilon}\omega$)는 히브리어 본문의 '간직하다, 지키다'(שמר)에 가장 잘 대응하는 단어로 17,9-10의 계약에 관한 대목에도 나온다. 루가 2,19.51은 이 구절에서 영감을 받아 만들어졌을 것이다(다니.고대그리 4,25 참조).

17) 요셉은 야곱의 맏아들인 르우벤 덕분으로 형제들의 손에서 죽음을 면한다.

18) "저 여기 있습니다"($\iota\delta o\grave{u}\ \acute{\epsilon}\gamma\acute{\omega}$)에 대해서는 6,13 각주 참조.

19) LXX는 MT와는 달리 이스라엘을 주어로 밝혔다.

ἀνάγγειλόν μοι. καὶ ἀπέστειλεν αὐτὸν ἐκ τῆς κοιλάδος τῆς Χεβρων, καὶ ἦλθεν εἰς Συχεμ. **15** καὶ εὖρεν αὐτὸν ἄνθρωπος πλανώμενον ἐν τῷ πεδίῳ· ἠρώτησεν δὲ αὐτὸν ὁ ἄνθρωπος λέγων Τί ζητεῖς; **16** ὁ δὲ εἶπεν Τοὺς ἀδελφούς μου ζητῶ· ἀνάγγειλόν μοι, ποῦ βόσκουσιν. **17** εἶπεν δὲ αὐτῷ ὁ ἄνθρωπος Ἀπήρκασιν ἐντεῦθεν· ἤκουσα γὰρ αὐτῶν λεγόντων Πορευθῶμεν εἰς Δωθαϊμ. καὶ ἐπορεύθη Ιωσηφ κατόπισθεν τῶν ἀδελφῶν αὐτοῦ καὶ εὖρεν αὐτοὺς ἐν Δωθαϊμ. **18** προεῖδον δὲ αὐτὸν μακρόθεν πρὸ τοῦ ἐγγίσαι αὐτὸν πρὸς αὐτοὺς καὶ ἐπονηρεύοντο τοῦ ἀποκτεῖναι αὐτόν. **19** εἶπαν δὲ ἕκαστος πρὸς τὸν ἀδελφὸν αὐτοῦ Ἰδοὺ ὁ ἐνυπνιαστὴς ἐκεῖνος ἔρχεται· **20** νῦν οὖν δεῦτε ἀποκτείνωμεν αὐτὸν καὶ ῥίψωμεν αὐτὸν εἰς ἕνα τῶν λάκκων καὶ ἐροῦμεν Θηρίον πονηρὸν κατέφαγεν αὐτόν· καὶ ὀψόμεθα, τί ἔσται τὰ ἐνύπνια αὐτοῦ. **21** ἀκούσας δὲ Ρουβην ἐξείλατο αὐτὸν ἐκ τῶν χειρῶν αὐτῶν καὶ εἶπεν Οὐ πατάξομεν αὐτὸν εἰς ψυχήν. **22** εἶπεν δὲ αὐτοῖς Ρουβην Μὴ ἐκχέητε αἷμα· ἐμβάλετε αὐτὸν εἰς τὸν λάκκον τοῦτον τὸν ἐν τῇ ἐρήμῳ, χεῖρα δὲ μὴ ἐπενέγκητε αὐτῷ· ὅπως ἐξέληται αὐτὸν ἐκ τῶν χειρῶν αὐτῶν καὶ ἀποδῷ αὐτὸν τῷ πατρὶ αὐτοῦ. **23** ἐγένετο δὲ ἡνίκα ἦλθεν Ιωσηφ πρὸς τοὺς ἀδελφοὺς αὐτοῦ, ἐξέδυσαν τὸν Ιωσηφ τὸν χιτῶνα τὸν ποικίλον τὸν περὶ αὐτὸν **24** καὶ λαβόντες αὐτὸν ἔρριψαν εἰς τὸν λάκκον· ὁ δὲ λάκκος κενός, ὕδωρ οὐκ εἶχεν.

37,25 Ἐκάθισαν δὲ φαγεῖν ἄρτον καὶ ἀναβλέψαντες τοῖς ὀφθαλμοῖς εἶδον, καὶ ἰδοὺ ὁδοιπόροι Ισμαηλῖται ἤρχοντο ἐκ Γαλααδ, καὶ αἱ

---

20) 유다 주석은 이 구절을 다니 9,21과 연결시켜, 여기 나오는 이 사람을 다니엘서의 가브리엘 천사와 비슷하다고 보았다.

21) MT에는 '그가 자기들에게 가까이 오기 전에' 라는 말이 '그들이 멀리서 그를 먼저 보다' 다음에 온다.

22) '나쁘게 행동하다' (πονηρεύομαι) 동사는 속격에 부정사가 뒤따라, 나쁜 생각으로 이루어 진 행위나 나쁜 계획을 뜻한다.

23) 직역하면 '그들은 저마다 자기 형제에게 말하였다' (εἶπαν ἕκαστος πρὸς τὸν ἀδελφὸν αὐτοῦ)이다.

24) '꿈꾸다' (ἐνυπνιάζομαι)에서 파생한 "꿈쟁이" (ἐνυπνιαστής)라는 말이 여기 처음 나온다. 이 말은 후대에 와서 종종 몽상가를 가리키는 부정적 의미로 사용되었다(니사의 그레고리우스, *De virginitate* 23,3).

게 알려 다오.” 이스라엘이 그를 헤브론 골짜기에서 떠나보내니, 그가 세겜에 이르렀다. 15 어떤 사람이[20] 들에서 헤매는 그를 발견하였다. 그 사람이 그에게 물었다. “무엇을 찾느냐?” 16 그가 말하였다. “저는 제 형제들을 찾습니다. 그들이 어디서 〈양들에게〉 풀을 뜯기는지 저에게 알려 주십시오.” 17 그 사람이 그에게 말하였다. “그들은 여기서 떠났단다. 그들이 ‘우리 도다임으로 가자’ 하고 말하는 것을 내가 들었다.” 요셉은 자기 형제들을 뒤따라가 도다임에서 그들을 발견하였다. 18 그들은 그가 자기들에게 가까이 오기 전에[21] 멀리서 그를 먼저 보고, 그를 죽이려는 나쁜 뜻을 품었다.[22] 19 그 형제들이 서로 말하였다.[23] “보라, 저 꿈쟁이가[24] 오는구나. 20 자, 이제 저 녀석을 죽여서 〈그를〉 어느 한 구덩이에[25] 던져 넣고, ‘못된 짐승이 그를 잡아먹었다’고 이야기하자. 그리고 그의 꿈〈들〉이 어찌 되는지 보자.” 21 (이를) 들은 르우벤이 그들의 손에서 그를 구(하고자) 하였다. 그가 말하였다. “그의 목숨은 해치지 말자.” 22 르우벤이 그들에게 말하였다. “피를 흘리지 마라. 그를 광야에 있는 이 구덩이에 던져 넣고, 그에게 손을 대지는 마라.” 이렇게 그는 그들의 손에서 그를 구해 내어 자기 아버지에게 되돌려 보내려는 것이었다.[26] 23 요셉이 자기 형제들에게 이르렀을 때, 그들은[27] 요셉이 입고 있던 여러 색깔의 긴 옷을 벗기고, 24 그를 잡아 구덩이에 내던졌다. 그 구덩이는 텅 빈, 물 없는 구덩이였다.

요셉이 이집트로 팔려가다[28]

37,25 그들이 빵을 먹으려고 앉아 눈을 들어 보니, 이스마엘 대상들이 길르앗에

---

25) 여기서 *λάκκos*는 물이 없는 구덩이를 가리킨다(24절 참조). 40,15에서는 요셉이 갇혀 있던 지하감옥을 표현하는 데 사용되었다.

26) MT는 이 문장을 למען + להשיבו로 이루어지는 두 목적절, 곧 ‘아버지에게 그를 되돌려 보내기 위해서 그를 그들의 손에서 살려 내려는 것이었다’로 표현하였다. LXX는 접속법 동사 *ἐξέληται*(구해 내다)와 *ἀποδῷ*(되돌려 보내다)를 써서 말하는 이의 의지를 더욱 생생하게 전달하였다.

27) MT에는 이다음에 “그의 저고리”(כתנתו)라는 말이 들어 있다. 시리아어역도 LXX와 마찬가지로 이를 생략한다.

28) 유다의 개입(26절)으로 르우벤의 계획은 수포로 돌아간다. 요셉이 팔려간 사건은 시편 104,17; 사도 7,9에서 요셉의 삶 가운데 중요한 한순간으로 나온다. 그리스도교는 요셉이 노예처럼 팔려간 사건을 “주님의 강생”으로 보았다(암브로시우스, *Apologie de David* 12).

κάμηλοι αὐτῶν ἔγεμον θυμιαμάτων καὶ ῥητίνης καὶ στακτῆς· ἐπορεύοντο δὲ καταγαγεῖν εἰς Αἴγυπτον. **26** εἶπεν δὲ Ιουδας πρὸς τοὺς ἀδελφοὺς αὐτοῦ Τί χρήσιμον, ἐὰν ἀποκτείνωμεν τὸν ἀδελφὸν ἡμῶν καὶ κρύψωμεν τὸ αἷμα αὐτοῦ; **27** δεῦτε ἀποδώμεθα αὐτὸν τοῖς Ισμαηλίταις τούτοις, αἱ δὲ χεῖρες ἡμῶν μὴ ἔστωσαν ἐπ’ αὐτόν, ὅτι ἀδελφὸς ἡμῶν καὶ σὰρξ ἡμῶν ἐστιν. ἤκουσαν δὲ οἱ ἀδελφοὶ αὐτοῦ. **28** καὶ παρεπορεύοντο οἱ ἄνθρωποι οἱ Μαδιηναῖοι οἱ ἔμποροι, καὶ ἐξείλκυσαν καὶ ἀνεβίβασαν τὸν Ιωσηφ ἐκ τοῦ λάκκου καὶ ἀπέδοντο τὸν Ιωσηφ τοῖς Ισμαηλίταις εἴκοσι χρυσῶν, καὶ κατήγαγον τὸν Ιωσηφ εἰς Αἴγυπτον. **29** ἀνέστρεψεν δὲ Ρουβην ἐπὶ τὸν λάκκον καὶ οὐχ ὁρᾷ τὸν Ιωσηφ ἐν τῷ λάκκῳ καὶ διέρρηξεν τὰ ἱμάτια αὐτοῦ. **30** καὶ ἀνέστρεψεν πρὸς τοὺς ἀδελφοὺς αὐτοῦ καὶ εἶπεν Τὸ παιδάριον οὐκ ἔστιν· ἐγὼ δὲ ποῦ πορεύομαι ἔτι;

37,31 Λαβόντες δὲ τὸν χιτῶνα τοῦ Ιωσηφ ἔσφαξαν ἔριφον αἰγῶν καὶ ἐμόλυναν τὸν χιτῶνα τῷ αἵματι. **32** καὶ ἀπέστειλαν τὸν χιτῶνα τὸν ποικίλον καὶ εἰσήνεγκαν τῷ πατρὶ αὐτῶν καὶ εἶπαν Τοῦτον εὕρομεν· ἐπίγνωθι εἰ χιτὼν τοῦ υἱοῦ σού ἐστιν ἢ οὔ. **33** καὶ ἐπέγνω αὐτὸν καὶ εἶπεν Χιτὼν τοῦ υἱοῦ μού ἐστιν· θηρίον πονηρὸν κατέφαγεν αὐτόν, θηρίον ἥρπασεν τὸν Ιωσηφ. **34** διέρρηξεν δὲ Ιακωβ τὰ ἱμάτια αὐτοῦ καὶ ἐπέθετο σάκκον ἐπὶ τὴν ὀσφὺν αὐτοῦ καὶ ἐπένθει τὸν υἱὸν

---

29) 43,11에 나오는 가나안 땅의 생산품들과 같은 ‘향료’ (θυμίαμα), ‘유향’ (ῥητίνη), ‘몰약’ (στακτή)이 여기서도 나온다. 첫 번째의 향료는 불에 태우는 향을 가리키며, 히브리어 ‘향고무’(נכאת)가 더 구체적이다. 아퀼라역은 נכאת를 ‘향고무’(στύραξ)로 옮겼다. 유향은 테레빈 나무와 전나무의 수지(樹脂)를 말한다. 이는 43,11에서 팔레스티나의 특산품으로 나오는데, 여기서는 길르앗에서 나는 유향을 말한다(예레 8,22; 28,8; 46,11의 ‘길르앗의 유향’ 참조).

30) ‘이득’(χρήσιμος)은 오경 가운데 여기 한 번만 나온다. 이는 히브리어 בצע를 옮긴 것인데, בצע가 나쁜 행위나 폭력으로 무언가를 얻는 것을 나타내는 반면, χρήσμος는 중립적인 의미를 지닌 유익을 뜻한다.

31) 여기 나오는 미디안 사람들은 판관 8,22.24에서와 달리 이스마엘 사람들 가운데 한 부족을 가리킨다. 이들 가운데 일부는 아카바 만을 따라 시나이 반도 동남쪽에 살았다(탈출 2,15; 3,1). 그러나 그들의 본거지는 아카바 만 동쪽의 아라비아 북부이다.

서 오고 있는 것이 아닌가. 그들의 낙타들은 향료와 유향과 몰약을[29] 싣고, 이집트로 내려가고 있었다. 26 유다가 자기 형제들에게 말하였다. "우리가 우리 형제를 죽이고 그의 피를 감춘다고 무엇이 이롭겠느냐?[30] 27 그는 우리 형제이며 우리의 살붙이니 자, 그를 이 이스마엘 사람들에게 팔고 우리 손을 그 위에 두지는 말자." 그러자 그의 형제들이 (그의 말을) 들었다. 28 (그때) 미디안 〈사람들〉[31] 상인들이 지나가는데, 그 (형제)들이 요셉을 구덩이에서 끌어올렸다. 그들이 요셉을 이스마엘 사람들에게 금전 스무 닢에[32] 팔아넘기자, 그들은 요셉을 이집트로 데리고 내려갔다. 29 르우벤이 구덩이로 돌아왔는데, 그 구덩이에서 요셉을 볼 수 없었다.[33] 그러자 그는 자기 옷을 찢었다. 30 그는 자기 형제들에게 돌아가 말하였다. "그 애가 없더구나. 나는 또[34] 어디로 가야 하나?"

야곱이 요셉의 죽음을 믿다

37,31 그들은 요셉의 긴 옷을 가져다 새끼염소[35] 한 마리를 죽여서 그 옷을 피에 적셨다.[36] 32 그리고 그 여러 색깔의 긴 옷을 보내어 자기들 아버지에게 갖다 드리고 말하였다. "저희가 이것을 찾아냈습니다. 당신 아들의 〈긴〉 옷인지 아닌지 알아보십시오." 33 그가 그것을 알아보고 말하였다. "내 아들의 〈긴〉 옷이다. 못된 들짐승이 그 (아이)를 잡아먹었구나. 그 들짐승이 요셉을 잡아채 갔구나."[37] 34 야곱은 자기 옷을 찢고, 자루옷을[38] 허리에 두르고는, 아들(의 죽음)을 여러 날 슬퍼

---

32) 히브리어 본문의 "은전 스무 닢"(은전 이십 세겔)을 "금전($\chi\rho\upsilon\sigma\sigma\hat{\upsilon}\varsigma$: 일 크리수스는 은전 십 드라크마) 스무 닢"으로 옮겼다. LXX가 당시 노예의 몸값에 더 적합한 표현이었다. 기원전 3세기 알렉산드리아에서 노예 한 사람의 평균 몸값은 은전 이십 세겔보다 훨씬 높았으므로 LXX 번역자가 그 시대 상황에 맞추어 옮긴 것이다.

33) 히브리어 본문의 "그 구덩이 안에 요셉이 없었다"(אין יוסף בבור)를 LXX는 르우벤을 주어로 하여 "구덩이에서 요셉을 볼 수 없었다"($o\dot{\upsilon}\chi$ $\dot{o}\rho\hat{q}$ $\tau\grave{o}\nu$ $I\omega\sigma\eta\phi$ $\dot{\epsilon}\nu$ $\tau\hat{\omega}$ $\lambda\acute{a}\kappa\kappa\omega$)로 옮겼다.

34) 히브리어 본문에는 없는 $\ddot{\epsilon}\tau\iota$를 넣어, 르우벤이 '요셉을 찾으러 어디로 다시 가야 하느냐'고 자문하는 모습을 묘사한다.

35) 히브리어 본문의 "숫염소"(שעיר עזים)를 "새끼염소"($\ddot{\epsilon}\rho\iota\phi o\nu$ $a\dot{\iota}\gamma\hat{\omega}\nu$)로 옮겼다.

36) 요한 크리소스토무스는 요셉의 옷이 자기의 피가 아닌 새끼염소의 피로 물들여졌다는 데에서, 그리스도 수난의 예시를 보았다(*Hom.Gen.* LX,1).

37) LXX는 "요셉이 찢겨 죽은 게 틀림없다"(טרף טרף יוסף)를 앞 문장처럼 다시 맹수를 주어로 하여, '그 들짐승이 요셉을 잡아채 샀나'($\theta\eta\rho\acute{\iota}o\nu$ $\ddot{\eta}\rho\pi\alpha\sigma\epsilon\nu$ $\tau\grave{o}\nu$ $I\omega\sigma\eta\phi$)로 옮겼다.

38) "자루옷"($\sigma\acute{a}\kappa\kappa o\varsigma$)은 고대 셈어에서 빌려온 그리스어로 거칠게 짠 어두운 색깔의 직물을 말한다.

αὐτοῦ ἡμέρας πολλάς. *35* συνήχθησαν δὲ πάντες οἱ υἱοὶ αὐτοῦ καὶ αἱ θυγατέρες καὶ ἦλθον παρακαλέσαι αὐτόν, καὶ οὐκ ἤθελεν παρακαλεῖσθαι λέγων ὅτι Καταβήσομαι πρὸς τὸν υἱόν μου πενθῶν εἰς ᾅδου. καὶ ἔκλαυσεν αὐτὸν ὁ πατὴρ αὐτοῦ. — *36* οἱ δὲ Μαδιηναῖοι ἀπέδοντο τὸν Ιωσηφ εἰς Αἴγυπτον τῷ Πετεφρη τῷ σπάδοντι Φαραω, ἀρχιμαγείρῳ.

38,1 Ἐγένετο δὲ ἐν τῷ καιρῷ ἐκείνῳ κατέβη Ιουδας ἀπὸ τῶν ἀδελφῶν αὐτοῦ καὶ ἀφίκετο ἕως πρὸς ἄνθρωπόν τινα Οδολλαμίτην, ᾧ ὄνομα Ιρας. *2* καὶ εἶδεν ἐκεῖ Ιουδας θυγατέρα ἀνθρώπου Χαναναίου, ᾗ ὄνομα Σαυα, καὶ ἔλαβεν αὐτὴν καὶ εἰσῆλθεν πρὸς αὐτήν. *3* καὶ συλλαβοῦσα ἔτεκεν υἱὸν καὶ ἐκάλεσεν τὸ ὄνομα αὐτοῦ Ηρ. *4* καὶ συλλαβοῦσα ἔτι ἔτεκεν υἱὸν καὶ ἐκάλεσεν τὸ ὄνομα αὐτοῦ Αυναν. *5* καὶ προσθεῖσα ἔτι ἔτεκεν υἱὸν καὶ ἐκάλεσεν τὸ ὄνομα αὐτοῦ Σηλωμ. αὐτὴ δὲ ἦν ἐν Χασβι, ἡνίκα ἔτεκεν αὐτούς. *6* καὶ ἔλαβεν Ιουδας γυναῖκα Ηρ τῷ πρωτοτόκῳ αὐτοῦ, ᾗ ὄνομα Θαμαρ. *7* ἐγένετο δὲ Ηρ πρωτότοκος Ιουδα πονηρὸς ἐναντίον κυρίου, καὶ ἀπέκτεινεν αὐτὸν ὁ θεός. *8* εἶπεν δὲ Ιουδας τῷ Αυναν Εἴσελθε πρὸς τὴν γυναῖκα τοῦ ἀδελφοῦ σου καὶ γάμβρευσαι αὐτὴν καὶ ἀνάστησον σπέρμα τῷ ἀδελφῷ σου. *9* γνοὺς δὲ Αυναν ὅτι οὐκ αὐτῷ ἔσται τὸ σπέρμα, ἐγίνετο ὅταν

---

39) LXX는 히브리어 본문의 "그의 아들과 딸 들이 모두 나서서"(ויקמו כל בניו וכל בנתיו)를 "그의 모든 아들과 딸들이 모여 와서"(συνήχθησαν δὲ πάντες οἱ υἱοὶ αὐτοῦ καὶ αἱ θυγατέρες καὶ ἦλθον)로 옮겼다.

40) "신하"(σπάδων)는 신조어이며, 39,1; 40,2.7에서는 εὐνοῦχος를 썼다. 이는 같은 뜻을 지닌 히브리어 סריס에 대응한다.

41) 그리스어 "경호대장"(ἀρχιμάγειρος)은 파라오의 신하들 가운데 하나로, 술잔 올리는 대장, 빵 굽는 대장 그리고 요리대장과 같은 칭호이다. ἀρχιμάγειρος는 '도살'(טבח 도살하다)에 대응시킨 말로 여기서는 요리사나 경호대장을 뜻한다. 구약성서에서는 여기 나오는 페테프레(MT: 보디발) 이외에 느부사라단(2열왕 25,8; 예레 40,1 등), 아르욕(다니 2,14) 등이 이 직책을 맡은 것으로 되어 있다.

42) LXX는 "보디발"(פוטיפר)을 부정확하게 음역하여 "페테프레"(Πετεφρη)로 옮겼다. 아퀼라역과 심마쿠스역은 MT에 좀 더 일치시켜 Φουρτουφάρ로 옮겼다.

하였다. 35 그의 모든 아들과 딸들이 모여 와서[39] 그를 위로하였으나 그는 위로받으려 하지 않으며 말하였다. "나는 슬퍼하며 저승으로 내 아들에게 내려갈 것이다." 그의 아버지는 그를 (생각하며) 울었다. 36 미디안 사람들은 이집트에서 파라오의 신하인[40] 경호대장[41] 페테프레에게[42] 요셉을 팔아넘겼다.

유다의 자손[1]

38,1 그때에 유다는 자기 형제들에게서 (떨어져) 내려와, 히라라는 이름을 지닌 한 아둘람 사람에게까지 이르렀다.[2] 2 유다는 거기서 이름이 수아인 가나안 사람의 딸을 보고, 그를 (아내로) 맞아들이고 그에게 들었다. 3 그가 임신하여 아들을 낳고, 그 (아이)의 이름을 에르라 하였다.[3] 4 그가 다시 임신하여 아들을 낳고, 그 (아이)의 이름을 오난이라 하였다. 5 그가 또다시 아들을 낳고, 그 (아이)의 이름을 샐롬이라[4] 하였다. 그가 그 (아이)들을 낳은 그때,[5] 그 여자는 카스비에[6] 있었다.[7] 6 유다는 자기 맏이 에르에게 이름이 다말인 아내를 얻어 주었다. 7 유다의 맏이 에르가 주님 앞에서 악하자, 하느님께서[8] 그를 죽이셨다. 8 유다가 오난에게 말하였다. "너는 네 형의 아내에게 들어, 그와 수숙혼을 맺어[9] 네 형에게 자손을 일으켜 주어라." 9 그러나 오난은 그 자손이 자기 것이 되지 않을 것을 알았기 때문에, 자

---

1) 이 대목에서 요셉의 이야기가 잠시 중단된다. 유다는 자기 형제들과 떨어져 자리 잡는다.

2) נטה 동사를 써서 "아둘람인에게 붙어살았다"(ויט עד איש עדלמי)고 한 히브리어 본문을 LXX는 "아둘람 사람에게까지 이르렀다"(ἀφίκετο ἕως πρὸς ἀνθρωπόν τινα Οδολλαμίτην)로 옮겼다.

3) LXX는 여기와 이어지는 4.5절에서 아이에게 이름을 붙여 준 사람이 누구인지 분명히 밝히지 않았다. MT는 3절에서는 남성단수 3인칭, 4.5절에서는 여성단수 3인칭 동사를 썼다.

4) 히브리어 본문의 "셀라"(שלה)를 שלום으로 생각하여 "샐롬"(Σηλωμ)으로 옮겼다.

5) MT는 "그(셀라)를 낳을 때"(בלדתה אתו)라고 하였다.

6) LXX는 히브리어 지명 "그집"(כזיב)을 "카스비"(Χασβι)로 옮겼다. 이는 히브리어의 마지막 두 철자를 맞바꾸어(כובי) 음역한 결과이다.

7) LXX에 따르면 '그 여자(수아)가' 카스비에 있었다. 그러나 MT와 타르굼 옹켈로스는 수아 대신 '그(유다)가' 그집에 있었다고 하였다.

8) 히브리어 본문이 이 절에서 두 번 "주님"이라고 한 것을 LXX는 처음은 "주님"으로, 그다음은 "하느님"으로 바꾸어 옮겼다. 필로는 이를 두고 만물을 창조하신 분은 하느님이므로 죽이시는 것도 그분께 달려 있다고 하면서, 에르를 죽인 주체가 하느님이 되는 것은 당연하다고 한다 (*Leg.* III,73).

9) 그리스어 동사 γαμβρεύω는 여기서 '수숙혼인(嫂叔婚姻)하다'를 뜻한다. 이는 히브리어 יבם을 옮긴 것으로, 자식 없이 죽은 형제를 위하여 다른 형제가 형수 또는 제수와 혼인하여 죽은 이의 자손을 낳아 주는 제도이다(신명 25,5-10 참조). γαμβρεύω의 다른 뜻은 34,9 참조.

εἰσήρχετο πρὸς τὴν γυναῖκα τοῦ ἀδελφοῦ αὐτοῦ, ἐξέχεεν ἐπὶ τὴν γῆν τοῦ μὴ δοῦναι σπέρμα τῷ ἀδελφῷ αὐτοῦ. **10** πονηρὸν δὲ ἐφάνη ἐναντίον τοῦ θεοῦ ὅτι ἐποίησεν τοῦτο, καὶ ἐθανάτωσεν καὶ τοῦτον. **11** εἶπεν δὲ Ιουδας Θαμαρ τῇ νύμφῃ αὐτοῦ Κάθου χήρα ἐν τῷ οἴκῳ τοῦ πατρός σου, ἕως μέγας γένηται Σηλωμ ὁ υἱός μου· εἶπεν γὰρ Μήποτε ἀποθάνῃ καὶ οὗτος ὥσπερ οἱ ἀδελφοὶ αὐτοῦ. ἀπελθοῦσα δὲ Θαμαρ ἐκάθητο ἐν τῷ οἴκῳ τοῦ πατρὸς αὐτῆς.

38,12 Ἐπληθύνθησαν δὲ αἱ ἡμέραι καὶ ἀπέθανεν Σαυα ἡ γυνὴ Ιουδα· καὶ παρακληθεὶς Ιουδας ἀνέβη ἐπὶ τοὺς κείροντας τὰ πρόβατα αὐτοῦ, αὐτὸς καὶ Ιρας ὁ ποιμὴν αὐτοῦ ὁ Οδολλαμίτης, εἰς Θαμνα. **13** καὶ ἀπηγγέλη Θαμαρ τῇ νύμφῃ αὐτοῦ λέγοντες Ἰδοὺ ὁ πενθερός σου ἀναβαίνει εἰς Θαμνα κεῖραι τὰ πρόβατα αὐτοῦ. **14** καὶ περιελομένη τὰ ἱμάτια τῆς χηρεύσεως ἀφ' ἑαυτῆς περιεβάλετο θέριστρον καὶ ἐκαλλωπίσατο καὶ ἐκάθισεν πρὸς ταῖς πύλαις Αιναν, ἥ ἐστιν ἐν παρόδῳ Θαμνα· εἶδεν γὰρ ὅτι μέγας γέγονεν Σηλωμ, αὐτὸς δὲ οὐκ ἔδωκεν αὐτὴν αὐτῷ γυναῖκα. **15** καὶ ἰδὼν αὐτὴν Ιουδας ἔδοξεν αὐτὴν πόρνην εἶναι· κατεκαλύψατο γὰρ τὸ πρόσωπον αὐτῆς, καὶ οὐκ ἐπέγνω αὐτήν. **16** ἐξέκλινεν δὲ πρὸς αὐτὴν τὴν ὁδὸν καὶ εἶπεν αὐτῇ Ἔασόν με εἰσελθεῖν πρὸς σέ· οὐ γὰρ ἔγνω ὅτι ἡ νύμφη αὐτοῦ ἐστιν. ἡ δὲ εἶπεν Τί μοι δώσεις, ἐὰν εἰσέλθῃς πρός με; **17** ὁ δὲ εἶπεν Ἐγώ σοι ἀποστελῶ ἔριφον αἰγῶν ἐκ τῶν προβάτων. ἡ δὲ εἶπεν Ἐὰν δῷς

---

10) MT의 '더럽히다, 바닥에 (쏟아) 못쓰게 만들다'(שׁחת)를 '(땅) 위에 쏟아 버렸다'(ἐξέχεεν ἐπί)로 옮겼다.

11) 유다가 자기 형제들과 떨어져 자리 잡은 뒤, 죽은 아들의 아내 다말과 한자리에 드는 이야기는 유다교와 그리스도교 주석 전통에서 중요한 자리를 차지한다. 왜냐하면 유다는 나중에 자신의 씨족과 왕국을 건설하게 되며 다말에게서 얻은 베레스가 그리스도의 족보 안에 나오기 때문이다(마태 1,3; 루가 3,33). 성서 본문은 다말에게 잘못이 없다고 선언하고(26절; 룻 4,12), 유다 전통도 이를 인정한다(희년서 41). 필로는 다말이 팔레스티나의 시리아 여인으로 다신교 문화 안에서 성장하였으나 회심하여 자신의 고상한 영혼을 자손에게 전해 주었다고 한다(*Virt.* 221-222).

12) MT에 따르면 유다의 아내는 "수아의 딸"(בת שׁוע)이다. 곧 수아가 유다의 장인인데, LXX에는 유다의 아내 이름이 수아로 나온다.

기 형의 아내에게 들 때마다 자기 형에게 자손을 (만들어) 주지 않으려고 (그것을) 땅 위에 쏟아 버리곤 하였다.[10] 10 그가 이렇게 한 것이 하느님 앞에서 악하게 보여, 그분은 그도 죽게 하셨다. 11 유다가 자기 며느리 다말에게 말하였다. "내 아들 셀롬이 클 때까지 너는 네 아버지의 집에서 과부로 지내라." 그는 '이 (아이)도 자기 형들처럼 죽어서는 안 되지' 하고 (자신에게) 말했던 것이다. 그리하여 다말은 자기 아버지의 집에 돌아가 지냈다.

유다와 다말[11]

38,12 날들이 차서 유다의 아내 수아가[12] 죽었다. 위로받은[13] 유다와 그의 목자인[14] 아둘람 사람 히라는 딤나에 있는 자기 양들의 털을 깎는 이들에게 올라갔다. 13 (그때) 그의 며느리[15] 다말에게 "보아라, 네 시아버지가 딤나로 자기 양들의 털을 깎으러 올라간다"라는 말이 전해졌다. 14 그는 과부옷을 〈몸에서〉 벗고 너울로[16] 감싸고 아름답게 꾸미어[17] 딤나로 가는 길가에 있는 애난 문〈들〉 근처에[18] 앉아 있었다. 셀롬이 (이미) 컸는데도, 유다가 자기를 그의 아내로 (삼아) 주지 않음을 보았기 때문이다. 15 유다가 그 여자를 보고는 창녀라고 생각하였다. 그 여자가 자기 얼굴을 가리고 있어서 유다가 그를 알아보지 못했던 것이다.[19] 16 그는 그 여자 쪽으로 길을 벗어나 〈그 여자에게〉 말하였다. "내가 너에게 들 수 있게 해 다오." 그는 자기 며느리인 줄 몰랐던 것이다. 그 여자가 말하였다. "어르신이 저에게 드시면 제게 무엇을 주시겠습니까?" 17 그가 말하였다. "내가 양과 염소들 가운데서 새끼 염소 한 마리를 너에게 보내마." 그 여자가 말하였다. "어르신께서 (그것을) 보내실

---

13) "위로받은"($\pi\alpha\rho\alpha\kappa\lambda\eta\theta\epsilon\acute{\iota}\varsigma$)은 히브리어 נחם을 옮긴 것으로 애도 기간을 뜻한다.

14) MT는 '그의 친구'(רעהו)라 하였다.

15) LXX는 MT에 없는 "그의 며느리"($\tau\hat{\eta}\ \nu\acute{\upsilon}\mu\phi\eta\ \alpha\dot{\upsilon}\tau\sigma\hat{\upsilon}$)라는 말을 덧붙였다.

16) "너울"($\theta\acute{\epsilon}\rho\iota\sigma\tau\rho\sigma\nu$)에 관해서는 24,65 참조.

17) '아름답게 꾸미다'($\kappa\alpha\lambda\lambda\omega\pi\acute{\iota}\zeta\sigma\mu\alpha\iota$)라는 말은 오경에 한 번 나온다. MT에는 이런 표현 없이 "몸을 가리고"(ותתעלף)라는 명확하지 않은 말이 나온다. 유딧 10,4에도 유딧이 과부옷을 벗고 남자들을 유혹하려고 '치장하는' 장면이 나온다.

18) LXX는 히브리어 표현 "에나임 어귀에"(בפתח עינים, 직역: 눈들의 뜸에)를 "애난 문〈들〉 근처에"($\pi\rho\grave{\sigma}\varsigma\ \tau\alpha\hat{\iota}\varsigma\ \pi\acute{\upsilon}\lambda\alpha\iota\varsigma\ A\iota\nu\alpha\nu$)로 옮겼다. '$\pi\rho\acute{\sigma}\varsigma$ + 여격'은 여기서 다말이 성읍 문 안쪽이 아니라 문 근처에 앉아 있었음을 말해 준다. '문에'라면 성읍의 양쪽 두 문들 가운데 하나만을 뜻하므로 בפתח를 복수 '문들($\tau\alpha\hat{\iota}\varsigma\ \pi\acute{\upsilon}\lambda\alpha\iota\varsigma$) 근처에'로 옮겼다. 다르곰 옹겔로스와 시리아어역과 불가타는 이를 '갈림길'이라 하였다. 또한 에나임(עינים)을 애난($A\iota\nu\alpha\nu$)으로 음역하였다.

19) LXX에는 MT에 없는 '그가 그를 알아보지 못하였다'($\sigma\dot{\upsilon}\kappa\ \dot{\epsilon}\pi\acute{\epsilon}\gamma\nu\omega\ \alpha\dot{\upsilon}\tau\acute{\eta}\nu$)가 있다.

ἀρραβῶνα ἕως τοῦ ἀποστεῖλαί σε. **18** ὁ δὲ εἶπεν Τίνα τὸν ἀρραβῶνά σοι δώσω; ἡ δὲ εἶπεν Τὸν δακτύλιόν σου καὶ τὸν ὁρμίσκον καὶ τὴν ῥάβδον τὴν ἐν τῇ χειρί σου. καὶ ἔδωκεν αὐτῇ καὶ εἰσῆλθεν πρὸς αὐτήν, καὶ ἐν γαστρὶ ἔλαβεν ἐξ αὐτοῦ. **19** καὶ ἀναστᾶσα ἀπῆλθεν καὶ περιείλατο τὸ θέριστρον ἀφ᾽ ἑαυτῆς καὶ ἐνεδύσατο τὰ ἱμάτια τῆς χηρεύσεως αὐτῆς. **20** ἀπέστειλεν δὲ Ιουδας τὸν ἔριφον ἐξ αἰγῶν ἐν χειρὶ τοῦ ποιμένος αὐτοῦ τοῦ Οδολλαμίτου κομίσασθαι τὸν ἀρραβῶνα παρὰ τῆς γυναικός, καὶ οὐχ εὗρεν αὐτήν. **21** ἐπηρώτησεν δὲ τοὺς ἄνδρας τοὺς ἐκ τοῦ τόπου Ποῦ ἐστιν ἡ πόρνη ἡ γενομένη ἐν Αιναν ἐπὶ τῆς ὁδοῦ; καὶ εἶπαν Οὐκ ἦν ἐνταῦθα πόρνη. **22** καὶ ἀπεστράφη πρὸς Ιουδαν καὶ εἶπεν Οὐχ εὗρον, καὶ οἱ ἄνθρωποι οἱ ἐκ τοῦ τόπου λέγουσιν μὴ εἶναι ὧδε πόρνην. **23** εἶπεν δὲ Ιουδας Ἐχέτω αὐτά, ἀλλὰ μήποτε καταγελασθῶμεν· ἐγὼ μὲν ἀπέσταλκα τὸν ἔριφον τοῦτον, σὺ δὲ οὐχ εὕρηκας.

38.24 Ἐγένετο δὲ μετὰ τρίμηνον ἀπηγγέλη τῷ Ιουδα λέγοντες Ἐκπεπόρνευκεν Θαμαρ ἡ νύμφη σου καὶ ἰδοὺ ἐν γαστρὶ ἔχει ἐκ πορνείας. εἶπεν δὲ Ιουδας Ἐξαγάγετε αὐτήν, καὶ κατακαυθήτω. **25** αὐτὴ δὲ ἀγομένη ἀπέστειλεν πρὸς τὸν πενθερὸν αὐτῆς λέγουσα Ἐκ τοῦ ἀνθρώπου, τίνος ταῦτά ἐστιν, ἐγὼ ἐν γαστρὶ ἔχω. καὶ εἶπεν Ἐπίγνωθι, τίνος ὁ δακτύλιος καὶ ὁ ὁρμίσκος καὶ ἡ ῥάβδος αὕτη. **26** ἐπέγνω δὲ Ιουδας καὶ εἶπεν Δεδικαίωται Θαμαρ ἢ ἐγώ, οὗ εἵνεκεν οὐκ ἔδωκα αὐτὴν Σηλωμ τῷ υἱῷ μου. καὶ οὐ προσέθετο ἔτι τοῦ γνῶναι αὐτήν.

---

20) 그리스어 "담보물" (ἀρραβών)은 ערבון을 옮긴 말로 LXX에 쓰이기 전에는 보통 '선금' 이라는 뜻으로 사용되었다.

21) "어르신께서 (그것을) 보내실 때까지 담보물을 주신다면요" (ἐὰν δῷς ἀρραβῶνα ἕως τοῦ ἀποστεῖλαί σε)는 귀결절 '저에게 드실 수 있습니다' 가 생략된 조건절이다.

때까지 담보물을[20] 주신다면요."[21] 18 그가 말하였다. "어떤 담보물들을 너에게 줄까?" 그 여자가 말하였다. "어르신의 반지와 목걸이, 그리고 어르신 손에 있는 지팡이를[22] (주세요)." 그는 그 여자에게 (그것들을) 주고서, 그 여자에게 들었다. 그러자 그 여자가 그로 인하여 태에 (아이를) 가졌다. 19 그 여자는 일어나 떠나가서 〈몸에서〉 너울을 벗어버리고 자기 과부옷을 입었다. 20 유다는 자기 목자인 아둘람 사람 손에 염소들 가운데서 새끼염소 한 마리를 보내며 그 여자에게서 담보물을 받아오라고 하였으나, 그는 그 여자를 찾지 못하였다. 21 그가 그곳 남자들에게 물었다. "애난 길가에 있던 창녀는[23] 어디에 있습니까?" 그들이 말하였다. "여기에는 창녀가 없었습니다." 22 그가 유다에게 돌아와 말하였다. "찾지 못했습니다. 그곳 사람들도 '여기에는 창녀가 없습니다'라고 말합니다."[24] 23 유다가 말하였다. "그것들을 가지라고 하게. 우리가 웃음거리가 되지만 않으면 되네. 내가 이 새끼염소를 보냈으나 자네가 (그 여자를) 찾아내지 못하였네."

다말의 행위가 정당화되다

38,24 석 달이 지난 뒤, 유다에게 "당신 며느리 다말이 창녀짓을 하더니, 이제는 창녀짓으로 태에 (아이까지) 가졌습니다" 하는 말이 전해졌다. 유다가 말하였다. "그를 끌어내다가 화형에 처하여라."[25] 25 그 여자는 끌려오면서 자기 시아버지에게 (사람을) 보내 말하였다. "저는 이것들의 주인인 사람으로 인하여 태에 (아이를) 가졌습니다." 그리고 말하였다. "이 반지와 목걸이와 지팡이가 누구의 것인지 알아보십시오." 26 유다가 알아보고 말하였다. "다말이 나보다 더 의롭구나. 내가 그를 내 아들 셀롬에게 주지 않았기 때문이다." 그리고 그는 더 이상 그 여자를 알려고[26] 하지 않았다.

---

22) MT와 마찬가지로 LXX는 이곳과 25절에서 세 가지 물건들, 곧 '반지'($\delta\alpha\kappa\tau\upsilon\lambda\iota\sigma\varsigma$)와 '목걸이'($\delta\rho\mu\iota\sigma\kappa\sigma\varsigma$) 그리고 '지팡이'($\rho\alpha\beta\delta\sigma\varsigma$)를 언급한다. 유스티누스는 이 세 가지 물건 가운데 지팡이는 모세와 파라오의 이야기에 비추어 그리스도의 오심을 예고하는 것이라고 본다(*Dial.* 86,6).

23) LXX가 "창녀"($\pi\delta\rho\nu\eta$)로 옮긴 히브리어 קְדֵשָׁה는 "신전 창녀"를 가리킨다. LXX는 '신전 창녀'(קְדֵשָׁה)와 '일반 창녀'(זוֹנָה 15절)를 구분하지 않고 둘 다 $\pi\delta\rho\nu\eta$로 옮긴다.

24) LXX는 히브리어 본문의 '그들이 말하였다'(אָמְרוּ)를 역사적 현재시제($\lambda\epsilon\gamma\sigma\upsilon\sigma\iota\nu$)로 옮겼다.

25) 창녀짓을 한 딸을 화형시키는 관습은 레위 21,9에 나온다.

26) '성적 결합'을 뜻하는 $\gamma\nu\hat{\omega}\nu\alpha\iota$에 대해서는 4,1 가주 참조.

38,27 Ἐγένετο δὲ ἡνίκα ἔτικτεν, καὶ τῇδε ἦν δίδυμα ἐν τῇ γαστρὶ αὐτῆς. **28** ἐγένετο δὲ ἐν τῷ τίκτειν αὐτὴν ὁ εἷς προεξήνεγκεν τὴν χεῖρα· λαβοῦσα δὲ ἡ μαῖα ἔδησεν ἐπὶ τὴν χεῖρα αὐτοῦ κόκκινον λέγουσα Οὗτος ἐξελεύσεται πρότερος. **29** ὡς δὲ ἐπισυνήγαγεν τὴν χεῖρα, καὶ εὐθὺς ἐξῆλθεν ὁ ἀδελφὸς αὐτοῦ. ἡ δὲ εἶπεν Τί διεκόπη διὰ σὲ φραγμός; καὶ ἐκάλεσεν τὸ ὄνομα αὐτοῦ Φαρες. **30** καὶ μετὰ τοῦτο ἐξῆλθεν ὁ ἀδελφὸς αὐτοῦ, ἐφ' ᾧ ἦν ἐπὶ τῇ χειρὶ αὐτοῦ τὸ κόκκινον· καὶ ἐκάλεσεν τὸ ὄνομα αὐτοῦ Ζαρα.

39,1 Ιωσηφ δὲ κατήχθη εἰς Αἴγυπτον, καὶ ἐκτήσατο αὐτὸν Πετεφρης ὁ εὐνοῦχος Φαραω, ἀρχιμάγειρος, ἀνὴρ Αἰγύπτιος, ἐκ χειρὸς Ισμαηλιτῶν, οἳ κατήγαγον αὐτὸν ἐκεῖ. **2** καὶ ἦν κύριος μετὰ Ιωσηφ, καὶ ἦν ἀνὴρ ἐπιτυγχάνων καὶ ἐγένετο ἐν τῷ οἴκῳ παρὰ τῷ κυρίῳ τῷ Αἰγυπτίῳ. **3** ᾔδει δὲ ὁ κύριος αὐτοῦ ὅτι κύριος μετ' αὐτοῦ καὶ ὅσα ἂν ποιῇ, κύριος εὐοδοῖ ἐν ταῖς χερσὶν αὐτοῦ. **4** καὶ εὗρεν Ιωσηφ χάριν ἐναντίον τοῦ κυρίου αὐτοῦ, εὐηρέστει δὲ αὐτῷ, καὶ κατέστησεν αὐτὸν ἐπὶ τοῦ οἴκου αὐτοῦ καὶ πάντα, ὅσα ἦν αὐτῷ, ἔδωκεν διὰ χειρὸς Ιωσηφ. **5** ἐγένετο δὲ μετὰ τὸ κατασταθῆναι αὐτὸν ἐπὶ τοῦ οἴκου αὐτοῦ καὶ ἐπὶ πάντα, ὅσα ἦν αὐτῷ, καὶ ηὐλόγησεν κύριος τὸν οἶκον τοῦ Αἰγυπτίου διὰ Ιωσηφ, καὶ ἐγενήθη εὐλογία κυρίου

---

27) 여기에 다시 형과 아우의 대결 주제가 등장한다(25,24-26 참조). 그리스도교 전통에 따르면 아우 제라는 새로운 계약과 교회를, 형 베레스는 율법 아래 살고 있는 유다 민족을 뜻한다.

28) MT는 주어를 제시하지 않은 채 '그가 손을 내밀었다'(ויתן יד)라고 하였다.

29) '내밀다'(προεκφέρω)라는 말은 신조어로, LXX에 한 번만 나오는 말이다.

30) 붉은색을 두고 교부 전통은, 인자의 수난으로 흘린 피를 떠올리게 한다고 보았다(이레네우스, IV,25,2).

31) 히브리어 본문의 '나왔다'(יצא)를 LXX는 미래시제로 바꾸어 옮겼다(ἐξελεύσεται).

32) '오므리다'(ἐπισυνάγω)는 그리스어에서 자주 나오지 않는 말이다. 제라는 자기 몸을 뒤로 '움츠리어' 베레스가 자기보다 먼저 태어나도록 하였다. 에우세비우스는 맏이로 태어난 베레스를 율법의 민족으로, 먼저 손을 내밀었으나 두 번째로 태어난 제라는 그리스도인을 나타내는 것으로 보고, '손'을 그리스도의 업적이라고 하였다(*Question sur l'Évangile* VII,5-6).

33) 히브리어 본문의 מהרה를 "곧바로"(εὐθύς)로 옮겼다.

다말이 아이를 낳다[27)

38,27 그 여자가 아이를 낳을 때가 되었는데, 그의 태 안에는 쌍둥이가 들어 있었다. 28 그가 아이를 낳을 때 하나가[28)] 손을 내밀었다.[29)] 산파가 (그의 손을) 잡고 그 손 위에 붉은[30)] 실을 매고서 말하였다. "애가 먼저 나오려는구나."[31)] 29 그런데 그 (아이)가 손을 오므리자,[32)] 곧바로[33)] 그의 형제가 나왔다. 그 여자가 말하였다. "어떻게 너에 의해 벽이 갈라졌느냐?" 그리고 그 (아이)의 이름을 베레스라 하였다. 30 그런 다음 〈자기〉 손에 붉은 실이 있는 그의 형제가 나왔다. 그러자 그는 그 (아이)의 이름을 제라라 하였다.

이집트의 요셉

39,1 요셉은 이집트로 끌려 내려갔다. 파라오의 신하로 경호대장인 이집트 남자 페테프레가[1)] 그를 그곳으로 데리고 내려간 이스마엘 사람들의 손에서 그를 샀다. 2 주님께서 요셉과 함께 계시어, 그는 성공한 남자가[2)] 되었다. 그는 그 집, 이집트 사람 주인 곁에서[3)] 지냈다. 3 그의 주인은 주님께서 그와 함께 계시며, 그가 하는 일마다 〈주님께서〉 그의 손을 통하여 잘되게 해 주신다는 것을 알았다.[4)] 4 요셉은 자기 주인 앞에서 호의를 입으며, 그를 기쁘게 하였다.[5)] 그는 요셉을 자기 집 위에 세우고,[6)] 자기에게 있는 모든 것을 그의 손에 맡겼다. 5 그가 그 (주인)의 집과 그 (주인)에게 있는 모든 것에 관하여 임명된 뒤,[7)] 주님께서 요셉 때문에 그 이집트 사람 집안에 복을 내리셨다. 주님의 복이 집과 들에 있는 그의 모든 재산 위에 미쳤

---

1) 페테프레의 LXX 이름에 관해서는 37,36 각주 참조.

2) 히브리어 본문의 "모든 일을 잘 이루는"(מַצְלִיחַ)에 대응하여 쓰인 그리스어 표현 "성공한"(ἐπιτυγχάνων)은 잘 쓰이지 않는 말이다. 아퀼라역은 이를 '번창한 사람'(κατευθυνόμενος)으로, 심마쿠스역은 '잘 이루는 사람'(εὐοδούμενος)으로 옮겼다.

3) 히브리어 본문의 "자기의 주인 이집트인의 집"(בֵּית אֲדֹנָיו הַמִּצְרִי)을 "이집트 사람 주인 곁"(παρὰ τῷ κυρίῳ τῷ Αἰγυπτίῳ)을 강조하여 옮겼다.

4) 그리스어 '잘되게 하다'(εὐοδόω)에 관해서는 24,12 참조.

5) 그리스어 '~을 기쁘게 하다'(εὐαρεστέω)라는 말에 대해서는 5,22 각주 참조. MT는 LXX와 달리 '그의 시중을 들다'(וַיְשָׁרֶת אֹתוֹ)라고 하였다.

6) '세우다'(καθίστημι)는 페테프레의 온 집안을 관상하게 될 요셉의 새로운 역할을 가리킨다.

7) LXX는 주인이 주어인 히브리어 문장을 수동부정사(κατασταθῆναι)를 써서 요셉을 주어로 내세웠다.

ἐν πᾶσιν τοῖς ὑπάρχουσιν αὐτῷ ἐν τῷ οἴκῳ καὶ ἐν τῷ ἀγρῷ.   **6** καὶ ἐπέτρεψεν πάντα, ὅσα ἦν αὐτῷ, εἰς χεῖρας Ιωσηφ καὶ οὐκ ᾔδει τῶν καθ' ἑαυτὸν οὐδὲν πλὴν τοῦ ἄρτου, οὗ ἤσθιεν αὐτός.

Καὶ ἦν Ιωσηφ καλὸς τῷ εἴδει καὶ ὡραῖος τῇ ὄψει σφόδρα.   **7** καὶ ἐγένετο μετὰ τὰ ῥήματα ταῦτα καὶ ἐπέβαλεν ἡ γυνὴ τοῦ κυρίου αὐτοῦ τοὺς ὀφθαλμοὺς αὐτῆς ἐπὶ Ιωσηφ καὶ εἶπεν Κοιμήθητι μετ' ἐμοῦ.   **8** ὁ δὲ οὐκ ἤθελεν, εἶπεν δὲ τῇ γυναικὶ τοῦ κυρίου αὐτοῦ Εἰ ὁ κύριός μου οὐ γινώσκει δι' ἐμὲ οὐδὲν ἐν τῷ οἴκῳ αὐτοῦ καὶ πάντα, ὅσα ἐστὶν αὐτῷ, ἔδωκεν εἰς τὰς χεῖράς μου **9** καὶ οὐχ ὑπερέχει ἐν τῇ οἰκίᾳ ταύτῃ οὐθὲν ἐμοῦ οὐδὲ ὑπεξῄρηται ἀπ' ἐμοῦ οὐδὲν πλὴν σοῦ διὰ τὸ σὲ γυναῖκα αὐτοῦ εἶναι, καὶ πῶς ποιήσω τὸ ῥῆμα τὸ πονηρὸν τοῦτο καὶ ἁμαρτήσομαι ἐναντίον τοῦ θεοῦ;   **10** ἡνίκα δὲ ἐλάλει τῷ Ιωσηφ ἡμέραν ἐξ ἡμέρας, καὶ οὐχ ὑπήκουσεν αὐτῇ καθεύδειν μετ' αὐτῆς τοῦ συγγενέσθαι αὐτῇ.   — **11** ἐγένετο δὲ τοιαύτη τις ἡμέρα, εἰσῆλθεν Ιωσηφ εἰς τὴν οἰκίαν ποιεῖν τὰ ἔργα αὐτοῦ, καὶ οὐθεὶς ἦν τῶν ἐν τῇ οἰκίᾳ ἔσω,   **12** καὶ ἐπεσπάσατο αὐτὸν τῶν ἱματίων λέγουσα Κοιμήθητι μετ' ἐμοῦ.   καὶ καταλιπὼν τὰ ἱμάτια αὐτοῦ ἐν ταῖς χερσὶν αὐτῆς ἔφυγεν καὶ ἐξῆλθεν ἔξω.   **13** καὶ ἐγένετο ὡς εἶδεν ὅτι κατέλιπεν τὰ ἱμάτια αὐτοῦ ἐν ταῖς χερσὶν αὐτῆς καὶ ἔφυγεν καὶ ἐξῆλθεν ἔξω,   **14** καὶ ἐκάλεσεν τοὺς ὄντας ἐν τῇ οἰκίᾳ καὶ εἶπεν αὐτοῖς λέγουσα

---

8) 이 이야기로 인해 유다교와 그리스도교 전통은 요셉을 동정의 표본으로 삼는다.

9) 이 표현에 대해서는 29,17과 각주 참조.

10) 히브리어 본문의 '집안에서 어떤 것' (מה בבית)을 LXX는 '그의 집안에서 아무것도' (οὐδὲν ἐν τῷ οἴκῳ αὐτοῦ)라 옮겼다.

11) 히브리어 본문이 "그분도 저보다 높지 않으십니다" (איננו גדול ... ממני)를 LXX는 "아무것도 제 위에 있지 않습니다" (οὐχ ὑπερέχει ... οὐθὲν ἐμοῦ)로 옮겼다.

12) 히브리어 '금하다' (חשך)를 옮긴 ὑπεξαιρέω는 LXX에 한 번만 나오는 단어이다.

13) 본디 8절의 요셉의 말은 조건문(Εἰ ὁ κύριός μου ...)으로 시작하여, 여기 9ㄴ절에 와서 귀결절로 끝난다.

14) LXX는 히브리어 본문의 "큰 악" (הרעה הגדלה)에서 הגדלה를 생략한 채 "악한 일" (τὸ ῥῆμα τὸ πονηρόν)로 옮겼다.

다. 6 그는 자기에게 있는 모든 것을 요셉의 손에 위탁하고, 자기와 관련된 것들 가운데 자기가 먹는 빵 이외에는 아무것도 알지 못하였다.

요셉과 페테프레의 아내[8]

요셉은 보기에 좋았고 모습도 아름다웠다.[9] 7 이런 일들이 있은 뒤, 〈그의〉 주인의 아내가 요셉에게 눈길을 던지며 말하였다. "나와 함께 자자!" 8 그러나 그는 원하지 않아 주인의 아내에게 말하였다. "나의 주인께서는 제가 있으므로 당신 집안에서 아무것도[10] 알려고 하지 않으시며 그분에게 있는 모든 것을 제 손에 맡기셨습니다. 9 이 집안에서는 아무것도 제 위에 있지 않습니다.[11] 당신께서 그분의 부인이시기 때문에, 그분은 당신을 빼고는 아무것도 저에게 금하시는[12] 것이 없습니다. 그런데[13] 어떻게 제가 이런 악한 일을[14] 하여 하느님 앞에 죄를 지을 수 있겠습니까?"[15] 10 그가 요셉에게 날마다 말하곤 했지만, 그는 그 여자가 자기와 함께 눕고 자기와 함께 있자는 말을 듣지 않았다. 11 그런데 어느 날, 요셉이 자기 일을 하려고 집으로 들어갔는데, 집 안에는 아무도 없었다.[16] 12 그러자 그 여자가 그의 옷들을[17] 잡아당기며[18] 말하였다. "나와 함께 자자!" 그는 그 여자의 손에 옷들을 버려 두고[19] 달아나 밖으로 나갔다. 13 그 여자는 그가 자기 옷들을 그의 손에 버려 두고 도망쳐 밖으로 나간 것을 보고, 14 집에 있는 사람들을[20] 불러서 그들에게 말

---

15) 요셉은 자기 주인 아내의 청을 받아들이는 것이 주인에게 죄를 짓는 일이 아니라 하느님 앞에 죄를 짓는 것이라고 말한다.

16) LXX는 히브리어 본문의 בבית שם הבית מאנשי איש אין(남자들 가운데 집 안에 아무도 없었다)라는 문장을 다듬어 "집 안에는 (사람들 가운데) 아무도 없었다"(οὐθεὶς ἦν τῶν ἐν τῇ οἰκίᾳ ἔσω)로 옮겼다.

17) 히브리어 본문의 '겉옷'(בגד)이 LXX에서는 요셉이 입고 있던 "옷들"(ἱματίων)로 바뀌었다.

18) LXX는 히브리어 본문 '붙잡다'(תפש)를 '잡아당기다'(ἐπισπάομαι)로 옮김으로써 시각적인 효과를 살렸다.

19) 알렉산드리아의 클레멘스는 벌거벗은 요셉의 모습을 깨끗한 영혼을 상징하는 것으로 해석하였다(*Strom.* VII,61,2-3).

20) LXX는 히브리어 본문의 '그 여자의 집 남자들'(ביתה אנשי)을 "집에 있는 사람들"(τοὺς ὄντας ἐν τῇ οἰκίᾳ)로 옮겼다. 그리스어 표현에는 11절의 '집 안에 있는(τῶν ἐν τῇ οἰκίᾳ ἔσω) 사람들 가운데'가 반영되었다. '집에 있는 사람들'은 집 안에(ἔσω) 있던 이들이 아니라 집 밖에 있던 사람들을 가리킨다.

Ἴδετε, εἰσήγαγεν ἡμῖν παῖδα Εβραῖον ἐμπαίζειν ἡμῖν· εἰσῆλθεν πρός με λέγων Κοιμήθητι μετ᾽ ἐμοῦ, καὶ ἐβόησα φωνῇ μεγάλῃ· **15** ἐν δὲ τῷ ἀκοῦσαι αὐτὸν ὅτι ὕψωσα τὴν φωνήν μου καὶ ἐβόησα, καταλιπὼν τὰ ἱμάτια αὐτοῦ παρ᾽ ἐμοὶ ἔφυγεν καὶ ἐξῆλθεν ἔξω. **16** καὶ καταλιμπάνει τὰ ἱμάτια παρ᾽ ἑαυτῇ, ἕως ἦλθεν ὁ κύριος εἰς τὸν οἶκον αὐτοῦ. **17** καὶ ἐλάλησεν αὐτῷ κατὰ τὰ ῥήματα ταῦτα λέγουσα Εἰσῆλθεν πρός με ὁ παῖς ὁ Εβραῖος, ὃν εἰσήγαγες πρὸς ἡμᾶς, ἐμπαῖξαί μοι καὶ εἶπέν μοι Κοιμηθήσομαι μετὰ σοῦ· **18** ὡς δὲ ἤκουσεν ὅτι ὕψωσα τὴν φωνήν μου καὶ ἐβόησα, κατέλιπεν τὰ ἱμάτια αὐτοῦ παρ᾽ ἐμοὶ καὶ ἔφυγεν καὶ ἐξῆλθεν ἔξω. **19** ἐγένετο δὲ ὡς ἤκουσεν ὁ κύριος αὐτοῦ τὰ ῥήματα τῆς γυναικὸς αὐτοῦ, ὅσα ἐλάλησεν πρὸς αὐτὸν λέγουσα Οὕτως ἐποίησέν μοι ὁ παῖς σου, καὶ ἐθυμώθη ὀργῇ. **20** καὶ λαβὼν ὁ κύριος Ιωσηφ ἐνέβαλεν αὐτὸν εἰς τὸ ὀχύρωμα, εἰς τὸν τόπον, ἐν ᾧ οἱ δεσμῶται τοῦ βασιλέως κατέχονται ἐκεῖ ἐν τῷ ὀχυρώματι.

39,21 Καὶ ἦν κύριος μετὰ Ιωσηφ καὶ κατέχεεν αὐτοῦ ἔλεος καὶ ἔδωκεν αὐτῷ χάριν ἐναντίον τοῦ ἀρχιδεσμοφύλακος, **22** καὶ ἔδωκεν ὁ ἀρχιδεσμοφύλαξ τὸ δεσμωτήριον διὰ χειρὸς Ιωσηφ καὶ πάντας τοὺς ἀπηγμένους, ὅσοι ἐν τῷ δεσμωτηρίῳ, καὶ πάντα, ὅσα ποιοῦσιν ἐκεῖ. **23** οὐκ ἦν ὁ ἀρχιδεσμοφύλαξ τοῦ δεσμωτηρίου γινώσκων δι᾽ αὐτὸν οὐθέν· πάντα γὰρ ἦν διὰ χειρὸς Ιωσηφ διὰ τὸ τὸν κύριον μετ᾽ αὐτοῦ εἶναι, καὶ ὅσα αὐτὸς ἐποίει, κύριος εὐώδου ἐν ταῖς χερσὶν αὐτοῦ.

---

21) ‘장난하다, 놀다’(ἐμπαίζω)는 완곡어법으로, 성적 유희를 가리킨다.

22) LXX는 ‘히브리 사람’(איש עברי)을 좀 더 구체적으로 “히브리 종”(παῖδα Εβραιον)으로 옮겼다. 그리스어 ‘히브리 사람’(Εβραιος)은 여기서 처음으로 나온다. 14,13에서는 같은 히브리어 עברי를 ‘이주자’(περάτης)로 옮겼다(이집트인들이 요셉을 가리켜 부른 이 말은 요셉이 어느 민족인지를 말해 준다). 이 단어는 40,15; 43,32에서 이집트 사람들과 히브리 사람들을 구별하기 위해 복수형으로 쓰였다.

23) LXX는 이 절에서 14절을 새로운 문맥에 맞춰 반복한다. 곧 히브리어 본문에 없는 “‘당신과 함께 자고 싶어요’ 하고 저에게 말했어요”(εἶπέν μοι Κοιμηθήσομαι μετὰ σοῦ)를 덧붙였다.

24) ὀχύρωμα라는 그리스어는 본디 ‘요새’라는 뜻을 지녔으나 “옥”을 뜻하기도 한다. LXX에서는 이 단어와 함께 더 오래된 말 δεσμωτήριον이 ‘감옥’(39,22.23; 40,3.5)을 가리키는 말로 나온다. 이에 대응하는 히브리어는 ‘갇힌 자의 집’(בית הסהר)으로 39장과 40장에 나온다.

25) 이 대목은 나중에 요셉이 이집트에서 성공하는 이야기를 소개하는 구실을 한다.

하였다. "보아라, (그분은) 우리를 희롱하라고[21] 히브리 종을[22] 우리에게 데려왔구나. 그가 나에게 와서 '나와 함께 자요'라고 하길래, 내가 크게 소리를 질렀더니, 15 그는 내가 소리를 높여 소리 지르는 것을 듣고서 자기 옷들을 내 옆에 버려두고 달아나 밖으로 나가버렸다." 16 그 여자는 자기 주인이 집에 올 때까지, 그 옷들을 자기 옆에 놓아두었다. 17 그리고 그 여자는 그에게 이 일들에 관하여 말하였다. "당신이 우리에게 데리고 온 히브리 종이 나에게 와서는, 나를 희롱하며 '당신과 함께 자고 싶어요' 하고 저에게 말했어요.[23] 18 그래서 내가 소리를 높여 소리 지르자, 옷들을 내 옆에 버려두고 달아나 밖으로 나갔어요." 19 그의 주인은 자기 아내가 그에게 '당신 종이 나에게 이렇게 했어요'라고 말하는 것을 듣고는 몹시 화가 났다. 20 그래서 요셉의 주인은 그를 잡아 옥에[24] 집어넣었다. 그곳은 임금의 죄수들이 붙잡혀 있는 감옥이었다.

감옥에 갇힌 요셉[25]

39,21 주님께서 요셉과 함께 계시어[26] 당신의 자비를 쏟아 부으시고, 그에게 간수장[27] 앞에서 은총을 베푸셨다. 22 그래서 간수장은 요셉의 손에, 감옥과 감옥에 끌려와[28] 있는 모든 사람과 그들이 그곳에서 하는 모든 일을 그에게 맡겼다.[29] 23 요셉으로 말미암아 감옥의[30] 간수장은 아무것도 알지 못하였다. 왜냐하면 모든 것이 그의 손에 (달려) 있고 주님께서 그와 함께 계시며, 그가 하는 일은 무엇이든 〈주님께서〉 그의 손 안에서[31] 잘되게 해 주셨기 때문이다.

---

26) 2절에 나온 "주님께서 요셉과 함께 계시어"($\mathring{\eta}\nu$ $\kappa\acute{\upsilon}\rho\iota\sigma\varsigma$ $\mu\epsilon\tau\grave{\alpha}$ $I\omega\sigma\eta\phi$)가 이곳과 23절에서 다시 나온다. 이 표현은 사도 7,10에서도 볼 수 있다.

27) "간수장"($\mathring{\alpha}\rho\chi\iota\delta\epsilon\sigma\mu\sigma\phi\acute{\upsilon}\lambda\alpha\xi$)이라는 말은 이집트-그리스어로서, 감옥의 우두머리(שַׂר)를 가리킨다. 40,4에서는 $\mathring{\alpha}\rho\chi\iota\delta\epsilon\sigma\mu\acute{\omega}\tau\eta\varsigma$를 써서 같은 뜻을 나타낸다.

28) LXX는 $\mathring{\alpha}\pi\acute{\alpha}\gamma\omega$의 수동형을 사용하여 '판결을 받고 감옥으로 끌려오다'라는 사법적 의미를 나타내었다.

29) LXX는 히브리어 본문과 다르게 이 절을 묘사하였다. 히브리어 본문의 "감옥에 있는 모든 죄수를 요셉의 손에 맡기고 …"(וַיִּתֵּן … בְּיַד יוֹסֵף אֵת כָּל הָאֲסִירִם אֲשֶׁר בְּבֵית הַסֹּהַר)를 LXX는 간수장이 요셉에게 감옥과 감옥에 끌려온 사람들, 그리고 그들이 하는 모든 일을 맡긴 것($\mathring{\epsilon}\delta\omega\kappa\epsilon\nu$)으로 옮겼다.

30) 히브리어 본문에 없는 "감옥의"($\tau\sigma\mathring{\upsilon}$ $\delta\epsilon\sigma\mu\omega\tau\eta\rho\acute{\iota}\sigma\upsilon$)를 덧붙였다.

31) LXX는 히브리어 본문에 없는 말 "그의 손 안에서"($\mathring{\epsilon}\nu$ $\tau\alpha\mathring{\iota}\varsigma$ $\chi\epsilon\rho\sigma\mathring{\iota}\nu$ $\alpha\mathring{\upsilon}\tau\sigma\mathring{\upsilon}$)를 덧붙였다.

40,1 Ἐγένετο δὲ μετὰ τὰ ῥήματα ταῦτα ἥμαρτεν ὁ ἀρχιοινοχόος τοῦ βασιλέως Αἰγύπτου καὶ ὁ ἀρχισιτοποιὸς τῷ κυρίῳ αὐτῶν βασιλεῖ Αἰγύπτου. **2** καὶ ὠργίσθη Φαραω ἐπὶ τοῖς δυσὶν εὐνούχοις αὐτοῦ, ἐπὶ τῷ ἀρχιοινοχόῳ καὶ ἐπὶ τῷ ἀρχισιτοποιῷ, **3** καὶ ἔθετο αὐτοὺς ἐν φυλακῇ παρὰ τῷ δεσμοφύλακι εἰς τὸ δεσμωτήριον, εἰς τὸν τόπον, οὗ Ιωσηφ ἀπῆκτο ἐκεῖ. **4** καὶ συνέστησεν ὁ ἀρχιδεσμώτης τῷ Ιωσηφ αὐτούς, καὶ παρέστη αὐτοῖς· ἦσαν δὲ ἡμέρας ἐν τῇ φυλακῇ. — **5** καὶ εἶδον ἀμφότεροι ἐνύπνιον, ἑκάτερος ἐνύπνιον, ἐν μιᾷ νυκτὶ ὅρασις τοῦ ἐνυπνίου αὐτοῦ, ὁ ἀρχιοινοχόος καὶ ὁ ἀρχισιτοποιός, οἳ ἦσαν τῷ βασιλεῖ Αἰγύπτου, οἱ ὄντες ἐν τῷ δεσμωτηρίῳ. **6** εἰσῆλθεν δὲ πρὸς αὐτοὺς Ιωσηφ τὸ πρωὶ καὶ εἶδεν αὐτούς, καὶ ἦσαν τεταραγμένοι. **7** καὶ ἠρώτα τοὺς εὐνούχους Φαραω, οἳ ἦσαν μετ' αὐτοῦ ἐν τῇ φυλακῇ παρὰ τῷ κυρίῳ αὐτοῦ, λέγων Τί ὅτι τὰ πρόσωπα ὑμῶν σκυθρωπὰ σήμερον; **8** οἱ δὲ εἶπαν αὐτῷ Ἐνύπνιον εἴδομεν, καὶ ὁ συγκρίνων οὐκ ἔστιν αὐτό. εἶπεν δὲ αὐτοῖς Ιωσηφ Οὐχὶ διὰ τοῦ θεοῦ ἡ διασάφησις αὐτῶν ἐστιν; διηγήσασθε οὖν μοι. — **9** καὶ διηγήσατο ὁ ἀρχιοινοχόος τὸ ἐνύπνιον αὐτοῦ τῷ Ιωσηφ καὶ εἶπεν Ἐν τῷ ὕπνῳ μου ἦν ἄμπελος ἐναντίον μου· **10** ἐν δὲ τῇ ἀμπέλῳ τρεῖς πυθμένες, καὶ αὐτὴ θάλλουσα ἀνενηνοχυῖα βλαστούς· πέπειροι οἱ βότρυες σταφυλῆς. **11** καὶ τὸ ποτήριον Φαραω ἐν τῇ χειρί μου· καὶ ἔλαβον τὴν σταφυλὴν καὶ ἐξέθλιψα αὐτὴν εἰς τὸ ποτήριον καὶ ἔδωκα τὸ ποτήριον εἰς τὰς χεῖρας Φαραω. **12** καὶ εἶπεν αὐτῷ Ιωσηφ Τοῦτο ἡ σύγκρισις αὐτοῦ· οἱ τρεῖς πυθμένες τρεῖς ἡμέραι εἰσίν· **13** ἔτι τρεῖς

---

1) LXX는 히브리어 본문의 "헌작 시종(משקה)과 제빵 시종(האפה)"을 다음 2절처럼 "헌작 시종장(ἀρχιοινοχόος)과 제빵 시종장(ἀρχισιτοποιός)"으로 옮겼다.

2) LXX는 경호대장 집에 감옥이 있었으리라고는 생각하지 않고 히브리어 본문의 "경호대장 집에 있는 감옥에"(בית שר הטבחים אל בית הסהר) 가운데 '경호대장의 집'(בית שר הטבחים)을 "간수의 감시 아래"(ἐν φυλακῇ παρὰ τῷ δεσμοφύλακι)로 바꾸어 옮겼다.

3) '맡기다'(συνίστημι) 동사는 고전 그리스어에서 학생을 선생의 지도 아래 둔다거나 어떤 사람을 후견인에게 위탁할 때 쓰던 말이다.

4) LXX는 히브리어 본문이 동족목적어를 사용하여 ויחלמו חלום איש ··· כפתרון חלמו(저마다 자기 꿈의 뜻에 따라 꿈을 꾸었다)라고 한 문장에서 '뜻'(פתרון)을 "봄"(ὅρασις)으로 바꾸고 '꿈

'꿈쟁이'가 꿈을 풀이하다

40,1 이런 일들이 있은 뒤 이집트 임금의 헌작 시종장과 제빵 시종장이[1] 자기들의 주인 이집트 임금에게 죄를 지었다. 2 파라오는 자기의 두 신하, 곧 헌작 시종장과 제빵 시종장에게 화가 나서, 3 그들을 간수의 감시 아래[2] 요셉이 끌려가 있는 그곳 감옥에 두었다. 4 간수장이 요셉에게 그들을 맡기자,[3] 그는 그들을 시중들었다. 그들은 얼마 동안 감옥에 있었다. 5 하루는 밤에, 이집트 임금의 헌작 시종장과 제빵 시종장이었다가 (지금) 감옥에 있는 그 두 사람이 꿈을, 저마다 꿈을 (꾸었는데), 자기 꿈〈의 봄〉을 보았다.[4] 6 요셉이 아침에 그들에게 와서 〈그들을〉 보니, 그들은 근심하고 있었다. 7 그래서 그는 자기 주인의 감시 아래 자기와 함께 있는 파라오의 신하들에게 물었다. "무엇 때문에 오늘 여러분의 얼굴이 우울합니까?"[5] 8 그들이 그에게 말하였다. "우리가 꿈을 보았는데 그것을 풀이해[6] 줄 이가 없네." 요셉이 그들에게 말하였다. "하느님을 통해서만[7] 그것들을 밝혀낼[8] 수 있지 않겠습니까? 그러니 저에게 이야기해 보십시오." 9 그러자 헌작 시종장이 자기 꿈을 요셉에게 이야기하였다. 그가 말하였다. "내 꿈에, 내 앞에 포도나무가 한 그루 있었네. 10 그 포도나무에는 가지가 셋 있었는데,[9] 싹이 트더니 꽃이 피고 포도송이들이 익더군. 11 그런데 파라오의 술잔이 내 손에 있길래, 내가 그 포도송이를 가져다 그것을 그 술잔에 짜넣고서 그 잔을 파라오의 손에 드렸네." 12 요셉이 그에게 말하였다. "이것이 그 풀이입니다. 가지 셋은 사흘입니다. 13 사흘만 더 있으면 파라오

을 꾸다'(יחלמו חלום)를 "보았다"(εἶδον)로 옮겼다. 이는 꿈의 뜻은 그날 밤이 아니라 다음 날 아침에 드러나기 때문에 히브리어 본문을 합리적으로 고친 결과이다.

5) 그리스어 형용사 '우울한'(σκυθρωπός)은 히브리어 '나쁜'(רעה)보다 구체적인 표현이다. 아퀼라역은 κακά로 심마쿠스역은 πονηρά로 옮겼다.

6) 여기서 '풀이하다'라고 옮긴 동사 συγκρίνω는 일반적으로 '비교하다, 조합하다'라는 뜻을 지닌 말이다. 이에 대응하는 히브리어 본문의 낱말은 פתר이다. 12절과 18절에서는 συγκρίνω의 명사형 σύγκρισις가 "풀이"라는 뜻으로 쓰였다. 필로와 그리스 교부들은 이 그리스어들을 '비교하다'와 '비교'라는 뜻으로만 사용하였다.

7) 필로는 "하느님을 통해서만"(διὰ τοῦ θεοῦ)이라는 표현을 거부한다. 그는 전치사 διά 대신에 ὑπό를 써서, 하느님의 중재를 통해서가 아니라 하느님 자신만이 가려진 것을 드러내신다는 것을 표명하고자 하였다(Cher. 128).

8) פתרנים(풀이들)을 옮긴 '밝힘, 조명'(διασάφησις: LXX에 단 한 번 나오는 단어)은 '환히 비추다, 명백하게 하다'라는 뜻을 지닌 διασαφέω(2마카 1,18 참조)에서 파생한 말이다. 『아리스테아스 편지』(305장)에서는 διασάφησις가 '해석, 번역'이라는 뜻으로 쓰였다. 필로는 이 말을 고전어인 '밝음, 명화함'(σαφήνεια)으로 대치하였다(Cher. 128).

9) 그리스도교 전통에 따르면 포도나무의 세 가지는 삼위일체를 뜻한다(디디무스, De trinitate I,18).

ἡμέραι καὶ μνησθήσεται Φαραω τῆς ἀρχῆς σου καὶ ἀποκαταστήσει σε ἐπὶ τὴν ἀρχιοινοχοΐαν σου, καὶ δώσεις τὸ ποτήριον Φαραω εἰς τὴν χεῖρα αὐτοῦ κατὰ τὴν ἀρχήν σου τὴν προτέραν, ὡς ἦσθα οἰνοχοῶν. **14** ἀλλὰ μνήσθητί μου διὰ σεαυτοῦ, ὅταν εὖ σοι γένηται, καὶ ποιήσεις ἐν ἐμοὶ ἔλεος καὶ μνησθήσῃ περὶ ἐμοῦ Φαραω καὶ ἐξάξεις με ἐκ τοῦ ὀχυρώματος τούτου· **15** ὅτι κλοπῇ ἐκλάπην ἐκ γῆς Εβραίων καὶ ὧδε οὐκ ἐποίησα οὐδέν, ἀλλ᾽ ἐνέβαλόν με εἰς τὸν λάκκον τοῦτον. — **16** καὶ εἶδεν ὁ ἀρχισιτοποιὸς ὅτι ὀρθῶς συνέκρινεν, καὶ εἶπεν τῷ Ιωσηφ Κἀγὼ εἶδον ἐνύπνιον καὶ ᾤμην τρία κανᾶ χονδριτῶν αἴρειν ἐπὶ τῆς κεφαλῆς μου· **17** ἐν δὲ τῷ κανῷ τῷ ἐπάνω ἀπὸ πάντων τῶν γενῶν, ὧν ὁ βασιλεὺς Φαραω ἐσθίει, ἔργον σιτοποιοῦ, καὶ τὰ πετεινὰ τοῦ οὐρανοῦ κατήσθιεν αὐτὰ ἀπὸ τοῦ κανοῦ τοῦ ἐπάνω τῆς κεφαλῆς μου. **18** ἀποκριθεὶς δὲ Ιωσηφ εἶπεν αὐτῷ Αὕτη ἡ σύγκρισις αὐτοῦ· τὰ τρία κανᾶ τρεῖς ἡμέραι εἰσίν· **19** ἔτι τριῶν ἡμερῶν ἀφελεῖ Φαραω τὴν κεφαλήν σου ἀπὸ σοῦ καὶ κρεμάσει σε ἐπὶ ξύλου, καὶ φάγεται τὰ ὄρνεα τοῦ οὐρανοῦ τὰς σάρκας σου ἀπὸ σοῦ. — **20** ἐγένετο δὲ ἐν τῇ ἡμέρᾳ τῇ τρίτῃ ἡμέρα γενέσεως ἦν Φαραω, καὶ ἐποίει πότον πᾶσι τοῖς παισὶν αὐτοῦ. καὶ ἐμνήσθη τῆς ἀρχῆς τοῦ ἀρχιοινοχόου καὶ τῆς ἀρχῆς τοῦ ἀρχισιτοποιοῦ ἐν μέσῳ τῶν παίδων αὐτοῦ **21** καὶ ἀπεκατέστησεν τὸν ἀρχιοινοχόον ἐπὶ τὴν ἀρχὴν αὐτοῦ, καὶ ἔδωκεν τὸ ποτήριον εἰς τὴν χεῖρα Φαραω, **22** τὸν δὲ ἀρχισιτοποιὸν ἐκρέμασεν, καθὰ συνέκρινεν αὐτοῖς Ιωσηφ. **23** οὐκ ἐμνήσθη δὲ ὁ ἀρχιοινοχόος τοῦ Ιωσηφ, ἀλλὰ ἐπελάθετο αὐτοῦ.

---

10) LXX는 파라오가 헌작 시종장의 '직위를 기억하고' (μνησθήσεται τῆς ἀρχῆς) 복직시킬 것이라고 하였는데, MT는 파라오가 '머리를 들어 올려' (ראש את ישא), 곧 '그를 불러올려' 복직시켜 줄 것이라고 하였다. LXX는 ראש(머리)를 어원적으로 해석하여 ἀρχή로 옮겼는데, 이는 여기서 '직위, 지위' 등을 뜻한다. 그리고 동사 '들어 올리다' (נשא)는 '기억하다' (μιμνήσκομαι)로 옮겼다. 이는 독자들의 이해를 돕기 위하여 번역자가 각각의 단어를 의도적으로 해석하여 옮긴 것이다. 타르굼 요나단은 '파라오가 당신을 기억하고 당신 머리를 들어 올려'라고 하여 LXX와 MT 두 본문을 나란히 배치하였다.

11) 히브리어 본문의 "이 집에서" (הזה הבית מן)를 LXX는 "이 감옥에서" (ἐκ τοῦ ὀχυρώματος τούτου)로 해석하여 옮겼다. 타르굼 옹켈로스와 시리아어역, 불가타도 LXX처럼 옮겼다.

12) 요셉이 갇혀 있는 감옥을 가리키려고 쓴 "구덩이" (λάκκος)는 요셉이 처음 형들에게 당한 수모(37장)를 떠올리게 한다.

께서 어른의 직위를 기억하시어10) 당신을 헌작 시종직에 올려놓으실 것입니다. 그러면 당신은 예전 당신의 직위대로 헌작하던 것처럼 파라오의 손에 술잔을 드릴 것입니다. 14 그러니 당신께 일이 잘되면 〈당신은〉 저를 기억해 주십시오. 저에게 자비를 베푸시어 파라오께 저에 관하여 기억해 주시어, 저를 이 감옥에서11) 끌어내 주십시오. 15 사실 저는 히브리 사람들의 땅에서 유괴되었습니다. 그리고 여기서도 〈사람들이〉 저를 이 구덩이에12) 던져 넣을13) 일은 아무것도 하지 않았습니다." 16 제빵 시종장도 요셉이 옳게 풀이하는 것을 보고, 그에게 말하였다. "나도 꿈에 보니, 내 머리 위에 거친 가루로 만든 빵14) 바구니 세 개가 있었던 것 같아. 17 맨 위에 있는 바구니에는 빵 굽는 이가 만든 파라오 임금께서15) 드실 온갖 종류가 있었는데, 하늘의 날짐승들이16) 내 머리 위에 있는 그 바구니에서 그것들을 쪼아먹고 있었네." 18 요셉이 그에게 대답하였다. "이것이 그 풀이입니다. 바구니 셋은 사흘입니다. 19 사흘만 더 있으면 파라오께서 〈당신에게서〉 당신의 머리를 없애고, 당신을 나무에 매달 것입니다.17) 그러면 하늘의 새들이 〈당신에게서〉 당신의 살을 쪼아먹을 것입니다." 20 사흘째 되는 날, 그날은 파라오의 생일이었다.18) 그래서 그는 자기의 모든 신하에게 잔치를 베풀었다. 그리고 그는 자기 신하들 가운데서 헌작 시종장과 제빵 시종장을 기억하여,19) 21 헌작 시종장을 제 직위에 돌려놓으니, 그가 파라오의 손에 잔을 드렸다. 22 그러나 제빵 시종장은 매달게 하였다. 요셉이 그들에게 풀이해 준 대로였다. 23 그러나 헌작 시종장은 요셉을 기억하지 않고 그를 잊어버렸다.

---

13) LXX는 히브리어 본문의 '(구덩이에) 두었다'(שׂמו)를 '던지다'(ἐμβάλλω) 동사로 옮겼다.

14) 그리스어 χονδριτῆς는 "거친 가루로 만든 빵"을 뜻한다. 이는 보통 '흰 빵'이나 '과자'로 옮겨지는, 뜻이 분명치 않은 말 를 옮긴 것이다. חרי는 MT에 단 한 번 나오는 단어이다.

15) LXX는 히브리어 본문에 없는 "임금"(βασιλεύς)을 덧붙였다.

16) 히브리어 본문에서 단순히 "새들"(העוף)로 묘사한 것을 LXX에서는 "하늘의 날짐승들"(τὰ πετεινὰ τοῦ οὐρανοῦ)로 확대하여 옮겼다. 다음 19절에서도 마찬가지로 "하늘의"(τοῦ οὐρανοῦ)라는 말을 덧붙인다.

17) 죄인을 처형하고 나무에 달아 효시하는 규정은 신명 21,22-23에 나온다. '나무에 매달리다'(κρεμάζεσθαι ἐπὶ ξύλου)라는 표현은 신약성서에서 그리스도에게 적용되었다. 이러한 풍습은 십자가형과 자주 혼동을 일으켰다(요세푸스는 여기에 ἀνασταυρόω 동사를 사용하였다).

18) 오리게네스는 파라오의 "생일"(ἡμέρα γενέσεως)과 그가 베푼 잔치 장면이 신약성서에 나오는 헤로데의 생일 잔치 장면과 비슷하다고 지적하였다. 파라오와 헤로데는 둘 다 자기 생일에 남른 사람의 피를 흘리게 한 죄인들이다(*Hom.Lev.* VIII,3).

19) '기억하다'는 40,13 각주 참조.

41,1 Ἐγένετο δὲ μετὰ δύο ἔτη ἡμερῶν Φαραω εἶδεν ἐνύπνιον. ᾤετο ἑστάναι ἐπὶ τοῦ ποταμοῦ, **2** καὶ ἰδοὺ ὥσπερ ἐκ τοῦ ποταμοῦ ἀνέβαινον ἑπτὰ βόες καλαὶ τῷ εἴδει καὶ ἐκλεκταὶ ταῖς σαρξὶν καὶ ἐβόσκοντο ἐν τῷ ἄχει· **3** ἄλλαι δὲ ἑπτὰ βόες ἀνέβαινον μετὰ ταύτας ἐκ τοῦ ποταμοῦ αἰσχραὶ τῷ εἴδει καὶ λεπταὶ ταῖς σαρξὶν καὶ ἐνέμοντο παρὰ τὰς βόας παρὰ τὸ χεῖλος τοῦ ποταμοῦ· **4** καὶ κατέφαγον αἱ ἑπτὰ βόες αἱ αἰσχραὶ καὶ λεπταὶ ταῖς σαρξὶν τὰς ἑπτὰ βόας τὰς καλὰς τῷ εἴδει καὶ τὰς ἐκλεκτάς. ἠγέρθη δὲ Φαραω. — **5** καὶ ἐνυπνιάσθη τὸ δεύτερον, καὶ ἰδοὺ ἑπτὰ στάχυες ἀνέβαινον ἐν πυθμένι ἑνὶ ἐκλεκτοὶ καὶ καλοί· **6** ἄλλοι δὲ ἑπτὰ στάχυες λεπτοὶ καὶ ἀνεμόφθοροι ἀνεφύοντο μετ' αὐτούς· **7** καὶ κατέπιον οἱ ἑπτὰ στάχυες οἱ λεπτοὶ καὶ ἀνεμόφθοροι τοὺς ἑπτὰ στάχυας τοὺς ἐκλεκτοὺς καὶ τοὺς πλήρεις. ἠγέρθη δὲ Φαραω, καὶ ἦν ἐνύπνιον.

41,8 Ἐγένετο δὲ πρωὶ καὶ ἐταράχθη ἡ ψυχὴ αὐτοῦ, καὶ ἀποστείλας ἐκάλεσεν πάντας τοὺς ἐξηγητὰς Αἰγύπτου καὶ πάντας τοὺς σοφοὺς αὐτῆς, καὶ διηγήσατο αὐτοῖς Φαραω τὸ ἐνύπνιον, καὶ οὐκ ἦν ὁ ἀπαγγέλλων αὐτὸ τῷ Φαραω. **9** καὶ ἐλάλησεν ὁ ἀρχιοινοχόος πρὸς Φαραω λέγων Τὴν ἁμαρτίαν μου ἀναμιμνήσκω σήμερον· **10** Φαραω ὠργίσθη τοῖς παισὶν αὐτοῦ καὶ ἔθετο ἡμᾶς ἐν φυλακῇ ἐν τῷ οἴκῳ τοῦ ἀρχιμαγείρου, ἐμέ τε καὶ τὸν ἀρχισιτοποιόν. **11** καὶ εἴδομεν ἐνύπνιον ἐν νυκτὶ μιᾷ, ἐγώ τε καὶ αὐτός, ἕκαστος κατὰ τὸ αὐτοῦ ἐνύπνιον εἴδομεν. **12** ἦν δὲ ἐκεῖ μεθ' ἡμῶν νεανίσκος παῖς Εβραῖος τοῦ

---

1) '이 년'(δύο ἔτη)에 '날들'(ἡμερῶν)을 덧붙인 것은 히브리어법이다. 히브리어 본문의 이 년의 '끝'(מקץ)을 LXX는 이 년의 날들이 '지난 뒤'(μετά)로 표현하였다.

2) 그리스어 "아키"(ἄχει)는 드물게 쓰이는 אחו(갈대밭, 늪지)를 음역하여 고유명사처럼 옮긴 것이다. 필로는 이를 '강가'(παρ' ὀχταῖς)로 풀이하였으며(*Jos.* 101), 히에로니무스와 아퀼라, 심마쿠스역 등은 '늪지대'(ἑλός)로 이해하여 옮겼다.

3) 히브리어 본문의 "그 암소들 곁으로 가서 섰다"(ותעמדנה אצל הפרות)를 앞절의 ἐβόσκοντο와 병행을 이루기 위해 ἐνέμοντο로 바꾸어 옮겼다.

4) MT는 이 절에서 암소의 숫자를 다시 말하지 않았다.

5) MT에는 5절 첫머리에 LXX에 없는 "그는 다시 잠이 들어"(וייׁשן)라는 말이 있다.

파라오의 꿈

41,1 이 년의 날들이 지난 뒤,[1] 파라오가 꿈을 보았다. 그는 강가에 서 있는 것 같았는데, **2** 보기에 좋고 살진 암소 일곱 마리가 강에서 올라와, 아키에서[2] 풀을 뜯고 있는 것이 아닌가. **3** 그런데 그들 뒤에 다른 못생기고 마른 암소 일곱 마리가 강에서 올라와, 강둑에 있는 암소들 옆에서 풀을 뜯었다.[3] **4** 그러더니 못생기고 마른 암소 일곱 마리가[4] 보기에 좋고 실한 암소 일곱 마리를 잡아먹었다. 그리고 파라오는 (잠에서) 깨어났다. **5**[5] 그는 두 번째 꿈을 꾸었는데, 줄기 하나에서 실하고 좋은 이삭 일곱이 올라오는 것이 아닌가. **6** 그것들 다음에 야위고 바람에 마른[6] 다른 이삭 일곱이 자라나더니, **7** 이 야위고 바람에 마른 이삭 일곱이 실하고 여문 이삭 일곱을 삼켜 버렸다. 파라오가 깨어 보니, 그것은 꿈이었다.

파라오가 요셉이 꿈풀이한다는 말을 듣다

41,8 아침이 되어 그의 정신이 혼란스러워, 그는 사람을 보내 이집트의 모든 풀이하는 사람과[7] 〈이집트의〉 모든 지혜로운 사람을 불렀다. 파라오는 그들에게 그 꿈을 이야기하였지만, 파라오에게 그것을 설명해 주는[8] 사람이 없었다. **9** 헌작 시종장이 파라오에게 말하였다. "오늘에야 제 잘못이 생각납니다. **10** 파라오께서는 종들에게 진노하시어 저희, 곧 저와 제빵 시종장을 경호대장 집 감옥에 두셨습니다. **11** 하루는 밤에 저와 그가 꿈을 보았는데, 저희는 저마다 자기 꿈에 따라[9] 보았습니다. **12** 그때 거기에는 경호대장의 젊은 히브리 종이 저희와 함께 있었습니다. 저

---

6) 23절에 다시 나오는 '바람에 마른'($\dot{a}\nu\epsilon\mu\acute{o}\phi\theta\rho\rho\varsigma$)이라는 복합 형용사는 히브리어에 따라 만들어진 신조어로서 LXX에 쓰이기 전에는 나타나지 않는다. MT는 이를 '동쪽 바람에 마르다'(שדופת קדים)라고 표현하였으며, 아퀼라역은 '뜨거운 바람에 상한'($\dot{\epsilon}\phi\theta\alpha\rho\mu\acute{\epsilon}\nu\sigma\iota$ $\kappa\alpha\acute{\upsilon}\sigma\omega\nu\iota$)이라고 하였다.

7) LXX는 헤로도투스와 플라톤 이후로 전례를 해설하는 사제를 가리키는 "풀이하는 사람"($\dot{\epsilon}\xi\eta\gamma\eta\tau\acute{\eta}\varsigma$)이라는 말을 여기에 썼다. 이에 대응하는 히브리어는 "요술사"(חרטמים)인데, 이를 LXX의 다른 곳에서는 '요술사, 마술사'($\phi\alpha\rho\mu\alpha\kappa\acute{o}\varsigma$, $\dot{\epsilon}\pi\alpha\sigma\iota\delta\acute{o}\varsigma$ 탈출 7,11; 9,11 …) 등으로 옮겼다.

8) LXX는 פתר(풀이해 주다)를 40,8에서는 $\sigma\upsilon\gamma\kappa\rho\acute{\iota}\nu\omega$로 옮겼으나 여기서는 '설명해 주다'($\dot{a}\pi\alpha\gamma\gamma\acute{\epsilon}\lambda\lambda\omega$)로 옮겼다. 일반적으로 '보고하다, 전하다'라는 뜻을 지닌 $\dot{a}\pi\alpha\gamma\gamma\acute{\epsilon}\lambda\lambda\omega$가 여기서는 $\sigma\upsilon\gamma\kappa\rho\acute{\iota}\nu\omega$와 같은 뜻으로 쓰인 것이다.

9) LXX는 히브리어 본문의 '풀이들'(פתרון)을 옮기지 않았다

ἀρχιμαγείρου, καὶ διηγησάμεθα αὐτῷ, καὶ συνέκρινεν ἡμῖν.   13 ἐγε-
νήθη δὲ καθὼς συνέκρινεν ἡμῖν, οὕτως καὶ συνέβη, ἐμέ τε ἀποκατα-
σταθῆναι ἐπὶ τὴν ἀρχήν μου, ἐκεῖνον δὲ κρεμασθῆναι.

41.14 Ἀποστείλας δὲ Φαραω ἐκάλεσεν τὸν Ιωσηφ, καὶ ἐξήγαγον
αὐτὸν ἐκ τοῦ ὀχυρώματος καὶ ἐξύρησαν αὐτὸν καὶ ἤλλαξαν τὴν στολὴν
αὐτοῦ, καὶ ἦλθεν πρὸς Φαραω.   15 εἶπεν δὲ Φαραω τῷ Ιωσηφ
Ἐνύπνιον ἑώρακα, καὶ ὁ συγκρίνων οὐκ ἔστιν αὐτό· ἐγὼ δὲ ἀκήκοα
περὶ σοῦ λεγόντων ἀκούσαντά σε ἐνύπνια συγκρῖναι αὐτά.   16 ἀποκρι-
θεὶς δὲ Ιωσηφ τῷ Φαραω εἶπεν Ἄνευ τοῦ θεοῦ οὐκ ἀποκριθήσεται τὸ
σωτήριον Φαραω.   17 ἐλάλησεν δὲ Φαραω τῷ Ιωσηφ λέγων Ἐν τῷ
ὕπνῳ μου ᾤμην ἑστάναι παρὰ τὸ χεῖλος τοῦ ποταμοῦ, 18 καὶ ὥσπερ
ἐκ τοῦ ποταμοῦ ἀνέβαινον ἑπτὰ βόες καλαὶ τῷ εἴδει καὶ ἐκλεκταὶ ταῖς
σαρξὶν καὶ ἐνέμοντο ἐν τῷ ἄχει·   19 καὶ ἰδοὺ ἑπτὰ βόες ἕτεραι
ἀνέβαινον ὀπίσω αὐτῶν ἐκ τοῦ ποταμοῦ πονηραὶ καὶ αἰσχραὶ τῷ εἴδει
καὶ λεπταὶ ταῖς σαρξίν, οἵας οὐκ εἶδον τοιαύτας ἐν ὅλῃ γῇ Αἰγύπτῳ
αἰσχροτέρας·   20 καὶ κατέφαγον αἱ ἑπτὰ βόες αἱ αἰσχραὶ καὶ λεπταὶ
τὰς ἑπτὰ βόας τὰς πρώτας τὰς καλὰς καὶ ἐκλεκτάς, 21 καὶ εἰσῆλθον
εἰς τὰς κοιλίας αὐτῶν καὶ οὐ διάδηλοι ἐγένοντο ὅτι εἰσῆλθον εἰς τὰς
κοιλίας αὐτῶν, καὶ αἱ ὄψεις αὐτῶν αἰσχραὶ καθὰ καὶ τὴν ἀρχήν.
ἐξεγερθεὶς δὲ ἐκοιμήθην 22 καὶ εἶδον πάλιν ἐν τῷ ὕπνῳ μου, καὶ
ὥσπερ ἑπτὰ στάχυες ἀνέβαινον ἐν πυθμένι ἑνὶ πλήρεις καὶ καλοί·
23 ἄλλοι δὲ ἑπτὰ στάχυες λεπτοὶ καὶ ἀνεμόφθοροι ἀνεφύοντο ἐχόμενοι

---

10) LXX는 이 절 마지막에 있는 히브리어 본문의 "저희 각자의 꿈을 풀이해 주었던 것입니다"
(איש כחלמו פתר)를 옮기지 않았다.

11) "구덩이에서"(מן הבור)를 "감옥에서"(ἐκ τοῦ ὀχυρώματος)로 바꾸어 옮겼다.

12) MT에는 '수염을 깎고'(ויגלח), '옷을 갈아입은'(ויחלף) 사람이 요셉 자신이지만, LXX에는
비인칭 복수주어가 쓰여 사람들(파라오의 신하들)이 그의 수염을 깎고 옷을 갈아입힌 것으로
나타난다.

13) 히브리어 본문의 "저는 할 수 없습니다만, 하느님께서 파라오께 상서로운 대답을 주실 것입
니다"(בלעדי אלהים יענה את שלום פרעה)라는 문장에서 LXX는 בלעדי를 다음에 오는 אלהים과
함께 읽어 "하느님이 아니시면"(ἄνευ τοῦ θεοῦ)으로 옮겼다.

희가 그에게 (그것들을) 이야기해 주자, 그가 저희에게 풀이해 주었습니다.[10] 13 그러고는 그가 저희에게 풀이해 준 대로 그렇게 일이 되어, 저는 제 직무를 다시 맡게 되고, 그 사람은 매달렸습니다.”

파라오가 요셉에게 자기 꿈을 들려주다

41,14 파라오는 사람들을 보내어 요셉을 불렀다. 사람들이 그를 감옥에서[11] 끌어내어 수염을 깎고 옷을 갈아입혔다.[12] 그는 파라오에게 갔다. 15 파라오가 요셉에게 말하였다. “내가 꿈을 하나 보았는데, 그것을 풀이하는 사람이 없다. 그런데 내가 너에 대하여 (사람들이) 이야기하는 것을 듣자 하니 너는 꿈을 듣는 대로 그것을 풀이한다고 하더구나.” 16 요셉이 파라오에게 대답하였다. “하느님이 아니시면,[13] 파라오께 구원의 대답을 드릴 수 없습니다.” 17 파라오가 요셉에게 말하였다. “〈내〉 꿈에 내가 강가에 서 있는 것 같았는데, 18 보기에 좋고 살진[14] 암소 일곱 마리가 강에서 올라와 아키에서 풀을 뜯고 있었다. 19 그들 뒤로 다른 흉하고 못생겼으며[15] 마른 암소 일곱 마리가 강에서[16] 올라오는데, 나는 그것들처럼 못생긴 것은 이집트 온 땅에서 본 일이 없다. 20 그런데 그 못생기고 마른[17] 암소 일곱 마리가[18] 처음의 잘생기고 실한 암소 일곱 마리를[19] 잡아먹었다. 21 그러나 그 (잘생긴 암소)들이 그 (못생긴 암소)들 뱃속으로 들어갔는데도, 그 (암소)들이 그 (다른 암소)들의 뱃속에 들어갔는지 알아볼 수 없었다. 그것들은 처음과 같이 그 모습이 흉하였다. 내가 깨었다가 (또) 잠이 들었는데,[20] 22 다시[21] 〈내〉 꿈에서 보니, 줄기 하나에서 여물고 좋은 이삭 일곱이 올라왔다. 23 그런데 그것들 바로 뒤에 야위고 바람에 마른[22]

---

14) 히브리어 본문의 “살지고 잘생긴”의 순서를 바꾸어 옮겼다.

15) MT는 מאד를 넣어 ‘아주 못생긴’이라 하였다.

16) LXX는 히브리어 본문에 없는 “강에서”(ἐκ τοῦ ποταμοῦ)를 넣어 3절과 일치시켰다.

17) 히브리어 본문의 “마르고 흉한”의 순서를 바꾸어 옮겼다.

18) MT는 숫자 “일곱”을 넣지 않고 “암소들”(הפרות)이라 하였다.

19) MT는 단순히 ‘살진 암소 일곱 마리’(שבע הפרות … הבריאת)라고 묘사하였다.

20) MT는 “내가 잠에서 깨어났다”(ואיקץ)로 이 절을 끝내는데, LXX는 ‘내가 깨었다가 잠이 들었다’(ἐξεγερθεὶς δὲ ἐκοιμήθην)라고 하여 두 번째 꿈 이야기와 연결시킨다.

21) 히브리어 본문에 없는 “다시”(πάλιν)를 넣었다.

22) 히브리어 본문이 “딱딱하고 야위고 샛바람에 바싹 마른”(צנמות דקות שדפות) 이삭으로 묘사한 것을, LXX는 ‘딱딱한’(צנמות)을 생략하여 옮겼다.

αὐτῶν· 24 καὶ κατέπιον οἱ ἑπτὰ στάχυες οἱ λεπτοὶ καὶ ἀνεμόφθοροι τοὺς ἑπτὰ στάχυας τοὺς καλοὺς καὶ τοὺς πλήρεις.   εἶπα οὖν τοῖς ἐξηγηταῖς, καὶ οὐκ ἦν ὁ ἀπαγγέλλων μοι.

41,25 Καὶ εἶπεν Ιωσηφ τῷ Φαραω Τὸ ἐνύπνιον Φαραω ἕν ἐστιν· ὅσα ὁ θεὸς ποιεῖ, ἔδειξεν τῷ Φαραω.   **26** αἱ ἑπτὰ βόες αἱ καλαὶ ἑπτὰ ἔτη ἐστίν, καὶ οἱ ἑπτὰ στάχυες οἱ καλοὶ ἑπτὰ ἔτη ἐστίν· τὸ ἐνύπνιον Φαραω ἕν ἐστιν.   **27** καὶ αἱ ἑπτὰ βόες αἱ λεπταὶ αἱ ἀναβαίνουσαι ὀπίσω αὐτῶν ἑπτὰ ἔτη ἐστίν, καὶ οἱ ἑπτὰ στάχυες οἱ λεπτοὶ καὶ ἀνεμόφθοροι ἔσονται ἑπτὰ ἔτη λιμοῦ.   **28** τὸ δὲ ῥῆμα, ὃ εἴρηκα Φαραω Ὅσα ὁ θεὸς ποιεῖ, ἔδειξεν τῷ Φαραω,   **29** ἰδοὺ ἑπτὰ ἔτη ἔρχεται εὐθηνία πολλὴ ἐν πάσῃ γῇ Αἰγύπτῳ·   **30** ἥξει δὲ ἑπτὰ ἔτη λιμοῦ μετὰ ταῦτα, καὶ ἐπιλήσονται τῆς πλησμονῆς ἐν ὅλῃ γῇ Αἰγύπτῳ, καὶ ἀναλώσει ὁ λιμὸς τὴν γῆν.   **31** καὶ οὐκ ἐπιγνωσθήσεται ἡ εὐθηνία ἐπὶ τῆς γῆς ἀπὸ τοῦ λιμοῦ τοῦ ἐσομένου μετὰ ταῦτα· ἰσχυρὸς γὰρ ἔσται σφόδρα.   **32** περὶ δὲ τοῦ δευτερῶσαι τὸ ἐνύπνιον Φαραω δίς, ὅτι ἀληθὲς ἔσται τὸ ῥῆμα τὸ παρὰ τοῦ θεοῦ, καὶ ταχυνεῖ ὁ θεὸς τοῦ ποιῆσαι αὐτό.   **33** νῦν οὖν σκέψαι ἄνθρωπον φρόνιμον καὶ συνετὸν καὶ κατάστησον αὐτὸν ἐπὶ γῆς Αἰγύπτου·   **34** καὶ ποιησάτω Φαραω καὶ καταστησάτω τοπάρχας ἐπὶ τῆς γῆς, καὶ ἀποπεμπτωσάτωσαν πάντα τὰ γενήματα τῆς γῆς Αἰγύπτου τῶν ἑπτὰ ἐτῶν τῆς εὐθηνίας   **35** καὶ συναγαγέτωσαν πάντα τὰ βρώματα τῶν ἑπτὰ ἐτῶν τῶν ἐρχομένων τῶν καλῶν τούτων, καὶ συναχθήτω ὁ σῖτος

---

23) LXX는 '그 꿈은 한 가지입니다' (חלום אחד הוא)에 파라오를 덧붙여 25절처럼 옮겼다.

24) MT는 "마르고 흉한" (הרקות והרעות) 암소 일곱 마리로 묘사하였다.

25) LXX는 히브리어 본문의 הרקות (속이 빈)을 הדקות (야윈)으로 보아 옮겼다. 사마리아 오경, 시리아어역도 LXX처럼 읽는다.

26) MT는 마르고 흉한 암소 일곱 마리와 속이 비고 바싹 마른 이삭이 일곱 해를 뜻한다고 한다. 그리고 이것들, 곧 그 암소들과 이삭들을 다 같이 일곱 해의 기근이라고 풀이하였다. LXX

이삭 일곱이 자라났다. 24 그 야위고 바람에 마른 일곱 이삭은 그 좋고 여문 이삭 일곱을 삼켜 버렸다. 그래서 내가 풀이하는 사람들에게 (이것을) 말하였지만, 나에게 (그것을) 설명해 준 사람이 없다."

요셉이 파라오의 꿈을 풀이하다

41,25 요셉이 파라오에게 말하였다. "파라오의 꿈은 하나입니다. 하느님께서는 당신이 하시고자 하는 일을 파라오께 보여 주셨습니다. 26 좋은 암소 일곱 마리는 일곱 해를 뜻하며, 좋은 이삭 일곱도 일곱 해를 뜻합니다. (그러므로) 파라오의 꿈은 하나입니다.[23] 27 그것들 뒤에 올라온 마른[24] 암소 일곱 마리는 일곱 해를 뜻하고, 야위고[25] 바람에 마른 이삭 일곱은 기근 일곱 해를 뜻합니다.[26] 28 '하느님께서는 당신이 하시고자 하는 일을 파라오께 보여 주셨습니다'라고 제가 파라오께 말씀드린 것이 (바로) 이것입니다. 29 보십시오. 일곱 해 동안 이집트 온 땅에 대풍이 옵니다. 30 그러나 이런 다음에는 일곱 해의 기근이 찾아와, (사람들은) 이집트 온 땅에 (들었던) 풍요는 잊고, 기근이 (이) 땅을 고갈시킬 것입니다. 31 〈그〉 뒤를 이어 오는 기근이 하도 심할 것이므로, 이 땅에 (들었던) 풍요를 아는 사람조차 없을 것입니다. 32 파라오께 그 꿈이 두 번이나 되풀이된 것은, 하느님에게서 비롯된 그 일은 진실하며,[27] 하느님께서 그것을 서둘러 실행하시리라는 것입니다. 33 이제 (파라오께서는) 슬기롭고 지혜로운 사람 하나를 찾아내시어, 그를 이집트 땅 위에 세우십시오.[28] 34 파라오께서는 또 지방장관들을[29] 두시어 땅 위에 세우시고, 풍요로운 일곱 해 동안 이집트 땅에서 생산되는 모든 것에서 오분의 일을 거두어들이도록[30] 하십시오. 35 그들이 (앞으로) 올 좋은 일곱 해 동안 모든 양식을 모아들이도록 하시고,

---

에서는 마르고 흉한 암소 일곱 마리는 일곱 해를 뜻한다고 하고, 야위고 바람에 마른 일곱 이삭은 곧바로 기근 일곱 해를 가리킨다고 하였다.

27) LXX는 히브리어 본문의 '하느님께서 이 일을 결정하셨다' (נכון הדבר מעם האלהים)라는 문장을 다르게 이해하였다. 먼저 מעם האלהים이 דבר를 수식한다고 보아 '하느님에게서 비롯된 일' (τὸ ῥῆμα τὸ παρὰ τοῦ θεοῦ)로 옮기고, נכון은 '진실하다' (ἀληθὲς ἔσται)로 옮긴다.

28) MT는 파라오를 주어로 하여 '파라오께서 … 보실 것이며 … 세우실 것입니다' (ירא פרעה וישׂיתהו …)이지만, LXX는 주어 없이 동사의 명령형을 써서 표현하였다.

29) "감독관들" (פקדים)을 옮긴 "지방장관들" (τοπάρχας)이라는 전문용어는 LXX에 열일곱 번 나온다. 이는 프톨레매오 임금 때의 시대 상황을 고려한 결과이다. 2열왕 18,24 참조.

30) חמשׁ를 옮기려고 LXX는 ἀποπεμπτόω(오분의 일을 거두나)라는 말을 만들어 내었다.

ὑπὸ χεῖρα Φαραω, βρώματα ἐν ταῖς πόλεσιν φυλαχθήτω· **36** καὶ ἔσται τὰ βρώματα πεφυλαγμένα τῇ γῇ εἰς τὰ ἑπτὰ ἔτη τοῦ λιμοῦ, ἃ ἔσονται ἐν γῇ Αἰγύπτῳ, καὶ οὐκ ἐκτριβήσεται ἡ γῆ ἐν τῷ λιμῷ.

41,37 Ἤρεσεν δὲ τὰ ῥήματα ἐναντίον Φαραω καὶ ἐναντίον πάντων τῶν παίδων αὐτοῦ. **38** καὶ εἶπεν Φαραω πᾶσιν τοῖς παισὶν αὐτοῦ Μὴ εὑρήσομεν ἄνθρωπον τοιοῦτον, ὃς ἔχει πνεῦμα θεοῦ ἐν αὐτῷ; **39** εἶπεν δὲ Φαραω τῷ Ιωσηφ Ἐπειδὴ ἔδειξεν ὁ θεός σοι πάντα ταῦτα, οὐκ ἔστιν ἄνθρωπος φρονιμώτερος καὶ συνετώτερός σου· **40** σὺ ἔσῃ ἐπὶ τῷ οἴκῳ μου, καὶ ἐπὶ τῷ στόματί σου ὑπακούσεται πᾶς ὁ λαός μου· πλὴν τὸν θρόνον ὑπερέξω σου ἐγώ. **41** εἶπεν δὲ Φαραω τῷ Ιωσηφ Ἰδοὺ καθίστημί σε σήμερον ἐπὶ πάσης γῆς Αἰγύπτου. **42** καὶ περιελόμενος Φαραω τὸν δακτύλιον ἀπὸ τῆς χειρὸς αὐτοῦ περιέθηκεν αὐτὸν ἐπὶ τὴν χεῖρα Ιωσηφ καὶ ἐνέδυσεν αὐτὸν στολὴν βυσσίνην καὶ περιέθηκεν κλοιὸν χρυσοῦν περὶ τὸν τράχηλον αὐτοῦ· **43** καὶ ἀνεβίβασεν αὐτὸν ἐπὶ τὸ ἅρμα τὸ δεύτερον τῶν αὐτοῦ, καὶ ἐκήρυξεν ἔμπροσθεν αὐτοῦ κῆρυξ· καὶ κατέστησεν αὐτὸν ἐφ' ὅλης γῆς Αἰγύπτου. **44** εἶπεν δὲ Φαραω τῷ Ιωσηφ Ἐγὼ Φαραω· ἄνευ σοῦ οὐκ ἐξαρεῖ οὐθεὶς τὴν χεῖρα αὐτοῦ ἐπὶ πάσῃ γῇ Αἰγύπτου. **45** καὶ ἐκάλεσεν Φαραω τὸ ὄνομα Ιωσηφ Ψονθομφανηχ· καὶ ἔδωκεν αὐτῷ τὴν

---

31) LXX는 히브리어 본문에 없는 "모든"(πᾶσιν)이라는 말을 넣었다.

32) 하느님의 "영"(πνεῦμα)에 관해서는 1,2 각주 참조.

33) 히브리어 본문의 '(하느님께서) ~하신 다음'(אחרי)을 LXX는 '(하느님께서) ~하셨으니' (ἐπειδή)로 옮긴다.

34) LXX는 히브리어 본문의 "그대처럼"(כמוך)을 비교급으로 바꾸어 옮겼다.

35) LXX는 히브리어 본문에 없는 "오늘"(σήμερον)이라는 말을 넣고 현재형으로 표현하여 (καθίστημι), 사건이 현재 진행되고 있음을 나타내었다.

36) 히브리어 본문에 나오는 반지는 서명에 쓰이는 "인장반지"(טבעת)를 의미한다. LXX는 이를 보통 "반지"(δακτύλιον)로 옮겨 파라오 임금의 권위를 상징하는 반지로 묘사하였다.

파라오의 손 아래 곡식을 모아들이고 성읍들에 양식을 보존하도록 하십시오. 36 그 것이 이집트 땅에 있을 일곱 해 동안의 기근에 (대비하여), 이 땅의 비축 양식이 될 것입니다. 그러면 땅이 기근으로 망하지 않을 것입니다.”

요셉이 하느님의 영을 지닌 사람으로 알려지다

41,37 파라오와 그의 모든 신하 앞에 이 말들이 좋게 보였다. 38 파라오는 자기의 모든[31) 신하에게 말하였다. “우리가 이 사람처럼 하느님의 영을[32) 제 안에 지닌 사람을 찾을 수 있겠소?” 39 파라오가 요셉에게 말하였다. “하느님께서 그대에게 이 모든 것을 드러내셨으니,[33) 그대보다[34) 슬기롭고 지혜로운 사람은 없소. 40 그대는 내 집안 위에 있을 것이며, 나의 온 백성이 그대의 입에 따를 것이오. 나는 왕좌에 서만 그대보다 높소.” 41 파라오가 요셉에게 말하였다. “보시오. 오늘[35) 내가 그대를 이집트 온 땅 위에 세우오.” 42 파라오는 자기 손에서 반지를[36) 빼어 요셉의 손에 그것을 끼워 주고, 그에게 아마옷을 입혀 주며, 그의 목에 금목걸이를[37) 걸어 주었다. 43 그리고 그를 자기의 두 번째 병거에 오르게 하니, 포고관이 그 앞에서 선포하였다.[38) 파라오는 그를 이집트 온 땅 위에 세웠다. 44 파라오가 요셉에게 말하였다. “나는 파라오요. 이집트 온 땅에서 그대 (허락) 없이는 아무도 자기 손을[39) 들지 못할 것이오.” 45 파라오는 요셉의 이름을 프손톰파넥라[40) 하고 ‘태양의 도시’에[41)

---

37) ‘목걸이’(*κλοιός*)는 본디 쇠고리를 뜻한다. 아퀼라역과 심마쿠스역은 페르시아에서 유래한 ‘(금)목걸이’라는 의미의 *μανιάκης*를 선택하였다.

38) LXX는 두 단어의 어원을 일치시켜 ‘포고관이 선포하였다’(*ἐκήρυξεν κῆρυξ*)라고 표현하였는데, 히브리어 본문은 뜻이 분명하지 않은 말 아브렉(אברך)을 써서 “사람들이 ‘아브렉!’ 하고 외쳤다”(ויקראו … אברך)로 표현하였다. 타르굼 옹켈로스는 이 אברך을 해석하여 ‘이분이 임금의 아버지이시다’(דין אבא למלכא)라고 선포하였다고 옮겼으며, 시리아어역은 이를 두 단어로 나누어 유다 해석을 따른 ‘아버지와 통치자’로 옮겼다. 어간을 ‘무릎꿇다’(ברך)로 본 아퀼라역은 ‘무릎을 꿇다’(*γονατίζω*)라고 하였다.

39) LXX는 히브리어 본문의 “손 하나 발 하나”(את ידו ואת רגלו)에서 ‘손’만을 옮겼다.

40) LXX는 히브리어 고유명사 “사브낫-바네아”(צפנת פענח)를 음역하여 “프손톰파넥”(*ψονθομφανήχ*)으로 옮겼다. 이는 히브리어 첫 두 자음(צ와 פ)의 위치를 바꾸고 첫 음절의 *-ονθ-*와 두운화(alliteration)시킨 *-ομ-*이 첨가된 형태이다.

41) LXX는 히브리어 본문의 “온”(אן: 카이로 북동쪽 태양 신의 신전이 있는 곳)을 헬리오폴리스(*Ἡλιο πολίς*), 곧 “태양의 도시”로 옮겼다. LXX 탈출 1,11에서도 온(*Ὠν*)을 헬리오폴리스와 같은 곳으로 묘사한다.

Ασεννεθ θυγατέρα Πετεφρη ἱερέως Ἡλίου πόλεως αὐτῷ γυναῖκα. **46** Ιωσηφ δὲ ἦν ἐτῶν τριάκοντα, ὅτε ἔστη ἐναντίον Φαραω βασιλέως Αἰγύπτου.

Ἐξῆλθεν δὲ Ιωσηφ ἐκ προσώπου Φαραω καὶ διῆλθεν πᾶσαν γῆν Αἰγύπτου. **47** καὶ ἐποίησεν ἡ γῆ ἐν τοῖς ἑπτὰ ἔτεσιν τῆς εὐθηνίας δράγματα· **48** καὶ συνήγαγεν πάντα τὰ βρώματα τῶν ἑπτὰ ἐτῶν, ἐν οἷς ἦν ἡ εὐθηνία ἐν γῇ Αἰγύπτου, καὶ ἔθηκεν τὰ βρώματα ἐν ταῖς πόλεσιν, βρώματα τῶν πεδίων τῆς πόλεως τῶν κύκλῳ αὐτῆς ἔθηκεν ἐν αὐτῇ. **49** καὶ συνήγαγεν Ιωσηφ σῖτον ὡσεὶ τὴν ἄμμον τῆς θαλάσσης πολὺν σφόδρα, ἕως οὐκ ἠδύναντο ἀριθμῆσαι, οὐ γὰρ ἦν ἀριθμός.

41,50 Τῷ δὲ Ιωσηφ ἐγένοντο υἱοὶ δύο πρὸ τοῦ ἐλθεῖν τὰ ἑπτὰ ἔτη τοῦ λιμοῦ, οὓς ἔτεκεν αὐτῷ Ασεννεθ θυγάτηρ Πετεφρη ἱερέως Ἡλίου πόλεως. **51** ἐκάλεσεν δὲ Ιωσηφ τὸ ὄνομα τοῦ πρωτοτόκου Μανασση, ὅτι Ἐπιλαθέσθαι με ἐποίησεν ὁ θεὸς πάντων τῶν πόνων μου καὶ πάντων τῶν τοῦ πατρός μου. **52** τὸ δὲ ὄνομα τοῦ δευτέρου ἐκάλεσεν Εφραιμ, ὅτι Ηὔξησέν με ὁ θεὸς ἐν γῇ ταπεινώσεώς μου.

41,53 Παρῆλθον δὲ τὰ ἑπτὰ ἔτη τῆς εὐθηνίας, ἃ ἐγένοντο ἐν γῇ Αἰγύπτῳ, **54** καὶ ἤρξαντο τὰ ἑπτὰ ἔτη τοῦ λιμοῦ ἔρχεσθαι, καθὰ εἶπεν Ιωσηφ. καὶ ἐγένετο λιμὸς ἐν πάσῃ τῇ γῇ, ἐν δὲ πάσῃ γῇ Αἰγύπτου ἦσαν ἄρτοι. **55** καὶ ἐπείνασεν πᾶσα ἡ γῆ Αἰγύπτου, ἐκέκραξεν δὲ ὁ λαὸς πρὸς Φαραω περὶ ἄρτων· εἶπεν δὲ Φαραω πᾶσι τοῖς Αἰγυπτίοις Πορεύεσθε πρὸς Ιωσηφ, καὶ ὃ ἐὰν εἴπῃ ὑμῖν,

---

42) LXX에는 여기 나오는 요셉의 장인 이름과 37,36에 나온 요셉의 주인 이름이 "페테프레" (Πετεφρη)로 같다. 그러나 MT는 이를 구별하여 37,36에서는 '보디발'(פּוֹטִיפַר)로 이 구절에서는 "보디-베라"(פּוֹטִי פֶרַע)로 썼다.

43) LXX에는 히브리어 본문의 "요셉은 이집트 땅을 살펴보러 나섰다"(וַיֵּצֵא יוֹסֵף עַל אֶרֶץ מִצְרָיִם) 라는 마지막 문장이 없다. 다음 46절 마지막 문장이 이와 거의 같기 때문에 생략한 듯하다.

44) 오리게네스는 이 절과 다음 절들을 예형론적으로 해석하여 요셉의 나이 '서른'은 예수께서 공생활을 시작하셨던 나이와 같다고 지적하였다. 48절에서 요셉이 양식을 거두어 저장하였다면 예수님은 복음을 선포하셨다고 한다. 곧 예수께서는 영의 양식을 제자들의 영혼에 저장하시어 세상을 풍족하게 하셨다는 것이다(*Hom.Luc.* XXVII, pp.165,2-166,22 *GCS*).

있는 사제 페테프레의[42] 딸 아세닛을 그에게 아내로 주었다.[43] 46 요셉이 이집트 임금 파라오 앞에 섰을 때, 그는 서른 살이었다.[44]

요셉이 일곱 해의 풍년 동안 곡식을 모으다

요셉은 파라오 〈얼굴〉 앞에서 물러나와 이집트 온 땅을 돌아다녔다. 47 풍요로운 일곱 해 동안 땅은 많은 곡식을[45] 내었다. 48 그는 이집트 땅이 풍요로웠던 일곱 해 동안 모든 양식을 거두어, 성읍들에 그 양식을 저장하였다. 성읍마다 그 주위 밭에서 나는 양식을 그 안에 저장시켰다. 49 요셉은 바다의 모래처럼 이루 다 셀 수 없을 때까지 엄청난 곡식을 거두어들였다. 그 수를 셀 수 없었던 것이다.

요셉의 아들들[46]

41,50 일곱 해의 기근이[47] 들기 전에 요셉에게 두 아들이 태어났다. 태양의 도시에 있는 사제 페테프레의 딸 아세닛이 그에게 낳아 준 것이다. 51 요셉은 "하느님께서 내 모든 고생과 내 아버지의 모든 것을[48] 잊게 해 주셨구나" 하며 맏이의 이름을 므나쎄라 하였다. 52 그리고 "하느님께서 내 비참함의 땅에서 나에게 자식을 낳게 해 주셨구나" 하며 둘째의 이름을 에브라임이라 하였다.

이집트에 기근이 들다

41,53 이집트 땅에 들었던 풍요로운 일곱 해가 지나고, 54 요셉이 말한 대로 일곱 해 동안 기근이 들기 시작하였다. 온 땅에[49] 기근이 들었지만, 이집트 온 땅에는 빵이 있었다. 55 이집트 온 땅이 굶주리자, 백성은 빵 때문에 파라오에게 울부짖었다. 파라오가 모든 이집트 사람들에게 말하였다. "너희는 요셉에게 가서 그가 너희에

---

45) 히브리어 본문의 '한줌의'(לקמצים)를 '수확하는 이가 자기 왼손에 쥘 수 있을 만큼의 곡식 줄기'(δράγματα)로 옮긴다.

46) 베레스와 제라의 탄생 이야기(38,27-30)처럼 므나쎄와 에브라임의 탄생도 장자와 차남 사이의 경쟁이라는 주제를 가지고 전개된다.

47) 히브리어 본문의 "흉년"(שנת הרעב) 대신 LXX는 "일곱 해의 기근"(τὰ ἑπτὰ ἔτη τοῦ λιμοῦ)이라 하였다.

48) 히브리어 본문의 "내 아버지의 집안"(בית אבי)에 대응하는 LXX의 구절(πάντων τῶν τοῦ πατρός μου)은 그 뜻이 분명하지 않다. '내 아버지의 모든 것' 또는 '내 아버지의 모든 사람'으로 볼 수 있다(루가 2,49 참조). 이는 요셉이 자기 아버지의 집안을 잊었을 리가 없다고 생각한 LXX 번역자가 '집안'이란 말 대신 의도적으로 불분명한 말로 대치시킨 것 같다.

49) 히브리어 본문의 "모든 나라"(כל הארצות)를 LXX는 "온 땅"(πάση τῇ γῇ)이라고 하여 이집트와 상황이 다른 나라들을 적확하게 표현하지 못하였다.

ποιήσατε. **56** καὶ ὁ λιμὸς ἦν ἐπὶ προσώπου πάσης τῆς γῆς· ἀνέῳξεν δὲ Ιωσηφ πάντας τοὺς σιτοβολῶνας καὶ ἐπώλει πᾶσι τοῖς Αἰγυπτίοις. **57** καὶ πᾶσαι αἱ χῶραι ἦλθον εἰς Αἴγυπτον ἀγοράζειν πρὸς Ιωσηφ· ἐπεκράτησεν γὰρ ὁ λιμὸς ἐν πάσῃ τῇ γῇ.

42.1 Ἰδὼν δὲ Ιακωβ ὅτι ἔστιν πρᾶσις ἐν Αἰγύπτῳ, εἶπεν τοῖς υἱοῖς αὐτοῦ Ἵνα τί ῥαθυμεῖτε; **2** ἰδοὺ ἀκήκοα ὅτι ἔστιν σῖτος ἐν Αἰγύπτῳ· κατάβητε ἐκεῖ καὶ πρίασθε ἡμῖν μικρὰ βρώματα, ἵνα ζῶμεν καὶ μὴ ἀποθάνωμεν. **3** κατέβησαν δὲ οἱ ἀδελφοὶ Ιωσηφ οἱ δέκα πρίασθαι σῖτον ἐξ Αἰγύπτου· **4** τὸν δὲ Βενιαμιν τὸν ἀδελφὸν Ιωσηφ οὐκ ἀπέστειλεν μετὰ τῶν ἀδελφῶν αὐτοῦ· εἶπεν γὰρ Μήποτε συμβῇ αὐτῷ μαλακία.

42.5 Ἦλθον δὲ οἱ υἱοὶ Ισραηλ ἀγοράζειν μετὰ τῶν ἐρχομένων· ἦν γὰρ ὁ λιμὸς ἐν γῇ Χανααν. **6** Ιωσηφ δὲ ἦν ἄρχων τῆς γῆς, οὗτος ἐπώλει παντὶ τῷ λαῷ τῆς γῆς· ἐλθόντες δὲ οἱ ἀδελφοὶ Ιωσηφ προσεκύνησαν αὐτῷ ἐπὶ πρόσωπον ἐπὶ τὴν γῆν. **7** ἰδὼν δὲ Ιωσηφ τοὺς ἀδελφοὺς αὐτοῦ ἐπέγνω καὶ ἠλλοτριοῦτο ἀπ' αὐτῶν καὶ ἐλάλησεν αὐτοῖς σκληρὰ καὶ εἶπεν αὐτοῖς Πόθεν ἥκατε; οἱ δὲ εἶπαν Ἐκ γῆς Χανααν ἀγοράσαι βρώματα. **8** ἐπέγνω δὲ Ιωσηφ τοὺς ἀδελφοὺς αὐτοῦ,

---

50) "곡식창고"(σιτοβολών)는 LXX에 단 한 번 나오는 단어이다. MT는 그 뜻이 분명치 않은 '그 안에 있는 모든 것을'(את כל אשר בהם) 열었다고 한다.

51) LXX는 요셉이 곡식을 '팔았다'(ἐπώλει)고 전한다. 이에 대응하는 히브리어 שבר는 (곡식을) '사고파는' 두 가지 행위를 모두 일컫는다. MT의 56절 끝에 나오는 '이집트 땅에 기근이 심하였다'(ויחזק הרעב בארץ מצרים)라는 말을 LXX는 불필요하다고 생각하여 생략하였다. 다음 절에 그 말이 나오기 때문이다.

52) 히브리어 본문의 "온 세상"(וכל הארץ)을 "온 지역"(πᾶσαι αἱ χῶραι)으로 옮겼다. 타르굼 옹켈로스는 이를 부연설명하여 '온 땅에 사는 사람들'(כל דירי ארעא)로 옮겼다.

1) 그리스어 본문은 상업과 관련된 '판매'(πρᾶσις), '사다'(πρίαμαι), '팔다'(πωλέω)의 용어들을 사용하여 묘사하는데, 히브리어 본문은 שבר('사다/팔다')라는 한 단어로 표현하였다.

2) MT는 두 번째 문장에도 야곱이라는 주어를 반복한다.

3) 동사 '무관심하다, 아무것도 하지 않은 채 지내다'(ῥαθυμέω)는 코이네 그리스어로 LXX에서는 한 번만 나온다. 이에 대응하는 히브리어는 '보다'(ראה)로 "어째서 서로 쳐다보고만 있느냐?"(למה תתראו)라는 문장을 이룬다.

게 말하는 것은 무엇이나 하여라.” 56 온 땅〈의 표면〉에 기근이 들었다. 요셉은 모든 곡식창고를50) 열고 모든 이집트 사람들에게 팔았다.51) 57 온 지역이52) (곡식을) 사려고 이집트에 있는 요셉에게 왔다. 온 땅에 기근이 심하였기 때문이다.

야곱이 아들들을 이집트로 보내다

42,1 야곱은 이집트에서 (곡식을) 팔고1) 있다는 것을 알고는, 〈자기〉 아들들에게 말하였다.2) “어찌하여 너희는 한가로이 있느냐?3) 24) 보아라, 내가 들으니 이집트에 곡식이 있다는구나. 너희는 그곳에 내려가서 우리가 죽지 않고 살 수 있도록 우리를 위하여 양식을 좀 사 오너라.”5) 3 요셉의 형제 열 명은 이집트에서 곡식을 사기 위해 내려갔다. 4 그러나 그는6) 요셉의 형제 베냐민을 그의 형제들과 함께 보내지 않았다. 그는 ‘그가 아프기라도7) 하면 안 되지’ 하고 (자신에게) 말했기 때문이다.

요셉이 형들을 알아보다8)

42,5 이스라엘의 아들들은 (다른) 〈가고 있는〉 사람들과 함께 (곡식을) 사러 갔다. 가나안 땅에 기근이 들었기 때문이다. 6 (그때) 요셉은 그 땅의 통치자였고, 그가 그 땅의 모든 백성에게 (곡식을) 팔고 있었다. 요셉의 형들은 들어가서 얼굴을 땅에 대고 그에게 절하였다. 7 요셉은 자기 형들을 보고 알아보았으나, 그들에게 낯선 사람처럼 굴면서9) 그들에게 엄하게 이야기하며 〈그들에게〉 말하였다. “너희는 어디서 왔느냐?” 그들이 말하였다. “저희는 가나안 땅에서 양식을 사러 왔습니다.” 8 요셉

---

4) MT는 이 절을 וַיֹּאמֶר로 시작하지만, LXX는 이를 생략하였다.

5) LXX의 “양식을 좀 사 오너라”($\pi\rho\iota\alpha\sigma\theta\epsilon$ $\mu\iota\kappa\rho\grave{\alpha}$ $\beta\rho\acute{\omega}\mu\alpha\tau\alpha$)에 대응하는 말이 MT에서는 ‘(곡식을) 사다’(שָׁבַר)이다. 42,1 각주 참조.

6) LXX는 히브리어 본문에서 밝힌 주어 야곱을 생략하였다.

7) 42,38에 나오는 동사 $\mu\alpha\lambda\alpha\kappa\iota\zeta\omega\mu\alpha\iota$에서 파생한 명사 $\mu\alpha\lambda\alpha\kappa\iota\alpha$는 후기 고전 시대에 그 뜻이 변하였다. LXX와 같은 시대의 파피루스들에서 그 뜻이 정신의 쇠약에서 육체의 쇠약으로 바뀐 것이다. 이에 대응하는 히브리어는 ‘사고(변고)’(אָסוֹן)이며, 심마쿠스역은 이를 ‘위험’($\kappa\iota\nu\delta\nu\nu\sigma\varsigma$)으로 옮겼다.

8) 이 이야기는 요셉의 형들이 이집트로 곡식을 사러 가서 요셉을 만나게 되는 장면을 묘사한다. 본문은 요셉의 아버지를 가리킬 때 야곱과 이스라엘이라는 이름을 번갈아 사용한다. 오리게네스는 야곱은 육적 이름으로, 이스라엘은 예언자적 이름으로 해석하여 두 이름을 대비시켰다 (*Hom.Gen.* XV,14).

9) 그리스어 동사 $\alpha\lambda\lambda\sigma\tau\rho\iota\acute{\omega}\omega$의 수동형은 ‘이방인이 되다, 무관심하다’ 또는 ‘적대적이다’를 뜻한다. MT는 어근이 같은 두 동사를 써서 ‘알아보다’(וַיַּכֵּר)와 ‘모르는 체하다’(וַיִּתְנַכֵּר)로 표현하였다.

αὐτοὶ δὲ οὐκ ἐπέγνωσαν αὐτόν. 9 καὶ ἐμνήσθη Ιωσηφ τῶν ἐνυπνίων, ὧν εἶδεν αὐτός, καὶ εἶπεν αὐτοῖς Κατάσκοποί ἐστε· κατανοῆσαι τὰ ἴχνη τῆς χώρας ἥκατε. 10 οἱ δὲ εἶπαν Οὐχί, κύριε· οἱ παῖδές σου ἤλθομεν πρίασθαι βρώματα· 11 πάντες ἐσμὲν υἱοὶ ἑνὸς ἀνθρώπου· εἰρηνικοί ἐσμεν, οὐκ εἰσὶν οἱ παῖδές σου κατάσκοποι. 12 εἶπεν δὲ αὐτοῖς Οὐχί, ἀλλὰ τὰ ἴχνη τῆς γῆς ἤλθατε ἰδεῖν. 13 οἱ δὲ εἶπαν Δώδεκά ἐσμεν οἱ παῖδές σου ἀδελφοὶ ἐν γῇ Χανααν, καὶ ἰδοὺ ὁ νεώτερος μετὰ τοῦ πατρὸς ἡμῶν σήμερον, ὁ δὲ ἕτερος οὐχ ὑπάρχει. 14 εἶπεν δὲ αὐτοῖς Ιωσηφ Τοῦτό ἐστιν, ὃ εἴρηκα ὑμῖν λέγων ὅτι Κατάσκοποί ἐστε· 15 ἐν τούτῳ φανεῖσθε· νὴ τὴν ὑγίειαν Φαραω, οὐ μὴ ἐξέλθητε ἐντεῦθεν, ἐὰν μὴ ὁ ἀδελφὸς ὑμῶν ὁ νεώτερος ἔλθῃ ὧδε. 16 ἀποστείλατε ἐξ ὑμῶν ἕνα καὶ λάβετε τὸν ἀδελφὸν ὑμῶν, ὑμεῖς δὲ ἀπάχθητε ἕως τοῦ φανερὰ γενέσθαι τὰ ῥήματα ὑμῶν, εἰ ἀληθεύετε ἢ οὔ· εἰ δὲ μή, νὴ τὴν ὑγίειαν Φαραω, ἦ μὴν κατάσκοποί ἐστε. 17 καὶ ἔθετο αὐτοὺς ἐν φυλακῇ ἡμέρας τρεῖς.

42,18 Εἶπεν δὲ αὐτοῖς τῇ ἡμέρᾳ τῇ τρίτῃ Τοῦτο ποιήσατε καὶ ζήσεσθε — τὸν θεὸν γὰρ ἐγὼ φοβοῦμαι —· 19 εἰ εἰρηνικοί ἐστε, ἀδελφὸς ὑμῶν εἷς κατασχεθήτω ἐν τῇ φυλακῇ, αὐτοὶ δὲ βαδίσατε καὶ ἀπαγάγετε τὸν ἀγορασμὸν τῆς σιτοδοσίας ὑμῶν 20 καὶ τὸν ἀδελφὸν

---

10) LXX는 고장의 '드러난 부분' 곧 '허점'이나 '보지 말아야 할 것'을 뜻하는 עֶרְוָה(직역: 벌거벗음)를 "형세"(τὰ ἴχνη)로 옮겼다. 심마쿠스역은 '감추어진 것' (τὰ κρυπτά)으로 옮겼다.

11) 그리스어 본문은 이 절과 이 장 전체에서 9절의 '염탐꾼' (κατάσκοπος)에 반대되는 말로 형용사 '평화로운' (εἰρηνικός)을 사용하여 '충실한' 이라는 의미를 나타낸다. MT는 "정직한 사람들"(כֵּנִים)이라고 표현하였다.

12) LXX는 히브리어 본문에 있는 "어떤 한 사람의 아들들" (בְּנֵי אִישׁ־אֶחָד)이라는 표현을 생략하여, 더욱 간단한 문장으로 옮겼다.

13) הָאֶחָד(하나)를 "다른 아이" (ὁ ἕτερος)로 옮겼다.

14) 동사 ὑπάρχω(손 아래 있다, 대기하고 있다)가 여기서는 '~에 있다'를 뜻한다.

15) 그리스어 본문은 그 뜻이 분명하지 않다. 지시대명사 ἐν τούτῳ는 '이것으로, 이로써'를 말한다. 따라서 이렇게 하여 그들이 염탐꾼임을 밝혀내겠다는 것을 뜻하는 것으로 볼 수 있다. 히브리어 본문은 '이것으로써 너희는 시험당할 것이다'(בְּזֹאת תִּבָּחֵנוּ)라고 하였다.

은 형들을 알아보았지만, 그들은 그를 알아보지 못하였다. 9 요셉은 자기가 본 꿈들을 기억해 내고 그들에게 말하였다. "너희는 염탐꾼들이다. 너희는 이 고장의 형세를[10] 살피러 왔다." 10 그들이 말하였다. "아닙니다, 나리. 나리의 종들인 저희는 양식을 사러 왔습니다. 11 저희는 모두 한 사람의 아들들입니다. 저희는 평화로운[11] 사람들입니다. 나리의 이 종들은 염탐꾼들이 아닙니다." 12 그가 그들에게 말하였다. "아니다, 너희는 이 땅의 형세를 보려고 왔다." 13 그들이 말하였다. "나리의 종들인 저희는 가나안 땅에 사는 열두 형제입니다.[12] 가장 어린 아이는 오늘 저희 아버지와 함께 있고, 다른 아이는[13] 없어졌습니다."[14] 14 요셉이 그들에게 말하였다. "내가 너희에게 '너희는 염탐꾼들이다'라고 말한 것은 바로 이 때문이다. 15 이로써 너희는 드러날 것이다.[15] 파라오의 안녕을 걸고[16] (말하건대) 너희의 가장 어린 형제가 이리로 오지 않으면, 너희는 절대로 이곳을 떠날 수 없다. 16 너희 가운데 하나를 보내어, 너희 형제를 데려오너라. 너희가 진실을 말하는지 아닌지 너희 말이 밝혀질 때까지 너희는 붙잡혀 있어야 한다.[17] 그렇지 않으면, 파라오의 안녕을 걸고 (말하건대), 너희는 염탐꾼들이다." 17 그리고 그는 그들을 사흘 동안 감옥에 두었다.

요셉이 시므온을 잡아두고, 요셉의 형들은 돌아가다

42.18 사흘째 되는 날 그가[18] 그들에게 말하였다. "너희는 이렇게 하여야 살 것이다. 나는 하느님을 두려워하기 때문이다. 19 너희가 평화로운 사람들이라면, 너희 가운데 형제 하나만 감옥에 잡혀 있고, (나머지) 너희들은 가서 너희가 사들인 곡식 배급량을[19] 가지고 가거라.[20] 20 그리고 너희의 가장 어린 형제를 나에게 데

---

16) 관사 νή 다음에 신이나 임금 이름이 대격으로 나오면 이는 강한 맹세를 나타낸다. MT는 "파라오의 생명을 걸고"(חי פרעה)라 하였다.

17) 히브리어 본문의 '너희는 붙잡혀 있어야 한다'(ואתם האסרו)와 '너희 말은 시험당할 것이다'(דבריכם ויבחנו)라는 두 문장을, LXX는 하나로 연결하여 "너희 말이 정말인지 아닌지 밝혀질 때까지 너희는 붙잡혀 있어야 한다"(ὑμεῖς δὲ ἀπάχθητε ἕως τοῦ φανερὰ γενέσθαι τὰ ῥήματα ὑμῶν, εἰ ἀληθεύετε ἢ οὔ)로 옮겼다.

18) LXX는 히브리어 본문에 명시된 주어 요셉을 밝히지 않았다.

19) "곡식 배급량"(ἡ σιτοδοσία)은 '구입이 허락된 곡식의 양'을 말한다.

20) LXX는 여기와 33절에서 "너희가 사들인 곡식 배급량을(τὸν ἀγορασμὸν τῆς σιτοδοσίας ὑμῶν) 가지고 가거라"라고 표현하였다. MT는 '굶고 있는 너희 십 식구들을 위하여 곡식을 가져 가거라'(לכו הביאו שבר רעבון בתיכם)라고 달리 말하고 있다. MT에는 "사들인"(τὸν ἀγορασμόν)에 대응하는 말이 없다.

ὑμῶν τὸν νεώτερον ἀγάγετε πρός με, καὶ πιστευθήσονται τὰ ῥήματα ὑμῶν· εἰ δὲ μή, ἀποθανεῖσθε. ἐποίησαν δὲ οὕτως. — **21** καὶ εἶπεν ἕκαστος πρὸς τὸν ἀδελφὸν αὐτοῦ Ναί· ἐν ἁμαρτίᾳ γάρ ἐσμεν περὶ τοῦ ἀδελφοῦ ἡμῶν, ὅτι ὑπερείδομεν τὴν θλῖψιν τῆς ψυχῆς αὐτοῦ, ὅτε κατεδέετο ἡμῶν, καὶ οὐκ εἰσηκούσαμεν αὐτοῦ· ἕνεκεν τούτου ἐπῆλθεν ἐφ᾽ ἡμᾶς ἡ θλῖψις αὕτη. **22** ἀποκριθεὶς δὲ Ρουβην εἶπεν αὐτοῖς Οὐκ ἐλάλησα ὑμῖν λέγων Μὴ ἀδικήσητε τὸ παιδάριον; καὶ οὐκ εἰσηκούσατέ μου· καὶ ἰδοὺ τὸ αἷμα αὐτοῦ ἐκζητεῖται. **23** αὐτοὶ δὲ οὐκ ᾔδεισαν ὅτι ἀκούει Ιωσηφ· ὁ γὰρ ἑρμηνευτὴς ἀνὰ μέσον αὐτῶν ἦν. **24** ἀποστραφεὶς δὲ ἀπ᾽ αὐτῶν ἔκλαυσεν Ιωσηφ. — καὶ πάλιν προσῆλθεν πρὸς αὐτοὺς καὶ εἶπεν αὐτοῖς καὶ ἔλαβεν τὸν Συμεων ἀπ᾽ αὐτῶν καὶ ἔδησεν αὐτὸν ἐναντίον αὐτῶν. **25** ἐνετείλατο δὲ Ιωσηφ ἐμπλῆσαι τὰ ἀγγεῖα αὐτῶν σίτου καὶ ἀποδοῦναι τὸ ἀργύριον ἑκάστου εἰς τὸν σάκκον αὐτοῦ καὶ δοῦναι αὐτοῖς ἐπισιτισμὸν εἰς τὴν ὁδόν. καὶ ἐγενήθη αὐτοῖς οὕτως. **26** καὶ ἐπιθέντες τὸν σῖτον ἐπὶ τοὺς ὄνους αὐτῶν ἀπῆλθον ἐκεῖθεν. — **27** λύσας δὲ εἷς τὸν μάρσιππον αὐτοῦ δοῦναι χορτάσματα τοῖς ὄνοις αὐτοῦ, οὗ κατέλυσαν, εἶδεν τὸν δεσμὸν τοῦ ἀργυρίου αὐτοῦ, καὶ ἦν ἐπάνω τοῦ στόματος τοῦ μαρσίππου· **28** καὶ εἶπεν τοῖς ἀδελφοῖς αὐτοῦ Ἀπεδόθη μοι τὸ ἀργύριον, καὶ ἰδοὺ τοῦτο ἐν τῷ μαρσίππῳ μου. καὶ ἐξέστη ἡ καρδία αὐτῶν, καὶ ἐταράχθησαν πρὸς ἀλλήλους λέγοντες Τί τοῦτο ἐποίησεν ὁ θεὸς ἡμῖν;

42,29 Ἦλθον δὲ πρὸς Ιακωβ τὸν πατέρα αὐτῶν εἰς γῆν Χανααν καὶ ἀπήγγειλαν αὐτῷ πάντα τὰ συμβάντα αὐτοῖς λέγοντες **30** Λελάληκεν ὁ ἄνθρωπος ὁ κύριος τῆς γῆς πρὸς ἡμᾶς σκληρὰ καὶ ἔθετο ἡμᾶς ἐν φυλακῇ ὡς κατασκοπεύοντας τὴν γῆν. **31** εἴπαμεν δὲ αὐτῷ Εἰρηνικοί ἐσμεν, οὔκ ἐσμεν κατάσκοποι· **32** δώδεκα ἀδελφοί ἐσμεν, υἱοὶ τοῦ

---

21) 히브리어 본문은 LXX와 조금 다르다. "너희 말이 참되다는 것이 밝혀지고" (ויאמנו דבריכם) 다음에 "너희는 죽음을 면할 것이다" (ולא תמותו)라는 말이 뒤따른다. LXX는 이를 조건문 "그 렇지 않으면, 너희는 죽으리라" (εἰ δὲ μή, ἀποθανεῖσθε)로 옮겼다.

22) "통역관" (ἑρμηνευτής)이라는 말은 LXX에 한 번만 나오며 고전 그리스어에서도 잘 사용되 지 않는 말로, 더 자주 쓰이던 말은 ἑρμηνεύς이다.

23) LXX는 히브리어 본문에 없는 주어 요셉을 밝혀 옮겼다.

려오너라. 그래야 너희의 말을 믿을 수 있을 것이다. 그렇지 않으면, 너희는 죽으리라.”21) 그들은 그렇게 (하기로) 하였다. 21 그들은 저마다 제 형제에게 말하였다. “그래, 우리가 우리 동생에게 죄를 지었기 때문이야. 그가 우리에게 간청할 때, 우리는 그의 영이 괴로워하는 것을 돌보지 않고, 그의 말에 귀 기울이지 않았어. 이 때문에 이런 괴로움이 우리에게 닥친 거야.” 22 르우벤이 그들에게 대답하였다. “내가 너희에게 ‘그 아이에게 나쁜 짓 하지 마라’고 말하지 않더냐? 그런데 너희는 나한테 귀 기울이지 않더니, 보아라. 그의 피가 값을 치르라고 하는구나.” 23 그들은 요셉이 듣는다는 것을 몰랐다. 그들 사이에 통역관이22) 있었기 때문이다. 24 요셉은23) 그들에게서 몸을 돌리고 울었다. 그는 다시 그들에게 돌아와 〈그들에게〉 말하였다. 그는 그들에게서 시므온을 데려다가 그들 앞에서 〈그를〉 묶었다. 25 요셉은 명을 내려 그들의 바랑에24) 곡식을 채우고, 돈을 각자의 자루에 저마다 돌려주고, 그들에게 길에서 먹을 양식을 주라고 하였다. (사람들이) 그들에게 그렇게 해 주었다. 26 그들은 곡식을 자기네 나귀에 싣고 그곳을 떠났다. 27 그들이 쉬는 곳에서25) 한 사람이 나귀들에게 꼴을 주려고 자기 가방을 열다가 그 가방 어귀에 있는 자기 돈 다발을 보았다. 28 그가 자기 형제들에게 말하였다. “돈이 나에게 되돌아왔어. 이것 봐, 내 가방 안에 이것이 있잖아.” 그러자 그들은 마음이 어수선하여, 서로 근심하며 말하였다. “어찌하여 하느님께서 우리에게 이런 일을 하셨는가?”

요셉의 형들이 야곱에게 베냐민을 자기들과 함께 보내 달라고 청하다

42,29 그들은 가나안 땅에 있는 아버지 야곱에게 가서, 그들에게 일어났던 일들을 모두 그에게 알려 주었다. 30 “그 땅의 주인 되는 사람은 우리에게 엄하게 말하며, 저희가 그 땅을 염탐한다고 하여 저희를 가두었습니다.26) 31 그래서 저희가 그에게 말하였습니다. ‘저희는 평화로운 사람들로 염탐꾼들이 아닙니다. 32 저희는

---

24) 여기와 27절에 세 단어 ‘바랑’(ἀγγεῖον), ‘자루’(σάκκος), ‘가방’(μάρσιππον)이 사용되었는데, 이들은 거의 같은 뜻으로 쓰인다. 문맥상 요셉의 형제들은 가방 하나에 곡식과 여물과 돈을 넣고 다닌 듯하다. ἀγγεῖον은 용기 같은 물건을, σάκκος는 그것을 이루고 있는 천을 가리킨다. 본디 이오니아 방언인 듯한 μάρσιππον은 3세기 이후의 파피루스들에 나타난다.

25) ‘하룻밤을 보내는 데에서’(במלין)를 관계절(οὗ κατέλυσαν)로 바꾸어 옮겼다.

26) 히브리어 본문의 ‘그가 … 염탐꾼으로 여겼습니다’(ויתן … כמרגלים)를 LXX는 “염탐한다고 하여 … 가두었습니다”(ἔθετο … ἐν φυλακῇ ὡς κατασκοπεύοντας)로 바꾸었다. 이는 여기에 42,16-17의 내용을 다시 옮긴 것이다.

πατρὸς ἡμῶν· ὁ εἷς οὐχ ὑπάρχει, ὁ δὲ μικρότερος μετὰ τοῦ πατρὸς ἡμῶν σήμερον ἐν γῇ Χανααν. **33** εἶπεν δὲ ἡμῖν ὁ ἄνθρωπος ὁ κύριος τῆς γῆς Ἐν τούτῳ γνώσομαι ὅτι εἰρηνικοί ἐστε· ἀδελφὸν ἕνα ἄφετε ὧδε μετ' ἐμοῦ, τὸν δὲ ἀγορασμὸν τῆς σιτοδοσίας τοῦ οἴκου ὑμῶν λαβόντες ἀπέλθατε **34** καὶ ἀγάγετε πρός με τὸν ἀδελφὸν ὑμῶν τὸν νεώτερον, καὶ γνώσομαι ὅτι οὐ κατάσκοποί ἐστε, ἀλλ' ὅτι εἰρηνικοί ἐστε, καὶ τὸν ἀδελφὸν ὑμῶν ἀποδώσω ὑμῖν, καὶ τῇ γῇ ἐμπορεύεσθε. **35** ἐγένετο δὲ ἐν τῷ κατακενοῦν αὐτοὺς τοὺς σάκκους αὐτῶν καὶ ἦν ἑκάστου ὁ δεσμὸς τοῦ ἀργυρίου ἐν τῷ σάκκῳ αὐτῶν· καὶ εἶδον τοὺς δεσμοὺς τοῦ ἀργυρίου αὐτῶν, αὐτοὶ καὶ ὁ πατὴρ αὐτῶν, καὶ ἐφοβήθησαν. **36** εἶπεν δὲ αὐτοῖς Ιακωβ ὁ πατὴρ αὐτῶν Ἐμὲ ἠτεκνώσατε· Ιωσηφ οὐκ ἔστιν, Συμεων οὐκ ἔστιν, καὶ τὸν Βενιαμιν λήμψεσθε· ἐπ' ἐμὲ ἐγένετο πάντα ταῦτα. **37** εἶπεν δὲ Ρουβην τῷ πατρὶ αὐτοῦ λέγων Τοὺς δύο υἱούς μου ἀπόκτεινον, ἐὰν μὴ ἀγάγω αὐτὸν πρὸς σέ· δὸς αὐτὸν εἰς τὴν χεῖρά μου, κἀγὼ ἀνάξω αὐτὸν πρὸς σέ. **38** ὁ δὲ εἶπεν Οὐ καταβήσεται ὁ υἱός μου μεθ' ὑμῶν, ὅτι ὁ ἀδελφὸς αὐτοῦ ἀπέθανεν καὶ αὐτὸς μόνος καταλέλειπται· καὶ συμβήσεται αὐτὸν μαλακισθῆναι ἐν τῇ ὁδῷ, ᾗ ἂν πορεύησθε, καὶ κατάξετέ μου τὸ γῆρας μετὰ λύπης εἰς ᾅδου.

43.1 Ὁ δὲ λιμὸς ἐνίσχυσεν ἐπὶ τῆς γῆς. **2** ἐγένετο δὲ ἡνίκα συνετέλεσαν καταφαγεῖν τὸν σῖτον, ὃν ἤνεγκαν ἐξ Αἰγύπτου, καὶ εἶπεν αὐτοῖς ὁ πατὴρ αὐτῶν Πάλιν πορευθέντες πρίασθε ἡμῖν μικρὰ βρώματα. **3** εἶπεν δὲ αὐτῷ Ιουδας λέγων Διαμαρτυρίᾳ διαμεμαρτύρηται ἡμῖν ὁ ἄνθρωπος λέγων Οὐκ ὄψεσθε τὸ πρόσωπόν μου, ἐὰν μὴ ὁ ἀδελφὸς ὑμῶν ὁ νεώτερος μεθ' ὑμῶν ᾖ. **4** εἰ μὲν οὖν ἀποστέλλεις τὸν ἀδελφὸν ἡμῶν μεθ' ἡμῶν, καταβησόμεθα καὶ ἀγοράσωμέν σοι βρώματα· **5** εἰ δὲ μὴ ἀποστέλλεις τὸν ἀδελφὸν ἡμῶν μεθ' ἡμῶν, οὐ πορευσόμεθα· ὁ γὰρ ἄνθρωπος εἶπεν ἡμῖν λέγων Οὐκ ὄψεσθέ μου τὸ πρόσωπον, ἐὰν μὴ ὁ ἀδελφὸς ὑμῶν ὁ νεώτερος μεθ' ὑμῶν ᾖ.

---

27) "사들인"(τὸν ἀγορασμόν)에 대해서는 42.19 각주 참조.

28) 그리스어 동사 '돌아다니다, 상업활동을 하다'(ἐμπορεύομαι)에 관해서는 34.10 각주 참조.

저희 아버지의 아들들로서 열두 형제입니다. 하나는 없고 가장 작은 아이는 오늘 저희 아버지와 함께 가나안 땅에 있습니다.' 33 그러자 그 땅의 주인 되는 사람이 저희에게 말하였습니다. '이것으로써 나는 너희가 평화로운 사람들인지 알게 될 것이다. (너희) 형제 하나를 여기에 나와 함께 남겨 두고, 너희는 너희 집안을 위해 사들인[27] 곡식 배급량을 가지고 떠나거라. 34 그리고 너희의 가장 어린 형제를 나에게 데려오너라. 그러면 나는 너희가 염탐꾼들이 아니라 평화로운 사람들임을 알 수 있을 것이다. 그래야 내가 너희 형제를 너희에게 돌려주고, 너희는 이 땅을 두루 다닐 수 있을 것이다.'"[28] 35 그들이 자기들의 주머니를 비우자 그들의 주머니에 저마다 돈다발이 들어 있었다. 그들과 그들의 아버지는 그들의 돈다발을 보고는 두려워졌다. 36 〈그들〉 아버지 야곱이 그들에게 말하였다. "너희는 나를 자식 없는 사람으로 만들었구나. 요셉도 없고 시므온도 없는데, 너희는 (이제) 베냐민마저 데려가려 한다. 이 모든 일이 나에게 일어나다니!" 37 르우벤이 자기 아버지에게 말하였다. "제가 그를 아버지께 데려오지 못하면, 제 두 아들들을 죽이셔도 좋습니다. 그를 제 손에 (맡겨) 주십시오. 제가 그를 아버지께 데려오겠습니다." 38 그가 말하였다. "내 아들은 너희와 함께 내려갈 수 없다. 그의 형제도 죽었고 그만 홀로 남았는데 너희가 가는 길에서 그가 아프기라도 하면, 너희는 이 늙은 내가 슬퍼하며 저승으로 내려가게 하고야 말 것이다."[29]

요셉의 형들이 베냐민과 함께 이집트로 가다

43,1 그 땅에 기근이 심하였다. 2 그들이 이집트에서 가져온 곡식을 모두 먹어 버렸을 때, 그들의 아버지가 그들에게 말하였다. "다시 가서 〈우리를 위하여〉 양식을 좀 사 오너라." 3 유다가 그에게 말하였다. "그 사람이 저희에게 분명하게 경고하였습니다. '너희 곁에 너희의 가장 어린[1] 형제가 너희와 함께 있지 않으면, 너희는 내 얼굴을 보지 못할 것이다.' 4 그러니 아버지께서 저희 형제를 저희와 함께 보내 주시면, 저희가 내려가서 아버지께 양식을 사 오겠습니다. 5 그러나 저희 형제를 저희와 함께 보내 주시지 않으면, 저희도 가지 않겠습니다. 그 사람이 저희에게 '너희의 가장 어린 형제가 너희와 함께 있지 않으면, 너희는 내 얼굴을 보지 못할

---

29) 이 절의 마지막 부분은 44,29.31에 다시 나온다. 다만 44,31에서는 '슬픔'(λύπη) 대신에 느낌이 더 강한 '괴로움'(ὀδύνη)이 쓰였다. MT에는 여기 쓰인 '슬픔'(יָגוֹן)을 44,31에서 반복한다.

1) "가장 어린"(ὁ νεώτερος)은 LXX가 덧붙인 말이다. 다음 5절에서도 마찬가지다.

6 εἶπεν δὲ Ισραηλ Τί ἐκακοποιήσατέ με ἀναγγείλαντες τῷ ἀνθρώπῳ εἰ ἔστιν ὑμῖν ἀδελφός; **7** οἱ δὲ εἶπαν Ἐρωτῶν ἐπηρώτησεν ἡμᾶς ὁ ἄνθρωπος καὶ τὴν γενεὰν ἡμῶν λέγων Εἰ ἔτι ὁ πατὴρ ὑμῶν ζῇ; εἰ ἔστιν ὑμῖν ἀδελφός; καὶ ἀπηγγείλαμεν αὐτῷ κατὰ τὴν ἐπερώτησιν ταύτην. μὴ ᾔδειμεν εἰ ἐρεῖ ἡμῖν Ἀγάγετε τὸν ἀδελφὸν ὑμῶν; **8** εἶπεν δὲ Ιουδας πρὸς Ισραηλ τὸν πατέρα αὐτοῦ Ἀπόστειλον τὸ παιδάριον μετ' ἐμοῦ, καὶ ἀναστάντες πορευσόμεθα, ἵνα ζῶμεν καὶ μὴ ἀποθάνωμεν καὶ ἡμεῖς καὶ σὺ καὶ ἡ ἀποσκευὴ ἡμῶν. **9** ἐγὼ δὲ ἐκδέχομαι αὐτόν, ἐκ χειρός μου ζήτησον αὐτόν· ἐὰν μὴ ἀγάγω αὐτὸν πρὸς σὲ καὶ στήσω αὐτὸν ἐναντίον σου, ἡμαρτηκὼς ἔσομαι πρὸς σὲ πάσας τὰς ἡμέρας. **10** εἰ μὴ γὰρ ἐβραδύναμεν, ἤδη ἂν ὑπεστρέψαμεν δίς. **11** εἶπεν δὲ αὐτοῖς Ισραηλ ὁ πατὴρ αὐτῶν Εἰ οὕτως ἐστίν, τοῦτο ποιήσατε· λάβετε ἀπὸ τῶν καρπῶν τῆς γῆς ἐν τοῖς ἀγγείοις ὑμῶν καὶ καταγάγετε τῷ ἀνθρώπῳ δῶρα, τῆς ῥητίνης καὶ τοῦ μέλιτος, θυμίαμα καὶ στακτὴν καὶ τερέμινθον καὶ κάρυα. **12** καὶ τὸ ἀργύριον δισσὸν λάβετε ἐν ταῖς χερσὶν ὑμῶν· τὸ ἀργύριον τὸ ἀποστραφὲν ἐν τοῖς μαρσίπποις ὑμῶν ἀποστρέψατε μεθ' ὑμῶν· μήποτε ἀγνόημά ἐστιν. **13** καὶ τὸν ἀδελφὸν ὑμῶν λάβετε καὶ ἀναστάντες κατάβητε πρὸς τὸν ἄνθρωπον. **14** ὁ δὲ θεός μου δῴη ὑμῖν χάριν ἐναντίον τοῦ ἀνθρώπου, καὶ ἀποστεῖλαι τὸν ἀδελφὸν ὑμῶν τὸν ἕνα καὶ τὸν Βενιαμιν· ἐγὼ μὲν γάρ, καθὰ ἠτέκνωμαι, ἠτέκνωμαι.

---

2) '~라고 알려 주다'(ἀναγγέλλειν + εἰ)라는 문장구성 형식은 다른 곳에서는 나타나지 않는다. 이는 보통 감정동사로 이루어지는 문장구성 형식(예: θαυμάζω εἰ ~에 놀라다)이 적용된 것이다.

3) LXX는 דברים(말들)을 "물음"(τὴν ἐπερώτησιν)으로 옮겼다. 이는 LXX에 한 번 나오는 명사로 앞에 나오는 동사 '질문하다'(ἐπερωτάω)를 다시 받은 것이다.

4) '사람들, 식구'(ἀποσκευή)에 관해서는 14.12 각주 참조. 아퀼라역과 심마쿠스역은 히브리어 본문의 '아이들'(טף)을 그대로(τὰ νήπια) 옮겼다.

5) 고전 그리스어에서 '물려받다'를 뜻하는 ἐκδέχομαι는 코이네 그리스어에서 '맡다, 책임지다'를 의미한다.

6) 뜻이 분명하지 않은 זמרה(토산물?)를 "열매들"(καρποί)로 옮겼다.

것이다' 하고 말했기 때문입니다." 6 이스라엘이 말하였다. "왜 너희는 너희에게 형제가 (또) 있다고 그 사람에게 알려 주어서2) 나를 괴롭히느냐?" 7 그들이 말하였다. "그 사람이 저희와 저희 가족에 대해 캐물으면서 '너희 아버지는 아직 살아 계시느냐? 너희에게 (다른) 형제가 있느냐?' 하기에, 저희는 그 물음에3) 따라 그에게 알려 주었습니다. 그가 저희에게 '너희 형제를 데려오너라' 하고 말할지 저희가 어찌 알았겠습니까?" 8 유다가 자기 아버지 이스라엘에게 말하였다. "그 아이를 저와 함께 보내 주십시오. 저희가 일어나 가겠습니다. 그러면 저희도 아버지께서도 그리고 저희 식구도4) 살고 죽지 않을 것입니다. 9 제가 그를 책임지겠습니다.5) 그에 대해서는 제 손에 물으십시오. 만일 제가 그 (아이)를 아버지께 데려와 아버지 앞에 세우지 않는다면, 저는 모든 날 동안 아버지께 죄를 짓는 것이 될 것입니다. 10 저희가 늑장부리지 않았다면 벌써 두 번은 다녀왔을 것입니다." 11 그들의 아버지 이스라엘이 그들에게 말하였다. "그렇다면 이렇게 하여라. 이 땅의 열매들6) 가운데 얼마를 (곧) 유향과 꿀 얼마,7) 향료와 몰약과 테레빈 나무 (열매)와8) 견과를9) 너희 바랑에 담아 그 사람에게 선물로 가지고 내려가거라. 12 너희 손에 돈도 두 배로10) 지녀라. 너희 가방에 (담겨) 돌아왔던 돈도 ⟨너희와 함께⟩ 돌려 놓아라. 그것은 아마도 실수일11) 것이다. 13 너희 형제를 데리고 일어나 그 사람에게 내려가거라.12) 14 나의 하느님께서13) 너희가 그 사람 앞에 호의를 입도록 하시어, 그 사람이 너희 형제 하나와14) 베냐민을 보내 주시기를 바란다. 내가 자식을 잃었는데, 자식을 (또) 잃(게 되)었구나."15)

---

7) LXX는 선물의 내용을 열거하는데, '유향'(ῥητίνη)과 '꿀'(μέλι)은 부분 속격으로, 다음에 오는 네 명사는 대격으로 썼다. MT는 처음 두 명사 앞에 '약간'(מעט)이라는 말을 넣었다. 여기에 나오는 선물들은 37,25에서 더 구체적으로 묘사되었다.

8) 히브리어 본문의 '피스타치오 열매'(בטנים)를 "테레빈 나무 (열매)"(τερέμινθον)로 옮겼다.

9) 히브리어 본문의 '아몬드 열매'(שקדים)를 밤, 호두, 잣 등 견과를 총칭하는 κάρυα로 옮겼다.

10) 그리스어는 "두 배"를 뜻하는 형용사로 δισσός(12절)와 διπλοῦς(15절)를 썼는데, 이에 대응하는 히브리어는 두 곳 모두 משנה이다.

11) "실수"(ἀγνόημα)란 말은 여기서 생각 없이 저지른 일을 뜻한다.

12) 히브리어 본문의 "돌아가거라"(שובו)를 "내려가거라"(κατάβητε)로 옮겼다. LXX는 가나안에서 이집트까지의 여행을 가리키는 표현인 '내려가다'(καταβαίνω)를 선택한 것이다.

13) "전능하신 하느님"(אל שדי)을 LXX는 "나의 하느님"(ὁ θεός μου)이라고 하였다.

14) 히브리어 본문의 "다른(אחר) 형제" 대신 사마리아 오경(האחד)에 따라 "형제 하나"(τὸν ἕνα)로 번역하였다.

15) 히브리어 본문의 '(나로 말할 것 같으면,) 내가 (한때) 자식이 없더니, (다시) 자식이 없구나'(ואני כאשר שכלתי שכלתי)를 다르게 옮겼다.

43,15 Λαβόντες δὲ οἱ ἄνδρες τὰ δῶρα ταῦτα καὶ τὸ ἀργύριον διπλοῦν ἔλαβον ἐν ταῖς χερσὶν αὐτῶν καὶ τὸν Βενιαμιν καὶ ἀναστάντες κατέβησαν εἰς Αἴγυπτον καὶ ἔστησαν ἐναντίον Ιωσηφ. **16** εἶδεν δὲ Ιωσηφ αὐτοὺς καὶ τὸν Βενιαμιν τὸν ἀδελφὸν αὐτοῦ τὸν ὁμομήτριον καὶ εἶπεν τῷ ἐπὶ τῆς οἰκίας αὐτοῦ Εἰσάγαγε τοὺς ἀνθρώπους εἰς τὴν οἰκίαν καὶ σφάξον θύματα καὶ ἑτοίμασον· μετ᾽ ἐμοῦ γὰρ φάγονται οἱ ἄνθρωποι ἄρτους τὴν μεσημβρίαν. **17** ἐποίησεν δὲ ὁ ἄνθρωπος, καθὰ εἶπεν Ιωσηφ, καὶ εἰσήγαγεν τοὺς ἀνθρώπους εἰς τὸν οἶκον Ιωσηφ. — **18** ἰδόντες δὲ οἱ ἄνθρωποι ὅτι εἰσήχθησαν εἰς τὸν οἶκον Ιωσηφ, εἶπαν Διὰ τὸ ἀργύριον τὸ ἀποστραφὲν ἐν τοῖς μαρσίπποις ἡμῶν τὴν ἀρχὴν ἡμεῖς εἰσαγόμεθα τοῦ συκοφαντῆσαι ἡμᾶς καὶ ἐπιθέσθαι ἡμῖν τοῦ λαβεῖν ἡμᾶς εἰς παῖδας καὶ τοὺς ὄνους ἡμῶν. **19** προσελθόντες δὲ πρὸς τὸν ἄνθρωπον τὸν ἐπὶ τοῦ οἴκου Ιωσηφ ἐλάλησαν αὐτῷ ἐν τῷ πυλῶνι τοῦ οἴκου **20** λέγοντες Δεόμεθα, κύριε· κατέβημεν τὴν ἀρχὴν πρίασθαι βρώματα· **21** ἐγένετο δὲ ἡνίκα ἤλθομεν εἰς τὸ καταλῦσαι καὶ ἠνοίξαμεν τοὺς μαρσίππους ἡμῶν, καὶ τόδε τὸ ἀργύριον ἑκάστου ἐν τῷ μαρσίππῳ αὐτοῦ· τὸ ἀργύριον ἡμῶν ἐν σταθμῷ ἀπεστρέψαμεν νῦν ἐν ταῖς χερσὶν ἡμῶν **22** καὶ ἀργύριον ἕτερον ἠνέγκαμεν μεθ᾽ ἑαυτῶν ἀγοράσαι βρώματα· οὐκ οἴδαμεν, τίς ἐνέβαλεν τὸ ἀργύριον εἰς τοὺς μαρσίππους ἡμῶν. **23** εἶπεν δὲ αὐτοῖς Ἵλεως ὑμῖν, μὴ φοβεῖσθε· ὁ θεὸς ὑμῶν καὶ ὁ θεὸς τῶν πατέρων ὑμῶν ἔδωκεν ὑμῖν θησαυροὺς ἐν

---

16) LXX는 히브리어 본문의 '그들과 함께 있는 베냐민' (בנימין את אתם)을 사마리아 오경, 불가타 처럼 '함께 있는'을 생략하였다.

17) LXX는 히브리어 본문에 없는 "어머니가 같은 자기 형제" (τὸν ἀδελφὸν αὐτοῦ τὸν ὁμομήτριον)를 덧붙였다.

18) 직역하면 '자기 집 위에 있는 사람에게' (τῷ ἐπὶ τῆς οἰκίας αὐτοῦ)이다.

19) "짐승" (θῦμα)은 본디 희생제물을 가리키는 말이나, 코이네 그리스어에서 그 의미가 확대되어 모든 발 달린 짐승을 가리키게 되었다.

20) MT에는 "빵" (ἄρτους)에 대응하는 말이 없다.

21) 히브리어 본문의 '그들은 두려워하였다' (וייראו)를 '그들이 보았다' (ויראו)로 잘못 옮겼다.

요셉의 형제들이 요셉의 집에 도착하다

43,15 그 남자들은 이 선물들과 두 배의 돈을 가지고, 〈자기들〉 손에 베냐민을 잡고, 일어나 이집트로 내려가 요셉 앞에 섰다. 16 요셉은 그들과[16] 어머니가 같은 자기 형제[17] 베냐민을 보고, 자기 집을 관리하는 사람에게[18] 말하였다. "이 사람들을 집으로 데려가거라. 짐승을[19] 잡고 (상을) 차려내어라. 이 사람들은 나와 함께 한낮의 빵을[20] 먹을 것이다." 17 그 사람은 요셉이 말한 대로 하여, 그 사람들을 요셉의 집으로 데려갔다. 18 그 사람들은 자기들을 요셉의 집으로 데리고 가는 것을 보고[21] 말하였다. "전에 우리 가방에 (담겨) 되돌아온 그 돈 때문에 우리를 데려가는 거야. 우리를 비방하여[22] 우리에게 덮어씌우고,[23] 우리와 우리 나귀를 종으로 삼으려는 거야." 19 그래서 그들은 요셉의 집을 관리하는 사람에게 다가가 그 집 문간에서[24] 그에게 말하였다. 20 "나리, 부탁입니다. 저희는 전에 양식을 사러 내려왔습니다. 21 그런데 저희가 쉴 곳에[25] 이르러 저희 가방을 열어 보니, 저마다의 가방에 〈여기〉 각자의 돈이 있었습니다. (그래서) 그 돈을 그 무게대로 이제 저희 손에 도로 가져왔고,[26] 22 양식을 살 돈도 따로 저희와 함께[27] 가져왔습니다.[28] 누가 저희 가방에 그 돈을 넣었는지 저희는 모릅니다." 23 그러자 그가 그들에게[29] 말하였다. "(하느님께서) 여러분에게 은총을 베푸시기를 ….[30] 두려워하지 마십시오. 여

---

22) LXX 번역자는 히브리어 본문의 "달려들어"(להתגלל, גלל의 히트파엘형)라는 표현을 잘 이해하지 못하여 문맥에 맞는 말 "비방하여"($\tau o\hat{u}$ $\sigma \upsilon \kappa o \phi \alpha \nu \tau \hat{\eta} \sigma \alpha \iota$)로 옮겼다.

23) להתנפל(נפל 떨어지다)을 $\epsilon \pi \iota \theta \epsilon \sigma \theta \alpha \iota$(덮어씌우다)로 옮겼다.

24) '현관, 문간'($\pi \upsilon \lambda \acute{\omega} \nu$)은 '문, 입구'($\pi \acute{\upsilon} \lambda \eta$)에서 온 말로 헬레니즘 시대부터 쓰이기 시작하였다. 이는 전형적인 이집트 건축물의 한 부분으로 신전이나 개인 저택의 현관을 가리킨다.

25) LXX 번역자는 "묵을 곳"(המלון)을 밤을 지내기 위해 머무는 곳으로 이해한 듯하다(42,27 참조).

26) LXX는 "각자의 곡식자루 부리에 저희 돈이 고스란히 들어 있었습니다. 그래서 그것을 이렇게 도로 가져왔습니다"(והנה כסף איש בפי אמתחתו כספנו במשקלו ונשב אתו בידנו)라는 문장에서, '저희 돈이 그 무게대로'(כספנו במשקלו)를 앞문장에서 나누어 다음 문장과 연결시켰다. 곧 "저희의 그 돈을 그 무게대로"($\tau \grave{o}$ $\alpha \rho \gamma \acute{\upsilon} \rho \iota o \nu$ $\acute{\eta} \mu \hat{\omega} \nu$ $\acute{\epsilon} \nu$ $\sigma \tau \alpha \theta \mu \hat{\omega}$)를 '도로 가져왔다'($\alpha \pi \epsilon \sigma \tau \rho \acute{\epsilon} \psi \alpha \mu \epsilon \nu$)의 목적어로 놓았다.

27) 히브리어 본문의 '우리 손에'(בידנו)를 "저희와 함께"($\mu \epsilon \theta$' $\acute{\epsilon} \alpha \upsilon \tau \hat{\omega} \nu$)로 옮겼다.

28) 히브리어 본문의 '가지고 내려왔습니다'(הורדנו)를 "가져왔습니다"($\acute{\eta} \nu \acute{\epsilon} \gamma \kappa \alpha \mu \epsilon \nu$)로 옮겼다.

29) LXX는 "그들에게"($\alpha \mathring{\upsilon} \tau o \hat{\iota} s$)를 덧붙였다.

30) 히브리어 본문의 '평화가 여러분에게'(שלום לכם)를 LXX는 "(하느님께서) 여러분에게 은총을 베푸시기를"($\mathring{\iota} \lambda \epsilon \omega s$ $\mathring{\upsilon} \mu \hat{\iota} \nu$)로 옮겼다. $\mathring{\iota} \lambda \epsilon \omega s$라는 말은 LXX에서 하느님께만 쓰였다. 한편 아킬라역과 심미쿠스역은 히브리이 본문과 같이 '평화가 여러분에게'($\epsilon \mathring{\iota} \rho \acute{\eta} \nu \eta$ $\mathring{\upsilon} \mu \hat{\iota} \nu$)라 하였나.

τοῖς μαρσίπποις ὑμῶν, τὸ δὲ ἀργύριον ὑμῶν εὐδοκιμοῦν ἀπέχω. καὶ ἐξήγαγεν πρὸς αὐτοὺς τὸν Συμεων **24** καὶ ἤνεγκεν ὕδωρ νίψαι τοὺς πόδας αὐτῶν καὶ ἔδωκεν χορτάσματα τοῖς ὄνοις αὐτῶν. **25** ἡτοίμασαν δὲ τὰ δῶρα ἕως τοῦ ἐλθεῖν Ιωσηφ μεσημβρίας· ἤκουσαν γὰρ ὅτι ἐκεῖ μέλλει ἀριστᾶν.

43.26 Εἰσῆλθεν δὲ Ιωσηφ εἰς τὴν οἰκίαν, καὶ προσήνεγκαν αὐτῷ τὰ δῶρα, ἃ εἶχον ἐν ταῖς χερσὶν αὐτῶν, εἰς τὸν οἶκον καὶ προσεκύνησαν αὐτῷ ἐπὶ πρόσωπον ἐπὶ τὴν γῆν. **27** ἠρώτησεν δὲ αὐτούς Πῶς ἔχετε; καὶ εἶπεν αὐτοῖς Εἰ ὑγιαίνει ὁ πατὴρ ὑμῶν ὁ πρεσβύτερος, ὃν εἴπατε; ἔτι ζῇ; **28** οἱ δὲ εἶπαν Ὑγιαίνει ὁ παῖς σου ὁ πατὴρ ἡμῶν, ἔτι ζῇ. καὶ εἶπεν Εὐλογητὸς ὁ ἄνθρωπος ἐκεῖνος τῷ θεῷ. καὶ κύψαντες προσεκύνησαν αὐτῷ. **29** ἀναβλέψας δὲ τοῖς ὀφθαλμοῖς Ιωσηφ εἶδεν Βενιαμιν τὸν ἀδελφὸν αὐτοῦ τὸν ὁμομήτριον καὶ εἶπεν Οὗτος ὁ ἀδελφὸς ὑμῶν ὁ νεώτερος, ὃν εἴπατε πρός με ἀγαγεῖν; καὶ εἶπεν Ὁ θεὸς ἐλεήσαι σε, τέκνον. **30** ἐταράχθη δὲ Ιωσηφ — συνεστρέφετο

---

31) 히브리어 본문의 "여러분 아버지의 하느님"(אלהי אביכם)을 LXX는 '여러분 조상들의 하느님'(ὁ θεὸς τῶν πατέρων ὑμῶν)으로 옮겼다.

32) 히브리어 본문의 "보물"(מטמון)을 "보물들"(θησαυρούς)로 옮겼다. 이는 형제들이 저마다 자기 가방에 보물을 지니게 된 것으로 이해한 결과인 듯하다.

33) LXX는 돌려받은 돈을 '넉넉한 양'(εὐδοκιμοῦν)이라고 구체적으로 표현하였다. MT는 '나는 여러분의 돈을 받았습니다'(כספכם בא אלי)라고 한다.

34) '받다'(ἀπέχω)라는 말은 헬레니즘 시대의 파피루스와 신약성서(마태 6,2; 루가 6,24)에서 '~을 받았다는 것을 알리다'라는 의미로 사용되었다.

35) MT와 타르굼 옹켈로스는 LXX에 없는 문장 '그 사람은 그 사람들을 요셉의 집으로 데려갔다'로 24절을 시작한다.

36) LXX는 히브리어 본문의 '그가 물을 주니, 그들이 발을 씻었다'(ויתן מים וירחצו רגליהם)를 하나로 연결시켜 '그가 그들의 발 씻을 물을 가져왔다'(ἤνεγκεν ὕδωρ νίψαι τοὺς πόδας αὐτῶν)로 옮겼다.

37) 히브리어 본문의 '그들이 빵을 먹을 것이다'(יאכלו לחם)를 LXX는 '그가 빵을 먹을 것이다'(μέλλει ἀριστᾶν)라 하여 요셉 한 사람만을 가리키는 것으로 옮겼다.

러분의 하느님이자 여러분 조상들의 하느님께서[31] 여러분의 가방에 보물들을[32] 주
신 것입니다. 여러분의 그 돈은 제가 넉넉히[33] 돌려받았습니다."[34] 그리고 그는 그
들에게 시므온을 데려왔다. 24[35] 그는 그들의 발 씻을 물을 가져오고,[36] 그들의 나
귀들에게도 여물을 주었다. 25 그들은 요셉이 그곳에서 빵을 먹을 것이라는[37] 말을
들었으므로, 한낮에[38] 그가 올 때까지 선물들을 준비하였다.

요셉의 형제들이 요셉의 집에서 식사하다

43,26 요셉이 집에 들어오자, 그들은 〈그 집으로〉 자기들 손에 지닌 선물들을 요
셉에게 내놓고는, 얼굴을 땅에 대고[39] 그에게 절하였다. 27 그가 그들에게 물었다.
"어떻게 지내느냐?"[40] 그리고 그가 그들에게 말하였다. "너희가 말한 나이 드신 너
희 아버지는 건강하시냐? 아직 살아 계시느냐?" 28 그들이 말하였다. "당신의 종인
저희 아버지는 건강하십니다. 아직 살아 계십니다." 그가 말하였다. "그 사람은 하
느님께 복 받은 사람이다."[41] 그러자 그들은 몸을 굽혀 그에게[42] 절하였다. 29 요
셉이 눈을 들어 어머니가 같은[43] 자기 형제 베냐민을 보고서 말하였다. "이 (아이)가
너희가 나에게 데려오겠다고 말한[44] 너희의 가장 어린 형제냐?" 그리고 그가 말하
였다. "얘야,[45] 하느님께서 너에게 자비를 베푸시길 바란다." 30 자기 형제에 대한

---

38) LXX는 "정오"(צהרים)를 "한낮"($\mu\epsilon\sigma\eta\mu\beta\rho\acute{\iota}\alpha$)으로 옮겼다. 타르굼 옹켈로스는 이를 한낮의 식
사로 이해하여 옮겼다. 오리게네스는 이 한낮이 성화된 시간을 상징한다고 보았다(*Hom.Cant*.
I,8).

39) LXX는 '땅으로'(ארצה)를 "얼굴을 땅에 대고"($\acute{\epsilon}\pi\grave{\iota}\ \pi\rho\acute{o}\sigma\omega\pi o\nu\ \acute{\epsilon}\pi\grave{\iota}\ \tau\grave{\eta}\nu\ \gamma\hat{\eta}\nu$)라 하여 $\acute{\epsilon}\pi\grave{\iota}$
$\pi\rho\acute{o}\sigma\omega\pi o\nu$을 덧붙였다.

40) 히브리어 본문의 건강을 묻는 인사(לשלום)를 자유롭게 옮겼다.

41) LXX의 "그 사람은 하느님께 복 받은 사람이다"($\epsilon\grave{\upsilon}\lambda o\gamma\eta\tau\grave{o}s\ \acute{o}\ \acute{a}\nu\theta\rho\omega\pi os\ \acute{\epsilon}\kappa\epsilon\hat{\iota}\nu os\ \tau\hat{\omega}\ \theta\epsilon\hat{\omega}$)
는 MT에 없는 말이다. 이는 사마리아 오경(ברוך האיש ההוא לאלהים)에 따라 옮긴 것이다. 여기
서는 사람에게 '복 받은 자'($\epsilon\grave{\upsilon}\lambda o\gamma\eta\tau os$)라는 표현을 적용하였다. 14,20 각주 참조.

42) 히브리어 본문에 없는 말 "그에게"($a\grave{\upsilon}\tau\hat{\omega}$)를 덧붙였다.

43) 히브리어 본문의 '자기 어머니의 아들'(בן אמו)을 "어머니가 같은"($\tau\grave{o}\nu\ \acute{o}\mu o\mu\acute{\eta}\tau\rho\iota o\nu$)으로
옮겼다.

44) 히브리이 본문의 "너희가 나에게 말한"(אשר אמרתם אלי)에 '데려오다'($\acute{a}\gamma a\gamma\epsilon\hat{\iota}\nu$)를 덧붙여
"너희가 나에게 데려오겠다고 말한"($\acute{o}\nu\ \epsilon\acute{\iota}\pi a\tau\epsilon\ \pi\rho\grave{o}s\ \mu\epsilon\ \acute{a}\gamma a\gamma\epsilon\hat{\iota}\nu$)으로 옮겼다.

45) MT는 "내 아들아"(בני)이다.

γὰρ τὰ ἔντερα αὐτοῦ ἐπὶ τῷ ἀδελφῷ αὐτοῦ — καὶ ἐζήτει κλαῦσαι· εἰσελθὼν δὲ εἰς τὸ ταμιεῖον ἔκλαυσεν ἐκεῖ. 31 καὶ νιψάμενος τὸ πρόσωπον ἐξελθὼν ἐνεκρατεύσατο καὶ εἶπεν Παράθετε ἄρτους. 32 καὶ παρέθηκαν αὐτῷ μόνῳ καὶ αὐτοῖς καθ᾽ ἑαυτοὺς καὶ τοῖς Αἰγυπτίοις τοῖς συνδειπνοῦσιν μετ᾽ αὐτοῦ καθ᾽ ἑαυτούς· οὐ γὰρ ἐδύναντο οἱ Αἰγύπτιοι συνεσθίειν μετὰ τῶν Εβραίων ἄρτους, βδέλυγμα γάρ ἐστιν τοῖς Αἰγυπτίοις. 33 ἐκάθισαν δὲ ἐναντίον αὐτοῦ, ὁ πρωτότοκος κατὰ τὰ πρεσβεῖα αὐτοῦ καὶ ὁ νεώτερος κατὰ τὴν νεότητα αὐτοῦ· ἐξίσταντο δὲ οἱ ἄνθρωποι ἕκαστος πρὸς τὸν ἀδελφὸν αὐτοῦ. 34 ἦραν δὲ μερίδας παρ᾽ αὐτοῦ πρὸς αὐτούς· ἐμεγαλύνθη δὲ ἡ μερὶς Βενιαμιν παρὰ τὰς μερίδας πάντων πενταπλασίως πρὸς τὰς ἐκείνων. ἔπιον δὲ καὶ ἐμεθύσθησαν μετ᾽ αὐτοῦ.

44.1 Καὶ ἐνετείλατο Ιωσηφ τῷ ὄντι ἐπὶ τῆς οἰκίας αὐτοῦ λέγων Πλήσατε τοὺς μαρσίππους τῶν ἀνθρώπων βρωμάτων, ὅσα ἐὰν δύνωνται ἆραι, καὶ ἐμβάλατε ἑκάστου τὸ ἀργύριον ἐπὶ τοῦ στόματος τοῦ μαρσίππου 2 καὶ τὸ κόνδυ μου τὸ ἀργυροῦν ἐμβάλατε εἰς τὸν μάρσιππον τοῦ νεωτέρου καὶ τὴν τιμὴν τοῦ σίτου αὐτοῦ. ἐγενήθη δὲ κατὰ τὸ ῥῆμα Ιωσηφ, καθὼς εἶπεν. — 3 τὸ πρωὶ διέφαυσεν, καὶ οἱ ἄνθρωποι ἀπεστάλησαν, αὐτοὶ καὶ οἱ ὄνοι αὐτῶν. 4 ἐξελθόντων δὲ αὐτῶν τὴν πόλιν (οὐκ ἀπέσχον μακράν) καὶ Ιωσηφ εἶπεν τῷ ἐπὶ τῆς οἰκίας αὐτοῦ Ἀναστὰς ἐπιδίωξον ὀπίσω τῶν ἀνθρώπων καὶ καταλήμψῃ

---

46) '애정이 끓어오르다'(συστρέφω τὰ ἔντερα)를 직역하면 '내장이 꼬이다'이다.

47) LXX의 '마음이 흐트러지다'(ταράσσω)는 히브리어 '서두르다'(מהר)와 일치하지 않는다.

48) "안방"(ταμιεῖον)은 '관리인, 집사'(ταμίας)에서 유래한 말이다. 이 말은 고전 시대부터 '보물창고'라는 뜻으로 쓰였다. 그러나 LXX에서는 대부분 히브리어 '방'(חדר)에 대응하여 나온다.

49) LXX에서는 여기서 처음으로 '혐오'(βδέλυγμα)라는 단어가 나온다(동사형은 26,29). 이 말은 히브리인과 이집트인을 나누는 두 가지 금기사항을 규정한다. 하나는 여기 나오는 공동식사이며, 다른 하나는 46,34의 목자라는 직업활동이다. 이 말은 레위기와 신명기에서 제의와 음식물에 관한 금기 사항을 가리키는 특수용어로 나온다(레위 11장).

50) LXX는 히브리어 '맏아들 권리'(בכרה)에 대응하는 πρωτοτοκία 대신 πρεσβεῖα로 옮겼다. 맏아들 권리에 관해서는 25,31 각주 참조.

51) 히브리어 본문의 '저마다 자기 이웃에게'(איש אל רעהו)를 "저마다 자기 형제에게"(ἕκαστος πρὸς τὸν ἀδελφὸν αὐτοῦ)로 옮겼다.

애정이 끓어올라46) 마음이 흐트러진47) 요셉은 울고 싶어져 안방으로48) 들어가 거기
서 울었다. 31 그는 얼굴을 씻고 나와서 자신을 가다듬고 말하였다. "음식을 차려
라." 32 그들은 그에게 혼자만, 그 (형제)들에게 그들에게만, 그리고 그와 함께 식
사하는 이집트 사람들에게도 그들에게만 (상을) 차렸다. 이집트 사람들은 히브리 사
람들과 함께 음식을 먹을 수가 없었기 때문이다. 그것은 이집트 사람들에게 혐오스
러운49) 일이었기 때문이다. 33 그들은 그 앞에, 맏이는 (그의) 나이 많음에50) 따라,
가장 어린 아이는 (그의) 어림에 따라 앉고는, 그 사람들은 저마다 〈자기 형제에
게〉51) 어리둥절해하였다.52) 34 사람들이53) 그의 것에서 그들에게 몫을 나르는데,
베냐민의 몫이 〈그들〉 모든 이의 몫보다 다섯 배나 많았다.54) 그들은 그와 함께 마
시고 취하였다.

요셉이 베냐민의 자루에 은잔을 넣어 두다

44.1 요셉은1) 자기 집 관리인에게 명하였다. "그 사람들의 가방에 그들이 들 수
있을 만큼 양식을 채워 주어라. 그리고 각자의 돈을 (그들의) 가방 어귀에 넣어라.
2 그러나 가장 어린 사람의 가방에는 내 은잔과2) 그의 곡식 값을3) 넣어 두어라."
그러자 요셉이 말한 것처럼, 그의 말대로 되었다.4) 3 (다음 날) 아침이 밝아오자,
〈그들은〉 그 사람들과 그들 나귀들을 떠나보냈다. 4 그들이 성읍을 나와 멀리 가지
않았을 때, 요셉이 자기 집 관리인에게 말하였다. "일어나 그 사람들 뒤를 쫓아라.

---

52) 필로에 따르면, 요셉의 형제들은 이집트인들이 나이순으로 자리하는 히브리인들의 관습을 알
고 있음을 보고 놀랐다고 한다(*Jos.* 203-204).

53) 히브리어 본문의 '그가 몫들을 날랐다'(וישׂא משׂאת)라는 문장에서, 요셉이 직접 음식을 나르
지 않았을 것으로 이해한 LXX 번역자가 이를 불특정 주어로 바꾸어 '그들이 날랐다'($\mathring{\eta}\rho\alpha\nu$)라
고 옮겼다.

54) 필로는 요셉이 베냐민에게 더 많은 음식을 줌으로써 자기 형제들이 질투하는지를 시험하고
있다고 말한다(*Jos.* 234).

1) LXX는 주어 요셉을 명시하였다.

2) 이 장에 여러 번 나오는 $\kappa\acute{o}\nu\delta\upsilon$(잔)라는 그리스어는 자주 쓰이지 않는 단어로서, 여기 이외
에 이사 51,17.22에만 나온다. 아퀼라역과 심마쿠스역은 잔을 표현하는 데 더 자주 쓰이는 용어
($\sigma\kappa\acute{\upsilon}\phi o\varsigma$, $\phi\iota\acute{\alpha}\lambda\eta$)로 옮겼으며, 필로는 잔을 가리키는 또 다른 말인 $\check{\epsilon}\kappa\pi\omega\mu\alpha$(*Jos.* 213)를 썼다.

3) 히브리어 본문의 '그의 곡식 돈'(כסף שׁברו)을 "그의 곡식 값"($\tau\grave{\eta}\nu$ $\tau\iota\mu\grave{\eta}\nu$ $\tauο\hat{\upsilon}$ $\sigma\acute{\iota}\tau o\upsilon$
$\alpha\mathring{\upsilon}\tauο\hat{\upsilon}$)으로 옮겼다. '돈'(כסף)을 '값'($\tau\iota\mu\acute{\eta}$)으로 옮긴 것은 아주 드문 경우로, LXX에서는 이
곳 이외에 욥 31,39에만 나타난다.

4) LXX는 주어가 요셉 집 관리인으로 나오는 히브리어 본문의 "그는 요셉이 분부한 대로 하였
다"(כדבר יוסף אשׁר דבר ויעשׂ)라는 문장을 바꾸어 옮겼다.

αὐτοὺς καὶ ἐρεῖς αὐτοῖς Τί ὅτι ἀνταπεδώκατε πονηρὰ ἀντὶ καλῶν; 5 ἵνα τί ἐκλέψατέ μου τὸ κόνδυ τὸ ἀργυροῦν; οὐ τοῦτό ἐστιν, ἐν ᾧ πίνει ὁ κύριός μου; αὐτὸς δὲ οἰωνισμῷ οἰωνίζεται ἐν αὐτῷ. πονηρὰ συντετέλεσθε, ἃ πεποιήκατε. 6 εὑρὼν δὲ αὐτοὺς εἶπεν αὐτοῖς κατὰ τὰ ῥήματα ταῦτα. 7 οἱ δὲ εἶπον αὐτῷ Ἵνα τί λαλεῖ ὁ κύριος κατὰ τὰ ῥήματα ταῦτα; μὴ γένοιτο τοῖς παισίν σου ποιῆσαι κατὰ τὸ ῥῆμα τοῦτο. 8 εἰ τὸ μὲν ἀργύριον, ὃ εὕρομεν ἐν τοῖς μαρσίπποις ἡμῶν, ἀπεστρέψαμεν πρὸς σὲ ἐκ γῆς Χανααν, πῶς ἂν κλέψαιμεν ἐκ τοῦ οἴκου τοῦ κυρίου σου ἀργύριον ἢ χρυσίον; 9 παρ' ᾧ ἂν εὑρεθῇ τὸ κόνδυ τῶν παίδων σου, ἀποθνησκέτω· καὶ ἡμεῖς δὲ ἐσόμεθα παῖδες τῷ κυρίῳ ἡμῶν. 10 ὁ δὲ εἶπεν Καὶ νῦν ὡς λέγετε, οὕτως ἔσται· ὁ ἄνθρωπος, παρ' ᾧ ἂν εὑρεθῇ τὸ κόνδυ, αὐτὸς ἔσται μου παῖς, ὑμεῖς δὲ ἔσεσθε καθαροί. 11 καὶ ἔσπευσαν καὶ καθεῖλαν ἕκαστος τὸν μάρσιππον αὐτοῦ ἐπὶ τὴν γῆν καὶ ἤνοιξαν ἕκαστος τὸν μάρσιππον αὐτοῦ. 12 ἠρεύνα δὲ ἀπὸ τοῦ πρεσβυτέρου ἀρξάμενος ἕως ἦλθεν ἐπὶ τὸν νεώτερον, καὶ εὗρεν τὸ κόνδυ ἐν τῷ μαρσίππῳ τῷ Βενιαμιν. 13 καὶ διέρρηξαν τὰ ἱμάτια αὐτῶν καὶ ἐπέθηκαν ἕκαστος τὸν μάρσιππον αὐτοῦ ἐπὶ τὸν ὄνον αὐτοῦ καὶ ἐπέστρεψαν εἰς τὴν πόλιν.

44.14 Εἰσῆλθεν δὲ Ιουδας καὶ οἱ ἀδελφοὶ αὐτοῦ πρὸς Ιωσηφ ἔτι αὐτοῦ ὄντος ἐκεῖ καὶ ἔπεσον ἐναντίον αὐτοῦ ἐπὶ τὴν γῆν. 15 εἶπεν δὲ αὐτοῖς Ιωσηφ Τί τὸ πρᾶγμα τοῦτο, ὃ ἐποιήσατε; οὐκ οἴδατε ὅτι οἰωνισμῷ οἰωνιεῖται ἄνθρωπος οἷος ἐγώ; 16 εἶπεν δὲ Ιουδας Τί ἀντεροῦμεν τῷ κυρίῳ ἢ τί λαλήσωμεν ἢ τί δικαιωθῶμεν; ὁ δὲ θεὸς εὗρεν τὴν ἀδικίαν τῶν παίδων σου. ἰδού ἐσμεν οἰκέται τῷ κυρίῳ ἡμῶν, καὶ ἡμεῖς καὶ παρ' ᾧ εὑρέθη τὸ κόνδυ. 17 εἶπεν δὲ Ιωσηφ Μή

---

5) "내 은잔은 어찌하여 훔쳤느냐?" (ἵνα τί ἐκλέψατέ μου τὸ κόνδυ τὸ ἀργυροῦν;)라는 말은 MT에 없다. 괴팅겐판 LXX에서는 이 문장이 4절 마지막에 나온다.

6) 여기서 '점을 치다' (οἰωνίζομαι)의 동족명사 "점" (οἰωνισμός)은 잔에 물을 담아 그 물의 움직임을 보고 해석하는 점인 듯하다.

7) MT와 같이 LXX도 이 절의 주어를 밝히지 않았다. 문맥상 요셉 집의 관리인을 가리킨다.

그들을 따라잡으면 그들에게 말하여라. '어찌하여 너희는 선을 악으로 갚느냐? 5 내 은잔은 어찌하여 훔쳤느냐?[5] 이것은 내 주인께서 마실 때 쓰시는 것이 아니더냐? 그분은 그것으로 점을[6] 치기도 하신다. 너희가 저지른 일은 악하기만 하구나.'" 6 그가[7] 그들을 발견하고[8] 그들에게 이 〈말〉처럼 말하자, 7 그들이 그에게 말하였다. "어찌하여 나리께서는 그 〈말〉처럼 말씀하십니까? 당신의 종들이 그 〈말〉처럼 할 리가 없습니다. 8 저희가 저희 가방에서 발견한 돈을, 가나안 땅에서 (가져다) 나리께 돌려드렸는데, 어떻게 저희가 당신의 주인집에서 은이나 금을 훔칠 수 있겠습니까? 9 당신의 (이) 종들 가운데서 그 잔이[9] 발견되는 자는 죽어 마땅합니다. 그리고 저희는 〈저희〉 당신께 종들이 되겠습니다." 10 그가 말하였다. "그렇다면 이제 너희가 말한 대로 그렇게 될 것이다. 그 잔이 발견되는 사람, 그는 나의 종이 되고, 너희 (나머지)는 결백하게 될 것이다." 11 그들은 저마다 서둘러 자기 가방을 땅에 내려 놓고, 저마다 자기 가방을 열었다. 12 그는 가장 큰 사람부터 시작하여 가장 어린 사람에 이르기까지 뒤지다가, 그 잔을 베냐민의 가방에서 발견하였다.[10] 13 그러자 그들은 자기들의 옷을 찢고 저마다 자기 가방을 나귀에 싣고서,[11] 그 성읍으로 돌아갔다.

요셉이 베냐민을 종으로 잡아 두다

44,14 유다와 그 형제들이 요셉에게[12] 갔을 때, 그는 아직 그곳에 있었다. 그들이 그 앞에서 땅에 엎드리자, 15 요셉이 그들에게 말하였다. "너희가 저지른 이 일이 무엇이란 말이냐? 너희는 나 같은 사람이 점을 치는 줄 몰랐더냐?" 16 그러자 유다가 말하였다. "저희가 나리께 무어라 대꾸하겠습니까? 저희가 무어라 말하며 무어라 변명하겠습니까? 하느님께서 나리의 종들의 불의를 밝혀내셨습니다. 이제 저희와 그 잔이 발견된 아이는 나리의 종입니다." 17 요셉이 말하였다. "나에게 그

---

8) LXX는 히브리어 본문의 '그가 그들을 따라잡았다'(וישׂגם)를 바꾸어 "그들을 발견하고"(εὑρὼν δὲ αὐτούς)라고 하였다.

9) LXX는 이곳과 10절에 MT에는 나오지 않는 "잔"(κόνδυ)이라는 말을 썼다.

10) LXX는 히브리어 본문의 수동구문(…ב הגביע וימצא ~에서 잔이 발견되다)을 능동형으로 옮겼다.

11) MT의 '저마다 자기 나귀에 짐을 실었다'(ויעמס איש על חמרו)에서 '짐을 싣다' 대신 '자기 가방을 실었다'로 옮겼다.

12) MT는 "요셉이 집에"(ביתה יוסף)라고 하였다.

μοι γένοιτο ποιῆσαι τὸ ῥῆμα τοῦτο· ὁ ἄνθρωπος, παρ' ᾧ εὑρέθη τὸ κόνδυ, αὐτὸς ἔσται μου παῖς, ὑμεῖς δὲ ἀνάβητε μετὰ σωτηρίας πρὸς τὸν πατέρα ὑμῶν.

44.18 Ἐγγίσας δὲ αὐτῷ Ιουδας εἶπεν Δέομαι, κύριε, λαλησάτω ὁ παῖς σου ῥῆμα ἐναντίον σου, καὶ μὴ θυμωθῇς τῷ παιδί σου, ὅτι σὺ εἶ μετὰ Φαραω. **19** κύριε, σὺ ἠρώτησας τοὺς παῖδάς σου λέγων Εἰ ἔχετε πατέρα ἢ ἀδελφόν; **20** καὶ εἴπαμεν τῷ κυρίῳ Ἔστιν ἡμῖν πατὴρ πρεσβύτερος καὶ παιδίον γήρως νεώτερον αὐτῷ, καὶ ὁ ἀδελφὸς αὐτοῦ ἀπέθανεν, αὐτὸς δὲ μόνος ὑπελείφθη τῇ μητρὶ αὐτοῦ, ὁ δὲ πατὴρ αὐτὸν ἠγάπησεν. **21** εἶπας δὲ τοῖς παισίν σου Καταγάγετε αὐτὸν πρός με, καὶ ἐπιμελοῦμαι αὐτοῦ. **22** καὶ εἴπαμεν τῷ κυρίῳ Οὐ δυνήσεται τὸ παιδίον καταλιπεῖν τὸν πατέρα· ἐὰν δὲ καταλίπῃ τὸν πατέρα, ἀποθανεῖται. **23** σὺ δὲ εἶπας τοῖς παισίν σου Ἐὰν μὴ καταβῇ ὁ ἀδελφὸς ὑμῶν ὁ νεώτερος μεθ' ὑμῶν, οὐ προσθήσεσθε ἔτι ἰδεῖν τὸ πρόσωπόν μου. **24** ἐγένετο δὲ ἡνίκα ἀνέβημεν πρὸς τὸν παῖδά σου πατέρα δὲ ἡμῶν, ἀπηγγείλαμεν αὐτῷ τὰ ῥήματα τοῦ κυρίου. **25** εἶπεν δὲ ἡμῖν ὁ πατὴρ ἡμῶν Βαδίσατε πάλιν, ἀγοράσατε ἡμῖν μικρὰ βρώματα. **26** ἡμεῖς δὲ εἴπαμεν Οὐ δυνησόμεθα καταβῆναι· ἀλλ' εἰ μὲν ὁ ἀδελφὸς ἡμῶν ὁ νεώτερος καταβαίνει μεθ' ἡμῶν, καταβησόμεθα· οὐ γὰρ δυνησόμεθα ἰδεῖν τὸ πρόσωπον τοῦ ἀνθρώπου, τοῦ ἀδελφοῦ τοῦ νεωτέρου μὴ ὄντος μεθ' ἡμῶν. **27** εἶπεν δὲ ὁ παῖς σου ὁ πατὴρ ἡμῶν πρὸς ἡμᾶς Ὑμεῖς γινώσκετε ὅτι δύο ἔτεκέν μοι ἡ γυνή· **28** καὶ ἐξῆλθεν ὁ εἷς ἀπ' ἐμοῦ, καὶ εἴπατε ὅτι θηριόβρωτος

---

13) 히브리어 "평안히"(לשלום)를 "무사히"(μετὰ σωτηρίας)로 옮겼다.

14) 베냐민을 종으로 잡아 두겠다는 요셉의 말에 유다가 나선다. 유다의 말은 요셉이 형들에게 자신의 정체를 밝히도록 이끈다.

15) 히브리어 '나리의 귀에'(באזני אדני)를 "당신 앞에"(ἐναντίον σου)로 옮겼다.

16) 히브리어 본문의 '당신은 파라오와 같으시니'(כי כמוך כפרעה)를 자유롭게 옮겼다. 유다 전통은 '당신은 파라오와 가깝다'(LXX) 또는 '당신은 파라오와 같다'(히브리어 본문)는 표현을, 파라오가 이스라엘의 적대국 임금으로 묘사되는 탈출 7—11장에 따라 부정적으로 해석하였다.

런 일을 하는 것은 있을 수 없다. 그 잔이 발견된 사람, 그는 내 종이 될 것이지만
너희는 무사히[13] 너희 아버지에게 올라가거라."

유다가 대신 종이 되겠다고 나서다[14]

　44,18 유다가 그에게 다가가 말하였다. "나리, 제발 나리의 종이 나리 앞에[15]
말씀드리게 해 주십시오. 나리께서는 파라오와 함께 계시오니,[16] 당신의 종에게 노
여워하지 마십시오. 19 나리, 나리께서는[17] 나리의 종들에게 '너희에게 아버지나
형제가 있느냐?' 하고 물으셨습니다. 20 그래서 저희가 나리께 '저희에게 늙으신
아버지와, 그분이 나이 들어 얻은 가장 어린 아이가 있습니다. 그 (아이)의 형제는
죽고, 그의 어머니에게 그 혼자만 남아, 아버지는 그를 사랑하십니다' 하고 말씀드
렸습니다. 21 그러자 나리께서는 '그 (아이)를 나에게 데리고 내려오너라. 내가 그
를 보살펴야겠다'[18] 하고 나리의 종들에게 말씀하셨습니다. 22 저희가 나리께 말씀
드렸습니다. '그 아이는 아버지를 떠날 수 없습니다. 그 (아이)가 아버지를 떠난다
면, 그분은[19] 죽고 말 것입니다.' 23 그러나 나리께서는 나리의 종들에게 말씀하셨
습니다. '너희 가장 어린 형제가 너희와 함께 내려오지 않으면, 너희는 더 이상 내
얼굴을 볼 수 없다.' 24 그래서 저희가 나리의 종인 저희 아버지에게 올라갔을 때,
저희는 나리의 말씀을 그에게 전했습니다. 25 저희 아버지가 저희에게 '다시 가서
〈우리를 위하여〉 양식을 좀 사 오너라' 하고 말씀하시기에, 26 저희는 (이렇게) 말씀
드렸습니다. '저희는 내려갈 수 없습니다. 저희 가장 어린 형제가 저희와 함께 내
려가야만, 저희가 내려갈 수 있습니다. 가장 어린 형제가 저희와 함께 있지 않으
면, 저희는 그 사람의 얼굴을 볼 수 없기 때문입니다.' 27 그러자 나리의 종인 저
희 아버지가[20] 저희에게 말씀하셨습니다. '아내가[21] 나에게 아이 둘을 낳아 준 것
을 너희가 안다. 28 그런데 한 아이는 나를 떠났다. 너희는 그가 맹수에게 잡아먹

---

17) 히브리어 본문에서 3인칭(אדני)으로 공손히 '나의 나리께서 물으셨습니다'라고 표현한 것
　　을, LXX는 2인칭(σύ)으로 옮겼다.

18) MT를 직역하면 '나의 눈을 그의 위로 두겠다'(ואשימה עיני עליו)이다.

19) 주어를 밝혀 적지 않았지만, 문맥상 아이의 아버지(야곱)를 가리키는 것으로 보인다.

20) 히브리어 본문의 "저의 아버지"(אבי)를 LXX는 24절에 맞추어 "저희 아버지"(ὁ πατὴρ
　　ἡμῶν)라고 하였다.

21) 히브리어 본문의 "내 아내"(אשתי)를 그냥 "아내"(ἡ γυνή)로 옮겼다.

γέγονεν, καὶ οὐκ εἶδον αὐτὸν ἔτι καὶ νῦν· **29** ἐὰν οὖν λάβητε καὶ τοῦτον ἐκ προσώπου μου καὶ συμβῇ αὐτῷ μαλακία ἐν τῇ ὁδῷ, καὶ κατάξετέ μου τὸ γῆρας μετὰ λύπης εἰς ᾅδου. **30** νῦν οὖν ἐὰν εἰσπορεύωμαι πρὸς τὸν παῖδά σου πατέρα δὲ ἡμῶν καὶ τὸ παιδάριον μὴ ᾖ μεθ' ἡμῶν — ἡ δὲ ψυχὴ αὐτοῦ ἐκκρέμαται ἐκ τῆς τούτου ψυχῆς —, **31** καὶ ἔσται ἐν τῷ ἰδεῖν αὐτὸν μὴ ὂν τὸ παιδάριον μεθ' ἡμῶν τελευτήσει, καὶ κατάξουσιν οἱ παῖδές σου τὸ γῆρας τοῦ παιδός σου πατρὸς δὲ ἡμῶν μετ' ὀδύνης εἰς ᾅδου. **32** ὁ γὰρ παῖς σου ἐκδέδεκται τὸ παιδίον παρὰ τοῦ πατρὸς λέγων Ἐὰν μὴ ἀγάγω αὐτὸν πρὸς σὲ καὶ στήσω αὐτὸν ἐναντίον σου, ἡμαρτηκὼς ἔσομαι πρὸς τὸν πατέρα πάσας τὰς ἡμέρας. **33** νῦν οὖν παραμενῶ σοι παῖς ἀντὶ τοῦ παιδίου, οἰκέτης τοῦ κυρίου· τὸ δὲ παιδίον ἀναβήτω μετὰ τῶν ἀδελφῶν. **34** πῶς γὰρ ἀναβήσομαι πρὸς τὸν πατέρα, τοῦ παιδίου μὴ ὄντος μεθ' ἡμῶν; ἵνα μὴ ἴδω τὰ κακά, ἃ εὑρήσει τὸν πατέρα μου.

45,**1** Καὶ οὐκ ἠδύνατο Ιωσηφ ἀνέχεσθαι πάντων τῶν παρεστηκότων αὐτῷ, ἀλλ' εἶπεν Ἐξαποστείλατε πάντας ἀπ' ἐμοῦ. καὶ οὐ παρειστήκει οὐδεὶς ἔτι τῷ Ιωσηφ, ἡνίκα ἀνεγνωρίζετο τοῖς ἀδελφοῖς αὐτοῦ. **2** καὶ ἀφῆκεν φωνὴν μετὰ κλαυθμοῦ· ἤκουσαν δὲ πάντες οἱ Αἰγύπτιοι, καὶ ἀκουστὸν ἐγένετο εἰς τὸν οἶκον Φαραω. **3** εἶπεν δὲ Ιωσηφ πρὸς τοὺς ἀδελφοὺς αὐτοῦ Ἐγώ εἰμι Ιωσηφ· ἔτι ὁ πατήρ μου

---

22) LXX에 한 번만 나오는 '맹수에게 잡아먹힌' (θηριόβρωτος γέγονεν)이라는 표현은 37,33의 '못된 들짐승이 그를 잡아먹었다' (θηρίον πονηρὸν κατέφαγεν αὐτόν)를 다르게 묘사한 것이다. LXX는 "나는 그 애가 찢겨죽은 것이 틀림없다고 말하였고" (ואמר אך טרף טרף)를 "너희는 그가 맹수에게 잡아먹혔다고 말하였고" (εἴπατε ὅτι θηριόβρωτος γέγονεν)로 옮겨, 37,33과 모순된다.

23) 히브리어 본문의 "지금까지도" (עד הנה)를 "다시는 지금까지" (ἔτι καὶ νῦν)로 옮겼다.

24) 히브리어 '묶여 있다' (קשׁר)를 '달려 있다' (ἐκκρέμαται)로 옮겼다.

25) 히브리어 본문에는 "저의 아버지" (אבי)이다. 시리아어역과 불가타는 LXX처럼 옮겼다.

26) 히브리어 "백발이 성성한" (שׁיבת)을 "나이 많은" (τὸ γῆρας)으로 옮겼다.

27) '그를 당신 앞에 세우다' (στήσω αὐτὸν ἐναντίον σου)는 MT에 없는 말이다.

28) LXX는 히브리어 본문의 '당신 종' (עבדך)이라는 3인칭 주어를 1인칭으로 바꾸었다.

했다고 말하였고,22) 나는 다시는 지금까지23) 그를 보지 못하였다. 29 너희는 이제
이 (아이)마저 내 얼굴로부터 데려갔다가 길 위에서 그가 아프기라도 하면, 너희는
이 나이 많은 내가 슬퍼하며 저승으로 내려가게 할 것이다.' 30 (이렇게) 그분의 목
숨이 그 (아이)의 목숨에 달려 있는데,24) 이제 그 아이가 저희와 함께하지 않은 채
제가 당신의 종인 저희 아버지에게25) 돌아가, 31 그 아이가 저희와 함께 있지 않은
것을 아버지가 보면, 그분은 죽고 말 것입니다. 그러면 나리의 종들은 나리의 종인
나이 많은26) 저희 아버지가 괴로워하며 저승으로 내려가게 하고야 말 것입니다.
32 나리의 종은 '제가 만일 그를 나리께 데려다 그를 나리 앞에 세우지27) 못한다
면, 저는 온 날들 동안 아버지에게 죄인입니다' 하고 말씀드리며 아버지에게서 그
아이를 맡았습니다. 33 그러니 이제 제가28) 저 아이 대신 나리 집안 종으로 당신께
남고, 저 아이는 형제들과 함께 올라가게 해 주십시오. 34 그 아이가 저희와 함께
있지 않은데, 어떻게 제가 아버지에게 올라가겠습니까? 제 아버지에게 닥칠 불행을
저는 볼 수 없습니다."

요셉이 자신을 밝히다1)

45,1 요셉은 자기 곁에 서 있는 모든 이를 참아내지2) 못하고 말하였다. "나에게
서 모두 물러가게 하여라." 그래서 요셉이 자기 형제들에게 자신을 밝힐3) 때, 그
곁에는 더 이상4) 아무도 서 있지 않았다. 2 그가 소리 내어 울자, 모든 이집트 사람
이5) 들었고, 그것은 파라오의 집에까지 들렸다. 3 요셉이 자기 형제들에게 말하였

---

1) 이 장면은 무엇보다도 화해와 용서를 보여 준다. 요셉은 형들이 자기에게 한 일을 신학적으
로 해석하였다. 곧 하느님만이 자신이 이집트에 팔려오게 된 유일한 원인이며(5절), 이는 '남
은 자'를 구하시기 위함이라는 것이다(필로가 *Jos.* 239에서 쓴 '용서' ⟨ἀμνηστία⟩ 참조). 야곱의
자손 가운데 이 '남은 자'들은 나중에 약속의 땅으로 떠나게 된다.

2) 본디 '자제하다'라는 뜻의 ἀνέχομαι 동사를 문장 구성상(동사 뒤에 속격이 띠리옴) '~을
침아내다'로 이해하여 옮겼다. "자기 곁에 서 있는 모든 이"(πάντων τῶν παρεστηκότων
αὐτῷ)가 절대속격으로 쓰이지 않았으므로, '요셉은 자신을 자제하지 못하였다'와 '자기 곁에
서 있는 사람들'이 서로 자연스럽게 이어질 수 없기 때문이다. MT는 '자기 곁에 서 있는 모든
이들 앞에서'(לכל הנצבים עליו) 억제할 수 없었다고 하였다.

3) LXX 번역자는 히브리어 '알리다'(התודע '알다'⟨ידע⟩의 히트파엘형 부정사)를 옮기는데, 그에
대응하는 일반적인 그리스어 '알다'(γινώσκω) 대신에 LXX에 한 번 나오는 말 '밝히다'
(ἀναγνωρίζω)를 썼다. 형제들이 요셉을 알아보는 장면을 보다 구체적으로 묘사한 것이다.

4) MT에 없는 말 ἔτι를 덧붙였다.

5) LXX는 집합명사 "이집트 사람들"(מצרים)을 "모든 이집트 사람"(πάντες οἱ Αἰγύπτιοι)으로
옮겼다.

ζῆ; καὶ οὐκ ἐδύναντο οἱ ἀδελφοὶ ἀποκριθῆναι αὐτῷ· ἐταράχθησαν γάρ. 4 εἶπεν δὲ Ιωσηφ πρὸς τοὺς ἀδελφοὺς αὐτοῦ Ἐγγίσατε πρός με. καὶ ἤγγισαν. καὶ εἶπεν Ἐγώ εἰμι Ιωσηφ ὁ ἀδελφὸς ὑμῶν, ὃν ἀπέδοσθε εἰς Αἴγυπτον. 5 νῦν οὖν μὴ λυπεῖσθε μηδὲ σκληρὸν ὑμῖν φανήτω ὅτι ἀπέδοσθέ με ὧδε· εἰς γὰρ ζωὴν ἀπέστειλέν με ὁ θεὸς ἔμπροσθεν ὑμῶν· 6 τοῦτο γὰρ δεύτερον ἔτος λιμὸς ἐπὶ τῆς γῆς, καὶ ἔτι λοιπὰ πέντε ἔτη, ἐν οἷς οὐκ ἔσται ἀροτρίασις οὐδὲ ἄμητος· 7 ἀπέστειλεν γάρ με ὁ θεὸς ἔμπροσθεν ὑμῶν, ὑπολείπεσθαι ὑμῶν κατάλειμμα ἐπὶ τῆς γῆς καὶ ἐκθρέψαι ὑμῶν κατάλειψιν μεγάλην. 8 νῦν οὖν οὐχ ὑμεῖς με ἀπεστάλκατε ὧδε, ἀλλ᾽ ἢ ὁ θεός, καὶ ἐποίησέν με ὡς πατέρα Φαραω καὶ κύριον παντὸς τοῦ οἴκου αὐτοῦ καὶ ἄρχοντα πάσης γῆς Αἰγύπτου. 9 σπεύσαντες οὖν ἀνάβητε πρὸς τὸν πατέρα μου καὶ εἴπατε αὐτῷ Τάδε λέγει ὁ υἱός σου Ιωσηφ Ἐποίησέν με ὁ θεὸς κύριον πάσης γῆς Αἰγύπτου· κατάβηθι οὖν πρός με καὶ μὴ μείνῃς· 10 καὶ κατοικήσεις ἐν γῇ Γεσεμ Ἀραβίας καὶ ἔσῃ ἐγγύς μου, σὺ καὶ οἱ υἱοί σου καὶ οἱ υἱοὶ τῶν υἱῶν σου, τὰ πρόβατά σου καὶ αἱ βόες σου καὶ ὅσα σοί ἐστιν, 11 καὶ ἐκθρέψω σε ἐκεῖ — ἔτι γὰρ πέντε ἔτη λιμός —, ἵνα μὴ ἐκτριβῇς, σὺ καὶ οἱ υἱοί σου καὶ πάντα τὰ ὑπάρχοντά σου. 12 ἰδοὺ οἱ ὀφθαλμοὶ ὑμῶν βλέπουσιν καὶ οἱ ὀφθαλμοὶ Βενιαμιν τοῦ ἀδελφοῦ μου ὅτι τὸ στόμα μου τὸ λαλοῦν πρὸς ὑμᾶς. 13 ἀπαγγείλατε οὖν τῷ πατρί μου πᾶσαν τὴν δόξαν μου τὴν ἐν Αἰγύπτῳ καὶ ὅσα εἴδετε, καὶ ταχύναντες καταγάγετε τὸν πατέρα

---

6) MT는 ‘그 앞에서’ (מפניו) 놀랐다고 하였다.

7) “살리시려고”(εἰς ζωήν, MT: למחיה)라는 전치사구는 오경 가운데 이곳에 한 번만 나온다. 아퀼라역은 신조어 ‘살게 함’(ζώωσις)을 사용하였고, 심마쿠스역은 ‘구원’(σωτηρία)이라고 옮겼다.

8) ‘그 땅 가운데에’ (בקרב הארץ)를 “땅에”(ἐπὶ τῆς γῆς)로 옮겼다. MT의 בקרב는 이집트 땅으로 제한하는 것 같은데, LXX는 이를 확대하여 보다 넓은 지역개념을 제시하고 있다.

9) ‘밭갈기’ (ἀροτρίασις)는 LXX에 단 한 번 나오는 말로 동사 ‘경작하다’ (ἀροτριάω)에서 만들어진 신조어인 듯하다.

10) 속격으로 쓰인 인칭대명사들과 비슷한 뜻을 지닌 두 명사로 이루어진 이 문장은 그 뜻이 분명하지 않다. 첫 번째 명사 κατάλειμμα는 이사 10.22에서 구원받은 이스라엘의 ‘남은 자’로

다. "내가 요셉입니다. 내 아버지는 아직 살아 계십니까?" 그러나 형제들은 너무 놀라,[6] 그에게 대답할 수가 없었다. 4 요셉이 자기 형제들에게 말하였다. "나에게 가까이 오십시오." 그들이 가까이 오자 그가 말하였다. "내가 당신들이 이집트로 팔아넘긴, 여러분의 형제 요셉입니다. 5 그러나 이제 여러분이 나를 이곳으로 팔아넘겼다고 해서 괴로워하지도, 자신들을 가혹하게 대하지도 마십시오. 하느님께서는 살리시려고[7] 나를 여러분보다 앞서 보내신 것입니다. 6 〈이〉 이 년 동안 땅에[8] 기근이 들었습니다. 앞으로 밭을 갈지도[9] 거두지도 못할 오 년이 남았습니다. 7 하느님께서는 나를 여러분보다 앞서 보내시어, 이 땅에 여러분의 남은 자들을 남겨 두시고, 여러분의 많은 남은 이를 살리려 하셨습니다.[10] 8 그러니 여러분이 아니라 하느님께서 나를 여기로 보내신 것입니다. 그분께서 나를 파라오의 아버지처럼 그의 온 집안의 주인으로, 그리고 이집트 온 땅의 다스리는 자로[11] 만드셨습니다. 9 그러니 서둘러 아버지께 올라가 그분께 아버지의 아들 요셉이 이렇게 말씀드리더라고 말씀하십시오. '하느님께서 저를 이집트 온 땅의 주인으로[12] 만드셨습니다. 그러니 그냥 계시지 말고 저에게 내려오십시오. 10 아버지께서는 아라비아의 게셈[13] 땅에 자리 잡으시고, 아버지와 아버지 아들들과 아버지 아들들의 아들들, 그리고 아버지의 양떼와 소떼와 아버지께 있는 것은 무엇이나 저와 가까이 계십시오. 11 아직 다섯 해의 기근이 있을 터이니, 제가 그곳에서 아버지를 봉양하겠습니다. 그러면 아버지와 아버지의 아들들,[14] 그리고 아버지의 모든 재산이 파멸하지 않을 것입니다.' 12 보십시오, 여러분과 내 형제 베냐민의 눈은 내 입이 여러분에게 말하는 것을 보고 있습니다. 13 그러니 여러분은 이집트에서 지닌 내 모든 영화와 여러분이 본 것을 다 내 아버지께 알려 드리십시오. 어서 내 아버지를 이곳으로 모시고 내려

나온다. 두 번째 나오는 명사 $\kappa\alpha\tau\acute{\alpha}\lambda\epsilon\iota\psi\iota\varsigma$는 LXX에 단 한 번 나오는 단어로, 플라톤은 이 말을 '자기 뒤에 무언가를 남기는 것'을 뜻하는 데 사용하였다(*Phèdre* 257e). MT는 "여러분을 위하여 자손들을 이 땅에 일으켜 세우고, 구원받은 이들의 큰 무리가 되도록 여러분의 목숨을 지키게 하셨습니다"라고 하였다.

11) LXX는 요셉의 마지막 직위를 속격을 써서, "이집트 온 땅의($\pi\acute{\alpha}\sigma\eta\varsigma$ $\gamma\widehat{\eta}\varsigma$ $A\iota\gamma\acute{u}\pi\tau\sigma\upsilon$) 다스리는 자"로 묘사하였다. MT는 '이집트 온 땅에서'(בכל ארץ מצרים)라 하여 LXX와 그 의미가 조금 다르다. LXX에서 요셉은 일개 지방장관이 아니라 이집트 전체를 다스리는 자인 것이다.

12) LXX는 "온 이집트의 주인으로"(לאדון לכל מצרים)에 '땅'($\gamma\widehat{\eta}$)을 덧붙여 옮겼다.

13) LXX는 야곱과 그의 일가가 자리 잡을 땅 게셈($\Gamma\epsilon\sigma\epsilon\mu$, MT: 고센)을 이곳과 46,34에서 아라비아에 있는 지명이라고 구체적으로 밝힌다. MT는 아라비아라는 언급 없이 고센 땅을 말한다.

14) '당신의 집안'(ביתך)을 "당신의 아들들"($o\iota$ $\upsilon\iota o\iota$ $\sigma o\upsilon$)로 바꾸어 옮겼다.

μου ὧδε.   **14** καὶ ἐπιπεσὼν ἐπὶ τὸν τράχηλον Βενιαμιν τοῦ ἀδελφοῦ αὐτοῦ ἔκλαυσεν ἐπ' αὐτῷ, καὶ Βενιαμιν ἔκλαυσεν ἐπὶ τῷ τραχήλῳ αὐτοῦ.   **15** καὶ καταφιλήσας πάντας τοὺς ἀδελφοὺς αὐτοῦ ἔκλαυσεν ἐπ' αὐτοῖς, καὶ μετὰ ταῦτα ἐλάλησαν οἱ ἀδελφοὶ αὐτοῦ πρὸς αὐτόν.

45.16 Καὶ διεβοήθη ἡ φωνὴ εἰς τὸν οἶκον Φαραω λέγοντες Ἥκασιν οἱ ἀδελφοὶ Ιωσηφ. ἐχάρη δὲ Φαραω καὶ ἡ θεραπεία αὐτοῦ.   **17** εἶπεν δὲ Φαραω πρὸς Ιωσηφ Εἰπὸν τοῖς ἀδελφοῖς σου Τοῦτο ποιήσατε· γεμίσατε τὰ πορεῖα ὑμῶν καὶ ἀπέλθατε εἰς γῆν Χανααν **18** καὶ παραλαβόντες τὸν πατέρα ὑμῶν καὶ τὰ ὑπάρχοντα ὑμῶν ἥκετε πρός με, καὶ δώσω ὑμῖν πάντων τῶν ἀγαθῶν Αἰγύπτου, καὶ φάγεσθε τὸν μυελὸν τῆς γῆς.   **19** σὺ δὲ ἔντειλαι ταῦτα, λαβεῖν αὐτοῖς ἁμάξας ἐκ γῆς Αἰγύπτου τοῖς παιδίοις ὑμῶν καὶ ταῖς γυναιξίν, καὶ ἀναλαβόντες τὸν πατέρα ὑμῶν παραγίνεσθε·   **20** καὶ μὴ φείσησθε τοῖς ὀφθαλμοῖς τῶν σκευῶν ὑμῶν, τὰ γὰρ πάντα ἀγαθὰ Αἰγύπτου ὑμῖν ἔσται. **21** ἐποίησαν δὲ οὕτως οἱ υἱοὶ Ισραηλ· ἔδωκεν δὲ Ιωσηφ αὐτοῖς ἁμάξας κατὰ τὰ εἰρημένα ὑπὸ Φαραω τοῦ βασιλέως καὶ ἔδωκεν αὐτοῖς ἐπισιτισμὸν εἰς τὴν ὁδόν, **22** καὶ πᾶσιν ἔδωκεν δισσὰς στολάς, τῷ δὲ Βενιαμιν ἔδωκεν τριακοσίους χρυσοῦς καὶ πέντε ἐξαλλασσούσας στολάς, **23** καὶ τῷ πατρὶ αὐτοῦ ἀπέστειλεν κατὰ τὰ αὐτὰ καὶ δέκα ὄνους αἴροντας ἀπὸ πάντων τῶν ἀγαθῶν Αἰγύπτου καὶ δέκα ἡμιόνους

---

15) LXX는 히브리어 본문에 없는 "그를 붙잡고"(ἐπ' αὐτῷ)를 덧붙였다.

16) 시중드는 사람들 모두를 가리키는 말로 쓰인 θεραπεία는 LXX 오경에 한 번 나오는 단어로 헤로도투스 때부터 쓰이기 시작하였다.

17) 히브리어 본문의 '~의 눈에 좋게 보였다'(רייטב בעיני)를 "기뻐하였다"(ἐχάρη)로 옮긴 경우는 이곳이 유일하다.

18) 일부 그리스어 필사본들과 아퀼라역, 심마쿠스역은 히브리어 본문을 따라 '짐승들(τὰ κτήνη)에 짐을 싣고'로 옮겼지만, LXX는 '마차들'(τὰ πορεῖα)로 옮겼다. '마차'(πορεῖον)는 운송수단을 가리키는 일반적인 단어로 동사 '짐을 싣다'(γεμίζω)와 논리적으로 호응한다.

19) "재산들"(τὰ ὑπάρχοντα)은 MT의 '집안 식구들' 보다 넓은 개념이다.

20) MT는 "이집트에서 가장 좋은 땅"(טוב ארץ מצרים)이라 하였다.

오십시오." 14 그는 자기 형제 베냐민의 목 위로 (얼굴을) 떨구고 그를 붙잡고[15] 울었다. 베냐민도 그의 목 위로 (얼굴을 떨구고) 울었다. 15 그리고 그는 자기 온 형제들과 입을 맞추고 그들을 붙잡고 울었다. 그런 뒤에 그의 형제들이 그에게 이야기하였다.

요셉의 형제들이 야곱에게 가다

45,16 '요셉의 형제들이 왔다'는 소리가 파라오의 집에 전해지자, 파라오와 그의 신하가[16] 기뻐하였다.[17] 17 파라오가 요셉에게 말하였다. "그대의 형제들에게 말하시오. '너희는 이렇게 하여라. 너희의 마차에[18] 짐을 싣고 가나안 땅으로 가거라. 18 너희 아버지를 (모시고) 너희 재산들을[19] 가지고 나에게 오너라. 내가 너희에게 이집트의 모든 좋은 것에서[20] 얼마를 주고, 너희는 땅의 진수를[21] 먹게 될 것이다.' 19 그대는 또 이렇게 이르시오.[22] '너희 아이들과 아내들을 위하여 이집트 땅에서 수레들을 가져가 너희 아버지를 태워 오너라. 20 너희의 세간들에 눈을 두지 마라.[23] 이집트의 좋은 것들이 모두 너희 것이 될 것이기 때문이다.'" 21 이스라엘의 아들들은 그렇게 하였다. 요셉은 파라오 임금의[24] 말대로 그들에게 수레들을 주고, 〈그들에게〉 길에서 (먹을) 양식도 주었다. 22 그리고 (그들) 모두에게 겹옷을 주고, 베냐민에게는 금[25] 삼백 (냥)과 특별복 다섯 벌을 주었다.[26] 23 그는 자기 아버지에게도 이집트의 모든 좋은 것에서 얼마를 실은 나귀 열 마리와, 〈자기〉 아버지가 길

---

21) "진수"(μυελός)는 약속받은 땅의 풍요로움을 상징한다. '굳기름'(στέαρ 창세 4,4)과 '우유'(γάλα 시편 18,10)라는 말과 함께 이 단어는 히브리어 '우유'(חֵלֶב)에 대응한다.

22) וְאַתָּה צֻוֵּיתָה זֹאת עֲשׂוּ로 시작하는 MT 문장은 이해하기 어렵다. '그대는 명령을 받았소, 너희는 이렇게 하라'로 해석해 볼 수 있다. LXX는 여기서 עֲשׂוּ를 생략하고 צֻוֵּיתָה를 피엘형으로 이해하여 "그대는 또 이렇게 이르시오"(σύ δέ ἔντειλαι ταῦτα)라 하였다.

23) 부정어와 함께 쓰인 그리스어 '아끼다'(φείδομαι)는 여기서 '아쉬워하지 마라'와 같은 뜻으로 쓰였다.

24) MT에는 "임금의"(τοῦ βασιλέως)란 말이 없다.

25) 히브리어 본문의 "은"(כֶּסֶף)을 "금"(χρυσοῦς)으로 바꾸어 옮겼다. 알렉산드리아에서 χρυσύς의 복수형 χρυσοῦς는 금화를 뜻하였다.

26) LXX는 요셉이 형제들에게 준 "겹옷"(δισσάς στολάς)과 베냐민에게 준 "특별복 다섯 벌"(πέντε ἐξαλλασσούσας στολάς)을 대비시켰다. 여기서 "겹옷"이 무엇을 뜻하는지는 분명하지 않다. MT는 베냐민이 요셉의 다른 형제들과 마찬가지로 '갈아입을 옷'(חֲלִפֹת שְׂמָלֹת)을 받았다고 하지만, LXX는 베냐민이 받은 옷 다섯 벌을 동사 '바꾸다'(ἐξαλλάσσω)의 자동분사형을 써서 '다른', 곧 '특별한, 보기 드문'이라는 뜻을 전달하였다. 히브리어 '바꾸다'(חָלַף)에 대응하는 그리스어로 ἀλλάσσω를 사용한 것은 요셉이 베냐민에게 보여 준 특별한 배려를 강조하기 위한 것이다.

αἰρούσας ἄρτους τῷ πατρὶ αὐτοῦ εἰς ὁδόν. **24** ἐξαπέστειλεν δὲ τοὺς ἀδελφοὺς αὐτοῦ, καὶ ἐπορεύθησαν· καὶ εἶπεν αὐτοῖς Μὴ ὀργίζεσθε ἐν τῇ ὁδῷ.

45,25 Καὶ ἀνέβησαν ἐξ Αἰγύπτου καὶ ἦλθον εἰς γῆν Χανααν πρὸς Ιακωβ τὸν πατέρα αὐτῶν **26** καὶ ἀνήγγειλαν αὐτῷ λέγοντες ὅτι Ὁ υἱός σου Ιωσηφ ζῇ, καὶ αὐτὸς ἄρχει πάσης γῆς Αἰγύπτου. καὶ ἐξέστη ἡ διάνοια Ιακωβ· οὐ γὰρ ἐπίστευσεν αὐτοῖς. **27** ἐλάλησαν δὲ αὐτῷ πάντα τὰ ῥηθέντα ὑπὸ Ιωσηφ, ὅσα εἶπεν αὐτοῖς. ἰδὼν δὲ τὰς ἁμάξας, ἃς ἀπέστειλεν Ιωσηφ ὥστε ἀναλαβεῖν αὐτόν, ἀνεζωπύρησεν τὸ πνεῦμα Ιακωβ τοῦ πατρὸς αὐτῶν. **28** εἶπεν δὲ Ισραηλ Μέγα μοί ἐστιν, εἰ ἔτι Ιωσηφ ὁ υἱός μου ζῇ· πορευθεὶς ὄψομα αὐτὸν πρὸ τοῦ ἀποθανεῖν με.

46,1 Ἀπάρας δὲ Ισραηλ, αὐτὸς καὶ πάντα τὰ αὐτοῦ, ἦλθεν ἐπὶ τὸ φρέαρ τοῦ ὅρκου καὶ ἔθυσεν θυσίαν τῷ θεῷ τοῦ πατρὸς αὐτοῦ Ισαακ. **2** εἶπεν δὲ ὁ θεὸς Ισραηλ ἐν ὁράματι τῆς νυκτὸς εἴπας Ιακωβ, Ιακωβ. ὁ δὲ εἶπεν Τί ἐστιν; **3** λέγων Ἐγώ εἰμι ὁ θεὸς τῶν πατέρων σου· μὴ φοβοῦ καταβῆναι εἰς Αἴγυπτον· εἰς γὰρ ἔθνος μέγα ποιήσω σε ἐκεῖ, **4** καὶ ἐγὼ καταβήσομαι μετὰ σοῦ εἰς Αἴγυπτον, καὶ ἐγὼ

---

27) MT는 LXX와 다르게 요셉이 "빵"(לחם) 이외에 "곡식"(בר)과 "음식"(מזון)을 더 보냈다고 한다.

28) 히브리어 본문의 "길에서 너무 흥분들 하지 마십시오"(אל תרגזו בדרך)를 LXX에서 '화내다' (ὀργίζομαι)로 표현한 문장 "길에서 화내지들 마십시오"(μὴ ὀργίζεσθε ἐν τῇ ὁδῷ)는 그 뜻이 모호하다. 요셉이 자기 형제들에게 서로 화내지 마라고 한 것인지, 자기 형제들이 다른 여행자들에게 화내지 마라고 한 것인지 분명하지 않다. 어떤 경우든 요셉은 자기 형제들에게 안전하고 편안하게 여행할 것을 당부한다. 아퀼라역은 '흥분하지들 마십시오'(μὴ κλονεῖσθε)로, 심마쿠스역은 '싸우지들 마십시오'(μὴ μάχεσθε)로 옮겼다.

29) LXX는 히브리어 본문에 없는 "당신의 아들"(ὁ υἱός σου)을 덧붙였다.

30) MT는 '그(야곱)의 마음이 냉담하였다'(ויפג לבו)라고 하였다.

31) LXX는 MT와 마찬가지로 야곱이 26절에서 정신을 잃은 것과는 반대로 야곱의 영이 되살아났다고 한다. '되살아나다'(ἀναζωπυρέω)라는 말은 후기 고전 시대에 불이 다시 붙은 모습을 표현하는 데 쓰였다. 이는 그리스도교 전통에서 성령의 역할을 가리키는 표현이기도 하다(2디모 1,6 참조).

에서 (먹을) 빵을[27] 실은 암나귀 열 마리를 보냈다. 24 그가 〈자기〉 형제들을 떠나 보내자 그들은 길을 나섰다. 그가 그들에게 말하였다. "길에서 화내지들 마십시오."[28]

요셉의 형제들이 가나안으로 돌아오다

45,25 그들은 이집트에서 올라와 가나안 땅에 있는 자기들 아버지 야곱에게 갔다. 26 그들이 그에게 알렸다. "당신의 아들[29] 요셉이 살아 있습니다. 그가 이집트 온 땅을 다스립니다." 그러자 야곱은 정신을 잃었다.[30] 그들(의 말)을 믿지 못하였기 때문이다. 27 그들은 요셉이 자기들에게 한 말을 모두 그에게 전하였다. 요셉이 자기를 태워 오라고 보낸 수레들을 보고는 그들의 아버지 야곱의 영이 되살아났다.[31] 28 이스라엘이 말하였다. "내 아들 요셉이 아직 살아 있다면, 나에게 굉장한 일이다. 내가 죽기 전에 가서 그를 보아야겠다."

하느님께서 야곱에게 이집트로 내려가라고 하시다[1]

46,1 이스라엘과 그의 모든 것은 길을 떠나, 맹세의 우물에 이르러 자기 아버지 이사악의 하느님께[2] 제사를 드렸다. 2 하느님께서 밤의 환시 가운데 이스라엘에게[3] 말씀하셨다 "야곱아, 야곱아!" 그러자 그가 말하였다. "무슨 일이십니까?"[4] 3 하느님께서 말씀하셨다.[5] "나는 네 아버지들의 하느님이다.[6] 이집트로 내려가는 것을 두려워하지 마라. 내가 그곳에서 너를 큰 민족으로 만들리라. 4 나도 너와 함께 이

---

1) 필로와 오리게네스는 악을 상징하는 이집트로 내려가는 것을 두려워하는 야곱의 태도를 당연하게 본다(필로, *Jos.* 254; 오리게네스, *Hom.Gen.* XV,5).

2) LXX는 1절에서 "자기 아버지 이사악의 하느님"이라 하고 3절에서는 "네 아버지들의 하느님"(ὁ θεὸς τῶν πατέρων σου)이라 하였는데, MT는 1절과 3절에서 모두 단수 '아버지'로 썼다. LXX가 3절에서 '네 아버지들'로 옮긴 것은 하느님을 아브라함과 이사악의 하느님, 곧 야곱의 조상의 하느님이라고 해석하여 묘사한 것이다.

3) 그리스어 본문 εἶπεν δὲ ὁ θεὸς Ισραηλ은 이스라엘(Ισραηλ)이 불변화사이기 때문에, '이스라엘의 하느님께서 말씀하셨다' 또는 '하느님께서 이스라엘에게 말씀하셨다' 둘 다로 이해할 수 있다. LXX의 여러 필사본들은 이스라엘 앞에 여격 관사 τῷ를 두거나 전치사 πρός를 썼다.

4) LXX는 히브리어 본문의 "제가 여기 있습니다"(הנני)를 "무슨 일이십니까?"(Τί ἐστιν;)로 옮겼다. 6,13 각주 참조.

5) 주어를 밝히지 않고 쓰인 분사 λέγων을 문맥상 "하느님께서 말씀하셨다"로 옮긴다.

6) LXX는 히브리어 본문의 "나는 하느님, 네 아버지의 하느님이다"(אנכי האל אלהי אביך)에서 האל을 생략하고 아버지를 복수형(τῶν πατέρων)으로 옮겼다. LXX에서 요셉에게 말씀하시는 하느님은 아브라함과 이사악의 하느님이나.

ἀναβιβάσω σε εἰς τέλος, καὶ Ιωσηφ ἐπιβαλεῖ τὰς χεῖρας ἐπὶ τοὺς ὀφθαλμούς σου. 5 ἀνέστη δὲ Ιακωβ ἀπὸ τοῦ φρέατος τοῦ ὅρκου, καὶ ἀνέλαβον οἱ υἱοὶ Ισραηλ τὸν πατέρα αὐτῶν καὶ τὴν ἀποσκευὴν καὶ τὰς γυναῖκας αὐτῶν ἐπὶ τὰς ἁμάξας, ἃς ἀπέστειλεν Ιωσηφ ἆραι αὐτόν, 6 καὶ ἀναλαβόντες τὰ ὑπάρχοντα αὐτῶν καὶ πᾶσαν τὴν κτῆσιν, ἣν ἐκτήσαντο ἐν γῇ Χανααν, εἰσῆλθον εἰς Αἴγυπτον, Ιακωβ καὶ πᾶν τὸ σπέρμα αὐτοῦ μετ' αὐτοῦ, 7 υἱοὶ καὶ οἱ υἱοὶ τῶν υἱῶν αὐτοῦ μετ' αὐτοῦ, θυγατέρες καὶ θυγατέρες τῶν υἱῶν αὐτοῦ· καὶ πᾶν τὸ σπέρμα αὐτοῦ ἤγαγεν εἰς Αἴγυπτον.

46,8 Ταῦτα δὲ τὰ ὀνόματα τῶν υἱῶν Ισραηλ τῶν εἰσελθόντων εἰς Αἴγυπτον. Ιακωβ καὶ οἱ υἱοὶ αὐτοῦ· πρωτότοκος Ιακωβ Ρουβην. 9 υἱοὶ δὲ Ρουβην· Ενωχ καὶ Φαλλους, Ασρων καὶ Χαρμι. 10 υἱοὶ δὲ Συμεων· Ιεμουηλ καὶ Ιαμιν καὶ Αωδ καὶ Ιαχιν καὶ Σααρ καὶ Σαουλ υἱὸς τῆς Χανανίτιδος. 11 υἱοὶ δὲ Λευι· Γηρσων, Κααθ καὶ Μεραρι. 12 υἱοὶ δὲ Ιουδα· Ηρ καὶ Αυναν καὶ Σηλωμ καὶ Φαρες καὶ Ζαρα· ἀπέθανεν δὲ Ηρ καὶ Αυναν ἐν γῇ Χανααν· ἐγένοντο δὲ υἱοὶ Φαρες Ασρων καὶ Ιεμουηλ. 13 υἱοὶ δὲ Ισσαχαρ· Θωλα καὶ Φουα καὶ Ιασουβ καὶ Ζαμβραμ. 14 υἱοὶ δὲ Ζαβουλων· Σερεδ καὶ Αλλων καὶ Αλοηλ. 15 οὗτοι υἱοὶ Λειας, οὓς ἔτεκεν τῷ Ιακωβ ἐν Μεσοποταμίᾳ τῆς Συρίας, καὶ Διναν τὴν θυγατέρα αὐτοῦ· πᾶσαι αἱ ψυχαί, υἱοὶ καὶ θυγατέρες, τριάκοντα τρεῖς. — 16 υἱοὶ δὲ Γαδ· Σαφων καὶ Αγγις

---

7) LXX의 "마지막에"(εἰς τέλος)는 MT에 없는 말이다. 이는 "나도 너와 함께 이집트로 내려가리라" 다음에 '거기에 더하여' 라는 뜻으로 쓰인 것 같다.

8) 오리게네스는 이 문장을 종말론적으로 설명하였다. '내가 너와 함께 내려가리라' 는 강생의 선언이며 '내가 너를 데리고 다시 올라오리라' 는 그리스도가 인간을 낙원으로 인도한다는 선언 이라는 것이다(Hom.Gen. XV,5-6).

9) MT의 '그(요셉)의 손'(יד) 대신에 LXX는 "손〈들〉"(τὰς χεῖρας)이라 하였다. 오리게네스는 이를 예형론적으로 해석하였다. 곧 요셉은 눈먼 자의 눈 위에 손을 얹어 소경을 다시 보게 한 (마태 20,34) 그리스도라는 것이다(Hom.Gen. XV,7).

10) LXX는 MT와 달리 파라오가 아닌 요셉이 수레를 보냈다고 한다. 이는 45,21의 '요셉이 수레 를 주었다' 에 맞추어 옮긴 것 같다.

11) LXX는 히브리어 본문의 "이스라엘의 아들들"에서 아버지 이름 이스라엘 없이 "아들들"로만

집트로 내려가리라. 그리고 마지막에는[7] 내가 너를 다시 올라오게 하리라.[8] 요셉이 손〈들〉을[9] 네 눈 위에 얹을 것이다.” 5 야곱은 맹세의 우물에서 일어났다. 〈야곱의〉 아들들은 아버지를 태워 오라고 요셉이[10] 보낸 수레들에 자기들의 아버지 이스라엘과[11] 아이들과[12] 그들의 아내들을 태웠다. 6 그들은 자기들의 재산과, 〈자기들이〉 가나안 땅에서 얻은 모든[13] 가축을 가지고 이집트로 들어갔다. 야곱과 그의 모든 자손이 〈그와〉 함께, 7 (곧) 아들들과 그의 아들들의 아들들이 그와 함께, 딸들과 그의 아들들의 딸들이 (들어갔다). 그는 자기의 모든 자손을 이집트로 데리고 갔다.

이집트로 들어간 야곱의 자손들[14]

46,8 이것이 이집트로 들어간 이스라엘의 아들들, 야곱과 그의 아들들 이름이다. 야곱의 맏이는 르우벤이다. 9 르우벤의 아들들은 하녹, 발루, 헤스론, 가르미이다. 10 시므온의 아들들은 여무엘, 야민, 오핫, 야긴, 소할, 그리고 가나안 여인의 아들 사울이다. 11 레위의 아들들은 게르손, 크핫, 므라리이다. 12 유다의 아들들은 에르, 오난, 셀라, 베레스, 제라이다. 에르와 오난은 가나안 땅에서 죽었다. 베레스의 아들들인 헤스론과 하물이 태어났다. 13 이싸갈의 아들들은 돌라, 부아, 야숩, 잠브람이다.[15] 14 즈불룬의 아들들은 세렛, 엘론, 알로엘이다.[16] 15 이들은 레아가 시리아의 메소포타미아에서[17] 야곱에게 낳아 준 아들들이다. 그리고 그의 딸 디나가 있다. 아들딸들은 모두 서른세 명이다. 16 가드의 아들들은 시브욘, 하끼, 수니, 타소반,[18] 아에디스,[19]

옮기고 아버지는 야곱 대신 이스라엘로 바꾸어 옮겼다. 다른 그리스어 필사본들은 ‘야곱의 아들들은 … 아버지 이스라엘’이라고 하여 MT의 이름 순서를 바꾸어 놓았다.

12) “아이들”($τὴν\ ἀποσκευήν$)에 대해서는 14,12 각주 참조.

13) MT에 없는 “모든”($πᾶσαν$)을 넣었다.

14) 야곱이 그의 자손을 거느리고 이집트로 들어가며 열거되는 그들의 이름은 가족이라기보다는 민족의 모습에 가깝다. ‘이것이 이스라엘인들의 이름이다’ 라는 표현은 인구조사를 선언하는 형식(참조: 탈출 1,1; 민수 26,5)으로 ‘이것이 그의 족보이다’ 라는 혈통 분류형식을 대치하였다. 이 야곱 자손들 명단의 특징은, 비록 이집트로 들어간 이스라엘인들의 전체 숫자에는 들어가지 않지만 그 자손들의 어머니들 이름이 나온다는 것이다.

15) LXX는 히브리어 이름 “시므론”(שמרון)을 “잠브람”($Ζαμβραμ$)으로 옮겼다.

16) “야흘르엘”(יחלאל)을 줄여 $Αλοηλ$로 옮겼다.

17) “바딴-아람”(פדן ארם)을 옮긴 것이다.

18) LXX는 “타소반”($Θασοβαν$)으로 읽는다. 히브리어 이름 “에스본”(אצבן)에서 첫 자음 א을 ת로 혼동한 것 같다.

19) LXX는 히브리어 이름 “에리”(ערי)에서 ר를 ד으로 읽고 어미에 헬라화 어미 -$ς$를 넣어 “아에디스”($Αηδις$)로 옮겼다.

καὶ Σαυνις καὶ Θασοβαν καὶ Αηδις καὶ Αροηδις καὶ Αροηλις. 17 υἱοὶ δὲ Ασηρ· Ιεμνα καὶ Ιεσουα καὶ Ιεουλ καὶ Βαρια, καὶ Σαρα ἀδελφὴ αὐτῶν. υἱοὶ δὲ Βαρια· Χοβορ καὶ Μελχιηλ. 18 οὗτοι υἱοὶ Ζελφας, ἣν ἔδωκεν Λαβαν Λεια τῇ θυγατρὶ αὐτοῦ, ἣ ἔτεκεν τούτους τῷ Ιακωβ, δέκα ἓξ ψυχάς. — 19 υἱοὶ δὲ Ραχηλ γυναικὸς Ιακωβ· Ιωσηφ καὶ Βενιαμιν. 20 ἐγένοντο δὲ υἱοὶ Ιωσηφ ἐν γῇ Αἰγύπτῳ, οὓς ἔτεκεν αὐτῷ Ασεννεθ θυγάτηρ Πετεφρη ἱερέως Ἡλίου πόλεως, τὸν Μανασση καὶ τὸν Εφραιμ. ἐγένοντο δὲ υἱοὶ Μανασση, οὓς ἔτεκεν αὐτῷ ἡ παλλακὴ ἡ Σύρα, τὸν Μαχιρ· Μαχιρ δὲ ἐγέννησεν τὸν Γαλααδ. υἱοὶ δὲ Εφραιμ ἀδελφοῦ Μανασση· Σουταλααμ καὶ Τααμ. υἱοὶ δὲ Σουταλααμ· Εδεμ. 21 υἱοὶ δὲ Βενιαμιν· Βαλα καὶ Χοβωρ καὶ Ασβηλ. ἐγένοντο δὲ υἱοὶ Βαλα· Γηρα καὶ Νοεμαν καὶ Αγχις καὶ Ρως καὶ Μαμφιν καὶ Οφιμιν· Γηρα δὲ ἐγέννησεν τὸν Αραδ. 22 οὗτοι υἱοὶ Ραχηλ, οὓς ἔτεκεν τῷ Ιακωβ· πᾶσαι ψυχαὶ δέκα ὀκτώ. — 23 υἱοὶ δὲ Δαν· Ασομ. 24 καὶ υἱοὶ Νεφθαλι· Ασιηλ καὶ Γωυνι καὶ Ισσααρ καὶ Συλλημ. 25 οὗτοι υἱοὶ Βαλλας, ἣν ἔδωκεν Λαβαν Ραχηλ τῇ θυγατρὶ αὐτοῦ, ἣ ἔτεκεν τούτους τῷ Ιακωβ· πᾶσαι ψυχαὶ ἑπτά. — 26 πᾶσαι δὲ ψυχαὶ αἱ εἰσελθοῦσαι μετὰ Ιακωβ εἰς Αἴγυπτον, οἱ ἐξελθόντες ἐκ τῶν μηρῶν αὐτοῦ, χωρὶς τῶν γυναικῶν υἱῶν Ιακωβ, πᾶσαι ψυχαὶ ἑξήκοντα ἕξ. 27 υἱοὶ δὲ Ιωσηφ οἱ γενόμενοι αὐτῷ ἐν γῇ Αἰγύπτῳ ψυχαὶ ἐννέα. πᾶσαι ψυχαὶ οἴκου Ιακωβ αἱ εἰσελθοῦσαι εἰς Αἴγυπτον ἑβδομήκοντα πέντε.

---

20) LXX에는 히브리어 이름 "이스위" (ישׁוי)가 "예울" (Ιεουλ)로 나오는데, 이는 다른 자료에서 옮긴 것 같다.

21) "헤벨" (חבר)을 "코보르" (Χοβορ)로 옮겼다.

22) 므나쎄와 수탈라암 그리고 23절의 단의 자식들 경우에 '아들들' (υἱοί)이란 말 다음에 한 사람의 이름만을 제시한다. LXX에 나오는 "므나쎄에게 … 에뎀이다"라는 부분은 MT에 없다. MT의 경우 므나쎄의 아들 마길에 대한 언급은 50,23에 나온다. 따라서 LXX에 나오는 이름은 MT보다 다섯이 많아진다. 46,27 각주 참조.

23) LXX는 히브리어 이름 "베겔" (בכר)을 בכבר로 읽어 "코보르" (Χοβωρ)로 옮겼다.

아로디, 아르엘리이다. 17 아셀의 아들들은 임나, 이스와, 예울,[20] 브리아이고 세라가 그들의 누이이다. 브리아의 아들들은 코보르와[21] 말기엘이다. 18 이들은 라반이 자기 딸 레아에게 준 질바의 아들들로서, 그가 이들 열여섯 명을 야곱에게 낳아 주었다. 19 야곱의 아내 라헬의 아들들은 요셉과 베냐민이다. 20 요셉의 아들들은 이집트에서 태어났는데, 태양의 성읍 사제 페테프레의 딸 아세낫이 그에게 므나쎄와 에브라임을 낳아 주었다. 므나쎄의 아들들이 태어났는데, 시리아의 여인 소실이 그에게 마길을 낳아 주었다. 마길은 갈라앗을 낳았다. 므나쎄의 형제 에브라임의 아들들은 수탈라암과 타암이다. 수탈라암의 아들들은 에뎀이다.[22] 21 베냐민의 아들들은 벨라, 코보르,[23] 아스벨이다. 벨라의 아들들이 태어났는데, 게라, 나아만, 에히, 로스, 무빔, 후빔이다. 게라는 아르드를 낳았다.[24] 22 이들은 라헬이 야곱에게 낳아 준 아들들이다. 모두 열여덟[25] 명이다. 23 단의 아들들은 하솜이다.[26] 24 납달리의 아들들은 야하스엘, 구니, 예셀, 실렘이다. 25 이들은 라반이 자기 딸 라헬에게 준 빌하의 아들들로서, 그가 야곱에게 이들을 낳아 주었다. 모두 일곱 명이다. 26 야곱과 함께 이집트로 들어간 모든 사람들, 야곱의 아들들의 아내들을 제외하고, 그의 허리에서 나온 사람들은 모두 예순여섯 명이다. 27 이집트 땅에서 요셉에게 생긴 그의 아들들은 아홉[27] 명이다. 이집트로 들어간 야곱 집안 사람은 모두 일흔다섯 명이다.[28]

---

24) LXX는 베냐민의 자손인 벨라와 게라를 나누어서 삼대를 형성하였다. 그러나 MT는 이들 모두를 베냐민의 자손으로 구분 없이 열거하였다. 민수 26,40-41에서는 MT도 LXX처럼 베냐민의 후손을 나누어 기록하였다.

25) 그리스어 본문이 열거한 사람 수는 실제로는 열아홉이나, 번역자는 이를 잘못 셈하여 열여덟이라 하였다. MT에는 열네 명으로 나온다.

26) LXX는 "후심"(חשים)을 "하솜"(Aσομ)으로 음역하였는데, 이는 서로 일치하지 않는다. 히브리어 후심은 명사의 복수형으로 단에게서 태어난 아들들의 씨족을 가리키는 것으로 보인다.

27) LXX 번역자는 앞절에 이집트로 들어간 야곱의 자손이 예순여섯 명이었고, 27절의 이집트로 들어간 야곱 집안 사람 전체가 일흔다섯 명임을 알게 되자 일흔다섯에서 예순여섯을 뺀 숫자 아홉을 이집트 땅에서 태어난 요셉의 아들 숫자로 넣게 된다. MT에는 이집트에서 태어난 요셉의 아들이 '둘'로 나온다.

28) LXX에서 제시한 "일흔다섯 명"은 MT의 "일흔 명"과 일치하지 않는다. LXX와 쿰란 문헌은 일흔다섯 명으로, MT는 일흔 명이라고 하였다. 신명 10,22에서는 알렉산드리아 사본만이 일흔다섯 명이라고 하였고, 다른 그리스어 사본들은 MT와 마찬가지로 일흔 명이라고 하였다.

46,28 Τὸν δὲ Ιουδαν ἀπέστειλεν ἔμπροσθεν αὐτοῦ πρὸς Ιωσηφ συναντῆσαι αὐτῷ καθ' Ἡρώων πόλιν εἰς γῆν Ραμεσση. **29** ζεύξας δὲ Ιωσηφ τὰ ἅρματα αὐτοῦ ἀνέβη εἰς συνάντησιν Ισραηλ τῷ πατρὶ αὐτοῦ καθ' Ἡρώων πόλιν καὶ ὀφθεὶς αὐτῷ ἐπέπεσεν ἐπὶ τὸν τράχηλον αὐτοῦ καὶ ἔκλαυσεν κλαυθμῷ πλείονι. **30** καὶ εἶπεν Ισραηλ πρὸς Ιωσηφ Ἀποθανοῦμαι ἀπὸ τοῦ νῦν, ἐπεὶ ἑώρακα τὸ πρόσωπόν σου· ἔτι γὰρ σὺ ζῆς. **31** εἶπεν δὲ Ιωσηφ πρὸς τοὺς ἀδελφοὺς αὐτοῦ Ἀναβὰς ἀπαγγελῶ τῷ Φαραω καὶ ἐρῶ αὐτῷ Οἱ ἀδελφοί μου καὶ ὁ οἶκος τοῦ πατρός μου, οἳ ἦσαν ἐν γῇ Χανααν, ἥκασιν πρός με· **32** οἱ δὲ ἄνδρες εἰσὶν ποιμένες — ἄνδρες γὰρ κτηνοτρόφοι ἦσαν — καὶ τὰ κτήνη καὶ τοὺς βόας καὶ πάντα τὰ αὐτῶν ἀγειόχασιν. **33** ἐὰν οὖν καλέσῃ ὑμᾶς Φαραω καὶ εἴπῃ ὑμῖν Τί τὸ ἔργον ὑμῶν ἐστιν; **34** ἐρεῖτε Ἄνδρες κτηνοτρόφοι ἐσμὲν οἱ παῖδές σου ἐκ παιδὸς ἕως τοῦ νῦν, καὶ ἡμεῖς καὶ οἱ πατέρες ἡμῶν, ἵνα κατοικήσητε ἐν γῇ Γεσεμ Ἀραβίᾳ· βδέλυγμα γάρ ἐστιν Αἰγυπτίοις πᾶς ποιμὴν προβάτων.

47,1 Ἐλθὼν δὲ Ιωσηφ ἀπήγγειλεν τῷ Φαραω λέγων Ὁ πατήρ μου καὶ οἱ ἀδελφοί μου καὶ τὰ κτήνη καὶ οἱ βόες αὐτῶν καὶ πάντα τὰ αὐτῶν ἦλθον ἐκ γῆς Χανααν καὶ ἰδού εἰσιν ἐν γῇ Γεσεμ. **2** ἀπὸ δὲ τῶν ἀδελφῶν αὐτοῦ παρέλαβεν πέντε ἄνδρας καὶ ἔστησεν αὐτοὺς

---

29) LXX는 히브리어 "고센으로" (גשנה)를 "라므세스 땅 헤로온 성읍 쪽에서" (καθ' Ἡρώων πόλιν εἰς γῆν Ραμεσση)라고 풀이하여 옮겼다. 이는 이해하기 힘든 히브리어 본문(… 고센으로 가리키게 하였다 …)을 문맥에 맞추어 자유롭게 옮긴 것이다. LXX 번역자는 고센을 헤로온 성읍과 동일시하고 이 성읍이 라므세스 땅에 있다고 하였다. 45,10에서는 이 고센을 음역하여 게셈 (Γεσεμ)으로 옮겼다.

30) 동사 συναντάω는 여기서 여격 대명사를 취하여 '누구를 만나러 가다' 라는 뜻을 나타낸다. 히브리어 본문은 뜻이 분명하지 않다. 직역하면 '그는 … 보내어 그가 그를 앞장서서 고센으로 가리키게 하였다' 로 볼 수 있다. 타르굼 옹켈로스는 이를 '고센으로의 (여행을) 준비하게 하였다' (לפנאה קדמוהי לגושן)로 옮겼다.

31) MT는 LXX에 없는 "그런 다음 그들은 고센 지방에 이르렀다" (ויבאו ארצה גשן)라는 문장으로 이 절이 끝난다.

32) LXX는 וירא를 ראה의 니팔형으로 보아 '나타났다' (καὶ ὀφθεὶς)로 옮겼다.

33) 예루살렘의 치릴루스는 여기 나오는 "목에 (얼굴을) 떨구고" (ἐπέπεσεν ἐπὶ τὸν τράχηλον)

야곱과 요셉이 만나다

46,28 그는 자기보다 앞서 유다를 요셉에게 보내어 라므세스 땅 헤로온 성읍 쪽에서[29] 그를 만나게[30] 하였다.[31] **29** 요셉은 자기 병거들을 갖추어 자기 아버지 이스라엘을 만나러 헤로온 성읍 쪽으로 올라갔다. 이스라엘은 요셉에게 **나타나**[32] 그의 목에 (얼굴을) 떨구고,[33] 실컷 울었다.[34] **30** 이스라엘이 요셉에게 말하였다. "내가 네 얼굴을 보았고 네가 아직 살아 있으니, 나는 이제 죽을 수 있다." **31** 요셉이 자기 형제들에게[35] 말하였다. "제가 올라가 파라오께 아뢰겠습니다. 그분께 (이렇게) 말씀드리겠습니다. '가나안 땅에 있던 제 형제들과 아버지 집안이 저에게 왔습니다. **32** 그 남자들은 목자들로서, 가축을 치는 남자들입니다.[36] 그들은 가축과[37] 소떼, 그리고 자신들의 모든 것을 가지고 왔습니다.' **33** 그러니 파라오께서 여러분을 불러 〈여러분에게〉 '너희 생업은 무엇이냐?' 하고 말씀하시면, **34** (이렇게) 말하십시오. '파라오의 종들인 저희는 어릴 적부터 지금까지 가축을 치는 남자들입니다. 저희도 그리고 저희 조상도 (그러합니다).' (그래서) 여러분이 아라비아의 게셈[38] 땅에 자리 잡게 하려는 것입니다. 이집트 사람들에게 양 치는 사람들은 모두 역겹게 (느껴지)기 때문입니다."

야곱과 그 아들들이 게셈에 자리 잡다

47,1 요셉이 가서 파라오에게 전하였다. "제 아버지와 형제들과 가축과 그들의 소떼, 그리고 그들의 모든 것이 가나안 땅에서 나와, 지금 게셈 땅에 있습니다." **2** 그는 자기 형제들 가운데서[1] 다섯 남자를 데려다 파라오 앞에 그들을 세웠다.

라는 표현이 루가 15,20에도 나옴을 지적하였다. 그는 자기 아들 요셉이 나타나자 아들을 붙잡고 우는 야곱을 두고 잃은 아들을 되찾은 아버지의 모습과 같다고 이해하였다(*Cat.* XVI,30).

34) 히브리어 본문의 "한참"(עוֹד)을 생략하고 '큰 울음으로 (실컷) 울었다'(ἔκλαυσεν κλαυθμῷ πλείονι)고만 하였다.

35) MT는 "자기 형제들과 아버지의 집안 식구들에게"(אֶל אֶחָיו וְאֶל בֵּית אָבִיו)라고 하여 요셉이 말하는 대상을 둘로 보았다.

36) MT와 마찬가지로 LXX는 두 단어 '목자'(ποιμήν)와 '가축을 치는 자'(κτηνοτρόφος)를 써서 요셉의 식구들을 묘사하였다. 이 두 단어는 결국 같은 뜻이다. 46,34에는 "가축을 치는 남자들"(ἄνδρες κτηνοτρόφοι)이 다시 나오고 47,3에는 "양을 치는 목자"(ποιμήν προβάτων)가 나온다.

37) 히브리어 본문의 "양떼"(צֹאן)를 LXX는 "가축"(τὰ κτήνη)으로 옮겼다.

38) 45,10 각주 참조.

1) LXX는 히브리어 본문의 '자기 형제들 전부에서'(מִקְצֵה אֶחָיו)에서 מִקְצֵה를 생략하여 "자기 형제들 가운데서"(ἀπὸ τῶν ἀδελφῶν αὐτοῦ)로 옮겼다.

ἐναντίον Φαραω. *3* καὶ εἶπεν Φαραω τοῖς ἀδελφοῖς Ιωσηφ Τί τὸ ἔργον ὑμῶν; οἱ δὲ εἶπαν τῷ Φαραω Ποιμένες προβάτων οἱ παῖδές σου, καὶ ἡμεῖς καὶ οἱ πατέρες ἡμῶν. *4* εἶπαν δὲ τῷ Φαραω Παροικεῖν ἐν τῇ γῇ ἥκαμεν· οὐ γάρ ἐστιν νομὴ τοῖς κτήνεσιν τῶν παίδων σου, ἐνίσχυσεν γὰρ ὁ λιμὸς ἐν γῇ Χανααν· νῦν οὖν κατοική- σομεν οἱ παῖδές σου ἐν γῇ Γεσεμ. *5* εἶπεν δὲ Φαραω τῷ Ιωσφη Κατοικείτωσαν ἐν γῇ Γεσεμ· εἰ δὲ ἐπίστη ὅτι εἰσὶν ἐν αὐτοῖς ἄνδρες δυνατοί, κατάστησον αὐτοὺς ἄρχοντας τῶν ἐμῶν κτηνῶν.

᾽Ηλθον δὲ εἰς Αἴγυπτον πρὸς Ιωσηφ Ιακωβ καὶ οἱ υἱοὶ αὐτοῦ, καὶ ἤκουσεν Φαραω βασιλεὺς Αἰγύπτου. καὶ εἶπεν Φαραω πρὸς Ιωσηφ λέγων Ὁ πατήρ σου καὶ οἱ ἀδελφοί σου ἥκασι πρὸς σέ· *6* ἰδοὺ ἡ γῆ Αἰγύπτου ἐναντίον σού ἐστιν· ἐν τῇ βελτίστῃ γῇ κατοίκισον τὸν πατέρα σου καὶ τοὺς ἀδελφούς σου. *7* εἰσήγαγεν δὲ Ιωσηφ Ιακωβ τὸν πατέρα αὐτοῦ καὶ ἔστησεν αὐτὸν ἐναντίον Φαραω, καὶ εὐλόγησεν Ιακωβ τὸν Φαραω. *8* εἶπεν δὲ Φαραω τῷ Ιακωβ Πόσα ἔτη ἡμερῶν τῆς ζωῆς σου; *9* καὶ εἶπεν Ιακωβ τῷ Φαραω Αἱ ἡμέραι τῶν ἐτῶν τῆς ζωῆς μου, ἃς παροικῶ, ἑκατὸν τριάκοντα ἔτη· μικραὶ καὶ πονηραὶ γεγόνασιν αἱ ἡμέραι τῶν ἐτῶν τῆς ζωῆς μου, οὐκ ἀφίκοντο εἰς τὰς ἡμέρας τῶν ἐτῶν τῆς ζωῆς τῶν πατέρων μου, ἃς ἡμέρας παρῴκησαν. *10* καὶ εὐλογήσας Ιακωβ τὸν Φαραω ἐξῆλθεν ἀπ᾽ αὐτοῦ. *11* καὶ κατῴκισεν Ιωσηφ τὸν πατέρα καὶ τοὺς ἀδελφοὺς αὐτοῦ καὶ ἔδωκεν αὐτοῖς κατάσχεσιν ἐν γῇ Αἰγύπτου ἐν τῇ βελτίστῃ γῇ ἐν γῇ Ραμεσση, καθὰ προσέταξεν Φαραω. *12* καὶ ἐσιτομέτρει Ιωσηφ τῷ πατρὶ καὶ τοῖς ἀδελφοῖς αὐτοῦ καὶ παντὶ τῷ οἴκῳ τοῦ πατρὸς αὐτοῦ σῖτον κατὰ σῶμα.

---

2) 파라오의 대답이 LXX와 MT에서 서로 다르다. LXX는 파라오의 대답을 두 부분으로 나누어 전달한다. 그리고 그 가운데 MT에 없는 서술문 "야곱과 그의 아들들이 요셉이 있는 이집트로 왔고, 이집트 임금 파라오도 들었다"가 들어 있다. 그리고 이 절에 나오는 "그들이 게셈 땅에 자리 잡고 살게 하시오. 그들 가운데 유능한 남자들이 있는 것을 알거든, 그들을 내 가축들 책임자로 세우시오"라는 말이 MT에는 6절에 나온다.

3) 여기서 '축복하였다'(εὐλόγησεν)는 말이 무엇을 뜻하는지 분명하지 않다. 아마도 야곱이 파라오에게 평화를 빌며 정중하게 인사를 하였을 것으로 보인다.

3 파라오가 요셉의 형제들에게 말하였다. "너희 생업은 무엇이냐?" 그들이 파라오에게 말하였다. "파라오의 종들은 양을 치는 목자들입니다. 저희와 저희 조상들도 (그러합니다)." 4 그들이 (다시) 파라오에게 말하였다. "저희는 이 땅에 몸 붙여 살려고 왔습니다. 가나안 땅에 기근이 심하여 당신 종들의 가축들을 위한 풀밭이 없기 때문입니다. 그러니 당신의 종들이 게셈 땅에 자리 잡고 살게 해 주십시오." 5 파라오가 요셉에게 말하였다. "그들이 게셈 땅에 자리 잡고 살게 하시오. 그들 가운데 유능한 남자들이 있는 것을 알거든, 그들을 내 가축들 책임자로 세우시오."

야곱이 파라오를 만나다

야곱과 그의 아들들이 요셉이 있는 이집트로 왔고, 이집트 임금 파라오도 (그 소식을) 들었다.[2] 파라오가 요셉에게 말하였다. "그대의 아버지와 그대의 형제들이 그대에게 왔소. 6 보시오, 이집트 땅이 그대 앞에 있으니, (그 가운데서) 가장 좋은 땅에 그대의 아버지와 그대의 형제들이 자리 잡게 하시오." 7 요셉이 자기 아버지 야곱을 모셔다가 파라오 앞에 세우자 야곱이 파라오에게 축복하였다.[3] 8 파라오가 야곱에게 말하였다. "당신이 사신 날들의 햇수가[4] 얼마나 되오?" 9 야곱이 파라오에게 말하였다. "제가 몸 붙여 살아온[5] 〈햇수의〉 날들은 백삼십 년입니다. 제가 살아온 〈햇수의〉 날들은 적고 힘겨웠으며, 제 조상들이 사신 〈햇수의〉 날들, 곧 그분들이 몸 붙여 살아오신 날들에도 미치지 못합니다." 10 야곱은 파라오에게 축복하고 그에게서[6] 물러나왔다. 11 요셉은 파라오가 이른 대로 아버지와 자기 형제들을 이집트 땅, 곧 가장 좋은 땅 라므세스 땅에 자리 잡게 하고,[7] 그들에게 소유지도 주었다. 12 그리고 요셉은 아버지와 자기 형제들과 아버지 온 집안에 사람 (수)에 따라[8] 곡식을 달아 주었다.[9]

---

4) 히브리어 본문의 '햇수의 날들'(יְמֵי שָׁנִים)을 LXX는 "날들의 햇수"($\check{\epsilon}\tau\eta\ \dot{\eta}\mu\epsilon\rho\hat{\omega}\nu$)로 옮겼다. 그러나 9절에서는 MT와 같이 옮긴다.

5) 그리스어 본문은 야곱과 그 선조들의 생애를 '몸 붙여 살다'($\pi\alpha\rho o\iota\kappa\acute{\epsilon}\omega$)라는 동사를 사용하여 떠돌이 삶으로 묘사하였다. 이에 대응하는 히브리어는 여기서 '나그네살이'(מְגוּרֵי)로 나온다. 아퀼라역은 탈출기 번역자가 만들어 낸 말인 자치민 옆에 살아온 이방인을 가리키는 $\pi\rho o\sigma\acute{\eta}\lambda\upsilon\tau o\varsigma$를 바탕으로, '이주자의 삶'($\pi\rho o\sigma\eta\lambda\acute{\upsilon}\tau\epsilon\upsilon\sigma\iota\varsigma$)이라는 단어를 만들어 썼다.

6) MT는 여기에 파라오를 반복하여 '파라오 앞에서'(מִלִּפְנֵי פַרְעֹה)라고 하였다.

7) 이스라엘의 아들들은 나중에 라므세스를 떠난다(탈출 12,37; 민수 33,3 참조).

8) LXX는 '아이들 (수)에 따라'(לְפִי הַטָּף)를 "사람 (수)에 따라"($\kappa\alpha\tau\grave{\alpha}\ \sigma\hat{\omega}\mu\alpha$)로 옮겼다.

9) 히브리어 본문의 '양식을 대주다'(יְכַלְכֵּל: כּוּל의 필펠형)를 옮긴 그리스어 '곡식을 달다'($\sigma\iota\tau o\mu\epsilon\tau\rho\acute{\epsilon}\omega$)라는 말은 비문과 헬레니즘 시대 문헌들에 나온다

47.13 Σῖτος δὲ οὐκ ἦν ἐν πάσῃ τῇ γῇ· ἐνίσχυσεν γὰρ ὁ λιμὸς σφόδρα· ἐξέλιπεν δὲ ἡ γῆ Αἰγύπτου καὶ ἡ γῆ Χανααν ἀπὸ τοῦ λιμοῦ. ***14*** συνήγαγεν δὲ Ιωσηφ πᾶν τὸ ἀργύριον τὸ εὑρεθὲν ἐν γῇ Αἰγύπτου καὶ ἐν γῇ Χανααν τοῦ σίτου, οὗ ἠγόραζον καὶ ἐσιτομέτρει αὐτοῖς, καὶ εἰσήνεγκεν Ιωσηφ πᾶν τὸ ἀργύριον εἰς τὸν οἶκον Φαραω. ***15*** καὶ ἐξέλιπεν πᾶν τὸ ἀργύριον ἐκ γῆς Αἰγύπτου καὶ ἐκ γῆς Χανααν. ἦλθον δὲ πάντες οἱ Αἰγύπτιοι πρὸς Ιωσηφ λέγοντες Δὸς ἡμῖν ἄρτους, καὶ ἵνα τί ἀποθνήσκομεν ἐναντίον σου; ἐκλέλοιπεν γὰρ τὸ ἀργύριον ἡμῶν. ***16*** εἶπεν δὲ αὐτοῖς Ιωσηφ Φέρετε τὰ κτήνη ὑμῶν, καὶ δώσω ὑμῖν ἄρτους ἀντὶ τῶν κτηνῶν ὑμῶν, εἰ ἐκλέλοιπεν τὸ ἀργύριον. ***17*** ἤγαγον δὲ τὰ κτήνη πρὸς Ιωσηφ, καὶ ἔδωκεν αὐτοῖς Ιωσηφ ἄρτους ἀντὶ τῶν ἵππων καὶ ἀντὶ τῶν προβάτων καὶ ἀντὶ τῶν βοῶν καὶ ἀντὶ τῶν ὄνων καὶ ἐξέθρεψεν αὐτοὺς ἐν ἄρτοις ἀντὶ πάντων τῶν κτηνῶν αὐτῶν ἐν τῷ ἐνιαυτῷ ἐκείνῳ. — ***18*** ἐξῆλθεν δὲ τὸ ἔτος ἐκεῖνο, καὶ ἦλθον πρὸς αὐτὸν ἐν τῷ ἔτει τῷ δευτέρῳ καὶ εἶπαν αὐτῷ Μήποτε ἐκτριβῶμεν ἀπὸ τοῦ κυρίου ἡμῶν· εἰ γὰρ ἐκλέλοιπεν τὸ ἀργύριον καὶ τὰ ὑπάρχοντα καὶ τὰ κτήνη πρὸς σὲ τὸν κύριον, καὶ οὐχ ὑπολείπεται ἡμῖν ἐναντίον τοῦ κυρίου ἡμῶν ἀλλ’ ἢ τὸ ἴδιον σῶμα καὶ ἡ γῆ ἡμῶν. ***19*** ἵνα οὖν μὴ ἀποθάνωμεν ἐναντίον σου καὶ ἡ γῆ ἐρημωθῇ, κτῆσαι ἡμᾶς καὶ τὴν γῆν ἡμῶν ἀντὶ ἄρτων, καὶ ἐσόμεθα ἡμεῖς καὶ ἡ γῆ ἡμῶν παῖδες Φαραω· δὸς σπέρμα, ἵνα σπείρωμεν καὶ ζῶμεν καὶ μὴ ἀποθάνωμεν καὶ ἡ γῆ οὐκ ἐρημωθήσεται. ***20*** καὶ ἐκτήσατο Ιωσηφ πᾶσαν τὴν γῆν τῶν Αἰγυπτίων τῷ Φαραω· ἀπέδοντο γὰρ οἱ Αἰγύπτιοι τὴν γῆν αὐτῶν τῷ Φαραω, ἐπεκράτησεν γὰρ αὐτῶν ὁ λιμός· καὶ ἐγένετο ἡ γῆ Φαραω, ***21*** καὶ τὸν λαὸν κατεδουλώσατο αὐτῷ εἰς παῖδας

---

10) 필로는 요셉이 이집트를 정직하게 통치하였음을 칭송한다(*Jos.* 258). 그러나 요셉이 파라오의 몫으로 수확의 오분의 일을 바치라고 정한 것에 대해서는 언급하지 않는다.

11) '그가 그들에게 곡식을 달아 주었다' (ἐσιτομέτρει αὐτοῖς)는 LXX의 첨가 부분이다. 이는 요셉의 직무를 묘사한다.

12) 히브리어 본문에 없는 "다" (πᾶν)를 덧붙였다.

기근이 든 동안 요셉이 이집트를 통치하다[10]

47,13 기근이 아주 심하였기 때문에, 온 땅에 곡식이 없었다. 이집트 땅과 가나안 땅은 기근으로 황폐해졌다. 14 요셉은 사람들이 사 가는 곡식 값으로 이집트 땅과 가나안 땅에 있는 돈을 모두 모아들이고, 그들에게 곡식을 달아 주며,[11] 모든 돈을 파라오의 집으로 가져왔다. 15 이집트 땅과 가나안 땅에서 돈이 다[12] 떨어지자, 모든 이집트 사람이 요셉에게 와서 말하였다. "우리에게 빵을 주십시오. 어찌하여 우리가 나리 앞에 죽어 가야 합니까? 우리 돈이 다 떨어졌으니 말입니다." 16 요셉이 그들에게[13] 말하였다. "돈이 떨어졌으면, 여러분의 가축들을 끌고 오시오.[14] 그러면 여러분의 가축들 대신에 여러분에게 빵을[15] 주겠소." 17 사람들이 가축들을 요셉에게 끌고 오자, 요셉은 그들에게 말들과 양들, 소들과 나귀들 대신에 빵을 주었다. 그래서 그는 그해에 〈그들의〉 모든 가축을 받고 그들을 빵으로 먹여 살렸다.[16] 18 그해가 가고 그다음 해에,[17] 그들이 그에게 와서 말하였다. "저희는 나리께 감출 수 없습니다. 돈도 재산도[18] 가축도 나리 당신께 써버렸기 때문입니다. 이제 나리 앞에는 저희 〈자신〉의 몸과 저희 땅밖에 남지 않았습니다. 19 저희가 당신 앞에서 죽고 땅도 황폐해지지 않도록 빵을 주시고 저희와 저희 땅을 사십시오. 저희가 저희 땅과 더불어 파라오의 종이 되겠습니다. 씨앗을 주십시오. 저희가 씨를 뿌려 살고 죽지 않을 것이며, 땅도 황폐해지지 않게 하기 위한 것입니다." 20 그래서 요셉은 이집트 사람들의 모든 땅을 파라오를 위하여 사들였다. 〈그들의〉 기근이 기승을 부려,[19] 이집트 사람들이 자기들 땅을 파라오에게[20] 팔았기 때문이다. 그래서 땅은 파라오의 것이 되었다. 21 그는 이집트 국경 끝에서 끝까지 백성들이 종으

---

13) LXX는 "그들에게"(αὐτοῖς)를 덧붙였다.

14) 히브리어 본문의 '주시오'(הבו)를 "끌고 오시오"(φέρετε)로 옮겼다.

15) LXX는 사마리아 오경에 따라 히브리어 본문에 없는 "빵"(ἄρτους)을 첨가하였다.

16) "그들을 먹여 살렸다"(ἐξέθρεψεν αὐτούς)에 대응하는 히브리어 וינהלם는 본디 '그들을 이끌다, 인도하다'라는 뜻을 지닌다. LXX는 이를 문맥에 맞추어 옮긴 것이다.

17) 직역하면 '그 두 번째 해'이다.

18) LXX는 "재산도"(καὶ τὰ ὑπάρχοντα)를 끼워 넣었다.

19) 오리게네스는 기근을 묘사하는 동사로 12,10; 43,1; 47,4.13에서 쓰인 '힘을 더하다'(ἐνισχύω, MT: כבד)와는 달리, 여기서는 '기승을 부리다'(ἐπικρατέω, MT: חזק)를 썼음을 지적하며, 나쁜 사람들(이집트인)에게는 기근이 재앙이지만 외로운 사람들(야곱과 그의 가족)에게는 그렇지 않다고 풀이하였다(*Hom.Gen.* XVI,3).

20) LXX는 "파라오에게"(τῷ Φαραω)를 덧붙였다

ἀπ’ ἄκρων ὁρίων Αἰγύπτου ἕως τῶν ἄκρων. **22** χωρὶς τῆς γῆς τῶν ἱερέων μόνον· οὐκ ἐκτήσατο ταύτην Ιωσηφ, ἐν δόσει γὰρ ἔδωκεν δόμα τοῖς ἱερεῦσιν Φαραω, καὶ ἤσθιον τὴν δόσιν, ἣν ἔδωκεν αὐτοῖς Φαραω· διὰ τοῦτο οὐκ ἀπέδοντο τὴν γῆν αὐτῶν. **23** εἶπεν δὲ Ιωσηφ πᾶσι τοῖς Αἰγυπτίοις Ἰδοὺ κέκτημαι ὑμᾶς καὶ τὴν γῆν ὑμῶν σήμερον τῷ Φαραω· λάβετε ἑαυτοῖς σπέρμα καὶ σπείρατε τὴν γῆν. **24** καὶ ἔσται τὰ γενήματα αὐτῆς δώσετε τὸ πέμπτον μέρος τῷ Φαραω, τὰ δὲ τέσσαρα μέρη ἔσται ὑμῖν αὐτοῖς εἰς σπέρμα τῇ γῇ καὶ εἰς βρῶσιν ὑμῖν καὶ πᾶσιν τοῖς ἐν τοῖς οἴκοις ὑμῶν. **25** καὶ εἶπαν Σέσωκας ἡμᾶς, εὕρομεν χάριν ἐναντίον τοῦ κυρίου ἡμῶν καὶ ἐσόμεθα παῖδες Φαραω. **26** καὶ ἔθετο αὐτοῖς Ιωσηφ εἰς πρόσταγμα ἕως τῆς ἡμέρας ταύτης ἐπὶ γῆν Αἰγύπτου τῷ Φαραω ἀποπεμπτοῦν, χωρὶς τῆς γῆς τῶν ἱερέων μόνον· οὐκ ἦν τῷ Φαραω.

47,27 Κατῴκησεν δὲ Ισραηλ ἐν γῇ Αἰγύπτῳ ἐπὶ τῆς γῆς Γεσεμ καὶ ἐκληρονόμησαν ἐπ’ αὐτῆς καὶ ηὐξήθησαν καὶ ἐπληθύνθησαν σφόδρα. — **28** ἐπέζησεν δὲ Ιακωβ ἐν γῇ Αἰγύπτῳ δέκα ἑπτὰ ἔτη· ἐγένοντο δὲ αἱ ἡμέραι Ιακωβ ἐνιαυτῶν τῆς ζωῆς αὐτοῦ ἑκατὸν τεσσαράκοντα ἑπτὰ ἔτη.

47,29 ἤγγισαν δὲ αἱ ἡμέραι Ισραηλ τοῦ ἀποθανεῖν, καὶ ἐκάλεσεν τὸν υἱὸν αὐτοῦ Ιωσηφ καὶ εἶπεν αὐτῷ Εἰ εὕρηκα χάριν ἐναντίον σου, ὑπόθες τὴν χεῖρά σου ὑπὸ τὸν μηρόν μου καὶ ποιήσεις ἐπ’ ἐμὲ

---

21) "백성들이 종으로서 그를 섬기도록 하였다"(*τὸν λαὸν κατεδουλώσατο αὐτῷ εἰς παίδας*) 라는 LXX 본문은 MT와 다르다. MT는 ואת העם העביר אתו לערים מקצה גבול מצרים ועד קצהו (그는 백성을 이집트 국경 끝의 성읍들에서 다른 끝으로 이주시켰다)라고 하여, '섬기게 하다' (העביד)가 아니라 '이주시키다' (העביר)라고 하였다. 사마리아 오경은 LXX 본문을 뒷받침한다. 오리게네스는 이집트를 '종살이 집'으로 부르게 된(탈출 20,2) 기원이 이 구절(LXX)이라고 주장 한다(*Hom.Gen.* XVI,1-2).

22) LXX는 주어 요셉을 밝혀 놓았다.

23) 그리스어는 사제들이 파라오에게 받은 '녹'(祿)을 중언법으로 표현하여 '그가 몫으로 선물을 주었다'(*ἐν δόσει γὰρ ἔδωκεν δόμα*)라고 하였다. 이에 대응하는 히브리어는 '규정'(חק)으로 이 규정에 따라 '일정 부분'이 어떤 사람에게 주어지게 된다. 아퀼라역은 상세한 규정이나 명 령을 뜻하는 *ἀκριβασμός*로, 심마쿠스역은 규칙이나 명령을 뜻하는 보다 보편적인 단어 *σύνταξις*로 옮겼다.

24) LXX는 אל־העם(백성)을 *πᾶσι τοῖς Αἰγυπτίοις*(모든 이집트 사람)로 옮겼다.

로서 그를 섬기도록 하였다.[21] 22 그러나 사제들의 땅만은 제외되어, 요셉은[22] 이 것을 사들이지 않았다. 파라오가 사제들에게 몫으로 선물을 주었기 때문이다.[23] 그 들은 파라오가 자기들에게 준 몫을 먹었으므로 자기들의 땅을 팔지 않았다. 23 요셉 이 모든 이집트 사람에게[24] 말하였다. "보시오. 나는 오늘 여러분과 여러분의 땅을 파라오를 위하여 사들였소. 저마다 씨앗을 가져다가[25] 땅에 뿌리시오. 24 그러나 여러분은 그 수확에서 오분의 일을 파라오께 바쳐야 하오.[26] (오분의) 사는 여러분 의 몫으로, 땅에 (뿌릴) 씨앗으로 여러분과 여러분 집안의 모든 이를 위한 양식이 될 것이오."[27] 25 그러자 그들이 말하였다. "나리께서 저희를 살려 주셨습니다. 저 희가 나리 앞에서 호의를 입었습니다. 저희는 파라오께 종이 되겠습니다." 26 요셉 은 이집트의 땅 위에 오늘날까지 오분의 일을 파라오께 바친다는 규정을 만들었다. 그러나 사제들의 땅만은 제외되어, 그것은 파라오에게 속하지 않았다.

47,27 이스라엘은 이집트 땅에 있는 게셈 땅에 자리 잡고 살며, 거기에서 (얼마를) 상속받고 자식들을 많이 낳고 크게 번성하였다. 28 야곱은 이집트 땅에서 십칠 년을 살았다. 야곱이 산 〈햇수의〉 날들은 백사십칠 년이었다.

야곱의 유언

47,29[28] 이스라엘이 죽을 날이 가까워지자, 그는 자기 아들 요셉을 불러 그에게 말하였다. "내가 네 앞에서 호의를 입는다면, 네 손을 내 넓적다리 밑에 넣고, 나

---

25) LXX는 히브리어 본문의 "여기에 씨앗이 있으니"(הא לכם זרע)에서 관사 הא를 '가져가라' (λάβετε)로 옮겨 명령문으로 만들었다.

26) 필로는 '오'(5)는 오감을 상징하므로 파라오에게 오분의 일을 바친다는 것은 이집트에서의 가혹한 생활을 나타낸다고 알레고리적으로 해석하였다(*Migr.* 204).

27) 히브리어 본문의 마지막 문장 "그리고 아이들의 양식으로 삼으시오"(ולאכל לטפכם)를 생략 하였다. 이는 아이들이 '여러분 집안의 모든 이'에 이미 포함된다고 보았기 때문이다.

28) 47,29—50,26에서, 아브라함 자손 역사의 마지막 부분의 시작으로는, 29절(이스라엘이 죽을 날이 가까워지자 … 자기 아들 요셉을 불러 …)과 28절(야곱은 이집트 땅에서 십칠 년을 살았 다), 27절(LXX: 이스라엘은 이집트 땅에 … 자리 잡고 살며 …), 이 세 절 가운데 이집트에서 나 감과 열두 부족의 운명에 대해 암시하는 29절이 가장 좋을 듯하다. 또는 28절의 야곱 나이에 대한 인급이 이 서두의 한 부분으로 들어가도 좋을 것이다. 야곱의 가족이 이집트에 자리 잡고 살면서 '자식들을 많이 낳고 번성하였다'는 내용의 27절은 앞 단락을 훌륭하게 마무리하기 때 문이다. 곧 이를 27.28절/29절 또는 27절/28.29절로 나누어 볼 수 있다.

ἐλεημοσύνην καὶ ἀλήθειαν τοῦ μή με θάψαι ἐν Αἰγύπτῳ. 30 ἀλλὰ κοιμηθήσομαι μετὰ τῶν πατέρων μου. καὶ ἀρεῖς με ἐξ Αἰγύπτου καὶ θάψεις με ἐν τῷ τάφῳ αὐτῶν. ὁ δὲ εἶπεν Ἐγὼ ποιήσω κατὰ τὸ ῥῆμά σου. 31 εἶπεν δέ Ὄμοσόν μοι. καὶ ὤμοσεν αὐτῷ. καὶ προσεκύνησεν Ισραηλ ἐπὶ τὸ ἄκρον τῆς ῥάβδου αὐτοῦ.

48.1 Ἐγένετο δὲ μετὰ τὰ ῥήματα ταῦτα καὶ ἀπηγγέλη τῷ Ιωσηφ ὅτι Ὁ πατήρ σου ἐνοχλεῖται. καὶ ἀναλαβὼν τοὺς δύο υἱοὺς αὐτοῦ. τὸν Μανασση καὶ τὸν Εφραιμ. ἦλθεν πρὸς Ιακωβ. 2 ἀπηγγέλη δὲ τῷ Ιακωβ λέγοντες Ἰδοὺ ὁ υἱός σου Ιωσηφ ἔρχεται πρὸς σέ. καὶ ἐνισχύσας Ισραηλ ἐκάθισεν ἐπὶ τὴν κλίνην. 3 καὶ εἶπεν Ιακωβ τῷ Ιωσηφ Ὁ θεός μου ὤφθη μοι ἐν Λουζα ἐν γῇ Χανααν καὶ εὐλόγησέν με 4 καὶ εἶπέν μοι Ἰδοὺ ἐγὼ αὐξανῶ σε καὶ πληθυνῶ σε καὶ ποιήσω σε εἰς συναγωγὰς ἐθνῶν καὶ δώσω σοι τὴν γῆν ταύτην καὶ τῷ σπέρματί σου μετὰ σὲ εἰς κατάσχεσιν αἰώνιον. 5 νῦν οὖν οἱ δύο υἱοί σου οἱ γενόμενοί σοι ἐν Αἰγύπτῳ πρὸ τοῦ με ἐλθεῖν πρὸς σὲ εἰς Αἴγυπτον ἐμοί εἰσιν. Εφραιμ καὶ Μανασση ὡς Ρουβην καὶ Συμεων ἔσονταί μοι· 6 τὰ δὲ ἔκγονα. ἃ ἐὰν γεννήσῃς μετὰ ταῦτα. σοὶ ἔσονται. ἐπὶ τῷ ὀνόματι τῶν ἀδελφῶν αὐτῶν κληθήσονται ἐν τοῖς ἐκείνων κλήροις. 7 ἐγὼ δὲ ἡνίκα ἠρχόμην ἐκ Μεσοποταμίας τῆς

---

29) 히브리어 ‘자애’(חסד)는 일반적으로 ἔλεος로 옮겨지는데 여기서는 “자비”(ἐλεημοσύνη)로 옮겼다.

30) 여기에 쓰인 “진리”(ἀλήθεια)는 신의를 뜻하는 것으로 볼 수 있다. ἐλεημοσύνη와 ἀλήθεια 가 함께 나오는 구절은 LXX에서 여기와 잠언 20,28뿐이다.

31) “지팡이”(ῥάβδος)는 속격 대명사 αὐτοῦ를 어떻게 적용시키느냐에 따라 야곱의 것으로, 또 는 요셉의 것으로 볼 수 있다. 오리게네스는 이 지팡이를 요셉의 것으로 보았다(Hom.Gen. XV,4).

32) LXX의 마지막 문장이 MT와 다르다. MT는 “이스라엘이 침상 머리맡에 엎드려 경배하였다”(וישתחו ישראל על ראש המטה)로 끝난다. 히브리어로 ‘지팡이’(מַטֶּה)는 LXX에 대응하여 MT와 아 퀼라역과 심마쿠스역이 쓴 ‘침상’(מִטָּה)과 자음만 같고 모음이 다르다.

에게 자비와[29] 진리로써[30] 나를 이집트에 묻지 마라. 30 내가 내 조상들과 함께 잠들면, 나를 이집트에서 올려다가 나를 그분들 무덤에 묻어 다오." 요셉이 말하였다. "제가 당신 말씀대로 하겠습니다." 31 그가 말하였다. "나에게 맹세하여라." 요셉이 그에게 맹세하니, 이스라엘은 그의 지팡이[31] 끝에 몸을 기대었다.[32]

야곱이 요셉의 아들들에게 축복하다

48,1 이런 일이 있은 뒤 '당신의 아버지가 편찮으십니다' 라는[1] 소식이 요셉에게 전해졌다. 그는 자기의 두 아들 므나쎄와 에브라임을 데리고 야곱에게 갔다.[2] 2 야곱에게 '보십시오. 당신의 아들 요셉이 〈당신께〉 오고 있습니다' 라는 말이 전해졌다. 이스라엘은 힘을 내어 침상에 (일어나) 앉았다. 3 야곱이 요셉에게 말하였다. "내 하느님께서[3] 가나안 땅 루자에서[4] 나에게 나타나시어 나에게 복을 내리시며, 4 〈나에게〉 말씀하셨다. '보아라, 나는 네가 자식을 많이 낳고 번성하게 하리라. 또 나는 네가 민족들의 무리가 되게 하고, 이 땅을 너와[5] 네 뒤에 오는 후손에게 영원한 소유로 주리라.' 5 그러니 이제, 내가 이집트에 있는 너에게 오기 전에 이집트에서 너에게 태어난 두 아들은 나에게 속한다. 에브라임과 므나쎄는 르우벤과 시므온처럼 나의 것이 되리라. 6 이다음에 네가 낳는 자식들은 너의 것이다. 이들은 자기 형제들의 이름으로 자기들의 상속재산을[6] 상속받을 것이다. 7 내가 시리아의 메소포타미아

---

1) 본디 '불안하다' 라는 뜻만을 지녔던 그리스어 *ἐνοχλέω*는 기원전 3세기 비문에서부터 수동형으로 쓰일 때 '아프다' 의 의미를 갖게 된다.

2) LXX의 "그는 야곱에게 갔다"(*ἦλθεν πρὸς Ιακωβ*)라는 말은 히브리어 본문에 없다. 이는 히브리어 본문의 "그는 두 아들 므나쎄와 에브라임을 데리고 갔다"(שני בניו עמו את מנשה ואת אפרים ויקח את)라는 문장에 요셉이 야곱에게 갔다는 정보를 보충해 준 것이다.

3) 히브리어 본문의 "전능하신 하느님"(אל שדי)을 LXX는 "내 하느님"(*ὁ θεός μου*)으로 옮겼다. 17,1 각주 참조.

4) 루자의 LXX 이름에 대해서는 35,6 각주 참조.

5) LXX는 17,8; 26,3; 35,12의 영향을 받아 히브리어 본문에 없는 말 '너에게' 를 덧붙여 '너와 … 니의 후손에게'(*σοι … καὶ τῷ σπέρματί σου*)로 옮겼다.

6) 전문용어 '상속 몫'(*κλῆρος*)이라는 말은 땅의 분배를 가리키는 용어로도 쓰인다(민수 26,54 참조).

Συρίας, ἀπέθανεν Ραχηλ ἡ μήτηρ σου ἐν γῇ Χανααν ἐγγίζοντός μου κατὰ τὸν ἱππόδρομον χαβραθα τῆς γῆς τοῦ ἐλθεῖν Εφραθα, καὶ κατώρυξα αὐτὴν ἐν τῇ ὁδῷ τοῦ ἱπποδρόμου (αὕτη ἐστὶν Βαιθλεεμ). — 8 ἰδὼν δὲ Ισραηλ τοὺς υἱοὺς Ιωσηφ εἶπεν Τίνες σοι οὗτοι; 9 εἶπεν δὲ Ιωσηφ τῷ πατρὶ αὐτοῦ Υἱοί μού εἰσιν, οὓς ἔδωκέν μοι ὁ θεὸς ἐνταῦθα. καὶ εἶπεν Ιακωβ Προσάγαγέ μοι αὐτούς, ἵνα εὐλογήσω αὐτούς. 10 οἱ δὲ ὀφθαλμοὶ Ισραηλ ἐβαρυώπησαν ἀπὸ τοῦ γήρους, καὶ οὐκ ἠδύνατο βλέπειν· καὶ ἤγγισεν αὐτοὺς πρὸς αὐτόν, καὶ ἐφίλησεν αὐτοὺς καὶ περιέλαβεν αὐτούς. 11 καὶ εἶπεν Ισραηλ πρὸς Ιωσηφ Ἰδοὺ τοῦ προσώπου σου οὐκ ἐστερήθην, καὶ ἰδοὺ ἔδειξέν μοι ὁ θεὸς καὶ τὸ σπέρμα σου. 12 καὶ ἐξήγαγεν Ιωσηφ αὐτοὺς ἀπὸ τῶν γονάτων αὐτοῦ, καὶ προσεκύνησαν αὐτῷ ἐπὶ πρόσωπον ἐπὶ τῆς γῆς. 13 λαβὼν δὲ Ιωσηφ τοὺς δύο υἱοὺς αὐτοῦ, τόν τε Εφραιμ ἐν τῇ δεξιᾷ ἐξ ἀριστερῶν δὲ Ισραηλ, τὸν δὲ Μανασση ἐν τῇ ἀριστερᾷ ἐκ δεξιῶν δὲ Ισραηλ, ἤγγισεν αὐτοὺς αὐτῷ. 14 ἐκτείνας δὲ Ισραηλ τὴν χεῖρα τὴν δεξιὰν ἐπέβαλεν ἐπὶ τὴν κεφαλὴν Εφραιμ — οὗτος δὲ ἦν ὁ νεώτερος — καὶ τὴν ἀριστερὰν ἐπὶ τὴν κεφαλὴν Μανασση, ἐναλλὰξ τὰς χεῖρας. 15 καὶ ηὐλόγησεν αὐτοὺς καὶ εἶπεν Ὁ θεός, ᾧ εὐηρέστησαν οἱ πατέρες μου ἐναντίον αὐτοῦ Αβρααμ καὶ Ισαακ, ὁ θεὸς ὁ τρέφων με ἐκ νεότητος ἕως τῆς ἡμέρας ταύτης, 16 ὁ ἄγγελος ὁ ῥυόμενός με ἐκ πάντων τῶν κακῶν εὐλογήσαι τὰ παιδία ταῦτα, καὶ ἐπικληθήσεται ἐν

---

7) 히브리어 "바딴"(פדן)을 "시리아의 메소포타미아"로 옮겼다. 25,20 각주 참조.

8) 라헬이 죽은 장소는 벤야민이 태어난 곳과 같으며 이 지명은 이미 35,16에 나왔다. 그러나 여기 라헬이 죽은 곳을 묘사하는 데에는 지형을 설명하는 말이 덧붙었다. LXX는 "에프라타로 가는 땅 카브라타 경마장 가까이에 이르러"(ἐγγίζοντός μου κατὰ τὸν ἱππόδρομον χαβραθα τῆς γῆς τοῦ ἐλθεῖν Εφραθα) 라헬이 죽었다고 한다. 이 '경마장'이라는 말은 마지막 문장에서 다시 한 번 나온다. 그러나 MT는 단순히 "길 옆에"(בדרך)라고 표현하여 LXX와 다르다. 헤로데 임금 때부터 시작된 듯한 경마장에 대한 언급은 정확한 연대를 알 수 없는 LXX 필사본들에 나온다. 라헬의 무덤 근처에 있는 경마장에 관해서는 『열두 성조의 유언』이 말하고 있고(요셉 20,3), 가이사리아의 에우세비우스가 쓴 세 편의 글들이 이를 증언한다. 그는 당시 라헬의 무덤을 구체적으로 언급한 곳이 잘 알려져 있었다고 한다. 에우세비우스는 『고유명사록』(GCS 11,1)에서 베들레헴의 에브랏에 대하여, '그곳 가까이 경마장이라 불린 곳(창세 48,7)에서 길가에 라헬이 묻혔다. 아직도 그 무덤이 있다' 라고 썼다.

9) "네 어머니"(ἡ μήτηρ σου)는 MT에 없는 말로 사마리아 오경에 따라 덧붙였다.

에서[7] 왔을 때, 에프라타로 가는 땅 카브라타 경마장[8] 가까이에 이르러 네 어머니인[9] 라헬이 가나안 땅에서 죽었다. 나는 그를 경마장 곧 베들레헴으로 가는 길가에 묻었다.” 8 이스라엘이 요셉의 아들들을 보고 말하였다. “이들은 〈너에게〉[10] 누구냐?” 9 요셉이 아버지에게 말하였다. “하느님께서 이곳에서 저에게 주신 제 아들들입니다.” 야곱이[11] 말하였다. “내가 그들에게 복을 빌어 줄 테니, 그들을 나에게 데려오너라.” 10 그런데 이스라엘은 나이 들어 눈이 흐릿해져서,[12] 〈그는〉 (잘) 볼 수 없었다. 요셉이 그들을 이스라엘에게 가까이 데려가자, 이스라엘은 그들에게 입맞추며 그들을 껴안았다. 11 이스라엘이 요셉에게 말하였다. “보아라, 내가 네 얼굴을 보게 되더니만,[13] 하느님께서 나에게 네 자식까지 보여 주시는구나.” 12 요셉이 그들을 그의 무릎에서 데려가자, 그들은 얼굴을 땅에 대고 그에게 절하였다.[14] 13 요셉은 자기의 두 아들을[15] 데려다, 에브라임은 오른쪽, 이스라엘의 왼쪽으로, 므나쎄는 왼쪽, 이스라엘의 오른쪽으로, 그들을[16] 그에게 가까이 데려갔다. 14 이스라엘은 손들을 뒤바꾸어,[17] 오른손을 내밀어 어린 에브라임 머리 위에, 왼손은 므나쎄의[18] 머리 위에 얹었다. 15 그가 그들에게[19] 축복하여 말하였다. “나의 조상 아브라함과 이사악이 그 앞에서 기쁘게 해 드렸던 하느님, 어려서부터 이날까지 나를 길러 주신 하느님, 16 모든 어려움에서 나를 구해 주신 천사께서는 이 아이들에게 복을 내리

---

10) LXX는 사마리아 오경(לך)을 따라 히브리어 본문에 없는 말 “너에게”($\sigma oí$)를 덧붙였다.

11) LXX는 주어를 밝혀 야곱을 덧붙였다.

12) ‘눈이 흐려지다’($\beta \alpha \rho \upsilon \omega \pi \acute{\epsilon} \omega$)는 LXX에 단 한 번 나오는 말이다(27,1 $\dot{\alpha} \mu \beta \lambda \acute{\upsilon} \nu \omega$와 비교). $\beta \alpha \rho \upsilon \omega \pi \acute{\epsilon} \omega$를 직역하면 ‘눈이 무겁다’이다.

13) 히브리어 본문의 “나는 네 얼굴을 다시 보리라곤 생각도 못했는데”(ראה פניך לא פללתי)를 LXX는 ‘네 얼굴 (보는 것)이 허락되더니’($\tau o \hat{\upsilon} \pi \rho o \sigma \acute{\omega} \pi o \upsilon \sigma o \upsilon o \dot{\upsilon} \kappa \dot{\epsilon} \sigma \tau \epsilon \rho \acute{\eta} \theta \eta \nu$)로 옮겼다.

14) MT는 ‘그(요셉)는 얼굴을 땅에 대고 절하였다’라고 하였는데, LXX는 주어를 바꾸어 “그들은 얼굴을 땅에 대고 그에게 절하였다”($\pi \rho o \sigma \epsilon \kappa \acute{\upsilon} \nu \eta \sigma \alpha \nu \ a \dot{\upsilon} \tau \hat{\omega} \ \dot{\epsilon} \pi \grave{\iota} \ \pi \rho \acute{o} \sigma \omega \pi o \nu \ \dot{\epsilon} \pi \grave{\iota} \ \tau \hat{\eta} s \ \gamma \hat{\eta} s$)라고 한다.

15) 히브리어 본문의 ‘그들 둘’(שניהם)을 LXX는 “자기의 두 아들”($\tau o \grave{\upsilon} s \ \delta \acute{\upsilon} o \ \upsilon \acute{\iota} o \grave{\upsilon} s \ a \dot{\upsilon} \tau o \hat{\upsilon}$)로 옮겼다.

16) LXX는 히브리어 본문에서 밝히지 않은 목적어 “그들을”($a \dot{\upsilon} \tau o \acute{\upsilon} s$)을 넣어 주었다.

17) LXX는 히브리어 ‘엇갈리다’(שכל의 피엘형)를 ‘뒤바꾸다’($\dot{\epsilon} \nu \alpha \lambda \lambda \acute{\alpha} \tau \tau \omega$)의 부사형 $\dot{\epsilon} \nu \alpha \lambda \lambda \acute{\alpha} \xi$로 옮겼다. 아퀼라역은 ‘일부러’($\dot{\epsilon} \pi \iota \sigma \tau \eta \mu \acute{o} \nu \omega s$)라고 하였는데, 타르굼 옹켈로스도 아퀼라역처럼 이해하여 ‘현명하게’(אחכימנון) 내밀었다고 옮겼다.

18) MT는 므나쎄를 맏아들이라고 밝혔으나, LXX에는 그런 묘사가 없다.

19) 히브리어 본문의 ‘그가 요셉에게 축복하였다’(ויברך את יוסף)라는 문장이 문맥에 맞지 않는다고 판단한 LXX 번역자는 목적어를 바꾸어 “그들에게”($a \dot{\upsilon} \tau o \acute{\upsilon} s$)로 옮겼다.

αὐτοῖς τὸ ὄνομά μου καὶ τὸ ὄνομα τῶν πατέρων μου Αβρααμ καὶ Ισαακ, καὶ πληθυνθείησαν εἰς πλῆθος πολὺ ἐπὶ τῆς γῆς. **17** ἰδὼν δὲ Ιωσηφ ὅτι ἐπέβαλεν ὁ πατὴρ τὴν δεξιὰν αὐτοῦ ἐπὶ τὴν κεφαλὴν Εφραιμ, βαρὺ αὐτῷ κατεφάνη, καὶ ἀντελάβετο Ιωσηφ τῆς χειρὸς τοῦ πατρὸς αὐτοῦ ἀφελεῖν αὐτὴν ἀπὸ τῆς κεφαλῆς Εφραιμ ἐπὶ τὴν κεφαλὴν Μανασση. **18** εἶπεν δὲ Ιωσηφ τῷ πατρὶ αὐτοῦ Οὐχ οὕτως, πάτερ· οὗτος γὰρ ὁ πρωτότοκος· ἐπίθες τὴν δεξιάν σου ἐπὶ τὴν κεφαλὴν αὐτοῦ. **19** καὶ οὐκ ἠθέλησεν, ἀλλὰ εἶπεν Οἶδα, τέκνον, οἶδα· καὶ οὗτος ἔσται εἰς λαόν, καὶ οὗτος ὑψωθήσεται, ἀλλὰ ὁ ἀδελφὸς αὐτοῦ ὁ νεώτερος μείζων αὐτοῦ ἔσται, καὶ τὸ σπέρμα αὐτοῦ ἔσται εἰς πλῆθος ἐθνῶν. **20** καὶ εὐλόγησεν αὐτοὺς ἐν τῇ ἡμέρᾳ ἐκείνῃ λέγων Ἐν ὑμῖν εὐλογηθήσεται Ισραηλ λέγοντες Ποιήσαι σε ὁ θεὸς ὡς Εφραιμ καὶ ὡς Μανασση· καὶ ἔθηκεν τὸν Εφραιμ ἔμπροσθεν τοῦ Μανασση. — **21** εἶπεν δὲ Ισραηλ τῷ Ιωσηφ Ἰδοὺ ἐγὼ ἀποθνῄσκω, καὶ ἔσται ὁ θεὸς μεθ᾽ ὑμῶν καὶ ἀποστρέψει ὑμᾶς εἰς τὴν γῆν τῶν πατέρων ὑμῶν· **22** ἐγὼ δὲ δίδωμί σοι Σικιμα ἐξαίρετον ὑπὲρ τοὺς ἀδελφούς σου, ἣν ἔλαβον ἐκ χειρὸς Αμορραίων ἐν μαχαίρᾳ μου καὶ τόξῳ.

49,1 Ἐκάλεσεν δὲ Ιακωβ τοὺς υἱοὺς αὐτοῦ καὶ εἶπεν
　　　Συνάχθητε, ἵνα ἀναγγείλω ὑμῖν,
　　　τί ἀπαντήσει ὑμῖν ἐπ᾽ ἐσχάτων τῶν ἡμερῶν·

---

20) LXX는 다시 주어 요셉을 밝혔다.

21) LXX는 히브리어 본문 '그의 아버지는 거절하였다' (וימאן אביו)에서 주어(그의 아버지)를 생략하고, '그는 원하지 않았다' (οὐκ ἠθέλησεν)로 옮겼다.

22) 바르나바의 편지 13,5에서는 므나쎄에 대한 야곱의 약속, "이 아이도 한 백성을 이루고 높게 될 것이다"를 생략하고, 아우가 더 크게 될 것이라며 야곱의 축복을 '아우', 곧 그리스도인에게 제한하였다.

23) LXX에 따르면 야곱은 이스라엘이 요셉의 두 아들을 통하여(ἐν ὑμῖν 너희 안에서) 복 받을 (εὐλογηθήσεται) 것이라고 하였다. MT는 LXX의 두 아들 대신 요셉을 가리켜 '너를 통하여' (בך)라고 하였다. 또한 이스라엘(Ισραηλ) 다음에 오는 복수 주격 분사 λέγοντες는 이스라엘 민족이 그 주체임을 나타낸다. 이스라엘은 여기서 집단을 가리킨다. 그러나 MT에서는 이스라엘을 '축복하다'의 주어(יברך을 피엘형으로 읽음) 또는 목적어(יברך을 니팔형으로 읽음)로 볼 수 있다. 타르굼 요나단은 '이스라엘은 축복하리라'로, 타르굼 네오피티는 '이스라엘은 복 받으리라'로 옮겼다.

소서. 내 이름과 내 조상 아브라함과 이사악의 이름이 그들에게서 불리고, 땅에서 그들이 크게 불어날지어다." 17 요셉은 아버지가 그의 오른손을 에브라임의 머리 위에 얹는 것을 보고는, 그것이 〈그에게〉 못마땅하여, 〈요셉은〉20) 아버지의 손을 잡아 에브라임의 머리에서 므나쎄의 머리로 옮기려 하였다. 18 요셉이 자기 아버지에게 말하였다. "그렇지 않습니다. 아버지. 이 아이가 맏이이니, 그의 머리 위에 당신의 오른손을 얹으셔야 합니다." 19 그러나 그는 (그것을) 원치 않으며21) 말하였다. "나도 안다. 애야. 나도 알아. 이 (아이)도 한 백성을 이루고 높게 될 것이다.22) 그러나 어린 아우가 그보다 더 크게 되고, 그의 후손은 수많은 민족을 이룰 것이다." 20 그날 그는 그들에게 축복하면서 말하였다. "이스라엘이 너희를 통하여23) '하느님께서 너를 에브라임과 므나쎄처럼 만들어 주실지어다'라고 말하면서 복 받으리라." 그는 에브라임을 므나쎄 앞에 세웠다. 21 이스라엘이 요셉에게 말하였다. "보아라, 나는 (이제) 죽는다. 하느님께서 너희와 함께 계시며, 너희를 너희 조상들의 땅으로 돌아가게 하실 것이다. 22 나는 네 형제들보다 너에게, 내 칼과 활로 아모리 사람들의 손에서 빼앗아 골라잡은24) 세겜을 준다."

야곱의 축복1)

49,1 야곱이 자기 아들들을 불러 말하였다.

"내가 마지막 날에2) 너희에게 무슨 일이 닥칠지 〈너희에게〉 알려 주려 하니, 너희는 함께 오너라.

---

24) LXX는 야곱이 요셉에게 준다는 세겜을 "골라잡은"(ἐξαίρετος)이라는 형용사로 꾸민다. MT는 "(세겜) 하나를 더 준다"라고 하였다. 그리스어 본문은 성읍 이름을 옮기면서 가장 좋은 것이라는 의미도 덧붙인 것이다. 여기서 성읍 이름 세겜(שכם 33,18 참조)은 '어깨'를 뜻하기도 한다. 아퀼라역은 히브리어 문장을 문자적으로 옮겨 '어깨 하나'(ὦμον ἕνα)라고 하였다.

1) MT 본문 49장은 이해하기 어렵다. 이 '축복문'은 운문으로, 구문과 어휘가 산문과 다르며 일부 불분명한 문장들도 있다. 한편 LXX 본문은 일관되며 논리적인 전개를 보여 준다. 고대 주석가들 사이에서 이 본문은 "야곱의 축복"으로 불렸다(필로, *Mutat.* 200). 실제로 야곱의 말이 끝나고 다시 서술문이 시작되는 49,28에는 '복을 빌어 주다'와 '복'이라는 말이 나온다. 그러나 야곱 자신은 훗날 자손들에게 일어날 일을 '알려 주겠다'(ἀναγγέλλω 49,1)고 하여, 이 본문을 '예언문' 가운데 하나로 보기도 하였다(필로, *Her.* 261; 테오도루스, *QG* 110). 작별인사를 하면서 야곱은 자신의 아들들을 모두 부른다.

2) "마지막 날에"(ἐπ᾽ ἐσχάτων τῶν ἡμερῶν)는 역사적 의미(야곱의 아들들이 저마다 죽을 때)나 메시아적 의미(체사레아의 에우세비우스, *Démonstration évangélique* VIII,1,1-81)로, 또는 종말론적 의미(오리게네스, *P.Arch.* III,5,1)로 볼 수 있다.

2 ἀθροίσθητε καὶ ἀκούσατε, υἱοὶ Ιακωβ,

ἀκούσατε Ισραηλ τοῦ πατρὸς ὑμῶν.

3 Ρουβην, πρωτότοκός μου σύ,

ἰσχύς μου καὶ ἀρχὴ τέκνων μου,

σκληρὸς φέρεσθαι καὶ σκληρὸς αὐθάδης.

4 ἐξύβρισας ὡς ὕδωρ, μὴ ἐκζέσῃς·

ἀνέβης γὰρ ἐπὶ τὴν κοίτην τοῦ πατρός σου·

τότε ἐμίανας τὴν στρωμνήν, οὗ ἀνέβης.

5 Συμεων καὶ Λευι ἀδελφοί·

συνετέλεσαν ἀδικίαν ἐξ αἱρέσεως αὐτῶν.

6 εἰς βουλὴν αὐτῶν μὴ ἔλθοι ἡ ψυχή μου,

καὶ ἐπὶ τῇ συστάσει αὐτῶν μὴ ἐρείσαι τὰ ἥπατά μου,

ὅτι ἐν τῷ θυμῷ αὐτῶν ἀπέκτειναν ἀνθρώπους

καὶ ἐν τῇ ἐπιθυμίᾳ αὐτῶν ἐνευροκόπησαν ταῦρον.

7 ἐπικατάρατος ὁ θυμὸς αὐτῶν, ὅτι αὐθάδης,

καὶ ἡ μῆνις αὐτῶν, ὅτι ἐσκληρύνθη·

διαμεριῶ αὐτοὺς ἐν Ιακωβ

καὶ διασπερῶ αὐτοὺς ἐν Ισραηλ.

---

3) 르우벤은 야곱의 맏아들이지만, 모세의 축복 안에서 맏아들 권리는 라헬의 첫째 아들 요셉에게 주어진다(신명 33,17). 1역대 5,1에 따르면 르우벤이 자기 아버지의 소실과 동침한 사건(창세 35,21) 때문에 맏아들 권리를 잃었다고 한다. 히브리어 본문에서 ראשית אוני(내 정력의 첫 열매)라고 한 것을 LXX는 "내 아이들 가운데 첫째"(ἀρχὴ τέκνων μου)라고 하였다. 타르굼 네오피티는 און을 '고통'(עוני)으로 옮겼고 아퀼라역은 '슬픔'(λύπη)으로, 심마쿠스역은 '고통'(ὀδύνη)으로 옮겼다.

4) 형용사 '단단한, 고집 센'(σκληρός)을 두고 그리스도교 전통은 맏아들, 곧 유다인들의 완고함을 선언한 것이라고 풀이하였다(히폴리투스, *Fr.* 8). MT는 יתר를 써서 정도를 지나친 르우벤의 성질을 표현하였다. 아퀼라역과 심마쿠스역도 MT처럼 '과도한, 정도를 넘어서는'(περισσός)이라는 형용사를 썼다.

5) "물처럼"(ὡς ὕδωρ)은 첫 번째 동사 '무례하다, 거만하다'(ἐξυβρίζω)나 그다음 동사 '끓어넘치다'(ἐκζέω)와 연결시킬 수 있다. MT는 여기에 3절에서 사용된 동사와 어근이 같은 '넘치다'(יתר)를 다시 썼고, 아퀼라역과 심마쿠스역도 MT처럼 περισσεύω로 옮겼다.

6) LXX는 르우벤의 잘못을 이야기하는 구절에서 2인칭 주어 동사를 세 번 썼다(ἀνέβης 두 번; ἐμίανας 한 번). MT는 처음 두 동사의 주어를 2인칭으로, 마지막 동사는 3인칭으로 썼다.

7) 시므온과 레위가 세겜 사람들을 학살한 행위는 LXX에 추상적으로 묘사되었고, 그 사건의 책임은 그들 자신, 그들의 선택에 따른(ἐξ αἱρέσεως αὐτῶν) 것이라고 덧붙였다. 또한 "그들의

2 야곱의 아들들아, 모여와 들어라.

너희 아버지 이스라엘(의 말)을 들어라.

3 르우벤, 너는 나의 맏이,

나의 힘, 내 아이들 가운데 첫째.[3]

고집 세고[4] 오만한 (너는) 참아 내기 힘들구나.

4 너는 물처럼[5] 무례하나, 끓어 넘쳐서는 안 되리라.

네가 아버지의 침상에 올라갔기 때문이다.

그때 너는 네가 올라간 침상을 더럽혔다.[6]

5 시므온과 레위는 형제,

그들은 자기들 마음대로 불의를 저질렀다.[7]

6 내 영은 그들의 모의에 가담하지 않고

내 간은[8] 그들의 모임을 지지하지[9] 않는다.

그들은 화가 나서 사람들을 죽이고

자기들 기분대로 소의[10] 힘줄을 끊어 버렸다.[11]

7 오만한 그들의 분노,

굽힐 줄 모르는 그들의 격분은 저주를 받으리라.

나 그들을 야곱 안에 갈라 놓으리라.

나 그들을 이스라엘 안에 흩어 버리리라.[12]

칼은 폭행의 도구"(כלי חמס מכרתיהם)라는 이해하기 어려운 문장에서, 명사 '도구'(כלי)를 동사 '끝내다, 성취하다'(כלי)로 읽어 "(불의를) 저질렀다"(συνετέλεσαν)로 옮겼다.

8) 이 구절에서 "영"(ψύχη)과 "간"(ἥπατα)은 서로 병행한다. 그리스어 본문은 "간"이라는 말을 써서 인간 생명의 중심을 표현하였다.

9) 일부 대문자 사본들에서는 '의지하다, ~에 기대다'(ἐρεἴσαι, ἐρείδω의 희구법 완료형) 대신에 '다투다'(ἐρίζω)에서 온 ἐρίσαι라는 표현이 우세하다. 이에 대응하는 히브리어는 '모이다, 함께하다'(יחד)에서 온 תחד이다.

10) MT와 마찬가지로 LXX도 "소"(ταῦρος)로 옮겼다. 타르굼과 아퀼라역, 심마쿠스역은 히브리어 본문을 '소'(שׁור) 대신 '성벽'(שׁור)으로 이해하여 옮겼다.

11) 세겜에서 일어난 대학살 사건과 요셉의 형들이 그에게 저지른 잘못을 연결시켜, '소'라는 말은 신명 33,17에서 요셉을 표현한 문장 '수소의 맏이'(πρωτότοκος ταύρου)에 사용되었다. 히폴리투스는 이를 그리스도의 십자가형을 암시한 것으로 보았다(*Fr. 13*).

12) '가르다'(διαμερίζω)와 '흩어 버리다'(διασπείρω)라는 두 단어는 시므온과 레위의 자손들이 그들 자신의 영토를 갖지 못하리라는 것을 나타낸다. 시므온의 자손들에게는 '유다 후손 가운데 얼마'(여호 19,9), 레위 자손들에게는 사제의 몫만이 주어진다(신명 10,9; 여호 21장). 히폴리투스는 이를 유다인들의 디아스포라로 해석한다(*Fr. 16*).

8 Ιουδα, σὲ αἰνέσαισαν οἱ ἀδελφοί σου·

αἱ χεῖρές σου ἐπὶ νώτου τῶν ἐχθρῶν σου·

προσκυνήσουσίν σοι οἱ υἱοὶ τοῦ πατρός σου.

9 σκύμνος λέοντος Ιουδα·

ἐκ βλαστοῦ, υἱέ μου, ἀνέβης·

ἀναπεσὼν ἐκοιμήθης ὡς λέων

καὶ ὡς σκύμνος· τίς ἐγερεῖ αὐτόν;

10 οὐκ ἐκλείψει ἄρχων ἐξ Ιουδα

καὶ ἡγούμενος ἐκ τῶν μηρῶν αὐτοῦ,

ἕως ἂν ἔλθῃ τὰ ἀποκείμενα αὐτῷ,

καὶ αὐτὸς προσδοκία ἐθνῶν.

11 δεσμεύων πρὸς ἄμπελον τὸν πῶλον αὐτοῦ

καὶ τῇ ἕλικι τὸν πῶλον τῆς ὄνου αὐτοῦ·

πλυνεῖ ἐν οἴνῳ τὴν στολὴν αὐτοῦ

καὶ ἐν αἵματι σταφυλῆς τὴν περιβολὴν αὐτοῦ·

---

13) 유다라는 이름이 찬사와 함께 나온다. LXX는 유다(יהודה)와 '찬양하다' (יודוך) 사이의 말놀이를 만들어 내지 못하였다. 오경에서 유일하게 '찬양하다' (αἰνέω)라는 동사가 여기 사용되었다. 29,35의 '찬미드리다' (ἐξομολογέομαι)와 비교.

14) LXX는 단수 "너의 손"(ידך)을 문맥에 맞게 "너의 손들"(αἱ χεῖρές σου)로 옮겼다.

15) LXX는 "목"(ערף)을 "등"(νώτου)으로 바꾸어 옮겼다.

16) 형제들이 '절하다'라는 구절은 27,29에서 요셉의 형제들이 요셉 앞에 엎드리리라는 이사악의 축복과 같다. 유다 왕국이 이스라엘 왕국을 이기리라는 것이다. 여기서부터 동사가 미래형으로 쓰인 것은 유다 왕국의 미래를 묘사하려는 의도를 지닌 것으로 보인다.

17) '어린 사자'나 '사자'는 유다를 나타내고, 이는 메시아적 선언으로 이어진다(묵시 5,5).

18) "새싹"(βλαστός)은 식물을 묘사하며, 이새의 '뿌리'에서 나온 '가지'(ράβδος)를 연상시킨다(이사 11,1). 그리스도교 전통(유스티누스, 이레네우스 등)은 이를 메시아 선언으로 보았다. LXX는 히브리어 본문에서 '먹이'(טרף)를 낚아채는 사나운 사자의 모습으로 묘사된 유다를 식물로 표현하여 강렬한 느낌을 없애 버렸다. 아퀼라역은 מטרף를 MT처럼 '먹이로부터' (ἀπὸ ἁρπάγματος)로 옮겼다.

19) MT는 "암사자처럼"(כלביא)이라 하여 앞의 어린 사자와 다르게 묘사한다.

20) MT는 "웅크려 엎드리니"(כרע רבץ)라고 하였다. 아퀼라역은 이를 '엎드려 누우니' (κάμψας κατεκλίθης)로, 심마쿠스역은 '웅크려 앉으니' (ὀκλάσας ἡδράσθης)로 옮겼다.

21) '엎드리다' (ἀναπίπτω), '자다' (κοιμάομαι), '일으키다' (ἐγείρω)를 서로 대비시킨 이 문장에서 교부들은 '일으키다'를 그리스도가 무덤에서 부활하는 모습으로 해석하였다. 오리게네스는 그리스도를 '잠에서 깨어난 어린 사자'라고 부르기도 하였다(*Com.Rom.* VII,19,1156 B).

8 유다, 네 형제들이 너를 찬양하리라. 13)

너의 손들은14) 네 적들의 등에15) 있고

네 아버지의 아들들이 너에게 절하리라. 16)

9 유다는 어린 사자, 17)

내 아들아, 너는 새싹에서18) 올라왔다.

너는 사자처럼 그리고 어린 사자처럼19) 엎드려 자니, 20)

누가 그를 일으키랴?21)

10 〈그를 위해〉 준비된 것들이22) 올 때까지,

다스리는 자들이 유다에게서

통치자가 그의 허리에서 떠나지 않으리라. 23)

그는 민족들의 희망이다. 24)

11 그는 제 망아지를 포도나무에,

자기 새끼 나귀를 포도 줄기에 매고

포도주로 제 옷을,

포도송이의 피로 제 겉옷을25) 빤다. 26)

---

22) 그리스어 본문 "그를 위해 준비된 것들"($\tau \grave{a}$ $\dot{a}\pi o\kappa\epsilon\acute{\iota}\mu\epsilon\nu\alpha$ $a\dot{v}\tau\hat{\omega}$)에서 대명사 $a\dot{v}\tau\acute{o}s$는 '통치자'를 가리키는 말로 보인다. 그러나 유스티누스는 이 본문을 '예정된 자에게'($\hat{\omega}$ $\dot{a}\pi o\kappa\epsilon\hat{\iota}\tau\alpha\iota$)로 읽어야 한다고 주장한다(*Dial.* 120,3-4). 이레네우스도 유스티누스와 같은 견해를 표명하였다. 오리게네스는 '예정된 것'은 (그리스도의) 통치를, '예정된 자'는 그리스도를 가리킨다고 해석하였다. 이 표현은 히브리어 본문의 모호한 명사 실로(שׁילה)를 이해하지 못하고 LXX 번역자가 나름대로 옮긴 것이다. 이와 같은 메시아적 해석은 타르굼 옹켈로스나 쿰란 문헌에도 나타난다.

23) 이 구절이 그리스도에 관한 증언이냐 아니냐를 두고 유다교와 그리스도교 사이에 많은 논쟁이 있었다. 그리스어 본문이나 히브리어 본문은 모두 그 의미에 관하여 여러 해석을 낳았다. LXX 처음 두 줄에 나오는 남성명사들은 '통치자들'($\check{a}\rho\chi\omega\nu$, $\dot{\eta}\gamma o\acute{v}\mu\epsilon\nu os$)을 가리키는 말들인데, MT에는 통치자들의 위엄을 나타내는 "왕홀"(שׁבט)과 "지휘봉"(מחקק)이 나온다.

24) "민족들의 희망"($\pi\rho o\sigma\delta o\kappa\acute{\iota}\alpha$ $\acute{\epsilon}\theta\nu\hat{\omega}\nu$)이라는 표현은 메시아적 의미를 드러낸다. 히브리어 본문에는 "순종"(יקּהה)이라는 말이 나오는데, 아퀼라역은 이 히브리어를 '모으다'(קוה)라는 어근으로 읽어 '(민족들의) 연합'($\sigma\acute{v}\sigma\tau\eta\mu\alpha$)으로 옮겼다. LXX는 이를 '희망하다'(קוה)라는 다른 어근으로 읽어 이와 같이 옮긴 것이다.

25) '옷'($\sigma\tau o\lambda\acute{\eta}$, $\pi\epsilon\rho\iota\beta o\lambda\acute{\eta}$)을 포도주와 포도즙에 적시는 것은 이사 63,1-3과 비슷하며, 유다교는 이를 메시아 선언으로 해석하였다(타르굼 옹켈로스 참조). 그리스도교 전통은 이를 그리스도 수난 예고로 보고 묵시 19,13과 연결시켰다. 유스티누스는 여기서 '옷'은 그리스도의 피로 정화되는 신도들을 가리키며, 포도송이의 '피'는 그리스도의 본질이 인간이 아니라 신(神)임을 가리키는 것이라고 한다(*Apol.* 32,7-11).

26) 그리스도교 전통은 이 구절을 그리스도에 관한 예언으로 풀이하여 마태 21,2-11에 나오는 이야기를 그 성취로 보았다(유스티누스, *Apol.* 32,5-6; *Dial.* 53,1-2 등).

12 χαροποὶ οἱ ὀφθαλμοὶ αὐτοῦ ἀπὸ οἴνου,

καὶ λευκοὶ οἱ ὀδόντες αὐτοῦ ἢ γάλα.

13 Ζαβουλων παράλιος κατοικήσει,

καὶ αὐτὸς παρ᾽ ὅρμον πλοίων,

καὶ παρατενεῖ ἕως Σιδῶνος.

14 Ισσαχαρ τὸ καλὸν ἐπεθύμησεν

ἀναπαυόμενος ἀνὰ μέσον τῶν κλήρων·

15 καὶ ἰδὼν τὴν ἀνάπαυσιν ὅτι καλή,

καὶ τὴν γῆν ὅτι πίων,

ὑπέθηκεν τὸν ὦμον αὐτοῦ εἰς τὸ πονεῖν

καὶ ἐγενήθη ἀνὴρ γεωργός.

16 Δαν κρινεῖ τὸν ἑαυτοῦ λαὸν

ὡσεὶ καὶ μία φυλὴ ἐν Ισραηλ.

17 καὶ γενηθήτω Δαν ὄφις ἐφ᾽ ὁδοῦ

ἐγκαθήμενος ἐπὶ τρίβου,

δάκνων πτέρναν ἵππου,

καὶ πεσεῖται ὁ ἱππεὺς εἰς τὰ ὀπίσω.

---

27) MT는 단 한 번 나오는 단어 חכליל를 써서 '번득이고', '흐려지고' 라고 하였다.

28) LXX는 히브리어 본문의 '포도주로(מיין) 흐려지고' 와 "우유보다(מחלב) 희다"를 첫 번째 것은 형용사 '빛나는'(χαροποιοί)을 전치사 ἀπό와 조합하여 "(그의 눈은) 포도주로 빛나고"라고 하고, 다음은 ἤ와 함께 비교급을 써서 "우유보다 희다"(λευκοί ἤ γάλα)라고 하였다.

29) LXX는 히브리어 본문의 '그의 옆구리가 시돈에 이르리라'(ירכתו על צידן)를 "그는 시돈까지 뻗치리라"(παρατενεῖ ἕως Σιδῶνος)로 옮겼다. 즈불룬의 경계가 확장되는 것을 두고, 히폴리투스는 마태 4,15-16에 따라 이사 8,23을 인용하면서 그리스도의 은총이 온 민족에게 미치는 것을 예고한다고 보았다(*Fr.* 27).

30) LXX는 '몫들(κλῆροι) 가운데서 쉬고 있는' 이싸갈을 묘사하였다. 그리스어 κλῆροι에 대응하는 히브리어는 그 뜻(המשפתים 가축 우리)이 분명하지 않으나, 일반적으로 이싸갈이 짊어져야 할 노동을 표현한 것으로 이해된다. 이 히브리어는 '드보라의 노래'(판관 5,16)에 다시 나오는데, LXX는 이를 번역하여 옮기지 않고 '메소포타미아 사이에'(알렉산드리아 사본) 또는 나귀의 '이중짐(διγομία) 사이에'(바티칸 사본)로 옮겼다. 그러나 같은 표현이 나오는 시편 67,14의 LXX는 이곳과 같이 옮겼다(너희가 몫들 가운데서 쉬면, 비둘기의 날개는 …). 그리스도교 주석가들은 이싸갈을 사도들 가운데 쉬고 있는 그리스도의 모습으로(루피누스, *Ben.* II,12-14), 또는 두 계약(구약과 신약) 사이에서 그리스도의 가르침에 따라 쉬고 있는 사도들로 풀이하였다(히폴리투스, *Fr.* 28.29-30; 디디무스 *Gn.* 1,21).

31) LXX는 이싸갈을 '그는 좋은 것(또는 '아름다운 것' τὸ καλόν)을 바랐다' 라고 하여 추상적으로 묘사하였다. 이는 이싸갈을 토라 공부에 전념한 인물로(유다 전통), 또는 하느님을 기쁘게

12 그의 눈은 포도주로 빛나고,[27]

그의 이는 우유보다 희다.[28]

13 즈불룬은 바닷가에, 배들의 항구 근처에 살며,

그는 시돈까지 뻗치리라.[29]

14 이싸갈은 몫들 가운데 쉬면서[30]

좋은 것을 바랐다.[31]

15 쉼이 좋고,

땅이 기름진[32] 것을 보고는,[33]

일하려고 자기 어깨를 구부려,

농부가[34] 되었다.

16 단은 이스라엘의 한 지파이면서,

제 백성을 심판하리라.

17 단은 길가의 뱀이 되리라.

그는 오솔길가에 숨어 있다가,[35]

말 뒤꿈치를[36] 물어,

말 탄 이가 뒤로 떨어지리라.[37]

해 드리는 데에만 관심을 보인 인물로 본 전통(『열두 성조의 유언』에서 '이싸갈, 온전함에 대하여'〈Ἰσσαχὰρ, Περὶ ἁπλότητος〉 4,5)에 상응하는 것 같다. MT는 이싸갈을 튼튼한 몸을 지닌 인물로, '뼈대가 단단한 나귀' (חֲמֹר גָּרֶם → 아퀼라역: ὄνος ὀστώδης)로 묘사하였다.

32) 땅을 묘사하는 말 "기름진"(πίων) 때문에 그리스도교 주석가들은 이를 그리스도론적으로 해석하였다. 젖과 꿀이 흐르는 '기름진' 땅은 그리스도의 살이라는 것이다(히폴리투스, *Fr.* 32.33).

33) 15절의 첫 두 구절은 앞 14절의 영향을 받은 듯하다. '쉬는 것'(מְנֻחָה)을 "쉼"(ἀνάπαυσιν)으로 옮긴 것은 앞절에서 רֹבֵץ를 ἀναπαυόμενος로 옮긴 것에 영향을 받았으며, טוֹב을 καλή로 옮긴 것은 '나귀'(חֲמֹר)를 "좋은 것"(τὸ καλόν)으로 옮긴 것에 영향을 받았다.

34) LXX에서 이싸갈은 '땅을 일구는 사람'(ἀνὴρ γεωργός)이다. MT는 이와 달리 그를 "노역꾼"(לְמַס עֹבֵד)이라 하였다. 아퀼라역은 '세금징수자'(εἰς φόρον δουλεύων)라 하였다.

35) LXX는 히브리어 본문에 언급되는 뱀의 한 종류 "독사"(שְׁפִיפֹן)를 이해하지 못하여 이를 앞절과 병행구절을 이루도록 묘사하였다.

36) 히브리어 본문의 '말 뒤꿈치들'(עִקְּבֵי סוּס)을 단수로 바꾸어 "뒤꿈치"(πτέρναν)로 옮겼다.

37) LXX는 וַיִּפֹּל을 미래형 "떨어지리라"(πεσεῖται)로 옮겼다. 필로는 여기에 묘사된 단의 모습을 긍정적으로 해석한다. 여기서 '뱀'은 여자를 유혹하는 존재(쾌락)가 아니라 모세가 만들어 '기둥에 달아놓은' 것(절제: 민수 21,9)으로, 단이 "말 탄 이"(정열)를 말에서 떨어지게 한 것은 당연하다는 것이다(*Agr.* 94-110; *Leg.* II,97-101). 오리게네스는 이를 모세의 구리뱀과 연결시키며 그리스도의 모습을 암시한다고 보았다(*Hom.Ez.* XI,3). 반면에 히폴리투스는 이 뱀이 그리스도에 대항하는 세력을 나타낸다고 보아 말 탄 이가 주님을 가리킨다고 주장한다(*Fr.* 34-36).

18 τὴν σωτηρίαν περιμένω κυρίου.

19 Γαδ, πειρατήριον πειρατεύσει αὐτόν,

αὐτὸς δὲ πειρατεύσει αὐτῶν κατὰ πόδας.

20 Ασηρ, πίων αὐτοῦ ὁ ἄρτος,

καὶ αὐτὸς δώσει τρυφὴν ἄρχουσιν.

21 Νεφθαλι στέλεχος ἀνειμένον,

ἐπιδιδοὺς ἐν τῷ γενήματι κάλλος.

22 Υἱὸς ηὐξημένος Ιωσηφ,

υἱὸς ηὐξημένος ζηλωτός,

υἱός μου νεώτατος·

πρός με ἀνάστρεψον.

23 εἰς ὃν διαβουλευόμενοι ἐλοιδόρουν,

καὶ ἐνεῖχον αὐτῷ κύριοι τοξευμάτων·

24 καὶ συνετρίβη μετὰ κράτους τὰ τόξα αὐτῶν,

καὶ ἐξελύθη τὰ νεῦρα βραχιόνων χειρῶν αὐτῶν

διὰ χεῖρα δυνάστου Ιακωβ,

---

38) LXX는 히브리어 본문의 "주님, 제가 당신의 구원을 기다립니다"(לִישׁוּעָתְךָ קִוִּיתִי יְהוָה)에서 동사 קִוִּיתִי를 분사형태(περιμένων)로 바꾸고, לִישׁוּעָתְךָ의 대명접미사를 무시하였으며, 호격(יְהוָה)을 σωτηρίαν을 수식하는 속격(κυρίου)으로 만들어 문장을 재구성하였다.

39) '약탈하다, 습격하다'(πειρατεύω)와 '도적떼, 약탈하는 무리'(πειρατήριον)는 후기 고전어이다.

40) LXX는 '바치다'의 보어로 '통치자들'을 여격으로 썼는데(ἄρχουσιν), MT는 '임금의 진미'(מַעֲדַנֵּי־מֶלֶךְ)라고 하였다.

41) 히폴리투스는 이 절을 여러 민족들로 이루어진 모든 이에게 양식(알렉산드리아 사본은 τροφή, 바티칸 사본은 τρυφή)을 주시는 그리스도를 예고한 것으로 보았다(*Fr.* 39).

42) 히폴리투스는 이 구절을 은유적으로 해석하여, 그리스도를 가리키는 나무 위에 뻗어 나가는 줄기(στέλεχος)는 민족들의 교회라고 한다(*Fr.* 41).

43) LXX는 납달리를 식물의 모습으로 묘사하였다. "뻗어 나가는 줄기"(στέλεχος ἀνειμένον)는 "열매"(γένημα)를 맺기에 이른다. MT는 LXX와 달리 "납달리는 풀어놓은 암사슴, 예쁜 새끼들을 낳는다"(נַפְתָּלִי אַיָּלָה שְׁלֻחָה הַנֹּתֵן אִמְרֵי שָׁפֶר)라고 하여 동물의 모습으로 그려 놓았다. 히브리어 "암사슴"(אַיָּלָה)은 여러 나무 이름과 같은 어근을 갖는 말이기 때문에 '암사슴'이 '줄기'로 바뀐 것이다.

18 그는 주님의 구원을 기다립니다.[38]

19 가드, 약탈자들이[39] 그를 약탈하지만,

그는 그들을 바짝 약탈하리라.

20 아셀, 그의 빵은 넉넉하여,

그는 통치자들에게[40] 진미를 바치리라.[41]

21 납달리는 뻗어 나가는 줄기,[42]

그 열매로 아름다움을 낳는다.[43]

22 요셉은[44] 장성한[45] 아들

시샘받으며 장성한 아들.

나의 가장 어린 아들,[46]

나에게 돌아오라.[47]

23 계략을 품은 자들이 그를 모욕하고,

화살의 주인들이 그를 겨누었지만,[48]

24 그들의 활은 힘에 꺾이고,[49]

그들 〈손의〉 팔에서 힘줄은 느슨해졌다.

〈이는〉 야곱의 장사의[50] 손 때문이다.

---

44) 요셉에 관한 이야기는 다른 족장들에 관한 이야기보다 LXX와 MT 사이에 다른 점이 더욱 두드러진다.

45) 동사 '크다'($\alpha\dot{\upsilon}\xi\acute{\alpha}\nu\omega$)에서 온 분사 "장성한"($\eta\dot{\upsilon}\xi\eta\mu\acute{\epsilon}\nu o s$)은 히브리어 분사 '열매 맺는'(פרה)에 대응하는데, LXX에는 MT의 식물 묘사가 사라지고 없다.

46) 대부분의 사본들은 "어린 아들"을 최상급($\nu\epsilon\acute{\omega}\tau\alpha\tau o s$)이 아닌 비교급($\nu\epsilon\acute{\omega}\tau\epsilon\rho o s$)으로 썼다. 야곱의 가장 어린 아들은 요셉이 아니라 베냐민이기 때문이다.

47) LXX가 명령형으로 "나에게 돌아오라"($\pi\rho\acute{o}s$ $\mu\epsilon$ $\dot{\alpha}\nu\acute{\alpha}\sigma\tau\rho\epsilon\psi o\nu$)라고 한 것은 이에 대응하는 히브리어를 '벽'(שור)이 아니라 '돌아오다'(שוב)로 보았기 때문인 듯하다. 필루는 이를 알레고리적으로 해석하여, 요셉이 장성하였으나 어린 아들이므로 아버지 야곱에게 돌아오라는 것으로 해석하였다(*Sobr.* 12-15과 68). 히폴리투스는 이를 수난 뒤에 아버지 하느님께 돌아가는 주님을 예고하는 것으로 보았다(*Fr.* 44).

48) 이 절은 요셉을 해치려는 증언(37,18; 50,20)을 연상시킨다. 동사 $\dot{\epsilon}\nu\acute{\epsilon}\chi\omega$는 해치려는 생각을 가지고 어떤 사람에게 접근하는 것을 뜻한다. 이 절에 나오는 두 동사 '모욕하다'($\lambda o\iota\delta o\rho\acute{\epsilon}\omega$)와 '겨누다'($\dot{\epsilon}\nu\acute{\epsilon}\chi\omega$)는 신약성서에서 유다인들이 예수를 모욕하는 장면들에 나온다(루가 11,53; 사도 23,4).

49) LXX는 요셉의 대적자들(그들)이 쏜 활이 꺾이는 것에 중점을 두는데, MT는 요셉의 활에 관하여 이야기한다(ותשב באיתן קשתו 그의 활은 든든히 버티고).

50) 야곱의 하느님을 묘사하는 "징사"($\delta\upsilon\nu\acute{\alpha}\sigma\tau\eta s$, MT: אביר)는 LXX에서 여기에만 나온다.

ἐκεῖθεν ὁ κατισχύσας Ισραηλ·
25 παρὰ θεοῦ τοῦ πατρός σου,
καὶ ἐβοήθησέν σοι ὁ θεὸς ὁ ἐμὸς
καὶ εὐλόγησέν σε εὐλογίαν οὐρανοῦ ἄνωθεν
καὶ εὐλογίαν γῆς ἐχούσης πάντα·
ἕνεκεν εὐλογίας μαστῶν καὶ μήτρας,
26 εὐλογίας πατρός σου καὶ μητρός σου·
ὑπερίσχυσεν ἐπ' εὐλογίαις ὀρέων μονίμων
καὶ ἐπ' εὐλογίαις θινῶν ἀενάων·
ἔσονται ἐπὶ κεφαλὴν Ιωσηφ
καὶ ἐπὶ κορυφῆς ὧν ἡγήσατο ἀδελφῶν.
27 Βενιαμιν λύκος ἅρπαξ·
τὸ πρωινὸν ἔδεται ἔτι
καὶ εἰς τὸ ἑσπέρας διαδώσει τροφήν.

---

51) "그곳에서"(ἐκεῖθεν)는 이에 대응하는 히브리어 משם과 일치한다. 그러나 일부 현대 번역자들은 이 히브리어를 '이름 덕분으로'(משם)로 고쳐 읽는다.

52) LXX는 히브리어 본문의 "이스라엘의 목자요 바위"(רעה אבן ישראל)에서 רעה를 '돌보는 사람', 곧 '보호자'로 이해하였으며, אבן은 "강하게 하시는 분"(ὁ κατισχύσας)이라 하여 돌에서 느껴지는 단단하고 강한 분위기를 묘사하려고 한 듯하다.

53) LXX는 "위에서 오는(ἄνωθεν) 하늘의 복"과 "모든 것을 지닌(ἐχούσης πάντα) 땅의 복"을 대비시켰는데, MT는 "위에 있는 하늘의 복"(ברכת שמים מעל)과 "땅 속에 놓여 있는 심연의 복"(ברכת תהום רבצת תחת)이라 묘사하였다.

54) 히브리어 본문의 25절 "네 아버지의 하느님 덕분이다. 그분께서 너를 도우실지어다. 전능하신 분 덕분이다. 그분께서 너에게 복을 내리실지어다"(מאל אביך ויעזרך ואת שדי ויברכך)라는 문장에서 LXX는 두 동사를 과거형(ἐβοήθησεν, εὐλόγησεν)으로 옮기고, 두 구절 사이에 접속사를 없애 "나의 하느님"(ὁ θεὸς ὁ ἐμός, MT: 전능하신 하느님)도 첫 번째 동사(ἐβοήθησεν)의 주어가 되게 하고, 두 번째 동사(εὐλόγησεν)는 다음 문장과 연결시켰다.

55) 그리스어 전치사 "~ 때문에"(ἕνεκεν)는 히브리어 본문에 대응하는 말이 없는데, 이는 MT 본문 "젖가슴과 모태의 복"(ברכת שדים ורחם) 앞에 나오는 말 תחת(~ 아래에)를 "놓여 있는 심연의 복" 대신 다음 구절과 함께 연결시키고 '~ 대신에, ~ 자리에'로 읽은 결과인 듯하다.

56) LXX는 사마리아 오경처럼 MT에 없는 "네 어머니"(μητρός σου)를 넣었다.

57) LXX는 MT의 뜻이 분명하지 않은 הורי עד의 הורי를 사마리아 오경처럼 הרי(산들)로 읽어 옮겼다.

그곳에서[51] 이스라엘을 강하게 하시는 분.[52]

25 네 아버지의 하느님으로부터,

나의 하느님께서 너를 도우셨다.

위에서 오는 하늘의 복과

모든 것을 지닌 땅의 복을[53] 너에게 〈복〉 내리셨다.[54]

젖가슴과 태의 복 때문에.[55]

26 네 아버지와 네 어머니의[56] 복들을 (내리셨다).

이는 흔들리지 않는 산들의[57] 복보다

영원한[58] 언덕들의 복들보다[59] 강하다.

그것들은 요셉의 머리 위로,

그가 이끄는 형제들의 정수리 위에[60] 있을 것이다.

27 베냐민은 약탈하는 늑대,

아침에는 다시[61] 먹고,

저녁에는 먹이를[62] 나눌 것이다."[63]

---

58) 형용사 "영원한"($\acute{a}\acute{\epsilon}\nu a o s$)은 본디 '계속 흐르는, 아무리 퍼내도 끝이 없는'이라는 뜻이다.

59) 일부 필사본들은 "영원한 언덕" 뒤에 '복'을 반복하는 대신에 '갈망'($\acute{\epsilon}\pi\iota\theta\nu\mu\acute{\iota}a$)을 적어 넣기도 하였다. 이는 히브리어 본문의 "탐스런 것"(תאוה)에 일치시키려 한 결과이다.

60) LXX는 복이 요셉뿐 아니라 형제들 위에도 내릴 것이라고, "그가 이끄는($\hat{\omega}\nu$ $\acute{\eta}\gamma\acute{\eta}\sigma a\tau o$) 형제들의 정수리 위에"라고 묘사한다. MT는 복을 요셉에게만 적용하여 "제 형제들 가운데서 봉헌된 자(נזיר)의 정수리로"라고 하였다. 히브리어 נזיר는 LXX에서 $\epsilon\check{\upsilon}\chi o\mu a\iota$ 동사에서 파생한 '서원한 자'($\acute{o}$ $\nu\upsilon\gamma\mu\acute{\epsilon}\nu o s$ 민수 6,18-19) 또는 $\acute{a}\gamma\iota\acute{a}\zeta\omega$의 수동분사 '봉헌된 자'($\acute{\eta}\gamma\iota a\sigma\mu\acute{\epsilon}\nu o s$ 2역대 26,18; 아모 2,12)로 쓰였다.

61) LXX는 "움켜쥔 것"(עד)을 עוד로 이해하여 "다시"($\check{\epsilon}\tau\iota$)로 옮겼다.

62) 히브리어 본문의 "잡은 것"(שלל)을 "먹이"($\tau\rho o\phi\acute{\eta}\nu$)로 옮겼다.

63) LXX도 MT에서 묘사된 약탈하는 동물의 모습을 그리고 있다. 히폴리투스는 이를 예형론적으로 해석하였다. 베냐민 지파인 사울은 그리스도를 예표하는 다윗을 핍박한다(아침). 마찬가지로 바오로는 처음에 교회를 핍박하다가 마지막에 가서는(저녁) 믿는 모든 이에게 영의 양식을 준다(Fr. 51.52). 타르굼 옹켈로스(베냐민, 주님의 세키나가 그의 땅에 자리하고 그가 상속받을 땅에 성진이 지어질 것이다. 사세들은 아침과 해질녘에 희생제물을 바치고 저녁 때에 성별한 남은 것 가운데 나머지 몫을 나눌 것이다)와 모세의 축복(신명 33,12)에서는 베냐민 지파를 찬양하는 말이 나온다

49,28 Πάντες οὗτοι υἱοὶ Ιακωβ δώδεκα, καὶ ταῦτα ἐλάλησεν αὐτοῖς ὁ πατὴρ αὐτῶν καὶ εὐλόγησεν αὐτούς, ἕκαστον κατὰ τὴν εὐλογίαν αὐτοῦ εὐλόγησεν αὐτούς. **29** καὶ εἶπεν αὐτοῖς Ἐγὼ προστίθεμαι πρὸς τὸν ἐμὸν λαόν· θάψατέ με μετὰ τῶν πατέρων μου ἐν τῷ σπηλαίῳ, ὅ ἐστιν ἐν τῷ ἀγρῷ Εφρων τοῦ Χετταίου, **30** ἐν τῷ σπηλαίῳ τῷ διπλῷ τῷ ἀπέναντι Μαμβρη ἐν τῇ γῇ Χανααν, ὃ ἐκτήσατο Αβρααμ τὸ σπήλαιον παρὰ Εφρων τοῦ Χετταίου ἐν κτήσει μνημείου· **31** ἐκεῖ ἔθαψαν Αβρααμ καὶ Σαρραν τὴν γυναῖκα αὐτοῦ, ἐκεῖ ἔθαψαν Ισαακ καὶ Ρεβεκκαν τὴν γυναῖκα αὐτοῦ, καὶ ἐκεῖ ἔθαψα Λειαν **32** ἐν κτήσει τοῦ ἀγροῦ καὶ τοῦ σπηλαίου τοῦ ὄντος ἐν αὐτῷ παρὰ τῶν υἱῶν Χετ. **33** καὶ κατέπαυσεν Ιακωβ ἐπιτάσσων τοῖς υἱοῖς αὐτοῦ καὶ ἐξάρας τοὺς πόδας αὐτοῦ ἐπὶ τὴν κλίνην ἐξέλιπεν καὶ προσετέθη πρὸς τὸν λαὸν αὐτοῦ.

50,1 Καὶ ἐπιπεσὼν Ιωσηφ ἐπὶ τὸ πρόσωπον τοῦ πατρὸς αὐτοῦ ἔκλαυσεν ἐπ᾽ αὐτὸν καὶ ἐφίλησεν αὐτόν. **2** καὶ προσέταξεν Ιωσηφ τοῖς παισὶν αὐτοῦ τοῖς ἐνταφιασταῖς ἐνταφιάσαι τὸν πατέρα αὐτοῦ, καὶ ἐνεταφίασαν οἱ ἐνταφιασταὶ τὸν Ισραηλ. **3** καὶ ἐπλήρωσαν αὐτοῦ τεσσαράκοντα ἡμέρας· οὕτως γὰρ καταριθμοῦνται αἱ ἡμέραι τῆς ταφῆς. καὶ ἐπένθησεν αὐτὸν Αἴγυπτος ἑβδομήκοντα ἡμέρας.

---

64) LXX는 히브리어 본문의 "이스라엘의 열두 지파"(שבטי ישראל שנים עשר)를 1절에 맞추어 "야곱의 열두 아들들"(υἱοι Ιακωβ δώδεκα)이라 옮기고 야곱의 아들 하나하나에 관심을 표시한다.

65) MT에는 이 절 첫 부분에 '그리고 그가 아들들에게 분부하였다'(ויצו אותם)라는 말이 있다.

66) 히브리어 본문의 '막벨라 밭에 있는 동굴에'(במערה אשר בשדה המכפלה)를 '이중굴에'(ἐν τῷ σπηλαίῳ τῷ διπλῷ)로 옮겼다. 23,9 각주 참조.

67) LXX는 문맥상 히브리어 본문에 나오는 "밭"(השדה)보다는 '굴'이 더 중요하다고 여겨 "굴"(τὸ σπήλαιον)로 옮겼다.

야곱의 죽음

49,28 이들이 모두 야곱의 열두 아들이다.[64] 이것들은 그들의 아버지가 그들에게 말하며 그들에게 빌어 준 각자의 복에 따라 그들에게 복을 빌어 준 것이다. **29** 그가 그들에게 말하였다.[65] "나는 내 백성과 합류한다. 나를 헷 사람 에브론의 밭에 있는 동굴에 내 조상들과 함께 묻어 다오. **30** 가나안 땅 마므레 맞은편 이중 굴,[66] 곧 아브라함께서 헷 사람 에브론에게 묘지로 사 두셨던 굴에[67] 〈묻어 다오〉. **31** 사람들은 그곳에 아브라함과 그의 부인 사라를 안장하였고, 그곳에 이사악과 그의 부인 리브가를 안장하였다. 나는 그곳에 레아를 안장하였다. **32** 밭과 그 안에 있는 굴은 헷의 아들들에게서 산 것이다." **33** 야곱은 자기 아들들에게 이르기를 마치고, 발을 침상 위로 올린 뒤, 숨을 거두고 자기 백성에 합류하였다.

이집트에서 치른 야곱의 장례[1]

50,1 요셉은 아버지 얼굴에 엎드려 〈그 위에서〉 울며 그에게 입맞추었다. **2** 요셉은 시신을 방부 처리하는 신하들에게[2] 자기 아버지를 방부 처리하라고[3] 명하였다. 그러자 방부 처리하는 자들이 이스라엘을 방부 처리하였다. **3** 그들은 〈그것의〉 사십 일을 보냈다. 이는 안장하는[4] 데 그 날들이 걸리기 때문이다. 이집트는 칠십 일 동안 그(의 죽음)을 애도하였다.

---

1) 야곱은 결국 가나안에 묻히게 된다(50,13). 여기서는 그가 죽자마자 시신을 방부 처리하고 (50,2) 그의 죽음을 애도하는 장면이 나온다(50,3).

2) LXX는 히브리어 본문의 '시의들' (הרפאים)을 '의사들' (*oi iatroí*) 대신 '방부 처리하는 자' (*oi ἐνταφιαστής*)로 옮겼다.

3) '안장하다' (*ἐνταφιάζω*)와 '안장하는 사람들' (*ἐνταφιασταῖς*)은 '방부 처리하다'와 '방부 처리하는 사람들'로 이해해야 할 것이다. LXX에 한 번만 나오는 *ἐνταφιάζω*와 *ἐνταφιαστής*는 형용사 '매장에 관한' (*ἐντάφιος*)에서 파생하였지만, 이 단어들은 일반적으로 매장을 표현하는 데 쓰이는 '묻다' (*θάπτω* 25,7-10; 35,29; 50장)와 구별되기 때문이다. 신약성서에서 이 단어들은 향유를 바르고 장례를 준비하는 이야기에 나온다(마태 26,12; 마르 14,8; 요한 12,7; 19,40).

4) LXX는 히브리어 본문의 "방부 처리" (החנטים)를 "안장" (*ταφή*)으로 바꾸었다.

50,4 Ἐπειδὴ δὲ παρῆλθον αἱ ἡμέραι τοῦ πένθους, ἐλάλησεν Ιωσηφ πρὸς τοὺς δυνάστας Φαραω λέγων Εἰ εὗρον χάριν ἐναντίον ὑμῶν, λαλήσατε περὶ ἐμοῦ εἰς τὰ ὦτα Φαραω λέγοντες **5** Ὁ πατήρ μου ὥρκισέν με λέγων Ἐν τῷ μνημείῳ, ᾧ ὤρυξα ἐμαυτῷ ἐν γῇ Χανααν, ἐκεῖ με θάψεις· νῦν οὖν ἀναβὰς θάψω τὸν πατέρα μου καὶ ἐπανελεύσομαι. **6** καὶ εἶπεν Φαραω Ἀνάβηθι, θάψον τὸν πατέρα σου, καθάπερ ὥρκισέν σε. **7** καὶ ἀνέβη Ιωσηφ θάψαι τὸν πατέρα αὐτοῦ, καὶ συνανέβησαν μετ' αὐτοῦ πάντες οἱ παῖδες Φαραω καὶ οἱ πρεσβύτεροι τοῦ οἴκου αὐτοῦ καὶ πάντες οἱ πρεσβύτεροι τῆς γῆς Αἰγύπτου **8** καὶ πᾶσα ἡ πανοικία Ιωσηφ καὶ οἱ ἀδελφοὶ αὐτοῦ καὶ πᾶσα ἡ οἰκία ἡ πατρικὴ αὐτοῦ, καὶ τὴν συγγένειαν καὶ τὰ πρόβατα καὶ τοὺς βόας ὑπελίποντο ἐν γῇ Γεσεμ. **9** καὶ συνανέβησαν μετ' αὐτοῦ καὶ ἅρματα καὶ ἱππεῖς, καὶ ἐγένετο ἡ παρεμβολὴ μεγάλη σφόδρα. **10** καὶ παρεγένοντο ἐφ' ἅλωνα Αταδ, ὅ ἐστιν πέραν τοῦ Ιορδάνου, καὶ ἐκόψαντο αὐτὸν κοπετὸν μέγαν καὶ ἰσχυρὸν σφόδρα· καὶ ἐποίησεν τὸ πένθος τῷ πατρὶ αὐτοῦ ἑπτὰ ἡμέρας. **11** καὶ εἶδον οἱ κάτοικοι τῆς γῆς Χανααν τὸ πένθος ἐν ἅλωνι Αταδ καὶ εἶπαν Πένθος μέγα τοῦτό ἐστιν τοῖς Αἰγυπτίοις· διὰ τοῦτο ἐκάλεσεν τὸ ὄνομα αὐτοῦ Πένθος Αἰγύπτου, ὅ ἐστιν πέραν τοῦ Ιορδάνου. **12** καὶ

---

5) LXX는 히브리어 본문에서 '파라오의 집'(בית פרעה)이라고 한 것을 파라오의 행정기관으로 이해하여 "파라오의 대신들"(τοὺς δυνάστας Φαραω)로 옮겼다.

6) LXX는 MT에 없는 "나에 대해"(περὶ ἐμοῦ)를 덧붙였다.

7) MT는 요셉의 아버지가 남긴 말을 '나는 이제 죽는다'(הנה אנכי מת)로 시작한다. LXX 번역자는 요셉의 맹세가 그의 아버지를 이집트 땅에 묻지 않겠다는 내용이므로, 이스라엘이 처음 한 말은 필요없다고 생각하여 생략하였다. 육공관성서는 별표(*) 기호 아래 ιδου εγω αποθνησκω 를 첨가하였다.

8) LXX의 "온 집안"(πανοικία)은 창세기에서 처음 나오는 단어인데, 이는 MT의 "온 집안"(כל בית)에 대응하여 사용되었다. LXX에서는 요셉의 "온 집안"(πανοικία)과 그의 아버지의 "온 집안"(πᾶσα ἡ οἰκία)이라고 하였는데, MT는 "요셉의 온 집안과 … 자기 아버지의 집안"(וכל בית יוסף … ובית אבי)이라 구분하여 썼다.

가나안에 야곱을 안장하다

50,4 애도의 날들이 지났을 때, 요셉이 파라오의 대신들에게[5] 이야기하였다. "내가 여러분 앞에서 호의를 입는다면, 파라오의 귀에 (대고) 나에 대해[6] 말씀해 주십시오. 5 '제 아버지께서[7] ´너는 내가 가나안 땅에 나를 위하여 파 놓은 무덤, 거기에 나를 묻어야 한다´고 하시며, 저를 맹세하게 하셨습니다. 그러니 이제 제가 올라가서 아버지를 안장하고 돌아오겠습니다.'" 6 파라오가 말하였다. "그대 아버지가 그대에게 맹세시킨 대로 올라가서 그분을 안장하시오." 7 그래서 요셉은 아버지를 안장하러 올라갔다. 그와 함께 파라오의 모든 종과 그의 집안 원로들과 이집트 땅의 모든 원로, 8 그리고 요셉의 온 집안과[8] 그의 형제들과 아버지의 온 집안이 (함께 올라갔다). 그리고[9] 그들은 친척과[10] 양떼와 소떼는 게셈 땅에 남겨 두었다. 9 마차들과 기수들도 그와 함께 올라갔으니, 그것은 굉장한 부대를 이루었다. 10 그들은 요르단 건너편에[11] 있는 타작마당 아탓에[12] 이르러, 크고 〈아주〉 몹시 슬퍼하며 〈그를〉 통곡하였다.[13] 그는 칠 일[14] 동안 자기 아버지를 애도하였다. 11 가나안 땅에[15] 사는 사람들이 타작마당 아탓에서 애도하는 것을 보고 말하였다. "이것이 이집트 사람들에게 큰 애도로구나." 그래서 그 이름을 '이집트의 애도'라 하였다. 그것은 요르단 건너편에 있다. 12 그의 아들들은 이렇게 하여 그를 그곳에 안장하였

---

9) LXX에는 MT의 ´다만´(רק)이 없다.

10) 히브리어 본문의 "그들의 아이들"(טפם)에서 인칭대명사를 생략하고 "친척"($\sigma v \gamma \gamma \acute{\epsilon} v \epsilon \iota \alpha v$)으로 옮겼다. טף을 $\sigma v \gamma \gamma \acute{\epsilon} v \epsilon \iota \alpha v$으로 옮긴 것은 LXX에서 이곳뿐이다.

11) 야곱이 안장된 무덤은 헤브론 근처에 있는데 장례 행렬이 왜 요르단 건너편까지 이르렀는지는 알 수 없다.

12) "타작마당 아탓"($\acute{\alpha} \lambda \omega v \alpha \ A \tau \alpha \delta$)은 히브리어 지명 "고렌-하아닷"(האטד גרן)의 앞부분은 해석하고 뒷부분은 음역하여 옮긴 것이다. 타르굼 네오피티는 이 히브리어 지명의 뒷부분 האטד까지 해석하여 '가시나무 타작마당'으로 옮겼다.

13) 그리스어 동사 '통곡하다'($\kappa \acute{o} \pi \tau o \mu \alpha \iota$)는 두 형용사($\mu \acute{\epsilon} \gamma \alpha v \ \kappa \alpha i \ i \sigma \chi v \rho \acute{o} v$)로 수식된 대격 보어 '애도, 통곡'($\kappa o \pi \epsilon \tau \acute{o} s$)과 함께 쓰였다. $\kappa o \pi \epsilon \tau \acute{o} s$는 동작명사로 고전 그리스어 $\kappa \acute{o} \mu v o s$와 같이 '(가슴을) 침'이라는 뜻을 지닌다. 사도 8,2에 이 단어가 나온다.

14) 죽은 이를 칠 일 동안 애도하는 관습은 이스라엘에서 잘 알려져 있다(참조: 집회 22,12; 유딧 16,24; 1사무 31,13).

15) 히브리어 본문의 '그 땅의 주민인 가나안 사람들'(הכנעני הארץ יושב)에서 הכנעני הארץ를 $\tau \hat{\eta} s \ \gamma \hat{\eta} s \ X \alpha v \alpha \alpha v$(가나안 땅)으로 옮겼다

ἐποίησαν αὐτῷ οὕτως οἱ υἱοὶ αὐτοῦ καὶ ἔθαψαν αὐτὸν ἐκεῖ. 13 καὶ ἀνέλαβον αὐτὸν οἱ υἱοὶ αὐτοῦ εἰς γῆν Χανααν καὶ ἔθαψαν αὐτὸν εἰς τὸ σπήλαιον τὸ διπλοῦν, ὃ ἐκτήσατο Αβρααμ τὸ σπήλαιον ἐν κτήσει μνημείου παρὰ Εφρων τοῦ Χετταίου κατέναντι Μαμβρη. 14 καὶ ἀπέστρεψεν Ιωσηφ εἰς Αἴγυπτον, αὐτὸς καὶ οἱ ἀδελφοὶ αὐτοῦ καὶ οἱ συναναβάντες θάψαι τὸν πατέρα αὐτοῦ.

50,15 Ἰδόντες δὲ οἱ ἀδελφοὶ Ιωσηφ ὅτι τέθνηκεν ὁ πατὴρ αὐτῶν, εἶπαν Μήποτε μνησικακήσῃ ἡμῖν Ιωσηφ καὶ ἀνταπόδομα ἀνταποδῷ ἡμῖν πάντα τὰ κακά, ἃ ἐνεδειξάμεθα αὐτῷ. 16 καὶ παρεγένοντο πρὸς Ιωσηφ λέγοντες Ὁ πατήρ σου ὥρκισεν πρὸ τοῦ τελευτῆσαι αὐτὸν λέγων 17 Οὕτως εἴπατε Ιωσηφ Ἄφες αὐτοῖς τὴν ἀδικίαν καὶ τὴν ἁμαρτίαν αὐτῶν, ὅτι πονηρά σοι ἐνεδείξαντο· καὶ νῦν δέξαι τὴν ἀδικίαν τῶν θεραπόντων τοῦ θεοῦ τοῦ πατρός σου. καὶ ἔκλαυσεν Ιωσηφ λαλούντων αὐτῶν πρὸς αὐτόν. 18 καὶ ἐλθόντες πρὸς αὐτὸν εἶπαν Οἵδε ἡμεῖς σοι οἰκέται. 19 καὶ εἶπεν αὐτοῖς Ιωσηφ Μὴ φοβεῖσθε· τοῦ γὰρ θεοῦ εἰμι ἐγώ. 20 ὑμεῖς ἐβουλεύσασθε κατ᾽ ἐμοῦ

---

16) 히브리어 본문의 '그가 그들에게 명한 대로'를 옮기지 않았다. 한편 LXX의 이 말은 앞에서 야곱을 이중굴에 안장하겠다고 맹세한 5절과, 그를 그 굴에 안장하였다는 13절의 내용과 대립된다. 12절에 나오는 '그곳'이 어디인지는 밝혀지지 않았다. 사도 7,16에 나오는 스데파노의 설교에 따르면, 야곱은 세겜에 묻혔다.

17) 본문은 야곱의 아들들만이 야곱의 시신을 가나안 땅으로 모시고 갔다고 전한다. 이것은 그들과 함께했던 나머지 사람들이 요르단 건너편 '이집트의 애도'(Πένθος Αἰγύπτου)란 곳에 머물러 있었음을 암시한다.

18) 히브리어 본문의 "막벨라 밭에 있는 굴"(מערת שדה המכפלה)을 "이중굴"(τὸ σπήλαιον τὸ διπλοῦν)로 옮긴 것에 대해서는 23,17-18과 23,9; 49,30 각주 참조.

19) LXX에는 MT의 "아버지의 장사를 지낸 다음"(אחרי קברו את אביו)이 빠져 있다.

20) LXX는 귀결절 없이 조건문을 이끌 수 있는 히브리어 조건관사 '만일 ~라면'(לו)을 '아마도'(μήποτε)로 옮겼다. 타르굼 옹켈로스(דלמא)와 불가타(ne forte)도 LXX와 마찬가지로 옮겼다.

21) 히브리어 본문에서 동족 정형동사와 함께 부정사를 써서 표현한 והשב ישיב(그가 반드시 되갚을 것이다)라는 문장을 LXX는 동족명사의 대격으로 옮겨 '그는 앙갚음을 앙갚음할 것이다'(ἀνταπόδομα ἀνταποδῷ)라고 하였다.

22) 히브리어 본문의 '그들이 요셉에게 전하게 하였다'(ויצוו אל יוסף)를 LXX는 '요셉의 형제들이 다음과 같이 말하며 그에게 다가갔다'로 옮겼다.

다.[16] 13 그의 아들들은[17] 그를 가나안 땅으로 모시고 올라가 〈그를〉 이중굴에[18] 안장하였다. 그 굴은 아브라함이 묘지로 소유하려고 헷 사람 에브론에게서 사들인 것으로 마므레 맞은편에 있었다. 14 (그런 다음)[19] 요셉과 그의 형제들, 그리고 그의 아버지를 장사 지내러 함께 올라왔던 사람들이 이집트로 돌아갔다.

요셉과 그의 형제들

50,15 요셉의 형제들은 아버지가 돌아가신 것을 보고 말하였다. "요셉이 우리에게 앙심을 품고,[20] 우리가 그에게 드러낸 모든 잘못을 우리에게 앙갚음할 수도 있다."[21] 16 그들은 다음과 같이 말하며 요셉에게 다가갔다.[22] "아우님의 아버지께서 돌아가시기 전에 (우리에게) 맹세하게 하셨네.[23] 17 '너희는 요셉에게 이렇게 말하여라.[24] '그들이 너에게 악들을 드러냈지만, 그들의 불의와 죄를 그들에게[25] 용서해 주어라'' 그러니 이제 아우님은 아버지의 하느님을 섬기는 이들의[26] 불의를 (너그럽게) 받아들여 주게."[27] 그들이 그에게 (이렇게) 말하자 요셉은 울었다. 18 그들이 그에게 와서 말하였다.[28] "여기 우리는 아우님의 종들일세." 19 그러자 요셉이 그들에게 말하였다. "두려워하지 마십시오. 저는 하느님께 속해 있습니다.[29] 20 여

---

23) 히브리어 본문에서 두 번 반복되는 동사 צוה를 처음에는 '다가가다'($\pi\alpha\rho\alpha\gamma\epsilon\nu\acute{o}\mu\epsilon\nu o\iota$)로 옮기고, 여기서는 '맹세하게 하셨다'($\mathring{\omega}\rho\kappa\iota\sigma\epsilon\nu$)로 옮겼다.

24) '너희는 말할 것이다'(תאמרו)를 LXX는 '너희는 말하여라'($\epsilon\mathring{\iota}\pi\alpha\tau\epsilon$)로 옮겼다.

25) LXX는 MT의 '네 형제들'(אחיך)을 생략한 채 인칭대명사의 여격($\alpha\mathring{\upsilon}\tau o\hat{\iota}\varsigma$)으로 표현하였다.

26) 그리스어 $\theta\epsilon\rho\acute{\alpha}\pi\omega\nu$(섬기는 이)은 24,44에도 나온다. 히브리어 "종들"(עבדים)을 $\theta\epsilon\rho\alpha\pi\acute{o}\nu\tau\omega\nu$으로 옮긴 것은 창세기에서 이곳뿐인데, 탈출기에는 자주 나온다(25번). '네 아버지의 하느님을 섬기는 이들'이라는 말은 요셉 자신이 하느님을 섬기는 사람임을 밝히는 42,18의 '나는 하느님을 두려워하는 사람이다'라는 말을 연상시킨다.

27) LXX는 하나의 히브리어로 반복 표현한 것(נשא 용서하다)을 히니는 '용서하다'($\mathring{\alpha}\phi\acute{\iota}\eta\mu\iota$)로, 다른 하나는 '받아들이다'($\delta\acute{\epsilon}\chi o\mu\alpha\iota$)로 옮겼다.

28) 히브리어 본문의 '그(의 형제)들은 그 앞에 엎드렸다'(ויפלו לפניו) 대신에 "그에게"($\pi\rho\grave{o}\varsigma$ $\alpha\mathring{\upsilon}\tau\acute{o}\nu$)를 썼다.

29) LXX는 히브리어 본문의 의문문 אני כי התחת אלהים(내가 하느님의 자리에 있기라도 하단 말입니까?)를 바꾸어 $\tau o\hat{\upsilon}$ $\gamma\grave{\alpha}\rho$ $\theta\epsilon o\hat{\upsilon}$ $\epsilon\mathring{\iota}\mu\iota$ $\acute{\epsilon}\gamma\acute{\omega}$(저는 하느님께 속해 있습니다)라고 하였다. LXX에서는 요셉 자신이 하느님께 속해 있음을 선언하였고, MT에서는 하느님의 자리를 거절한 것이다. 아퀼라역과 심마쿠스역은 문장 첫머리에 의문관사 $\mu\acute{\eta}$를 쓰고 전치사 $\mathring{\alpha}\nu\tau\acute{\iota}$를 써서, 아퀼라역은 $\acute{o}\tau\iota$ $\mu\grave{\eta}$ $\mathring{\alpha}\nu\tau\grave{\iota}$ $\theta\epsilon o\hat{\upsilon}$ $\acute{\epsilon}\gamma\acute{\omega}$;(내가 하느님 대신이기라도 하단 말입니까?)로, 심마쿠스역은 $\mu\grave{\eta}$ $\gamma\grave{\alpha}\rho$ $\mathring{\alpha}\nu\tau\grave{\iota}$ $\theta\epsilon o\hat{\upsilon}$ $\acute{\epsilon}\gamma\acute{\omega}$ $\epsilon\mathring{\iota}\mu\iota$;(내가 하느님 대신이기라도 하단 말입니까?)로 옮겼다. 타르굼 옹켈로스도 LXX와 비슷하게 ארי דחלא דייי אנא(나는 주님을 경외하는 사람입니다)라고 옮겼다.

εἰς πονηρά, ὁ δὲ θεὸς ἐβουλεύσατο περὶ ἐμοῦ εἰς ἀγαθά, ὅπως ἂν γενηθῇ ὡς σήμερον, ἵνα διατραφῇ λαὸς πολύς. **21** καὶ εἶπεν αὐτοῖς Μὴ φοβεῖσθε· ἐγὼ διαθρέψω ὑμᾶς καὶ τὰς οἰκίας ὑμῶν. καὶ παρεκάλεσεν αὐτοὺς καὶ ἐλάλησεν αὐτῶν εἰς τὴν καρδίαν.

50,22 Καὶ κατῴκησεν Ιωσηφ ἐν Αἰγύπτῳ, αὐτὸς καὶ οἱ ἀδελφοὶ αὐτοῦ καὶ πᾶσα ἡ πανοικία τοῦ πατρὸς αὐτοῦ. καὶ ἔζησεν Ιωσηφ ἔτη ἑκατὸν δέκα. **23** καὶ εἶδεν Ιωσηφ Εφραιμ παιδία ἕως τρίτης γενεᾶς, καὶ υἱοὶ Μαχιρ τοῦ υἱοῦ Μανασση ἐτέχθησαν ἐπὶ μηρῶν Ιωσηφ. **24** καὶ εἶπεν Ιωσηφ τοῖς ἀδελφοῖς αὐτοῦ λέγων Ἐγὼ ἀποθνήσκω· ἐπισκοπῇ δὲ ἐπισκέψεται ὑμᾶς ὁ θεὸς καὶ ἀνάξει ὑμᾶς ἐκ τῆς γῆς ταύτης εἰς τὴν γῆν, ἣν ὤμοσεν ὁ θεὸς τοῖς πατράσιν ἡμῶν Αβρααμ καὶ Ισαακ καὶ Ιακωβ. **25** καὶ ὥρκισεν Ιωσηφ τοὺς υἱοὺς Ισραηλ λέγων Ἐν τῇ ἐπισκοπῇ, ᾗ ἐπισκέψεται ὑμᾶς ὁ θεός, καὶ συνανοίσετε τὰ ὀστᾶ μου ἐντεῦθεν μεθ᾽ ὑμῶν. **26** καὶ ἐτελεύτησεν Ιωσηφ ἐτῶν ἑκατὸν δέκα· καὶ ἔθαψαν αὐτὸν καὶ ἔθηκαν ἐν τῇ σορῷ ἐν Αἰγύπτῳ.

---

30) LXX에는 MT보다 요셉을 향한(περὶ ἐμοῦ) 하느님의 선의가 강조되었다.

31) LXX는 히브리어 본문의 "그러니 이제"(ועתה) 대신에 "그가 그들에게 말하였다"(καὶ εἶπεν αὐτοῖς)를 넣었다.

32) "집안"(οἰκίας)은 히브리어 "아이들"(טף)보다 포괄적인 개념을 지닌 말이다. 50,8은 טף를 "친척"(συγγένειαν)으로 옮겼다.

33) 요셉은 그의 형제들이 이집트에서 나가(탈출기) 약속의 땅으로 나아가게 될 것이라는 말을 남기고 이집트에서 죽는다.

34) LXX는 히브리어 본문에 없는 "그의 형제들"(οἱ ἀδελφοὶ αὐτοῦ)을 덧붙였다.

35) 히브리어 본문의 '요셉의 무릎 위에'(על ברכי יוסף)를 "요셉의 넓적다리 위에서"(ἐπὶ μηρῶν Ιωσηφ)로 옮겼다.

36) 하느님의 '찾아오심'(ἐπισκοπή)에 관해서는 21,1 각주 참조.

러분은 나에게 악을 꾀하였지만, 하느님께서는 저에게[30] 선을 계획하셨습니다. 그것은 오늘 이루어짐 같이 많은 백성이 먹고 살 수 있게 하려는 것이었습니다." 21 그가 그들에게 말하였다.[31] "두려워하지 마십시오. 제가 형님들과 형님들 집안을[32] 먹여 살리겠습니다." 그는 그들을 위로하며 그들의 마음에 이야기하였다.

요셉이 죽다[33]

50,22 요셉과 그의 형제들과[34] 아버지의 온 집안이 이집트에 자리 잡고 살았다. 요셉은 백십 년을 살았다. 23 요셉은 에브라임의 아이들을 삼 대까지 보았으며, 므나쎄의 아들 마길의 아들들도 요셉의 넓적다리 위에서[35] 태어났다. 24 요셉이 자기 형제들에게 말하였다. "나는 (이제) 죽습니다. 하느님께서는 반드시 여러분을 찾아오시어,[36] 이 땅에서 〈하느님께서는〉 형님들을 우리의 조상이신[37] 아브라함과 이사악과 야곱에게 맹세하신 땅으로 데리고 올라가실 것입니다." 25 요셉은 이스라엘의 아들들을 맹세시키며 말하였다. "하느님께서 반드시 형님들을 찾아오시는 그때,[38] 형님들은 여기서 내 유골을 형님들과 함께[39] 가지고 올라가십시오."[40] 26 요셉은 백십세에 죽었다. 사람들이 그를 안장하여[41] 이집트에서 관에[42] 넣었다.

---

37) LXX는 "우리의 조상"을 삽입하였다. MT에 없는 이 말을 육공관성서는 의구표(÷) 기호 아래 넣었다.

38) 히브리어 본문에서는 24절의 פָּקֹד יִפְקֹד אֱלֹהִים אֶתְכֶם(하느님께서 반드시 여러분을 찾아오실 것입니다)를 빈복한다. LXX는 이들 전치사구 $\acute{\epsilon}\nu$ $\tau\hat{\eta}$ $\acute{\epsilon}\pi\iota\sigma\kappa\sigma\pi\hat{\eta}$ 다음에 관계사절 $\hat{\eta}$ $\acute{\epsilon}\pi\iota\sigma\kappa\acute{\epsilon}\psi\epsilon\tau\alpha\iota$ $\acute{\upsilon}\mu\hat{\alpha}\varsigma$ $\acute{o}$ $\theta\epsilon\acute{o}\varsigma$로 바꾸어 시간적 의미를 나타내는 문장으로 표현하였다.

39) LXX는 "여러분과 함께"($\mu\epsilon\theta$' $\acute{\upsilon}\mu\hat{\omega}\nu$)를 덧붙였다.

40) 요셉의 유골을 옮기는 일은 탈출 13,19에 묘사되어 있다.

41) LXX는 히브리어 본문의 '사람들이 그의 몸을 방부 처리하였다'(וַיַּחַנְטוּ אֹתוֹ)를 '사람들이 그를 안장하였다'($\acute{\epsilon}\theta\alpha\psi\alpha\nu$ $\alpha\acute{\upsilon}\tau\acute{o}\nu$)로 바꾸었다.

42) 그리스어 "관"($\sigma\sigma\rho\acute{o}\varsigma$)은 אָרוֹן에 대응하여 쓰였다. LXX는 히브리어 אָרוֹן이 '계약 궤'를 나타낼 때에는 $\kappa\iota\beta\omega\tau\acute{o}\varsigma$(탈출 25,10)로 옮기고, 헌금 '궤'를 뜻할 때에는 $\gamma\lambda\omega\sigma\sigma\acute{o}\kappa\omega\mu\sigma\nu$으로 옮겼다(2역대 24,8.10.11). 이는 LXX가 하나의 히브리어에 대응하는 말을 고정시키지 않고 문맥에 따라 유연성 있게 적용시킨 예들 가운데 하나이다.

부 록

본문 비평 각주

그리스어-히브리어-한글 어휘록

그리스어-한글 어휘록

참고 문헌

입문과 본문 각주에 나오는 주요 그리스어 색인

본문 비평 각주

Gen.: 1—46₂₈ ηρωων A, 46₂₈ πολιν—50 BA, 23₁₉—24₄₆ (mutila) etiam S. Inscr.] + κοσμου A†

1 ₁₁ κατα γενος 2⁰ mu.] εις ομοιοτητα A (A^c pr. κατα γενος) ‖ ₁₄ του διαχ. mu.] και αρχειν της ημερας και της νυκτος και διαχ. A ‖ ₃₀ παντα Gra.] pr. και A

2 ₄ ο θεος M] pr. κυριος A (in O sub ※) ‖ ₁₇ φαγητε M] -ησθε A: item in 3₅ ‖ ₂₀ δε] τε A† ‖ ₂₄ προς τ. γυν.] τη γυναικι A†

3 ₁₁ εἰ; μὴ Ra.] εἰ, εἰ μὴ A ‖ ₁₇ αυτου Gra.] + εφαγες A ‖ ₂₀ αυτου > A† ‖ ₂₂ ο θεος M] pr. κυριος A (in O sub ※) ‖ ₂₄ χερουβιν A†

4 ₁ συλλαβουσα] συνελαβεν και A† ‖ ₁₁ απο 911] επι A ‖ ₁₄ εκβαλεις A

5 ₂₄ οτι M] διοτι A

6 ₂ υιοι M] αγγελοι A^r ‖ ₉ γενεα] γενεσει A† ‖ ₁₇ εστιν] + εν αυτη A†

7 ₃ των 3⁰ M] pr. παντων A ‖ ₄ πασαν την εξ. ην mu.] παν το αναστεμα ο A ‖ ₆ εγενετο υδατος 911†] ην A† ‖ ₈ καθαρων 2⁰ 911] + και απο των πετεινων A (in O sub ※) ‖ ₁₅ δυο δυο] + αρσεν και θηλυ A† ‖ ₁₆ εξωθεν αυτου / την κιβ.] tr. A† ‖ ₁₇ κατακλ. 911] + επι της γης A

8 ₃ και ηλαττ. / το υδωρ] tr. A† ‖ ₈ προσωπου > A† ‖ ₉ υπεστρ.] ανεστρ. A† ‖ ₁₃ πρωτου μηνος] μ. του πρ. A† ‖ ₁₇ σεαυτου M] σου A ‖ ₂₀ ολοκαρπωσεις M] -σιν A

9 ₂ επι ult. M] > A ‖ ₃ δεδωκα 911] εδωκα A ‖ ₇ επ αυτης] επι της γης A† ‖ ₁₀ τη M] > A ‖ ₂₃ επεθεντο] -θηκαν A†

10 ₃ θεργαμα A† ‖ ₄ κητιοι A ‖ ₆ μεσραιν A: item in 13 ‖ ₇ bis ρεγχμα A† ‖ ₁₁ ρωβως A† | την ult. 911] > A ‖ ₁₃ και τ. νεφθ. post λουδ. tr. A† ‖ ₁₄ χασμωνιειμ A† | καφθ. 911] χαφθ. A ‖ ₁₉ των M] > A | σοδομων] pr. εως A† | λασα 911] δασα A ‖ ₂₄ καιναμ bis A ‖ ₂₆ και 2⁰ 911] + του A | ιαραδ A† ‖ ₃₀ μασσηε A† ‖ ₃₁ υιοι M] pr. οι A

11 ₄ εαυτοις 2⁰ 911] -των A ‖ ₆ ποιειν M] ποιησαι A ‖ ₉ αυτης M] -του A ‖ ₁₀ εκατον ετων] tr. A† ‖ ₂₇ θαρα 2⁰ 911] + δε A ‖ ₂₉ πατηρ 1⁰ 911†] pr καὶ A ‖ 31 υιον 1⁰ 911] pr. τον A ∣ αβραμ 2⁰ > A†

12 3 ενευλογηθ. 911] εν > A ‖ 5 σαραν 911] ν > A ∣ εν M] εκ A ‖ 6 την γην 1⁰ 911] > A ‖ 8 βαιθηλ 2⁰ M] pr. εν A ‖ 12 αυτη 911] pr. εστιν A ‖ 14 γυναικα] + αυτου A† ‖ 15 εις τον οικον] προς A†

13 4 αρχην 911] σκηνην A ‖ 5 σκηναι 911] κτηνη A ‖ 8 μου ⋯ σου 2⁰ 911] tr. A ‖ 9 ουκ mu.] και A ∣ εστιν > A† ‖ 14 αναβλεψας ⋯ ιδε M] -ψον ⋯ και ιδε A ‖ 16 fin. εξαριθμηθησεται 911] εξ > A ‖ 17 fin. 911] + και τω σπερματι σου εις τον αιωνα A ‖ 18 μαμβρη M] -ρην A

14 1 χοδολλ. M] pr. ο A ‖ 2 βασιλ. ult.] pr. μετα A† ‖ 9 και 3⁰ M] > A ∣ τεσσαρες] + ουτοι A† ‖ 10 φρεατα 2⁰ M] > A ‖ 13 προς] εν A† ∣ αδελφου 2⁰ 911] pr. του A ‖ 14 ηχμαλωτευθη A† ‖ 17 σαυην A

15 7 προς αυτον] αυτω A† ‖ 13 δουλ. αυτους και κακ. αυτους] κακ. αυτο και δουλ. αυτους A† ‖ 15 ταφεις Gra.] τραφεις A

16 2 σαρας] αυτης A† ‖ 3 αβραμ τω 911] tr. A ‖ 6 εν τ. χερσιν] εναντιον A† ‖ 7 κυριου mu.] + του θεου A

17 5 το ον. σου / αβρ.] tr. A† ‖ 6 σφοδρα 2⁰ 911] > A ‖ 17 γενησ. compl.] + υιος A ‖ 19 τω 1⁰ 911] προς A ‖ 20 ιδου 2⁰ 911] και A

18 5 ειπαν 911] -πεν A ‖ 13 τι > A† ‖ 19 μεθ εαυτου A† ∣ προς] επ A† ‖ 24 δικ. / εν τη πολ. M] tr. A ∣ παντα > A† ‖ 28 ου 911] pr. οτι A ‖ 30 ευρω M] ευρεθωσιν A

19 1 εξανεστη M] εξ > A ‖ 2 εις 1⁰] προς A† ‖ 2 νιψατε A ∣ αλλ 911] + η A ‖ 3 παρεβιαζετο A† ‖ 6 προς το προθ. > A† ∣ την δε] και την A† ‖ 8 σκεπην compl.] στεγην A ‖ 9 εις ηλθες Große-Brauckmann] εἰσῆλθες editiones ∣ χρινειν] -ναι A† ‖ 20 fin. D] + ενεκεν σου A: ex 12₁₃ ‖ 22 εισελθειν M] εισ > A ∣ εκαλεσεν] επωνομασεν A† ‖ 25 ταυτας] + εν αις κατωκει εν αυταις λωτ A†: ex 29 ∣ την M] > A ‖ 30 ανεβη δε M] και εξηλθεν A ‖ 32 και 1⁰ M] ουν A ‖ 38 υιος] pr. ο A†

20 3 ειπεν M] + αυτω A (in O sub ※) ‖ 13 ποιησεις] -σον A† ‖ 18 συγκλειων > A†

21 6 αν] εαν A† ‖ 9 εαυτης A† ‖ 10 ου γαρ M] + μη A ∣ ταυτης M] > A ‖ 11 fin. M] + ισμαηλ A ‖ 16 μακροθεν] -οτερον A† ∣ εκαθισεν] -θητο A† ∣ αυτου ult.] + μακροθεν A† ‖ 17 του θεου 911] του > A ‖ 18 λαβε M] pr. και

A ‖ 26 αλλ η M] αλλα A ‖ 30 μοι > A†

22 5 παιδαριον] -διον A† ‖ 7 ειπεν δε M] και ειπεν A ‖ 17 η compl.] ει A ‖ 18 της γης > A† ‖ 19 αμα M] > A ‖ 22 χασαδ D] χασζαδ A ∣ ιεδλαφ Lag.] ιελδαφ A ‖ 24 ρεημα A† ∣ γααμ pau.] τααμ A

23 3 ειπεν] + αβρααμ A† ‖ 4 απ εμου] εκει A† ‖ 6 ει συ M] tr. A ‖ 9 μερει] μεριδει A† ∣ δοτω 2⁰] δοτε A† ‖ 11 παντων 911] > A ‖ 13 του 1⁰ M] pr. εναντιον παντος A ‖ 15 γη pau.] γαρ A ‖ 16 του] τω A† ‖ 17 εν 2⁰ > A† ‖ 20 εν S] > A†

24 3 τον θεον 2⁰ S] > A ∣ εν αυτοις Sᶜ] μετ αυτων A†, > S*† ‖ 7 σοι δωσω — σπερμ. σου A] τω σπερμ. σου δωσω την γην ταυτην S ∣ ισαακ > S* ‖ 9 αβρααμ > A*† ‖ 12 μου 1⁰ S] > A† ‖ 14 επικλινον A] + μοι S ∣ πιε M] + συ A ‖ 16 υδριαν M] + αυτης A ‖ 20 εις M] επι A ∣ ετι 911] > A ‖ αντλησαι M] + υδωρ A ‖ 25 χορτασμα πολυ A† ‖ 27 αυτου M] > A ‖ 31 ητοιμακα S] -μασα A ‖ 32 νιψασθαι S] > A ‖ 35 αργυριον M] pr. και A ‖ 37 ωρκωσεν S ‖ 40 κυριος S] + ο θεος A ∣ εξαποστελει A† ∣ μετα σου > A*† ‖ 41 απο 1⁰] εκ A† ∣ εμην φυλην 911] φ. μου A ∣ σοι δωσιν M] tr. A ‖ 43 την πηγην A† ∣ εξελευσονται A] εκπορευονται S ‖ 44 και συ / πιε 911] tr. S†, πιε συ A ∣ εαυτου θερ. A] θερ. αυτου S ‖ 45 διανοια S] + μου A ∣ ωμων A] + αυτης S ‖ 46 αυτης compl.] pr. επι τον βραχιονα A ‖ 47 ει θυγ. compl.] θυγ. ει αναγγειλον μοι A ∣ ειμι 911] + εγω A ‖ 47 περι M] επι A ‖ 57 ερωτ. M] pr. επ A ‖ 58 η δε] και A 911†

25 2 ζεμραν 911] ζεβραν A*, ζεμβρ. Aᶜ ‖ 3 σαβα pau.] -βαν A ∣ ασουριμ A† ‖ 4 γαιφα Ra. (sim. pau.)] γεφαρ A ∣ ελραγα compl.] θεργαμα A ∣ παντες ουτοι M] tr. A ‖ 9 υιοι 911] pr. δυο A ‖ 11 ισαακ 1⁰ 911] pr. τον A ‖ 15 χαδδαδ M] -αν A ‖ 16 εθνη M] -νος A ‖ 18 σουρ] σουηλ A† ‖ 24 κοιλια 911] γαστρι A: cf. 38₂₇ ‖ 30 εκλειπω] + εγω A†

26 1 εγενετο 2⁰] -νηθη A† ∣ τω 2⁰ 911] του A ‖ 7 ειπεν] + οτι A† ‖ 13 εγενετο] εγιν. A† ‖ 18 επωνομασεν 2⁰ 911] επ > A ‖ 19 και ωρ.] ωρ. δε A† ‖ 20 φρεατος 911] + εκεινου A ‖ 24 ηυλογηκα 911] ευλογησω A ‖ 33 αυτο 911] το ονομα αυτου A ∣ ονομα 911] pr. εκαλεσεν το A ‖ 34 την 1⁰ 911] > A ∣ βασεμμαθ M] μασ. A ∣ αιλων M (ευλων 911)] αιλωμ A

27 1 ειπεν ult. M] + αυτω A⁽†⁾ ‖ 4 ενεγκον A ∣ πριν] προ του A† ‖ 7 και 2⁰

911] ινα A ∥ 8 σοι εντελλ. 911] tr. A ∥ 15 ενεδυσεν 911] pr. και A ∥ 18
πατερ 911] + μου A ∥ 19 ιακωβ] + ο υιος αυτου A† ∥ 20 σου M] > A ∥ 22
μεν 911] > A ∥ 25 ινα] οπως A† ∣ προσηγαγεν 911] -ηνεγκεν A ∥ 28
ουρανου M] + ανωθεν A: ex 39 ∥ 29 σοι 3⁰ 911] σε A ∥ 30 ιακωβ 1⁰ 911] pr.
τον A ∣ fin. 911] + αυτου A ∥ 31 πατρι 2⁰ M] + αυτου A (in O sub ※) ∥
33 ελθειν 911] εισελθ. A ∥ 34 ανεβο.] + ησαν A† ∥ 38 προς 911] + ισαακ A ∣
κατανυχθ. — fin. > A† ∥ 41 διανοια 911] + αυτου A (in O sub ※)

28 2 μεσοποτ. 911] + συριας A (in O sub ※) ∥ 4 δεδωκεν A† ∥ 6 εκειθεν >
A† ∥ 7 εαυτου A† ∣ συριας 911] > A ∥ 11 επεθηκεν A† ∥ 13 κυριος 2⁰ 911]
> A ∥ 18 υπεθηκεν 911] υπ > A ∥ 19 ουλαμλους Ra.] ουλαμμαυς A

29 2 επ αυτου] επι το αυτο A† ∥ 6 και 911] pr. ετι αυτου λαλουντος A ∣ fin.
911] + του πατρος αυτης αυτη γαρ εβοσκεν τα προβατα του πατρος αυτης A†
(compl. add. του πατρος αυτης tantum) ∥ 10 και τα προβ. λαβαν αδ. της
μητρος αυτου 911] > A ∥ 13 εγενετο δε] και εγ. A† ∣ αυτω 911] αυτου A ∥
16 δυο 911] pr. ησαν A ∥ 17 καλη 911] pr. ην A ∥ 20 ετη επτα 911] tr. A ∣
και 2⁰ — fin. > A† ∥ 21 προς 911] τω A ∣ αποδος 911] + μοι A ∥ 23 λαβαν
M] > A ∥ 24 λεια τη θυγ. αυτου / ζελφαν 911] tr. A ∥ 25 τω > A† ∣ παρα
911] tr. A ∥ 28 αυτω 1⁰ M] > A ∥ 31 κυριος 911] + ο θεος A ∥ 32 με αγαπ.
911] tr. A ∥ 33 εκαλεσεν δε 911] και εκαλ. A ∥ 34 ετεκον 911] τετοκα A ∣
εκληθη A†

30 2 θεου 911] pr. του A ∥ 3 και τεκνοποιησομαι] ινα -σωμαι A† ∥ 4 εισηλθεν
δε 911] και εισ. A ∥ 8 συνεβαλετο A† (β > A*) ∥ 12 συνελαβεν M] + ετι A
∥ 13 αι M] pr. πασαι A ∥ 15 μανδραγορας 911] -ρους A ∥ 16 με 911] εμε A
∥ 17 ο θεος λειας] αυτης ο θ. A† ∥ 18 εδωκεν 911] δεδωκεν μοι A ∣ ου M]
ων A ∥ 20 μοι / ο θεος 911] tr. A ∣ ετεκον 911(-κεν)] τετοκα A ∥ 21 fin.]
+ και εστη του τικτειν A†: ex 29₃₅ ∥ 22 της M] > A ∥ 26 τας γυν. μου 911]
μοι τας γ. A ∥ 28 fin. 911] + σοι A ∥ 30 σοι M] > A ∣ εμου 911] μου A ∥
32 παντα M] > A ∣ διαλευκον και ραντον] διαραντον κ. λευκον A† ∥ 37 εαυτω
M] ε > A ∥ 38 ελθοντων] pr. και A† ∥ 41 ενεκισσησεν 911] -κισσων A ∥ 42
δ αν] γαρ A†

31 2 του 911] > A ∥ 5 προς] μετ A† ∥ 6 τη 911] > A ∥ 10 τοις] pr. εν A† ∣
αυτα 911] > A ∥ 11 ιακωβ 911] + ιακωβ A ∥ 13 τοπω θεου ου] τω τοπω ω A†

| εξελθε] απελθε A† ‖ 16 σοι / ο θεος 911] tr. A ‖ 17 αυτου 1⁰ M] > A ‖ 23 τω ult. 911] > A ‖ 26 κρυβη A ‖ 30 απελθειν / εις — σου 911] tr. A | ινα] pr. και A† ‖ 32 επιγνωθι — ουθεν / και 3⁰ — ημων 911] tr. A ‖ 33 τον οικον 2⁰ M] pr. εις A ‖ 35 γυναικων μοι 911] -κιων μου A ‖ 37 σκευη 911] + του οικου A | αδ. μου ⋯ αδ. σου 911] tr. A ‖ 39 παρ 911] απ A | νυκτος] pr. της A† ‖ 40 εγινομην 911] εγεν. A | καυματι 911] καυσωνι A | υπνος 911] + μου A ‖ 41 τεσσαρα] pr. και A† ‖ 42 εχθες 911] χθες A ‖ 43 θυγατερες 1⁰ 911] + σου A | υιοι 1⁰ M] + σου A | κτηνη 1⁰ M] + σου A ‖ 44 (= 𝔐 44.50²) αυτω] + ιακωβ A† ‖ 46 = 𝔐 46.48¹ ‖ 47 της μαρτ.] μαρτυς A† | μαρτυς] μαρτυρει A† ‖ 48 = 𝔐 51.52¹.48² ‖ 51 𝔐: uide 𝕲 48

32 2 αναβλεψας] + τοις οφθαλμοις A† ‖ 4 εμπροσθεν αυτου > A† ‖ 7 ιδου αυτος 911] > A ‖ 8 εφοβειτο A† ‖ 11 ικανουται M] -νουσαι A ‖ 16 και ult. 911] > A ‖ 19 init. 911] pr. και A ‖ 20 ησαν M] pr. τω A ‖ 22 παρεπορ. 911] προεπ. A ‖ 25 ανθρωπος / μετ αυτου 911] tr. A ‖ 27 με ευλογ.] tr. A† ‖ 29 ειπεν δε 911] και ει. A | εσται / το ον. σου] tr. A† ‖ 30 τουτο 911] συ A ‖ 33 ενεκεν] + γαρ A†

33 1 και 2⁰] pr. αυτος A† | ραχηλ 911] pr. επι A ‖ 3 παρηλθεν A ‖ 6 τεκνα] παιδια A† ‖ 8 εναντιον] εν οφθαλμοις A† ‖ 12 πορευσομεθα 911] -ευθωμεν A ‖ 17 εαυτω M] αυτω A

34 7 εποιησεν 911] + συχεμ A ‖ 8 εμμωρ αυτοις 911] tr. A ‖ 9 επιγαμ-βρευσασθε 911] -σατε A ‖ 10 η γη / ιδου 911] tr. A | εγκτησασθε 911] ενκτασθαι (pro -θε) A ‖ 11 ειπητε] + ημιν A† ‖ 14 το ρημα > A† ‖ 23 και 2⁰ — τετραποδα 911] και τα υπαρχ. και τα τετρ. αυτων [και τα υπαρχ. αυτων] A (Aᶜ om. uerba uncis inclusa) ‖ 24 εισηκουσεν A† ‖ 25 οι 2⁰ 911] > A ‖ 26 συχεμ 1⁰] pr. τον A† | δεινα A ‖ 30 πασιν 911] > A | εκτριβομαι A†

35 2 τους μεθ υμων 911] > A† ‖ 3 επορευθην 911] -ρευομην A ‖ 4 τερεμινθον 911] β pro μ A, sed cf. 14₆ 43₁₁ ‖ 10 ιακωβ 1⁰ D] > A ‖ 11 εθνη D] pr. και A ‖ 12 σοι εσται D] > A ‖ 17 σοι > A† ‖ 18 πατηρ L] + αυτου A (in O sub ※) ‖ 21 𝔐: uide 𝕲 16 ‖ 23 λευι mu.] λευεις A ‖ 25 νεφθαλι pau.] -λειμ A | υιοι 2⁰ mu.] pr. οι A

36 2 αιλων compl.] ελωμ A | ελιβεμα: sic A in 14. 18(2⁰). 41, sed A in 2. 5. 18(1⁰). 25 ολιβεμα ‖ 6 παντα 3⁰ D] > Λ ‖ 10 αδας D] αδα A: item in 12 ‖

11 υιοι] pr. οι A | ωμαν A (sed in 15 A ωμαρ) ‖ 12 υιοι] pr. οι A† ‖ 13 ναχομ A† (sed in 17 A ναχοθ) | μασεμμαθ A: item in 17 (sed in 3 A βασ.) ‖ 14 ησαν compl.] > A | ιευς A†: cf. 18 ‖ 15 ηγεμονες D] pr. οι A | υιοι 1⁰] υιοι A† ‖ 16 γοθα A (sed in 11 A γοθομ) ‖ 17 σομε ⋯ μοζε] tr. A† (sed in 13 A σομε ⋯ μοζε) ‖ 18 ιεουλ A: cf. 14 ‖ 19 ουτοι 1⁰] + δε A† | ηγεμ. mu.] pr. οι A | εισιν] + οι ηγεμονες αυτων A† ‖ 21 ασαρ] σααρ A†: item in 27†. 30 | ηγεμονες] pr. οι A† ‖ 31 ισραηλ] ιερουσαλημ A† ‖ 33 ιωβαδ A† (sed in 34 A ιωβαβ) ‖ 34 της mu.] > A ‖ 36 σαμαλα A†: item in 37 ‖ 39 αραδ pau.] αραθ A | βαραδ mu.] βαραθ A | μαιτεβεηλ Ra.] μετ. A ‖ 40 ιεθερ] ιεβερ A† ‖ 41 φινες A† ‖ 43 μετοδιηλ A† | ζαφωει A†

37 2 κατηνεγκεν L] -καν A ‖ 4 ο πατηρ φιλει L] εφιλει ο π. αυτου A ‖ 7 ημας pau.] υμας A ‖ 9 ενυπνιασαμην mu.] -ιασθην A ‖ 10 αυτω 2⁰ > A† ‖ 16 αναγγειλον D] απαγγ. A ‖ 17 εν L] εις A ‖ 18 του ult. L] > A | 20 εστιν A† ‖ 22 εμβαλετε mu.] + δε A | τον λακκον τουτον τον mu.] ενα των λακκων των A ‖ 24 κενος D] εκεινος A ‖ 25 αι D] οι A ‖ 31 τω > A† ‖ 34 πολλας] τινας A† ‖ 36 πετρεφη A†: -τρεφ- pro -τεφρ- A etiam in 41₄₅† ‖ 50 46₂₀†, sed in 39₁ A recte -τεφρ-

38 10 εφανη mu.] + το ρημα A ‖ 13 αναβαινει mu.] ανεβη A ‖ 14 θεριστρον mu.] -στρω A | σηλωμ mu.] + ο υιος αυτου A ‖ 17 αποστελλω A ‖ 21 εκ] επι A† ‖ 22 ωδε mu.] ενταυθα A ‖ 27 ετεκεν A† | γαστρι] κοιλια A†: cf. 25₂₄ ‖ 30 τουτο A*] -τον Aᶜ | τη χειρι M] την -ρα A

39 1 αρχιμαγ. M] pr. ο A | χειρος M] -ρων A ‖ 5 εν 1⁰] επι A† ‖ 6 επετρεψεν M] επεστρ. A ‖ 9 ταυτη M] αυτου A ‖ 10 τω > A† | υπηκουσεν M] -κουεν A ‖ 11 ποιειν] pr. του A† | των M] > A ‖ 12 ιματιων M] + αυτου A (in O sub ※ uid.) ‖ 12 εν ταις χ. αυτης > A† ‖ 17 κοιμηθητι μετ εμου A† ‖ 19 αυτου 1⁰ > A† ‖ 20 λαβων ⋯ ενεβαλεν] ελαβεν ⋯ και ενεβ. A† ‖ 23 του δεσμωτ. M] > A | ευωδου M] ευδοι A

40 3 δεσμοφυλακι M] pr. αρχι A ‖ 6 ιωσηφ / το πρωι] tr. A† ‖ 8 ουκ εστιν / αυτο M] tr. A ‖ 17 γενων] γενηματων A†

41 3 fin.] + εν τω αχει A† ‖ 10 αρχιμαγειρου] αρχιδεσμοφυλακος A ‖ 11 τε D] > A ‖ 14 εξηγαγον M] -γαγεν A ‖ 15 ουκ εστιν / αυτο M] tr. A ‖ 17 παρα] επι A† ‖ 19 σαρξιν] + και ενεμοντο εν τω αχει A*† | γη > A† ‖ 27

εσονται > A* ‖ 30 γη M] pr. τη A ‖ 33 γης M] pr. της A: item A† in 43 ‖ 35 φυλαχθητω mu.] συναχθ. A ‖ 39 και συνετ. / σου] tr. A† ‖ 45 γυναικα M] pr. εις A ‖ 48 εθηκεν ult. M] pr. ων A ‖ 49 ηδυναντο M] -νατο A ‖ 51 οτι] pr. λεγων Aᶜ ‖ 52 ηυξησεν M] υψωσεν A ‖ 53 εγενοντο M] -νετο A ‖ 54 ησαν compl.] pr. ουκ A ‖ 55 ο λαος M] pr. πας A

42 9 αυτος] αυτοις Gra. ‖ 10 πριασθαι M] πριασασθαι A ‖ 16 η μην D] ει μην A ‖ 20 καταγαγετε A† ‖ 29 συμβαντα M] -βεβηκοτα A ‖ 33 γνωσομεθα A† ǀ του οικου M] > A

43 3 μεθ υμων η] καταβη προς με A† ‖ 6 με M] > A*, μοι Aᶜ† ‖ 7 ταυτην] αυτου A† ‖ 16 ειπεν M] ενετειλατο A ǀ εισαγαγειν A† ‖ 17 τον οικον M] την οικιαν A ‖ 18 εισηχθησαν M] εισηνεχθ. A ‖ 21 εγενετο δε] και εγ. A† ǀ ταις χερσιν] τοις μαρσιπποις A† ‖ 23 αυτοις M] + ο ανθρωπος A ǀ τον > A† ‖ 24 εδωκεν] ηνεγκεν A† ‖ 25 μεσημβρια A ‖ 28 αυτω M] > A ‖ 29 ουτος] αυτοις ουτος εστιν A† ‖ 32 fin. M] + πας ποιμην προβατων A: ex 46₃₄ ‖ 34 μεριδας M] -δα A

44 1 fin. M] + αυτου A ‖ 4 αυτου M] + λεγων A ǀ ανταπεδ. M] + μοι A ‖ 7 κατα ult. > A† ‖ 8 ευραμεν A ‖ 11 ηνοιξαν M] -ξεν A ‖ 20 γηρως νεωτ.] tr. A† ǀ τη μητρι M] τω πατρι A ‖ 21 σου] + οτι A† ‖ 28 οτι M] > A ǀ και νυν M] > A

45 1 ανεγνωρ. M] + ιωσηφ A ‖ 10 εστιν] εκει A† ‖ 14 εκλαυσεν 1⁰] επεπεσεν A† ‖ 20 των σκευων / υμων] tr. A† ‖ 22 τω δε] και τω A† ǀ αλλασσουσας A† ‖ 26 οτι] ετι Gra. ǀ ουτος M] αυτος A ǀ γης M] pr. της A

46 1 ηλθεν M] -θον A· ǀ εθυσεν] + εκει A† ‖ 4 χειρας] + σου A† ‖ 6 εν γη M] εκ γης A ǀ εισηλθον εις αιγ. ιακωβ mu.] και εισηλθεν ιακ. εις αιγ. A ‖ 7 αυτου 3⁰ M] + μετ αυτου A ‖ 9 φαλλουδ A ‖ 10 ιαχιν M] ιαχειμ A ǀ σαουλ] σαμουηλ A† ‖ 12 ασρων M] -ωμ A ‖ 13 ιασουφ A† ‖ 14 αλλων M] ασρων A ‖ 15 θυγατερες M] pr. αι A ‖ 17 ιεσουα] ιεσσαι A† ǀ σαρα] σααρ A† ǀ χοβωρ A ‖ 28 αυτου] -των A† ‖ 29 πλειονι] πιονι B*† ‖ 30 επει] + δη B† ‖ 33 εστιν > A ‖ 34 εσμεν / οι παιδες σου] tr. A† ǀ αιγυπτιοις M] pr. τοις A, αιγυπτιων B†

47 1 μου 1⁰ > B ǀ μου 2⁰ > B† ‖ 2 αυτου > B† ‖ 3 fin.] + εκ παιδιοθεν εως του νυν A ‖ 4 οι παιδες σου > B† ‖ 8 της > A ‖ 9 αφεικετο A† ‖ 11

αιγυπτω A: item in 14 ‖ 12 και τοις αδ. / αυτου] tr. B ‖ 14 ου] ο B† ‖ 15
παν / το αργ. M] tr. B†, παν > A ‖ 16 fin. M] + υμων B†, + ημων > A†
‖ 18 ηλθον] -θαν B† | αργυριον] + ημων B† | υπολιπετα (sic) B† | ημιν > A
| ημων paenult. > B† ‖ 19 ουν > B*† | ερημωθη] -θησεται A | σπερματα A:
item in 23. 24 | και ζωμεν B^c] κ. ζησωμεν A, > B*† | ουκ A^c] BA*† ‖ 20
αυτων / ο λιμος] tr. A† | φαραω ult.] pr. τω A ‖ 22 ταυτην > A | δομα]
-ματα A ‖ 23 εαυτοις] ε > B ‖ 24 τω > A | εν τοις > B ‖ 25 ευραμεν A† |
φαραω] pr. τω A ‖ 26 γην] γης A | τω φαρ. / αποπεμπτουν] tr. A | μονων
A ‖ 27 γη > A | της B*] > AB^c | εκληρονομηθησαν A | και ηυξηθησαν >
B*† ‖ 28 δεκα επτα ετη] ετη δ. επτα ετη B*† (B^c om. ετη posterius) |
εγενοντο δε] και εγ. A ‖ 29 του 1^0 > B† | με θαψαι] tr. A

48 1 και 1^0 > B† | ανηγγελη A | αυτου] + μετ αυτου A (in O sub ※) ‖ 3 ο θ.
μου / ωφθη μοι] tr. B*† | εν λουζα / εν γη χαν.] tr. A† ‖ 4 αυξανω σε] tr.
B | σε 2^0 > B ‖ 5 αιγυπτω] pr. γη A | προς σε / εις αιγ.] tr. B | συμεων]
pr. ως A ‖ 6 εαν M] δ αν B†, αν A | σοι > B† | εν] επι B† ‖ 7 βαιθλεεμ
Ra.] βεθ. B†, βηθ. A: cf. Ruth 1₁ ‖ 10 δε οφθ.] tr. A | ισραηλ] αυτου A |
εδυναντο A ‖ 12 ιωσηφ αυτους] tr. A ‖ 13 εν τη αριστ.] εξ αριστερων B† ‖
15 εναντιον] ενωπιον A | θεος ult.] κυριος B† ‖ 16 εν αυτοις / το ον. μου]
tr. B ‖ 17 πατηρ] + αυτου A | την δεξιαν] pr. την χειρα A ‖ 18 σου > B ‖
21 υμας] + εκ της γης ταυτης A

49 1 ειπεν] + αυτοις B ‖ 2 αθροισθ.] συναχθητε B | ακουσ. 1^0] + μου B | του]
pr. ακουσατε B† ‖ 7 διασπερω] διασκορπιω A† ‖ 8 σοι] σε A ‖ 12 χαροποι
pau.] -ποιοι BA | απο οινου] υπερ οινου B† ‖ 14 ανα μεσον] εμμεσω A ‖ 16
εαυτου λαον] λ. αυτου A ‖ 17 γενηθητω] εγενηθη τω A ‖ 18 περιμενω Ra.]
-νων BA ‖ 20 δωσει] pr. δια A | τρυφην B†] τροφην A ‖ 21 νεφθαλειμ A ‖
22 ηυξημ. 2^0] + μου B ‖ 24 χειρων] -ρος B | ισραηλ] σε ιακωβ A† ‖ 25 θεου]
pr. του A | γης] pr. της A† ‖ 26 ορεων > A | κεφαλης A ‖ 27 διαδωσει]
διδωσιν B^(†) ‖ 28 ουτοι] οι A† | ελαλ. αυτοις] tr. A | αυτους 1^0] + ο πατηρ
B† ‖ 30 τη > B ‖ 31 εκει 2^0] pr. και A | και ult. > B | εθαψα Gra.] -ψαν
BA ‖ 33 εξαρας] + ιακωβ A | αυτου 2^0 > A

50 1 το προσ.] τον τραχηλον A | επ > B ‖ 3 επληρωσεν αυτους B† ‖ 4 δε > A
‖ 5 μου ωρκ. με] με ωρκ. B†, + προ του τελευτησαι A | επανελευσομαι M]

απελ. B†, επελ. A ‖ 6 φαραω] + τω ιωσηφ A ‖ 7 γης > A ‖ 8 την συγγ.] η συγγενια αυτου B ‖ 10 παρεγενετο A | εφ] εις B† | εποιησαν B ‖ 11 τουτο εστιν] tr. A | αυτου] του τοπου εκεινου A ‖ 12 αυτου] ισραηλ A | και εθ. αυτον εκει] καθως ενετειλατο αυτοις A ‖ 13 αυτον 1⁰] + εκει B*† ‖ 14 επεστρεψεν A | συναναβ.] + παντες A ‖ 16 παρεγενοντο ⋯ λεγοντες] παραγενομενοι ⋯ ειπαν A ‖ 17 και την αμαρτ. > A ‖ 18 σοι > B† ‖ 19 ιωσηφ > A† | ειμι εγω] tr. B† ‖ 20 διατραφη] δια > B ‖ 21 και ειπεν] ειπεν δε B† ‖ 24 λεγων > A | υμας / ο θ.] tr. A: item in 25 | τοις πατρ. ημων > A ‖ 26 εθηκαν] + αυτον A

Subscr. γενεσις κατα τους εβδομηκοντα B†, γενεσις κοσμου A†

그리스어-히브리어-한글 어휘록

  그리스어 본문에 나오는 모든 단어를 일일이 분석 비교할 수 없어 편의상 *Septuaginta-Vokabular*(Vandenhoeck & Ruprecht, Göttingen, 1989)가, *Concordance to the Septuagint*(E. Hatch & H. Redpath, Oxford, 1897; Reprint, Michigan, 1987)에서 한 쪽을 세 면(Spaltenlänge)으로 나누어 단어를 정리한 것을 기준으로, 한 단어가 콘코던스 한 쪽 지면 가운데 얼마의 면을 차지하는가에 따라 분류한 것을 참조하여, 삼분의 이 면 이상 차지하는 빈도수 높은 단어들을 제외한 나머지 단어들을 정리하였다. 같은 장(chapter)에서 여러 번 반복되는 단어는 한 장 안에서는 한 번만 수록하고, 다른 장에 다시 나올 경우에는 반복하여 수록하였다. 삼분의 이 면 이상 차지하는 빈도수 높은 단어들은 칠십인역 그리스어-한글 어휘록(알파벳순에 따른 기본형과 일반적인 한글 뜻)에 정리해 놓았으니 참조하기 바란다. 좀 더 자세하고 광범위한 칠십인역 그리스어-히브리어 콘코던스를 알고 싶은 독자들은 위에서 언급한 책을 보기 바란다.

절	LXX 본문	기본형	MT 본문	기본형	LXX 우리말 번역

1

절	LXX 본문	기본형	MT 본문	기본형	LXX 우리말 번역
2	ἀόρατος	ἀόρατος	תהו	תהו	보이지 않는
	ἀκατασκεύαστος	ἀκατασκεύαστος	בהו	בהו	정돈되지 않은
	ἀβύσσου	ἄβυσσος	תהום	תהום	심연
	ἐπεφέρετο	ἐπιφέρω	מרחפת	רחף	떠다니고 있었다
4	διεχώρισεν	διαχωρίζω	ויבדל	בדל	가르셨다
6	στερέωμα	στερέωμα	רקיע	רקיע	궁창
9	ξηρά	ξηρός	יבשה	יבשה	마른 땅
10	συστήματα	σύστημα	מקוה	מקוה	덩어리
11	βλαστησάτω	βλαστάνω	תדשא	דשא	돋게 하여라
	βοτάνην	βοτάνη	דשא	דשא	풀밭
	ὁμοιότητα	ὁμοιότης	מין	מין	닮음

절	LXX 본문	기본형	MT 본문	기본형	LXX 우리말 번역
	κάρπιμον	κάρπιμος	פרי	פרי	열매 내는
14	φωστῆρες	φωστήρ	מארת	מאור	빛물체
	φαῦσιν	φαῦσις	מארת	מאור	빛
15	ὥστε	ὥστε	ל	ל	~로
16	ἐλάσσω	ἐλάσσων	קטן	קטן	더 작은 (것)
	ἀστέρας	ἀστήρ	כוכבים	כוכב	별들
20	ἐξαγαγέτω	ἐξάγω	⟨ישרצו 우글거려라⟩	שרץ	내어라
	πετεινά	πετεινός	עוף	עוף	날짐승들
	πετόμενα	πέτομαι	יעופף	עוף	날아다니는
21	κήτη	κῆτος	תנינם	תנין	바닷괴물들
	ἑρπετῶν	ἑρπετόν	רמשת	רמש	기어다니는 것
	πτερωτόν	πτερωτός	כנף	כנף	날개 달린
22	αὐξάνεσθε	αὐξάνω	פרו	פרה	번식하여라
24	τετράποδα	τετράπους	⟨בהמה 집짐승⟩	בהמה	네발짐승
26	ὁμοίωσιν	ὁμοίωσις	דמות	דמות	닮음
	ἰχθύων	ἰχθύς	דגת	דגה	물고기들
	ἑρπόντων	ἕρπω	רמש	רמש	기어다니는
28	κατακυριεύσατε	κατακυριεύω	כבשו	כבש	지배하여라
29	σπόριμον	σπόριμος	זרע	זרע	씨를 맺어
30	χλωρόν	χλωρός	ירק	ירק	푸른
31	λίαν	λίαν	מאד	מאד	아주

2

절	LXX 본문	기본형	MT 본문	기본형	LXX 우리말 번역
2	ἕκτῃ	ἕκτος	⟨שביעי 일곱 번째⟩	שביעי	여섯째
4	βίβλος	βίβλος	⟨תולדות 족보⟩	תולדה	기록
5	γάρ	γάρ	כי	כי	~이었기 때문이다
	ἔβρεξεν	βρέχω	המטיר	מטר	비를 내리셨다
7	ἐνεφύσησεν	ἐμφυσάω	ויפח	נפה	불어넣으셨다
	πνοήν	πνοή	נשמת	נשמה	숨
8	παράδεισον	παράδεισος	גן	גן	정원

절	LXX 본문	기본형	MT 본문	기본형	LXX 우리말 번역
9	ὡραῖον	ὡραῖος	נחמד	חמד	아름다운
	γνωστόν	γνωστός	דעת	דעת	알게 하는
10	τέσσαρας	τέσσαρες	ארבעה	ארבעה	넷
12	ἄνθραξ	ἄνθραξ	⟨בדלח 브델리움⟩	בדלח	붉은색 (보석)
	πράσινος	πράσινος	⟨שהם 마노⟩	שהם	푸른색 (보석)
14	κατέναντι	κατέναντι	⟨קדם 맞은편⟩	קדם	마주 보는
16	ἐνετείλατο	ἐντέλλομαι	ויצו	צוה	이르셨다
	φάγῃ	ἐσθίω	תאכל	אכל	먹어도 된다
21	ἔκστασιν	ἔκστασις	תרדמה	תרדמה	무아경
	ὕπνωσεν	ὑπνόω	ויישן	ישן	잠들었다
	πλευρῶν	πλευρά	צלעת	צלע	갈비들
	ἀνεπλήρωσεν	ἀναπληρόω	ויסגר	סגר	메우셨다
24	καταλείψει	καταλείπω	יעזב	עזב	떠날 것이다
	προσκολληθήσεται	προσκολλάω	ודבק	דבק	달라붙을 것이다
25	γυμνοί	γυμνός	ערומים	ערם	알몸인
	ᾐσχύνοντο	αἰσχύνω	יתבששו	בוש	부끄러워하였다

<h2 style="text-align:center">3</h2>

절	LXX 본문	기본형	MT 본문	기본형	LXX 우리말 번역
1	φρονιμώτατος	φρόνιμος	ערום	ערום	꾀가 많은
3	ἄψησθε	ἅπτω	תגעו	נגע	만져라
5	διανοιχθήσονται	διανοίγω	נפקחו	פקח	열릴 것이다
	ὡς	ὡς	כ	כ	~처럼
6	ἀρεστόν	ἀρεστός	תאוה	תאוה	즐거운
	κατανοῆσαι	κατανοέω	השכיל	שכל	깨달음
7	ἔρραψαν	ῥάπτω	ויתפר	תפר	엮었다
	φύλλα	φύλλον	עלה	עלה	잎
	συκῆς	συκῆ	תאנה	תאנה	무화과나무
	περιζώματα	περίζωμα	חגרה	חגרה	허리에 두를 것
8	δειλινόν	δειλινός	⟨רוח היום 산들바람⟩		저녁
9	ποῦ	ποῦ	איכה	איכה	어디에

절	LXX 본문	기본형	MT 본문	기본형	LXX 우리말 번역
13	ἠπάτησεν	ἀπατάω	השׁיא	נשׁא	속였다
14	ἐπικατάρατος	ἐπικατάρατος	ארור	ארר	저주를 받아
	στήθει	στῆθος	〔 〕		가슴
15	ἔχθραν	ἔχθρα	איבה	איבה	미움
	τηρήσει	τηρέω	〈ישׁוף 상처를 입히리라〉	שׁוף	지켜보리라
	πτέρναν	πτέρνα	עקב	עקב	발꿈치
16	λύπας	λύπη	עצבון	עצבון	고통
	στεναγμόν	στεναγμός	הרן	הרון	신음
	ἀποστροφή	ἀποστροφή	תשׁוקה	תשׁוקה	~를 향함
18	ἀκάνθας	ἄκανθα	קוץ	קוץ	가시
	τριβόλους	τρίβολος	דרדר	דרדר	엉겅퀴
21	χιτῶνας	χιτών	כתנות	כתנה	(겉)옷
	δερματίνους	δερμάτινος	עור	עור	가죽의
24	τρυφῆς	τρυφή	〈עדן 에덴〉		기쁨
	χερουβιμ	χερουβιμ	כרבים	כרבים	거룹들
	φλογίνην	φλογίνος	להט	להט	불타는
	ῥομφαίαν	ῥομφαία	חרב	חרב	칼

<h1 style="text-align:center">4</h1>

절	LXX 본문	기본형	MT 본문	기본형	LXX 우리말 번역
1	συλλαβοῦσα	συλλαμβάνω	ותהר	הרה	임신하여
5	προσέσχεν	προσέχω	שׁעה	שׁעה	눈여겨보셨다
	συνέπεσεν	συμπίπτω	ויפלו	נפל	떨구었다
6	περίλυπος	περίλυπος	〈חרה 화를 냈다〉	חרה	슬퍼하며
7	ὀρθῶς	ὀρθῶς	תיטיב	יטב	올바로
	ἡσύχασον	ἡσυχάζω	〔 〕		진정하여라
9	φύλαξ	φύλαξ	שׁמר	שׁמר	지키는 사람
10	βοᾷ	βοάω	צעקים	צעק	울부짖고 있다
11	ἔχανεν	χαίνω(χάσκω)	פצתה	פצה	(입을) 벌리다
12	στένων	στένω	〈נע 떠돌다〉	נוע	신음하다
	τρέμων	τρέμω	〈נד 헤매다〉	נוד	떨다

절	LXX 본문	기본형	MT 본문	기본형	LXX 우리말 번역
13	αἰτία	αἰτία	עון	עון	죄
	ἀφεθῆναι	ἀφίημι	〈נשא 짊어지기〉	נשא	용서받기
14	κρυβήσομαι	κρύπτω	אסתר	סתר	숨길 것이다
15	παραλύσει	παραλύω	יקם	נקם	(죗값을) 치르리라
17	ἐπωνόμασεν	ἐπονομάζω	ויקרא שם	קרא שם	~라 (이름)하였다
20	κτηνοτρόφων	κτηνοτρόφος	מקנה	מקנה	집짐승을 치는 이들
21	καταδείξας	καταδεικνύμι	תפש	תפש	발명하였다
	ψαλτήριον	ψαλτήριον	כנור	כנור	비파
	κιθάραν	κιθάρα	〈עוגב 피리〉	עוגב	수금
22	σφυροκόπος	σφυροκόπος	לטש	לטש	쇠를 두드리는
	χαλκεύς	χαλκεύς	חרש	חרש	대장장이
23	ἐνωτίσασθε	ἐνωτίζομαι	האזנה	אזן	귀를 기울여라
	τραῦμα	τραῦμα	פצע	פצע	상처
	μώλωπα	μώλωψ	חבורה	חבורה	생채기
24	ἑπτάκις	ἑπτάκις	שבעתים	שבעת	일곱 갑절
	ἑβδομηκοντάκις	ἑβδομηκοντάκις	שבעים	שבעים	일흔 갑절
26	ἤλπισεν	ἐλπίζω	〈הוחל 시작하였다〉	חלל	희망하였다

5

절	LXX 본문	기본형	MT 본문	기본형	LXX 우리말 번역
1	βίβλος	βίβλος	ספר	ספר	기록
2	ἄρσεν	ἄρσην	זכר	זכר	남자
	θῆλυ	θῆλυς	נקבה	נקבה	여자
3	διακόσια	διακόσιοι	〈מאת 일백〉	מאת	이백
	τριάκοντα	τριάκοντα	שלשים	שלשים	삼십
	ἰδέαν	ἰδέα	דמות	דמות	모양
4	ἑπτακόσια	ἑπτακόσιοι	〈שמנה מאת 팔백〉		칠백
5	ἐννακόσια	ἐννακόσιοι	תשע מאת		구백
8	δώδεκα	δώδεκα	שתים עשרה		십이
9	ἑκατόν	ἑκατόν	〈תשעים 구십〉		일백
	ἐνενήκοντα	ἐνενήκοντα	〔 〕		구십

절	LXX 본문	기본형	MT 본문	기본형	LXX 우리말 번역
12	ἑβδομήκοντα	ἑβδομήκοντα	שבעים	שבעים	칠십
13	τεσσαράκοντα	τεσσαράκοντα	ארבעים	ארבעים	사십
15	ἑξήκοντα	ἑξήκοντα	ששים	ששים	육십
17	ὀκτακόσια	ὀκτακόσιοι	שמנה מאות		팔백
22	εὐηρέστησεν	εὐαρεστέω	⟨ויתהלך 거닐었다⟩	הלך	기쁘게 해 드렸다
24	μετέθηκεν	μετατίθημι	⟨לקח 데려갔다⟩	לקח	옮겨 놓으셨다
27	ἐννέα	ἐννέα	תשע	תשע	구
28	ὀγδοήκοντα	ὀγδοήκοντα	שמנים	שמנים	팔십
	ὀκτώ	ὀκτώ	שתים	שתים	팔
30	πεντακόσια	πεντακόσιοι	חמש מאת		오백
31	πεντήκοντα	πεντήκοντα	⟨שבעים 칠십⟩	שבעים	오십
	τρία	τρεῖς	〔 〕		삼

6

절	LXX 본문	기본형	MT 본문	기본형	LXX 우리말 번역
1	ἡνίκα	ἡνίκα	〔 〕		~였을 때
2	ἐξελέξαντο	ἐκλέγω	בחרו	בחר	골랐다
3	καταμείνῃ	καταμένω	ידון	דין	머무르다
	ἑκατόν	ἑκατόν	מאה	מאה	일백
	εἴκοσι	εἴκοσι	עשרים	עשרים	이십
4	γίγαντες	γίγας	⟨נפילים 느빌림족⟩	נפילים	거인들
	ὀνομαστοί	ὀνομαστός	אנשי השם		이름난 (사람들)
5	ἐπιμελῶς	ἐπιμελῶς	⟨רק ~에만⟩	רק	골똘히
6	ἐνεθυμήθη	ἐνθυμέομαι	⟨ינחם 후회하였다⟩	נחם	생각에 잠기셨다
7	ἀπαλείψω	ἀπαλείφω	אמחה	מחה	쓸어버리리라
9	δίκαιος	δίκαιος	צדיק	צדיק	의로운
	τέλειος	τέλειος	תמים	תמים	완전한
11	ἐφθάρη	φθείρω	תשחת	שחת	타락하였다
12	κατέφθειρεν	καταφθείρω	השחית	שחת	부패시켰다
14	οὖν	οὖν	〔 〕		그러니
	τετραγώνων	τετράγωνος	⟨גפר 고페르⟩		네모난

절	LXX 본문	기본형	MT 본문	기본형	LXX 우리말 번역
	νοσσιάς	νοσσιά	קנים	קן	작은 방들
	ἀσφαλτώσεις	ἀσφαλτόω	כפרת	כפר	역청으로 칠하여라
	ἔσωθεν	ἔσωθεν	מבית	מבית	안
	ἔξωθεν	ἔξωθεν	מחוץ	מחוץ	밖
15	τριακοσίων	τριακόσιοι	שלש מאות		삼백
	πεντέκοντα	πεντέκοντα	חמשים	חמשים	오십
	τριάκοντα	τριάκοντα	שלשים	שלשים	삼십
16	ἄνωθεν	ἄνωθεν	מעל	מעל	위로
	πλαγίων	πλάγιος	צד	צד	옆쪽
	κατάγαια	κατάγαιος	תחתים	תחת	아래층
	διώροφα	διώροφος	שנים	שני	둘째 층
	τριώροφα	τριώροφος	שלשים	שלישי	셋째 층
17	κατακλυσμόν	κατακλυσμός	מבול	מבול	홍수
	τελευτήσει	τελευτέω	יגוע	גוע	죽으리라
19	τρέφῃς	τρέφω	〈להחית 살아남도록〉	חיה	먹고살게 하여라
20	ὀρνέων	ὄρνεον	עוף	עוף	새

7

절	LXX 본문	기본형	MT 본문	기본형	LXX 우리말 번역
3	διαθρέψαι	διατρέφω	לחיות	חיה	보존되게
4	ἐξανάστασιν	ἐξανάστασις	יקום	קום	일으킨 것
6	ἑξακοσίων	ἑξακόσιοι	שש מאת		육백
11	ἑξακοσιοστῷ	ἑξακοσιοστός	שש מאות		육백 (세)
	εἰκάδι	εἰκάς	〈עשר 십〉	עשר	이십 (일)
	καταρράκται	καταρράκτης	〈ארבת 창문들〉	ארבה	폭포들
18	ἐπεκράτει	ἐπικρατέω	ויגברו	גבר	거세어지다
19	σφοδρῶς	σφοδρῶς	מאד	מאד	점점 더
	ἐπεκάλυψεν	ἐπικαλύπτω	ויכסו	כסה	덮었다
23	ἀνάστημα	ἀνάστημα	יקום	קום	일어난 것
	κατελείφθη	καταλείπω	וישאר	שאר	남겨졌다

절	LXX 본문	기본형	MT 본문	기본형	LXX 우리말 번역
			8		
1	ἐμνήσθη	μιμνήσκω	ויזכר	זכר	기억하셨다
	ἐκόπασεν	κοπάζω	וישכו	שכך	잠잠해졌다
3	ἐνεδίδου	ἐνδίδωμι	וישבו	שוב	빠졌다
	ἠλαττονοῦτο	ἐλαττόω	ויחסרו	חסר	줄어들었다
5	ἐνδεκάτῳ	ἐνδέκατος	〈עשירי 열 번째〉		열한 번째
6	θυρίδα	θυρίς	חלון	חלון	창
7	κόρακα	κόραξ	ערב	ערב	까마귀
	ὑπέστρεψεν	ὑποστρέφω	שוב	שוב	돌아왔다
8	περιστεράν	περιστερά	יונה	יונה	비둘기
10	ἐπισχών	ἐπέχω	ויחל	חול	기다리다가
11	κάρφος	κάρφος	〈טרף 싱싱한〉	טרף	마른
13	ἐξέλιπεν	ἐκλείπω	חרבו	חרב	물러갔다
	στέγην	στέγη	מכסה	מכסה	천장
20	ὁλοκαρπώσεις	ὁλοκάρπωσις	עלת	עלה	번제물
21	ὠσφράνθη	ὀσφραίνομαι	וירח	רוח	(냄새를) 맡으셨다
	εὐωδίας	εὐωδία	ניחח	ניחח	달콤한
	ἔγκειται	ἔγκειμαι	〈יצר 뜻〉	יצר	기울어지다
22	θερισμός	θερισμός	קציר	קציר	거두기
	ψῦχος	ψῦχος	קר	קור	추위
	καῦμα	καῦμα	חם	חם	더위
	θέρος	θέρος	קיץ	קיץ	여름
	ἔαρ	ἔαρ	חרף	חרף	봄
			9		
1	κατακυριεύσατε	κατακυριεύω	〔 〕		다스리다
2	τρόμος	τρόμος	〈מורא 두려운〉		떨림
	ἰχθύας	ἰχθύς	דגים	דג	물고기
3	λάχανα	λάχανον	ירק	ירק	먹는 풀
5	ὑμέτερον	ὑμέτερος	〔 〕		너희의 (것)

절	LXX 본문	기본형	MT 본문	기본형	LXX 우리말 번역
14	συννεφεῖν	συννεφέω	עננּי	ענן	구름을 모아들일
15	ὥστε	ὥστε	ל	ל	그러면
20	ἄνθρωπος γεωργός		איש האדמה		땅을 경작한 사람
21	ἐμεθύσθη	μεθύω	וישכר	שכר	(술에) 취했다
	ἐγυμνώθη	γυμνόω	ויתגל	גלה	벌거벗었다
22	γύμνωσιν	γύμνωσις	ערוה	ערוה	벗은
23	ἱμάτιον	ἱμάτιον	שׂמלה	שׂמלה	겉옷
	νῶτα	νῶτον	〈שכם 어깨〉	שכם	등
	ὀπισθοφανῶς	ὀπισθοφανῶς	אחרנית	אחרנית	뒤를 보며
	συνεκάλυψαν	συγκαλύπτω	ויכסו	כסה	덮어 드렸다
24	ἐξένηψεν	ἐκνήφω	וייקץ	יקץ	(술에서) 깨어났다
27	πλατύναι	πλατύνω	יפת	פתה	넓혀 주실지어다

10

절	LXX 본문	기본형	MT 본문	기본형	LXX 우리말 번역
5	νῆσοι	νῆσος	איּם	אי	섬들
8	γίγας	γίγας	גבור	גבור	장사
9	κυνηγός	κυνηγός	ציד	ציד	사냥꾼
25	διεμερίσθη	διαμερίζω	נפלגה	פלג	나누어졌다
30	κατοίκησις	κατοίκησις	מושב	מושב	거주지

11

절	LXX 본문	기본형	MT 본문	기본형	LXX 우리말 번역
3	πλινθεύσωμεν	πλινθεύω	נלבנה	לבן	벽돌을 빚자
	πλίνθους	πλίνθος	לבנים	לבנה	벽돌들
	ὀπτήσωμεν	ὀπτάω	נשׂרפה	שׂרף	구워내자
	ἄσφαλτος	ἄσφαλτος	חֵמָר	חֵמָר	역청
	πηλός	πηλός	חֹמֶר	חֹמֶר	찰흙
7	συγχέωμεν	συγχέω	נבלה	בלל	섞어 놓자
9	σύγχυσις	σύγχυσις	〈בבל 바벨〉		혼돈
13	τετρακόσια	τετρακόσιοι	ארבע מאת		사백
28	ἐνώπιον	ἐνώπιον	על־פני		～ 앞에

절	LXX 본문	기본형	MT 본문	기본형	LXX 우리말 번역
30	στεῖρα	στεῖρα	עקרה	עקרה	임신하지 못하는
	ἐτεκνοποίει	τεκνοποιέω	ולד	ילד	아이를 낳았다

12

절	LXX 본문	기본형	MT 본문	기본형	LXX 우리말 번역
1	συγγενείας	συγγένεια	מולדת	מולדת	친족
6	διώδευσεν	διοδεύω	ויעבר	עבר	가로질렀다
9	ἐστρατοπέδευσεν	στρατοπεδεύω	ויסע	נסע	천막을 쳤다
11	εὐπρόσωπος	εὐπρόσωπος	יפת־מראה		아름다운
12	περιποιήσονται	περιποιέω	יחיו	חיה	살려둘 것이오
15	ἐπῄνεσαν	ἐπαινέω	ויהללו	הלל	칭송하였다
16	εὖ ἐχρήσαντο	εὖ χράομαι	היטב	יטב	잘해 주었다
	ἡμίονοι	ἡμίονος	אתנת	אתון	노새들
17	ἐτασμοῖς	ἐτασμός	נגעים	נגע	시험
19	ἀπότρεχε	ἀποτρέχω	לך	הלך	떠나거라
20	συμπροπέμψαι	συμπροπέμπω	⟨וישלחו 보냈다⟩	שלח	함께 ~ 보내게

13

절	LXX 본문	기본형	MT 본문	기본형	LXX 우리말 번역
3	ὅθεν	ὅθεν	〔 〕		~에서
5	συμπορευομένῳ	συμπορεύομαι	הלך את־		함께 다니는
6	ἐχώρει	χωρέω	⟨נשא 견디었다⟩	נשא	넉넉하였다
	ἅμα	ἅμα	יחדו	יחדו	함께
7	μάχη	μάχη	ריב	ריב	싸움
9	διαχωρίσθητι	διαχωρίζω	הפרד	פרד	갈라서라
	δεξιά	δεξιός	ימן	ימן	오른쪽
10	περίχωρον	περίχωρος	ככר	ככר	이웃한
12	ἐσκήνωσεν	σκηνάω	ויאהל	אהל	천막을 쳤다
16	ἄμμον	ἄμμος	עפר	עפר	먼지
	ἐξαριθμηθήσεται	ἐξαριθμέω	ימנה	מנה	셀 것이다
17	διόδευσον	διοδεύω	התהלך	הלך	질러가 보아라

절	LXX 본문	기본형	MT 본문	기본형	LXX 우리말 번역
			14		
3	συνεφώνησαν	συμφωνέω	חברו	חבר	연합하여 모였다
	ἁλυκήν	ἁλυκός	〈שׂדים 시띰〉		소금
4	τρισκαιδεκάτῳ	τρισκαιδέκατος	שְׁלֹשׁ־עֶשְׂרֵה		십삼
5	τεσσαρεσκαιδεκάτῳ	τεσσαρεσκαιδέκατος	אַרְבַּע־עֶשְׂרֵה		십사
	κατέκοψαν	κατακόπτω	ויכו	נכה	무찔렀다
6	τερεμίνθου	τερέμινθος	〈איל פארן 엘-바란〉		테레빈 나무
10	ὀρεινήν	ὀρεινός	הר	הר	산
12	ἀποσκευήν	ἀποσκευή	רכש	רכוש	재물
	ἀπῴχοντο	ἀποίχομαι	〈וילכו 가버렸다〉	הלך	떠났다
13	ἀνασωθέντων	ἀνασώζω	〈פליט 도망쳐 나온 사람〉	פליט	목숨을 건진
	περάτῃ	περάτης	〈עברי 히브리인〉		이주자
	δρυί	δρῦς	אלון	אלון	참나무
	συνωμόται	συνωμότης	〈בעלי ברית 동맹을 맺은 사람들〉		연대한 사람들
17	κοπῆς	κοπή	הכות	נכה	무찌르고
20	ὑποχείριους	ὑποχείριος	ביד		손에
23	σπαρτίου	σπαρτίον	חוט	חוט	실오라기
	σφαιρωτῆρος	σφαιρωτήρ	שׂרוך	שׂרוך	끈
	ὑποδήματος	ὑπόδημα	נעל	נעל	신발
			15		
1	ὁράματι	ὅραμα	מחזה	מחזה	환시
	ὑπερασπίζω	ὑπερασπίζω	〈מגן 방패〉	מגן	방패이다
2	οἰκογενοῦς	οἰκογενής	〈בית 집안〉	בית	집안 여종
9	δάμαλιν	δάμαλις	עגלה	עגלה	암송아지
	τριετίζουσαν	τριετίζω	שלשת	שלש	삼 년 된
	τρυγόνα	τρυγών	תר	תר	산비둘기
	περιστεράν	περιστερά	גוזל	גוזל	집비둘기

절	LXX 본문	기본형	MT 본문	기본형	LXX 우리말 번역
10	ἀντιπρόσωπα	ἀντιπρόσωπος	לקראת	קרא	마주 보게
11	διχοτομήματα	διχοτόμημα	〈פגרים 죽은 짐승들〉		잘라 놓은 몸뚱이들
	συνεκάθισεν	συγκαθίζω	〈נשב את־ וישב את־		~ 옆에 앉았다
			~을 쫓아냈다〉		
12	ἔκστασις	ἔκστασις	תרדמה	תרדמה	무아경
13	δουλώσουσιν	δουλόω	עבדו	עבד	섬기리라
16	ἀναπεπλήρωνται	ἀναπληρόω	שלם	שלם	찼다
17	κλίβανος	κλίβανος	תנור	תנור	화덕
	καπνιζόμενος	καπνίζω	עשן	עשן	연기 뿜는
	λαμπάδες	λαμπάς	לפיד	לפיד	타오르는

16

절	LXX 본문	기본형	MT 본문	기본형	LXX 우리말 번역
6	ἀρεστόν	ἀρεστός	טוב	טוב	좋은
	ἀπέδρα	ἀποδιδράσκω	ותברח	ברח	도망쳤다
11	ταπεινώσει	ταπείνωσις	〈עני 고통〉	עני	비참함
13	ἐπιδών	ἐφοράω	ראי	ראה	보시는

17

절	LXX 본문	기본형	MT 본문	기본형	LXX 우리말 번역
1	ἄμεμπτος	ἄμεμπτος	תמים	תמים	흠없는
8	κατάσχεσιν	κατάσχεσις	אחזת	אחזה	소유
9	διατηρήσεις	διατηρέω	תשמר	שמר	지켜야 한다
10	περιτμηθήσεται	περιτέμνω	המול	מול	할례받아야 한다
	ἀρσενικόν	ἀρσενικός	זכר	זכר	남자
11	ἀκροβυστίας	ἀκροβυστία	ערלה	ערלה	포피
12	ἀργυρώνητος	ἀργυρώνητος	מקנת־כסף		돈으로 산
14	ὀγδόη	ὄγδοος	〔 〕		여덟〔八〕
17	ἐγέλασεν	γελάω	ויצחק	צחק	웃었다

절	LXX 본문	기본형	MT 본문	기본형	LXX 우리말 번역

18

절	LXX 본문	기본형	MT 본문	기본형	LXX 우리말 번역
1	μεσημβρίας	μεσημβρία	כחם היום		한낮에
2	προσέδραμεν	προστρέχω	וירץ	רוץ	달려나갔다
4	νιψάτωσαν	νίπτω	רחצו	רחץ	씻으십시오
	καταψύξατε	καταψύχω	השענו	שען	땀을 식히십시오
5	ἐξεκλίνατε	ἐκκλίνω	⟨תעברו 지나게 되셨다⟩	עבר	발걸음하셨다
6	φύρασον	φυράω	לושי	לוש	반죽하여라
	ἐγκρυφίας	ἐγκρυφίας	עגות	עגה	재에 묻어 구운 빵
7	μοσχάριον	μοσχάριον	בן־בקר		송아지
	ἁπαλόν	ἁπαλός	רך	רך	살이 연한
	ἐτάχυνεν	ταχύνω	וימהר	מהר	서둘렀다
8	βούτυρον	βούτυρον	⟨חמאה 엉긴 젖⟩	חמאה	우유기름
	γάλα	γάλα	חלב	חלב	우유
11	προβεβηκότες	προβαίνω	באים	בוא	나이 많은
	γυναικεῖα	γυναικεῖος	ארח כנשים		여인들에게 있는 일
15	ἠρνήσατο	ἀρνέομαι	ותכחש	כחש	부인하였다
23	συναπολέσῃς	συναπόλλυμι	תספה	ספה	함께 멸할 것이다
24	ἀνήσεις	ἀνίημι	⟨תשא 용서할 것이다⟩	נשא	그냥 둘 것이다
27	σποδός	σποδός	אפר	אפר	재

19

절	LXX 본문	기본형	MT 본문	기본형	LXX 우리말 번역
1	ἐξανέστη	ἐξανίστημι	ויקם	קום	일어났다
3	κατεβιάζετο	καταβιάζομαι	יפצר	פצר	강권하였다
	ἀζύμους	ἄζυμος	מצות	מצה	누룩 들지 않은 빵
	ἔπεψεν	πέσσω	אפה	אפה	구워 주었다
4	περιεκύκλωσαν	περικύκλω	נסבו	סבב	둘러쌌다
5	συγγενώμεθα	συγγίγνομαι	נדעה	ידע	관계 좀 할 것이오
6	προθύρον	προθύρον	פתח	פתח	대문
	προσέῳξεν	προσοίγω	סגר	סגר	닫았다
7	πονηρεύσησθε	πονηρεύομαι	תרעו	רעע	못된 짓 하시오

절	LXX 본문	기본형	MT 본문	기본형	LXX 우리말 번역
9	παρεβιάζοντο	παραβιάζομαι	ויפצר	פצר	세게 밀쳤다
10	εἰσεσπάσαντο	εἰσσπάομαι	ויביאו	בוא	끌어들였다
	ἀπέκλεισαν	ἀποκλείνω	סגרו	סגר	닫았다
11	ἀορασία	ἀορασία	סנורים	סנורים	눈멀음
	παρελύθησαν	παραλύω	וילאו	לאה	녹초가 되었다
12	γαμβροί	γαμβρός	חתן	חתן	사위들
14	γελοιάζειν	γελοιάζω	מצחק	צחק	우스갯소리 하는 것
15	ἐπεσπούδαζον	ἐπισπουδάζω	ויאיצו	אוץ	재촉하여
17	συμπαραλημφθῇς	συμπαραλαμβάνω	תספה	ספה	휩쓸릴 것이다
24	θεῖον	θεῖον	גפרית	גפרית	유황
26	στήλη	στήλη	נציב	נציב	기둥
	ἁλός	ἅς	מלח	מלח	소금
28	ἀτμίς	ἀτμίς	⟨קיטר 연기⟩	קיטור	수증기
34	ἐπαύριον	ἐπαύριον	מחרת	מחרת	다음 날

20

절	LXX 본문	기본형	MT 본문	기본형	LXX 우리말 번역
1	λίβα	λίψ	⟨נגב 네겝⟩		남쪽
3	συνῳκηκυῖα	συνοικέω	⟨בעלת 아내⟩	בעל	~와 함께 사는 여자
4	ἥψατο	ἅπτω	קרב	קרב	건드렸다
11	θεοσέβεια	θεοσέβεια	יראת אלהים		하느님께 대한 경외심
16	ἀλήθευσον	ἀληθεύω	ונכחת	יכח	진실을 말하시오
18	συνέκλεισεν	συνκλείω	עצר	עצר	닫아 버리셨다
	μήτραν	μήτρα	רחם	רחם	태

21

절	LXX 본문	기본형	MT 본문	기본형	LXX 우리말 번역
6	συγχαρεῖται	συγχαίρω	⟨צחק 웃음⟩	צחק	함께 기뻐할 것이다
7	θηλάζει	θηλάζω	הינקה	ינק	젖을 먹인다
8	ἀπεγαλακτίσθη	ἀπογαλακτίζω	הגמל	גמל	젖을 떼게 되었다
	δοχήν	δοχή	משתה	משתה	잔치
15	ἐλάτης	ἐλάτη	שיח	שיח	전나무

절	LXX 본문	기본형	MT 본문	기본형	LXX 우리말 번역
16	βολήν	βολή	〈מטחוי 한바탕〉	טחה	날아가는 거리
	ἀναβοῆσαν	ἀναβοάω	ותשא קול		소리 높였다
22	νυμφαγωγός	νυμφαγωγός	〔 〕		친구
	ἀρχιστράτηγος	ἀρχιστράτηγος	שׂר צבא		군대 수장
30	ὤρυξα	ὀρύσσω	חפרתי	חפר	팠다
33	ἄρουραν	ἄρουρα	〈אשל 민위성류나무〉		땅 한쪽

<h2 style="text-align:center">22</h2>

절	LXX 본문	기본형	MT 본문	기본형	LXX 우리말 번역
3	ἐπέσαξεν	ἐπισάττω	ויחבש	חבש	안장을 얹었다
	σχίσας	σχίζω	ויבקע	בקע	(장작을) 패서
9	συμποδίσας	συμποδίζω	ויעקד	עקד	묶어
24	παλλακή	παλλακή	פילגש	פילגש	소실

<h2 style="text-align:center">23</h2>

절	LXX 본문	기본형	MT 본문	기본형	LXX 우리말 번역
2	κοιλώματι	κοίλωμα	〔 〕		골짜기
4	παρεπίδημος	παρεπίδημος	תושב	תושב	거류민
6	κωλύσει	κωλύω	יכלה	כלא	거절할 것입니다
9	διπλοῦν	διπλοῦς	〈מכפלה 막벨라〉		쌍(굴)
	ἀξίου	ἄξιος	〈מלא 충분한〉	מלא	적당한
11	πολιτῶν	πολίτης	〈בן־עמי 겨레〉		성읍의 사람들
16	ἀποκατέστησεν	ἀποκαθίστημι	〈וישקל 무게를 달았다〉	שקל	(돈을) 치렀다
	δοκίμου	δόκιμος	עבר	עבר	통용되는
	ἐμπόροις	ἔμπορος	סחר	סחר	상인들
20	ἐκυρώθη	κυρόω	ויקם	קום	선포되었다

<h2 style="text-align:center">24</h2>

절	LXX 본문	기본형	MT 본문	기본형	LXX 우리말 번역
2	μηρόν	μηρός	ירך	ירך	넓적다리
3	ἐξορκιῶ	ἐξορκίζω	אשביע	שבע	맹세하게 할 것이다
11	ὀψέ	ὀψέ	עבר	עבר	저녁

절	LXX 본문	기본형	MT 본문	기본형	LXX 우리말 번역
13	ἀντλῆσαι	ἀντλέω	לשאב מים		물을 길러
15	ὑδρίαν	ὑδρία	כד	כד	물동이
17	ἐπέδραμεν	ἐπιτρέχω	וירץ	רוץ	달려갔다
18	ἔσπευσεν	σπεύδω	ותמהר	מהר	얼른 ~하였다
20	ἐξεκένωσεν	ἐκκενόω	ותער	ערה	비워냈다
	ἔδραμεν	τρέχω	ותרץ	רוץ	달려갔다
21	κατεμάνθανεν	καταμανθάνω	משתאה	שאה	지켜보았다
	παρασιώπα	παρασιωπάω	מחריש	חרש	말없었다
22	ἐνώτια	ἐνωτίον	〈נזם 금 코걸이〉	נזם	귀걸이
	ψέλια	ψέλιον	צמידים	צמיד	팔찌들
	ὀλκή	ὀλκή	〈שקל 세겔〉	שקל	무게
25	ἄχυρα	ἄχυρον	תבן	תבן	꼴
	χορτάσματα	χόρτασμα	מספוא	מספוא	여물
32	ἀπέσαξεν	ἀποσάττω	פתח	פתח	짐을 내렸다
37	ὥρκισεν	ὁρκίζω	וישבע	שבע	맹세하게 하셨습니다
41	ὁρκισμοῦ	ὁρκισμός	אלה	אלה	서약
50	ἀντειπεῖν	ἀντιλέγω	〈דבר רע 나쁘게 말하다〉	דבר	반대할
61	ἄβραι	ἄβρα	נערת	נערה	몸종들
62	λίβα	λίψ	〈נגב 네겝〉		남쪽
64	κατεπήδησεν	καταπηδάω	נפל	נפל	내렸다
65	θέριστρον	θέριστρον	צעיף	צעיף	너울

25

절	LXX 본문	기본형	MT 본문	기본형	LXX 우리말 번역
16	ἐπαύλεσιν	ἔπαυλις	〈טירת 고을〉	טירה	야영지
22	ἐσκίρτων	σκιρτάω	〈ויתרצצו 부딪쳐 댔다〉	רצץ	발버둥치자
	πυθέσθαι	πυνθάνομαι	לדרש	דרש	여쭈어 보았다
23	ὑπερέξει	ὑπερέχω	〈יאמץ 강하다〉	אמץ	지배하리라
25	πυρράκης	πυρράκης	אדמוני	אדמוני	붉은
	δασύς	δασύς	שער	שער	털로 뒤덮여

절	LXX 본문	기본형	MT 본문	기본형	LXX 우리말 번역
26	πτέρνης	πτέρνα	עקב	עקב	발뒤꿈치
27	κυνηγεῖν	κυνηγέω	⟨ציד 사냥꾼⟩	ציד	사냥을 하는
	ἄπλαστος	ἄπλαστος	⟨תם 조용한⟩	תם	꾸밈없는
29	ἤψησεν	ἕψω	ויזד	זיד	죽을 끓이고 있었다
30	πυρροῦ	πυρρός	אדם	אדם	붉은
34	φακοῦ	φακός	⟨עדשים 불콩죽⟩	עדשה	콩죽
	ᾤχετο	οἴχομαι	וילך	הלך	가버렸다
	ἐφαύλισεν	φαυλίζω	ויבז	בזה	하찮게 여겼다

26

절	LXX 본문	기본형	MT 본문	기본형	LXX 우리말 번역
7	ὡραία	ὡραῖος	תובת מראה		아름다운
8	ἐγένετο πολυχρόνιος		ארכו הימים		오랫동안 있었다
		γίνομαι πολυχρόνιος			
	παρακύψας	παρακύπτω	שקף	שקף	내다보니
10	ἄγνοιαν	ἄγνοια	⟨אשם 죄⟩	אשם	모르고 저지른 일
11	θανάτου ἔνοχος	θανάτῳ ἔνοχος	מות יומת		죽어 마땅한
12	κριθήν	κριθή	⟨שערים 수확⟩	שערה	보리
13	προβαίνων	προβαίνω	וילך הלוך		점점
15	ἐνέφραξαν	ἐμφράσσω	סתמום	סתם	메워버렸다
20	ἐμαχέσαντο	μάχομαι	ויריבו	ריב	다투었다
	φάσκοντες	φάσκω	לאמר	אמר	주장하면서
22	ἐπλάτυνεν	πλατύνω	הרחיב	רחב	넓혀 주셨다
25	ἔπηξεν	πήγνυμι	ויטת	נטה	천막을 쳤다
35	ἐρίζουσαι	ἐρίζω	⟨מרת רוח		다투었다
			근심거리가 되었다⟩		

27

절	LXX 본문	기본형	MT 본문	기본형	LXX 우리말 번역
1	ἠμβλύνθησαν	ἀμβλύνω	ותכהין	כהה	눈이 어두워졌다
3	φαρέτραν	φαρέτρα	תלי	תלי	화살통
	θήρευσον	θηρεύω	צודה	צוד	사냥해 오너라

절	LXX 본문	기본형	MT 본문	기본형	LXX 우리말 번역
4	ἐδέσματα	ἔδεσμα	〈מטעמים 별미〉	טעם	맛있는 고기요리
	πρίν	πρίν	בטרם	בטרם	~하기 전에
9	ἐρίφους	ἔριφος	עזים	עז	새끼염소
10	εἰσοίσεις	εἰσφέρω	והבאת	בוא	가져다 드려라
11	λεῖος	λεῖος	חלק	חלק	매끈한
12	ψηλαφήσῃ	ψηλαφάω	ימש	מוש	만져 보시면
	καταφρονῶν	καταφρονέω	〈מתעתע 놀리는〉	תעע	무시하는
	κατάραν	κατάρα	קללה	קללה	저주
28	δρόσου	δρόσος	טל	טל	이슬
	πιότητος	πιότης	שמים	שמן	기름짐
33	ἔκστασιν	ἔκστασις	〈חררה 놀라〉	חררה	혼란
34	ἀνεβόησεν	ἀναβοάω	ויצעק	צעק	울었다
	πικράν	πικρός	〈ומרה 비통에 찼다〉	מר	괴로운
36	ἐπτέρνικεν	πτερνίζω	ויעקב	עקב	발뒤꿈치로 찼다
38	κατανυχθέντος	κατανύσσω	〔　〕		어찌할 줄 몰랐고
40	καθέλῃς	καθαίρω	תריד	רוד	뒤엎을
41	ἐνεκότει	ἐγκοτέω	וישׂטם	שׂטם	화가 났다
42	ἀπειλεῖ	ἀπειλέω	〔　〕		위협하는구나
45	μεταπέμψομαι	μεταπέμπω	ולקחתי	לקח	데려오겠다
46	προσώχθικα	προσοχθίζω	קצתי	קוץ	지쳤습니다

28

절	LXX 본문	기본형	MT 본문	기본형	LXX 우리말 번역
11	ἔδυ	δύω	(השמש) בא	(השמש) בוא	(해가) 졌다
12	κλίμαξ	κλίμαξ	סלם	סלם	사다리
	ἀφικνεῖτο	ἀφικνέομαι	מגיע	נגע	닿아 있었다
13	ἐπεστήρικτο	ἐπιστηρίζω	נצב	נצב	섰다
15	διαφυλάσσων	διαφυλάσσω	ושמרתי	שמר	지켜 주며
18	στήλην	στήλη	מצבה	מצבה	기둥
	ἐπέχεεν	ἐπιχέω	יצק	יצק	부었다
22	ἀποδεκατώσω	ἀποδεκατόω	אעשרנו	עשר	십분의 일을 바쳤다

절	LXX 본문	기본형	MT 본문	기본형	LXX 우리말 번역

29

절	LXX 본문	기본형	MT 본문	기본형	LXX 우리말 번역
3	ἀπεκύλιον	ἀποκυλίω	גללו	גלל	굴려냈다
6	ὑγιαίνει	ὑγιαίνω	שָׁלוֹם	שָׁלוֹם	건강하십니다
7	βόσκετε	βόσκω	רעו	רעה	풀을 뜯기셔야지요
15	δωρεάν	δωρεά	⟨חנם 거저⟩	חנם	거저
17	ἀσθενεῖς	ἀσθενής	רכות	רך	힘이 없었지만
22	γάμον	γάμος	משתה	משתה	혼인(잔치)
25	παρελογίσω	παραλογίζομαι	רמה	רמה	바꿔쳤소

30

절	LXX 본문	기본형	MT 본문	기본형	LXX 우리말 번역
2	ἐστέρησεν	στερέω	מנע	מנע	주지 않으셨다
3	γονάτων	γόνυ	ברך	ברך	무릎
	τεκνοποιήσομαι	τεκνοποιέω	בנה	בנה	아이를 얻을 수 있을 겁니다
8	συνανεστράφην	συνανεστραφή	⟨נפתלתי 다투었다⟩	פתל	겨룸
11	τύχη	τύχη	גד	גד	행운
13	μακαρίζουσιν	μακαρίζω	אשׁר	אשׁר	복 있다고 한다
14	μῆλα μανδραγόρου	μῆλον μανδραγοροῦ	⟨דודאים 합환채⟩		사랑사과
15	ἱκανόν	ἱκανός	⟨מעט 모자라⟩	מעט	충분한
16	μεμίσθωμαι	μισθόω	שׂכרתי	שׂכר	빌렸어요
20	δεδώρηται	δωρέω	זבד	זבד	선물을 하셨구나
	αἱρετιεῖ	αἱρετίζω ⟨יזבל 잘 대해 주겠지⟩		זבל	택하겠지
26	δουλείαν	δουλεία	עבדה	עבדה	(종살이한) 일
27	οἰωνισάμην	οἰωνίζομαι ⟨נחשׁתי 점을 쳐보니⟩		נחשׁ	예측하였다네
32	φαιόν	φαιός	⟨חום 검은⟩	חום	회색
	ἀρνάσιν	ἀρνός	כשׂבים	כשׂב	새끼양들
	διάλευκον	διάλευκος	⟨נקד 얼룩진⟩	נקד	희게 얼룩진
	ῥαντόν	ῥαντός	טלוא	טלא	점 박힌
33	κεκλεμμένον	κλέπτω	גנוב	גנב	훔친 것

절	LXX 본문	기본형	MT 본문	기본형	LXX 우리말 번역
35	τράγους	τράγος	תישׁים	תישׁ	숫염소들
	λευκόν	λευκός	לבן	לבן	흰
37	στυρακίνην	στυράκινος	〈לבנה 은백양나무〉	לבנה	소합향나무
	χλωράν	χλωρός	〈לח 싱싱한〉	לח	초록
	καρυΐνην	καρύϊνος	לוז	לוז	편도나무
	πλατάνου	πλάτανος	ערמון	ערמון	플라타너스
	ποικίλον	ποικίλος	〈מחשׂף הלבן		얼룩덜룩하게
			하얀 부분이 드러나게〉		
38	ληνοῖς	ληνός	רהטים	רהט	구유
	ποτιστηρίων	ποτιστήριον	שׁקתות	שׁקת	물통
39	ἐγκισσήσωσιν	ἐγκισσάω	〈ויחמנה	חמם	새끼를 배다
			짝짓기를 하였다〉		
	σποδοειδῆ	σποδοειδής	〈טלאים 점 박힌〉	טלא	잿빛
40	διεχώρισεν	διαχωρίζω	וישׁת … לבדו	שׁית לבד	떼어 놓았다
	ἔμιξεν	μίγνυμι	〈שׁית על־	שׁית על־	섞었다
			~ 위에 두었다〉		
42	ἄσημα	ἄσημος	〈עטיף 약한〉	עטף	표시가 없는
43	ἐπλούτησεν	πλουτέω	ויפרץ	פרץ	부자가 되었다

31

절	LXX 본문	기본형	MT 본문	기본형	LXX 우리말 번역
7	παρεκρούσατο	παρακρούω	התל	תלל	속였다
	ἤλλαξεν	ἀλλάσσω	החלף	חלף	바꿔졌소
8	ποικίλα	ποικίλος	〈נקדים 얼룩진〉	נקד	얼룩덜룩한
	λευκά	λευκός	〈עקדים 줄 쳐진〉	עקד	흰
10	διάλευκοι	διάλευκος	〈עקדים 줄 쳐진〉	עקד	희게 얼룩진
	σποδοειδεῖς ῥαντοί		〈ברדים 반점이 진〉	ברד	잿빛 점 박힌
		σποδοειδής ῥαντός			
15	πέπρακεν	πιπράσκω	מכר	מכר	팔아넘겼습니다
	κατέφαγεν	κατεσθίω	ויאכל	אכל	삼켜버렸으니
					말입니다

절	LXX 본문	기본형	MT 본문	기본형	LXX 우리말 번역
	καταβρώσει	κατάβρωσις	אכול	אכל	삼킴
18	περιεποιήσατο	περιποιέω	רכש	רכש	얻었다
19	κεῖραι	κείρω	לגזז	גזז	털을 깎으러
21	ὤρμησεν	ὁρμάω	שׂים את־פניו		~로 향하였다
23	παραλαβών	παραλαμβάνω	ויקח	לקח	이끌고
26	κρυφῇ	κρυφῇ	27절 נחבאת	חבא	몰래
	ἐκλοποφόρησας	κλοποφορέω	27절 תגנב	גנב	훔쳐내고
27	μουσικῶν	μουσικός	〈שׁירים 노래〉	שׁיר	음악
	τυμπάνων	τύμπανον	תף	תף	손북
28	καταφιλῆσαι	καταφιλέω	לנשׁק	נשׁק	입맞출
	ἀφρόνως	ἀφρόνως	〈הסכלת 어리석기만〉	סכל	어리석은
	ἔπραξας	πράσσω	עשׂא	עשׂא	하였네
29	κακοποιῆσαι	κακοποιέω	לעשׂות … רע		해롭게 할
35	βαρέως φέρε	βαρέως φέρω	〈יחר 노여워하시오〉	חרה	언짢아하시오
	ἠρεύνησεν	ἐρευνάω	ויחפשׂ	חפשׂ	뒤져 보았다
39	θηριάλωτον	θηριάλωτος	〈טרפה	טרפה	들짐승에게 잡힌 것
			들짐승에게 찢긴 것〉		
	ἀπετίννυον	ἀποτιννύω	אחטאנה	חטא	물어냈습니다
40	συγκαιόμενος	συγκαίω	אכל	אכל	태우는
	καύματι	καῦμα	חרב	חרב	더위
	παγετῷ	παγετός	קרח	קרח	추위
42	κόπον	κόπος	יגיע	יגיע	고생
46	συνέλεξαν	συλλέγω	לקטו	לקט	모았다
49	ἐπίδοι	ἐπιδίδωμι	המצפה	צפה	살피실지어다

32

절	LXX 본문	기본형	MT 본문	기본형	LXX 우리말 번역
5	ἐχρόνισα	χρονίζω	〈אחר	אחר	(시간을) 보냈습니다
			머물러 있었습니다〉		
8	ἠπορεῖτο	ἀπορέω	〈יצר 걱정이 되었다〉	צרר	당황하였다
10	ἀπότρεχε	ἀποτρέχω	שׁוב	שׁוב	돌아가거라

절	LXX 본문	기본형	MT 본문	기본형	LXX 우리말 번역
11	ἱκανοῦται	ἱκανόω	⟨קטנתי 과분합니다⟩	קטן	충분합니다
13	ἄμμον	ἄμμος	חול	חול	모래
16	ταύρους	ταῦρος	פרים	פר	황소
	πώλους	πῶλος	⟨עירם 수나귀⟩	עיר	새끼나귀
23	ἕνδεκα	ἕνδεκα	אחד עשׂר		열하나
	διέβη	διαβιβάζω	ויעבר	עבר	건넜다
25	ἐπάλαιεν	παλαίω	ויאבק	אבק	씨름하였다
26	μηροῦ	μηρός	⟨ירך 엉덩이뼈⟩	ירך	허벅지 부분
	ἐνάρκησεν	ναρκάω	⟨ויקע 어긋났다⟩	יקע	굳어 버렸다
27	ὄρθρος	ὄρθρος	שׁחר	שׁחר	동(새벽)
32	ἐπέσκαζεν	ἐπισκάζω	צלע	צלע	절뚝거렸다
33	νεῦρον	νεῦρον	גיד	גיד	힘줄

33

절	LXX 본문	기본형	MT 본문	기본형	LXX 우리말 번역
1	ἐπιδιεῖλεν	ἐπιδιαιρέω	ויחץ	חצה	나누어 주었다
4	περιλαβών	περιλαμβάνω	ויחבק	חבק	껴안고
	προσέπεσεν	προσπίπτω	ויפל	נפל	떨구었다
7	προήγγισεν	προσεγγίζω	ותגשׁן	נגשׁ	가까이 나왔다
11	ἐβιάσατο	βιάζομαι	ויפצר	פצר	힘껏 권하였다
13	ἀπαλώτερα	ἀπαλός	רכים	רך	약한
14	κατὰ σχολήν	κατὰ σχολήν	לאטי	לאטי	천천히
15	καταλείψω	καταλείπω	אציגה	יצג	남게 하겠다

34

절	LXX 본문	기본형	MT 본문	기본형	LXX 우리말 번역
1	καταμαθεῖν	καταμανθάνω	לראות	ראה	살펴보러
	ἐγχωρίων	ἐγχώριος	⟨ארץ 땅⟩	ארץ	마을
7	κατενύχθησαν	κατανύσσομαι	⟨ויתעצבו 분개하였다⟩	עצב	괴로워하였다
	λυπηρὸν ἦν	λυπηρός εἶναι	⟨ויחר 화가 치밀었다⟩	חרה	고통스러웠다
	ἄσχημον	ἀσχήμων	⟨נבלה 추행⟩	נבלה	부끄러운

절	LXX 본문	기본형	MT 본문	기본형	LXX 우리말 번역
9	ἐπιγαμβρεύσασθε	ἐπιγαμβρεύω	התחתנו	חתן	사돈을 맺읍시다
10	ἐγκτήσασθε	ἐγκτάομαι	האחזו	אחז	소유하십시오
12	φερνήν	φερνή	מהר	מהר	신부 몸값
15	ὁμοιωθησόμεθα	ὁμοιόω	〈נאות 받아들이겠습니다〉	אות	같아지겠습니다
25	ἀσφαλῶς	ἀσφαλῶς	〈בטח	בטח	무사히
			아무런 방해도 받지 않은 채〉		
27	διήρπασαν	διαρπάζω	ויבזו	בזז	약탈하였다
30	συγκόψουσιν	συγκόπτω	ונאספו	אסף	한데 모이다

35

절	LXX 본문	기본형	MT 본문	기본형	LXX 우리말 번역
4	κατέκρυψεν	κατακρύπτω	ויטמן	טמן	감추어 버렸다
	τέρμινθον	τέρμινθος	〈אלה 향엽나무〉		테레빈 나무
7	ἐπεφάνη	ἐπιφαίνω	נגלו	גלה	나타나셨다
8	κατώτερον	κάτω	מתחת	מתחת	밑에서
14	λιθίνην	λιθίνος	אבן	אבן	돌
16	χαβραθα	χαβράθα	〈כברת 거리〉	כברה	카브라타
	ἐδυστόκησεν	δυστοκέω	תקשה בלדת		산고가 심하였다
17	θάρσει	θαρσέω	〈אל־תיראי 두려워하지 마셔요〉		힘내세요

36

37

절	LXX 본문	기본형	MT 본문	기본형	LXX 우리말 번역
2	κατήνεγκεν	καταφέρω	ויבא	בא	일러바쳤다
	ψόγον πονηρόν	ψόγος πονηρός	דבת רעה		험담
3	χιτῶνα ποικίλον	χιτών ποικίλος	〈כתנת פסים 긴 저고리〉		여러 색깔의 긴 옷
4	φιλεῖ	φιλέω	אהב	אהב	사랑했다
7	δεσμεύειν	δεσμεύω	מאלמים	אלם	묶고 있었던
	δράγμα	δράγμα	אלמים	אלמה	곡식단
	περιστραφέντα	περιστρέφω	תסבינה	סבב	둘러서서
9	σελήνη	σελήνη	ירח	ירח	달

절	LXX 본문	기본형	MT 본문	기본형	LXX 우리말 번역
10	ἐπετίμησεν	ἐπιτιμάω	ויגער	גער	꾸짖었다
11	διετήρησεν	διατηρέω	שׁמר	שׁמר	마음에 두었다
17	ἐντεῦθεν	ἐντεῦθεν	מזה	מזה	여기서
	κατόπισθεν	κατόπισθεν	אחר	אחר	뒤따라
18	προεῖδον	προοράω	⟨ויראו 보았다⟩	ראה	먼저 보았다
	μακρόθεν	μακρόθεν	מרחק	מרחוק	멀리서
19	ἐνυπνιαστής	ἐνυπνιαστής	בעל החלמות		꿈쟁이
22	ἐπενέγκητε	ἐπιφέρω	תשלחו	שׁלח	~에 (손을) 대라
23	ἐξέδυσαν	ἐκδύω	ויפשׁיטו	פשׁט	벗기었다
25	ἀναβλέψαντες	ἀναβλέπω	וישׂא	נשׂא	들어 보니
	ὁδοιπόροι	ὁδοιπόρος	ארחת	ארחה	대상들
	ῥητίνης	ῥητίνη	צרי	צרי	유향
	στακτῆς	στακτή	⟨לט 반일향⟩	לט	몰약
26	χρήσιμον	χρήσιμος	⟨בצע 이득⟩	בצע	이로운
28	ἀνεβίβασαν	ἀναβιβάζω	ויעלו	עלה	끌어올렸다
31	ἐμόλυναν	μολύνω	ויטבלו	טבל	적셨다
33	ἥρπασεν	ἁρπάζω	⟨טָרֹף טָרַף 찢겨 죽은 게 틀림없다⟩	טרף	잡아채 갔구나
36	σπάδοντι	σπάδων	סריס	סריס	신하
	ἀρχιμαγείρῳ	ἀρχιμάγειρος	שׂר הטבחים		경호대장

<h2 style="text-align:center">38</h2>

절	LXX 본문	기본형	MT 본문	기본형	LXX 우리말 번역
8	γάμβρευσαι	γαμβρεύω	יבם	יבם	수숙혼을 맺어
14	χηρεύσεως	χήρευσις	אלמנות	אלמנה	과부
	ἐκαλλωπίσατο	καλλωπίζω	⟨ותתעלף (몸을) 가렸다⟩	עלף	아름답게 꾸몄다
15	κατεκαλύψατο	κατακαλύπτω	כסתה	כסה	가리고 있었다
16	ἔασον	ἐάω	⟨הבה 해 다오⟩	יהב	~할 수 있게
17	ἀρραβῶνα	ἀρραβών	ערבון	ערבון	담보물들
18	δακτύλιον	δακτύλιος	⟨חתם 인장⟩	חתם	반지
	ὁρμίσκον	ὁρμίσκος	⟨פתיל 줄⟩	פתיל	목걸이

절	LXX 본문	기본형	MT 본문	기본형	LXX 우리말 번역
21	ἐνταῦθα	ἐνταῦθα	בזה	בזה	여기에는
24	τρίμηνον	τρίμηνον	שְׁלֹשׁ חֲדָשִׁים		석 달
28	προεξήνεγκεν	προεκφέρω	ויתן	נתן	내밀었다
	μαῖα	μαῖα	מילדת	ילד	산파
	κόκκινον	κόκκινος	שׁני	שׁני	붉은
29	διεκόπη	διακόπτω	⟨פרצת	פרץ	갈라졌다
			틈새를 만들었다⟩		

39

절	LXX 본문	기본형	MT 본문	기본형	LXX 우리말 번역
1	εὐνοῦχος	εὐνοῦχος	סריס	סריס	신하
2	ἐπιτυγχάνων	ἐπιτυγχάνω	מצליח	צלח	성공한
5	κατασταθῆναι	καθίστημι	⟨הפקיד	פקד	임명된
			관리인으로 세웠다⟩		
6	ἐπέτρεψεν	ἐπιτρέπω	ויעזב	עזב	위탁하였다
	ὡραῖος	ὡραῖος	יפה	יפה	아름다운
9	ὑπερέχει	ὑπερέχω	⟨גדול 높은⟩	גדול	～ 위에 있다
	ὑπεξῄρηται	ὑπεξαιρέω	חשׂך	חשׂך	금하셨다
	πῶς	πῶς	איך	איך	어떻게
10	καθεύδειν	καθεύδω	לשׁכב	שׁכב	눕자는
	συγγενέσθαι	συγγίνομαι	להיות עם־		함께 있자는
11	ἔσω	ἔσω	ב	ב	～ 안에는
12	ἐπεσπάσατο	ἐπισπάω	⟨תתפשׂ 붙잡았다⟩	תפשׂ	잡아당겼다
14	ἐμπαίζειν	ἐμπαίζω	לצחק	צחק	희롱하라고
21	ἀρχιδεσμοφύλακος		שׂר בית־הסהר		간수장
		ἀρχιδεσμοφύλαξ			

40

절	LXX 본문	기본형	MT 본문	기본형	LXX 우리말 번역
1	ἀρχιοινοχόος	ἀρχιοινοχόος ⟨משׁקה 헌작 시종⟩		משׁקה	헌작 시종장
	ἀρχισιτοποιός	ἀρχισιτοποιός ⟨אפה 제빵 시종⟩		אפה	제빵 시종장
2	ὠργίσθη	ὀργίζω	ויקצף	קצף	화가 났다

절	LXX 본문	기본형	MT 본문	기본형	LXX 우리말 번역
3	δεσμωτήριον	δεσμωτήριον	בית הסהר		감옥
4	ἀρχιδεσμώτης	ἀρχιδεσμώτης	שׂר בית־הסהר		간수장
7	σκυθρωπά	σκυθρωπός	⟨רעים 나쁜⟩	רע	우울한
8	συγκρίνων	συγκρίνω	פתר	פתר	풀이해 줄 이
	διασάφησις	διασάφησις	פתרנים	פתרון	밝힘
10	πυθμένες	πυθμήν	שׂריגם	שׂריג	가지
	θάλλουσα	θάλλω	כפרחת	פרח	싹이 트더니
	ἀνενηνοχυῖα	ἀναφέρω	עלתה	עלה	피고
	βλαστούς	βλαστός	נצה	נצה	꽃
	πέπειροι	πέπειρος	הבשילו	בשל	익은
	βότρυες	βότρυς	אשכלת	אשכל	(포도)송이들
	σταφυλῆς	σταφυλή	ענבים	ענב	포도
11	ἐξέθλιψα	ἐκθλίβω	שׂחט	שׂחט	짜넣었다
12	σύγκρισις	σύγκρισις	פתרון	פתרון	풀이
13	οἰνοχοῶν	οἰνοχοέω	משׁקה	שׁקה	헌작 시종
14	ἐξάξεις	ἐξάγω	הצאת	יצא	끌어내 주십시오
15	κλοπῇ	κλοπή	גנב	גנב	유괴
16	ὀρθῶς	ὀρθῶς	⟨טוב 좋은⟩	טוב	옳게
	ᾤμην	οἴομαι	⟨הנה ~ 보니⟩	הנה	~인 것 같아
	κανᾶ	κανοῦν	סלים	סל	바구니
	χονδριτῶν	χονδρίτης	חרי	חרי	거친 가루로 만든 빵
17	σιτοποιοῦ	σιτοποιύς	אפה	אפה	빵 굽는 이
19	κρεμάσει	κρεμάννυμι	ותלה	תלה	매달 것입니다

41

절	LXX 본문	기본형	MT 본문	기본형	LXX 우리말 번역
2	ὥσπερ	ὥσπερ	הנה	הנה	~할 때
	ἄχει	ἄχι	⟨אחו 갈대밭⟩	אחו	아케이
3	αἰσχραί	αἰσχρός	רעות	רע	못생긴
	λεπταί	λεπτός	דקות	דק	마른
	ἐνέμοντο	νέμω	⟨ותעמדה 섰다⟩	עמד	풀을 뜯고 있었다

절	LXX 본문	기본형	MT 본문	기본형	LXX 우리말 번역
5	ἐνυπνιάσθη	ἐνυπνιάζομαι	ויחלם	חלם	꿈을 꾸었다
	στάχυες	στάχυς	שׁבּלים	שׁבּל	이삭
6	ἀνεμόφθοροι	ἀνεμόφθορος	〈שׁדף קדים 샛바람에 마른〉		바람에 마른
	ἀνεφύοντο	ἀναφύω	צמחות	צמח	자라났다
7	κατέπιον	καταπίνω	תבלענה	בלע	삼켜 버렸다
8	ἐταράχθη	ταράσσω	ותפעם	פעם	혼란스러웠다
	ἐξηγητάς	ἐξηγητής	〈חרטמים 요술사〉	חרטם	풀이하는 사람
9	ἀναμιμνήσκω	ἀναμιμνήσκω	מזכיר	זכר	생각납니다
14	ἐξύρησαν	ξυρέω	ויגלח	גלח	수염을 깎았다
16	ἄνευ	ἄνευ	〈בלעדי 내가 아니라〉		~이 아니면
21	διάδηλοι ἐγένοντο	διάδηλος γίγνομαι	נודע	ידע	알아볼 수 있었다
29	εὐθηνία	εὐθηνία	שׁבע	שׁבע	대풍
30	ἀναλώσει	ἀναλίσκω	כלה	כלה	고갈시킬 것입니다
32	δίς	δίς	פעמים	פעמים	두 번
33	σκέψαι	σκέπτομαι	ירא	ראה	찾아내시어
	φρόνιμον	φρόνιμος	נבון	בין	지혜로운
34	τοπάρχας	τόπαρχης	〈פקדים 감독관들〉	פקיד	지방장관들
	γενήματα	γένημα	〔 〕		생산되는 것
42	βυσσίνην	βύσσινος	שׁשׁ	שׁשׁ	아마
	κλοιόν	κλοιός	רביד	רביד	목걸이
43	ἐκήρυξεν	κηρύσσω	〈ויקראו 외쳤다〉	קרא	선포하였다
47	δράγματα	δράγμα	קמצים	קמץ	풍요로움
55	ἐκέκραξεν	κράζω	ויצעק	צעק	울부짖었다
56	σιτοβολῶνας	σιτοβολών	〔 〕		곡식 창고
	ἐπώλει	πωλέω	וישׁבר	שׁבר	팔았다
57	ἀγοράζειν	ἀγοράζω	לשׁבר	שׁבר	사려고
	ἐπεκράτησεν	ἐπικρατέω	חזק	חזק	심하였다

절	LXX 본문	기본형	MT 본문	기본형	LXX 우리말 번역

42

절	LXX 본문	기본형	MT 본문	기본형	LXX 우리말 번역
1	πρᾶσις	πρᾶσις	שׁבר	שׁבר	팔고 있다는 것
	ῥᾳθυμεῖτε	ῥᾳθυμέω	⟨תתראו	ראה	한가로이 있다
		서로 쳐다보고만 있다⟩			
2	πρίασθε	πρίαμαι	שׁבר	שׁבר	사 오너라
4	μαλακία	μαλακία	אסון	אסון	아픔(질병)
7	ἠλλοτριοῦτο	ἀλλοτριόομαι	ויתנכר	נכר	낯선 사람처럼
					굴었다
9	κατάσκοποι	κατάσκοπος	רגלים	רגל	염탐꾼들
	κατανοῆσαι	κατανοέω	ראה	ראה	살피기 위하여
	ἴχνη	ἴχνος	⟨ערות 약함⟩	ערוה	형세
15	νὴ τὴν ὑγίειαν		⟨חי 생명을 걸고⟩		안녕을 걸고
16	φανερὰ γενέσθαι	φανερός γίγνομαι	⟨יבחנו	בחן	밝혀질
		시험해 봐야겠다⟩			
21	ὑπερείδομεν	ὑπεροράω	⟨ראינו 보았다⟩	ראה	돌보았다
	κατεδέετο	καταδέομαι	התחנן	חנן	간청하였다
23	ἑρμηνευτής	ἑρμηνευτής	מליץ	מליץ	통역관
25	ἀγγεῖα	ἀγγεῖον	כלים	כלי	바랑
	ἐπισιτιμόν	ἐπισιτιμός	צדה	צדה	양식
27	μάρσιππον	μάρσιππος	שׂק	שׂק	가방
	χορτάσματα	χόρτασμα	מספוא	מספוא	꼴
28	ἐταράχθησαν	ταράσσω	⟨ויחרדו 떨었다⟩	חרד	근심하였다
30	κατασκοπεύοντας	κατασκοπεύω	מרגלים	רגל	염탐한다고 하여
35	κατακενοῦν	κατακενόω	מריקים	ריק	비우기
36	ἠτεκνώσατε	ἀτεκνόω	⟨שׁכלתם	שׁכל	자식 없는 사람으로
		그들을 빼앗아 갔다⟩			만들었구나
38	λύπης	λύπη	יגון	יגון	슬픔

43

절	LXX 본문	기본형	MT 본문	기본형	LXX 우리말 번역
3	διαμαρτυρία	διαμαρτυρία	〔 〕		경고

절	LXX 본문	기본형	MT 본문	기본형	LXX 우리말 번역
	διαμεμαρτύρηται	διαμαρτύρομαι	הָעֵד הֵעִד	עוד	경고하였습니다
6	ἐκακοποιήσατε	κακοποιέω	רעתם	רעע	괴롭히다
8	ἀποσκευή	ἀποσκευή	〈טפים 어린것들〉	טף	식구
9	ἐκδέχομαι	ἐκδέχομαι	אארב	ערב	책임지겠습니다
10	ἐβραδύναμεν	βραδύνω	התמהמהנו	מהה	늑장부렸다
11	κάρυα	κάρυον	שקדים	שקד	견과
12	ἀγνόημα	ἀγνόημα	〈משגה 착오〉	משגה	실수
16	μεσημβρίαν	μεσημβρία	צהרים	צהר	한낮(의 빵)
18	συκοφαντῆσαν	συκοφαντέω	〈להתגלל 달려들어〉	גלל	비방하여
19	πυλῶνι	πυλών	פתח	פתח	문간
21	σταθμῷ	σταθμός	משכל	משכל	무게
23	ἵλεως	ἵλεως 〈שלום ל… ~에게 평화가〉			은총을 베푸시기를
	εὐδοκιμοῦν	εὐδοκιμέω	〔 〕		넉넉히
25	ἀριστᾶν	ἀριστάω	אכל לחם		빵을 먹을
28	κύψαντες	κύπτω	ויקדו	קדד	몸을 굽혀
29	ὁμομήτριον	ὁμομήτριος	〈בן־אמו		어머니가 같은
		자기 친어머니의 아들〉			
30	ἐταράχθη	ταράσσω	〈וימהר 서둘러〉	מהר	마음이 흐트러졌다
	συνεστρέφετο	συστρέφω	〈נכמרו 솟구쳐 올랐다〉	כמר	꼬였다
	ἔντερα	ἔντερον	〈רחם 애정〉	רחם	내장
	ταμιεῖον	ταμιεῖον	חרד	חרד	안방
31	ἐνεκρατεύσατο	ἐγκρατεύομαι	ויתאפק	אפק	자신을 가다듬었다
32	συνδειπνοῦσιν	συνδειπνέω	אכל את־		함께 먹다
33	πρεσβεῖα	πρεσβεῖον	〈בכרה 맏아들 권리〉		나이 많음

44

절	LXX 본문	기본형	MT 본문	기본형	LXX 우리말 번역
2	κόνδυ	κόνδυ	גביע	גביע	잔
3	διέφαυσεν	διαφαύσκω	אור	אור	밝아왔다
4	ἀπέσχον μακράν	ἀπέχω μακράν	הרחיקו	רחק	멀리 갔다
	καταλήμψῃ	καταλαμβάνω	השגת	נשג	따라잡으면

절	LXX 본문	기본형	MT 본문	기본형	LXX 우리말 번역
5	οἰωνισμῷ	οἰωνισμός	נחש	נחש	점
16	ἀντεροῦμεν	ἀντεῖπον	יאמר	אמר	대꾸하겠습니다
21	ἐπιμελοῦμαι	ἐπιμελέομαι	〈אשׂימה עיני על־ 눈으로 보아야 하겠다〉		보살펴야겠다
30	ἐκκρέμαται	ἐκκρέμαμαι	קשׁורה	קשׁר	~에 달려 있습니다

45

절	LXX 본문	기본형	MT 본문	기본형	LXX 우리말 번역
1	ἀνέχεσθαι	ἀνέχω	להתאפק	אפק	참아내지
	ἀνεγνωρίζετο	ἀναγνωρίζω	התודע	ידע	밝혔다
3	ἐταράχθησαν	ταράσσω	נבהלו	בהל	놀랐다
6	ἀροτρίασις	ἀροτρίασις	חרישׁ	חרישׁ	밭갈이
	ἄμητος	ἄμητος	קציר	קציר	거두기
7	κατάλειμμα	κατάλειμμα	שׁארית	שׁארית	남은 자
	ἐκθρέψαι	ἐκτρέφω	להחיות	חיה	살리시려
	κατάλειψιν	κατάλειψις	〈פליטה 구원받은 이〉	פליטה	남은 이
16	διεβοήθη	διαβοάω	נשׁמע	שׁמע	전해졌다
	θεραπεία	θεραπεία	עבד	עבד	신하
17	γεμίσατε	γεμίζω	טענו	טען	(짐을) 실어라
	πορεῖα	πορεῖον	〈בעיר 짐승들〉	בעיר	마차들
18	μυελόν	μυελός	〈חלב 기름진 것〉	חלב	진수
19	ἁμάξας	ἅμαξα	עגלות	עגלה	수레들
22	δισσάς	δισσός	〈חלפת (예복) 한 벌〉	חליפה	겹으로 된
27	ἀνεζωπυρήσεν	ἀναζωπυρέω	〈ותחי 살아났다〉	חיה	되살아났다

46

절	LXX 본문	기본형	MT 본문	기본형	LXX 우리말 번역
26	χωρίς	χωρίς	מלבד	מלבד	~을 제외하고
29	ζεύξας	ζεύγνυμι	ויאסר	אסר	(병거들을) 갖추어
	κλαυθμῷ	κλαυθμός	〔 〕		울음
32	ἄνδρες κτηνοτρόφοι	ἀνὴρ κτηνοτρόφος	אנשׁי מקנה		가축을 치는 남자들

절	LXX 본문	기본형	MT 본문	기본형	LXX 우리말 번역

47

절	LXX 본문	기본형	MT 본문	기본형	LXX 우리말 번역
4	νομή	νομή	מרעה	מרעה	풀밭
6	βελτίστῃ	βέλτιστος	מטיב	מטיב	가장 좋은
9	ἀφίκοντο	ἀφικνέομαι	השׂיגו	נשׂג	~에 미칩니다
12	ἐσιτομέτρει	σιτομετρέω	⟨יכלכל … לחם 양식을 대주었다⟩		곡식을 달아 주었다
22	δόμα	δόμα	⟨חק 주어진 몫⟩	חק	선물
26	ἀποπεμπτοῦν	ἀποπεμπτόω	⟨חמשׁ 오분의 일⟩	חמשׁ	오분의 일을 바친다는
28	ἐπέζησεν	ἐπιζάω	חייו	חיה	살았다

48

절	LXX 본문	기본형	MT 본문	기본형	LXX 우리말 번역
1	ἐνοχλεῖται	ἐνοχλέω	חלה	חלה	편찮으십니다
2	κλίνην	κλίνη	מטה	מטה	침상
6	ἔκγονα	ἔκγονος	מולדת	מולדת	자식들
7	ἱππόδρομον	ἱππόδρομος	⟨אפרת 에브랏⟩		경마장
	κατώρυξα	κατορύσσω	ואקבר	קבר	묻었다
10	ἐβαρυώπησαν	βαρυωπέω	כבדו	כבד	흐릿해졌다
11	ἐστερήθην	στερέω	〔 〕		허락되지 않았다
14	ἐναλλάξ	ἐναλλάξ	שׂכל	שׂכל	뒤바꾸어
15	τρέφων	τρέφω	רעה	רעה	길러 주신
17	βαρύ	βαρύς	⟨וירע 나빴다⟩	רעע	못마땅한
	κατεφάνη	καταφαίνω	⟨בעיניו 그의 눈에⟩		~로 보였다
	ἀντελάβετο	ἀντιλαμβάνω	ויתמך	תמך	잡았다
22	ἐξαίρετον	ἐξαίρετος	⟨אחד 하나⟩	אחד	골라잡은

49

절	LXX 본문	기본형	MT 본문	기본형	LXX 우리말 번역
2	ἀθροίσθητε	ἀθροίζω	הקבצו	קבץ	함께 오너라
3	αὐθάδης	αὐθάδης	עז	עז	고집 센
4	ἐξύβρισας	ἐξυβρίζω	פחז	פחז	무례하구나
	ἐκζέσῃς	ἐκζέω	תותר	יתר	끓어넘치다

절	LXX 본문	기본형	MT 본문	기본형	LXX 우리말 번역
	στρωμνήν	στρωμνή	יצוע	יצוע	침상
5	αἱρέσεως	αἵρεσις	〔 〕		마음대로
6	συστάσει	σύστασις	קהל	קהל	모임
	ἐρείσαι	ἐρείδω	תחד	תחד	가담하지
	ἤπατα	ἧπαρ	〔 〕		간
	ἐνευροκόπησαν	νευροκοπέω	עקרו	עקר	힘줄을 끊어 버렸다
	ταῦρον	ταῦρος	שׁור	שׁור	소
7	μῆνις	μῆνις	עברה	עברה	격분
	ἐσκληρύνθη	σκληρύνω	קשׁתה	קשׁה	완고하다
	διαμεριῶ	διαμερίζω	אחלק	חלק	갈라 놓으리라
8	νώτου	νῶτον	ערף	ערף	등
9	βλαστοῦ	βλαστός	〈טרף 먹이〉	טרף	새싹
	ἀναπεσών	ἀναπίπτω	כרע	כרע	엎드렸다
	σκύμνος	σκύμνος	גור	גור	어린
10	ἀποκείμενα	ἀπόκειμαι	〈שׁילה 실로〉	שׁילה	준비된 것들
	προσδοκία	προσδοκία	〈יקהת 순종〉	יקהה	희망
11	δεσμεύων	δεσμεύω	אסרי	אסר	매고
	ἕλικι	ἕλιξ	〈שׂרקה 포도나무〉	שׂרקה	포도 줄기
	πῶλον	πῶλος	〈בן אתן 어린 나귀〉		망아지
	πλυνεῖ	πλύνω	כבס	כבס	빤다
	περιβολήν	περιβολή	סותה	סות	겉옷
12	χαροποί	χαροπός	〈חכליל 검은〉	חכליל	빛나는
13	παράλιος	παράλιος	לחוף ימים		바닷가에
	ὅρμον	ὅρμος	חוף	חוף	항구
	πλοίων	πλοῖον	אניות	אניה	배들
	παρατενεῖ	παρατείνω	ירכה	ירכה	뻗치리라
15	πίων	πίων	〈נעמה 아름다운〉	נעם	기름진
	πονεῖν	πονέω	〈לסבל 짐을 지려고〉	סבל	일하려고
17	ὄφις·	ὄφις	נחשׁ	נחשׁ	뱀
	ἐγκαθήμενος	ἐγκάθημαι	〈יהי ~에 있다〉	היה	앉아서 기다리다

절	LXX 본문	기본형	MT 본문	기본형	LXX 우리말 번역
	δάκνων	δάκνω	נשֵׁךְ	נשׁך	물어
19	πειρατήριον	πειρατήριον	גדוד	גדוד	약탈자들
	πειρατεύσει	πειρατεύω	יגודנו	גוד	약탈하리라
20	τρυφήν	τρυφή	מעדנים	מעדן	진미
21	στέλεχος	στέλεχος	〔 〕		줄기
	ἀνειμένον	ἀνίημι	שׁלחה	שׁלח	뻗어 나가는
22	ζηλωτός	ζηλωτός	〔 〕		시샘받는
23	διαβουλευόμενοι	διαβουλεύομαι	ימררו	מרר	계략을 품은 자들
	ἐλοιδόρουν	λοιδορέω	〈ורבו 어지럽혔다〉	רבב	모욕하였다
	τοξευμάτων	τόξευμα	חצים	חץ	화살
24	κράτους	κράτος	〈באיתן 든든히〉		힘
25	ἄνωθεν	ἄνωθεν	מעל	מעל	~ 위에서
	μαστῶν	μαστός	שׁד	שׁד	젖가슴들
26	ὑπερίσχυσεν	ὑπερισχύω	גבר על־ גברו על־		~보다 강하다
	μονίμων	μόνιμος	〈עד 태곳적〉	עד	흔들리지 않는
	θινῶν	θίς	גבעת	גבעה	언덕
	ἀενάων	ἀέναος	עולם	עולם	영원한
27	λύκος	λύκος	〈זאב 이리〉	זאב	늑대
	ἅρπαξ	ἅρπαξ	יטרף	טרף	약탈하는
	τροφήν	τροφή	〈שׁלל 잡은 것〉	שׁלל	먹이
33	ἐπιτάσσων	ἐπιτάσσω	לצות	צוה	이르기

50

절	LXX 본문	기본형	MT 본문	기본형	LXX 우리말 번역
2	ἐνταφιασταῖς	ἐνταφιαστής	〈רפאים לחנט 방부 처리하는 의사들〉		방부 처리하는 사람들
	ἐνεταφίασαν	ἐνταφιάζω	ויחנטו	חנט	방부 처리하였다
3	καταριθμοῦνται	καταριθμέω	וימלאו	מלא	(날들이) 걸렸다
	ταφής	ταφή	〈חנטים 방부 처리〉	חנטים	안장
5	ὤρυξα	ὀρύσσω	כריתי	כרה	파놓았다
	ἐπανελεύσομαι	ἐπανέρχομαι	אשׁובה	שׁוב	돌아오겠습니다

절	LXX 본문	기본형	MT 본문	기본형	LXX 우리말 번역
8	συγγένειαν	συγγένεια	〈שף 아이들〉	שף	친족
10	ἄλωνα	ἄλων	גרן	גרן	타작마당
	κοπετόν	κοπετός	מספד	מספד	애도
15	μνησικακησῃ	μνησικακέω	ישטם	שטם	앙심을 품다
	ἀνταπόδομα	ἀνταπόδομα	השב	שוב	앙갚음
25	συνανοίσετε	συναναφέρω	והעלתם	עלה	가지고 올라가십시오
26	σορῷ	σορός	ארון	ארון	관

그리스어-한글 어휘록

A

ἀγαθός	좋은
ἀγαλλιάομαι	기뻐하다
ἀγαπάω	사랑하다
ἄγγελος	사자, 천사
ἁγιάζω	거룩하게 하다
ἁγίασμα	거룩함
ἅγιος	거룩한
ἀγρός	밭, 땅
ἄγω	인도하다, 이끌다
ἀ-δελφή	누이
ἀ-δελφός	형제
ᾅδης	하데스, 죽음
ἀ-δικέω	잘못을 저지르다
ἀ-δικία	잘못된 행위
ἄ-δικος	불의한, 잘못된
ᾄδω	노래하다
ἀ-θετέω	한쪽에 두다
ἀ-θῷος	면죄된, 사면된
αἷμα	피
αἴνεσις	칭송
αἰνέω	칭송하다
αἴξ	염소
αἴρω	들어 올리다
αἰσχύνη	수치, 부끄러움
αἰσχύνομαι	모욕하다
αἰτέω	요청하다, 원하다
αἰχμαλωσία	체포, 붙잡힘
αἰχμαλωτεύω	(죄인) 붙잡다
αἰών	세대
αἰώνιος	영원한
ἀ-καθαρσία	불결, 깨끗하지 않음
ἀ-κάθαρτος	깨끗하지 않은, 부정한
ἀκοή	듣기
ἀκούω	듣다, 귀 기울이다
ἄκρον	극점, 끝
ἀ-λήθεια	진실, 사실
ἀλλά	그러나
ἀλλο-γενής	외국인, 이방인
ἀλλοιόω	다르게 하다
ἄλλος	다른 것
ἀλλότριος	다른, 낯선
ἀλλό-φυλος	외국인종
ἁ-μαρτάνω	죄를 짓다
ἁμαρτία	죄, 실수
ἁμαρτωλός	죄 있는, 죄인
ἀμνός	양
ἄμπελος	포도나무
ἀμπελών	포도밭
ἀμφότεροι	둘 다, 양쪽 다
ἄμωμος	책망하지 않은
ἄν	조건사
ἀναβαίνω	올라가다
ἀν-αγγέλλω	전하다
ἀνα-γινώσκω	잘 알다, 인식하다
ἀν-άγω	위로 인도하다

ἀναιρέω	올리다
ἀναλαμβάνω	집어들다, 복구하다
ἀνὰ μέσον	가운데
ἀνάπαυσις	휴식
ἀναπαύω	끝내다, 쉬다
ἀναστρέφω	돌아오다
ἀνατέλλω	자라다, 올라오다
ἀνατολή	일출, 동쪽
ἀναφέρω	키우다, 맡다
ἄνεμος	바람
ἀνήρ	남자, 사람
ἀνθίστημι	~에 반대하다, 상응하다
ἄνθρωπος	인간, 인류
ἀνίστημι	서게 하다, 세우다
ἀνοίγω	열다
ἀνομία	무질서
ἄνομος	무질서한
ἀνταποδίδωμι	되갚다, 응답하다
ἀντί	~에 반대하여, 대신에, ~을 위하여
ἀντιλαμβάνομαι	대신 받다, 돕다, 참여하다
ἀξιόω	평가하다, 예상하다
ἀπαγγέλλω	~을 전하다
ἀπάγω	물러서다, 돌아가다
ἀπαίρω	빼앗다, 가져가다
ἀπαντάω	만나다, 일어나다
ἀπάντησις	만남
ἀπαρχή	맏물, 첫 열매
ἅπας	모두, 다, 전부
ἀπέρχομαι	떠나다
ἀπό	그로부터
ἀποδίδωμι	포기하다, 돌려주다
ἀποθνήσκω	죽다
ἀποκαθίστημι	다시 세우다, 회복하다
ἀποκαλύπτω	드러내다, 계시하다
ἀποκρίνομαι	분별하다, 선택하다
ἀποκτείνω	죽이다
ἀπόλλυμι	철저하게 파괴하다
ἀπορρίπτω	던져 버리다
ἀποστέλλω	보내다
ἀποστρέφω	돌아서다
ἅπτομαι	단단히 묶다
ἀπωθέω	뒤로 밀다, 밀어 버리다
ἀπώλεια	파괴
ἀργύριον	은화
ἀργυροῦς	은
ἀρέσκω	좋게 하다, 즐겁게 하다
ἀριθμέω	수를 세다
ἀριθμός	수, 양
ἀριστερός	왼쪽
ἅρμα	수레(전쟁용)
ἄρσην	남자의, 용감한
ἄρτος	빵
ἀρχή	처음, 기원
ἄρχω	시작하다, 지배하다
ἀσέβεια	하느님을 믿지 않는 자
ἀσεβής	하느님이 없는
ἀσθενέω	약해지다
ἀσχημοσύνη	파렴치한 짓
ἀτιμάζω	가볍게 여기다
ἀτιμία	불명예
αὐλή	마당
αὐλίζομαι	마당에 눕다

αὔριον	내일
ἀφ-αιρέω	~로부터 가져가다
ἀ-φανίζω	보이지 않게 하다, 파괴하다
ἀφανισμός	보이지 않음, 사라짐
ἄφεσις	해방, 용서
ἀφίημι	보내 버리다, 포기하다
ἀφίστημι	반역하게 하다
ἀφ-ορίζω	물러나게 하다, 가르다
ἄ-φρων	지각 없는, 어리석은

B

βαδίζω	가다, 걷다
βάλλω	던지다, 던져 버리다
βαρύνω	짓누르다, 짐을 지우다
βαρύς	무거운, 힘든
βάσανος	괴로움, 고통
βασιλεύς	왕
βασιλεύω	다스리다, 왕이 되다
βασίλισσα	여왕
βάσις	발걸음
βδέλυγμα	몹시 싫은 것
βδελύσσομαι	몹시 싫어하다
βεβηλόω	속되게 하다
βέλος	화살
βιβρώσκω	먹다
βίος	삶, 생활
βλέπω	보다
βοάω	소리 지르다, 외치다
βοήθεια	도움, 원조
βοη-θέω	돕다, 도우러 오다
βοηθός	도움이 되는, 돕는 자

βορρᾶς	북쪽
βουλεύω	생각하다, 결의하다
βουλή	의도, 뜻
βούλομαι	원하다, 뜻하다
βουνός	언덕
βοῦς	수소, 암소
βραχίων	팔
βρῶμα	음식
βρῶσις	먹는 것, 양식

Γ

γαστήρ	배, 자궁
γε	적어도, 그래도
γενεά	족속, 가문, 자손, 시대
γένεσις	기원, 족보
γεννάω	낳는다, 산출하다
γένος	혈통, 가계, 후손
γῆ	흙, 땅
γῆρας	노년
γίνομαι	되다, 일어나다
γινώσκω	안다, 알게 되다
γλυπτός	새긴 것
γλῶσσα	언어, 말
γνωρίζω	알리다, 식별하다
γνῶσις	지식
γραμματεύς	서기관
γραφή	기록물
γράφω	기록하다, 쓰다
γυνή	여자, 아내

Δ

δέησις	간구, 기도

δεῖ	반드시 ~해야 한다
δεικνύω, νυμι	보이다, 알리다
δέκα	열
δέκατος	열 번째, 십분의 일
δέομαι	구하다, 청하다
δέρμα	가죽
δεσμός	구속, 감금
δεσπότης	주재자
δεῦρο	여기로 오다(장소), 지금까지(시간)
δεύτερος	둘째, 다음 번
δέχομαι	받다, 영접하다
δέω	매다, 묶다
δή	진정으로, 참으로
δηλόω	밝히다, 보여 주다
δῆμος	백성, 민중
διά	~ 통하여(속격), ~ 때문에(대격)
διαβαίνω	통과하다, 건너다
διαθήκη	유언, 계약
διαιρέω	나누다
διανοέομαι	섬기다, 시중들다
διάνοια	깨달음, 통찰력
διαπορεύομαι	간다, 통과하다
διαρρήσσω	찢다, 깨뜨리다
διασκεδάννυμι	흩어 버리다, 풀다
διασκορπίζω	흩어지게 하다, 뿌리다
διασπείρω	흩어 버리다
διαστέλλω	명하다, 명령을 내리다
διαστρέφω	굽게 하다, 그르치다
διασῴζω	안전하게 구해 내다
διατίθημι	규정하다, 처리하다
διαφθείρω	파괴하다
διδάσκω	가르치다
δίδωμι	주다
διέρχομαι	지나가다, 가다, 오다
διηγέομαι	이야기하다, 묘사하다
δίκαιος	옳은, 의로운
δικαιοσύνη	올바름, 정의
δικαιόω	정의를 행하다
δικαίωμα	규정, 규칙, 의로운 행실
διότι	왜냐하면
διώκω	박해하다
δοκέω	생각하다, 상상하다
δόλος	속임, 간교
δόμα	선물
δόξα	광명, 영광
δοξάζω	영광 돌리다, 찬양하다
δόρυ	가지, 나무
δουλεύω	종이 되다, 섬기다
δούλη	여종
δοῦλος	예속된, 근무의 의무가 있는
δοῦλος	종, 노예
δρυμός	숲
δύναμαι	할 수 있는
δύναμις	힘, 능력
δυναστεία	통치력
δυνάστης	주인, 통치자
δυνατός	힘 있는, 강한
δύο	둘
δυσμή	해가 짐, 서쪽
δῶρον	선물

E

ἐάν	만일(접속사)
ἕβδομος	일곱째
ἐγγίζω	접근하다, 가까이 가다
ἐγγύς	가까운
ἐγείρω	일으키다, 깨우다
ἐγκαταλείπω	뒤에 남겨 두다
ἔθνος	백성, 민족
εἰ	만일(조건 불변사)
εἶδον	보다(ὁράω의 단순과거)
εἶδος	형상, 외모
εἴδωλον	형상, 환상
εἰκών	모상, 형상
εἰρήνη	평화, 화평
εἰρηνικός	평화로운
εἰς	~ 안으로
εἷς, μία, ἕν	하나
εἰσάγω	데리고 들어가다, 이끌어들이다
εἰσακούω	순종하다, 들어주다
εἰσέρχομαι	들어가다, 들어오다
εἴσοδος	들어감
εἰσπορεύομαι	~ 안으로 들어가다
εἰσφέρω	가지고 들어가다, 데리고 들어가다
ἐκ	~으로부터, ~에서 밖으로
ἕκαστος	각, 매
ἐκβάλλω	몰아내다, 쫓아내다
ἐκδικέω	복수하다, 원수를 갚다
ἐκδίκησις	복수, 징벌
ἐκεῖ	그곳, 거기
ἐκεῖθεν	그곳으로부터
ἐκεῖνος	저 사람, 저것
ἐκζητέω	찾아내다, 요구하다
ἐκκαίω	불붙이다, 불 피우다
ἐκκλησία	모임, 회중
ἐκκλίνω	돌아서다, 멀리하다
ἐκκόπτω	잘라 버리다, 끊어 버리다
ἐκλέγω	선택하다, 택하다
ἐκλείπω	잊어버리다, 생략하다
ἐκλεκτός	뽑힌
ἐκλύω	풀리다, 기진맥진하다
ἐκπορεύομαι	나가다, 나오다
ἐκπορνεύω	음란에 빠지다
ἐκτείνω	내밀다, 뻗다
ἐκτρίβω	몰아내다, 고갈시키다
ἐκφέρω	가지고 가다
ἐκχέω	쏟아내다, 붓다
ἔλαιον	기름, 올리브 기름
ἔλεγχος	증거, 책망, 비난
ἐλέγχω	책망하다, 벌하다
ἐλεέω	불쌍히 여기다, 자비를 베풀다
ἐλεημοσύνη	착한 행실, 구제
ἔλεος	자비, 긍휼
ἐλπίζω	희망하다, 바라다
ἐλπίς	희망, 기대
ἐμβάλλω	던져 넣다
ἐμπίμπλημι	채우다, 만족시키다
ἐμπίμπρημι	불 지르다, 태우다
ἐμπίπτω	빠져들다, 떨어지다
ἔμπροσθεν	앞에, 앞서
ἐμπυρίζω	정화하다

ἐν	~ 안에		ἐπανίστημι	반역하다
ἐναντίον	앞에, 보기에		ἐπάνω	~ 위로, 위에
ἐναντίος	반대되는, 거스르는, ~에 맞선		ἐπέρχομαι	오다, 나타나다, 이르다
			ἐπερωτάω	묻다, 질문하다
ἔνδοξος	훌륭한, 탁월한		ἐπί	~에
ἐνδύω, δύνω	입다, 착용하다		ἐπιβαίνω	올라가다, 오르다
ἔνθεν	여기서부터		ἐπιβάλλω	던져놓다, 없는다
ἐνιαυτός	해, 년		ἐπιβλέπω	바라보다, 자세히 보다
ἐνισχύω	강해지다, 힘을 얻다		ἐπιγινώσκω	이해하다, 인식하다
ἐνοικέω	살다, 거주하다		ἐπιθυμέω	열망하다
ἐντολή	명령, 계명		ἐπιθυμία	욕망, 동경
ἐντρέπω	부끄럽게 하다, 돌아서다, 존경하다		ἐπικαλέω	부르다, 이름을 주다
			ἐπιλαμβάνω	붙잡다
ἐνύπνιον	꿈		ἐπιλανθάνομαι	잊다
ἐξαιρέω	빼내다, 구하다, 선택하다		ἐπιπίπτω	떨어지다, ~ 위로 떨어지다
ἐξαίρω	몰아내다, 제거하다		ἐπισκέπτομαι	주목하다, 관찰하다
ἐξαλείφω	닦아 버리다, 지워 버리다		ἐπίσκεψις	명령, 훈련
ἐξαποστέλλω	내보내다, 파송하다		ἐπισκοπή	방문
ἐξεγείρω	깨우다, 일으키다		ἐπίσταμαι	이해하다
ἐξέρχομαι	나가다		ἐπιστήμη	깨달음, 지식
ἐξιλάσκω	달래다, 보상하다		ἐπιστολή	편지
ἐξίστημι	변하다, 옮겨 놓다		ἐπιστρέφω	돌아오다, 돌아서다
ἔξοδος	출발, 외출		ἐπισυνάγω	모으다
ἐξολεθρεύω	근절하다, 멸절하다		ἐπιτήδευμα	추구, 사업
ἐξομολογέομαι	자백하다		ἐπιτίθημι	~ 위에 놓다
ἐξουσία	원리, 능력		ἑπτά	일곱
ἔξω	밖에		ἐργάζομαι	일하다
ἑορτή	축제일, 잔치		ἔργον	일, 행위
ἐπάγω	~에게 가져오나		ἔρημος	광야, 빈들
ἐπαίρω	들어 올리다		ἐρημόω	황폐케 하다, 파멸하다
ἐπακούω	듣다, 귀 기울이다		ἔρχομαι	오다, 가다

ἐρωτάω	묻다, 질문하다		**Z**	
ἐσθίω	먹다		ζάω	살다
ἑσπέρα	저녁		ζηλόω	질투하다
ἔσχατος	마지막, 최후		ζητέω	찾다, 구하다
ἕτερος	다른		ζυγός	멍에
ἔτι	아직, 아직도		ζωή	삶, 생명
ἑτοιμάζω	준비하다, 예비하다		ζῷον	생물
ἕτοιμος	준비된, 예비된			
ἔτος	해		**H**	
εὖ	잘, 좋게		ἤ	또는
εὐδοκέω	기뻐하다, 좋아하다		ἡγεμών	지도하는 자, 통치자
εὐθής	올바른		ἡγέομαι	지도하다, 인도하다
εὐθύς	곧은		ἤδη	이제, 이미
εὐλογέω	축복하다, 찬양하다		ἥκω	왔다, 임하다
εὐλογητός	축복받은		ἥλιος	태양, 해
εὐλογία	찬양, 축복		ἡμέρα	낮, 하루
εὐοδόω	일이 잘되게 하다, 여정을 돕다		ἥμισυς	절반
εὑρίσκω	발견하다		**Θ**	
εὖρος	너비, 폭		θάλασσα	바다
εὐσέβεια	경건, 종교		θάνατος	죽음
εὐφραίνω	즐겁게 하다, 격려하다		θάπτω	묻다, 매장하다
εὐφροσύνη	기쁨		θαυμάζω	놀라다
εὐχή	기도, 맹세		θαυμάσιος	놀라운
εὔχομαι	기도하다, 약속하다		θαυμαστός	기이한, 놀라운
εὐωδία	달콤한 냄새		θέλημα	뜻, 의지
ἐφίσταμαι	세우다, 가까이 오다		θέλω	원하다, 바라다
ἐχθές	어제		θεμέλιοντος	기초, 주초
ἐχθρός	적의 있는, 미워하는		θεός	하느님
ἔχω	가지다, 소유하다		θεράπων	종, 심부름꾼
ἕως	~하는 동안		θεωρέω	명상하다
			θηρίον	맹수, 짐승

θησαυρός	보물, 창고
θλίβω	압박하다, 누르다
θλῖψις	압박, 탄압
θνήσκω	죽다
θρίξ, τριχός	털, 머리카락
θρόνος	왕좌
θυγάτηρ	딸
θυμιάζω ‑άω	태우다
θυμίαμα	향, 분향
θυμός	분노
θυμόω	화를 내다
θύρα	문
θυσία	봉헌
θωσιάζω	봉헌하다, 희생제물을 드리다
θυσιαστήριον	제단
θύω	희생하다

Ι

ἰάομαι	치유하다
ἴδιος	자기 자신의, 사사로운
ἰδού	보라!
ἱερεύς	사제, 제사장
ἱμάτιον	옷
ἵνα	~하기 위해서, ~에 관해서
ἱππεύς	기병
ἵππος	군마
ἵστημι	세우다, 두다, 놓다
ἰσχυρός	힘 있는, 강한
ἰσχύς	힘
ἰσχύω	강하다, 능력이 있다

Κ

καθαιρέω	파괴하다, 끌어내리다
καθαρίζω	깨끗하게 하다, 닦다
καθαρός	깨끗한, 정결한
κάθημαι	앉다
καθίζω	앉히다
καθίστημι	임명하다, 세우다
καθώς	~과 같이, ~처럼
καινός	새로운
καιρός	때, 시점, 정한 때
καίω	불붙이다, 불 켜다
κακία	나쁜 것
κακός	나쁜
κακόω	학대하다, 해를 주다
καλέω	부르다
κάλλος	아름다운
καλός	아름다운, 좋은
καλύπτω	덮다, 감추다
κάμηλος	낙타
κάμινος	오븐, 화로
καρδία	마음
καρπός	과일
κάρπωμα	과일
κατά	아래로(속격), ~에 대하여, ~를 따라(대격)
καταβαίνω	내리다, 내려가다
κατάγω	이끌다, 데리고 오다
καταδιώκω	뒤를 쫓다
καταισχύνω	모욕하다, 창피를 주다
κατακαίω	태워 버리다
κατακληρονομέω	유산으로 받다

καταλαμβάνω	붙잡다, 얻다	κοπιάω	피곤하다, 지치다
κατάλοιπος	나머지	κόπτω	자르다, 끊다
καταλύω	풀다, 늦추다	κορυφή	정수리
καταπατέω	짓밟다	κόσμος	장식, 우주
καταπαύω	멈추다, 끝내다	κράζω	소리 지르다
καταράομαι	저주하다	κραταιός	강력한, 힘 있는
κατασκηνόω	텐트를 치다	κρατέω	손에 넣다, 다스리다
καταστρέφω	뒤집어엎다, 파괴하다	κραυγή	외침, 비명
κατάσχεσις	소유, 소유로 만들기	κρέας	고기, 살
κατεσθίω	먹어 버리다, 삼키다	κρείσσων	더 강한, 더 뛰어난
κατευθύνω	곧게 하다, 인도하다	κρίμα	결정, 판결
κατέχω	굳게 붙들다, 보유하다	κρίνω	나누다, 판단하다
κατισχύω	지배하다, 득세하다	κριός	양
κατοικέω	거주하다, 자리 잡다	κρίσις	심판, 구별
κατοικίζω	이주하다, 살게 하다	κριτής	심판관, 재판관
κενός	빈, 헛된	κρύπτω	숨기다, 감추다
κέρας	뿔	κτάομαι	얻다
κέρδος	삼나무	κτῆνος	떼, 가축
κεφαλή	머리	κτῆσις	사방에, 주위에
κιβωτός	궤	κυκλόθεν	둘레에, 사방에서
κινέω	옮기다	κυκλόω	둘러싸다
κλαίω	울다	κύκλῳ	원, 주위
κληρονομέω	상속받다	κυριεύω	주인이 되다
κληρονομία	상속인, 후계자	κώμη	마을
κλῆρος	제비, 몫		
κλίνω	구부리다, 숙이다	**Λ**	
κλίτος	비탈	λάκκος	구덩이, 물웅덩이
κοιλάς	계곡	λαλέω	말하다
κοιλία	배	λαμβάνω	갖다, 취하다
κοιμάω	자다, 잠들다	λαός	백성, 민중
κολλάω	붙이다	λατρεύω	섬기다, 예배하다
κόλπος	가슴	λέγω	말하다

λειτουργέω	공무를 수행하다	μέτρον	자, 척도
λέων	사자	μή	아니
λίθος	돌	μηδείς	아무도
λιμός	배고픔	μῆκος	길이
λογίζομαι	계산하다, 생각하다	μήν	달, 월
λόγιον	말씀	μήτηρ	어머니
λογισμός	계산, 반성	μιαίνω	더럽히다
λόγος	말, 말씀	μικρός	작은
λοιπός	남은, 나머지	μιμνῄσκομαι	기억하다
λυπέω	아프게 하다, 슬퍼하다	μισέω	미워하다
λυτρόω	구속하다, 속량하다	μισθός	보수, 삯
		μνημόσυνον	기념
M		μόνον	유일한, 하나만
μακάριος	복된	μόνος	홀로
μακράν	~에서 먼, 떨어진	μόσχος	송아지
μᾶλλον	더욱, 매우	μυριάς	일만(10,000)
μανθάνω	배우다		
μαρτύριον	증거	**N**	
μάρτυς	증인	ναός	성전
μάταιος	빈, 헛된	νεανίσκος	청년
ματαιότης	자만, 어리석음	νεκρός	죽은, 살해자
μάχαιρα	검	νέος	새로운, 젊은
μεγαλύνω	크게 하다, 높이다	νεότης	젊음
μέγας	큰, 위대한	νεφέλη	구름
μεγιστᾶνες	큰 사람, 높은 사람	νήπιος	작은, 어린이
μέλι	줄	νόμιμος	합법적인
μέλλω	~하려고 하다	νόμος	율법, 규칙
μένω	머물다, 기다리다	νότος	남풍
μερίς	몫, 부분	νύμφη	신부
μέρος	일부, 부분	νῦν, νυνί	지금
μέσος	중간의, 가운데 있는	νύξ	밤
μετά	~ 함께, ~ 뒤에		

Ξ

ξηραίνω	마르다, 시들다
ξύλον	나무

Ο

ὅδε, ἥδε, τόδε	이 사람, 이것
ὁδηγέω	안내하다, 인도하다
ὁδός	길
ὀδούς	이빨
ὀδύνη	고통, 아픔
οἶδα	알다
οἰκέτης	집종, 집안 사람
οἰκέω	살다
οἰκία	집
οἰκοδομέω	집을 짓다
οἶκος	집
οἶνος	술, 포도주
ὀλίγος	적은, 소수의
ὁλοκαύτωμα	번제
ὁλοκαύτωσις	번제물을 바치다
ὅλος	전부의, 전체의
ὄμνυμι, ὀμνύω	맹세하다
ὅμοιος	같은, 유사한
ὀνειδίζω	책망하다, 비난하다
ὀνειδισμός	책망, 비난
ὄνειδος	치욕, 불명예
ὄνομα	이름
ὄνος	나귀
ὀπίσω	뒤에
ὅπλον	기구, 도구
ὅπως	~하기 위하여, 어떤 방법으로

ὅρασις	보는 일, 구경
ὁράω	보다
ὀργή	진노, 분노
ὀργίζω	분노하다, 원한을 품다
ὀρθρίζω	일찍 일어나다
ὅριον	경계
ὅρκος	맹세, 서약
ὅρος	경계
ὀρφανός	고아
ὅσιος	경건한
ὀσμή	향기, 냄새
ὅσος	~만큼 큰
ὀστοῦν	뼈
ὅστις	누구나, 누구든지
ὀσφύς	허리
ὅταν	언제나
ὅτι	~ 때
οὐαί	아!
οὐδείς, οὐθείς	아무도
οὐκέτι	더 이상 ~ 아니
οὐ μή	아니
οὐρανός	하늘
οὖς	귀
οὕτως	이렇게, 이와 같이
ὀφθαλμός	눈
ὄχλος	군중, 무리
ὀχυρός	강한, 튼튼한
ὀχύρωμα	요새
ὄψις	바라봄, 외모

Π

παγίς	덫, 올가미

παιδάριον	작은 아이
παιδεία	교육
παιδεύω	양육하다, 가르치다
παιδίον	아주 어린 아이
παῖς	아이, 소년
παίω	때리다, 치다
πάλιν	다시, 도로
παντοκράτωρ	전능하신 분
παρά	~에게서, ~ 곁에, ~ 따라서
παραβαίνω	옆으로 가다
παραβολή	비교, 비유
παραγίνομαι	오다, 도달하다
παραδίδωμι	넘겨주다, 내주다
παρακαλέω	호출하다, 소집하다
παράνομος	법률 위반
παράταξις	대오 정렬
παρατάσσω	배치하다(전투 태세로)
πάρειμι, εἶναι	~ 있다
παρεμβάλλω	던져 올리다
παρεμβολή	안식처, 군대
παρέρχομαι	지나가다, 통과하다
παρθένος	처녀
παρίστημι	~ 옆에 놓다, 맡기다
παροικέω	나그네로 살다
παροξύνω	지루하다, 성나게 하다
παροργίζω	노하게 하다
πᾶς	매, 각, 온갖
πάσσαλος	천막의 말뚝
πατάσσω	치다, 때리다
πατήρ	아버지
πατριά	가족, 가문
παύω	막다, 멎게 하다
πεδίον	평야, 평지
πείθω	설득하다
πειράζω	시도하다, 시험하다
πέμπτος	다섯째
πένης	가난한
πενθέω	슬퍼하다
πένθος	슬픔, 애도
πέντε	다섯
πέραν	건너편, 저편
πέρας	끝, 한계
περί	둘레에, 주위에(대격)
περιαιρέω	치워 버리다, 제거하다
περιβάλλω	주위에 던지다
περιζώννυμι	띠를 두르다
περιπατέω	돌아다니다
πέτρα	바위
πηγή	샘
πῆχυς	앞팔, 큐빗
πίμπλημι	채우다, 심취하다
πίνω	마시다
πίπτω	떨어지다, 내리다
πιστεύω	믿다, 신뢰하다
πίστις	믿음
πιστός	신실한
πλανάω	방황하다, 길을 잃다
πλάσσω	형성하다, 빚다
πλατεῖα	거리
πλάτος	넓이
πληγή	구타, 타격
πλῆθος	양, 수
πληθύνω	증가시키다, 많아지다

πλημμέλεια	과실, 오류		πρό	～ 앞에
πλήν	～을 제외하고, 게다가, 그러나		πρόβατον	양
πλήρης	가득 찬, 가득한		προσάγω	데려오다, 데려가다
πληρόω	가득 차게 하다, 충만하게 하다		προσδέχομαι	집어 올리다, 받아들이다
πλησίον	이웃, 동료		προσέρχομαι	～에게 오다, 가다, 나가다
πλούσιος	부요한, 풍부한		προσευχή	기도
πλοῦτος	부, 재산		προσήλυτος	개종자
πνεῦμα	바람, 가을		προσκυνέω	예배하다, 절하다
ποιέω	하다, 만들다		πρόσταγμα	배치, 명령
ποιμαίνω	양떼를 먹이다, 치다		προστάσσω	명령하다, 지시하다
ποιμήν	목동, 목자		προστίθημι	더하다
ποίμνιον	떼, 양떼		προσφέρω	～에게 데려가다, 드리다
πολεμέω	전쟁하다, 싸우다		πρόσωπον	얼굴
πολεμιστής	전사, 군인		πρότερις	이전의, 전에
πόλεμος	전쟁		προφητεύω	예언하다
πόλις	도시		προφήτης	예언자
πολύς	많은		πρωί	일찍이
πονηρία	악		πρῶτος	맨 처음의, 중요한
πονηρός	악한		πρωτότοκος	처음 난
πόνος	노동, 수고		πτέρυξ	날개
πορεύομαι	가다, 여행하다		πτωχός	가난한, 불쌍한
πορνεία	음란, 부정		πύλη	문, 대문
πορφύρα	자색, 자줏빛		πῦρ	불
ποταμός	강		πύργος	탑
ποτίζω	마시게 하다, 물을 먹이다			
πούς	발		**Ρ**	
πρᾶγμα	일, 사건		ῥάβδος	막대기, 몽둥이
πρεσβύτερος	장로		ῥήγνυμι, ῥήσσω	찢다
πρεσβύτης	노인		ῥῆμα	말, 단어
			ῥίζα	뿌리
			ῥίπτω	던지다

ῥομφαία	짐	σπέρμα	씨앗
ῥύομαι	구출하다, 건져내다	σπεύδω	서두르다, 급히 하다
		σπήλαιον	굴, 동굴
Σ		σπονδή	술잔 바치기
σαβαώθ	큰 군대	σταθμός	숙소
σάββατον	안식일	στέαρ, ατος	기름, 지방
σάκκος	자루, 거친 삼베	στερέωμα	궁창
σαλεύω	흔들다	στηρίζω	세우다, 굳게 고정시키다
σάλπιγξ	나팔	στολή	길고 끌리는 옷
σαλπίζω	나팔을 불다	στόμα	입
σάρξ	살, 신체	στρατηγός	집정관
σατράπης	총독	στρέφω	돌리다, 기울이다
σβέννυμι	끄다, 없애다	στῦλος	기둥, 문설주, 버팀목
σεαυτοῦ, σαυτοῦ	너 자신	συλλαμβάνω	체포하다, 구금하다
σεμίδαλις	고운 가루	συμβαίνω	만나다, 일어나다
σημεῖον	표지, 표징	συνάγω	모으다
σήμερον	오늘	συναγωγή	회당, 모이는 곳
σίδηρος	쇠, 철	συναντάω	만나다, 일어나다
σίκλος	세겔	συνάντησις	만남
σῖτος	밀, 곡식	συνάπτω	묶다, 연합하다
σκεπάζω	덮다	σύνεσις	지각, 이해력
σκέπη	덮는 것, 보호	συνετός	이해력 있는, 지적인
σκεῦος	물건, 소유물	συνέχω	결합하다, 멈추다
σκηνή	천막	συνίημι	이해하다
σκήνωμα	천막, 거처	συνίστημι	모으다, 드러내다, 세우다
σκιά	그늘, 그림자		
σκληρός	굳은, 단단한	συντάσσω	지시하다, 규정하다
σκότος	어둠	συντέλεια	끝, 완성
σκῦλον	전리품, 노획물	συντελέω	끝내다, 마치다
σοφία	지혜	συντρίβω	으깨다, 부수다
σοφός	지혜 있는, 유식한	σφάζω	도살하다, 죽이다
σπείρω	(씨)뿌리다	σφόδρα	매우, 심히

σῴζω	구원하다, 보존하다		τραυματίας	상처 입은 사람
σῶμα	몸, 신체		τράχηλος	목, 목구멍
σωτηρία	구원		τρεῖς	셋
σωτήριον	구원하는		τρέχω	달리다, 뛰다
			τρίβος	작은 길
T			τρίτος	셋째
τάλαντον	달란트		τρόπος	태도, 습관, 생활방식
ταπεινός	천한, 보잘것없는		τροχός	수레바퀴
ταπεινόω	낮추다, 겸손하게 하다		τύραννος	두라노, 에페소 사람
ταράσσω	뒤흔들다, 교란하다			
τάσσω	임명하다, 지정하다		**Υ**	
τάφος	무덤, 묘		ὕβρις	거만, 오만
ταχύς	빠른, 날쌘		ὕδωρ	물
τεῖχος	벽, 성벽		ὑετός	비
τέκνον	아이		υἱός	아들, 자손
τελευτάω	죽다		ὑμνέω	노래하다
τέλος	끝, 종말		ὑπακούω	순종하다, 귀 기울이다
τέταρτος	넷째		ὑπάρχω	실재하다, 있다
τήκω	녹이다		ὑπέρ	~ 위하여, ~ 대신에, ~ 넘어서
τίθημι	앉히다, 세우다, 놓다		ὑπερηφανία	거만함, 교만
τίκτω	낳다, 태어나다		ὕπνος	잠
τιμάω	평가하다, 존경하다		ὑπο	~ 의하여(속격), ~ 아래(대격)
τιμή	값, 가치, 존경			
τίμιος	값진, 귀중한		ὑπο-δεικνύω	보여 주다, 지시하다
τις	어떤 사람, 어떤 것		ὑπο-κάτω	밑에, 아래
τίς	누구? 무엇?		ὑπο-λαμβάνω	집어 올리다, 부양하다
τοιοῦτος	이와 같은		ὑπο-λείπω	남겨 두다, 남다
τοῖχος	벽		ὑπο-μένω	남다, 머물러 있다
τόξον	활		ὑψηλός	높은
τόπος	장소, 곳		ὕψιστος	가장 높은
τότε	그때에, 그리고 나서		ὕψος	높이
τράπεζα	상, 식탁			

ὑψόω	높이 올리다, 높이다		χεῖλος	입술
			χείμαρρος	겨울의 격류, 협곡
Φ			χείρ	손
φαίνω	빛을 내다, 빛나다		χερουβίμ	케루빔
φάραγξ	계곡, 골짜기		χήρα	과부
φείδομαι	아끼다, 피하다		χιλιάς	일천(1,000)
φέρω	지다, 운반하다, 견디다		χόρτος	풀, 건초
φεύγω	달아나다		χοῦς	먼지, 쓰레기
φημί	말하다, 언명하다		χράομαι	사용하다, 취급하다
φίλος	사랑하는, 친절한		χρεία	필요, 소용
φλόξ	불꽃		χριστός	기름부음받은자, 그리스도
φοβέομαι	무서워하다, 두려워하다		χρίω	기름 붓다
φόβος	두려움, 놀람		χρόνος	시간, 때
φονεύω	죽이다		χρυσίον	금
φρέαρ	우물, 샘		χρυσοῦς	금으로 된
φρόνησις	이해, 깨달음		χώρα	나라, 땅
φυλακή	감시			
φυλάσσω	지키다, 파수하다		**Ψ**	
φυλή	줄기, 종족, 민족		ψάλλω	노래하다
φυτεύω	심다		ψαλμός	충격, 자극, 찬미가
φωνή	소리		ψευδής	거짓된, 거짓말하는
φῶς	빛		ψυχή	영혼, 목숨
φωτίζω	비추다, 밝히다			
			Ω	
Χ			ὦ	오!
χαίρω	기뻐하다		ὧδε	여기, 이곳으로
χαλκός	구리, 동전		ᾠδή	노래, 오대
χαλκοῦ	구리로 만든		ὦμος	어깨
χαρά	기쁨, 즐거움		ὥρα	시간, 짧은 시간
χάρις	은총		ὥς	어떻게? ~로서

참고 문헌

1. 입문서

Allen, L.C., *The Greek Chronicles 2 vols.*, VTSup 25.27, Leiden, 1974.

Barr, J., *Comparative Philology and the Text of the Old Testament*, Oxford, 1968.

______, *The Typology of Literalism in Ancient Biblical Translations*, MSU 15, Göttingen, 1979.

Bickerman, E. J., "The Septuagint as a Translation", *PAAJR* 28, pp. 1-39, 1959.

Bogaert, P.M., "Les Études sur la Septante. Bilan et perspectives", *Revue théologique de Louvain* 16, pp. 174-200, 1985.

Brooke, G.J., Lindasrs, B.S.S.F., *Septuagint, Scrolls and Cognate Writings*, Septuagint and Cognate Studies 33, Atlanta, 1990.

Coste, J., "La première expérience de traduction biblique: la Septante", *La Maison Dieu*, pp. 53-88, 1958.

Gooding, D.W., "Aristeas and Septuagint Origins", *VT* 12, pp. 357-79, 1963.

Jellicoe, S., *The Septuagint and Modern Study*, Oxford, 1968.

______, *Studies in the Septuagint: origins, recensions, and interpretation*, New York, 1974.

Jobes, K.H., Silva, M., *Invitation to the Septuagint*, Michigan, 2000.

Peters, M.K.H., "Why Study the Septuagint?", *BA* 49, pp. 174-81, 1986.

Pietersma, A., Cox, C., *De Septuaginta*, Mississauga, Ontario, 1984.

Rabin, C., "The Translation Process and the Character of the Septuagint", *Textus* 6, pp. 1-26, 1968.

Swete, H.B., *An Introduction to the Old Testament in Greek*, Cambridge, 1900, reprint, New York, 1968.

2. 칠십인역 인쇄본과 본문 비평 연구서, 히브리어 성서와 고대 번역본들

Baars, W., *New Syro-Hexaplaric Texts Edited, Commented upon and Compared with the Septuagint*, Leiden, 1968.

Barc, B., "Le texte de la Torah a-t-il été récrit?", *Les règles de l'interprétation*, ed., M. Tardieu, Paris, 1987.

Barthélemy, D., *Études d'histoire du texte de l'Ancien Testament*, Orbis Biblicus et Orientalis 21, Fribourg, Göttingen, 1978.

____, "Les Tiqquné Sopherim et la critique textuelle de l'Ancien Testament", *Études d'histoire* ⋯, pp. 91-110, 1978.

____, "L'enchevêtrement de l'histoire textuelle et de l'histoire littéraire dans les relations existant entre la LXX et le TM", *De Septuaginta*, Ontario, pp. 21-40, 1984.

Brenton, C.E., *The Septuagint with Apocrypha: Greek and English*, London, 1851, 6th print., 1997.

Brooke, A.E., McLean, N., Thackeray, H., *The Old Testament in Greek: I. Genesis*, Cambridge, 1906.

Cook, J., "The Translator of the Greek Genesis", *La Septuaginta* ⋯, Madrid, pp. 169-183, 1985.

Elliger, K., Rudolph, W., *Biblia Hebraica Stuttgartensia (BHS)*, Stuttgart, 1968-1976.

Gooding, D.W., "An Appeal for a Stricter Terminology in the Textual Criticism of the OT", *JSS* 21, pp. 15-25, 1976.

Goshen-Gottstein, M.H., "Theory and Practice of Textual Criticism: The Text-Critical Use of the Septuagint", *Textus* 3, pp. 130-58, 1963.

____, "The Textual Criticism of the Old Testament: Rise, Decline, Rebirth", *JBL* 102, pp. 365-99, 1983.

Greenspoon, L., *Textual Studies in the Book of Joshua*, Chico, CA, 1983.

____, "The Use and Abuse of the Term 'LXX' and Related Terminology in Recent Scholarship", *BIOSCS* 20, pp. 21-29, 1987.

Harl, M., Dorival, G., Munnich, E.L., *La Bible Grecque des Septante*, Paris, 1988.

Kenyon, F.G., *The Text of the Greek Bible*, London, 1936, 3rd ed., 1975.

Kittel, R., *Biblia Hebraica*, Stuttgart, 1954 (= 1937).

Klein, R.W., *Textual Criticism of the Old Testament*, Philadelphia, 1974.

Peshitta. *The O.T. in Syriac according to the Peshitta Version*, Part I, fasc 1, Exodus by Koster, M.D., Leiden, 1977.

Rahlfs, A., *Septuaginta, id est Vetus Testamentum Graece iuxta LXX interpretes*, Stuttgart, 1935.

Samaritan Pentateuch. Der hebräische Pentateuch der Samaritaner, hg., von A. von Gall, Giessen, 1918.

Tov, E., *Text-critical Use of the Septuagint in Biblical Research*, Jerusalem, 1981.

The Vulgate. *Biblia Sacra: Vulgatae Editionis Sixti V Pont, Max*. iussu recognita et Clementis VIII auctoritate edita, Rome, 1965.

Walters, P., *The Text of the Septuagint. Its Corruptions and Their Emendation*, Cambridge, 1973 (ed. Gooding, D.W.).

Wevers, J.W., *Septuaginta. I: Genesis*, Göttingen, 1974.

_____, *Notes on the Greek Text of Genesis*, Atlanta, 1993.

임승필, 『구약성서 새 번역 창세기』, 한국천주교중앙협의회, 1995.

200주년 신약성서 번역위원회, 『신약성서』, 분도출판사, 개정판, 1998.

배철현 역주, 『타르굼 옹켈로스 창세기』, 한님성서연구소, 2001.

3. 칠십인역과 성서 후기 시대의 유다교 전승에 관한 연구서

Aejmelaeus, Anneli, "What Can We Know about the Hebrew Vorlage of the Septuagint?", *ZAW* IC, pp. 58-59, 1987.

Barthélemy, D., *Les Devanciers d'Aquila*, VTSup 10, Leiden, 1963.

_____, "Qui est Symmaque?", *CBQ* 36, pp. 451-65, 1974.

Bickerman, E.J., "Some Notes on the Transmission of the LXX", pp. 149-78 in *Alexander Marx Jubilee Volume*, ed., Lieberman, S., New York, 1950.

Cox, C., *VII Congress of the International Organization for Septuagint and Cognate Studies*: Louvain 1989, SBL: SCS Series 31, Atlanta, 1991.

Hadas, M., *Aristeas to Philocrates (Letter of Aristeas)*, New York, 1973.

Hengel, M., *Judaism and Hellenism*, London, 1974.

Jaubert, A., *La notion d'Alliance dans le judaïsme hellénistique aux abords de l'ère chrétienne*, Paris, 1963.

Jeansonne, S.P., *The Old Greek Translation of Daniel 7—12*, CBQMS 19, Washington DC, 1988.

Kahle, Paul, *The Cairo Genizah*, London, 1947.

Le Déaut R., "La Septante, un Targum?", *Études sur le judaïsme hellénistique*, pp. 147-195, 1975.

Pietersma, A., *Chester Beatty Biblical Papyri IV and V*, Toronto, 1977.

____, "Proto-Lucian and the Greek Psalter", *VT* 28, pp. 66-72, 1978.

____, "Septuagint Research: A Plea for a Return to Basic Issues", *VT* 35, pp. 296-311, 1985.

Nikiprowetzky, V., *Le Commentaire de l'Écriture chez Philon d'Alexandrie*, Leiden, 1977.

Perrot, C.H., *La lecture de la Bible dans la synagogue*, Hildesheim, 1973.

Prijs, L., *Jüdische Tradition in der Septuaginta*, Leiden, 1948.

Smith, D.M., "The Use of the Old Testament in the New", pp. 3-65 in *The Use of the Old Testament in the New and Other Essays*, ed., Efird, J.M., Durham, NC, 1972.

Thackeray, H.St.J., *The Septuagint and Jewish Worship*, London, 1921.

Tov, E., "Lucian and Proto-Lucian: Toward a New Solution of the Problem", *RB* 79, pp. 101-13, 1972.

Ulrich, E., *The Qumran Text of Samuel and Josephus*, HSM 19, Missoula, MT, 1978.

Vermès, G., *Scripture and Tradition in Judaism*, Leiden, 1973.

Vööbus, A., *The Pentateuch in the Version of the Syro-Hexapla*, CSCO 369, Louvain, 1975.

Wevers, J.W., "A Lucianic Recension in Genesis?", *BIOSCS* 6, pp. 22-35, 1973.

____, "An Apologia for Septuagint Studies", *BIOSCS* 18, pp. 16-38, 1985.

4. 칠십인역 그리스어에 관한 연구서

Barr, J., *Semantics of Biblical Language*, Oxford, 1961 (trad. française: Sémantique du langage biblique, Paris, 1968).

_____, *Biblical Words for Time*, London, 1969.

Brock, S.P., "The Phenomenon of the Septuagint", *Oldtestamentische Studien* 17, pp. 11-36, 1972.

_____, "Aspects of translation technique in Antiquity", *Greek-Roman and Byzantine Studies* 20, pp. 69-87, 1979.

Caird, G.B., "Towards a Lexicon of the Septuagint I, II", *Journal of Theological Studies*, pp. 453-475, 1968; pp. 21-40, 1969.

Jellicoe, S., "The Hesychian Recension Reconsidered", *JBL* 82, pp. 409-18, 1963.

Horsley, G.H.R., "Divergent views on the nature of the Greek of the Bible", *Biblica*, pp. 393-403, 1984.

Nagel, P., "Jewish Greek Scriptures", pp. 223-237 in *Early Judaism and its Modern Interpreters*, ed., Kraft, R.A. and Nickelsburg, G.W.E., Atlanta, 1986a.

Lee, J.A.L., *A Lexical Study of the Septuagint Version of the Pentateuch*, Diss. Cambridge, 1970, éditée à Chico en 1983.

_____, "Equivocal and stereotyped renderings in the LXX", *RB*, pp. 104-117, 1980.

Orlinsky, H.M., "The Septuagint as Holy Writ and the Philosophy of the Translators", *HUCA* 46, pp. 89-114, 1975.

Silva, M., *Biblical Words and their meaning: An introduction to lexical semantics*, Grand Rapids, Zonderven, 1983.

Swete, H.B., *The Old Testament in Greek according to the Septuagint*, Cambridge, 1887-1894.

Tov, E., "Studies in the Vocabulary of the Septuagint - The relation between vocabulary and translation technique", *Tarbiz* 47, pp. 120-138, 1978.

_____, "The impact of the LXX Translation of the Pentateuch on the translation of the other books", Mélanges D. Barthélemy, *OBO* 38, pp. 577-591, 1981.

5. 사전, 문법책, 콘코던스

Bauer, W., *Griechisch-Deutsches Wörterbuch zu den Schriften des Neuen Testaments und der übrigen urchristlichen Literatur*, Berlin, 1910 (trans. in English: Arndt, W.F., Gingrich, F.X., *A Greek-English Lexicon of the New Testament*, Cambridge, 1957).

Blass, F., Debrunner, A., *Grammatik des neutestamentlichen Griechisch*, Göttingen, 1896 (trans. in English: Funk, R.W., 1961).

Brown, F., Driver, S.R., Briggs, C.A., *A Hebrew and English Lexicon of the Old Testament*, Oxford, 1955.

Conybeare, F.C., *A Grammar of Septuagint Greek* (1905), reprint, Boston, 1980.

Gesenius, W., Kautzsch, E., Cowley, A.E, *Hebrew Grammar*, Oxford, 1910.

Hatch, E., Redpath, H.A., *A Concordance to the Septuagint*, Oxford, 1896-1906 (HR).

Lampe, G.W., *A Patristic Greek Lexicon*, Oxford, 1961-1968 (*PGL*).

Liddell, H.G., Scott, R., Jones, H., *A Greek-English Lexicon*, Oxford, 1940-1968 (+ Supplement) (LSJ).

Moulton, J.H., Howard, W.F., Turner, N., *A Grammar of New Testament Greek*, Edinburgh, 3 vol, 1906-1963.

Rehkopf, F., *Septuaginta-Vokabular*, Göttingen, 1989.

Taylor, B.A., *The Analytical Lexicon to the Septuagint*, Grand Rapids, 1994.

Thackeray, H.St.J., *A Grammar of the Old Testament in Greek according to the Septuagint*, Cambridge, 1909.

Tov, E., *Lexical and Grammatical Studies on the Language of the Septuagint and its Revisions*, Jerusalem, 1982.

Zorell, F., *Lexicon hebraïcum et aramaicum Veteris Testamenti*, Rome, 1940.

6. 고대 문헌

Basile de Césarée, *Homiliae in hexaemeron* (*Hom.Hex.*).

Clément d'Alexandrie, *Stromata* (*Strom.*); *Paedagogus* (*Paed.*).

Clément de Rome, *Epistula ad Corinthios*(제목 없이 교부 이름만 인용); *Constitutions apostoliques (Const.Apost.)*.

Cyrille d'Alexandrie, *Glaphyra in Pentateuchum (Glaph.* 또는 *ad loc.*과 함께 인용 구절).

Cyrille de Jérusalem, *Catecheses* (Clavis Patrum Graecorum 3585) (*Cat.*) et *Procatéchèse*.

Cyrille de Jérusalem, (?) (Clavis Patrum Graecorum 3586) (*Catecheses*) *Mystagogicae (Cat.Myst.)*.

Didyme d'Alexandrie, *Commentarius in Genesim*(Papyrus de Toura 1,1—8,20; 12,1—16,16) (*ad loc.*).

Die Griechischen Christlichen Schriftsteller der ersten drei Jahrhunderte (GCS)

Énoch (Livre d'): Charlesworth, J.H., *The Old Testament Pseudepigrapha* I, London, pp. 5-89, 1983.

Épître à Diognète.

Eusèbe de Césarée, *Demonstratio Evangelica (DE)*; *Praeparatio Evangelica (PE)*.

Grégoire de Nysse (*Gregorii Nysseni Opera*, ed., Jaeger-Langerbeck, Leiden) (*GNO*).

Hésychius de Jérusalem, *Les Homélies festales* (ed., Aubineau, M., 2 vol, Bruxelles, 1978-1980).

Hippolyte de Rome (Gn 49).

Irénée de Lyon, *Adversus Haereses* (제목 없이 교부 이름만 인용); *Démonstration apostolique (Dém.)*.

Jean Chrysostome, *Homiliae 1-67 in Genesim (Hom.Gen.* 또는 단순히 *ad loc.*) (Clavis Patrum Graecorum 4409).

Josephus, F., *Antiquitatum Judaïcarum Libri (AJ)*.

Jubilés (Livre des) 또는 *"Petite Genèse"*: Charles, R.H., *The Apocrypha and Pseudepigrapha of the O.T. in English* II, Pseudepigrapha, 1913, 그리스어 단편: Denis, A.M., *Pseudepigrapha Veteris Testamenti Graece* III, Fragmenta pseudepigraphorum quae supersunt graece, Leiden, pp. 70-102, 1970.

Justin, *Dialogus* (*Dial.*); *Apologia* (*Apol.*).

Le Déaut, R., *Targum, ap.* Targum du Pentateuque I, Genèse, Paris, 1978 (Targum Neofiti 1 et Targum du Pseudo-Jonathan, London, British Museum, Add. 27031) (Targum N., Targum Jo.).

Méliton de Sardes, *Sur la Pâque*.

Méthode d'"Olympe.

Oracles sibyllins: Charles, R.H. (*op. cit.*); *La Troisième Sibylle* (ed. Nikiprowetzky, V., Paris-La Haye, 1970).

Origène, *Homiliae in Genesim* (*Hom.Gen.*). *Peri Archôn* (*P.Arch.*, Traité des principes)와 *Peri Euchès* (*P.Euch.*, Traité de la prière). 그 밖의 다른 참고 문헌은 라틴어 제목에 따름.

Patrologie Grecque de Migne (PG).

Petit, F., *Catenae Graecae in Genesim et in Exodum*, I. Catena Sinaitica, Corpus Christianorum, Series Graeca 2, Louvain, 1977 (창세기 단편 12,17 —26,3, 알렉산드리아의 치릴루스, 알렉산드리아의 디디무스, 에우세비우스, 이레네우스, 요한 크리소스토무스, 사르데스의 멜리토와 익명의 저자의 글을 창세기의 약자 G와 문헌 번호, 편집자 이름 Petit, F.로 인용).

Philo d'Alexandrie: *Quaestiones et solutiones in Genesim*(*QG*) (1,1—10,9; 15,7 —20,18; 23,1—28,9), *Œuvres de Philon* n° 34[A] et 34[B], par Mercier, C. et Petit, F., 그리스어 단편들로는 *Fragmenta Graeca* publiés par Petit, F., *Philon d'Alexandrie* n° 33, Paris, 1978 (*Frag.*), et Paramelle, J., *Philon d'Alexandrie, Questions sur la Genèse* II,1—7, texte grec, version arménienne, parallèles latins, Genève, 1984. 그 밖의 참고 문헌은 필로 전집("Les œuvres de Philon d'Alexandric", Éd. du Cerf, Paris, 1961) 약어에 따름.

Procope de Gaza (창세기 카테나 단편들).

Pseudo-Philon, *Livre des antiquités bibliques* (*LAB*).

Sources chrétiennes (SC).

Testament des douze patriarches.

Théodoret de Cyr, *Quaestiones in Genesim* (*QG*).

Théphile d'Antioche, *Ad Autolycum* (제목 없이 교부 이름만 인용).

입문과 본문 각주에 나오는 주요 그리스어 색인

색인에 넣은 그리스어 선별 기준은 다음과 같다.

첫째, 구약성서 오경이 그리스어로 번역되기 이전의 그리스어 문헌에 거의 또는 전혀 나오지 않는 단어.

둘째, 헬레니즘 시대에 그리스 언어권 독자들에게 이스라엘 역사를 반영해 주는 어휘들로서 창세기의 중심 주제(계약, 후손, 약속의 땅 등)를 설명해 주는 주요 어휘라고 생각되는 단어.

셋째, 유다교 특히 그리스도교 해석의 기초가 된 단어.

K

καθίζομαι	8,4
καιρός	6,13; 21,2
καλέομαι	21,12
καλλωπίζομαι	38,14
καλός	1,4; 49,14
καρδία	p. 63
κατακλυσμός	6,16
κατακυριεύω	1,28
κατάλειμμα, κατάλειψις	45,7
κατανύσσομαι	27,38; 34,7
καταρράκτης	7,11
κατάσχεσις	17,8
κατοικέω	25,11; 37,1; p. 67
κατοικοδομέω	36,43
κιβωτός	6,14
κλῆρος	48,6
κλοποφορέω	31,26
κόνδυ	44,2
κοπετός, κόπτομαι	50,10; p. 69
κόσμος	2,1
κριός	22,13
κρύπτω	31,20
κτάομαι	12,5
κτῆσις	17,8
κτίζω	14,19; p. 58

Λ

λαός	14,16; 25,8.23; 34,16; p. 62
λεῖος	27,11

M

μαλακία, μαλακίζομαι	42,4
μάχαιρα	22,6
μονογενής	22,2
μοσχάριον	18,7

N

ναρκάω	32,26
νεώτερος	9,24; p. 53
νόμιμα (τὰ)	26,5; p. 59
νυμφαγωγός	21,22
νύμφη	p. 69

Ξ

ξηρά	1,9
ξύλον	1,11; 6,14; 22,6

O

οἰκέτης	9,25
οἰωνίζομαι	30,27; 44,5
ὁλοκάρπωσις	8,20; 22,2; p. 63
ὁμοιόομαι, ὁμοιότης	1,12
ὁμοίωσις	1,26
ὀπισθοφανής, ὀπισθοφανῶς	9,23
ὁράω (ὤφθη, ὀφθείς)	12,7; 22,14; p. 58
οὐρανός	1,8
ὀχύρωμα	39,20

Π

παίζω	21,9; 26,8
παῖς	9,25-27; 24,2-14
πανοικία	50,8

역주자 소개

■ 정태현

　1977년 광주 가톨릭대학교를 졸업하고 사제로 서품된 뒤 군산, 전주에서 사목했다. 1980년 벨기에 루뱅 대학에 유학하여 1988년 신약주석학 박사학위를 받았다. 귀국 후 용안본당에서 사목하다가 1989~1999년에 한국천주교주교회의 성서위원회에서 구약성서 번역위원과 성서사노직 총무로 일했다. 1991~1993년에는 하버드 대학에서 성서언어와 고대근동어를 연구했다. 지금은 팔마본당에서 사목하고 있다.

■ 강선남

　이화여자대학교 법학과를 졸업하고 한국신학대학교 신학대학원에서 공부했다 (M.Div). 2000년 로마 성서대학에서 고대근동학 석사학위(L.O.S.)를 취득하고 한님성서연구소 성서분과 수석연구원으로 일했다. 현재 로마 성서대학에서 고대근동학 박사과정을 밟고 있다.